알로하, 낭만이 살아 있는
지상 천국

하와이
여행백서

알로하, 낭만이 살아 있는 지상 천국
하와이 여행백서(2018~2019년 개정판)

초   판 1쇄 펴냄 2013년 5월 10일
개 정 판 1쇄 펴냄 2015년 6월 10일
개정 2판 1쇄 펴냄 2016년 11월 20일
개정 3판 1쇄 펴냄 2018년 5월 1일

지 은 이   정상구, 김보람
펴 낸 이   유정식
책임편집   박수현
본문디자인 홍소연
표지디자인 이승현

펴낸곳   나무자전거
출판등록   2009년 8월 4일 제 25100-2009-000024호
주소   서울시 노원구 덕릉로 789, 2층
전화   02-6326-8574
팩스   02-6499-2499
전자우편   namucycle@gmail.com

ⓒ정상구, 김보람 2013~2018
ISBN : 978-89-98417-34-5(14980)
ISBN : 978-89-98417-12-3(세트)
정가 : 23,000원

파본이나 잘못 인쇄된 책은 구입하신 서점에서 교환해드립니다.

이 책은 저작권법에 따라 보호받는 저작물이므로 무단전재와 복제를 금합니다.
이 책 내용의 일부 또는 전부를 이용하려면 반드시 저작권자와 나무자전거의 서면동의를 받아야 합니다.

이 도서의 국립중앙도서관 출판예정도서목록(CIP)은 서지정보유통지원시스템 홈페이지(http://seoji.nl.go.kr)와
국가자료공동목록시스템(http://www.nl.go.kr/kolisnet)에서 이용하실 수 있습니다.(CIP제어번호: CIP2018011505)

2018~
2019년
개정판

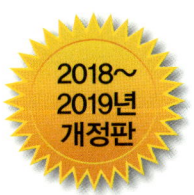

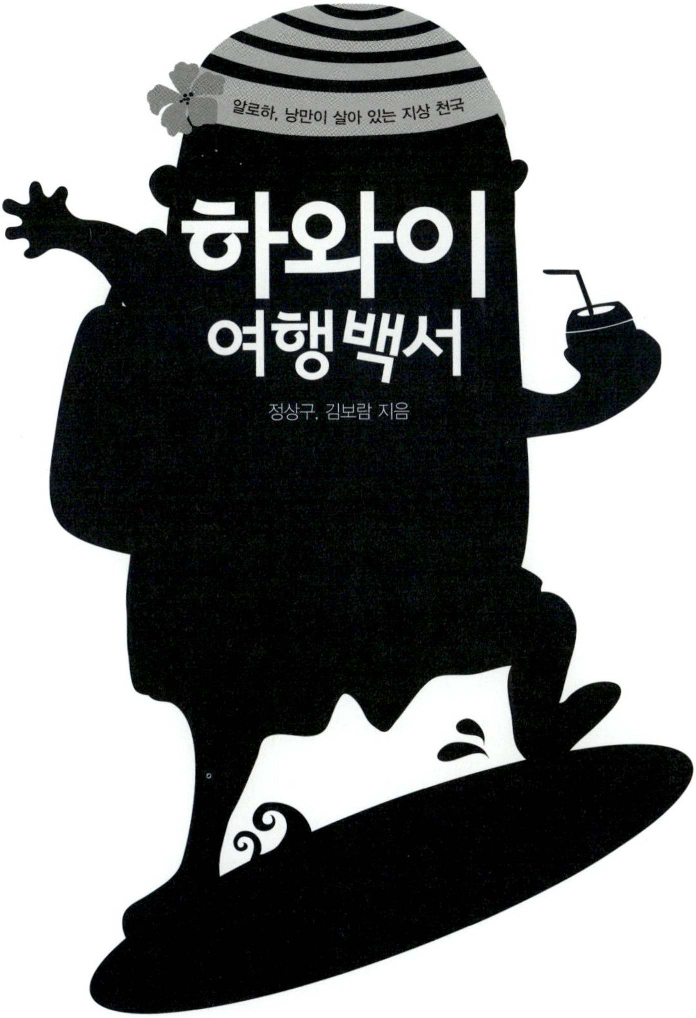

알로하, 낭만이 살아 있는 지상 천국

하와이 여행백서

정상구, 김보람 지음

나무자전거

PROLOGUE

개정판을 위해 1년에 1달 정도를 항상 하와이에서 보내지만, 하와이에는 아직도 발견하지 못한 아름다움이 있다는 것에 새삼 놀라곤 합니다. 하와이에서 지내는 시간이 길어질수록 관광객이라기보다는 현지인들이 선호하는 곳들을 더 많이 방문하게 됩니다. 그렇다보니 인터넷에서 자주 볼 수 있는 장소는 물론 그렇지 않은 곳도 많이 소개할 수 있었습니다.

예전에 잠시 머물렀던 장소를 지금은 하이킹을 하고, 스노클링을 하고, 또 다른 액티비티에 도전을 하면서 하와이의 매력을 점점 더 많이 깨닫고 있습니다. 정말 1달이 다르게 변하는 오아후 섬뿐만 아니라 마우이섬, 빅아일랜드, 카우아이섬, 라나이섬 모두 저마다의 새로움으로 놀라게 합니다. 때로는 하와이에서 1년에 1달 정도밖에 보내지 못한다는 것이 너무도 짧게 느껴질 만큼 아쉽기도 합니다.

이번 개정판에서는 작지만 여행에 방해가 되는 변동사항들을 꼼꼼히 체크하여 모두 반영하였습니다. 하와이는 물가뿐만 아니라 호텔이나 기타 여행비용 등이 해마다 큰 폭으로 오르고 있어 안타까움이 느껴지기도 했습니다. 여전히 저렴하게 가려면 상대적으로 저렴하게 갈 수 있는 곳이기도 하지만, 과거처럼 특가로 모든 곳을 갈 수 있는 시기는 지나간 느낌이랄까요?

그동안 하와이 여행의 트렌드도 많이 바뀌었습니다. 자유여행을 하시는 분 중에는 오아후만 방문하기보다는 이웃섬까지 방문하는 사람이 더 많아지기도 했고, 마우이 위주였던 이웃섬 방문 패턴도 빅아일랜드로 조금씩 이동하기 시작했습니다. 지금도 계속 활동 중인 용암의 흐름을 보고 싶어 하는 사람이 늘어난 것이 하나의 이유이기도 합니다. 신혼여행객보다는 단순 커플이나 가족여행의 비중이 점점 늘어나고, 첫 번째 방문이 아니라 재방문율도 상당히 높아졌습니다.

그만큼 하와이는 가면 갈수록 또 다시 가고 싶어지는 여행지입니다. 많은 분들이 왜 하와이 가이드북을 이렇게 두껍고 페이지를 많이 늘려서 쓰냐고 묻기도 하지만, 버릴 것이 없는 알찬 정보만을 수록했다고 자부합니다. 이번 개정판을 마무리 지은 지금도 다음 개정판을 위해서 또 하와이 여행 계획을 세우고 있습니다. 이번에는 어떤 하와이를 또 만나게 될지 기대와 설렘은 여전히 계속됩니다.

가능한 모든 노력을 들인 가이드북이지만, 여전히 부족한 부분이 많을 것이라고 생각합니다. 혹시라도 가이드북에서 오탈자, 혹은 틀린 부분을 발견하셨다면 언제든지 저희 이메일(kimchi39@gmail.com)로 보내주세요. 꼭 반영하여 더 좋은 가이드북으로 만들겠습니다.

2018년 4월
정상구, 김보람

PREVIEW

하와이 여행백서는 크게 파트 단위로 구분되며, 파트 아래 섹션을 두어 한눈에 정보를 파악하기 쉽게 구성하였습니다. 총 8개 파트로 구분되며, 1~3파트에서는 하와이를 이해할 수 있는 전반적인 내용과 여행 준비 과정을 소개하고, 4~8파트에서는 하와이 여행의 대표 섬인 오아후섬, 마우이섬, 카우아이섬, 빅아일랜드(하와이섬), 라나이섬을 각각의 파트로 구분하여 각 섬의 지역별 정보를 세세하게 담았습니다.

섬 전체 지도
각 섬의 전체적인 모습을 먼저 확인할 수 있도록 파트 앞부분에 해당 섬의 전체 지도를 담았습니다. 각 섬의 전체적인 지역을 이해하는데 도움이 됩니다.

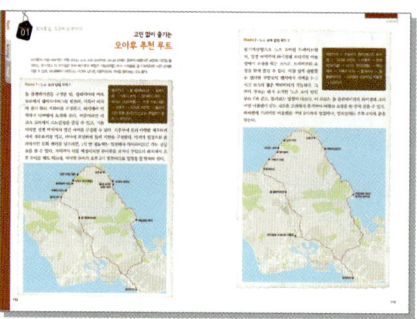

섬 내 추천 루트
해당 파트의 섬에서 즐길 수 있는 추천 일정을 소개합니다. 당일 루트, 1박 2일 루트 등을 지도 및 사진과 함께 소개하여 자신이 원하는 일정을 짜기 쉽습니다. 또한 해당 여행지를 미리 파악할 수 있습니다.

섬 내 액티비티
섬마다 즐길 수 있는 액티비티를 소개하였습니다. 다양한 액티비티 중 원하는 액티비티를 즐기기 위해 준비할 수 있도록 세세한 정보를 다뤘습니다.

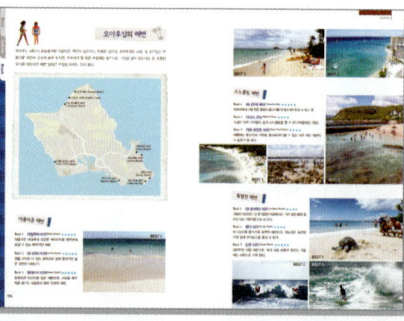

섬 내 주요 해변
각 섬의 대표 해변을 한눈에 살펴보기 쉽도록 지도와 함께 특징별로 해변을 나누어 설명하였습니다.

섬 내 추천 베스트
각 섬에서 놓치지 말아야 할 추천 명소와 액티비티를 소개하였습니다.

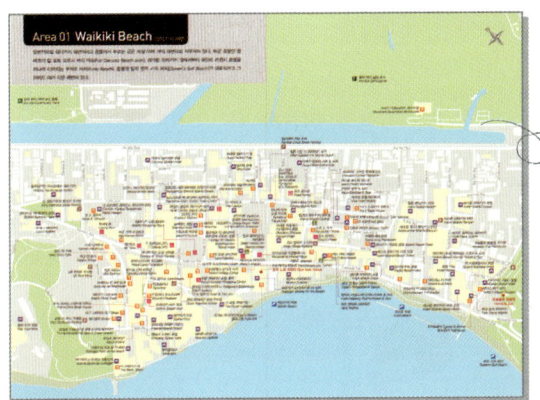

지역 상세지도
소개하는 해당 지역의 상세지도입니다. 해당 지명, 도로, 해변, 볼거리를 비롯한 책에 소개된 업체를 표시하여 이동경로를 한눈에 파악할 수 있습니다.

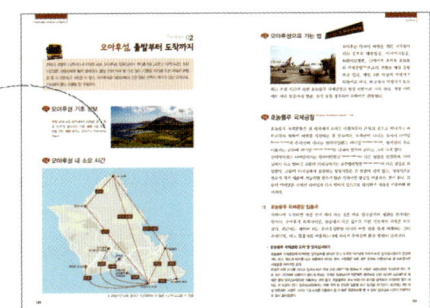

교통편(대중교통)
섬으로 이동하는 교통편은 물론 섬 내 주요 관광지나 쇼핑몰로 이동하는 교통편을 한눈에 알 수 있습니다.

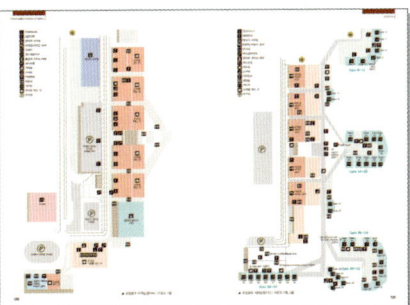

내부 구조도
지역 내 공항이나 유명 쇼핑몰의 구조도 등을 담아 미리 동선을 파악할 수 있습니다.

PREVIEW

해변 / 볼거리
하와이에는 멋진 해변이 많습니다. 각 지역에서 대표적인 해변과 유명한 관광지, 둘러보기 좋은 곳들을 소개합니다.

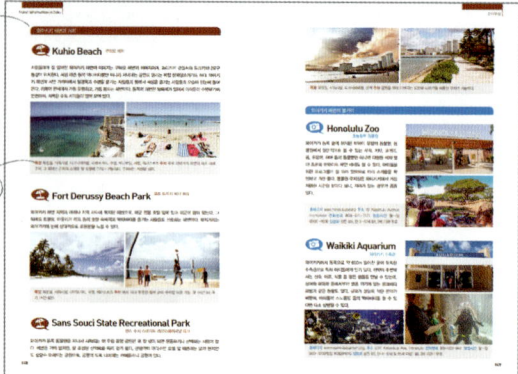

상세 정보
해당 업소의 홈페이지, 주소, 전화번호, 영업 시간 등의 정보를 일목요연하게 정리하였습니다.

쇼핑
명품부터 중저가 상품을 갖춘 쇼핑센터, 각종 식료품과 생필품을 판매하는 슈퍼마켓까지 해당 지역의 다양한 쇼핑 숍을 소개합니다.

먹거리
현지인이 많이 찾는 레스토랑부터 멋진 분위기의 레스토랑까지 다양한 레스토랑을 소개합니다. 레스토랑의 이름 옆에는 대략적인 비용을 '$'로 표시하였습니다. $는 $10 이하, $$는 $11~20, $$$는 $21~30, $$$$는 $31 이상이며, 음료, 세금, 팁을 포함하지 않은 금액입니다.

저자 추천
저자가 추천하는 레스토랑을 표시하였습니다.

숙소
호텔과 콘도로 구분하여 소개합니다. 콘도 타입 숙소는 아이콘 아래 따로 표시를 해 쉽게 파악할 수 있습니다.

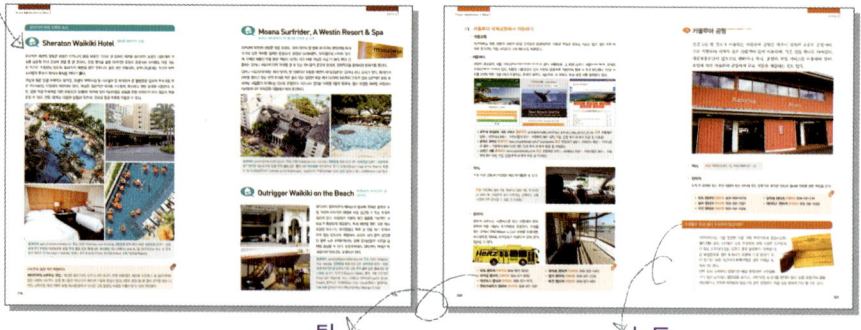

팁
여행에 있어서 실질적으로 도움이 되는 팁을 소개합니다.

노트
본문 내용 중 도움이 되는 정보를 자세히 설명합니다.

스페셜 페이지
하와이만의 독특한 문화나 하와이에서 만날 수 있는 특별한 여행지, 또한 알아두면 요긴한 정보를 스페셜 페이지로 소개합니다.

부록 지도
부록으로 들어있는 2장의 지도는 560X400mm 크기입니다. 오아후의 와이키키, 다운타운, 노스쇼어, 호놀룰루 근교, 와이키키 서부&알라모아나, 할레이바, 하와이 카이 세부지도를 1장의 지도에 담았습니다. 또한 마우이섬의 하나로 가는 길, 라하이나, 키헤이, 카아나팔리 세부지도와 빅아일랜드(하와이섬)의 코나코스트, 사우스코나, 카일루아-코나, 힐로, 화산국립공원 세부지도를 1장의 지도에 담았습니다.

지도 아이콘

- ● 볼거리
- 🍴 음식점
- 🏠 숙소
- 🛒 슈퍼마켓
- 쇼핑몰
- 렌터카
- 해변
- 스노쿨링
- ✈ 공항
- 선착장
- P 무료주차장
- P 유료주차장
- 공원
- 커피숍
- 산
- 골프장

Part01
하와이 여행 준비하기

Section01 **하와이, 그곳이 궁금하다** · 026
  01. 하와이 기본 상식 · 026
  02. 하와이 알고 가기 · 027
  03. 하와이의 문화 · 028

Section02 **하와이 여행 계획하기** · 030
  01. 하와이의 섬 · 030
  02. 여행 패턴 정하기 · 032
  03. 여행 예산 짜기 · 033

Special **하와이의 축제** · 036
  04. 여권과 비자, 여행자보험 · 038
  05. 항공권 예약하기 · 039
  06. 숙소 정하고 예약하기 · 041
  07. 렌터카 예약하기 · 045

Special **하와이의 운전법규** · 048

Section03 **현지에서는 이렇게!** · 050
  01. 하와이 호텔 이용에 대한 모든 것 · 050
  02. 렌터카 픽업부터 반납까지 · 055
  03. 빨래하기 · 062
  04. 슈퍼마켓에서 필요한 물품 구입하기 · 063
  05. 응급상황 대처하기 · 065

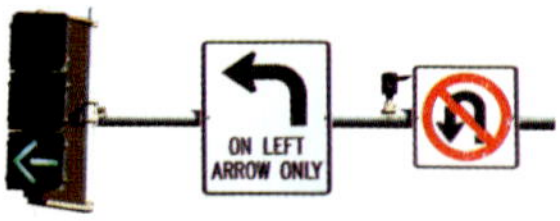

Part02
하와이 미리보기

Section 01 해변 100배 즐기기 · 068
  01. 하와이의 해변 즐기기 · 068
  02. 스노클링 in 하와이 · 069

Special 하와이 바다에 사는 수중생물은? · 072

Special 영화, 드라마 속 하와이 · 074

Section 02 배가 부르면 마음도 부르다! · 077
  01. 하와이의 먹거리 · 077
  02. 하와이 전역에서 만나볼 수 있는 체인 레스토랑 · 081
  03. 간편한 한 끼, 패스트푸드 전문점 · 088
  04. 오픈 테이블에서 레스토랑 예약하기 · 090

Special 아이와 함께하는 하와이 여행 · 091

Part03
하와이 따라가기

Section 01 오아후섬에서의 추천 루트 · 094
  01. 하와이 추천 일정 · 094
  02. 4박 6일 오아후섬 추천 루트 · 095

Section 02 이웃 섬에서의 추천 루트 · 099
  01. 2박 3일 마우이섬 추천 루트 · 099
  02. 2박 3일 카우아이섬 추천 루트 · 101
  03. 3박 4일 빅아일랜드 추천 루트 · 103

Section 03 내 손안에 하와이 지도 · 106
  01. 구글지도 · 106
  02. 구글지도 복사 · 106
  03. 문제 해결 · 107

Part04
오아후섬의 지역별 정보

MAP 오아후섬

Section01 고민 없이 즐기는 오아후 추천 루트 · 112
- **Route 1** 노스 쇼어 당일 루트 1 · 112
- **Route 2** 노스 쇼어 당일 루트 2 · 113
- **Route 3** 하와이 동부 당일 루트 · 114
- **Route 4** 진주만 + 다운타운 당일 루트 · 115
- **Route 5** 다이아몬드 헤드 트레킹 + 알라 모아나 + 탄탈루스 당일 루트 · 116
- 01. 오아후섬에서 즐기는 액티비티 · 117
- 02. 오아후섬의 해변 · 124

Special 오아후섬 해변, 스노클링 완전정복 · 126

OAHU BEST 오아후섬에서 놓치지 말아야 할 추천 베스트 · 128

Section02 오아후섬, 출발부터 도착까지 · 130
- 01. 오아후섬 기초 정보 · 130
- 02. 오아후섬 내 소요 시간 · 130
- 03. 오아후섬으로 가는 법 · 131
- 04. 호놀룰루 국제공항 · 131

Section03 오아후섬의 대중교통 · 137
- 01. 더 버스 · 137
- 02. 트롤리 · 140
- 03. 택시 · 142
- 04. 렌터카 · 142
- 05. 기타 이동수단 · 142

Special 와이키키에서 주차하기 · 143

Area01 와이키키 해변 · 146 **MAP**
- 와이키키 해변과 거리 · 148
- 와이키키 해변의 볼거리 · 149
- 와이키키 해변에서 쇼핑하기 · 151
- 와이키키 해변의 레스토랑 · 155
- 와이키키 비치 워크 내 레스토랑 · 161
- 와이키키 해변의 쇼핑 센터 내 레스토랑 · 163

　　　　　　와이키키 해변의 호텔 레스토랑·166
　　　　　　와이키키 해변의 디저트 & 커피·169
Ｓｐｅｃｉａｌ　와이키키에서 즐기는 무료 공연과 체험·173
　　　　　　와이키키 비치 지역의 숙소·174
　　　　　　와이키키 해변에서 한 블록 떨어진 지역의 숙소·180
　　　　　　와이키키 해변 지역 시내의 숙소·184
Ｓｐｅｃｉａｌ　오아후섬의 숙소·192
Ｓｐｅｃｉａｌ　나도 모르게 신용카드가 결제되었어요!·193
Ａｒｅａ０２　**와이키키 서부 & 알라 모아나·194** MAP
　　　　　　와이키키 서부 & 알라 모아나의 해변·196
　　　　　　와이키키 서부 & 알라 모아나에서 쇼핑하기·196
　　　　　　와이키키 서부 & 알라 모아나의 먹거리·198
　　　　　　와이키키 서부 & 알라 모아나의 한국 음식점·204
　　　　　　와이키키 서부 & 알라 모아나의 한국 슈퍼마켓·206
　　　　　　와이키키 서부 & 알라 모아나의 숙소·207

Ｓｐｅｃｉａｌ　게와 랍스터가 먹고 싶을 때?·210
Ａｒｅａ０３　**다운타운·212** MAP
　　　　　　다운타운의 볼거리·213
　　　　　　다운타운에서 쇼핑하기·217
　　　　　　다운타운의 먹거리·217

Ａｒｅａ０４　**호놀룰루 근교·220** MAP
　　　　　　호놀룰루의 해변·221
　　　　　　호놀룰루의 볼거리·221
　　　　　　호놀룰루에서 쇼핑하기·228
　　　　　　호놀룰루의 먹거리·228
　　　　　　호놀룰루의 숙소·233

Ａｒｅａ０５　**하와이 카이·234** MAP
　　　　　　하와이 카이의 해변·235
　　　　　　하와이 카이의 볼거리·238
　　　　　　하와이 카이의 먹거리·240

Ａｒｅａ０６　**카일루아-카네오헤의 해변·242** MAP
　　　　　　카일루아-카네오헤의 해변·242
　　　　　　카일루아-카네오헤의 볼거리·242
　　　　　　카일루아-카네오헤의 먹거리·247

Ａｒｅａ０７　**노스 쇼어·250** MAP

CONTENTS

　　　　　노스 쇼어의 해변 · 251
　　　　　노스 쇼어의 볼거리 · 254
　　　　　노스 쇼어의 먹거리 · 256
　　　　　노스 쇼어의 숙소 · 257

Special　카후쿠의 새우트럭 · 258

Area 08　할레이바 · 260 `MAP`
　　　　　할레이바의 해변 · 261
　　　　　할레이바의 먹거리 · 261

Special　할레이바의 새우트럭 · 264

Area 09　리워드 코스트 · 265 `MAP`
　　　　　리워드 코스트의 해변 · 266
　　　　　리워드 코스트의 볼거리 · 267
　　　　　리워드 코스트의 먹거리 · 269
　　　　　리워드 코스트의 숙소 · 272

Area 10　진주만 · 274 `MAP`
　　　　　진주만의 해변 · 275
　　　　　진주만의 볼거리 · 275
　　　　　진주만에서 쇼핑하기 · 278
　　　　　진주만의 먹거리 · 279

Section 04　오아후섬 쇼핑의 모든 것 · 280
　　　　　01. 와이켈레 프리미엄 아울렛 · 281
　　　　　02. 알라 모아나 쇼핑센터 · 285
　　　　　03. 로얄 하와이안 센터 · 292
　　　　　04. 푸알레일라니 아트리움 숍스 · 297
　　　　　05. T 갤러리아 DFS · 298
　　　　　06. 인터내셔널 마켓플레이스 · 298
　　　　　07. 와이키키 비치 워크 · 299
　　　　　08. 럭셔리 로 · 300
　　　　　09. 카할라 몰 · 300
　　　　　10. 워드 빌리지 · 301

Part 05
마우이섬의 지역별 정보

MAP 마우이섬

Section 01 고민 없이 즐기는 마우이 추천 루트 · 308
- **Route 1** 마우이 서부 당일 루트 · 308
- **Route 2** 마우이 중부 당일 루트 · 309
- **Route 3** 할레아칼라 일출, 일몰 당일 루트 · 310
- **Route 4** 하나로 가는 길 당일 루트 · 311

01. 마우이섬에서 즐기는 액티비티 · 312
02. 마우이섬의 해변 · 320

Special 마우이섬 해변, 스노클링 완전정복 · 322

MAUI BEST 마우이섬에서 놓치지 말아야 할 추천 베스트 · 326

Section 02 마우이섬, 출발부터 도착까지 · 328
01. 마우이섬 기초 정보 · 328
02. 마우이섬 내 소요 시간 · 328
03. 마우이섬으로 가는 법 · 328
04. 카훌루이 국제공항 · 329
05. 카팔루아 공항 · 331

Section 03 마우이섬의 대중교통 · 332
01. 마우이 버스 · 332
02. 카아나팔리 트롤리 · 333
03. 택시 · 333
04. 렌터카 · 333

Area 01 라하이나 · 334 **MAP**
라하이나의 해변 · 335
라하이나의 볼거리 · 336

Special 라하이나의 역사적인 사적지 · 338
라하이나에서 쇼핑하기 · 341
라하이나의 먹거리 · 342
라하이나의 숙소 · 346

Area 02 카아나팔리 · 348 **MAP**
카아나팔리의 해변 · 349
카아나팔리에서 쇼핑하기 · 350

CONTENTS

카아나팔리의 먹거리 · 350
카아나팔리의 숙소 · 352

Area 03　카팔루아 · 357 MAP
카팔루아의 해변 · 358
카팔루아의 볼거리 · 359
카팔루아의 먹거리 · 360
카팔루아의 숙소 · 362

Area 04　키헤이 · 364 MAP
키헤이의 해변 · 365
키헤이의 볼거리 · 365
키헤이의 먹거리 · 366
키헤이의 숙소 · 368

Area 05　와일레아 & 마케나 · 370 MAP
와일레아의 해변 · 371
마케나의 해변 · 372
와일레아 & 마케나에서 쇼핑하기 · 374
와일레아 & 마케나의 먹거리 · 375
와일레아 & 마케나의 숙소 · 377

Area 06　마알라에아 · 381 MAP
마알라에아의 볼거리 · 381
마알라에아의 먹거리 · 382

Area 07　카훌루이 & 와일루쿠 · 383 MAP
카훌루이 & 와일루쿠의 볼거리 · 384
카훌루이 & 와일루쿠에서 쇼핑하기 · 386
카훌루이 & 와일루쿠의 먹거리 · 386

Area 08　파이아 · 389 MAP
파이아의 해변 · 390
파이아에서 쇼핑하기 · 391
파이아의 먹거리 · 391

Area 09　하나로 가는 길 · 394 MAP
01. 하나로 가는 길, 알아두면 좋은 것들 10가지 · 397
02. 하나로 가는 길의 명소들 · 399
03. 하나 · 404
하나의 해변 · 404
하나에서 쇼핑하기 · 405
하나의 먹거리 · 405

하나의 숙소 · 406
04. 하나를 지나서 · 406

Area10   할레아칼라 국립공원과 근교 · 409 MAP
할레아칼라 국립공원과 근교의 볼거리 · 410
할레아칼라 국립공원과 근교의 먹거리 · 411

Special   할레아칼라 국립공원 여행 · 412

Part06
카우아이섬의 지역별 정보

MAP 카우아이섬

Section01   고민 없이 즐기는 카우아이섬 추천 루트 · 424
Route 1   카우아이 북부 당일 루트 · 424
Route 2   카우아이 남부 당일 루트 · 425
Route 3   카우아이 동부 당일 루트 · 426

01. 카우아이에서 즐기는 액티비티 · 427
02. 카우아이섬의 해변 · 434

Special   카우아이 해변, 스노클링 완전정복 · 436
KAUAI BEST   카우아이섬에서 놓치지 말아야 할 추천 베스트 · 438

Section02   카우아이섬, 출발부터 도착까지 · 440
01. 카우아이섬 기초 정보 · 440
02. 카우아이섬 내 소요 시간 · 440
03. 카우아이섬으로 가는 법 · 440
04. 리후에 국제공항 · 441

Section03   카우아이섬의 대중교통 · 443
01. 카우아이 버스 · 443
02. 택시 · 443
03. 렌터카 · 443

Area01   프린스빌 & 하날레이의 해변 · 444 MAP
프린스빌 & 하날레이의 해변 · 444
프린스빌 & 하날레이의 볼거리 · 448
프린스빌 & 하날레이의 먹거리 · 450

Special   칼랄라우 트레일 · 453
프린스빌 & 하날레이의 숙소 · 456

CONTENTS

Area 02 카파아 & 와일루아 · 458 MAP
- 카파아 & 와일루아의 해변 · 459
- 카파아 & 와일루아의 볼거리 · 460
- 카파아 & 와일루아에서 쇼핑하기 · 461
- 카파아 & 와일루아의 먹거리 · 462
- 카파아 & 와일루아의 숙소 · 465

Area 03 리후에 · 468 MAP
- 리후에의 해변 · 468
- 리후에의 볼거리 · 469
- 리후에에서 쇼핑하기 · 470
- 리후에의 먹거리 · 471
- 리후에의 숙소 · 474

Area 04 포이푸 & 콜로아 · 475 MAP
- 포이푸 & 콜로아의 해변 · 476
- 포이푸 & 콜로아의 볼거리 · 477
- 포이푸 & 콜로아에서 쇼핑하기 · 478
- 포이푸 & 콜로아의 먹거리 · 479
- 포이푸 & 콜로아의 숙소 · 482

Area 05 하나페페 · 485 MAP
- 하나페페의 볼거리 · 485
- 하나페페의 해변 · 487
- 하나페페의 먹거리 · 487

Area 06 와이메아 캐니언 · 489 MAP
- 와이메아 캐니언의 볼거리 · 490
- 와이메아 캐니언의 먹거리 · 492

Part 07
빅아일랜드(하와이섬)의 지역별 정보

MAP 빅아일랜드(하와이섬)

Section 01 고민 없이 즐기는 빅아일랜드 추천 루트 · 498
- Route 1 빅아일랜드 당일 루트 · 498
- Route 2 빅아일랜드 1박 2일 루트 · 499
- Route 3 힐로/파호아 당일 루트 · 500

Route 4 카일루아 코나 당일 루트 · 501
Route 5 코할라 코스트와 마우나 케아 당일 루트 · 502
01. 빅아일랜드에서 즐기는 액티비티 · 503
02. 빅아일랜드의 해변 · 508

Special 빅아일랜드 해변, 스노클링 완전정복 · 510
BIG ISLAND BEST 빅아일랜드에서 놓치지 말아야 할 추천 베스트 · 514

Section 02 빅아일랜드, 출발부터 도착까지 · 516
01. 빅아일랜드 기초 정보 · 516
02. 빅아일랜드 내 소요시간 · 516
03. 빅아일랜드로 가는 법 · 516
04. 코나 국제공항 · 517
05. 힐로 국제공항 · 518

Section 03 빅아일랜드의 대중교통 · 520
01. 헬레온 버스 · 520
02. 케아우호우 리조트 트롤리 · 520
03. 택시 · 521
04. 렌터카 · 521

Area 01 카일루아–코나 · 522 `MAP`
카일루아–코나의 볼거리 · 523
카일루아–코나에서 쇼핑하기 · 524
카일루아–코나의 먹거리 · 525
카일루아–코나의 숙소 · 530

Area 02 코나 코스트 · 532 `MAP`
코나 코스트의 해변 · 533
코나 코스트의 볼거리 · 534
코나 코스트에서 쇼핑하기 · 535
코나 코스트의 먹거리 · 535
코나 코스트의 숙소 · 538

Special 코나 커피벨트 · 541

Area 03 사우스 코나 · 546 `MAP`
사우스 코나의 해변 · 547
사우스 코나의 볼거리 · 548
사우스 코나의 먹거리 · 550

Area 04 카우 · 552 `MAP`
카우의 해변 · 553
카우의 볼거리 · 554
카우의 먹거리 · 554

CONTENTS

Special 하와이 화산 국립공원 · 555

Area 05 힐로 북부 · 564 MAP
　힐로 북부의 볼거리 · 564

Area 06 힐로 · 566 MAP
　힐로의 해변 · 567
　힐로의 볼거리 · 567
　힐로의 먹거리 · 571
　힐로의 숙소 · 573

Area 07 푸나 & 파호아 · 574 MAP
　푸나 & 파호아의 해변 · 574
　푸나 & 파호아의 볼거리 · 576
　푸나 & 파호아의 먹거리 · 577

Area 08 와이콜로아 · 578 MAP
　와이콜로아의 해변 · 579
　와이콜로아의 볼거리 · 581
　와이콜로아에서 쇼핑하기 · 582
　와이콜로아의 먹거리 · 583
　와이콜로아의 숙소 · 584

Area 09 코할라 코스트 · 587 MAP
　코할라 코스트의 해변 · 587
　코할라 코스트의 볼거리 · 588
　코할라 코스트의 먹거리 – 하위 지역 · 589
　코할라 코스트의 먹거리 – 카와이하에 지역 · 590

Area 10 와이메아 · 592 MAP
　와이메아의 볼거리 · 592
　와이메아의 먹거리 · 593

Area 11 호노카아 · 596 MAP
　호노카아의 볼거리 · 596
　호노카아의 먹거리 · 597

Special 마우나 케아 · 599

Part08
라나이의 지역별 정보

MAP 라나이

Section 01　고민 없이 즐기는 라나이 추천 루트 · 606
　　　　　　Route 1　라나이 당일 루트 · 606
　　　　　　Route 2　마우이에서 라나이 당일 루트 · 607

LANAI BEST　라나이에서 놓치지 말아야 할 추천 베스트 · 608

Section 02　라나이, 출발부터 도착까지 · 610
　　　　　　01. 라나이 기초 정보 · 610
　　　　　　02. 라나이로 가는 법 · 610
　　　　　　03. 라나이 공항 · 610
　　　　　　04. 마넬레 항구 · 611

Section 03　라나이의 대중교통 · 612
　　　　　　01. 렌터카 · 612

Area 01　라나이 시티 · 613　MAP
　　　　　라나이 시티의 볼거리 · 614
　　　　　코나 코스트의 먹거리 · 614
　　　　　코나 코스트의 숙소 · 617

Area 02　마넬레 베이 · 618　MAP
　　　　　마넬레 베이의 볼거리 · 619
　　　　　마넬레 베이의 먹거리 · 619
　　　　　마넬레 베이의 숙소 · 621

Area 03　라나이섬 북부 · 623
　　　　　라나이 시티의 볼거리 · 623

하와이 제도
Hawaiian Islands

- 나팔리 코스트 Napali Coast
- 와이메아 캐년 Waimea Canyon
- 카우아이섬 Kauai
- 카파아 Kapaa
- 리후에 Lihue
- 리후에 국제공항 Lihue International Airport
- 포이푸 Poipu
- 니하우섬 Nihau
- 노스 쇼어 North Shore
- 할레이바 Haleiwa
- 오아후섬 Oahu
- 리워드 코스트 Leeward Coast
- 진주만 Pearl Harbor
- 카일루아 Kailua
- 호놀룰루 국제공항 Honolulu International Airport
- 호놀룰루 Honolulu
- 하와이 카이 Hawaii Kai

카우아이섬

PART 06

정원의 섬(Garden Isle)이라는 별명을 가진 카우아이는 하와이에서 가장 많은 영화가 촬영된 섬이며, 미국에서 가장 아름다운 해안선 중 하나인 나팔리 코스트를 품에 안고 있다. 섬 어디를 가도 녹음이 가득한 카우아이는 도로로 갈 수 있는 곳이 제한되어 있어 보트나 헬리콥터, 트레일 등을 이용해야 구석구석 둘러볼 수 있다.

오아후섬

PART 04

오아후섬은 하와이에 도착하면 처음으로 만나게 되는 하와이의 첫인상이다. 약 95만 명의 인구가 살고 있는 섬으로, 대도시 호놀룰루를 벗어나면 조용하고 아름다운 하와이의 매력을 느낄 수 있다. 마우이, 빅 아일랜드, 카우아이로 떠나기 위한 경유지의 역할도 하지만, 쇼핑의 천국이기 때문에 쇼핑을 좋아하는 사람이라면 늘어날 짐을 생각하여 오아후를 일정의 마지막에 넣을 수밖에 없다.

마우이섬

PART 05

여행자들이 사랑해 마지않는 섬, 마우이. 아름다운 바다, 웅장한 산 그리고 로맨틱한 거리까지 갖춘 마우이는 아무리 오랜 시간을 있어도 질리지 않을 만큼 매력으로 가득하다. 휴식과 멋진 자연 풍광을 한 번에 잡을 수 있는, 하와이에서 2번째로 많은 여행자가 방문하는 섬이다. 특히, 할레아칼라에서의 일출은 잊지 못할 기억이 될 것이다.

빅아일랜드

PART 07

빅아일랜드는 하와이에서 가장 큰 섬이자 가장 젊은 섬으로 하와이섬이라고도 불린다. 여전히 진행되는 화산활동 덕분에 하와이 제도의 섬 중에서 가장 다이나믹한 자연환경으로 볼거리가 많다. 빅아일랜드는 마우나 케아와 마우나 로아라는 거대한 산이 중심에 위치한 10,432㎢의 섬으로 하와이 제도의 주요 섬을 합친 것보다 넓다. 두 개의 산을 기준으로 카일루아-코나와 와이콜로아가 있는 서쪽에는 비가 적게 오고 맑은 날이 많아 리조트가 모여 있고, 힐로가 있는 동쪽은 비가 많이 와 열대우림, 폭포 등 자연환경이 풍요롭다.

몰로카이섬 Molokai

카팔루아 공항 Kapalua Airport
카팔루아 Kapalua
라하이나 Lahaina
카훌루이 Kahului
카훌루이 국제공항 Kahului International Airport
라나이섬 Lanai
키헤이 Kihei
마우이섬 Maui
하나 Hana
마넬레 보트 선착장 Manele Small Boat Harbor
와일레아 Wailea
할레아칼라 국립공원 Haleakala national Park
카호올라웨섬 Kaho'olawe

라나이섬

PART 08

하와이의 가장 럭셔리한 섬으로 알려진 라나이섬은 과거에는 파인애플로 유명한 돌(Dole)사의 소유로 하와이 파인애플 농장의 중심지 중 하나였다. 남쪽의 포시즌스 리조트를 제외하면, 섬 중심에 위치한 라나이 시티가 섬에 위치한 마을의 전부이다. 섬 일부만 개발되어 있어 중심 도로를 제외하면 4WD 차량이 있어야만 섬의 곳곳을 돌아다닐 수 있다.

코할라 코스트 Kohala Coast
와이콜로아 Waikoloa
마우나 케아 Mauna Kea
힐로 Hilo
코나 국제공항 Kona International Airport
힐로 국제공항 Hilo International Airport
카일루아 코나 Kailua Kona
빅아일랜드(하와이섬) Big Island(Island of hawaii)
사우스 코나 South Kona
하와이 화산 국립공원 Hawaii Volcano National Park
카우 Kau

Part
01

Ready for Hawaii

하와이 여행 준비하기

한 번 방문했던 여행자라면 다시 또 가고 싶어지는 여행지 하와이는 신혼여행 그리고 가족 여행지로 최고의 주가를 달리는 중이다. 하와이는 아무것도 모르고 가더라도 충분히 즐기고 올 수 있을 만큼 제반시설이 잘 마련되어 있지만, 그래도 기본적인 정보들을 알고 가면 여행이 두 배로 즐거워질 것이다.

Ready for Hawaii

Section 01
하와이, 그곳이 궁금하다

1년 내내 날씨가 온화한 하와이는 미국의 한 주이지만, 이국적인 분위기 때문에 미국사람들도 다른 나라처럼 여기는 경우가 많다. 다만 팁 문화만큼은 미국과 동일하다. 여기서는 미리 알고 가면 좋을 정보들을 살펴보자.

01 하와이 기본 상식

01 하와이의 평균 날씨

하와이는 1년 내내 날씨가 온화하여 계절과 관계없이 여행하기에 최적의 조건을 갖추고 있다. 5월부터 10월까지를 여름, 11월부터 4월까지를 겨울로 구분하며 겨울에는 바람 때문에 파도가 높고 강수량이 다소 늘어난다. 최고 온도는 겨울철 26~27도, 여름철 29도 정도로 일 년 내내 여름 날씨라고 봐도 무방하다. 전체적으로 하와이의 기온과 강수량은 비슷하지만, 마우이의 하나 Hana 와 빅아일랜드의 힐로 Hilo 와 같이 연평균 강수량이 높은 지역도 있다. 또한, 할레아칼라 정상과 마우나케아 정상 그리고 하와이 화산 국립공원은 평균 기온보다 7~10도 정도 낮다.

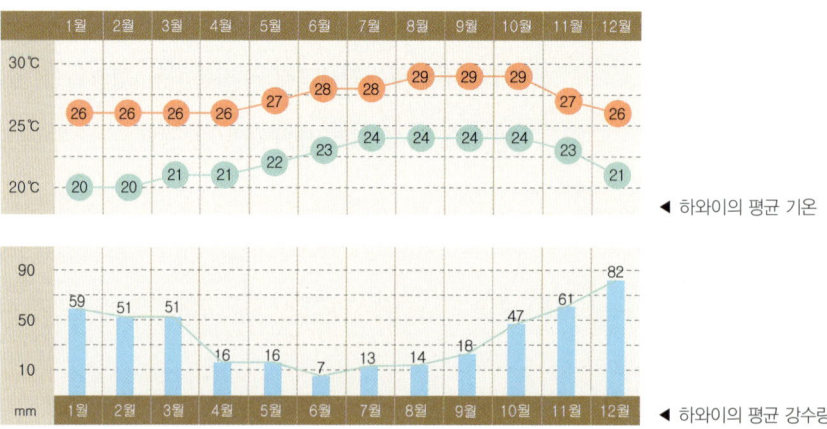

◀ 하와이의 평균 기온

◀ 하와이의 평균 강수량

02 하와이의 통화

하와이는 미국 본토와 동일하게 달러화를 사용한다. $1, $5, $10, $20, $50, $100 권 지폐가 사용되나, $50과 $100 권은 받기를 거부하는 곳이 있으므로 $20권 단위 위주로 챙겨가는 것이 좋다. 또한 팁으로 $1이 많이 사용되므로 역시 넉넉하게 준비하면 유용하다. 환율은 2018년 3월 기준 1,065원이다.

03 전압과 플러그

미국은 110V, 11자 형태의 플러그를 사용한다. 플러그에는 접지를 위한 코드가 하나 더 있으며 익숙한 11자 형태의 플러그도 사용 가능하다. 한국의 철물점이나 다이소 등에서 300~500원이면 구매할 수 있다.

02 하와이 알고 가기

01 어떤 옷을 챙겨가야 할까?

하와이에서는 1년 내내 맑은 날 한낮에는 반소매를 입고 다녀도 무방하다. 다만 해가 지기 시작하면 온도가 많이 떨어지고 바람이 불기 때문에, 가벼운 카디건과 같은 긴소매 옷을 가져가면 좋다. 평균적인 일교차는 8~10도로, 낮에 외부에 있을 때는 항상 덥지만 호텔, 쇼핑몰, 레스토랑 등의 장소에서는 에어컨을 강하게 틀기 때문에 다소 춥게 느껴질 수도 있어 긴소매 옷이 유용하다.

여행 기간 중 고급 레스토랑에 갈 일이 있다면 남자는 셔츠와 면바지, 여자는 간편한 드레스와 그에 맞는 신발을 챙기면 좋다. 낮에 반소매에 샌들을 신고 다니던 사람들도 저녁이 되면 제대로 갖춰 입는 모습을 심심찮게 볼 수 있다.

할레아칼라나 마우나 케아같이 해발 고도가 높은 지역을 방문할 예정이라면 충분한 보온을 할 수 있는 옷을 준비하는 것이 좋다. 또한, 힐로와 같이 비가 많이 오는 지역은 춥고 바람이 많이 불기도 하므로, 바람막이를 하나 준비하는 것이 현명하다.

1년 내내 우리나라의 여름 같은 날씨를 보이는 하와이인만큼, 비치웨어와 나풀나풀한 원피스를 살 수 있는 곳도 많다. 하와이에서 판매되는 수영복에는 패드가 들어있지 않은 제품이 많아 한국 여성들의 취향에는 잘 맞지 않을 수 있다. 대안을 원한다면 빅토리아 시크릿Victoria Secret의 수영복 코너를 찾아보자. 훌륭한 수영복을 찾을 수 있을 것이다.

02 한국과의 시차 계산하기

하와이와 한국의 시차는 19시간이다. 그래서 한국에서 저녁 비행기로 출발하면 하와이에는 같은 날 아침에 도착하게 된다. 하와이에서 한국 시간을 쉽게 계산하려면 현재 시간에서 5시간을 뺀 뒤, 하루를 더하면 된다. 반대로 한국으로 돌아갈 때는 총 비행시간에 19시간이 더해지므로, 무조건 하루가 넘어가게 된다.

03 간단한 인사말

- **알로하** Aloha : 알로하는 '안녕하세요, 환영합니다, 안녕히 가세요.'라는 의미 외에도 애정, 평화, 연민 등의 다양한 긍정적 의미를 포함하고 있는 단어이다. 하와이에서 가장 많이 쓰이고, 가장 많이 들을 수 있는 말이다.
- **마할로** Mahalo : 주로 고맙다는 표현을 할 때 사용하지만, 실제로 그 의미의 폭이 더 넓게 활용된다.
- **샤카** Shaka : 엄지와 새끼손가락을 펴고 나머지 세 손가락을 접는 샤카 제스처는 하와이 사람들이 가장 많이 사용하는 제스처이다. '안녕, 고마워, 잘 지내.' 등과 같이 다양한 의미로 사용된다. 운전하다가 양보를 했을 경우에도 이 샤카 제스처를 볼 수 있다.

03 하와이의 문화

01 훌라 Hula

하와이 제도의 전통적인 춤으로, 남성만이 종교의식으로 추던 춤이었다. 시간이 지나면서 여성도 훌라를 출 수 있게 되고, 현재와 비슷한 형태를 띠게 되었다. 숭배의 의미가 있었지만, 지금은 다소 상업화되었다는 평이 많다.

02 우쿨렐레 Ukulele

하와이의 대표적인 4현의 발현악기로, 1870년대에 포르투갈계의 폴리네시아인들로부터 도입된 것으로 알려져 있다. 음색이 부드러운 화음악기로 가벼운 연주 등에 주로 활용된다.

03 레이 Lei

하와이에서 사용되는 꽃이나 잎, 양치류 등으로 만든 목걸이. 손님의 목에 걸어주며, 환영과 애정의 의미를 지니고 있다. 조개 등과 같은 재료를 사용하기도 한다.

04 팁 문화

하와이는 미국 본토와 마찬가지로 팁 문화가 발달해 있다. 한국 사람들은 팁에 익숙하지 않은 만큼 별도의 추가 비용이 나가는 것처럼 느껴지지만, 서비스에 대한 비용을 지불한다고 생각하면 조금 이해할 만하다.

- **레스토랑 – 15~20%**

일반적으로 레스토랑에서 식사할 경우 식사 금액의 15~20% 정도를 팁으로 주는 것이 일반적이다. 보통 점심은 15% 정도를 주는 것이 무난하며, 음식과 서비스가 아주 마음에 들었을 때 그리고 저녁식사는 18~20% 정도를 주면 적당하다. 보통 계산서를 받을 때는 팁 금액이 빠져있는 것이 기본이나, 단체 손님 및 동양인에게는 미리 팁이 포함된 계산서를 주기도 하므로 잘 확인해야 한다. TIP 또는 GRATUITY라고 표기된다.

현금으로 계산할 때는 거스름돈을 받고 난 뒤, 팁을 테이블이나 계산서 홀더에 올려놓고 나오면 된다. 신용카드의 경우 결제 영수증에 팁 금액과 총금액을 적은 뒤 사인하면 팁을 포함한 금액이 결제되므로, 별도로 팁을 현금으로 준비하지 않아도 된다. 익숙해지면 신용카드로 팁을 주는 것이 더 편리하기는 하지만, 보통 현금으로 주는 팁을 선호하는 서버가 많다. 팁은 서비스를 받은 경우에 주는 것이기 때문에 슈퍼마켓이나 패스트푸드점, 테이크아웃 같이 별도의 서비스가 없는 곳에서는 팁을 주지 않아도 무방하다.

- **호텔 벨맨 – 짐당 $1**

호텔에 도착해서 가장 먼저 만나게 되는 사람이 벨맨이다. 짐을 직접 가지고 객실로 가는 경우에는 만날 일이 없지만, 차를 가지고 도착하거나 짐이 많을 때는 벨맨에게 부탁하면 편하게 짐을 객실까지 옮길 수 있다. 보통 벨맨에게 부탁한 짐 한 개당 $1을 주며, 짐이 아주 많을 경우에는 $5 정도를 준다.

- **호텔 서비스 요청 – $1~2**

호텔에서 슬리퍼나 수건, 욕실용품 추가 요청 등을 해서 물건을 받았을 때는 $1~2 정도의 팁을 주는 것이 일반적이다.

- **하우스키퍼 – $1~2**

객실을 청소하는 하우스키퍼에게 남겨두는 팁으로 베게 위에 올려놓으면 된다.

- **발레파킹 – $2**

발레파킹을 맡겼다가 되찾을 때 팁을 주는데, 보통 $2를 주는 경우가 많으나 고급 호텔에서는 조금 더 주기도 하다. 발레파킹으로 맡긴 차를 여러 번 찾을 경우 이 팁도 은근히 부담된다.

- **택시 – 10%**

택시를 탔을 때에도 요금에 따른 팁을 주는 것이 일반적이다. 택시에 실은 짐이 많을 경우 팁을 조금 더 준다.

- **셔틀버스 – $1~2**

렌터카 회사의 셔틀버스 등을 탔을 때, 짐을 싣는 것을 도와주는 경우가 있는데 보통 그에 따른 감사의 의미로 팁을 주지만 상황에 따라 주지 않는 경우도 꽤 있다.

Ready for Hawaii

Section 02
하와이 여행 계획하기

오아후섬만을 찾던 과거와는 달리, 최근에는 1개 이상의 섬을 방문하는 것이 하와이의 여행 패턴이 되어가고 있다. 여행 일정과 예산을 잘 계획해서 다양한 모습의 하와이를 만나보자.

01 하와이의 섬

01 어느 섬을 방문할까?

오아후섬은 호놀룰루 국제공항이 있어 필수로 들르게 되지만, 그 외의 섬은 자신의 취향에 따라서 선택할 수 있다. 처음 하와이를 찾는 사람은 두 번째 방문할 섬으로 마우이섬을 많이 선택하며, 그다음으로 빅아일랜드섬과 카우아이섬을 선택한다. 라나이섬과 몰로카이섬도 관광할 수 있지만 방문 비중이 낮다.

- **오아후섬**

하와이에서 가장 많은 인구가 살고 있는 섬으로 쇼핑, 관광, 휴양 등 모든 것이 가능하다. 하와이에서 가장 많은 볼거리와 즐길 거리가 있는 섬인 만큼 3~4박 이상을 머물러야 제대로 둘러볼 수 있다. 쇼핑을 좋아한다면 머무는 기간을 조금 더 길게 잡아도 좋다.

- **마우이섬**

오아후섬 다음으로 많은 사람이 찾는 섬으로, 리조트 단지가 잘 조성되어 있어 휴식을 취하기에 좋다. 감동적인 일출을 볼 수 있는 '할레아칼라', 초승달 모양의 '몰로키니섬', 모험적인 드라이브 코스인 '하나로 가는 길'이 주요 관광 포인트이다.

- 카우아이섬

하와이의 그랜드 캐니언이라는 별명을 가진 '와이메아 캐니언'이 있는 카우아이섬은 바다가 잔잔한 여름이 가장 인기 있는 시즌이다. 인구가 적은 만큼 전체적으로 조용한 편이다. 하와이에서 가장 아름답다는 '칼랄라우 트레일'이 있다.

- 빅아일랜드(하와이섬)

하와이에서 가장 크고 젊은 섬으로 자연을 좋아하는 사람이 많이 찾는다. 전 세계적으로 유명한 '코나 커피'가 재배되는 곳이며, 지금도 활발하게 활동하는 '하와이 화산 국립공원'은 빅아일랜드의 필수 코스이다. 또한, 엄청나게 많은 별을 감상할 수 있는 '마우나 케아' 역시 빼놓을 수 없는 관광 포인트이다.

- 라나이섬

작은 섬이지만, 럭셔리함과 와일드한 자연을 즐기는 사람들이 찾는 여행지다. 거의 대부분의 투숙객이 포시즌스 리조트에 묵으며, 대부분의 도로가 비포장 도로이기 때문에 4WD차량이 필요하다.

02 몇 개의 섬을 방문할까?

많은 곳을 방문하고 싶겠지만 일정이 4박 이하라면 오아후섬만 다녀오고, 최소 5박 이상일 경우 1개의 섬을 추가하는 것이 좋다. 섬과 섬을 이동하는 날에는 공항 이동과 비행 시간이 많아 일정을 잡기 애매하기 때문이다. 일정 중 휴식을 고려한다면 1개의 섬에서 최소 3박을 해야만 섬의 매력을 조금이나마 느낄 수 있다. 한 섬에서 2박은 관광을 하느라 일정이 빡빡할 가능성이 크다. 오아후에서 당일치기로 옆 섬을 다녀오는 여행 상품도 있지만, 시간에 쫓기며 겉핥기만 하는 관광 일정이 되기 십상이다.

02 여행 패턴 정하기

패키지로 갈 것인가, 자유여행으로 갈 것인가는 하와이 여행을 준비하는 많은 사람이 공통으로 하는 고민이다. 하와이는 자유여행에 필요한 모든 기반시설이 잘 갖춰져 있어 자유여행을 하기 쉽다. 하와이의 묘미는 아름다운 자연을 원하는 시간만큼 둘러보고, 여러 맛집을 찾아다니는 데 있기 때문에 호텔 팩 또는 자유여행을 추천한다.

01 패키지

패키지여행은 여행을 처음 떠나거나 여행 준비에 자신이 없는 사람이 많이 선택한다. 하와이에 처음 도착하는 순간에서부터 짜인 일정대로 움직이는 여행은 하와이의 오래된 여행 방법이다. 유명한 포인트들을 겉핥기식으로 방문하고, 여러 가지 투어를 하고, 정해진 곳에서 밥을 먹는 여행은 하와이의 매력을 오히려 깎아 먹을 가능성이 크다. 패키지여행 특성상 단체로 움직이기 때문에, 신혼여행을 온 부부가 로맨틱한 기분을 내기가 어렵다는 단점도 있다. 또한, 이런 패키지여행에서 가이드는 오아후섬만을 관리하기 때문에, 이웃 섬을 일정에 추가했을 경우 이웃 섬 여행은 자유로 해야 하는 애매한 일정이 되기 쉽다.

02 세미 패키지

여행 일정을 직접 계획하고 싶지만, 항공편부터 호텔까지 예약하는 것이 번거롭다면 항공+호텔 포함 상품을 많이 이용하게 된다. 일반적으로 항공, 호텔 그리고 렌터카와 공항 왕복까지 포함되어 순수하게 일정만 신경 쓰면 되므로 준비시간이 부족한 여행자들에게 적합하다. 원할 경우 별도로 액티비티를 추가할 수 있다. 하와이는 모든 것이 포함된 패키지보다는 대부분 예약만 대행하는 세미 패키지가 많다.

03 자유여행

'최대한 저렴하게!'가 모토인 여행자들은 대부분 자유여행을 선택한다. 항공, 호텔, 렌터카 등 모든 것을 직접 예약하고 관리해야 하기 때문에 준비 시간이 다른 여행 패턴에 비해 많이 필요하다. 대신 직접 예약하면 비용을 많이 아낄 수 있는데, 호텔 팩과 동일한 등급의 숙소와 렌터카를 빌렸을 경우에는 2인당 약 80~100만 원을 절약할 수 있다. 만약 호텔 팩과 같은 예산을 세웠을 경우에는 더 등급이 높은 호텔에서 묵으면서, 레스토랑과 쇼핑에 조금 더 많은 비용을 투자할 수 있다.

03 여행 예산 짜기

하와이 여행 예산에서 가장 큰 비중을 차지하는 것은 항공권과 숙박비이다. 이어서 식비, 투어, 렌터카, 쇼핑 비용 등이 포함된다.

01 항목별 예산 계획하기

- **항공권**

인천 국제공항에서 호놀룰루 국제공항까지 직항은 주말 출도착 기준 1인당 약 100~120만 원 정도, 경유는 80~100만 원 정도이다. 평일 출발의 경우 종종 50~70만 원대의 항공권이 나오기도 한다. 하와이 섬 간을 이동하는 주내선은 1인당 왕복 15~20만 원 정도를 예상하면 되나, 좋은 시간대에는 가격이 더 높아진다.

- **숙박비**

잠만 자는 수준의 호텔을 원한다면 $150 이하, 콘도식 호텔 또는 평균 이상의 리조트 호텔을 원한다면 $200 전후, 고급 리조트에서 숙박하고자 한다면 $300 이상을 1일 예산으로 잡아야 한다. 자유여행의 경우 프라이스라인 비딩 등으로 높은 등급의 호텔에서 상대적으로 저렴하게 묵을 수 있으나, 객실을 선택할 수 없다는 단점이 있다.

- **식비**

저렴한 식당은 약 $7~10, 중간 수준의 레스토랑은 $20 전후, 고급 레스토랑은 $30 이상을 1인당 식비 예산으로 잡아야 한다. 메인식사 기준이며 애피타이저, 음료 등을 추가할 경우 금액이 늘어날 수 있다. 또한 15~20% 정도의 금액을 팁으로 지불해야 한다.

- **렌터카**

렌터카의 경우 보험 포함 중형급 차종으로 1일당 약 $60~70 정도, 컨버터블은 $80~90 정도를 예상하면 된다. 만약 렌터카를 하루만 빌린다면 대여 금액은 위 예시보다 조금 더 상승한다. 렌터카를 빌릴 때는 주차비, 유류비 등이 추가로 발생한다는 것을 고려해야 한다. 내비게이션이나 추가 운전자 등도 별도의 비용이 든다.

- **기타 비용**

현지 투어 및 쇼핑 비용과 물, 스노클링 장비 등을 구입하는 등의 기타 비용은 사람마다 다르다. 때문에 개인의 성향과 일정을 고려하여 예산을 잡아야 한다. 투어 가격은 현지 여행사 홈페이지를 참고하면 파악이 가능하다. 그 외 공항 셔틀버스 비용, 대중교통 비용 등도 예산에 넣어두면 좋다.

02 환전과 지불 방법

여행을 떠날 때면 현금을 사용해야 할지, 카드를 사용해야 할지에 대한 고민에 빠지기 쉬운데 하와이는 현금과 카드 중 어느 것을 사용해도 무방한 여행지이다. 다만, 여행자수표는 거부하는 곳이 많으므로 현금과 카드 위주로 준비하자. 또한 전체 비용을 모두 현금으로 지불하려고 마음먹었더라도 렌터카 예약, 호텔 체크인 등의 상황에는 신용카드가 꼭 필요하므로 최소한 1장은 준비해 가는 것이 좋다.

- **ATM 이용하기**

현금이 필요할 때 가장 손쉽게 이용할 수 있는 것이 ATM이다. 전신환 환율을 적용받기는 하지만 ATM 수수료 및 카드 브랜드 수수료가 적용되어 우대를 받아 환전하는 것보다는 비용이 조금 더 든다. 국제 현금카드 또는 체크카드에 PLUS, MAESTRO, CIRRUS, VISA, MASTERCARD 등의 마크가 있으면 대부분 이용 가능하다.

하와이에서는 ATM을 쉽게 발견할 수 있다. 외부에 있는 ATM이라도 안전하므로 사용해도 무방하지만, 가능하면 유명한 은행의 ATM을 이용할 것을 추천한다. First Hawaiian Bank, Bank of Hawaii, American Saving Bank, Central Pacific Bank 등이 하와이에서 쉽게 볼 수 있는 은행이다. 해외 브랜드 인출 수수료를 아끼고 싶다면 금융결제원에서 제공하는 EXK 서비스를 이용해보자. NYCE 마크가 있는 ATM에서는 네트워크 수수료가 면제된다. 발급 가능한 은행과 카드 종류는 홈페이지(www.exk.or.kr)를 참고하자.

  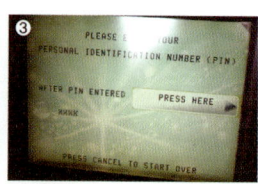
 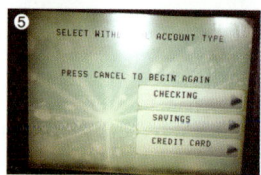 
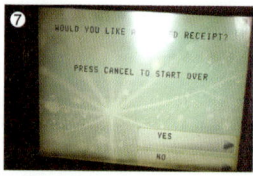 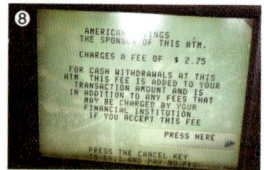 

❶ **카드 투입** : ATM 카드 투입구에 국제 현금카드(체크카드)를 넣는다.
❷ **언어 선택** : 하와이에는 한국어를 지원하는 ATM도 있다.
❸ **카드 비밀번호 입력** : ATM에 따라 비밀번호가 틀리면 진행이 되지 않는 것과, 모든 과정이 끝난 후 거래가 취소되는 두 가지 형태가 있다.
❹ **진행할 과정 선택** : 출금(WITHDRAWAL)을 선택한다. 은행에 따라 계좌조회(BALANCE INQUIRY) 시에도 수수료가 나가기도 한다.
❺ **출금 계좌 종류 선택** : 한국에는 종류가 없으므로 CHECKING과 SAVINGS 중 어느 것을 선택해도 무방하다. 신용카드일 경우 CREDIT CARD를 선택한다.
❻ **인출할 액수 입력** : ATM에 따라 보통 1회에 $200~$500까지 인출이 가능하다.
❼ **영수증 출력 여부** : 영수증을 받을지의 여부를 선택한다.
❽ **수수료 확인** : 하와이의 ATM은 인출 수수료를 별도로 받는 경우가 많다. 수수료는 은행별로 다르다.
❾ **현금 받기** : 현금과 현금카드를 챙기는 것을 잊지 말자. 보통 $20권 지폐로 받게 된다.

- **현금 환전**

  환전은 인터넷에서 쉽게 구할 수 있는 환율 우대 쿠폰을 이용해 주거래 은행에서 환전하는 것이 좋다. 만약 은행을 찾을 시간이 없다면 인터넷으로 환전한 뒤 공항에 있는 지점에서 찾으면 된다. 환율 우대를 받는다고 하더라도, 금액이 아주 크지 않은 이상 수수료 차이는 크지 않으므로 편한 곳에서 환전하는 것이 좋다. 다만, 공항에 가서 직접 환전하는 것은 환율이 좋지 않으므로 미리 환전하는 것이 좋다.

- **카드 사용**

  카드는 큰 금액을 현금으로 소지할 필요 없이 원하는 만큼 결제할 수 있어 편리하다. 카드를 사용할 경우 기본적으로 카드 브랜드(VISA, MASTER 등) 수수료 1%가 추가로 발생한다. 그 외에 BC 글로벌, JCB와 같이 브랜드 수수료가 없는 카드가 있는 반면, AMEX와 같이 1.4%의 브랜드 수수료를 받는 카드도 있다. 국내 카드사 수수료는 회사에 따라 약 0.3~0.4% 정도 부과된다.
  전신환 환율이 적용되기는 하지만, 수수료를 우대받아 현금을 사용하는 것보다는 손해를 본다. 이럴 때는 해외에서 사용 시 포인트를 추가로 적립해주는 신용카드를 사용하면 일부 만회할 수 있다. 이는 신용카드에 해당하며, 체크카드의 경우 결제를 취소해야 할 일이 생겼을 경우 곤란해질 수 있으므로 사용 전에 충분히 고민해야 한다.

- **현금과 카드 사용 비율**

  현금과 카드 비율은 현지 여행 예산 기준으로 약 3:7 정도가 적당하다. 여행하면서 현금만 받는 곳을 제외하고, 먼저 신용카드 위주로 사용하다가 일정의 마지막 날에 레스토랑이나 쇼핑몰에서 가진 현금을 소진하면 현금을 남겨오지 않을 수 있다. 신용카드 수수료가 부담된다면 현금의 비중을 늘려도 좋다.

03 쿠폰과 할인으로 알뜰하게 여행하기

하와이의 길거리에 있는 안내 책자들을 그냥 지나친다면, 할인받을 수 있는 기회를 놓치는 것이나 다름없다. 마우이, 카우아이, 빅아일랜드에서는 레스토랑 및 투어회사 몇 곳 정도의 할인쿠폰을 볼 수 있는 정도이지만, 오아후에서는 생각 외로 훌륭한 쿠폰을 많이 찾을 수 있다. 가능하면 첫째 날에 보이는 것을 모두 수거해서 쿠폰을 찾아보는 것이 좋다. 인기 있는 레스토랑의 할인쿠폰도 심심찮게 발견할 수 있다.

다양한 책자 중 일본어로 된 책자에 유용한 쿠폰이 가장 많은데, 레스토랑 및 쇼핑센터의 이름과 할인 내역은 영어로도 표기되어 있으므로 모두 챙기는 것이 좋다. 그다음으로 한국어로 된 책자가 좋으며, 영문으로 된 책자에는 쿠폰은 많지만 실제로 쓸 만한 것은 별로 없는 편이다. 보통 5~10%의 할인을 받거나, 음료 등을 무료로 받을 수 있어 식비가 비싼 하와이에서 예산을 많이 줄일 수 있다.

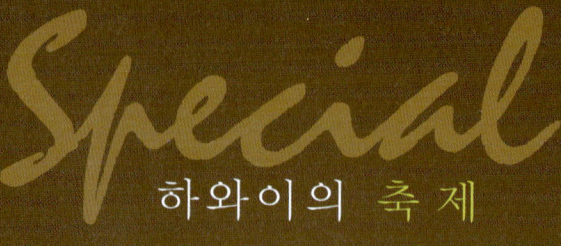

하와이의 축제

하와이에는 연중 다양한 축제가 펼쳐진다. 여기서는 하와이의 주요 축제들을 소개한다. 더 자세한 하와이 축제 일정은 하와이 관광청 홈페이지(www.gohawaii.com)를 참고하자.

1분기

- **차이니즈 뉴 이어 축제(Chinese New Year Festival)** : 오아후 차이나타운에서 열리는 새해 기념 축제.
  지역 오아후 **일정** 1월 또는 2월

- **마우이 고래 축제(Maui Whale Festival)** : 11월부터 5월까지 진행되는 축제로 2월 고래의 날이 하이라이트.
  홈페이지 mauiwhalefestival.org **지역** 마우이 **일정** 2월

- **와이메아 벚꽃 축제(Waimea Cherry Blossom Festival)** : 와이메아 타운과 파커 랜치에서 열리는 연례 벚꽃 축제.
  지역 빅아일랜드 **일정** 2월

- **호놀룰루 축제(Honolulu Festival)** : 호놀룰루 시에서 진행되는 축제.
  홈페이지 www.honolulufestival.com **지역** 오아후 **일정** 3월

- **코나 맥주 축제(Kona Brewer's Festival)** : 코나에서 진행되는 맥주 축제.
  홈페이지 www.konabrewersfestival.com **지역** 빅아일랜드 **일정** 3월

- **프린스 쿠히오 데이(Prince Kuhio Day)** : 3월 26일은 하와이 주의 공식 휴일로, 퍼레이드 등이 펼쳐진다.
  지역 전역 **일정** 3월

2분기

- **메리 모나크 축제(Merrie Monarch Festival)** : 힐로에서 열리는 세계 최대의 훌라 축제.
  홈페이지 www.merriemonarch.com **지역** 빅아일랜드 **일정** 4월

- **빅아일랜드 영화제(Big Island Film Festival)** : 독립영화를 테마로 하는 영화제.
  홈페이지 www.bigislandfilmfestival.com **지역** 빅아일랜드 **일정** 5월

- **마우이 양파 축제(Maui Onion Festival)** : 마우이의 특산품인 양파를 주제로 한 축제.
  지역 마우이 **일정** 5월

- **레이 데이 축제(Lei Day Festival)** : 5월 1일 하와이의 전통 꽃목걸이 '레이'를 테마로 하는 축제로 하와이 전역에서 펼쳐진다.
  지역 전역 **일정** 5월

- **킹 카메하메하 데이(King Kamehameha Day)** : 킹 카메하메하 데이의 하이라이트는 하와이에서 가장 큰 꽃 퍼레이드이다.
  지역 오아후 **일정** 6월

- 호놀룰루의 맛 축제(Flavors of Honolulu) : 다양한 음식을 즐길 수 있는 미식 축제.
  지역 오아후 **일정** 6월

3분기

- 우쿨렐레 축제(Ukulele Festival) : 하와이의 대표적인 악기인 우쿨렐레 축제.
  홈페이지 www.ukulelefestivalhawaii.org/en **지역** 오아후 **일정** 7월

- 메이드 인 하와이 축제(Made In Hawaii Festival) : 하와이에서 생산된 물건들을 만날 수 있는 축제.
  홈페이지 madeinhawaiifestival.com **지역** 오아후 **일정** 8월

- 알로하 축제(Aloha Festival) : 하와이에서 가장 큰 규모의 문화 축제.
  홈페이지 www.alohafestivals.com **지역** 오아후 **일정** 9월

- 카우아이 모키하나 축제(Kauai Mokihana Festival) : 하와이의 문화와 관련된 축제.
  홈페이지 www.maliefoundation.org **지역** 카우아이 **일정** 9월

4분기

- 하와이 푸드&와인 페스티벌(Hawaii Food and Wine Festival) : 하와이의 다양한 음식과 와인 축제.
  홈페이지 www.hawaiifoodandwinefestival.com **지역** 오아후, 마우이, 빅아일랜드 **일정** 10월

- 하와이 국제 영화제(Hawaii International Film Festival) : 하와이의 가장 저명한 국제 영화제.
  홈페이지 www.hiff.org **지역** 오아후 **일정** 11월

- 몰로카이 호에(The Molokai Hoe) : 몰로카이섬에서 오아후섬 와이키키 해변까지 카누를 타고 이동하는 축제.
  홈페이지 www.molokaihoe.com **지역** 오아후 **일정** 10월

- 할로윈(Halloween) : 10월 31일은 가장 유명한 할로윈 축제. 각 섬에서 가장 큰 도시로 갈 것!
  지역 전역 **일정** 10월

- 코나 커피 컬처럴 축제(Kona Coffee Cultural Festival) : 하와이 특산물인 코나 커피를 주제로 열리는 커피 축제.
  홈페이지 www.konacoffeefest.com **지역** 빅아일랜드 **일정** 11월

- 트리플 크라운 오브 서핑(Triple Crown of Surfing) : 노스 쇼어에서 열리는 하와이 최대의 서핑 대회.
  홈페이지 www.vanstriplecrownofsurfing.com **지역** 오아후 **일정** 11월~12월

- 호놀룰루 시티 라이츠(Honolulu City Lights) : 호놀룰루 시내에서 열리는 점등식과 함께하는 빛의 축제.
  홈페이지 honolulucitylights.org **지역** 오아후 **일정** 12월

04 여권과 비자, 여행자보험

하와이에 가기 위해서는 전자 여권에 전자승인 ESTA 을 받아야 한다. 최근엔 드물지만 구여권 여부도 꼭 확인하자.

01 여권 발급받기

하와이 여행을 위해서는 여권을 발급받아야 하는데, 현재 발급되는 여권은 모두 전자여권이라고 보면 된다. 단수여권은 1년, 복수여권은 5년~10년이며, 여권 기간이 6개월 미만이라면 새 여권을 발급받아야 한다. 여권은 서울 25개 구청과 광역시청 그리고 각 도청에서 발급 가능하다. 발급은 일반적으로 평일 기준 4~5일 정도가 소요된다. 발급 이후 직접 수령 또는 우편 배송이 가능하다.

5년~10년	5년(8세 이상)	5년(8세 미만)	1년 단수여권
53,000원	45,000원	33,000원	20,000원

※ 여권 48면 기준 가격, 24면은 3,000원 더 저렴함.

- **여권 신청 시 필요서류**
  여권 발급신청서, 여권용 사진 1매(6개월 이내 촬영한 사진), 신분증(주민등록증 또는 운전면허증), 병역관계서류(미필만 해당)
  ※ 미성년자는 여권 발급동의서, 동의자의 인감증명서, 가족관계증명서 필요

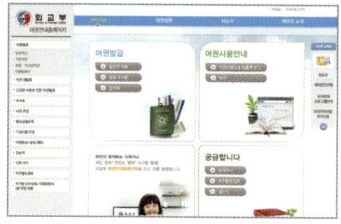

- **여권 발급 규정 및 진행상황**
  여권과 관련된 문의와 자세한 규정에 대한 내용은 외교통상부 여권안내 홈페이지(www.passport.go.kr)에서 확인이 가능하다.

02 ESTA 발급받기

유효한 미국 비자를 가지고 있는 사람이라면 별도의 비자를 신청할 필요가 없지만, 미국 비자가 없다면 전자승인을 받아야 한다. 일반적으로 ESTA Electronic System for Travel Authorization 라고 부르며, 이는 미국을 여행할 수 있는 허가증

이다. ESTA는 꼭 공식 웹사이트에서 허가를 받는 것이 좋으며, 사기성이 높은 대행사이트는 이용하지 않는 것이 좋다. 공식 웹사이트에서 한국어 선택이 가능하다. ESTA에는 여권 정보와 여행 정보도 입력해야 하므로, 여권을 발급받은 이후 신청이 가능하다. 여행 정보는 신청번호를 기억해 뒀다가 추후 변경할 수 있다. 허가받은 ESTA는 2년간 유효하다. 늦어도 출발 1달 전에는 신청해두는 것이 좋다.

- **ESTA 홈페이지** : https://esta.cbp.dhs.gov(상단 한국어 선택)
- **수수료** : $14(1인)

03 여행자보험

하와이를 여행하기 전에 여권과 함께 꼭 준비해야 하는 것이 바로 여행자보험이다. 특히 미국은 병원비가 한국에 비해서 상당히 높기 때문에, 만에 하나 하와이에서 사고를 당하거나 아프면 생각보다 높은 병원비가 청구될 수 있다. 또한 여행자보험에 가입해 두면 도난사고가 발생해도 일정 부분을 보상받을 수 있다.

여행자보험의 보장 금액은 보험사마다 다르므로 자신에게 맞는 보험사를 선택해서 가입하면 된다. 여행자보험은 공인인증서만 있으면 인터넷에서 손쉽게 가입이 가능하며, 미처 출국 전 가입하지 못한 사람은 공항에서도 가입할 수 있다. 가능하면 상해/질병 보장금액이 최소 2천만 원 이상인 상품을 가입하는 것을 추천한다.

- **상해/질병 시 보상을 위해 필요한 서류**

  의사 소견서/진단서, 치료비 명세서 및 영수증, 처방전 및 약 구입 영수증, 사고의 경우 사고증명서(목격자 확인서/본인 사고 진술서)

- **도난 발생 시 보상을 위해 필요한 서류**

  도난 신고서(Police Report), 분실 품목 구입 영수증(인터넷 거래내역, 제품보증서도 가능)

  - **삼성화재** : www.samsungfire.com
  - **KB손해보험** : www.kbinsure.co.kr
  - **메리츠화재** : www.meritzfire.com
  - **현대해상** : www.hi.co.kr

05 항공권 예약하기

01 항공권 직접 예약하기

최고의 신혼여행지로 떠오른 하와이는 그 특성상 토요일과 일요일 출발 편이 가장 비싸고 좌석도 구하기 어렵다. 다음으로 월요일과 금요일 가격이 높고, 화요일부터 목요일까지의 출발 편이 상대적으로 저렴한 편이다. 좌석 상황에 따라 주말 출발 편과 비교하여 20~40% 정도 더 저렴해지기도 한다.

보통 토요일, 일요일 출발의 경우, 특히 결혼시즌이라면 일찍 예약할수록 저렴한 경우가 대부분이지만, 항공편수가 과거에 비해 많아진 만큼 평일 출발은 종종 출발 날짜가 가까워지면 저렴한 항공권이 나오기도 한다. 다만, 이 역시도 비수기일 경우이며, 성수기에는 요일과 상관없이 가격이 올라가기도 한다.

그러므로 주말 출발이라면 예약을 서두르는 것이 좋고, 주중 출발이라면 조금 여유를 가지고 항공권 비교사이트를 통해 가격대를 살펴보는 것이 좋다. 예약 후에 좌석 지정을 미리 해야 가는 동안 일행과 떨어지지 않을 수 있다. 만약 자리가 없을 경우 출발 24시간 이전에 한 번 더 웹 체크인을 해 보거나, 체크인 시 재확인해 보는 것이 좋다.

02 저렴하게 항공권 구입하기

단왕복 항공권이나 기본적인 다구간의 경우 네이버항공, 옥션항공 등에서 바로 비교 가능하다. 주내선 1~2개 정도를 추가하는 것도 가능해 검색이 쉬워졌다. 여행사마다 특가가 있으므로 하나투어, 와이페이모어, 인터파크와 같은 여행사 홈페이지도 둘러볼 만하다. 대형 여행사의 단점은 전화상담이 어렵다는 것이지만, 문제만 생기지 않는다면 저렴하게 구입할 수 있어 좋다. 또한 대한항공이나 아시아나 항공과 같은 국적기를 이용할 예정이라면 카드사의 여행 섹션도 살펴보자. 보통 국적기의 경우 자사 카드 이용 시 추가 할인을 해주는 경우가 꽤 있는데, 할인율이 상당히 크다.

- 네이버항공 : store.naver.com/flights
- 하나프리 : www.hanafree.com
- 스카이스캐너 : www.skyscanner.co.kr
- 옥션항공 : air.auction.co.kr
- 국민카드여행 : life.kbcard.com
- 구글플라이트 : www.google.com/flights

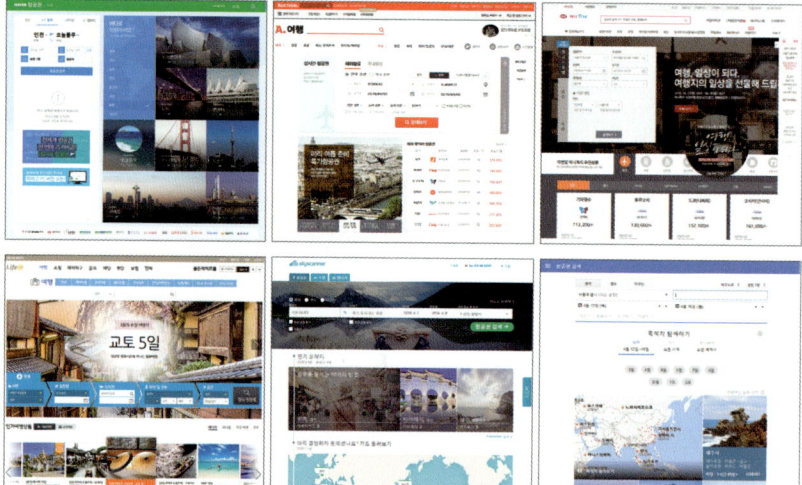

03 주내선 예약하기

하와이에서 2개 이상의 섬을 여행한다면 주내선 예약이 필요하다. 하와이안 항공으로 주내선을 한꺼번에 예약하거나, 대한항공, 아시아나 항공과 하와이안 항공을 엮어서 발권하는 방법이 있다. 물론 국제선과 주내선을 한꺼번에 연결 발권해야만 주내선 구간에서 나오는 수하물 비용을 면제받을 수 있다. 주내선은 보통 한국에서 도착하는 시간으로부터 2시간 후인 오전 11시~오후 1시 사이의 항공권이 가장 빨리 매진되므로 최대한 일찍 예약하는 것이 좋다.

하와이 여행 준비하기

항공사는 가능하면 주내선 터미널에서 출발하는 하와이안 항공을 추천한다. 만약 출발시간이 애매하다면 코뮤터 터미널에서 출발하는 모쿠렐레 항공을 이용해도 무방하지만, 일일 취항 편수가 많지 않고 연착이 잦기 때문에 대안으로만 생각해야 한다. 이 경우 코뮤터 터미널까지 거리를 고려하여 환승시간을 30분 정도 추가로 잡는 것이 좋다.

국제선 중 진에어는 하와이안 항공과 짐 연결이 되지 않으므로, 호놀룰루 도착 후 새롭게 체크인을 진행해야 한다. 또한, 그 외의 항공사들도 코뮤터 터미널에서 취항하는 항공사와는 짐 연결이 되지 않는다.

- 하와이안 항공 : www.hawaiianairlines.co.kr
- 모쿠렐레 항공 : www.mokuleleairlines.com

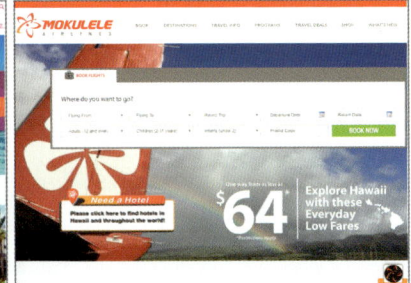

06 숙소 정하고 예약하기

01 호텔 vs 콘도

하와이의 객실은 크게 호텔 타입과 콘도 타입으로 구분된다. 두 객실 타입의 가장 큰 차이는 주방시설의 유무이다. 일반적으로 우리가 생각하는 리조트와 호텔은 대부분 호텔 타입으로 객실만을 보유하고 있는 대신 수영장, 피트니스, 스파 등 전체적인 시설에 초점을 맞추고 있다. 반면에 콘도형 숙소는 신혼여행 또는 커플여행자들보다는 가족여행을 타깃으로 한 객실에 보다 신경을 쓴 숙소이다. 콘도형 숙소 중 고급 숙소는 최신 주방시설뿐만 아니라, 세탁기와 건조기, 식기세척기, 오븐 등 집과 다름없는 시설을 모두 갖추고 있다는 장점이 있다.

오아후섬의 와이키키에 있는 콘도형 숙소는 간이주방만 있거나 객실이 다소 작은 편이지만, 이웃 섬의 콘도형 숙소는 넓은 객실과 공간을 장점으로 하는 경우가 많다. 콘도형 숙소는 보통 아웃리거Outrigger와 애스톤Aston, 윈댐Wyndham 계열을 이용하면 실패할 확률이 낮다. 전체적으로 아웃리거의 콘도형 숙소가 평이 좋은 편이며, 숙소에 따라 콘도형이 아닌 호텔형 객실을 갖추고 있는 곳도 있으므로 예약 전에 미리 확인하는 것이 좋다.

02 객실의 종류와 등급

하와이의 호텔 객실은 뷰 및 면적에 따라서 등급이 매겨진다. 높은 등급일수록 좋은 뷰를 가지고 있는 것은 당연한 사실이다. 하와이의 호텔은 바다를 마주하고 있는 곳이 대부분이며, 바다 전망을 볼 수 있는 객실일수록 가격이 높아진다. 일부 호텔에서는 라나이(발코니)의 유무에 따라서도 가격이 달라지기도 한다.

• **뷰에 따른 등급**

❶ **시티뷰(또는 가든뷰, 리조트뷰)** : 가장 낮은 카테고리 등급으로 객실의 창문을 통해서 보이는 뷰는 오아후(와이키키)섬의 경우 시내, 이웃 섬의 경우에는 리조트 내부나 정원일 가능성이 크다. 낮은 층의 객실일 경우에는 주차장이나 다른 호텔의 벽이 보이는 경우도 있다.

❷ **파샬오션뷰 / 오션뷰** : 객실에서 바다 일부가 보인다는 의미이나, 호텔에 따라서 바다의 아주 일부만 보여도 파샬오션뷰라고 하는 곳도 있다. 반면에 오션뷰는 바다 전망이 제대로 확보된 뷰를 의미한다.

파샬오션뷰   오션뷰

❸ **오션프런트** : 객실 창문으로 바로 바다가 펼쳐지는 객실이다. 보통 바다를 정면으로 향한 방향에 객실이 있다.

- **구조에 따른 호텔 등급**
  ❶ **스탠더드, 슈페리어룸, 디럭스** : 호텔은 객실에 다양한 이름을 붙이는데, 보통 스탠더드 또는 슈페리어가 기본 객실인 경우가 많다. 객실에 디럭스가 붙으면 그 아래 등급의 객실보다 넓거나 고급스럽다.
  ❷ **스위트룸** : 거실이 분리된 객실을 스위트룸이라 부르지만, 예외적으로 스튜디오 형태의 룸도 주니어 스위트라는 이름으로 부르기도 한다. 스위트룸은 이 외에도 등급에 따라 원베드룸, 투베드룸 등으로 나뉘며, 그에 따른 이름도 호텔마다 상이하다.

❶ 스탠더드, 슈페리어룸, 디럭스   ❷ 스위트룸   ❷ 스위트룸

- **구조에 따른 콘도 등급**
  ❶ **스튜디오(Studio)** : 객실과 주방이 별도로 구분되어 있지 않고, 하나의 공간으로 구성되어 있는 형태이다. 적은 공간을 효율적으로 활용하기 위한 구조이다 보니, 공간대비 가격이 비싼 와이키키에 많다.
  ❷ **원베드룸(One Bedroom)** : 주방이 있는 거실과 침실이 각각 1개씩 있는 형태로, 콘도에서 가장 일반적으로 볼 수 있는 형태의 객실 구성이다. 보통 침실 외에도 소파베드를 이용해 추가 인원이 묵을 수 있는 경우가 많다.
  ❸ **투베드룸(Two Bedroom)** : 1개의 주방이 있는 거실과 2개의 침실이 있는 형태로, 구조에 따라 화장실은 1개 또는 2개가 있다. 보통 6인 정도 가족이 머무를 때 많이 이용하며, 콘도에 따라 3베드룸 이상을 가진 곳도 있다.

❶ 스튜디오   ❷ 원베드룸   ❸ 투베드룸

- **객실 침대의 종류**
  ❶ **더블베드(Double Bed), 퀸베드(Queen Bed), 킹베드(King Bed)** : 침대의 크기에 따라 3가지로 구분되며, 하와이의 호텔은 보통 퀸사이즈 베드나 킹사이즈 베드를 이용한다. 다만 몇몇 저렴한 호텔에서는 더블사이즈 베드 1개만을 비치하고 있는데, 성인 2명이 사용할 수 있으나 다소 작을 수도 있다.
  ❷ **트윈베드(Twin Bed)** : 트윈베드는 침대 2개가 있는 객실을 의미한다. 보통 더블사이즈 베드 2개가 있는 것이 일반적이나, 몇몇 호텔은 퀸사이즈 베드 2개를 놓기도 한다. 아이들이 있을 경우 유용한 객실 형태이다.
  ❸ **롤어웨이베드(Rollaway Bed) 또는 소파베드(Sofa Bed)** : 롤어웨이베드는 객실에 추가로 침대를 요청했을 경우에 배정받는 침대 형태로, 이동형 접이식 침대를 생각하면 된다. 다만, 호텔에 따라 일반 침대나 다름없는 고급 매트리스를 사용한 침대를 제공하기도 한다. 소파베드는 소파를 당겨서 침대 형태로 만들 수 있는 것을 말한다.

❶ 더블베드, 퀸베드, 킹베드   ❷ 트윈베드   ❸ 롤어웨이베드, 소파베드

03 가격별 숙소

하와이에서 숙소의 가격을 결정하는 가장 큰 요소는 시설과 위치이다. 휴양지이다 보니 해변과 가깝고 고급스러운 곳일수록 가격이 비싸다.

- **저가형 호텔 – $120 이하**
  위치가 바다와 멀리 떨어져 있고, 객실 시설에 큰 의미를 두지 않는다면 무난하다. 주로 가족여행이나, 하와이를 재방문하는 사람이 많이 찾는다.

- **중가형 호텔 – $120~250**
  하와이에서 가장 많은 비중을 차지하고 있다. 해변이 가까운 좋은 위치에 있는 호텔에서부터, 주방시설이 다 갖춰져 있는 콘도미니엄까지 선택의 폭이 넓다. 발품을 팔면 그만큼 싸게 예약할 수 있는 호텔이 많다.

- **고급 호텔 – $250~**
  주로 신혼여행을 온 사람이 많이 묵는 호텔로 하와이 로컬인 할레쿨라니, 로얄하와이안, 카할라, 그리고 리츠칼튼, 포시즌스, 페어몬트, 디즈니 등의 고급 체인 호텔들이 대표적이다. 가격이 비싼 만큼 양질의 서비스를 제공하기 때문에, 훌륭한 시설과 서비스를 원하는 사람에게 적합하다.

04 지역별 숙소

- **오아후섬**
  오아후섬 숙소의 90%는 모두 와이키키 Waikiki에 몰려있다. 와이키키 해변 자체가 작다 보니 어느 호텔을 예약해도 이동에는 큰 무리가 없다. 다만 해변에서 가까울수록 쇼핑몰과 맛집 등으로의 접근성이 높아 더 비싸다. 호놀룰루 시내를 벗어난 외곽에 있는 호텔은 대부분 조용한 휴식을 원하는 사람을 위한 고급 호텔이다.

- **마우이섬**
  마우이섬의 두 리조트 단지인 카아나팔리 Kaanapali와 와일레아 Wailea에 고급 숙소가 몰려있다. 와일레아의 숙소가 카아나팔리의 숙소보다 더 시설이 좋지만 그만큼 가격도 비싸다. 골프나 조용한 지역에서의 휴식을 원하는 사람은 카팔루아 Kapalua에, 상대적으로 저렴하고 해변과 가까운 숙소를 찾는 사람은 키헤이 Kihei에 많이 머무른다.

- **카우아이섬**
  카우아이섬에는 남쪽의 포이푸 Poipu와 북쪽의 프린스빌 Princeville에 고급 숙소가 몰려있으며, 저렴한 숙소는 카파아 Kapaa와 리후에 Lihue 사이의 해안을 따라 늘어서 있다. 카우아이섬은 일주도로가 없지만, 섬 자체가 작은 만큼 어느 위치의 숙소를 잡더라도 이동에 불편함이 없다.

- **빅아일랜드**
  빅아일랜드에는 리조트 단지인 와이콜로아 Waikoloa와 유구한 역사를 간직한 마을 카일루아-코나 Kailua-Kona에 대부분의 호텔과 콘도가 몰려있다. 그 외에 힐로 Hilo에는 중급의 힐튼 더블트리에서부터 하룻밤 묵어갈만한 저가형 숙소가 있고, 화산 국립공원 옆 볼케이노 빌리지 Volcano Village에는 민박 형태의 숙소가 많다.

05 호텔 예약하기

호텔 예약은 여행사에 맡기는 것보다 직접 예약하는 것이 저렴하지만, 가끔 여행사와 연결된 호텔이 특가로 나올 때도 있으므로 여행사에 견적을 한번 내보는 것이 좋다. 기본적으로 하와이의 호텔은 별도 명시가 없는 이상 조식과 리조트피는 별도 부과된다. 일반적으로 호텔 가격은 역경매식 예약사이트 → 호텔예약사이트 → 여행사순으로 저렴하다. 호텔 예약사이트에서는 다양한 프로모션으로 제공하는 쿠폰을 이용하면 할인을 받아 예약할 수 있다. 또한 체인호텔의 경우 홈페이지에서 직접 예약하는 것이 가장 저렴할 때도 있으며, 다른곳이 더 싸더라도 최저가 보상을 해준다. 거기다가 포인트 적립 및 숙박에 따른 회원등급 혜택도 준다. 다만 여행사와 직접 계약된 호텔의 경우 특가가 있어 여행사가 더 저렴할 때도 있다.

이보다 더 저렴하게 예약하고 싶다면 역경매식 및 가격비교 사이트를 이용하면 된다. 하지만 이 사이트들은 호텔 이름은 알 수 없고 등급만으로 예약하기 때문에 주의해야 한다. 대신 높은 할인율을 기대할 수 있다. 호텔 가격비교 사이트도 같이 비교해보는 것이 좋지만, 검색 결과에서 처음 들어보거나 악평이 많은 사이트는 피해야 한다.

- 호텔 예약사이트
  - 익스피디아 : www.expedia.co.kr
  - 부킹닷컴 : www.booking.com
  - 호텔스닷컴 : kr.hotels.com
  - 호텔패스 : www.hotelpass.co.kr

- 역경매식 및 가격비교 사이트
  - 프라이스라인 : www.priceline.com
  - 호텔스컴바인드 : www.hotelscombined.com
  - 핫와이어 : www.hotwire.com
  - 트리바고 : www.trivago.co.kr

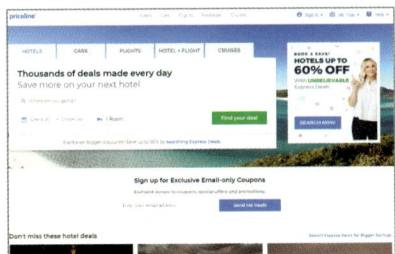
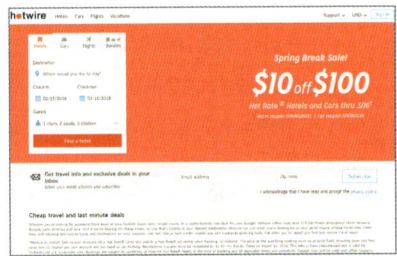

07 렌터카 예약하기

01 대중교통 vs 렌터카

오아후섬에서는 대중교통과 렌터카 중 어느 것을 이용하더라도 이동이 편리하다. 더 버스라는 대중교통이 섬 구석구석을 연결하기 때문에 렌터카 없이도 섬 대부분의 장소에 갈 수 있다. 셔틀버스와 택시 등의 교통수단으로도 쉽게 공항으로 이동할 수 있으며, 패키지 상품도 잘 발달되어 있어 픽업해 주는 곳도 많다. 와이키키 근교에서는 트롤리 역시 유용한 교통수단으로 이용된다. 최근에는 한인택시, 우버^{Uber}, 리프트^{Lyft}의 사용도 많이 늘어나는 추세이다.

오아후섬은 전 일정 렌터카가 있으면 편리하
지만, 와이키키의 높은 주차비와 출퇴근시간
의 교통정체가 단점이다. 보통 오아후섬에서
는 버스가 자주 다니지 않는 북부 및 동부 해
안도로 쪽을 둘러볼 때 이틀 정도 렌트하는 것이 일반적이다. 다만, 아이 또는 부모님을
동반한 가족 여행이라면 대중교통보다는 렌터카를 선택하는 것이 좋다.

하와이 여행 정보 공유하기

하와이 여행을 준비하면서 예약부터 일정까지 궁금한 것이 있으면 저자가 직접 운영하는 하와이 여행 정보 카페 '자동차 자유여행 – 드라이브 트래블'을 방문해 보자. 활발하게 활동하는 회원들과 저자가 제공하는 여행 팁들은 하와이 여행을 직접 준비하는 것이 그리 어렵지 않다는 것을 알려준다.

- 드라이브 트래블 : cafe.naver.com/drivetravel

하와이 주요 섬 중 오아후를 제외한 마우이섬, 카우아이섬, 빅아일랜드에서는 렌터카
가 필수이다. 섬마다 대중교통이 있지만, 여행자가 아닌 현지인을 위한 것이기 때문
에 리조트나 숙소까지 이동이 불가능한 경우가 많다. 또한 좌석 밑에 넣을 수 없는 크
기의 짐은 가지고 탈 수 없기 때문에 일반적인 여행자에게는 적합하지 않다.

렌터카를 이용하지 않는 경우 셔틀버스나 택시를 이용하는데, 공항에서 왕복 비용이
1일 렌터카 비용과 비슷하다. 다행히 하와이에는 도로와 표지판이 잘 되어있고, 오아
후섬을 제외하면 차량통행도 한가한 편이다. 한국에서 운전하던 사람이라면 스톱사
인, 비보호 좌회전 같은 몇몇 교통법규만 숙지하면 운전이 그리 어렵지 않을 것이다.

02 어디서 렌터카 예약을 할까?

현재 한국에 사무소가 있는 렌터카 회사로는 허츠Hertz, 알라모Alamo와 달러Dollar가 있
으며, 렌터카 중계회사인 렌탈카스Rentalcars도 한국어 서비스를 제공한다. 차량의 정
비 상태는 허츠가 가장 좋은 편이며, 예약 가격은 프로모션 여부에 따라서 저렴한
곳이 수시로 바뀐다. 자동차 여행 전문 여행사 드라이브트래블에서도 더 저렴한 가
격으로 허츠, 알라모, 달러의 선불결제 예약 대행이 가능하다.

- 드라이브트래블 : www.drivetravel.co.kr
- 알라모 한국사무소 : www.alamo.co.kr
- 렌탈카스 : www.rentalcars.com
- 허츠 한국사무소 : www.hertz.co.kr
- 달러 한국사무소 : www.dollarrentacar.kr

03 렌터카 대여 시 꼭 필요한 3가지 서류

여권, 한국면허증, 운전자 본인 신용카드는 필수로 지참해야 한다. 법규에 따르면, 한국면허증만 있어도 하와이에서 자동차를 빌리고 운전하는 데 아무 문제가 없으나, 한국면허증을 이해하지 못 하는 경찰을 만났을 때 난감한 상황이 발생할 수 있으므로 국제운전면허증도 발급받아 가면 좋다. 한국면허증에는 'Driver's Lisence'라는 단어 이외에는 모두 한글로 적혀 있기 때문이다. 이런 상황에서 국제운전면허증은 공증의 의미를 가지기 때문에 유효하다. 국제운전면허증은 가까운 경찰서나 운전면허시험장에서 발급받을 수 있으므로, 떠나기 전 발급받을 것을 추천한다.

04 내 여행에 맞는 렌터카 차종은?

보통 차량은 컴팩트Compact에서 풀사이즈Fullsize 사이를 많이 이용한다. 컴팩트는 성인 2인에게 적합하지만, 쉐보레 스파크 급의 작은 차량도 있어 추천하기 어렵다. 또한 3인 이상이나 아이를 동반한다면 최소 미드사이즈Midsize급 이상이 좋다. 미드와 풀사이즈 가격차가 크지 않기 때문에 짐이 많다면 가능한 풀사이즈가 좋다.

풀사이즈급이 스펙상 5명이지만, 실제 성인 4인 이상은 무리이다. 소나타에 5명이 타고, 여행짐까지 가득 싣는다고 상상해보면 감이 올 것이다. 성인 5인 이상이라면 미니밴 외에는 선택의 여지가 없다. 취향에 따라서 차고가 높은 SUV차량을 선호하기도 하는데, 일반적인 SUV 차량 외에도 7인승의 프리미엄 SUV가 있으며, 이 차량이 가장 많은 인원이 탑승할 수 있다. 다만 가격도 일반적으로 세단의 2배이다.

스탠다드SUV

풀사이즈

컨버터블

미니밴

- 대략적인 차량 크기 대조표

- 컴팩트(Compact) : 현대 엑센트
- 풀사이즈(Fullsize 또는 Standard) : 현대 소나타
- 럭셔리(Luxury) : 제네시스
- 스탠다드SUV(Standard SUV) : 기아 소렌토
- 미드사이즈(Midsize 또는 Intermediate) : 현대 아반떼
- 프리미엄(Premium) : 현대 그랜저
- 미드사이즈SUV(Midsize SUV) : 기아 스포티지
- 미니밴(Minivan) : 기아 카니발(7인승)

스탠다드SUV 트렁크

풀사이즈 트렁크

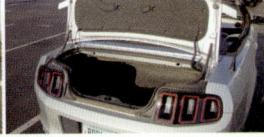
컨버터블 트렁크

미드와 풀사이즈 정도면 2~3인의 짐을 충분히 넣을 수 있다. 차량마다 트렁크 크기는 다르지만, 일반적으로 풀사이즈 차량 트렁크에는 25인치 캐리어 3개 정도는 충분히 들어간다. 차종이 커질수록 트렁크는 커지지만, 미니밴의 경우 3열까지 사용하면 트렁크 공간이 인원대비 상당히 부족하다. 컨버터블의 경우 지붕을 넣을 공간 때문에 트렁크 사이즈가 작아 커다란 캐리어 하나와 작은 캐리어 하나면 꽉 차버린다.

Special 하와이의 운전법규

하와이의 운전법규는 한국과 유사하기는 하지만 스톱사인, 비보호 좌회전 등과 같이 잘 모르면 실수할 만한 것들이 있다. 운전법규 위반에 대한 벌금도 상당히 높은 편이므로, 다른 점을 미리 숙지하는 것이 필요하다. 하와이는 전체적으로 사람들이 느긋하고 양보운전을 잘 하기 때문에 조금만 조심하면 걱정할 필요는 없다.

하와이의 거리 단위는 마일(Mile)

미국은 거리 단위로 마일을 사용한다. 1마일은 약 1.6킬로미터이므로, 마일 단위에 1.6을 곱해서 생각하는 것이 편리하다. 20마일이면 32킬로미터, 50마일이면 80킬로미터라고 계산하면 된다. 고속도로에는 최고 속도뿐만 아니라 최저 속도 제한이 있는 곳도 있다.

스톱사인

빨간색의 스톱STOP사인을 만나면 무조건 3초 이상 정지한 후 출발해야 한다. 브레이크를 슬슬 놓으며 앞으로 가는 것도 금지. 스톱사인이 있는 곳에서 차량이 여러 대일 경우, 한 번씩 다 정지했다가 진행한다. 교차로에서는 먼저 도착한 차가 우선 출발한다. 특히 통행량이 적은 도로에서 이 스톱사인을 많이 볼 수 있는데, 간단해 보이는 법규지만 위반 시 웬만한 법규 위반보다 벌금이 높다.

양보 사인

보통 두 개의 도로가 합쳐지는 곳에 역삼각형의 모양에 'YIELD(양보)'라고 적혀있는 사인이 있다. 이 경우 사인이 있는 도로 쪽의 차량이 진입할 때 양보해야 한다.

신호 없는 교차로

시골에서는 드물게 스톱사인 및 신호가 없는 교차로가 등장하기도 한다. 이런 곳에서는 먼저 도착한 차량에게 우선권이 있으며, 동시에 도착했을 경우에는 우측에 있는 차량에게 우선권이 있다.

보행자 우선

사람보다는 차가 우선인 경향이 강한 한국과 달리, 하와이는 보행자가 우선이다. 보행자가 횡단보도가 아닌 곳에서도 길을 건너려고 하면 차량이 멈추는 모습을 쉽게 볼 수 있다. 좌회전이나 우회전 시에도 횡단보도에 파란불이 들어와 있을 경우, 신호가 바뀔 때까지 기다렸다가 가야 한다.

일방통행

하와이에는 일방통행이 그리 많지 않지만, 다운타운과 와이키키에는 일방통행이 꽤 많다. 일방통행의 진입로에는 'ONE WAY(일방통행)'라고 적혀있으며, 출구 방향에는 'DO NOT ENTER(진입금지)'라고 적혀있다.

비보호 좌회전

하와이의 많은 삼거리 혹은 사거리는 비보호 좌회전으로 지정되어 있다. 별도의 좌회전 신호 없이 파란불일 때 반대편에서 진행하는 차량이 없을 때 좌회전하면 된다. 만약 신호가 끝날 때까지 차량이 계속 이어지는 경우, 주황불이 되었을 때 반대편 차가 멈추면 좌회전하면 된다. 이 경우 보통 1~2대의 차량 정도만 갈 수 있다. 때로 큰 도로에서 'On Left Arrow Only(화살표가 있을 때만 좌회전)'라는 문구가 있을 경우에는 신호를 기다렸다가 좌회전해야 한다.

스쿨버스

스쿨버스는 가장 조심해야 하는 차량이다. 만약 도로에 스쿨버스가 아이들을 태우기 위해 정차해 있을 경우에는 절대로 추월하면 안 되고 뒤에서 대기해야 한다. 보통 정차 시에는 스쿨버스 좌측으로 스톱(STOP)사인이 표시된다. 스쿨버스 반대편에서 오는 차량 역시 스톱사인이 있으면 차량 앞에서 정지해야 한다.

우회전

일단 정지한 후 오른쪽에 사람이나 위험요소가 없는지 확인하고 우회전 하면 된다. 다만, 'No Right Turn on Red(빨간불일 때 우회전 금지)' 표시가 있을 경우에는 파란불일 때만 우회전이 가능하다. 사인이 작아 잘 보이지 않아 한국 사람들이 가장 많이 실수하고 벌금을 낸다.

아동 의무 카시트

만 3세 이하의 아동은 유아용 카시트를 사용해야 하며, 만 4세~7세의 아동은 부스터시트 또는 카시트를 이용해야 하며 안전벨트는 필수이다. 주행 시 아이를 차량 안에서 안고 있는 것은 불법이므로 주의할 것. 다만, 150cm 이상의 아이는 카시트를 사용하지 않아도 된다. 어린아이를 일정 시간 이상 차 안에 혼자 두는 것도 법규 위반이다.

주차위반

라하이나, 와이키키, 호놀룰루 다운타운 등 차량이 많은 지역에서는 철저하게 주차위반 단속을 한다. 간단하게 주차위반 티켓을 받는 것으로 끝날 수도 있지만, 최악에는 견인을 당할 수도 있다. 견인된 경우 내야 하는 벌금과 부대비용이 상당하다.

사고가 났을 경우

내가 아무리 안전운전을 한다고 하더라도 다른 사람에 의해서 사고가 날 수도 있다. 이렇게 사고가 났을 경우에는 당황하지 말고 경찰에게 연락해 폴리스 리포트를 받고 상황을 정리해야 한다. 충격을 동반하는 교통사고 시에는 바로 이상이 없어도 꼭 병원에서 진찰을 받는 것이 좋다. 에어백이 터지는 경우 등과 같이 차량운행이 어렵다면 렌터카 회사에서 차량을 교환해 준다.

문제가 생겼을 경우

타이어 펑크라거나 자동차 키를 트렁크에 넣고 잠갔다거나 하는 등의 문제가 생기는 경우도 종종 있다. 대부분의 렌터카 고객센터에서 한국어 통역서비스를 제공하므로 이를 통해 해결하면 된다. 만약 장소를 설명하는 것이 쉽지 않다면, 주변의 외국인 관광객에게 도움을 요청하면 대부분 열린 마음으로 도와주는 경우가 많다. 너무 혼자서 끙끙대지는 말자!

도로를 달리다가 경찰관의 단속을 받았을 경우

과속이나 법규 위반 등을 했을 경우 경찰차가 뒤에서 단속받았음을 알린다. 그러면 당황하지 말고 차를 옆 공간에 멈춘 뒤, 경찰이 다가오면 차에서 내리지 말고 창문을 내린 뒤 손을 핸들 위에 보이게 놓고 응답하면 된다. 운전면허증을 요구받으면 오해할 만한 상황을 만들지 말고 천천히 움직이면 된다. 보통 여권, 한국운전면허증, 국제운전면허증을 제출해야 한다. 해당하는 벌금 용지를 티켓 Ticket 이라고 부르며, 벌금은 안내된 대로 납부하면 된다. 가장 많이 단속받는 법규 위반은 과속(스피딩 Speeding)과 주차위반이다.

Ready for Hawaii

Section 03
현지에서는 이렇게!

해외에서 호텔을 이용하는 것에서부터 차량을 빌리는 것까지 모두 처음 해보는 것이라면 겁부터 먹기 쉽다. 알고 보면 굉장히 쉬운 것들이지만, 처음에는 다 어렵게 느껴진다. 여기서는 현지에서 유용하게 사용할 수 있는 상식들을 소개한다.

01 하와이 호텔 이용에 대한 모든 것

01 벨맨 서비스 이용하기

벨맨은 고급 호텔이나 리조트에 처음 도착하면 만날 수 있는 첫인상으로, 호텔의 이미지를 결정하는 사람이기도 하다. 벨맨이 제공하는 서비스는 로비와 객실 사이의 수하물 이동, 객실까지 안내 등이다. 호텔에 도착했을 때 직접 짐을 가지고 객실로 갈 수도 있지만, 짐이 많다면 벨맨의 도움을 받아 객실로 짐을 보낼 수도 있다. 호텔의 입구에서 벨맨에게 짐을 맡기면 수하물 태그를 주는데, 체크인 시 이를 보여주면 벨맨이 객실까지 짐을 가져다준다. 보통 짐 한 개당 $1 정도의 팁을 주는 것이 예의다.

객실에서 체크아웃을 할 때에도 벨맨을 불러 짐을 가져가 줄 것을 요청할 수 있다. 로비에서 객실의 위치가 멀 때 유용한 도움을 받을 수 있으며, 이 경우에도 역시 벨맨에게 팁을 줘야 한다. 밸맨 서비스는 중저가 호텔이나 콘도 스타일의 호텔의 경우 제공하지 않는 경우도 있다. 벨맨이 없는 곳에선 벨카트만 빌릴수도 있다.

02 호텔 체크인하기

보통 호텔에 도착해서 가장 먼저 하게 되는 과정으로 예약 확인서, 여권 그리고 신용카드를 건네면 체크인할 수 있다. 허니문이나 결혼기념일 같이 특별한 날일 경우 체크인할 때 언급하면, 샴페인 등의 선물을 주거나 객실의 상황이 여유 있는 경우 재량에 따라 룸 업그레이드를 해 주기도 한다.

체크인할 때 신용카드를 건네면 일정 금액이 카드로 승인되는데, 이 금액은 실제로 결제되는 금액이 아니고 숙박객이 추후 사용하는 금액을 위해 미리 보증금을 받아 두는 것이므로 걱정할 필요는 없다. 추후에 보증금은 자동으로 취소된다. 호텔에 숙박하면서 사용한 미니바, 전화 요금, 식사비용 등은 체크아웃할 때 정산하면 된다. 체크아웃하면서 받는 영수증은 버리지 말고 꼭 챙겨두어야, 혹시라도 나중에 발생할 수 있는 문제에 대비할 수 있다.

체크인 과정이 끝나면 직원이 객실 키와 함께 호텔 이용에 대한 안내사항을 말해 준다. 객실 키는 객실 입구에서 긁어서 인식시키는 마그네틱 카드 형태와 가져다 대면 인식해서 열리는 칩 형태의 카드가 가장 일반적이다. 다소 오래된 호텔에서는 아직도 전통적인 열쇠 방식을 이용하기도 한다.

> **얼리 체크인(Early Check-in)**
> 얼리 체크인은 규정 체크인 시간(2시 또는 3시)보다 일찍 체크인하는 것을 말한다. 호텔 객실에 여유가 있는 경우 체크인 시간보다 일찍 도착해도 체크인을 해 주기도 한다. 만약 얼리 체크인이 불가능하다고 하더라도 짐을 맡길 수 있으므로 일찍 도착하는 것에 부담을 가지지 않아도 된다.

03 짐 맡기기

비행기가 늦은 시간에 있다거나, 다른 호텔로 이동할 때 시간 간격이 애매해 짐을 둘 곳이 없다면 호텔에 짐을 맡기는 것이 좋다. 프런트 데스크 또는 벨 데스크에 짐을 맡아달라고 요청하면, 짐을 보관한 후 벨맨이 짐의 개수와 객실번호를 적은 별도의 태그를 준다. 나중에 짐

을 찾을 때 필요하므로 잘 보관해야 한다. 팁은 맡길 때 주지 않고, 짐을 찾을 때 주는 것이 일반적이다.

04 리조트피

리조트 등급의 호텔에서 받는 비용으로 보통 셀프주차, 물, 인터넷, 피트니스시설 이용, 무료전화 등이 포함되어 있으며, 호텔마다 리조트피 Resort Fee 에 포함된 서비스가 조금씩 다르다. 리조트피는 1일 기준 $15~40로 다양하다. 최근에는 리조트피에 셀프주차가 포함된 곳이 없

어지는 추세이므로 미리 확인하는 것이 좋다. 보통 리조트피를 받는 호텔은 체크인 시에 서비스 내용이 적힌 별도의 안내문을 나눠준다.

05 객실의 무료 비품

커피메이커와 함께 테이블 위에 비치된 커피와 차는 일반적으로 무료이다. 그 외에 호텔에서 제공하는 생수에 무료 Complimentary라는 표시가 있거나 리조트피에 포함되어 있다는 내용이 적혀있다면 역시 별도의 비용을 지불하지 않아도 된다. 또한 객실에 들어왔을 때 테이블 위에 과일바구니가 있다면 대부분 환영용이므로 먹어도 상관없다. 물은 유료일 경우 가격이 쓰여 있다.

객실의 미니바 안에 있는 음료들은 대부분 유료지만, 가끔 무료로 제공되는 물이 미니바에 들어가 있는 경우도 있다. 그 외에 객실에 있는 술 및 안주류와 먹을거리들은 대부분 유료이다. 만약 객실 내에 있는 비품이 무료인지 유료인지 모르겠다면, 객실 내의 전화기로 전화를 걸어 물어보는 것이 가장 정확하다.

06 욕실 사용하기

서양의 많은 욕실은 한국과 달리 바닥에 배수 처리가 되어 있지 않다. 그렇기 때문에 욕조에서 샤워할 때는 반드시 샤워커튼을 욕조 안으로 넣고 해야 바닥으로 물이 튀는 것을 방지할 수 있다.

욕실 내에는 타월, 샴푸, 컨디셔너, 바디워시 등의 기본 욕실 용품이 비치되어 있다. 이런 용품들은 매일 새로운 것을 추가해주므로 부족할 일이 별로 없지만, 혹시라도 부족하다면 하우스키핑에 연락해서 추가로 가져다 달라고 요청할 수 있다. 만약 하우스키퍼가 복도에 있다면 직접 요청해도 무방하다. 하와이의 호텔들은 칫솔, 치약 등의 1회용품은 거의 제공하지 않는다.

07 여행에 도움을 주는 컨시어지

컨시어지 Concierge 는 보통 호텔 로비, 체크인 카운터 옆이나 근처에 위치한다. 컨시어지는 기본적인 여행 상담에서부터 투어나 레스토랑과 같은 각종 예약 등을 비롯해 여러 가지 도움을 준다. 특히, 영어실력이 부족해 전화로 레스토랑을 예약하기 어려울 때, 컨시어지에게 레스토랑의 이름과 전화번호, 날짜와 시간을 적어서 예약을 부탁하면 쉽게 예약할 수 있다. 컨시어지는 간단한 요청을 들어주기도 하므로, 근처 병원을 찾는다거나 밴드같이 간단한 의료용품이 필요할 때에도 문의할 수 있다.

하와이 여행 준비하기

08 수영장 이용하기

하와이의 호텔은 투숙객을 구분하기 위해 체크인 시에 타월카드를 나눠주는 시스템을 채택한 곳이 많다. 이 경우 수영장에 가서 타월카드를 내고 타월을 빌렸다가, 반납할 때 다시 카드를 돌려받는다. 젖은 타월은 요청하면 새 타월로 교체를 해주는 곳이 많다. 타월카드를 이용하지 않는 리조트에서는 그냥 타월을 빌려주는 곳에 가서 방 번호를 적고 빌리면 된다. 손목밴드로 투숙객을 구별하는 호텔도 있다.

해변과 맞닿아 있거나 커다란 수영장을 보유한 호텔은 그 주변으로 많은 선베드를 비치해 투숙객의 편의를 제공한다. 선베드는 보통 먼저 차지한 사람이 무료로 이용할 수 있지만, 별도 파라솔이 처진 곳은 비용을 내야 하는 경우도 있다. 하와이의 많은 호텔 수영장은 아이들을 위한 시설을 잘 갖추고 있어 아이들과 함께 숙박하기에 좋다. 호텔에 따라서는 성인 전용 수영장을 운영하는 곳도 있다.

09 키즈 클럽

호텔에 위치한 키즈 클럽은 아이들이 놀 수 있도록 마련되어 있는 공간으로, 장난감에서부터 아이들을 돌봐주는 베이비시터가 있는 경우도 있다. 보통 등급이 높은 호텔일수록 키즈 클럽 시설이 잘 되어있다. 또한 아이들을 대상으로 반나절 또는 하루 종일 진행되는 프로그램도 있으므로, 일정을 위해 잠시 아이를 맡겨야 할 때도 유용하다.

10 호텔 내 사용 비용 한꺼번에 지불하기

호텔 내의 레스토랑에서 식사를 했다면 그 자리에서 바로 지불해도 되지만, 방으로 비용을 청구하는 것도 가능하다. 식사뿐만 아니라 간단하게 커피를 주문하는 것도 가능하며, 그 외에 전화나 인터넷과 같은 서비스를 이용해서 발생하는 비용도 모두 객실로 청구했다가 체크아웃 시 한꺼번에 결제할 수 있다.

11 룸서비스

밖에서 식사하는 것이 귀찮거나 늦은 시간에 음식을 먹고 싶다면 룸서비스를 통해 주문하는 것도 가능하다. 객실 내에 룸서비스로 요청할 수 있는 메뉴가 있는 책자가 있으며, 이를 보고 주문하면 된다. 보통 객실 전화기에 룸서비스로 직접 걸 수 있는 버튼이 별도로 있다. 전화로 주문한 음식은 요리가 완료되면 바로 배달되며, 이때 요리 금액 외에 배달비 Delivery fee를 별도로 부과하는 호텔도 있다. 요리가 배달되면 소정의 팁을 건네는 것이 예의이나 계산서에 미리 팁이 포함되어 있는 경우도 있다.

일반적인 룸서비스 요청과는 달리 아침식사 룸서비스는 아침식사 메뉴판을 별도로 준비해 놓은 곳이 많다. 요청 시간과 먹고 싶은 음식을 메뉴판에 체크하고 자기 전에 객실 밖 손잡이에 걸어두면 된다. 주문하는 메뉴에 따라 다르지만 빵, 달걀과 소시지, 커피, 주스 등을 선택하는 콘티넨탈 블랙퍼스트가 일반적이다.

> **로맨틱한 아침식사**
> 신혼여행을 왔는데 호텔 요금에 아침식사가 포함되어 있지 않다면, 한 번쯤 아침식사를 룸서비스로 주문해 보자. 부스스한 얼굴로 일어나 아침 일찍 배달된 요리를 호텔 발코니의 테이블이나 객실 내에 앉아서 먹으면서 기분을 내는 것도 한번 경험해볼 만하다. 야외에서 먹을 때는 덤벼드는 새들에 주의해야 한다.

12 트러블 해결하기

호텔 숙박이 원활하게 진행되지 않는 경우도 많다. 체크인하고 도착했는데 청소가 되어있지 않다거나, 조용히 쉬고 싶은데 주변 객실이 참을 수 없을 만큼 시끄럽다거나, 욕실 배수가 잘되지 않는다거나, 객실의 냉난방이 잘되지 않는 등의 문제가 생길 수 있다. 이런 경우에는 꼭 호텔에 해결해 달라고 요청을 하자. 호텔 인력을 통해서 바로 해결할 수 없는 문제인 경우 객실을 교체해주거나 다른 대안을 마련해주는 경우가 많다.

13 호텔 체크아웃하기

즐거운 시간도 언젠가는 끝나는 법. 숙박 기간이 끝나면 호텔에서 체크아웃을 해야 한다. 프런트 데스크에 체크아웃을 한다는 말과 함께 객실 키를 반납하면 된다. 프

하와이 여행 준비하기

런트 직원은 미니바 및 레스토랑 등의 사용 여부를 확인한 후 최종 정산을 한다. 아무것도 이용하지 않았을 경우 기본 숙박 금액만 지불하며, 선불로 호텔 요금을 지불했을 경우에는 추가로 지불해야 할 비용이 별도로 발생하지 않는다.

레이트 체크아웃(Late Check-out)
레이트 체크아웃은 규정 체크아웃 시간(11시 혹은 12시)보다 늦게 체크아웃하는 것을 말한다. 체크아웃하고자 하는 날 오전에 프런트 데스크에 직접 요청하거나 전화로 요청하면 된다. 객실의 여유가 많으면 1~2시간 정도 늦게 체크아웃하는 것을 허용하기도 하지만, 호텔에 따라서는 체크아웃 시간이 늦어졌을 경우 그에 해당하는 요금을 추가로 받는 곳도 많다. 시간이 애매하다면, 일찍 체크아웃하고 로비에 짐을 맡기는 것이 좋다.

02 렌터카 픽업부터 반납까지

오아후섬을 제외한 다른 섬에서는 렌터카가 필수이다. 하와이 여행에서 꼭 알아둬야 할 것이 렌터카 픽업과 반납이니, 미리 숙지하여 편하게 이용하자.

01 렌터카 픽업하기

❶ 셔틀 탑승 장소 찾아가기
대부분의 렌터카 사무소는 공항 외곽에 위치하며 셔틀서비스를 제공한다. 공항 건물 밖으로 나오면 렌터카 셔틀Rental car Shuttle 또는 렌터카Rent a Car 등의 표지판을 볼 수 있다.

❷ 렌터카 셔틀 탑승하기
탑승 장소에서 기다리다가 자신이 예약한 렌터카 회사의 셔틀이 오면 탑승하면 된다. 보통 운전기사가 짐을 옮겨주는 것을 도와주지만, 사람이 많을 경우 직접 싣기도 한다. 도움을 받았을 경우에는 셔틀에서 내릴 때 팁을 주는 경우가 많다.

❸ 렌터카 계약하기
미리 출력한 예약 내역 서류를 가지고 렌터카 사무소로 가면 렌터카 대여 절차를 진행할 수 있다. 대여 시에 필요한 것은 예약 내역 서류, 여권, 한국운전면허증, 국제운전면허증이다.

❹ 보험 가입하기
인수 과정을 진행하면서 보험에 가입해야 하는데, 예약 요금에 보험이 포함되어 있으면 상관이 없으나 가입되지 않은 보험 항목이 있을 경우 계약 시에 가입이 가능하다. 필요하지 않은 보험이 가입되는 경우가 있으므로, 영수증의 금액을 꼼꼼히 잘 확인하고 인수해야 한다.

❺ 렌터카 인수하기

인수 과정은 렌터카 회사 및 지점에 따라서 조금씩 다르다. 인수 시 자동차 키를 건네주며 자동차 위치를 알려주는 방식과 렌트할 차량에 키가 미리 준비되어 있는 방식이 있다. 보통 차량을 인수할 때 직원과 함께 차량의 흠집들을 다 확인하지만, 자차보험으로 모든 것이 커버되는 만큼 그 과정을 생략하는 회사가 대부분이다.

❻ 기본 기능 숙지하고 출발하기

렌트한 차량을 운전하기 전에 운전석에 앉아서 방향 표시등, 기어 변경, 사이드 및 룸미러 조절, 와이퍼 등 자동차의 기본 조작 방법을 확인한 뒤에 출발하는 것이 좋다. 미리 직원과 모든 확인을 끝냈다면 바로 그 자리에서 차를 끌고 나가면 되고, 별다른 확인이 없는 경우에는 나갈 때 출구에서 운전면허증과 서류를 확인하기도 한다. 이제 도로에서 안전운전을 하는 것만 남았다.

02 하와이에서 주유하기

하와이의 주유는 대부분 셀프 주유이기 때문에, 주유 방법을 알아둬야 당황하지 않을 수 있다. 최근에는 한국에도 셀프주유소가 많이 생겨서 셀프주유가 어색하지 않지만, 하와이의 셀프주유 방식은 한국과는 또 다르므로 미리 숙지하자. 미국에서는 기름을 가스Gas라고 부른다. 미국은 주유 단위로 갤런을 사용하며, 1갤런은 약 3.78리터이다. 2018년 3월 기준으로 1리터에 약 950~1,100원이며, 오아후가 가장 저렴하고 이웃 섬은 조금 더 비싸다.

❶ 차를 주유구가 있는 방향으로 주유기 앞에 세운다. 렌터카는 모두 휘발유Gasoline이므로, 디젤 여부를 고민하지 않아도 된다.

❷ 먼저 신용카드를 주유기에 넣었다 빼면 주유가 시작된다. 우편번호 ZIPCODE 는 임의의 5자리(96815-와이키키 또는 00000)를 넣으면 되지만, 주유소에 따라 한국 신용카드 사용이 불가능한 곳도 있다. 주유기에 따라 체크카드 DEBIT 인지의 여부를 묻는다. 최근에는 한국 집 주소의 5자리 우편번호로도 되기도 하며, 미국 직구용 주소를 등록했다면 그 우편번호로 가능하기도 하다.

❸ 신용카드 인증이 통과되거나 미리 금액을 지불했다면, 주유기에서 기름의 종류를 선택하자. 등급은 보통 3가지 등급이 있는데, 가장 낮은 등급인 레귤러Regular를 선택하면 무난하다. 버튼을 누르는 방식과 노즐이 있는 레버를 들면 되는 두 가지 방식이 있다.

하와이 여행 준비하기

버튼식

레버식

❹ 주유구를 열자. 차량에 따라서 차 안에서 버튼을 누르는 방식과 밖에서 주유구를 눌러 여는 방식, 그냥 열면 열리는 세 가지 방식이 있다. 전자일 경우 미리 열어두면 편리하다. 주로 일본, 한국 차가 내부에서 열며, 미국 차는 외부에서 연다. 손잡이를 잡고 주유를 한다. 걸쇠가 있는 노즐의 경우 걸쇠를 걸어두면 편하다.
신용카드를 사용했을 때는 원하는 만큼 넣을 수 있으며, 현금으로 미리 결제했을 때는 지정된 금액이 되면 자동으로 멈춘다. 만약 미리 지불한 금액보다 적은 양이 들어갔다면 점원에게 남은 금액을 돌려받을 수 있다.

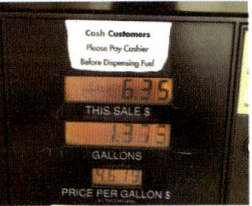

❺ 주유가 끝나면 노즐을 제자리에 돌려놓고, 주유캡을 오른쪽으로 끝까지 돌려 '찰칵' 소리가 날 때까지 돌려 닫자. 주유캡이 없는 형태는 주유구 커버만 닫으면 된다. 필요하면 영수증을 챙기자.

신용카드 사용이 안 된다면?

주유소에 위치한 가게 안으로 들어가 점원에게 주유기의 번호와 주유하고자 하는 금액을 말하면 주유할 수 있다. 2번 주유기에 $20을 넣고 싶다면 "펌프 넘버 2, 20 달러스 플리즈(Pump number 2, 20 dollars please.)."라고 말하면 된다. 점원을 통해 결제할 경우 현금과 신용카드 모두 가능하다. 주문 금액보다 적게 주유된 경우에는, "펌프 넘버 2, 체인지 플리즈(Pump number 2, change please.)."라고 말하면 된다.

만약 해외 직구를 위해 자주 이용하는 카드라면, 미리 카드회사에 연락해서 미국 주소를 등록해 놓자. 등록할 때 사용한 주소의 우편번호(ZIP CODE) 5자리 숫자를 기억해두면, 거절당하지 않고 승인이 나는 경우가 많다. 그리고 요즘에는 한국 우편번호로도 승인이 잘 되는 편이다.

03 하와이에서 주차하기

- **호텔에서 발레파킹하기**

하와이에서 자동차를 렌트하면 의외로 발레파킹 서비스를 이용해야 할 일이 꽤 있다. 편리함을 위해서 발레파킹을 맡기는 경우도 있지만, 셀프주차 없이 발레파킹 서비스만 제공하는 곳이 있기 때문이다. 발레파킹은 별도로 주차공간을 찾아다닐 필요 없이 차를 맡겼다가 받을 수 있어 편리하다.

발레파킹을 맡길 때는 차 안에 키를 두고, 직원에게 발레파킹 티켓을 받으면 된다. 주차 티켓에는 티켓 번호가 적혀 있으며, 나중에 차를 찾을 때 꼭 필요하다. 발레파킹을 맡긴 차를 찾을 때는 객실에서 발레파킹 데스크로 전화를 걸어 "Can I get my car? Ticket number xxxx"라고 말하면 된다. 보통 차를 찾기까지 10~15분 정도 소요되는 경우가 많으므로 미리 전화해 두면 편하며, 그냥 발레파킹 데스크로 직접 가서 티켓을 보여줘도 된다. 호텔에 따라 발레파킹 데스크에서만 가능하며, 팁은 보통 찾을 때만 준다.

- **호텔에서 셀프주차하기**

호텔 셀프주차장은 저렴한 대신 로비와 조금 떨어져 있어 이동거리가 길다는 단점이 있다. 체크인하기 위해 호텔에 도착했을 때는 로비 앞에 잠시 세워서 짐을 내린 뒤 체크인하고, 그 뒤에 셀프주차를 하러 가도 무방하나 호텔에 따라서 짐을 내려놓는 것만을 허용하는 경우도 있다.

셀프주차 시스템은 호텔마다 다른데, 매일 이용할 수 있는 주차티켓을 발급하거나 호텔의 객실 키를 주차장 키로 함께 이용하는 경우도 있다. 셀프주차를 했을 때는 체크인 시에 꼭 주차를 했다고 말하는 것이 좋다. 와이키키 시내를 제외하면 대부분의 호텔 셀프주차장 공간이 여유롭기 때문에 주차는 그리 어렵지 않다.

- **일반 건물 주차장 이용하기**

일반 건물 주차장의 경우 관리인이 있거나 주차기계를 이용해서 통합 관리한다. 보통 건물 주차장으로 진입할 때 티켓을 받고, 나중에 주차 시간에 따른 금액을 결제하는 방식이다. 주차장에 따라서 일일 주차의 경우 선불로 주차비를 받기도 한다.

- **무료 주차장 이용하기**

알라모아나 와이켈레 같은 대형 쇼핑몰, 해변에 딸려 있는 주차장, 진주만 같은 관광지에서는 주차비를 따로 받지 않는다. 이런 곳의 경우 주차 라인에 맞춰서 주차하면 되는데, 관리하는 사람이 없는 경우가 많으므로 차량 안에 아무것도 보이지 않도록 해야 도난을 방지할 수 있다. 트렁크 안에 물건이 있는 경우, 주차한 곳에서 열었다 닫는 것도 표적의 대상이 될 수 있다.

- **길거리 주차 무료 또는 미터기 이용하기**

길거리 미터기는 하와이에서 가장 일반적인 주차 방법이다. 주로 하와이 내의 도시에서 주차할 때 많이 이용되며, 자신의 차량이 향한 미터기를 이용하면 된다. 금액은 미터기에 따라 상이하며, 원하는 시간만큼 동전을 넣으면 된다. 길거리 무료 주차의 경우에는 표지판에 주차 가능 시간 및 최대 주차시간이 표시되어 있으므로 이 시간을 숙지하고 주차해야 한다.

- **주차기계 이용하기**

    주차기계의 경우 원하는 시간만큼 돈을 넣고 나서, 출력된 주차시간 영수증을 차의 대시보드에 올려놓으면 된다. 동전뿐만 아니라 신용카드 사용이 가능한 경우도 많다. 길거리 주차나 공용 주차장에서 주로 사용하는 방식이다.

04 내비게이션(GPS)

하와이는 호놀룰루를 제외하면, 도로가 단순하고 차량 통행이 잦지 않아 운전하기 쉬운 편이다. 내비게이션은 한국만큼 자세하진 않지만, 목적지를 찾아가는 데는 무리가 없다. 내비게이션 이용 시 가이드북에 표기된 주소를 이용하면 편리하나, 외곽지역은 주소와 장소가 정확하게 일치하지 않는 경우가 있다. 이때는 지역 이름으로 검색하면 편리하다. 미국에서는 내비게이션을 GPS라고 부르므로 빌릴 때 혼동하지 말자.

- **내비게이션 대여하기**

    렌터카 회사를 통해서 내비게이션을 대여하면 1일당 약 $12~16, 1주당 $80~100 정도의 비용이 발생한다. 보통 가민Garmin사 또는 톰톰Tomtom사의 내비게이션을 대여해주며, 세팅에 따라 한글 메뉴와 한국어 음성을 제공한다. 허츠의 경우에는 자체적인 네버로스트Neverlost를 빌려주기도 하며, 별도의 내비게이션을 빌려줄 수도 있다.
    만약 여행 기간이 1주일 이상이라면 현지에서 새 내비게이션을 구입한 뒤, 한국에서 되파는 것도 좋다. 월마트나 베스트바이 등에서 $100~150 정도에 구입이 가능하며, 한국에서 중고로 판매하기도 쉬운 편이다. 가민Garmin사의 제품은 가장 기본 등급의 제품을 제외하고는 한국어 기능을 모두 탑재하고 있다.

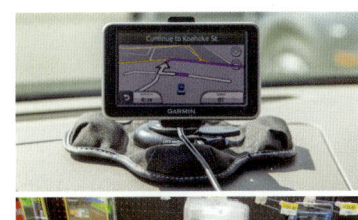

- **스마트폰 내비 앱 이용하기**

    내비게이션 대신 스마트폰을 사용하는 방법도 있다. 스마트폰 내비 앱은 미리 지도를 다운 받아 사용하는 방식이므로, 여행 중 데이터로밍을 별도로 할 필요가 없다. 대표적인 무료 내비로는 MAPS.ME가 있으며, 안드로이드와 아이폰 모두 이용 가능하다. 영어로만 제공되지만, 무료인 것에 비해 훌륭한 서비스를 제공한다.
    제대로 된 내비게이션을 원한다면 유료 앱을 이용해야 한다. 한국에서 가장 인기 있는 것은 SYGIC(www.sygic.com/en)로, 주기적으로 세일도 하고 한 번 구입하면 평생 라이선스이므로 계속 이용할 수 있다.

- **스마트폰 구글맵/내비게이션 이용하기**

    만약 무제한데이터로밍이나 포켓 와이파이(에그), 또는 티모바일이나 AT&T 심카드(유심)를 이용한다면, 스마트폰에 기본으로 제공되는 구글 내비게이션만으로도 충분하다. 한국에서는 내비게이션 기능이 활성화되지 않지만, 하와이에서는 구글맵에서 바로 내비게이션으로 전환이 가능하다. 안내도 한국어로 제공되며 교통상황까지 확인하여 길을 안내해주는 꽤 똑똑한 내비게이션이다. 대부분의 경우 구글 네

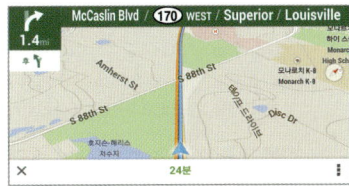

비게이션만으로도 충분히 길을 찾아다닐 수 있으나, 종종 전화가 잘 터지지 않는 지역이 있을 수 있으므로 '오프라인으로 저장' 기능을 이용해 지도를 미리 스마트폰에 다운받아두는 것을 추천한다.

05 렌터카 이용 시 가져가면 좋은 것들

- **AUX 케이블**

렌트카 대여 차량들은 거의 다 기본 옵션이라 블루투스나 USB로 음악을 들을 수 있는 차량이 많지 않다. CD로 음악을 들을 수 있지만, 하나의 CD에 넣을 수 있는 곡이 한정되어 있다. 만약 평소에 스마트폰이나 MP3 플레이어로 음악을 듣는 사람이라면, 차량과 연결할 수 있는 AUX케이블 하나면 어떤 차량에서도 음악을 들을 수 있다. 인터넷에서 1만 원 전후로 살 수 있는 케이블이면 충분하다.

- **스마트폰 거치대**

요즘에는 내비게이션 대신 스마트폰의 구글 내비게이션이나 SYGIC 등의 내비 앱을 이용하는 경우가 많다. 스마트폰을 내비 대용으로 이용하려면 거치대가 있어야만 차량에 손쉽게 장착할 수 있다. 거치대가 없다면 손에 들고서 봐야 하는 경우가 생기는데, 이는 교통법규 위반으로, 벌금을 낼 수도 있다. 또한, 하와이는 앞유리에 부착하는 방식의 거치대는 불법이다.

- **시거잭 USB 충전기**

스마트폰이 사실상 여행과 떨어질 수 없는 존재가 된 만큼 시거잭 USB 충전기는 차량 이동 중 언제라도 충전할 수 있어 편리하다. 스마트폰을 내비게이션으로 사용하는 중이라거나 로밍 에그 등을 사용 중이라면 USB 충전기의 효용은 더 빛을 발한다. 가능하면 한 번에 2개 이상 충전 가능한 제품으로 구입하자.

06 렌터카 보험의 종류

- **자차(CDW or LDW)**

렌트하면 필수적으로 가입하는 보험으로 사고가 발생 시 차량에 대해 보장해 준다. 주차장에서 주차를 잘못해서 긁는다거나 다른 차량이 긁고 뺑소니를 쳤을 때도 보장된다. 다만 손상이 심할 경우 반납 시 사고 경위서를 작성할 수 있다.

- **대인/대물(LIS, SLI or 3rd Party Insurance)**

사고가 났을 경우 상대방 차량과 사람에 대해 보상해주는 보험이다. 필수는 아니지만, 꼭 가입해두는 것이 좋다. 미국의 경우 차량 자체보다 사람이 다쳤을 경우에 보상해야 하는 금액이 상상 이상으로 큰 경우가 많다.

- **자손(PAI) & 도난(PEC)**

자손 보험은 사고 시 탑승자의 신체 상해를 보장해주는 것이며, 도난은 차량 내에 있던 물품의 도난 및 차량 자체 도난에 대한 보험을 포함한다. 이는 여행자보험으로 대체가능하므로 꼭 들지 않아도 상관없다. 미국은 의료비가 비싼 만큼 여행자보험을 가입할 경우 상해/질병에 대해 최소 2~3천만 원 이상으로 보장금을 높여 가입하는 것이 좋다. 도난 보험을 함께 포함하는 경우도 있고, 별도로 분류하기도 한다.

- **프리미엄 이머전시 로드사이드 서비스(Premium Emergency Roadside Service)**

키 분실, 타이어 펑크처럼 한국의 긴급출동 서비스를 떠올리면 쉽게 이해할 수 있다. 일반적 보험 패키지 상품에는 포함되지 않고 추가 가입할 수 있는 서비스로, 렌터카를 대여할 때 카운터에서 많이 가입한다. 인수 시 설명을 잘 못 알아듣고 가입하는 경우도 많은데, 꼭 확인 후 필요하지 않으면 제외해 달라고 이야기해야 한다.

- **무보험 차량 보험(UMP), 의료비 지원 서비스(ESP)**

무보험 차량 보험(Uninsured Motorist Protection)은 대인/대물 보험에 포함된 회사가 있는 반면, 별도로 판매하는 회사도 있다. 무보험 차량에 의한 사고를 커버해주는 보험이다. 의료비 지원 서비스의 경우 여행자보험과 같기 때문에 한국에서 여행자보험을 가입했다면 굳이 가입할 필요가 없다.

- **선불 연료(Fuel Prepaid Option-FPO)**

렌터카를 대여할 때 선불로 기름을 구입하는 것이 가능하다. 예약한 요금제에 연료가 포함되어 있다면 그대로 이용해도 되지만, 그 외의 경우에는 현장에서 선불로 구입하는 것보다 반납 시에 가득 채워서 반납하는 풀투풀(Full to full)이 비용이 적게 든다.

07 렌터카 여행 시 주의사항

하와이는 여행자들의 천국이라고 불릴 만큼 안전한 곳이지만, 적지 않은 도난 사고가 일어나는 곳이기도 하다. 렌터카를 빌려서 다니다가 렌터카에 둔 물건을 도난당하는 경우가 가장 일반적이다. 유리를 깨고 물품을 가져가기도 하고, 기술적으로 차량

을 열어서 가져가는 경우도 있다. 도난 사고는 꽤 자주 일어나는 편이므로 미리미리 주의하는 것이 좋다.

- **렌터카는 트렁크가 별도로 분리된 차량으로!**
  렌터카를 빌릴 때는 꼭 차량의 내부와 트렁크가 분리된 세단을 빌리는 것이 좋다. 우리 주변에서 흔하게 볼 수 있는 승용차가 대부분 이런 형태이다. 반면에 트렁크를 닫아 놓더라도 유리를 통해 내부가 보이는 해치백 차량(내부와 트렁크가 연결된 형태)은 언제나 도난의 표적이 될 수 있다. 도착하자마자 짐을 모두 호텔에 넣어놓고 돌아다닐 예정이라면 해치백도 상관없지만, 호텔에 체크인하기 전에 돌아다닐 예정이라면 해치백은 피하는 것이 좋다.

- **차량의 내부는 깨끗이 비워두자!**
  가능하면 유리를 통해 내부를 들여다봤을 때 아무것도 없도록 하는 것이 좋다. 도둑도 언뜻 봤을 때 아무것도 없어 보이는 차량을 수고스럽게 열려고 하지 않는다. 트렁크에 짐이 들어있어도 내부만 깨끗하게 비어있으면 도난 사고를 최대한 줄일 수 있다. 반면에, 차량 내부에 내비게이션을 그대로 방치해 둔다거나, 쇼핑백, 가방, 옷, 동전, 지폐 등이 보인다면 도난의 표적이 될 확률이 높다. 가능하면 차 안에는 물과 음료수 이외에는 차량 내 수납공간에 넣어 보이지 않게 해야 한다. 다만 허츠의 네버로스트와 같이 고정되어 뺄 수 없는 내비게이션은 예외다.

- **장시간 자리를 비울 만한 곳을 주의하자!**
  슈퍼마켓이나 쇼핑몰, 관광지, 해변이나 등산로 등 차량을 오래 비울 만한 곳에서 도난이 자주 발생한다. 하나우마 베이나 진주만 같은 유명 관광지는 별도 순찰을 하는 사람이 있지만, 그 외 장소에서는 차량을 지키는 사람이 없으므로 더 주의해야 한다. 이런 곳에 갈 때는 짐은 모두 호텔에 두고 차에 꼭 필요한 물건만 넣어 가는 것이 좋다.

- **차량은 꼭 잠그자!**
  아주 가까운 전망대를 가던지, 잠깐 차에서 내려서 확인해야 할 일이 있을 때에도 차량의 문은 꼭 잠그는 것이 좋다. '설마 잠깐인데.'하고 시동을 켠 채로 문을 잠그지 않고 전망대를 보려고 내렸다가 10초도 안 돼서 차량을 통째로 도난당한 사례도 있다. 잠겨있지 않은 차는 항상 도난의 표적이 되기 쉽다.

- **도착지에서는 트렁크를 열지 말자!**
  쇼핑몰 또는 관광지에 도착해서, 짐을 넣고 빼는 행위는 도둑들에게 트렁크 안에 물건이 있다는 것을 보여주는 것이나 다름없다. 가능하면 짐을 넣고 빼는 건 출발할 때 하고, 도착했을 때는 최대한 열지 않는 것이 범죄의 타깃이 되는 걸 피할 수 있는 방법이다.

08 렌터카 반납하기

- **렌터카 주유하기**
  대여 시 연료를 구입하지 않았다면, 연료를 가득 채워서 반납해야 한다. 하와이 대부분의 공항 바로 옆에 주유소가 있지만, 코나 국제공항은 약 5km 정도 떨어진 곳에 주유소가 있다. 당일에 찾으려면 어려우므로 전날 미리 주유소를 확인해 두면 편리하다. 마지막 주유 시에는 꼭 주유영수증을 챙겨서 보관하는 것이 좋다.

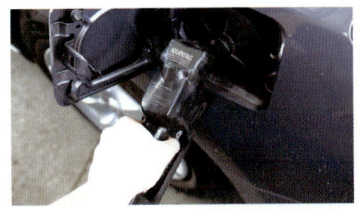

- **렌터카 사무소 찾아가기**

  공항에 도착해 렌터카 반납 Rental car return 이라는 사인을 따라가면 렌터카를 반납할 수 있다. 회사에 따라서 위치가 조금씩 다르긴 하지만, 대부분 한 구역에 모여 있으므로 빌린 곳을 찾아가면 된다. 다만 호놀룰루 국제공항은 공항 내에 사무실이 있는 곳과 외부에 있는 곳이 있으므로 반납시에 주의해야 한다.

- **렌터카 반납**

  렌터카 사무소로 진입하면 보통 반납과 관련된 안내판이 있다. 지정된 위치 또는 안내에 따라 주차하고 나면, 직원이 와서 주유 여부와 달린 거리, 사고 여부 등을 확인하고 서류작업을 마무리 짓는다. 선불로 계약한 경우가 아니라면, 보통 반납 시에 그 자리에서 결제를 진행한다.

- **셔틀버스를 타고 공항으로**

  모든 과정이 끝났으면 렌터카 회사에서 제공하는 셔틀버스를 타고 공항으로 이동한다.

03 빨래하기

하와이에서 체류기간이 길어지면 빨래도 하나의 골칫거리가 된다. 간단하게 손빨래를 하는 것도 가능하지만, 그 양이 많아지면 손빨래도 부담이 된다. 호텔에 빨래를 맡겨도 되지만, 벌당 비용을 받을뿐더러 그 가격도 상당히 비싸다. 하와이의 콘도는 대부분 객실 내 혹은 외부에 세탁기와 건조기를 비치하고 있고, 그 외에도 일부 호텔은 셀프 세탁시설을 갖추고 있는 곳이 있으나 숙박객에 한해서만 이용할 수 있도록 규정하고 있다.

다행히도 하와이의 규모 있는 마을 또는 도시에는 빨래방 Laundromat 이 있다. 구글맵에서 도시 이름과 'Laundromat'을 함께 검색하면 찾기 쉽다. 빨래방은 동전을 이용해서 직접 빨래하는 셀프 빨래방과 무게에 따라서 빨래 비용을 계산하는 유인 빨래방이 있다. 후자가 더 가격이 비싸기는 하지만, 맡겨놓고 반나절 또는 하루 후에 찾으러 가기만 하면 되므로 시간을 절약할 수 있다는 장점이 있다. 셀프 빨래방은 보통 세탁기와 건조기가 별도로 분리되어 있으며, 세제는 따로 구입하는 것이 일반적이다. 기계 앞에 안내되어 있는 대로 금액을 넣고 작동하여 사용하며, 사용법을 잘 모르겠으면 직원이나 주변 사람들에게 물어보면 쉽게 도움을 받을 수 있다.

- 와이키키 – Waikiki Laundromat 주소 2463 Kuhio Avenue 전화번호 808-626-5194
- 와이키키 – Public Coin Laundry 주소 2383 Kuhio Avenue
- 와이키키 – Ena Road Laundry 주소 478 Ena Road, Honolulu 전화번호 808-942-3451
- 카일루아-코나 – Tyke's Laundromat Inc 주소 74-5483 Kaiwi St, Kailua-Kona 전화번호 808-326-1515
- 힐로 – Downtown Laundry Express 주소 194 Kilauea Ave, Hilo 전화번호 808-969-7755
- 리후에 – Plaza Laundry 주소 3-4301 Kuhio Hwy, Lihue 전화번호 808-246-9057

04 슈퍼마켓에서 필요한 물품 구입하기

하와이에는 다양한 마트가 있어 여행자들이 손쉽게 물건을 살 수 있다. 월마트나 코스트코 같은 대형마트에서부터 편의점 크기의 ABC 스토어스까지. 모두 조금씩 그 특징이 다르므로, 원하는 마트를 찾아가면 된다.

01 월마트 Walmart

식품에서부터 건강식품, 기념품 등을 살 수 있는 가장 흔한 대형 마트. 와이키키에서는 알라 모아나 뒤편 한인타운에 있는 지점이 가장 가깝다. 신선식품을 제외한 대부분의 식료품을 모두 구입할 수 있다. 생필품에서부터 전자제품, 홈데코 제품까지 대부의 물건을 파는 종합 마트이다. 대부분의 월마트에는 약국이 있어 처방받은 약을 구입할 수도 있으며, 원하는 약은 문의하여 구입할 수 있다.

02 K-마트 Kmart

식품과 관련된 코너는 굉장히 작고 대부분 가구, 의류, 전자제품 및 생필품과 기념품 위주로 판매하고 있는 마트. 타 마트에 비해 상대적으로 저렴한 물건도 많기 때문에 선물을 구입할 예정이라면 한번 둘러볼 만하다. 오아후에서는 와이켈레 아울렛과  함께 둘러보기 좋다. 오아후에는 4곳이 있으며 마우이, 빅아일랜드, 카우아이에 각 1개의 지점이 있다.

03 세이프웨이 Safeway

현지에서 먹을 신선한 채소에서부터 과일, 육류 등을 구입하고 싶다면 세이프웨이로 가야 한다. 콘도미니엄과 같이 요리할 수 있는 곳에서 묵는다면 한 번쯤 찾아가게 되는 곳이다. 세이프웨이에 가면 무료로 만들 수 있는 회원카드를 만들어야 세이프웨이에서 홍보하는 할인을 모두 받을 수 있으므로, 처음 도착하면 회원카드부터 만드는 것이 좋다.

04 푸드랜드 Foodland

세이프웨이와 함께 신선한 재료를 구할 수 있는 마트로, 세이프웨이가 없는 곳에는 푸드랜드가 있는 경우가 많다. 역시 무료 회원카드를 만들어야 할인 혜택을 볼 수 있다. 식료품이 다양하게 있어 편리하다.

세이프웨이와 푸드랜드에서는 미리 멤버십카드를 만들자!

세이프웨이에는 세이프웨이 클럽(Safeway Club), 푸드랜드에는 마이카이(Maika'i)라는 멤버십이 있다. 이 멤버십카드가 있으면 멤버십 할인 상품에 대해서 할인을 받을 수 있으므로, 식료품을 쇼핑할 때 쏠쏠하게 아낄 수 있다. 커스토머 서비스 데스크 또는 계산대에서 바로 만들 수 있으므로, 쇼핑을 시작하기 전에 멤버십카드부터 만드는 것이 좋다.

05 타임즈 슈퍼마켓 Times Supermarket

하와이에서 쉽게 볼 수 있는 슈퍼마켓 중 하나로 세이프웨이나 푸드랜드보다는 규모가 작은 경우가 많지만 웬만한 물건들을 대부분 다 구입할 수 있다. 역시 신선식품 등의 구매도 가능하다.

06 호울푸즈 마켓 Whole foods market

오아후섬의 카할라 몰, 카일루아와 마우이섬의 카훌루이에 지점이 있다. 일반적인 식료품들서부터 유기농 채소나 과일 등 조금 더 고급스러운 식재료를 판매하는 곳으로, 건강에 관심 있는 사람에게 인기 있는 슈퍼마켓이다. 샐러드나 요리류도 맛이 상당히 괜찮다. 덕분에 전체적인 가격은 다른 마트들과 비교해서 다소 높은 편이나, 구경하는 재미가 있다.

07 코스트코 Costco

하와이에서 기념품 및 선물을 가장 저렴하게 구입할 수 있는 곳으로 대량으로 선물을 구입하기에 좋으며, 제품의 품질도 월마트나 K마트 대비 좋다. 한국 코스트코 회원카드가 있으면 미국의 코스트코도 이용할 수 있으며, 신용카드는 비자 Visa 카드만 받으므로 해당 카드가 없다면 현금을 이용하면 된다. 오아후에는 4곳이 있으며 마우이, 빅아일랜드, 카우아이에 각 1개의 지점이 있다.

08 KTA 슈퍼 스토어스 KTA Super Stores

빅아일랜드 곳곳에 위치한 슈퍼마켓으로 코나, 와이메아, 힐로 등에 지점이 있다. 대형 슈퍼마켓이고, 다른 마트와 위치가 겹치지 않는 경우가 많아 편리하게 이용할 수 있다. 신선식품부터 생필품까지 다양하게 판매한다.

09 ABC 스토어스 ABC Stores

하와이에서 가장 쉽게 발견할 수 있는 편의점 규모의 마트로, 와이키키에는 블록마다 1개씩 있을 정도로 많다. 하와이 기념품부터 음료수나 간단한 먹을거리, 선크림과 같은 필수품까지 다양한 품목을 쉽게 구입할 수 있다. 다만, 가격이 다른 마트들에 비해서 비싼 편이다.

10 롱스 드러그 Longs Drugs

감기약에서부터 다양한 건강식품 등의 약을 주로 판매하지만, 그 외에도 화장품과 생필품, 식품 등도 판매한다. 중소규모의 크기이며, 가격은 다른 대형 마트에 비해서 조금 비싼 편이다.

05 응급상황 대처하기

01 여권 도난/분실 시에는?

여권을 도난 또는 분실하였을 경우에는 바로 주 호놀룰루 총영사관에 신고하고 여권을 재발급받아야 한다. 시간 여유가 없는 경우에는 여행증명서를 발급받으면 귀국할 수 있다. 여권 재발급을 신청할 때는 여권 신청 시와 동일한 서류가 필요하다.

- **주소** : 2756 Pali Highway, Honolulu
- **전화번호** : 808-595-6109, 6274
- **운영시간** : 월~금 08:30~16:00(점심시간 : 12:00~13:00)

02 신용카드 도난/분실 시에는?

신용카드 분실 시에는 바로 신용카드사의 도난/분실 센터로 전화를 걸어 정지해야 추가적인 피해를 막을 수 있다. 신용카드사들은 모두 해외에서 걸 수 있는 번호를 운영하고 있다.

- NH농협카드 : 82-2-3704-1004
- 국민카드 : 82-2-6300-7300
- 신한카드 : 82-1544-7000
- 하나카드 : 82-2-3489-1000
- BC카드 : 82-2-330-5701
- 삼성카드 : 82-2-2000-8100
- 현대카드 : 82-2-3015-9000
- 씨티카드 : 82-2-2004-1004
- 롯데카드 : 82-2-2288-2400

Part
02

Close up Hawaii

하와이
미리보기

너무나도 유명해져서 이제는 사진만 봐도 알 수 있는 곳이 하와이지만, 조금 더 자세히 들여다보면 발견하지 못했던 특별한 하와이의 모습을 찾아볼 수 있다. 하와이로 떠나기 전에 그 매력을 살짝 구경해 보자.

Close up Hawaii

Section 01
해변 100배 즐기기

하와이의 해변은 전 세계의 어느 해변과 비교해도 빠지지 않을 만큼의 아름다움이 있다. 여행객을 반겨주는 하와이의 바다, 어떻게 하면 안전하고 편리하게 이용할 수 있을지 알아보자.

01 하와이의 해변 즐기기

하와이의 해변은 누구에게나 무료로 열려있다. 다른 나라의 경우 유명 휴양지 호텔이 좋은 해변을 차지하고 프라이빗 비치로 운영하고 있는 반면에, 하와이는 호텔 앞의 해변이라도 누구나 아무런 제약 없이 이용할 수 있다.

01 해변 근처에 주차하기

대부분의 해변은 주차장이 잘 마련되어있으며, 해변을 마주하고 있는 호텔도 해변 이용객을 위해 별도의 무료 주차공간을 제공하고 있다. 때때로 주차장이 잘 안 보이는 곳에 있거나 찾아보기 어려울 수도 있지만 대부분 있다고 봐도 무방하다. 만약 무료 주차장을 찾기 어렵다면 호텔에 가서 문의하면 알려준다. 사람이 많이 모이는 인기 있는 리조트 지역의 무료 주차장은 아침 일찍 자리가 모두 차 버리는 경우도 많다.

02 비치 파크와 비치의 차이

하와이의 해변 이름을 살펴보면 비치 파크 Beach Park로 끝나는 곳이 있고 그냥 비치 Beach로 끝나는 곳이 있다. 비치 파크에는 화장실, 샤워시설, 피크닉테이블, 라이프가드 등 여러 시설이 마련되어 있다. 반면 비치는 그냥 해변만 있는 경우가 대다수이나 가끔 간이시설이 있기도 하다.

03 안전 수칙 꼭 지키기

여름에는 대부분의 해변이 잔잔하지만, 겨울이 되면 해변에 따라서 사람 키보다 더 높은 파도가 밀려오기도 한다. 그 외에도 해변 이용 전에 바닥의 암초, 해파리 등장, 조류주의 등 여러 경고표지판을 확인하고 이용해야 안전하다. 대부분의 유명한 해변에는 라이프가드가 있지만, 작은 해변이나 숨은 해변 등에는 라이프가드 및 경고판이 없는 경우도 있으므로 더 주의해야 한다.

02 스노클링 in 하와이

하와이에서 스노클링은 누구나 즐길 수 있는 가장 대표적인 액티비티이다. 해변에 가면 스노클링 장비를 필수품처럼 들고 다니는 사람들을 볼 수 있는데, 그만큼 하와이에서는 스노클링 장비만 착용하고 바다로 들어가면 아름다운 풍경을 마주할 수 있기 때문이다. 조류가 심하거나 파도가 센 해변을 제외하면 대부분 스노클링이 가능하다.

스노클링과 관련된 장비는 한국에서도 미리 구입할 수 있지만, 시간이 없다면 하와이에서 구입해도 무방하다. 스노클링 장비는 해변에서 개인적으로 스노클링을 할 때 필요하며, 스노클링 투어에만 참여할 예정이라면 스노클링 장비 및 구명조끼 등을 무료로 빌려주므로 별도로 챙길 필요가 없다.

Close up Hawaii

01 스노클링 장비

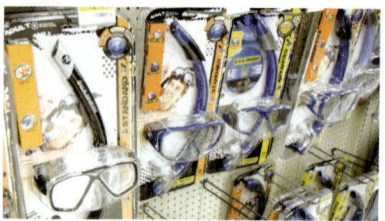

스노클링 장비는 $20~30 정도의 가격대 이므로 현지에서 바로 구입해도 되지만, 가능하면 한국에서 구입한 뒤 가볍게 테스트를 해보고 챙겨 가는 것을 권한다. 챙겨 가지 않은 경우 스노클링 장비를 사기 위해 일정 중 별도로 시간을 빼야 하기 때문이다. 특히, 일반 스노클링 장비가 아니라 얼굴을 다 덮는 풀페이스 마스크의 경우 한국이 조금 더 저렴하게 구입할 수 있다는 것도 이유 중의 하나이다.

02 아쿠아슈즈

오아후와 마우이의 바다는 모래가 많아 안전한 곳이 있는 반면, 빅아일랜드는 전체적으로 바위가 많아 맨발로 스노클링을 하기에 위험한 곳도 많다. 아쿠아슈즈가 없다면 마트에서 파는 $10 이하의 아쿠아슈즈를 사용해도 된다. 스노클링할 때는 아쿠아슈즈를 신었다고 해서 무분별하게 산호 위에 발을 디디는 행위는 삼가야 한다. 하와이의 아쿠아슈즈는 저렴하지만, 예쁜 디자인을 고르려면 한국에서 사가는 것이 좋다.

03 구명조끼

구명조끼는 인터넷 쇼핑몰에서 2만 원 정도로 구입 가능하지만 하와이에서는 $35~45 정도로 조금 더 비싸다. 또한 하와이에서는 파는 곳이 많지 않으므로 꼭 필요하다면 부피가 다소 있더라도 한국에서 구입해가는 것이 좋다. 바다에서 수영하는 것이 자신 없는 사람이라도 구명조끼를 입으면 좀 더 쉽게 스노클링을 즐길 수 있다.

04 자연을 보호하자

동남아에서는 빵조각으로 물고기가 모여들게 하지만, 하와이에서는 빵조각이 바다를 오염시키는 원인이 되므로 자제할 것을 권하고 있다. 또한, 하와이 해변에서 쉽게 접근할 수 있는 곳에도 산호가 많은데, 스노클링을 할 때는 산호를 밟지 않도록 해야 한다. 한 번 발을 디딘 것만으로도 손상되며, 손상 입은 산호가 다시 자라기까지는 많은 시간이 필요하기 때문이다.

05 체력 및 수영 실력을 감안하자

스노클링 포인트는 만 형태이거나 바위가 파도를 막아 잔잔한 곳이 좋지만, 상대적으로 조류가 꽤 심한 곳에도 유명한 스노클링 포인트가 있다. 이런 곳에서 스노클링할 때는 힘이 빠지면 해변으로 다시 돌아오기 어려우므로, 실력을 고려하여 체력이 허락하는 범위로만 가는 것이 좋다. 특히, 구명조끼를 입고 있으면 속도를 내기가 쉽지 않으므로 조심해야 한다.

06 스노클링은 아침 일찍

하와이에서 스노클링은 가능하면 아침에 즐기는 것이 좋다. 보통 오후가 되면 바람의 방향이 바뀌면서 바닷속도 상대적으로 뿌옇게 변하고 파도도 세지는 경우가 많다. 날씨가 좋은 날에는 시간이 큰 영향이 없는 경우도 많지만, 최선을 위해서는 오전을 선택하는 것이 더 낫다.

07 본격적인 스노클링을 하려면 오리발을 준비하자

하와이에서 처음 스노클링을 하고, 실망하는 사람들이 의외로 많다. 대부분 제대로 된 스노클링 포인트까지 가지 못하고 해변 근처에서 머무르다가 오는 경우가 많기 때문이다. 오아후의 하나우마베이와 같이 아주 쉽게 포인트로 이동할 수 있는 곳이 있는가 하면, 마우이의 호놀루아베이나 빅아일랜드의 투스텝스 같은 경우에는 포인트까지 거리가 다소 있어 꽤 먼 거리를 수영해 가야 하기 때문이다.

오리발의 경우 이동을 더 쉽게 할 수 있도록 도와줄 뿐만 아니라, 물에 떠 있을 때도 도움이 된다. 부피가 크기는 하지만, 하와이에서 제대로 스노클링을 즐기려면 오리발은 무조건 사야 하는 품목 중 하나라고 봐도 무방하다. 대부분의 투어에서는 오리발을 빌려주지만, 개인적으로 여행할 때는 구입하는 것이 좋다.

08 몸에는 선블록보다는 래시가드

얼굴과 목에는 어쩔 수 없이 워터프루프 선크림을 바르게 되지만, 몸에는 선크림을 바르는 것보다 래시가드를 추천한다. 공식적으로도 선크림은 바다를 오염시키고 해양생물들에 영향을 미칠 수 있기 때문이다. 또한, 스노클링 시간이 길어지면 선크림이 씻겨나가 등이나 목 등에 화상을 입을 수 있지만, 래시가드는 상시 보호가 되기 때문에 더 안전하다.

Special
하와이 바다에 사는 수중생물은?

하와이의 바다는 그야말로 스노클링의 천국이다. 배를 타고 특정 포인트로 나가야 하는 것이 아니라, 그냥 마스크만 쓰고 물 속으로 뛰어들어도 수많은 물고기를 만날 수 있을 정도로 수중환경이 잘 보존되어 있기 때문이다. 하지만 많은 수중생물들을 보면서도 예쁜 물고기로만 기억하는 경우가 많은데, 대표적으로 많이 발견되는 수중생물들을 모아 보았다. 다음은 직접 하와이에서 스노클링을 하면서 찍은 사진들이다.

웨지테일 트리거피쉬(Wedgetail Triggerfish)
하와이주의 상징인 물고기로 '후무후무누쿠누쿠아무아아(Humuhumunukunukuapua'a)'라는 이름을 가지고 있다.

푸른 바다 거북
Green Sea Turtle

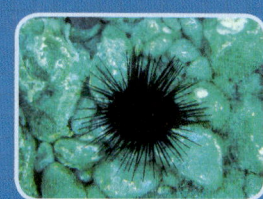
성게
Sea Urchin

옐로우탱
Yellow Tang

아킬레스 탱
Achilles Tang

세일핀탱
Sailfin Tang

라벤더탱
Lavender Tang

트럼펫피쉬
Trumpetfish

옐로우 트럼펫피쉬
Yellow Trumpetfish

코넷피쉬
Cornet Fish

라인드 버터플라이피쉬
Lined Butterflyfish

티어드롭 버터플라이피쉬
Teardrop Butterflishfish

쓰레드핀 버터플라이피쉬
Threadfin Butterflyfish

화이트스포티드 서전피쉬
Whitespotted Sergeantfish

오랜지밴드 서전피쉬
Orangeband Sergeantfish

링테일 서전피쉬
Ringtail Surgeonfish

블랙 더건
Black Durgon

피콕 그루퍼
Peacock Grouper

무리쉬 아이돌
Moorish Idol

바드 파일피쉬
Barred Filefish

서전트 메이저
Sergeant Major

곰치
Whitemouth Moray Eel

패롯피쉬
Parrotfish

스포티드 트렁크피쉬
Spotted Trunkfish

오렌지스파인 유니콘피쉬
Orangespine Unicornfish

버드 래스
Bird Wrasse

블루스트라이프 스내퍼
Bluestripe Snapper

드러머 피쉬
Drummer Fish

만타레이
Manta Ray

물고기떼

영화, 드라마 속 하와이

하와이는 미국의 인기 영화 촬영지 중 한 곳이다. 그중에서도 잘 보존된 원시림은 특히 모험 영화의 촬영장소로 자주 선택된다. 카우아이섬에서 가장 많은 영화가 촬영된 것은 다 이유가 있는 법!

01 영화

쥬라기 공원 Jurassic Park 1993

하와이에서 촬영된 영화 중 가장 유명한 영화가 바로 쥬라기 공원이다. 시리즈 2편인 잃어버린 세계 Lost world-1997 역시 일정 분량을 하와이에서 촬영하였으며, 오아후섬의 쿠알로아 랜치에는 아직도 영화가 촬영된 장소를 관광객에게 공개하고 있다.

식스 데이 세븐 나잇 Six Days Seven Nights 1998

타히티로 가던 도중 기상이변으로 인한 기체 결함으로 무인도에 불시착한 두 사람이 겪는 모험을 그린 영화. 영화의 주 촬영장소는 카우아이섬이며, 그중에서도 나팔리 코스트의 아름다운 풍경을 목격할 수 있다.

진주만 Pearl Harbor 2001

진주만 공습을 배경으로 한 전쟁 영화. 오아후섬에 있는 진주만에서 영화와 실제 역사 배경을 찾아볼 수 있다. 런닝타임이 긴 영화지만 하와이에 가기 전에 보면 진주만을 한 번쯤 방문하고 싶어지게 만든다.

첫 키스만 50번째 50 First Dates 2004

기억이 멈춰버린 단기 기억상실증 환자인 루시와 사랑에 빠진 헨리의 이야기로, 매번 그녀와의 새로운 첫 번째 데이트를 위한 기상천외한 작업이 하와이 곳곳에서 펼쳐진다. 영화 속 배경도 하와이이며, 실제 영화는 오아후섬과 캘리포니아에서 촬영되었다.

   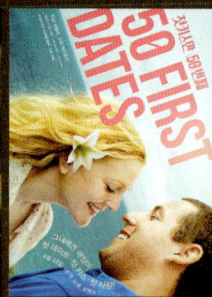

트로픽 썬더 Tropic Thunder 2008

벤 스틸러, 잭 블랙, 로버트 다우니 주니어가 출연한 미국식 전쟁 코미디 영화. 영화의 주 촬영지는 카우아이섬이었는데, 벤 스틸러의 집이 있기 때문이었다는 이야기도 있다. 영화 중 등장하는 정글의 모습에서 섬의 때 묻지 않은 자연을 감상할 수 있다.

퍼펙트 겟어웨이 A Perfect Getaway 2009

카우아이섬을 배경으로 한 스릴러 영화. 카우아이섬의 명소인 하날레이 베이, 와이메아 캐니언 등의 명소를 볼 수 있다. 뿐만 아니라 영화의 주 무대가 가장 유명한 '칼랄라우 트레일'이기 때문에 카우아이섬의 진면목을 경험해볼 수 있다.

아바타 Avatar 2009

아바타의 촬영지 중 한 곳이 하와이라는 것을 아는 사람은 그리 많지 않다. 주로 정글과 같은 배경이 하와이 카우아이섬에서 촬영되었으며, 영화 내에서 그 일부분이 활용되었다. 카우아이섬은 제임스 카메론 감독이 영화의 영감을 얻은 곳으로도 잘 알려져 있다.

하와이언 레시피 ホノカアボーイ 2009

본래 원작 명은 〈호노카아 보이〉이며, 국내에서는 하와이언 레시피로 개봉했다. 빅아일랜드 동북쪽에 위치한 작은 마을, 호노카아(Honokaa)가 배경이다. 잔잔하게 이어지는 영화의 분위기는 짙은 여운으로 남는다.

캐리비안의 해적:낯선 조류 Pirates of the Caribbean:On Stranger Tides 2011

캡틴 잭 스패로우의 모험을 그린 영화 캐리비안의 해적 4의 실제 촬영지는 캐리비안이 아니라 하와이와 미국 본토이다. 특히 정글, 폭포, 해변 등의 배경이 오아후섬과 카우아이섬에서 많이 촬영되었다.

디센던트 Descendants 2011

조지클루니 주연의 잔잔한 여운을 가진 가족 영화로 가족에 대해서 다시 한 번 생각해볼 기회를 준다. 카우아이섬이 주 촬영지였으며, 카우아이섬의 명소들을 영화 속에서 확인해볼 수 있다.

배틀쉽 Battleship 2012

태평양 한가운데서 외계인과의 전투를 그린 영화. 영화의 주요 배경은 오아후섬과 마우이섬에서 촬영되었다. 하와이 섬의 아름다움보다는 액션 씬에 치중하기는 했지만, 하와이 일부를 들여다볼 수 있다.

고질라 Gozilla 2014

지구에 나타난 괴수 무토와 지구의 수호신 고질라를 그린 재난영화로 한국에서는 흥행하지는 못했다. 하와이의 와이키키 비치 및 풍경이 초반 쓰나미 피해를 당하는 곳으로 묘사된다.

빅 아이즈 Big Eyes 2014

유명화가의 실화를 영화로 옮긴 팀 버튼의 작품으로, 꽤 좋은 평을 받았다. 스토리 중 마가렛 킨이 하와이로 신혼여행 그리고 이주했을 때 배경으로 등장한다.

알로하 Aloha 2015

하와이로 돌아온 남자 주인공이 새로운 사랑과 헤어졌던 연인 사이에서 갈등하는 내용이다. 유명 배우들을 캐스팅하여 하와이를 배경으로 했지만, 아름다운 풍경이나 스토리까지 어떤 것도 잘 살리지 못했다는 평을 받으며 한국에는 개봉하지 못했다.

02 드라마

로스트 Lost

남태평양의 한 섬에 불시착한 비행기에서 살아남은 사람들의 이야기를 다룬 드라마. 한국 배우 김윤진이 출연해서 더 많은 사랑을 받았던 로스트의 배경도 하와이이다. 재미있는 것은 미스테리한 사건들이 계속 일어나는 무인도의 여러 장면이 여행객이 많이 방문하는 관광지에서 그리 멀리 떨어져 있지 않은 장소에서 촬영되었다는 사실이다.

하와이 파이브 오 Hawaii Five-O

하와이를 배경으로 한 수사 드라마. 과거에 방영했던 동명의 드라마를 현대적인 감각으로 재탄생시켰으며, 미국에서도 큰 인기를 끌고 있다. 하와이 광고 드라마가 아니냐는 말이 나올 정도로, 매 편 아름다운 하와이의 자연 풍경을 화면에 담아냈다. 그중의 대부분은 실제로 가볼 수 있는 장소라는 것이 매력적이다.

하와이 미리보기

Section 02
배가 부르면 마음도 부르다!

하와이는 미국 본토와는 다른 음식 문화가 발달했다. 바다 한가운데 있는 섬이라는 특징을 잘 살린 음식에서부터, 현지인들이 저렴하게 즐기는 음식까지 다양하다. 맛이라는 측면에서만 봤을 때는 아주 훌륭하다고 말하기 어려운 음식도 있지만, 하와이에 왔다면 한 번쯤 시도해볼 만한 음식들이다.

01 하와이의 먹거리

01 전통 음식

- **칼루아 피그** Kalua Pig **& 라우라우** Lau Lau

  칼루아 피그는 통째로 구운 돼지고기를 잘게 찢은 요리로, 루아우 정찬의 메인 요리로 사용된다. 라우라우는 버터피시 또는 돼지고기를 타로 잎에 싼 후 쪄낸 음식으로, 역시 루아우 음식 중 하나이다.

- **포이** Poi

  하와이의 구황작물인 토란과의 타로를 이용해서 쑨 일종의 죽이다. 약간의 신맛과 담백함이 맛의 전부이다.

- **포케** Poke

  포케는 생선회 무침 샐러드라고 보면 적당하다. 보통 현지에서 잡히는 여러 생선으로 만드는데, 얼렸던 것과 생으로 만든 것이 있다. 당연히 얼리지 않은 것이 더 비싸나 맛은 훨씬 낫다. 생선 이외에도 홍합, 문어 등의 해산물도 이용한다.

02 하와이안 푸드

- **사이민** Saimin

  하와이의 면 요리로, 닭이나 새우 육수로 담백하게 끓여낸 국물에 여러 가지 고명을 얹은 것과 양념을 해서 볶은 것, 두 가지 형태가 가장 일반적이다.

- **로코모코** Locomoco

  하나의 접시에 밥, 햄버거, 스팸, 계란후라이 등을 얹어서 먹는 음식이다. 고칼로리 음식이며, 저렴한 곳과 수준급인 곳의 맛 차이도 꽤 나는 편이다.

사이민   로코모코

- **고기 전** Meat Jun, **갈비** Kalbi

한식집이 아닌 하와이의 현지 레스토랑 메뉴에서 고기 전이나 갈비를 보더라도 당황하지 말자. 하와이 사람 중에 이 음식을 하와이 음식이라고 믿는 사람들도 있을 정도이다. 맛은 한국의 고기 전이나 갈비와 큰 차이가 없다.

- **스팸 무수비** Spam Musubi

하와이 출신 버락 오바마 대통령도 좋아한다는 무수비는 약간의 간을 해 만든 주먹밥에 스팸을 얹은 뒤 가운데를 김으로 싼 음식이다. 가벼운 도시락 용도로 먹기 좋으며, 기본 세팅에 계란이나 베이컨 등을 추가하기도 한다.

- **런치 플레이트** Lunch Plate

관광지에서 조금 벗어나 현지인이 자주 찾는 레스토랑에는 하나의 도시락에 밥을 기본으로 바비큐, 갈비, 칼루아피그, 새우, 포케, 샐러드 등 원하는 것을 선택해서 먹을 수 있는 런치 플레이트를 판매한다. 저렴해서 인기가 좋다.

03 하와이의 간식

하와이의 독특한 간식거리들은 여행자들을 그냥 지나치지 못하게 만든다. 몸에 좋은 아사이볼에서부터, 달콤함이 입 안 가득 퍼지는 코코 퍼프까지 한 번쯤 먹어볼 만한 먹거리가 가득하다.

- **말라사다** Malasada

일종의 설탕 도넛으로 하와이에서 가장 인기 있는 빵 중 하나이다. 종류에 따라 사과잼 등을 넣기도 한다. 레오나즈 베이커리 P. 230 가 가장 유명하다.

- **코코 퍼프** Coco Puff

부드러운 퍼프에 녹아내리는 여러 크림이 들어있는 코코퍼프는 하와이에서만 맛볼 수 있는 독특한 디저트이다. 릴리하 베이커리 P. 229 에서 맛볼 수 있다.

- **스패니시 롤** Spanish Roll

관객보다는 현지인이 더 좋아하는 빵으로, 굉장히 단순하지만 끊임없이 들어갈 정도로 중독적이다. 따뜻할 때 먹어야 제맛이다.

- **아이스모찌** Ice Mochi

다양한 향을 넣은 찹쌀떡을 차갑게 먹는 아이스모찌는 오랫동안 인기 있는 디저트이다. 버비스 P. 241 가 유명하다.

- **아사이볼** Acai Bowl

  몸에 좋다고 알려진 아사이베리를 이용해 만든 아사이볼은 어디서나 인기 있는 메뉴이다. 아일랜드 빈티지 커피 P. 170 와 헬스 바 P. 230, 바식 카페 P. 526 의 아사이볼이 수준급이다.

- **하와이안 쿠키** Hawaiian Cookie

  하와이의 쿠키 중 선물로 좋은 것은 호놀룰루 쿠키 컴퍼니 P. 172 의 파인애플 모양 쿠키, 카우아이 쿠키 컴퍼니 P. 488 의 쿠키로, 맛이 좋다.

- **마카다미아 너트** Macadamia Nut

  선물로도 좋은 하와이의 인기 간식. Made in Hawaii인 마카다미아 너트는 대부분 수준급이다. 초콜릿을 입힌 마카다미아도 인기 있다. 마우나 로아 P. 570 의 마카다미아가 가장 유명하다.

- **바나나 브레드** Banana Bread

  하와이의 유명한 빵 중 하나인 바나나 브레드는 쉽게 맛볼 수 있는 빵이지만, 특히 하나로 가는 길 P. 394 의 중간 지점에서 많이 사 먹는다. 호불호는 좀 갈리는 편이다.

- **쉐이브아이스** Shave Ice

  얼음 빙수에 다양한 맛이 나는 시럽을 얹은 쉐이브아이스는 불량식품 느낌이 나지만, 시원한 맛이 그만이다. 마츠모토 P. 261 에 꼭 들러보자.

04 하와이의 칵테일 & 맥주

바에 앉아 아름다운 남태평양을 바라보며 마시는 칵테일 한 잔은 그야말로 로맨틱의 극치다. 잔잔하게 파도치는 바다에는 칵테일이 어울린다면, 커다란 파도가 다가오는 시즌에는 시원한 맥주가 그만이다. 하와이만의 다양한 칵테일과 맥주가 있다는 것은, 여행자에게 큰 행복이다.

칵테일

- **마이타이** Mai Tai

  럼을 베이스로 한 새콤한 맛의 칵테일. 오렌지 리큐어와 스윗&사워 믹스가 들어간 하와이의 대표적인 칵테일이다.

- **라바플로우** Lava Flow

  럼을 베이스로 한 칵테일로 딸기와 바나나, 파인애플 주스, 코코넛밀크가 주재료다. 꼭 용암이 흐르는 것 같은 모습을 하고 있으며, 달콤한 맛 덕분에 여성들에게 인기 있다.

- **블루 하와이** Blue Hawaii

힐튼 호텔의 바텐더가 개발한 것으로 알려진 이 칵테일은, 푸른색과 새콤달콤한 맛이 잘 어우러진 하와이다운 칵테일이다.

- **치치** Chichi

보드카를 베이스로 파인애플 주스와 코코넛밀크를 넣은 칵테일. 미국의 속어로 '세련된'이라는 의미가 있으며, 하와이의 피나콜라다라는 별명도 있다.

칵테일 & 맥주

- **코나 브루잉 컴퍼니** Kona Brewing Company

하와이에서 가장 쉽게 구입할 수 있는 맥주 브랜드이다. 부드러운 라거인 롱보드 Longboard 와 파이어 락 페일 에일 Fire Rock Pale Ale 이 대표적인 맥주지만, 그 외의 맥주들도 수준급이다. 병으로 구입할 수도 있지만, 오아후 ▶P. 203 와 빅 아일랜드 ▶P. 529 에 있는 브루펍에서 직접 마시는 것이 최고!

- **메하나 브루잉 컴퍼니** Mehana Brewing Company

힐로에 위치한 작지만 꽤 괜찮은 맥주를 만드는 브랜드이다. 대표적인 맥주는 볼케이노 레드에일 Volcano Red Ale 이다. 힐로의 브루어리에 가면 시음도 가능하다.

- **마우이 브루잉 컴퍼니** Maui Brewing Company

마우이에 위치한 부루잉 컴퍼니. ▶P. 360 맥주는 조금 호불호가 갈리지만 좋아하는 사람이 많다. 대표적인 맥주는 비키니 블론드 Bikini Blond 와 빅 스웰 IPA Big Swell IPA 이다. 마우이의 브루펍에 가보는 것도 좋다.

- **코홀라 브루어리** Kohola Brewery

라하이나에 위치한 스몰 브루어리로, 순수하게 맥주만 파는 곳이다. 맥주 그 자체의 맛을 즐기고자 한다면 가볍게 들러볼 만한 장소다. ▶P. 343

02 하와이 전역에서 만나볼 수 있는 체인 레스토랑

하와이에는 하와이에서 처음 시작된 레스토랑에서부터 미국 전역에서 유명세를 얻고 있는 레스토랑까지 다양한 체인 레스토랑이 있다. 파인 다이닝에서부터 캐주얼한 패밀리 레스토랑까지 선택의 폭이 넓으므로 어디를 가야 할지 고민될 때 선택하기 좋다. 인기가 높은 곳이 대다수이므로 예약해두는 것이 안전하다.

> $ – $10 이하, $$ – $11~20, $$$ – $21~30, $$$$ – $31 이상(메인코스 기준)

Ruth's Chris Steakhouse 루스스 크리스 스테이크 하우스 $$$$ 저자 추천

미국 전역에서 찾아볼 수 있는 스테이크 체인으로, 뉴올리언즈에서 가장 먼저 시작된 곳이다. 사이드디시로는 뉴올리언즈 특유의 메뉴들이 있으며, 높은 온도에서 구워낸 뜨거운 그릇에 나오는 스테이크는 육즙이 그대로 살아 있어 스테이크 특유의 맛과 향이 그대로 느껴진다. 와이키키 비치 워크 점 이외에 하와이에 4곳의 지점이 더 있으며, 모두 저녁식사 위주이다. 보통은 8oz 필렛 Fillet 스테이크를 많이 시키지만, 자신이 있다면 16oz 립아이 Rib-eye 스테이크에 도전해보자. 접시에 스테이크만 나오지만, 그 위용이 상당하다. 다른 메뉴도 여러 가지가 있지만, 스테이크 하우스에서는 스테이크를 주문하는 것이 좋다. 오후 5~6시는 얼리버드 해피아워로 세트메뉴를 저렴하게 판매하므로 조금 일찍 방문하면 $40~50에 코스로 식사를 할 수 있다.

- 공통 홈페이지 www.ruthschris.com 영업시간 16:30~22:00(하와이 전 지점 동일)
- 와이키키 비치 워크 주소 226 Lewer St, Honolulu 전화번호 808-440-7909
- 오아후-호놀룰루 주소 500 Ala Moana Blvd, Honolulu 전화번호 808-599-3860
- 마우이-라하이나 주소 900 Front St, Lahaina 전화번호 808-661-8815
- 마우이-와일레아 주소 3750 Wailea Alanui, Wailea 전화번호 808-874-8880
- 빅아일랜드-와이콜로아 주소 68-1330 Mauna Lani Dr, Kohala Coast 전화번호 808-887-0800
- 카우아이-콜로아 주소 2829 Ala Kalanikaumaka St, Koloa 전화번호 808-278-6100

Roy's Waikiki
로이스 와이키키
$$$$
 저자 추천

하와이의 대표 쉐프 중 한 명인 로이 야마구치 Roy Yamaguchi 의 레스토랑으로, 미국 전역에 체인이 있다. 하와이에는 총 8개의 지점이 있으며, 하와이 카이에 로이스 레스토랑의 본점이 있다. 와이키키 비치 워크에 위치한 와이키키 지점은 위치 덕분에 많은 사람이 찾는다. 하와이의 고급 레스토랑을 검색하면 가장 먼저 나오는 곳 중 하나로, 만족스러운 평이 많아서 저녁시간대에는 예약하지 않으면 자리가 없는 경우도 다반사이다. 하와이안 퓨전메뉴를 선보이는 로이스 와이키키는 하와이 음식에서부터 일식, 스테이크 등 다양한 요리들을 한꺼번에 맛볼 수 있다. 다양한 메뉴로 인해 선택이 어려우면 취향을 웨이터에게 말하고 추천을 받는 것도 좋은 방법이다. 로이스에서 많은 사람이 추천하는 메뉴는 버터피시지만 그 외의 메뉴들도 다 만족스럽다. 테이블에 앉으면 에다마메(일본식 삶은 콩)가 기본으로 제공된다.

- ROY'S 공통 홈페이지 www.royshawaii.com 영업시간 월~목 11:00~ 21:30, 토~일 11:00~22:00(*은 오후 17:00 또는 17:30 이후에만 영업)
- 와이키키 비치 워크 주소 226 lewer St, Honolulu 전화번호 808-923-7697
- 오아후-하와이 카이 주소 6600 Kalanianaole Hwy, Honolulu 전화번호 808-396-7697 *
- 오아후-코올리나 주소 92-1220 Aliinui Dr, Kapolei 전화번호 808-676-7697
- 오아후-터틀베이 주소 57-091 Kamehameha Hwy, Kahuku(Turtle Bay Resort) 전화번호 808-293-7697 *
- 마우이-카아나팔리 주소 2290 Kaanapali Parkway, Lahaina 전화번호 808-669-6999 *
- 빅아일랜드-와이콜로아 주소 250 Waikoloa Beach Dr, Waikoloa 전화번호 808-886-4721 *

로이스 하와이 외에 콜로아와 인터내셔널 마켓플레이스에 위치한 이팅하우스1849 Eating House 1849 와 터틀베이에 위치한 로이스 비치하우스 Roy's Beach House 가 있다. 로이스 하와이가 프렌치와 하와이안의 퓨전이라면, 이팅하우스는 아시안과 하와이안의 퓨전에 더 가깝다. 비치하우스는 로이스 하와이에 더 가까운 편이다.

- Eating House 1849 공통 홈페이지 http://www.eatinghouse1849.com 영업시간 월~목 11:00~21:30, 토~일 11:00~22:00(* 오후 17:00 또는 17:30 이후에만 영업)
- 카우아이-콜로아 주소 2829 Ala Kalanikaumaka Rd, Koloa(Shops at Kukuiula) 전화번호 808-742-5000 *
- 와이키키 인터내셔널 마켓플레이스 주소 2330 Kalakaua Ave, Honolulu 전화번호 808-924-1849

Merriman's   메리맨스
$$$$

피터 매리맨에 의해 세워진 메리맨스는 하와이의 고급 레스토랑 체인 중 한 곳으로, 오아후섬을 제외한 모든 섬에 체인이 있다. 빅아일랜드 와이메아 점이 첫 번째 레스토랑이다. 하와이 현지 재료를 사용하여 신선한 재료를 바탕으로 훌륭한 요리를 제공하는 것을 신조로 삼고 있다. 제대로 된 하와이안 요리를 맛보고 싶은 사람들이 주로 찾는다. 해변 바로 옆에 위치한 마우이 카팔루아의 메리맨스에서는 오후 3시부터 6시 사이에 해피아워를 운영하고 있어 해변을 보며 간단한 음식을 즐기기에 좋다.

- 공통 홈페이지 merrimanshawaii.com
- 마우이-카팔루아 주소 1 Bay Club Pl, Lahaina 전화번호 808-669-6400 영업시간 일(선데이 브런치 10:30~13:00), 월~일 15:00~21:00
- 빅아일랜드-와이메아 주소 65-1227 Opelo Rd, Kamuela 전화번호 808-885-6822 영업시간 월~금 11:30~13:30, 토~일 17:30~21:00
- 카우아이-포이푸 주소 2829 Ala Kalanikaumaka St, Koloa 전화번호 808-742-8385 영업시간 월~일 17:00~22:00

Sansei Seafood Restaurant & Sushi Bar
산세이 시푸드 레스토랑 & 스시 바 $$$~$$$$

하와이의 업스케일 시푸드 레스토랑. 언제나 신선한 초밥과 해산물 요리를 맛볼 수 있어 인기를 얻고 있다. 가격대가 다소 높은 편이지만, 특정 요일이나 늦은 시간에는 할인을 하기도 하므로 미리 할인 소식을 알고 있으면 좀 더 저렴하게 식사할 수 있다.

- 공통 홈페이지 sanseihawaii.com 영업시간 월~일 17:30~22:00(늦은 시간은 운영은 **지점별 상이**)
- 오아후-와이키키 주소 2552 Kalakaua Ave, Honolulu 전화번호 808-931-6286 영업시간 금, 토 ~01:00
- 마우이-카팔루아 주소 600 Office Rd, Lahaina 전화번호 808-669-6286 영업시간 목, 금 ~01:00
- 마우이-키헤이 주소 1881 South Kihei Rd, Kihei 전화번호 808-879-0004 영업시간 목, 금, 토 ~01:00
- 빅아일랜드-와이콜로아 주소 201 Waikoloa Beach Dr, Waikoloa 전화번호 808-886-6286 영업시간 금, 토 ~01:00

Cheesecake Factory 치즈케이크 팩토리
$$~$$$

미국 전역에 퍼져있는 패밀리 레스토랑으로, 하와이에는 오아후의 와이키키와 카폴레이에 있다. 와이키키 지점의 경우 중심이라 할 수 있는 로얄 하와이안 센터 도로변에 위치해 언제나 기다리는 사람들로 가득하다. 카폴레이 지점은 관광객보다는 현지인들로 더 북적이는데, 와이키키보다는 한산하다. 코올리나 쪽에 숙소를 잡았다면 이쪽 치즈케이크 팩토리를 리스트에 넣는 것도 좋다. 별도의 예약을 받지 않기 때문에 현장에 가서 대기 알림 벨을 받고 기다려야 한다. 식사시간을 피하면 상대적으로 줄이 짧지만, 그 외에는 1시간 정도 기다려야 하는 경우도 다반사이다.

이 레스토랑이 많은 인기를 얻는 이유는 가격 대비 양이 많은 데다, 메뉴의 선택폭이 굉장히 넓다는 데 있다. 다만 메뉴가 많은 만큼 입맛에 맞지 않거나 상상과는 다른 음식이 나올 확률도 적지 않다. 하지만 푸짐한 양의 샐러드와 패밀리 레스토랑 스타일의 파스타, 하와이안 스타일 피자, 다양한 나라의 퓨전메뉴까지 행복한 고민을 하게 된다. 치즈케이크 팩토리라는 이름만큼, 치즈케이크의 맛도 훌륭하므로 후식까지 꼭 먹어보도록 하자. 치즈케이크 팩토리가 처음이라면 오리지널이나 프레시 스트로베리를 추천하며, 그 이외의 치즈케이크는 취향에 맞게 선택해도 좋다. 입안에서 달콤하게 녹는 치즈케이크의 맛이 일품이다. 식사를 하지 않고 치즈케이크만 사가는 사람들도 있다.

홈페이지 www.thecheesecakefactory.com 와이키키 지점 주소 2301 Kalakaua Ave, Honolulu 전화번호 808-924-5001 영업시간 월~목 11:00~23:00, 금~토 11:00~24:00, 일 10:00~23:00 카폴레이 지점 주소 91-5431 Kapolei Pkwy, Kapolei 전화번호 808-670-2666 영업시간 월~목 11:30~23:00, 금 11:30~24:00, 토 10:00~24:00, 일 10:00~23:00

Bubba Gump Shrimp Co 부바 검프 슈림프 컴퍼니 $$

새우 요리를 메인으로 하는 레스토랑으로, 특히 라하이나에 있는 지점이 가장 잘 알려져 있다. 특히 테이블 위에 있는 '포레스트 틴'을 이용해 서버를 부르는 방법은 독창적이며 재미있다. 쾌활한 분위기에서 다양한 새우 요리를 즐길 수 있는데, 그 외에도 파스타와 립 등의 요리도 맛볼 수 있다. 전체적인 맛은 평범하다.

- 공통 홈페이지 www.bubbagump.com
- 오아후-알라모아나 쇼핑센터 4층 주소 1450 Ala Moana Blvd, Honolulu 전화번호 808-949-4867 영업시간 일~목 10:30~22:00, 금~토 10:30~23:00
- 마우이-라하이나 주소 889 Front St, Lahaina 전화번호 808-661-3111 영업시간 월~일 11:00~22:00
- 빅아일랜드-카일루아 코나 주소 75-5776 Alii Dr, Kailua-Kona 전화번호 808-331-8442 영업시간 월~일 11:00~22:00

Hard Rock Cafe 하드 락 카페 $$~$$$

하드 락 카페는 분위기 있는 저녁 밤, 맥주 한 잔과 함께 라이브 음악을 듣기에 좋은 레스토랑 겸 카페이다. 저녁 시간 전후의 해피아워에는 맥주를 조금 더 저렴하게 마실 수 있다. 점심시간에도 운영하지만, 하드 락 카페의 제 맛은 역시 저녁에 라이브 음악을 들으며 요리를 즐길 때 느낄 수 있다. 다만 음식맛은 평이하다.

- 오아후-와이키키 지점 홈페이지 www.hardrock.com 주소 280 Beachwalk, Honolulu 전화번호 808-955-7383 영업시간 일~목 11:00~24:00, 금~토 11:00~01:00(레스토랑은 1시간 일찍 마감)

California Pizza Kitchen 캘리포니아 피자 키친
$$~$$$

한국에도 체인점이 들어와 있어 익숙한 캘리포니아 피자 키친 CPK은 캐주얼 다이닝 레스토랑이다. 이름 그대로 피자를 주메뉴로 하는 레스토랑으로, 아보카도가 올라간 캘리포니아 클럽 피자가 가장 유명하다. 그 외에도 다양한 콤비네이션 피자가 있어 원하는 토핑을 즐길 수 있다. 그 외에도 샐러드, 파스타, 타코 등의 메뉴를 취급한다.

- 공통 홈페이지 www.cpk.com
- 오아후—와이키키 주소 2284 Kalakaua Ave, Honolulu 전화번호 808-924-2000 영업시간 월~일 11:00~22:30
- 오아후—펄릿지 센터 주소 98-1005 Moanalua Rd, Aiea 전화번호 808-487-7741 영업시간 월~일 10:30~22:00
- 오아후—카폴레이 주소 91-5431 Kapolei Parkway, Kapolei 전화번호 808-892-2996 영업시간 월~일 11:00~22:00
- 오아후—호놀룰루 국제공항 주소 Main terminal Building, Honolulu Airport 전화번호 808-836-2566 영업시간 월~일 06:00~22:00
- 오아후—알라모아나 쇼핑센터 주소 1450 Ala Moana Blvd, Honolulu 전화번호 808-941-7715 영업시간 일~목 10:30~22:00, 금~토 10:30~23:00
- 오아후—카일루아 주소 609 Kailua Rd, Kailua 전화번호 808-263-2480 영업시간 일~목 10:30~22:00, 금~토 10:30~22:30
- 오아후—카할라 몰 주소 4211 Waialae Ave, Honolulu 전화번호 808-737-9446 영업시간 일~목 10:30~22:00, 금~토 10:30~23:00
- 마우이—카훌루이 국제공항 주소 Main Rotunda in Tropical Food Court 전화번호 808-877-5858 영업시간 월~일 07:30~22:00

P.F. Chang's China Bistro P.F. 창스 차이나 비스트로
$$~$$$

미국에서 쉽게 만날 수 있는 중국 음식점으로, 정통 중국 요리라기보다는 미국 사람들의 입맛에 맞춘 패밀리 레스토랑의 느낌이 난다. 보통의 기름진 중국 요리와는 다르게 담백한 메뉴도 많고, 하와이에서만 볼 수 있는 메뉴들도 쉽게 발견할 수 있다.

- 공통 홈페이지 www.pfchangshawaii.com/
- 오아후—와이키키 주소 2201 Kalakaua Ave, Honolulu 전화번호 808-628-6760 영업시간 일~목 11:00~23:00, 금~토 11:00~24:00

Cheeseburger in Paradise 치즈버거 인 파라다이스 $$

오아후와 마우이 곳곳에서 볼 수 있는 수제 햄버거 체인. 사실 하와이에는 쿠아 아이나나 테디스 비거 버거스처럼 이곳보다 더 맛있는 햄버거집이 많기는 하지만, 굳이 이곳을 소개하는 이유는 쉽게 접근할 수 있는 위치에 있기 때문이다. 맛집이라 하긴 애매하지만 그래도 한국의 일반 수제 햄버거집 정도의 맛 정도는 된다. 마우이 라하이나 지점은 바다 바로 옆에서 선셋을 바라보며 먹을 수 있어 인기 있고, 와이키키 지점도 해변 바로 건너편에 위치한다.

- 공통 홈페이지 www.cheeseburgerland.com 영업시간 월~일 07:00~22:00(와이키키에 위치한 지점은 23:00까지)
- 오아후-와이키키 비치 주소 2500 Kalakaua Ave, Honolulu 전화번호 808-923-3731
- 오아후-와이키키 주소 1945 Kalakaua Ave, Honolulu 전화번호 808-941-2400
- 오아후-비치워크 주소 226 Lewers St, Honolulu(2층) 전화번호 808-924-5034
- 마우이-라하이나 주소 811 Front St, Lahaina 전화번호 808-661-4855
- 마우이-숍스 앳 와일레아 주소 3750 Waiklea Alanui Dr, Wailea 전화번호 808-874-8990

Zippy's 지피스 $~$$

하와이의 지피스는 현지인들의 추억과 함께하는 레스토랑으로, 하와이 내에 총 24개의 지점이 있다. 특별한 요리를 하는 곳이라기보다는 로코모코나 사이민 등 하와이 사람들이 즐겨 먹는 음식들을 다양하게 맛볼 수 있는 곳으로, 현지인들이 좋아하는 레스토랑에서 하와이 음식을 먹어보고 싶다면 한 번쯤 가볼 만하다. 와이키키에서 가장 가까운 지점은 카파훌루 애비뉴에 있으며, 호놀룰루 시내와 근교뿐만 아니라 섬의 곳곳에 지점이 퍼져있기 때문에 하와이에서 먹는 한 끼 식사를 지피스에서 해도 크게 실망하지 않을 만하다.

홈페이지 zippys.com 주소 601 Kapahulu Ave, Honolulu 전화번호 808-733-3725 영업시간 24시간

Yummy Korean BBQ, Pearl's Korean BBQ

야미 코리안 BBQ & 펄스 코리안 BBQ $$~$$$

하와이에는 한국 사람이 많이 살고 있어 한국 음식점이 많기는 하지만, 제대로 된 한식을 하는 곳은 대부분 다운타운에 몰려있다. 하지만, 다른 곳에서도 쉽게 Korean BBQ라는 이름을 만날 수 있는데 보통 야미 코리안 비비큐와 펄스 코리안 비비큐인 경우가 많다. 그 외에도 Korean BBQ라는 타이틀을 달고 있는 가게들이 꽤 있다. 이미 현지화되어버린 갈비 Kalbi, 고기 전 Meat Jun, 육개장 Yook Gae Jang, 잡채 Long Rice, 만두 Mandoo 등의 요리에 김치, 나물, 오이김치, 밥 등을 함께 얹어서 콤보로 판매하는 런치 플레이트를 판매한다. 하와이 느낌이 가미된 한국 음식이다 보니 조금은 어색하지만, 갈비나 고기 전은 한국 사람들이 하와이에서 특히 좋아하는 메뉴이다. 가격도 부담스럽지 않다 보니 여행 중에 갑자기 한식이 생각날 때 부담 없이 한 끼를 먹을 수 있다. 대부분의 지점이 오아후섬 전역에 퍼져있어 돌아다니다가 우연히 만나게 되는 경우가 많다. 각 쇼핑몰의 푸드코트에서 쉽게 찾아볼 수 있다.

03 간편한 한 끼, 패스트푸드 전문점

미국의 섬답게 하와이에는 꽤 많은 패스트푸드 전문점이 들어와 있다. 우리에게도 익숙한 곳에서부터 처음 보는 곳까지 다양하다. 바쁘게 일정을 쫓아가는 도중이라면 한 끼 정도는 미국의 패스트푸드를 먹어보는 것도 좋은 경험이 될 수 있다.

• **버거킹** Burger King

한국 사람에게도 익숙한 햄버거 체인. 한국에는 없는 와퍼들과 신 메뉴들이 있어 먹어보는 재미가 쏠쏠하다.

• **맥도날드** McDonald

한국의 맥도날드와 큰 차이가 없기는 하지만, 하와이답게 아침에 밥과 스팸이 함께 나오는 메뉴가 있다. 궁금하면 한 번 도전해 보는 것도 좋다.

- **잭 인 더 박스** Jack in the box

주문을 받으면 바로 햄버거 조리를 하는 것으로 유명하다. 신선한 채소를 이용하는 것으로도 유명해 좋아하는 사람이 많다.

- **서브웨이** Subway

주메뉴와 빵을 선택한 다음에 원하는 재료와 소스를 선택해서 자신만의 샌드위치를 만들 수 있는 전문점. 빵은 토스트를 선택하는 것이 맛있으며, 풋롱 Footlong 사이즈면 둘이서 간단하게 먹을 수 있다.

- **판다 익스프레스** Panda Express

중국식 패스트푸드 전문점. 선택한 메뉴의 개수에 따라서 가격이 달라지는데 볶음밥, 탕수육 등 익숙한 요리도 많아 중국 요리가 먹고 싶을 때 가볼 만하다.

- **타코 벨** Taco Bell

한국에도 들어와 있는 멕시코 요리 패스트푸드 전문점. 미국식에 맞게 변화된 멕시코 요리로 한국 사람의 입맛에도 잘 맞는다. 나초, 타코, 브리토 등의 익숙한 메뉴와 3가지 단계의 매운 소스도 독특하다.

- **아비스** Arby's

로스트비프 버거&샌드위치 전문점. 한국 사람에게는 잘 알려지지 않았지만, 미국에서는 꽤 인기 있는 패스트푸드 체인 중 하나이다. 감자튀김이 특히 맛있다.

- **피자헛** Pizzahut

한국에도 있는 피자 전문점이지만, 미국의 피자헛의 피자는 한국의 피자와는 생긴 것부터 토핑 스타일까지 모두 다르다. 전체적으로 피자는 다소 짠 편이다.

- **잠바 주스** Jamba Juice

미국의 유명한 헬시 스무디를 파는 전문점. 하와이를 여행하면서 목이 마르고 더울 때, 시원한 것이 생각날 때 좋다. 미국 전역에 700여 개의 매장이 있으며, 한국에도 매장이 있다.

04 오픈 테이블에서 레스토랑 예약하기

오픈 테이블은 가장 대중적이면서도 쉬운 레스토랑 예약 사이트로, 온라인에서 하와이의 많은 레스토랑을 쉽게 예약할 수 있다. 레스토랑에 따라서 오픈 테이블로 예약을 마쳐도, 별도의 전화 확인 또는 신용카드 보증을 요구하는 경우도 있으며, 몇몇 레스토랑은 좋은 시간대의 예약은 전화로만 받기도 한다.

❶ 오픈 테이블 홈페이지(www.opentable.com)에 접속하자.

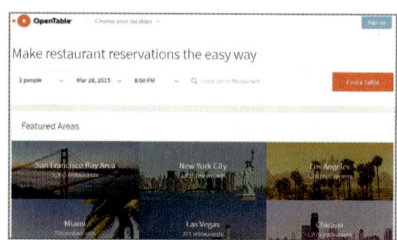

❷ 식당은 지역 또는 이름으로 검색이 가능하다. 원하는 날짜와 시간, 그리고 사람 수를 입력한 뒤에 레스토랑을 검색하자.

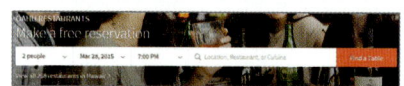

❸ 해당 지역의 레스토랑 목록과 평가, 그리고 예약 가능 시간을 볼 수 있다.

❹ 이름과 성, 전화번호 그리고 이메일을 입력하면 예약을 확정할 수 있다. 전화번호 국가에서 한국(Korea, South +82)을 선택하고, 가장 앞의 0을 뺀 전화번호를 입력하면 예약을 안전하게 유지할 수 있다.

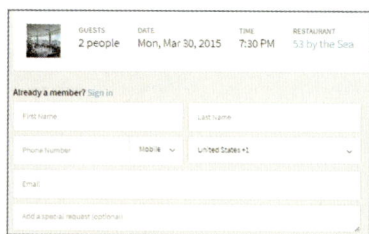

❺ 예약을 마치면 예약 확정 페이지와 함께 이메일이 발송된다. 이로써 쉽게 예약을 마칠 수 있는데, 예정이 변경되어 갈 수 없다면 꼭 취소해야 페널티를 방지할 수 있다.

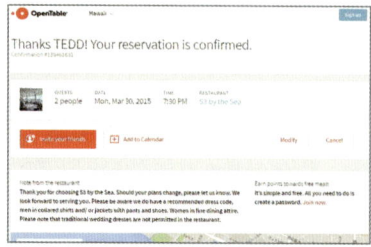

아이와 함께하는 하와이 여행

하와이는 신혼여행지로서의 이미지가 강하지만, 최근에는 가족여행을 떠나는 사람도 점차 많아지고 있다. 가족여행을 떠날 때, 특히 아이와 함께하는 여행은 떠나기 전부터 신경 써야 할 부분들이 많다.

1. 베씨넷(유아용 요람)

항공편 출발 48시간 이전에 항공사에 요청하면 만 2세 이하는 유아용 요람이 있는 좌석을 배정받을 수 있다. 항공사에 따라 베씨넷을 사용할 수 있는 규정이 다르며, 유아용 및 소아용 기내식 역시 미리 신청할 수 있다.

• 대한항공 – 몸무게 11kg 미만, 신장 75cm 미만 • 아시아나 – 몸무게 14kg 미만, 신장 76cm 이하 • 하와이안항공 – 만 2세 미만

2. 카시트 규정

하와이에서는 만 3세 이하의 아동은 유아용 카시트, 만 4~7세의 아동은 부스터시트 또는 카시트 이용이 법으로 정해져 있다. 아이를 혼자 차 안에 두는 것도 법규 위반에 해당한다. 카시트는 현지에서 구입할 수 있으며, 수하물로 가져갈 수도 있다. 아이가 있는 경우 대중교통보다는 차량을 이용하는 것이 좋다. 또한 택시, 셔틀버스 등 상업용 차량에 탑승할 때는 카시트를 이용하지 않아도 된다.

3. 유모차

아이와 동반하는 경우 유모차를 수하물로 보낼 수 있다. 티켓 카운터나 터미널로 들어가 게이트 앞에서 보내는 것도 가능하다. 항공사에 따라 게이트 앞에서 보낸 짐은 도착지 게이트 앞이나 수하물 찾는 곳 2가지 중 하나이므로 꼭 한 번 재확인해야 한다. 휴대용 유모차 중에는 기내로 가져갈 수 있는 사이즈로 접히는 것도 있다.

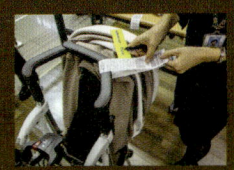

4. 아이를 위한 준비물

한국에서 갈 때 미리 분유, 이유식 등을 준비하는 것이 좋으며, 냉장이 필요한 이유식은 얼려서 아이스박스에 넣어가는 것도 방법이다. 또한 하와이 음식에 적응하지 못할 경우를 대비해 햇반이나 반찬 같은 기본적인 음식을 준비하는 것이 좋다. 호텔에 전기포트가 없는 경우도 많으므로, 물을 끓일 수 있는 작은 미니포트나 트래블쿠커를 준비하면 번거로움을 덜 수 있다. 그 외에도 아이들의 장난감, 책, 기본적인 상비약 등은 필수로 챙겨야 한다.

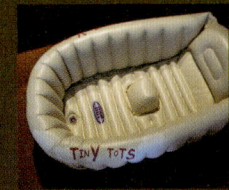

5. 숙소의 선택

아이가 어리다면 주방시설이 있는 콘도를 이용하는 것이 좋지만, 수영을 할 수 있는 나이가 되면 수영장 시설이 좋은 리조트급 호텔을 선택하는 것을 추천한다. 아이들을 위한 부대시설을 잘 갖춘 호텔도 있으므로 이런 곳을 선택하면 좋다. 호텔이나 콘도미니엄도 미리 아기 침대나 침대 가드를 요청하면 설치가 가능하나, 호텔마다 가능여부가 다르다. 또한 샤워기 역시 고정식보다는 탈착되는 형태여야 아이들을 씻기기 좋다. 쉐라톤, 하얏트 등 키즈룸이나 키즈 프로그램을 운영하는 호텔이 여러 곳 있다. 특히 힐튼 하와이안 빌리지나 디즈니 아울라니 같은 경우에는 주방이 있는 객실 있고, 수영장 등 부대시설이 잘 되어 있어 가족 여행객이 선호한다.

6. 일정은 여유롭게

무리하게 움직이는 일정보다는 아이의 체력을 고려한 일정이 좋다. 성인을 위한 목적지 외에도 돌고래 체험, 동물원, 아쿠아리움 등의 체험형 장소를 함께 계획하자. 레스토랑 등에서는 아이들을 위한 의자도 별도로 요청 가능하므로, 들어갈 때 먼저 물어보면 좋다.

Part
03

Routes in Hawaii

하와이 따라가기

하와이는 휴식을 취하는 여행, 명소를 따라다니는 여행, 쇼핑을 즐기는 여행 등 원하는 여행이 모두 가능한 여행지이다. 렌터카로 여행하기 쉬운 여행지니 만큼 원하는 곳을 마음대로 다닐 수 있지만, 대표적인 루트를 알아두면 일정을 계획하기가 쉽다.

Section 01
오아후섬에서의 추천 루트

과거에는 호놀룰루 국제공항이 있는 오아후섬만을 다녀가는 사람이 많았지만, 하와이 여행 패턴이 다양해지면서 오아후섬 이외에 하나의 섬을 추가하여 일정을 잡는 것이 유행하게 되었다. 가장 인기 있는 섬은 마우이섬이고 그 뒤로 빅아일랜드, 카우아이섬 순으로 방문하는 사람이 많다. 오아후섬으로 취항하는 대부분의 직항 편은 오전 일찍 도착한다.

01 하와이 추천 일정

01 4박 6일

2개 섬을 둘러보기에는 너무 빡빡한 일정이므로, 오아후섬에 모든 시간을 투자하는 것이 좋다. 하나의 섬을 둘러보기에 좋은 일정이다.

02 5박 7일 또는 6박 8일

2박(또는 3박)은 이웃 섬, 3박은 오아후섬에 머무르는 일정. 이웃 섬에서 2박일 경우에는 마우이섬이나 카우아이섬이 좋으며, 빅아일랜드는 최소 3박 이상 머물 때 선택하는 것이 좋다. 한 섬을 2박으로 둘러보기에는 빡빡한 일정이 될 가능성이 크다. 한국사람이 가장 많이 방문하는 이웃 섬은 마우이, 빅아일랜드, 카우아이 순이다.

03 7박 9일

이웃 섬과 오아후섬을 3박과 4박으로 나누면 적합한 일정이다. 충분히 휴식을 취하면서도 두 섬의 매력을 제대로 즐길 수 있는 일정.

04 9박 이상

2개 이상의 섬을 방문하고자 한다면 한 섬당 최소 3일 이상씩을 투자해서 천천히 둘러보는 것이 좋다. 섬당 2박씩으로 나누면 너무 일정에 쫓길 가능성이 크다.

02 4박 6일 **오아후섬** 추천 루트

오아후섬은 대중교통이 잘 발달되어 전 일정을 대중교통으로 소화할 수 있지만, 가능하면 최소 1~2박은 렌터카를 이용하는 것이 섬을 제대로 둘러보는 방법이다.

오아후섬 *Day 1*

오전에 호놀룰루 국제공항에 도착해 예약해 둔 셔틀버스 또는 택시를 타고 호텔로 이동하자. 호텔에 따라서 얼리 체크인이 가능한 경우도 있으며, 불가능하다고 하더라도 체크인 전까지 무료로 짐을 맡길 수 있다. 아이가 있다면 처음부터 전 일정에 차를 렌트하는 것을 추천한다. 호텔을 나와 가볍게 점심식사를 하고 와이키키 시내와 해변을 둘러보자. 칼라카우아 애비뉴를 따라 늘어선 숍과 로얄 하와이안 센터, 인터내셔널 마켓 플레이스 등을 구경하거나 와이키키 해변을 가볍게 거닐어도 좋다. 만약 좀 더 둘러보고 싶다면 버스나 핑크 트롤리를 타고 알라모아나 센터에 다녀오자. 저녁에는 칼라카우아 애비뉴를 따라 왁자지껄한 분위기가 펼쳐진다. 저녁식사 후에는 바다가 보이는 바에서 음악과 함께 칵테일을 마시며 하와이의 첫째 날을 즐기자.

호놀룰루 국제공항 → 숙소 → 와이키키 시내 → 알라 모아나 센터 → 숙소

※ 대중교통으로 오아후를 이동할 때는, 구글맵의 실시간 버스 도착정보를 이용하는 것을 추천한다. 특히 시내가 아닌 동부나 서부를 돌 때는 시간이 상당히 중요하다.

오아후섬-대중교통 *Day 2*

아침 일찍 일어나 하나우마 베이를 다녀오자. 와이키키에서 22번 버스를 타면 하나우마 베이까지 갈 수 있다. 하나우마 베이에서 버스를 타고 샌디 비치 또는 시라이프 파크를 둘러본 후 57번 버스를 타고 카일루아까지 가자. 카일루아에서 점심을 먹고 카일루아 해변과 숨은 라니카이 해변을 즐기자. 57번 버스는 다시 알라모아나 센터까지 이어진다. 오후에는 디너크루즈나 루아우와 같은 액티비티를 즐기자. 투어 픽업은 일반적으로 오후 4시에서 5시 사이에 진행되므로 시간을 잘 조정해야 한다.

와이키키 → 하나우마 베이 → 샌디 비치 → 카일루아/라니카이 비치 → 와이키키 → 디너크루즈 또는 루아우

오아후섬-렌터카 *Day 2*

아침 일찍 렌터카 사무소로 가서 자동차를 픽업하자. 자동차를 몰고 바로 노스 쇼어의 명소를 따라 멋진 드라이브를 즐기자. 시계 반대방향으로 돌면 마지막에 와이켈레 프리미엄 아울렛에서 쇼핑이 가능하므로 이 루트를 선호하는 사람이 많다. 시계 방향으로 돌면 마지막에 폴리네시안 문화 센터에서 루아우를 보고 돌아오는 코스를 계획할 수도 있다. 노스 쇼어에서 많이 먹는 새우트럭은 할레이바 또는 카후쿠에서 먹을 수 있다.

- 시계반대방향 이동 : 와이키키 → 중국인 모자섬 → 라이에 포인트 → 카후쿠 → 선셋 비치 → 거북이 비치 → 할레이바 → 돌 플랜테이션 → 와이켈레 프리미엄 아울렛
- 시계방향 이동 : 와이키키 → 돌 플랜테이션 → 할레이바 → 거북이 비치 → 선셋 비치 → 카후쿠 → 라이에 포인트 → 폴리네시안 문화 센터(PCC)

오아후섬-대중교통 *Day 3*

오아후섬은 대중교통이 잘 되어 있어 버스를 이용해서도 섬을 한 바퀴 돌 수 있지만, 시간표를 잘못 맞추면 한참을 기다려야 해서 불편함이 크다. 알라모아나 센터 앞 버스 환승센터에서 52번과 55번을 이용하면 노스 쇼어를 한 번에 둘러볼 수 있다. 52번은 시계방향으로 할레이바까지, 55번은 반시계방향으로 할레이바까지 간다. 편하게 둘러보려는 여행자에게는 버스보다는 한인여행사에서 진행하는 오아후섬 1일 투어를 추천하지만 일정이 빡빡해서 찍고 바로 이동하는 스타일이므로 여유로운 시간을 가지기는 어렵다. 최근에는 1일 투어도 일정이 조금씩 다양해지고 있다.

와이키키 → 알라모아나 센터 → 쿠알로아 랜치 → 폴리네시안 문화 센터 → 터틀 베이 → 선셋 비치 → 와이메아 → 할레이바 → 돌 플랜테이션 → 알라모아나 센터 → 와이키키

오아후섬-렌터카 Day 3

오전에는 렌터카를 타고 한반도 지도마을에 들렀다가 바로 하나우마 베이로 가서 스노클링을 즐기자. 스노클링을 마친 뒤 할로나 블로우 홀, 마카푸우 포인트를 구경하고 카일루아 비치로 이동하여 푸짐한 점심식사와 해변을 즐기자. 카일루아 비치에서 돌아오는 길에 누우아누 팔리 전망대에 들러 카네호네 만의 전경을 감상하고 와이키키로 돌아오자. 시간이 남는다면 동부의 멋진 트레일에 도전하거나, 다운타운의 명소를 한두 곳 방문해도 좋다. 해질 시간이 되면 탄탈루스 언덕에 올라 호놀룰루의 석양과 야경을 감상하면서 하루를 마무리할 수 있다.

와이키키 → 한반도 지도마을 → 하나우마 베이 → 할로나 블로우홀 → 마카푸우 포인트 → 카일루아 → 누우아누 팔리 전망대 → 와이키키 → 탄탈루스 언덕 → 와이키키

오아후섬-대중교통 Day 4

멋진 풍경을 감상하기 위해 아침 일찍 다이아몬드 헤드로 향하자. 버스를 타고 가도 되지만 입구에서부터 많이 걸어 올라가야 하므로 와이키키에서 택시나 우버를 타고 올라갔다가, 내려오는 길에 버스를 타는 것이 좋다. 마지막 날인 만큼 쇼핑에 집중하고 싶다면 오전에 셔틀버스를 타고 와이켈레 프리미엄 아울렛에 시간을 투자하자. 오후에는 버스나 트롤리를 타고 알라 모아나 센터로 가자. 알라 모아나 센터 주변으로는 월마트와 로스 등의 쇼핑 장소가 많으므로 하루를 투자할 만하다. 만약 쇼핑에 큰 시간을 투자하고 싶지 않다면 와이키키에서 서핑을 배워보는 것도 좋은 경험이 될 것이다.

- 와이키키 → 다이아몬드 헤드 → 알라모아나 센터 → 와이키키
- 와이키키 → 와이켈레 프리미엄 아울렛 → 알라모아나 센터 → 와이키키

오아후섬 Day 5

아침 일찍 체크아웃한 뒤, 예약해 둔 셔틀버스를 타고 호놀룰루 국제공항으로 이동해서 한국으로 귀국하자.

와이키키 → 호놀룰루 국제공항

오아후섬 하루 더 Day + 1

아침 일찍 진주만으로 이동해 역사적인 사적지들을 감상하자. 수, 토, 일요일에 일정을 잡았다면 바로 옆 알로하 스타디움의 스왑 미트도 함께 구경할 수 있다. 오후에는 알로하 타워 전망대에 올라 시내 풍경을 전망하고 다운타운의 이올라니 궁전, 주 정부청사 등을 둘러보자. 다운타운의 대학 주변에서 식사를 해도 좋고, 차이나타운 쪽으로 이동해 다양한 과일과 맛집을 찾아다녀 볼 수도 있다. 진주만 전체를 다 돌아보고 싶다면 반나절 이상을 투자해야 한다.

와이키키 → 진주만 → 알로하 스타디움 → 펀치볼 기념묘지 → 다운타운 → 차이나타운 → 와이키키

오아후섬 하루 더 Day + 1

항상 여행자로 붐비는 하와이지만, 리워드 코스트라 불리는 서부 해안은 관광객이 많지 않아 조용하다. 코올리나의 라군에서 가볍게 물놀이를 하거나, 바로 옆 카헤 포인트 비치 파크에서 스노클링을 할 수 있다. 오후에는 93번 패링턴 하이웨이를 타고 북쪽의 요코하마 베이까지 드라이브를 즐겨보자. 차량도 적고, 멋진 풍경이 도로를 따라 펼쳐진다. 도전정신이 강한 여행자라면, 도로 끝에서부터 카헤나 포인트까지의 트래킹에 도전해 보자.

와이키키 → 코올리나 → 요코하마 베이 → 와이키키

Section 02
이웃 섬에서의 추천 루트

각 섬의 첫 일정은 공항 도착 후 숙소 체크인하는 것을 우선으로 하였으나, 시간을 좀 더 활용하고 싶다면 관광을 한 뒤에 체크인해도 무방하다. 아래의 일정은 꽉 짜인 관광 일정이므로, 하루나 이틀 정도를 휴식을 위한 날로 추가하면 섬의 매력을 200% 더 즐길 수 있다. 이웃 섬은 렌터카가 필수이다.

01 2박 3일 마우이섬 추천 루트

마우이섬 Day 1

오아후섬을 경유하여 마우이에는 오후에 도착하게 된다. 렌터카를 인수한 뒤 호텔로 가서 체크인하자. 호텔에서 가볍게 휴식을 취한 뒤 라하이나로 이동해 여러 역사적인 건물과 갤러리를 방문하며 여유를 즐길 수 있다. 해가 질 시간이 되면 바다를 향해 자리 잡은 레스토랑에 앉아 근사한 저녁식사를 즐기자.

카훌루이 국제공항 → 숙소 → 라하이나 → 숙소

마우이섬 Day 2

아침 일찍 투어를 이용해 몰로키니 스노클링을 다녀오자. 투어는 보통 오전에 시작해 점심을 먹고 종료하며, 보통 몰로키니섬과 거북이 타운 두 곳을 방문한다. 겨울철이라면 혹등고래 관찰 투어에 참여하는 것도 좋으나, 스노클링 투어에서도 고래는 볼 수 있다. 비용이 비싼 몰로키니의 대안으로 마우이의 다양한 스노클링 포인트를 이용해도 좋다.
오후에는 마우이 북서쪽 카팔루아에서 시작해서 카아나팔리, 라하이나를 거쳐 이아오 니들 주립공원에서 풍경을 감상하자. 훌륭한 저녁식사를 원한다면 마우이 최고 인기의 레스토랑 마마스 피시 하우스로 가도 되지만 이동이 부담스럽다면 라하이나에도 좋은 레스토랑들이 많다.

숙소 → 몰로키니, 혹등고래 투어(또는 해변 스노클링) → 이아오 니들 → 카팔루아 → 숙소

마우이섬 *Day 3*

마우이에서 오아후섬으로 이동하는 비행기를 오후 12시 이후로 예약하면, 새벽같이 일어나서 할레아칼라 국립공원에 다녀올 수 있다. 새벽 2~3시에 호텔에서 체크아웃하고 할레아칼라 국립공원에 올라 아름다운 일출을 감상하자. 조금 일찍 도착하면 수많은 별도 볼 수 있다. 내려오는 길에 화산 지형을 볼 수 있는 뷰포인트에 들린 후, 쿨라나 카훌루이에서 아침식사를 하고 카훌루이 국제공항에서 비행기를 타자. 여유롭게 할레아칼라에 다녀오고 싶다면 3박 4일 일정의 셋째 날에 할레아칼라에 갔다가 호텔에서 휴식을 취하는 일정이 좋다.

숙소(체크아웃) → 할레아칼라 국립공원 → 카훌루이 국제공항

마우이섬 하루 더, 하나로 가는 길 *Day+1*

하나로 가는 길은 마우이의 대표적인 어드밴처 드라이브 코스이다. 아침부터 하루를 온전히 투자해야 하는 코스이고, 가는 길이 끝없는 커브의 연속이므로 운전하는 것을 좋아하는 사람에게 적합하다. 하나로 가는 길의 볼거리는 중간에 나타나는 폭포들과 와이아나파나파 주립공원의 블랙샌드 비치 그리고 키파훌루의 오헤오 협곡이다. 남쪽 도로는 통행불가 지역이므로 다시 왔던 길을 돌아와야 한다. 하나로 가는 길은 오전 10시가 지나면 사람들이 부쩍 늘어나므로, 숙소에서는 6~7시에 출발하는 것을 추천한다.

숙소 → 파이아 → 와이아나파나파 주립공원 → 하나 → 키파훌루 → 숙소

마우이섬 하루 더, 바다와 함께하는 하루 *Day +1*

마우이에서 3박 이상을 한다면 하루는 여유롭게 드라이브를 하며 바다를 즐기는 일정을 짜도 좋다. 먼저 오전에 호놀루아 베이, 카팔루아 베이 또는 블랙락에 들러 스노클링을 하고 마우이 남쪽으로 향하자. 키헤이에 있는 저렴한 맛집에서 점심식사를 하고, 커다란 빅 비치와 작은 누드 비치인 리틀 비치를 찾아가 보자. 조금 더 많은 볼거리를 원한다면 와일레아에 있는 고급 호텔들을 방문해 보거나, 와일레아의 숍스 앳 와일레아에서 가벼운 쇼핑을 즐기자.

숙소 → 호놀루아 베이, 카팔루아 베이 또는 블랙 락 → 키헤이 → 빅 비치 → 와일레아 → 숙소

02 2박 3일 카우아이섬 추천 루트

카우아이섬 *Day 1*

오아후섬을 경유해 카우아이섬에는 오후에 도착하게 된다. 렌터카를 인수해 숙소 체크인을 하자. 그 뒤 트리터널을 지나 스파우팅 혼으로 이동해 높게 솟구쳐 오르는 물기둥을 감상하자. 포이푸의 해변에서 휴식을 취하며 저녁식사를 하고 숙소로 돌아가면 첫 번째 날이 끝난다.

리후에 국제공항 → 숙소 → 스파우팅 혼 → 포이푸 → 숙소

카우아이섬 Day 2

둘째 날에는 오전에 와일루아 강에 들러 고사리 동굴로 향하는 투어를 하거나 카약 투어에 도전해 보자. 투어 후에는 전망대에 올라 풍경을 감상하자. 다음에는 와이메아 마을에 들러 도시락을 사 들고, 와이메아 주립공원과 코케에 주립공원의 환상적인 풍경을 감상하자. 돌아오는 길에는 하나페페 마을에 들러 라퍼츠 아이스크림을 먹고, 시간의 여유가 있다면 나팔리 코스트로 떠나는 선셋 투어에 참여하자.

숙소 → 와이메아 캐니언 → 하나페페 → 나팔리 코스트(또는 와일루아) → 리후에(또는 카파아) → 숙소

카우아이섬 Day 3

오전에 숙소를 나서서 북쪽으로 드라이브를 가자. 빨간색의 아름다운 킬라우에아 등대와 넓은 하날레이 베이는 북쪽의 가장 인기 있는 포인트. 돌아오는 길에는 와일루아 폭포에 들러 두 갈래로 떨어지는 폭포를 감상하고, 리후에 국제공항으로 가 다음 섬으로 이동하자. 셋째 날 비행기는 늦은 오후로 잡는 것이 좋다. 오전에 시간이 된다면 카우아이 섬 전체를 둘러볼 수 있는 헬리콥터 투어도 추천한다.

숙소(체크아웃) → 킬라우에아 등대 → 하날레이 베이 → 와일루아 폭포 → 리후에 국제공항

카우아이섬 하루 더, 나팔리 코스트를 걷다 Day + 1

나팔리 코스트를 제대로 경험하는 방법은 바로 트래킹에 도전하는 것이다. 11마일에 달하는 칼랄라우 트레일을 걸으려면 최소 2박 3일이 필요하지만, 초반의 2마일을 왕복하는 데는 4~5시간이면 충분하다. 트레일을 걸으면서 흘린 땀을 케에 비치에서 스노클링을 하며 닦아내고, 돌아오는 길에 터널스 비치와 하날레이 베이에 들르자.

숙소 → 칼랄라우 트레일 → 케에 비치 → 터널스 비치 → 하날레이 베이 → 퀸즈 배스 → 숙소

03 3박 4일 빅아일랜드 추천 루트

코나와 힐로간에 고속도로가 완공되면서, 2~3시간 내로 이동이 가능하므로 일정이 2일이 아닌 이상 굳이 인/아웃 공항을 다르게 예약할 필요가 없다. 일정이 길면 숙소를 코나(또는 와이콜로아)와 힐로로 나눠서 잡는 것이 더 유리하다.

빅아일랜드 Day 1

오아후섬을 경유해 빅아일랜드 코나 국제공항에는 오후에 도착하게 된다. 렌터카를 인수한 뒤 숙소로 이동해 체크인을 마치고 바로 카일루아 코나에 들러 마을의 역사적인 장소를 구경한 후, 저녁식사를 하며 석양을 감상하자.

코나 국제공항 → 숙소 → 카일루아 코나 → 숙소

빅아일랜드 *Day 2*

오전에는 빅아일랜드에서 스노클링을 즐기자. 본격적으로 스노클링을 하고 싶다면 케알라케쿠아 만으로 향하는 투어에 참여하는 것이 좋고, 해안에서 스노클링을 하고자 한다면 투 스탭스나 카할루우 비치 파크가 적합하다. 커피 농장을 갈 예정이라면 스노클링은 아침 일찍 시작하여 오전 중에 끝내는 것이 좋다. 커피농장은 보통 오전에 날씨가 좋으므로, 오후 1시 전에 코나 커피벨트의 커피농장에 들러 무료 투어에 참여하면 100% 코나 커피 맛도 볼 수 있다. 반대로 코나 커피농장을 먼저 들르고, 스노클링을 해도 무방하다. 코나에서 해가 지기 약 3시간 전에 마우나 케아로 출발해서 감동적인 일몰과 밤하늘의 쏟아지는 별을 감상하자. 마우나 케아의 정상까지는 4WD 차량이어야만 올라갈 수 있다.

숙소 → 스노클링 포인트 → 코나 커피벨트 → 마우나 케아 → 숙소

빅아일랜드 *Day 3*

숙소에서 빅아일랜드 남쪽으로 드라이브를 시작해 사우스포인트에서 다이빙을 하는 사람들을 구경하나, 직접 도전해보자. 그 후 도로를 따라 푸날루우 비치 파크에 들르면, 검은 해변과 일광욕을 하기 위해 올라온 거북이를 볼 수 있다. 검은 해변과 거북이를 구경하고 계속 이동해 하와이 화산 국립공원과 크레이터 림 로드와 체인 오브 크레이터 로드의 끝까지 다녀오자. 화산 국립공원을 둘러보는 데만 꼬박 하루가 소요된다. 볼케이노 빌리지 또는 힐로에서 1박을 하자.

숙소(체크아웃) → 사우스 포인트 → 푸날루우 비치 파크 → 하와이 화산 국립공원 → 볼케이노 빌리지(또는 힐로)

빅아일랜드 *Day 4*

힐로 시내의 파머스 마켓과 공원을 둘러본 뒤 아카카 폭포 주립공원으로 이동해 폭포를 감상하자. 시간이 허용한다면 북쪽 와이피오 밸리나 남쪽 아할라누이 비치 파크에 다녀온 후 200번 도로를 타고 코나로 돌아와 비행기를 타자. 힐로에서 일정을 끝내도 되지만 렌터카 회사에 따라 편도 비용이 발생한다.

볼케이노 빌리지(또는 힐로) → 힐로 시내 → 아카카 폭포 주립공원 → 와이피오 밸리(또는 아할라누이 비치 파크) → 코나(또는 힐로) 국제공항

빅아일랜드 하루 더 *Day + 1*

빅아일랜드를 여행하는 사람들의 방문이 상대적으로 적은 빅아일랜드 북부, 코할라 코스트로 떠나는 일정. 와이콜로아의 킹스 트레일 또는 하푸나 비치에 들러 가볍게 시간을 보내자. 오후에는 코할라 마운틴 룩아웃에 올라 마우나 로아와 마우나 케아 산을 조망하고, 폴롤루 밸리 전망대에서 빅아일랜드의 멋진 해안을 감상하자. 이후 오리지널 카메하메하 대왕 동상을 보고, 시간이 허락하면 라파카히 주립 역사공원과 푸우코홀라 헤이아우에 들러 빅아일랜드의 역사를 살펴보자.

숙소 → 킹스 트레일(또는 하푸나 비치) → 코할라마운틴 룩아웃 → 폴롤루 밸리 전망대 → 오리지널 카메하메하 대왕 동상 → 라파카히 주립 역사공원 → 푸우코홀라 헤이아우 국립 역사지구 → 숙소

Routes in Hawaii

Section 03
내 손안에 하와이 지도

미리 만들어진 하와이 구글지도를 이용하면 하와이의 명소들을 손쉽게 찾을 수 있다. 가이드북에 소개하고 있는 명소들은 모두 아래의 구글지도에 표기되어 있으며, 데이터가 연결되어 있어야 사용 가능하므로 데이터로밍, 포켓와이파이 등을 이용하면 된다. 원하는 지역을 선택 후 바로 구글 내비게이션으로 연동도 가능하다.

01 구글지도

구글지도를 내 스마트폰과 PC에서 이용을 하려면, 크롬 브라우저(PC 및 스마트폰), 구글 계정 그리고 구글지도 앱이 필요하다. 3가지가 모두 있다면 먼저 구글 계정에 로그인을 하고 아래의 QR코드 또는 링크를 입력하여 지도로 이동하면 된다.

▲ 오아후
drivetravel.link/
oahu-map

▲ 마우이&라나이
drivetravel.link/
maui-map

▲ 카우아이
drivetravel.link/
kauai-map

▲ 빅아일랜드
drivetravel.link/
bigisland-map

02 구글지도 복사

브라우저에 구글지도가 로딩되었으면, 아래의 과정을 따라서 구글지도를 본인의 구글 계정으로 복사하는 작업을 진행하자. 복사가 완료되면 언제든지 내 구글 계정에서 지도를 불러올 수 있다.

❶ 구글 계정에 로그인한 후 오른쪽 위에 점 3개를 클릭하여 지도 메뉴를 연다.

❷ 메뉴 중 [지도 복사]를 클릭하면, 지도 복사 화면이 뜨면서 지도를 내 계정으로 복사할 수 있다. 만약 구글지도가 아닌, 다른 지도 앱에서 사용하고자 한다면 [KML 다운로드]를 이용하여 활용할 수 있다.

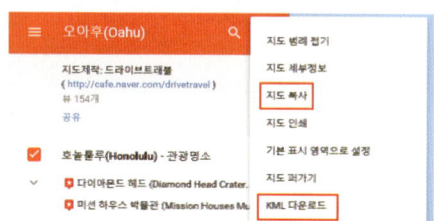

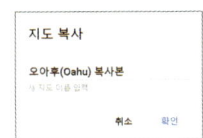

하와이 따라가기

❸ 지도 복사 화면에서 저장할 이름을 지정하면, 나중에 스마트폰에서 그 이름으로 보게 된다.

❹ 스마트폰에서 구글지도 앱을 띄워보자. 이 구글지도 앱은 조금 전 지도를 복사한 구글 크롬 브라우저와 동일한 구글 계정으로 로그인 되어 있어야만 한다. 지도 앱이 실행되면 왼쪽 위 선 3개의 버튼을 누른 뒤, [내 장소]를 선택하자.

❺ 지도는 관광명소, 레스토랑, 호텔, 해변&트레일 등의 범례로 구분되어 있으므로, 원하는 항목만 표시하여 보는 것도 가능하다. 또한 하와이에 도착하면 구글 내비게이션 기능이 자동으로 활성화되므로, 구글맵에서 바로 내비게이션으로의 연동도 가능하다.

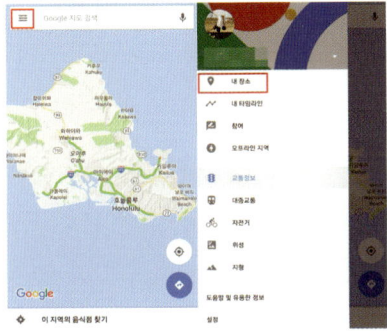
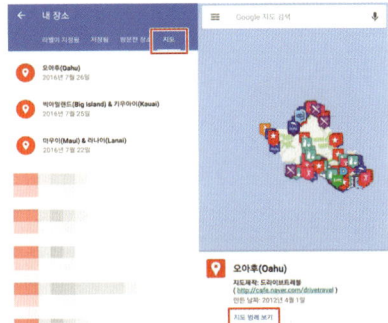

❻ [내 장소] 옵션과 함께 저장했던 지도들을 불러올 수 있게 된다. 지도를 불러오면 구글지도 위에 명소들의 위치를 한 번에 볼 수 있으며, 현지에 가서도 주변 지역을 찾아보는 데 더 쉽게 활용할 수 있다.

스마트폰 버전에 따라 화면 메뉴는 조금 다르게 보일 수 있음.

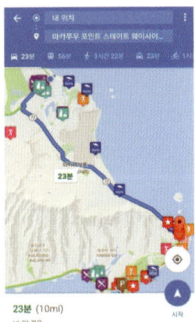

03 문제 해결

간혹 스마트폰에 따라서 복사한 지도를 불러왔을 때, 앱 내에 포인트가 뜨지 않는 경우가 있다. 그 경우에는 아래의 과정을 따라하면 문제를 해결할 수 있다.

❶ PC에서 크롬 브라우저로 구글맵(http://maps.google.com)이동.
❷ 왼쪽 위 메뉴 선택 → [내 장소] → [지도] → [복사한 지도] 이름 클릭
❸ [내 지도에서 열기] 클릭
❹ 전체 목록에서 사진과 같이 모든 체크박스를 지웠다가, 다시 모든 목록의 체크박스를 선택한다.
❺ 그 후 '드라이브에 모든 변경 내용이 저장됨'이라는 메시지를 확인한 후 종료한다.
❻ 스마트폰의 구글지도 앱도 완전히 종료(또는 스마트폰 재부팅) 후, 다시 지도를 불러오면 해결된다.

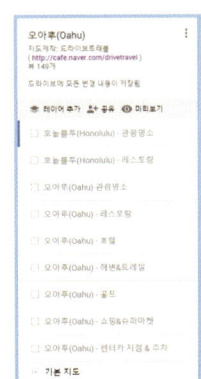

Part 04

Travel Information in Oahu

오아후섬의 지역별 정보

오아후섬은 하와이에 도착하면 처음으로 만나게 되는 하와이의 첫인상이다. 약 100만 명의 인구가 살고 있는 섬으로, 대도시 호놀룰루를 벗어나면 조용하고 아름다운 하와이의 매력을 느낄 수 있다. 마우이, 빅아일랜드, 카우아이로 떠나기 위한 경유지의 역할도 하지만, 쇼핑의 천국이기 때문에 쇼핑을 좋아하는 사람이라면 늘어날 짐을 생각하여 오아후를 일정의 마지막에 넣을 수밖에 없다.

오아후섬
OAHU

카후쿠
ahuku

레이
Laie

Kamehameha Hwy

하우울라
Hauula

카아와
Kaawa

Kaneohe Bay

카할루우
Khaluu

아후이마누
Ahuimanu

John A. Burns Fwy

카일루아-카네오헤 Kailua-Kaneohe
Area 06 : 240p

Likelike Hwy

Moanalua Fwy

올림푸스 산
Mount Olympus

와이마날로
Waimanalo

호놀룰루 국제공항
Honolulu International Airport

호놀룰루 Honolulu
Area 04 : 218p

다운타운 Downtown
Area 03 : 210p

와이키키 서부 & 알라모아나
West Waikiki & Ala Moana
Area 02 : 190p

Kalanianaole Hwy

하와이 카이 Hawaii Kai
Area 05 : 232p

와이키키 해변
Waikiki Beach
Area 01 : 144p

다이아몬드 헤드
Diamond Head

Maunalua Bay

Section 01 오아후섬, 그곳이 궁금하다!

고민 없이 즐기는
오아후 추천 루트

오아후의 가장 대표적인 여행 코스는 노스 쇼어 드라이브 코스와 하와이 동부의 아름다운 해변과 자연을 둘러보는 코스이다. 이 코스들은 모두 버스로도 여행이 가능하지만, 버스 스케줄을 잘 익혀둬야만 시간 낭비를 막을 수 있다. 오아후에서 머무르는 시간이 길다면, 다운타운과 서부를 돌아보는 것도 좋다.

Route 1 - 노스 쇼어 당일 루트 1

돌 플랜테이션을 구경한 뒤, 할레이바의 마츠모토에서 쉐이브아이스를 맛본다. 거북이 비치에 잠시 들러 거북이를 구경하고, 와이메아 비치에서 다이빙에 도전해 본다. 여름이라면 샤크스 코브에서 스노클링을 즐길 수 있고, 겨울이라면 선셋 비치에서 멋진 서퍼를 구경할 수 있다. 카후쿠에 들러 다양한 새우트럭에서 새우요리를 먹고, 라이에 포인트에 들러 기암을 구경한다. 마지막 일정으로 폴리네시안 문화 센터를 넣으려면, 1시 반 정도에는 입장해야 하이라이트인 카누 선상 쇼를 볼 수 있다. 저녁까지 머물 예정이라면 루아우를 보거나 쿠알로아 랜치에서 오후 투어를 해도 되는데, 마지막 투어가 오후 3시 전후이므로 일정을 잘 맞춰야 한다.

와이키키 → 돌 플랜테이션 → 할레이바 → 거북이 비치 → 와이메아 비치 → 샤크스 코브(여름) → 선셋 비치(겨울) → 카후쿠 → 라이에 포인트 → 폴리네시안 문화 센터(PCC) 또는 쿠알로아 랜치 → 와이키키

Route 2 - 노스 쇼어 당일 루트 2

반시계방향으로 노스 쇼어를 드라이브한 뒤, 일정 마지막에 와이켈레 프리미엄 아울렛에서 쇼핑을 하는 코스로, 드라이브와 쇼핑을 함께 즐길 수 있다. 아침 일찍 출발할 수 있다면 쿠알로아 랜치에서 가벼운 1~2시간 코스의 짧은 액티비티가 가능하다. 그 외의 장소는 먼저 소개한 '노스 쇼어 당일 루트 1'과 같고, 둘러보는 방향이 다르다. 이 루트는 돌 플랜테이션과 와이켈레 프리미엄 아울렛이 닫는 시간을 고려해서 움직여야 여행과 쇼핑을 한 번에 잡을 수 있다. 와이켈레 프리미엄 아울렛은 저녁 9시까지 영업하나, 일요일에는 오후 6시에 문을 닫는다.

와이키키 → 쿠알로아 랜치/중국인 모자섬 → 라이에 포인트 → 카후쿠 → 선셋 비치(겨울) → 샤크스 코브(여름) → 와이메아 → 거북이 비치 → 할레이바 → 돌 플랜테이션 → 와이켈레 프리미엄 아울렛 → 와이키키

Route 3 - 하와이 동부 당일 루트

한국 사람들이 가장 좋아하는 오아후의 드라이브 코스로, 짧게는 반나절이면 둘러볼 수 있지만 해변에서 보내는 시간에 따라서 하루 일정이 될 수도 있다. 한반도 지도마을에 잠깐 멈춰 한반도 모양의 마을을 구경하고, 바로 앞의 하나우마 베이에서 스노클링을 즐긴다. 스노클링은 아침일수록 바람이 적고 물고기가 많아 좋다.

> 와이키키 → 한반도 지도마을 → 하나우마 베이 → 할로나 블로우 홀 → 마카푸우 포인트 전망대(+마카푸우 등대 트레일) → 카일루아 비치 → 라니카이 비치(+필박스 하이크 트레일) → 누우아누 팔리 전망대 → 와이키키

스노클링 후 할로나 블로우 홀과 마카푸우 포인트에 들르면 좋다. 체력이 된다면 1시간 반 정도 소요되는 마카푸우 등대 트레일을 걸어볼 만하다. 해변과 하이킹을 즐긴 뒤 카일루아의 여러 레스토랑 중 하나에서 브런치를 먹자. 그 이후에 카일루아 비치나 라니카이 비치에서의 휴식은 보너스이다. 만약 오전 시간대에 마카푸우 등대 트레일을 걷지 못했다면, 필박스 하이크 트레일에 도전해도 좋다. 와이키키로 돌아오는 길에 누우아누 팔리 전망대에 들러 멋진 풍경을 눈에 담고 나면 일정이 마무리 된다.

Route 4 - 진주만 + 다운타운 당일 루트

진주만과 다운타운을 돌아보는 루트는 노스 쇼어와 동부를 다 돌아본 사람들이 선택하는 루트이다. 진주만은 아침 일찍 가야 애리조나 메모리얼로 가는 무료티켓을 받을 수 있어 가장 첫 번째 일정으로 삼아 돌아보는 것이 유리하다. 만약 미주리 기념관, 태평양 항공 박물관, USS 보우핀 잠수함까지 둘러볼 예정이라면 최소 반나절 이상 계획해야 한다.

알로하 스타디움은 수, 토, 일요일에 스왑 미트가 열리므로 요일에 맞춰간다면 진주만과 함께 둘러보며 쇼핑하기에 좋다. 자동차로 이동한다면 차이나타운 → 알로하 타워 → 다운타운으로 이어지는 루트 외에 호놀룰루 미술관, 비숍 박물관이나 엠마 여왕의 여름 궁전, 펀치볼 등을 루트에 넣을 수 있다.

> 와이키키 → 진주만 → 알로하 스타디움 (수, 토, 일) → 차이나타운 → 알로하 타워 → 다운타운 → 와이키키

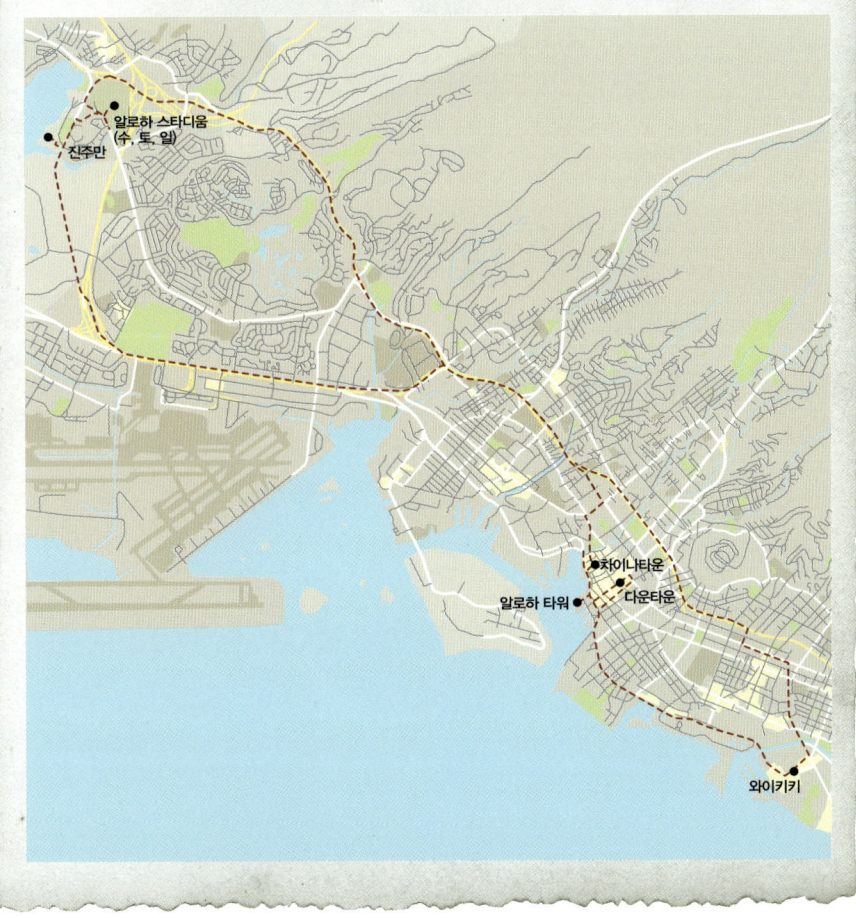

Route 5 - 다이아몬드 헤드 트래킹 + 알라 모아나 + 탄탈루스 당일 루트

하루 일정을 쇼핑으로 잡기는 했지만, 쇼핑만으로 종일을 보내기에는 아쉬운 사람들을 위한 루트이다. 아침 일찍 가볍게 멋진 전망을 감상할 수 있는 다이아몬드 헤드 Diamond Head 에 올라갔다가 잠시 휴식을 취하고, 쇼핑을 즐긴 후 해 질 무렵에 탄탈루스 Tantalus 언덕에서 석양과 야경을 보는 코스이다. 화요일 오후 또는 토요일 오전에 다이아몬드 헤드로 향했다면, KCC 파머스 마켓도 잊지 말고 들러보자. 쇼핑과 엮여있기는 하지만 하루 종일 쇼핑을 즐기고, 다이아몬드 헤드 트래킹과 탄탈루스 드라이브는 따로 빼서 다른 일정으로 잡아도 무방하다. 다이아몬드 헤드와 탄탈루스는 렌터카로 이동하는 것이 편리하다.

> 와이키키 → 다이아몬드 헤드 → 알라 모아나 → 탄탈루스 언덕(석양, 야경) → 와이키키

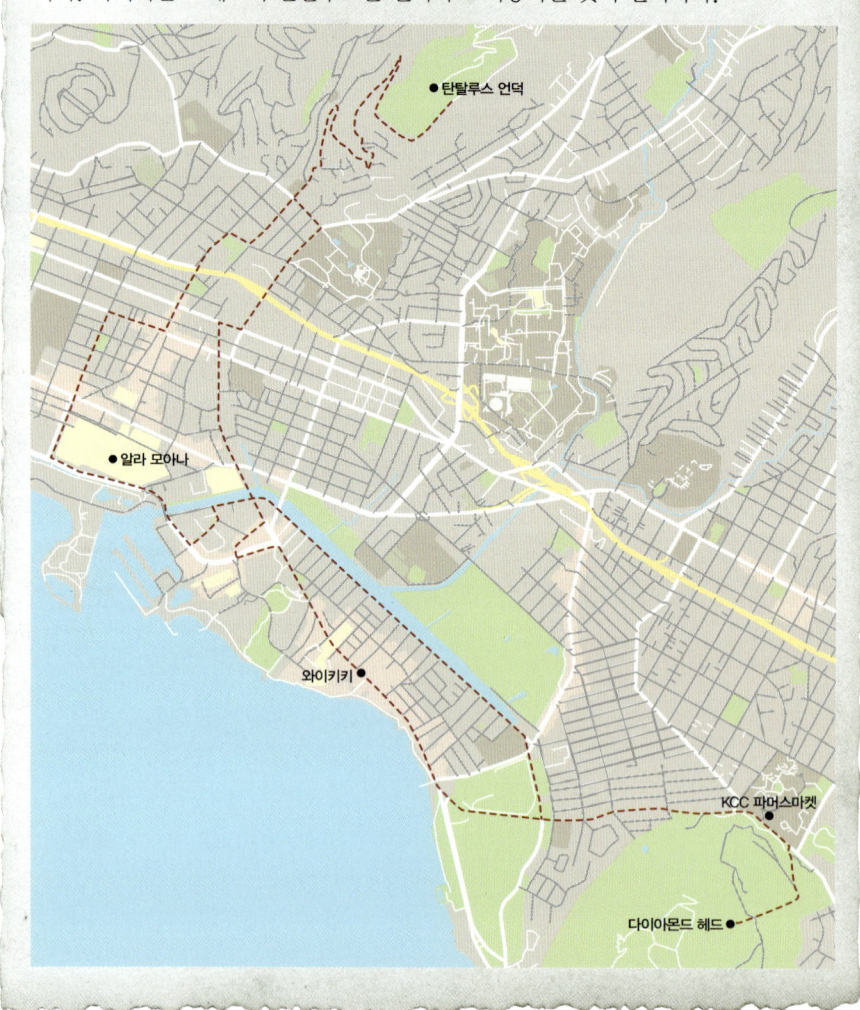

오아후섬에서 즐기는 액티비티

스노클링

오아후섬에는 여러 스노클링 포인트가 있지만, 하나우마 베이Hanauma Bay를 제외하면 대부분 여름에만 가능하다. 다행히도 하나우마 베이는 오아후에서 가장 쉬우면서도 많은 물고기를 만날 수 있는 포인트이기 때문에, 이곳에서 만으로도 충분한 경험을 할 수 있다. 주로 바다가 잔잔한 오전 시간대에 더 많은 물고기를 관찰할 수 있으므로, 일찍부터 준비하는 것이 좋다. 렌터카로 가는 것이 편리하지만, 왕복 교통과 입장료를 포함한 패키지로 다녀올 수도 있다. 여름에는 하나우마 베이 이외에 두 곳의 스노클링 추천 장소가 더 있다. 아이들이 있다면 낮은 수심과 다양한 물고기가 있는 샤크스 코브, 어느 정도 조류에도 문제없이 수영할 수 있다면 카헤 포인트 비치 파크가 적합하다. 특히 카헤 포인트는 유명한 다이빙 장소이기도 한데, 운이 좋으면 돌고래나 거북이, 이글레이와 같은 특별한 수중생물도 만날 수 있다. 바다로 나가서 스노클링을 하는 투어상품도 있지만, 오아후에서는 추천하지 않는다.

세일링

디너크루즈보다는 조금 더 가벼운 느낌의 액티비티로, 카타마란 형태의 요트를 타고 와이키키 해변으로 나갈 수 있다. 투어상품에 따라 칵테일이나 간단한 스낵 정도를 제공하며, 바다에서 1~2시간 정도를 항해한다. 낮에도 배를 타고 나가서 파티를 즐기는 프로그램으로 특히 서양의 젊은 여행자에게 유명하다. 기본적으로는 해가 지는 시간대에 요트에서 칵테일을 마시며 일몰을 보는 선셋세일링이 가장 인기 있다.

- 포트 와이키키 크루즈 Port Waikiki Cruises 홈페이지 www.portwaikikicruises.com
- 홀로카이 카타마란 Welakaha Holokai Catamaran 홈페이지 sailholokai.com
- 마이타이 카타마란 Maitai Catamaran 홈페이지 maitaicatamaran.net

디너크루즈

오아후를 찾는 사람이 많은 만큼, 하와이에서 가장 잘 알려진 디너크루즈도 오아후의 디너크루즈이다. 크루즈급의 배를 운영하며 다양한 등급의 경험을 제공하는 스타 오브 호놀룰루부터 조금 더 캐주얼한 아틀란티스 크루즈가 있다. 디너크루즈의 식사는 금액에 따라서 뷔페식, 랍스타와 스테이크가 나오는 코스까지 다양하다.

식사, 석양, 전통 공연으로 이어지는 코스가 어찌 보면 진부할 수 있다 보니 디너크루즈는 호불호가 많이 갈리는 편이다. 또한, 가장 비싼 코스가 아닌 이상 다닥다닥 붙어 있는 테이블에서 식사를 해야 하기 때문에 와인 한 잔을 기울이며 석양을 보는 로맨틱한 장면을 연출하기는 쉽지 않다. 하지만 배 안에서 이뤄지는 전통 공연과 흥겨운 액티비티에 참여할 준비가 되어있다면 의외로 재미있는 경험이 될 수도 있다.

- 스타 오브 호놀룰루 Star of Honolulu 홈페이지 www.starofhonolulu.com
- 아틀란티스 크루즈 Atlantis Cruies 홈페이지 atlantisadventures.com/cruises

루아우

루아우란 하와이 전통 연회이다. 오아후는 수많은 관광객이 찾아오는 섬인 만큼, 다양한 루아우 Luau가 있어 선택의 폭이 넓다. 일정 및 자유시간이 충분하지 않다면 와이키키 비치 지역의 호텔에서 진행하는 루아우에 참여하면 되고, 조금 더 훌륭한 수준의 루아우를 보고 싶다면 와이키키에서 조금 떨어진 곳에서 진행되는 루아우에 참여하는 것이 좋다.

와이키키 시내에서 진행되는 루아우로는 쉐라톤 프린세스의 '테 모아나 누이'와 와이키키 비치 콤보 호텔의 '매직 오브 폴리네시아'가 있다. 오아후섬 외곽에서 진행되는 루아우

는 폴리네시안 문화 센터의 '하 쇼'와 파라다이스 코브, 치프스 루아우가 유명하며, 폴리네시안 문화 센터의 루아우가 그 규모와 퍼포먼스가 가장 화려하다. 만약 루아우에 많은 돈을 투자하고 싶지 않다면, 매주 금요일 힐튼 하와이안 빌리지의 수영장에서 열리는 무료 루아우 공연을 보는 것도 좋다. 단, 외곽에서 서서 보는 것만 무료이다.

- 쉐라톤 프린세스, 테 모아나 누이 홈페이지 www.princess-kaiulani.com/te-moana-nui
- 매직 오브 폴리네시아 홈페이지 www.magicofpolynesia.com
- 폴리네시안 문화 센터 홈페이지 www.polynesia.co.kr/home
- 파라다이스 코브 홈페이지 www.paradisecovehawaii.com
- 치프스 루아우 홈페이지 www.chiefsluau.com

잠수함

오아후의 앞바다에서 잠수함을 타고 오아후의 수중을 들여다볼 수 있는 투어이다. 잠수하여 깊은 바다로 들어가 난파선 주변을 둘러보는데, 생각만큼 많은 물고기를 볼 수 있는 것은 아니어서 실망하는 사람이 많다. 스노클링을 하지 못하는 아이가 있다면 해볼 만하지만, 성인이라면 다른 투어를 선택하는 것이 낫다. 특히 다른 곳에서 잠수함을 타 본 경험이 있다면 굳이 타봐야 할 정도는 아니다.

- 아틀란티스 서브마린 Atlantis Submarines 홈페이지 atlantisadventures.com/submarines

쿠알로아 랜치

〈진주만〉, 〈첫키스만 50번째〉, 〈고질라〉, 〈쥬라기공원〉 등 다양한 영화가 촬영된 곳으로 승마, ATV, 집라인, 세일링 등 다양한 액티비티를 함께 즐길 수 있다. 1시간 코스의 영화촬영지 투어가 가장 인기 있지만, 2시간 이상의 승마나 ATV 코스로도 영화촬영지를 둘러볼 수 있다. 원하는 투어 프로그램에 개별로 참여할 수도 있고, 반나절 또는 종일 투어 패키지에 참여할 수 있다. ▶ P. 245

- 쿠알로아 랜치 Kualoa Ranch 홈페이지 www.kualoa.com

낚시

낚시는 하와이 대부분에서 즐길 수 있으며, 주로 근해에서 하는 낚시와 먼바다로 나가서 하는 낚시로 나뉜다. 근해에서 하는 낚시는 낚시 자체의 재미를 느낄 수 있는데, 여러 사람이 함께 참여하는 투어도 여러 곳에서 운영하고 있다. 반면에 먼바다로 나가는 낚시는 배를 통째로 빌리는 경우가 많으나, 가끔 투어 형태로 운영하는 곳이 있다. 멀리 나가는 배는 가격이 상대적으로 비싸긴 하지만, 다랑어부터 마히마히 등 커다란 어종을 낚는 경험을 할 수 있다.

서핑

오아후는 서퍼들의 천국이라는 별명만큼 훌륭한 파도를 만날 수 있는 섬이다. 파도가 사람 키보다 더 높은 겨울에는 노스 쇼어로 가면 선수급 실력을 갖춘 서퍼들의 모습을 볼 수 있다. 특히 트리플 크라운 오브 서핑 Triple Crown of Surfing을 비롯한 다양한 서핑 대회가 열리는 11, 12월이면 노스 쇼어는 대회를 구경하기 위한 사람으로 북적인다. 커다란 파도를 타는 서퍼들은 해변에서 다소 멀리 떨어진 곳에 있기 때문에, 망원경이나 줌 배율이 높은 카메라가 있으면 좋다.

만약 서핑에 도전하고 싶다면 서핑 레슨을 받으면 된다. 와이키키 비치에는 바로 서핑을 배울 수 있는 서핑 샵들이 있으며, 친절함이나 강습 실력에 대해서는 조금씩 호불호가 갈리는 편이다. 그 외에도 건물에 별도의 샵을 운영하며 서핑레슨을 하는 곳들도 있는데, 해변에서 바로 하는 곳보다는 가격대가 조금 높은 대신 만족도는 더 좋은 편이다. 서핑 강습은 그룹 레슨과 개인 레슨으로 구분된다. 5명이 한 그룹으로 진행되는 그룹 레슨이 가장 저렴하며, 개인 레슨은 상대적으로 비싸다. 보통 1시간 기준으로 그룹 레슨은 $60~70, 개인 레슨은 $90~120 정도의 비용이 든다. 특별히 운동신경이 떨어지지 않는다면 1시간 정도의 수업만으로도 파도를 타보는 작은 경험은 할 수 있다.

해변에 위치한 서핑 샵   건물에 위치한 서핑 샵

- 한스 헤데만 서프 스쿨 Hans Hedemann Surf School 홈페이지 www.hhsurf.com
- 곤 서핑 하와이 Gone Surfing Hawaii 홈페이지 gonesurfinghawaii.com
- 프로 서프 스쿨하와이 ProSurf School Hawaii 홈페이지 www.prosurfschoolhawaii.com
- 모쿠 하와이 MOKU HAWAII 홈페이지 www.moku-hi.com

트래킹

오아후는 트래킹을 좋아하는 사람들이 즐길 만한 짧은 트래킹 코스가 많다. 본격적으로 하루를 투자할 만한 코스도 있지만, 1~2시간 정도면 충분히 다녀올 수 있는 곳들은 코코헤드 트레일을 제외하면 대부분 체력적인 부담 없이 쉽게 다녀올 수 있다. 짧은 코스 중 다이아몬드 헤드 등산로의 난이도가 가장 낮으며, 마노아 폭포 트래킹은 열대 우림 속을 걷는 특별함을 느낄 수 있다. 최근에는 필박스 하이크 트레일이 가장 뜨고 있다.

- **다이아몬드 헤드 트레일** Diamond Head Trail **1.6마일(2.6km) – 왕복 1시간~1시간 반**
  오아후의 명소 와이키키 해변을 내려다볼 수 있는 대표적인 트레일. ▶ P. 225

- **마노아 폭포 트레일** Manoa Falls Trail **1.5마일(2.4km) – 왕복 1시간**
  정글을 걷는 듯한 트레일로, 끝에 폭포가 있다. 모기 퇴치제는 필수. ▶ P. 224

- **마카푸우 등대 트레일** Makapuu Lighthouse Trail **1.5마일(2.4km) – 왕복 약 1시간~1시간 반**
  그늘이 없지만, 포장이 잘 되어 있어 난이도 자체는 낮은 멋진 풍경을 가진 트레일. ▶ P. 239

다이아몬드 헤드 트레일   마노아 폭포 트레일   마카푸우 등대 트레일

- **코코헤드 트레일** Koko Head Trail **1.8마일(약 2.9km) – 왕복 약 1시간 반~두 시간**
  끝없는 오르막이 이어지는 체력의 한계를 테스트하는 트레일. 정상의 풍경은 역시 아름답다. ▶ P. 238

- **카에나 포인트 트레일** Kaena Point Trail **5마일(8km) – 왕복 2시간**
  비포장이지만 트레일은 평탄하며, 트레일 끝에서는 태평양 몽크바다표범과 알바트로스를 만날 수 있다. ▶ P. 269

- **필박스 하이크 트레일** Pillbox Hike Trail **1.6마일(약 2.6km) – 왕복 1시간~1시간 반**
  최근 가장 뜨고 있는 오아후의 트레일로, 라니카이 해변과 섬들을 내려다볼 수 있다. ▶ P. 243

코코헤드 트레일   카에나 포인트 트레일   필박스 하이크 트레일

상어 관찰

오아후에서 특별한 경험과 스릴을 원하는 여행자라면 샤크 어드벤처에 가보자. 스노클링 장비를 착용하고 인공 철창 안에 들어가서 물 안을 들여다보면 주변에 상어들이 돌아다니는 것을 볼 수 있다. 보통은 온순한 상어들이기는 하지만, 그렇다고 무조건 안전한 것도 아니니 주의해야 한다. 조류가 세서 물 안에 들어가 있는 것조차 힘이 들지만 한 번쯤 경험해볼 만하다.

노스 쇼어 샤크 어드벤처 North Shore Shark Adventure **홈페이지** www.sharktourshawaii.com

골프

오아후에는 약 30여 개의 골프 코스가 있으며, 유명인이 디자인한 골프 코스도 많다. 하와이는 휴양과 쇼핑 그리고 골프를 함께 즐길 수 있는 여행지로도 잘 알려진 만큼, 골프를 치기 위해 하와이를 찾는 사람도 많다. 하와이에 부는 바람의 특징상 오전에 플레이하는 것이 가장 좋으며, 골프장에 따라 트와일라잇 및 늦은 오후 요금을 운영한다(가격은 2018년 3월 기준).

01 시영 골프 코스

오아후의 시영 골프장은 다른 골프장보다 저렴하게 골프를 즐길 수 있다.

홈페이지 www.honolulu.gov/des/golf/golf.html

- **알라 와이** Ala Wai

와이키키 비치 바로 뒤편에 위치한 시영 골프 코스로, 와이키키의 건물들과 다이아몬드 헤드를 배경으로 골프를 즐길 수 있다. 위치가 좋은 곳이라 퀄리티보다는 근접성 때문에 많은 사람이 찾는다.

주소 404 Kapahulu Ave, Honolulu **가격** 일반: 18홀 $66, 9홀 $30 **코스** 18홀, 파 70

- **카후쿠** Kahuku

9홀 코스이기는 하지만 2번 도는 것으로 18홀을 치는 사람도 많다. 18홀을 치기 위해서는 9홀 금액의 2배를 내면 된다. 지역에서 운영하는 만큼 클럽하우스나 골프카트 등이 없는 저렴한 골프장이다.

주소 56-501 Kamehameha Hwy, Kahuku **가격** 일반: 18홀 $44, 9홀 $19 **코스** 9홀, 파 36

- **팔리** Pali

코올라우 산에 위치한 팔리 골프 코스는 배경으로 멋진 산과 카네오헤 만을 두고 골프를 칠 수 있다. 시립 골프 코스 중에서 가장 훌륭하다는 평가를 받고 있으며, 알라와이에 비해 상대적으로 사람이 적어 쾌적하다.

주소 45-050 Kamehameha Hwy, Kaneohe **가격** 일반: 18홀 $66, 9홀 $30 **코스** 18홀, 파 72

오아후섬

- 기타
- 에바 빌리지 Ewa Villages

  주소 91-1760 Park Row Street, Ewa Beach 가격 일반: 18홀 $66, 9홀 $30 코스 18홀, 파 73

- 테드 마카레나 Ted Makalena

  주소 93-059 Waipio Point Access Road, Waipahu 가격 일반: 18홀 $66, 9홀 $30 코스 18홀, 파 71

- 웨스트 로치 West Loch   주소 91-1126 Okupe Street, Ewa Beach 가격 일반: 18홀 $66, 9홀 $30 코스 18홀, 파 72

02 일반 골프 코스

- 하와이 카이 Hawaii Kai
- 챔피언십 코스 Championship Course : 와이키키에서 가까우면서도 알라와이만큼 붐비지 않는다. 전체적으로 넓어서 플레이하기 좋지만, 바람이 강하면 꽤 어려워지기도 하는 코스이다.

  주소 93-059 Waipio Point Access Road, Waipahu 가격 일반 $150, 트와일라잇 $110 코스 18홀, 파 71

- 익스큐티브 코스 Executive Course : 챔피언십 코스의 1/3 정도의 전체적으로 작은 느낌의 코스지만, 다양한 구성과 독특한 느낌으로 재미있게 즐길 수 있다.

  주소 8902 Kalanianole Hwy, Honolulu 가격 일반 $45, 트와일라잇 $25 코스 18홀, 파 54

- 터틀 베이 Turtle Bay
- 아놀드 파머 코스 Arnold Palmer Course : 아놀드 파머가 디자인한 코스. 챔피언십과 LPGA가 열렸던 곳으로, 거리가 길고 바람의 영향을 많이 받아 다소 어렵다.

  홈페이지 www.turtlebayresort.com/hawaii_golf 주소 57-049 Kuilima Dr, Kahuku 가격 일반 $195 , 게스트 $165, 트와일라잇 $120, 9홀 $95 코스 18홀, 파 72

- 조지 파지오 코스 George Fazio Course : 아놀드 파머 코스보다 조금 더 쉬운 코스로, 조지 파지오가 디자인하였다. 노스 쇼어의 아름다운 풍경과 함께하는 코스.

  주소 57-049 Kuilima Dr, Kahuku 가격 일반 $125, 게스트 $115, 트와일라잇 $85, 9홀 $65 코스 18홀, 파 72

- 코올리나 Ko Olina

  오아후 최고의 골프장으로도 여러 번 선정된 곳으로, 조용한 휴식과 골프를 함께 즐길 수 있는 코올리나 지역에 위치해 있다. 오전 10시 티 타임에는 무료 셔틀서비스를 제공하며, 그 이외의 시간대에는 $25이다.

  홈페이지 www.koolinagolf.com 주소 92-1220 Aliinui Dr, Kapolei 가격 일반 $225, 게스트 $195, 트와일라잇 $160 코스 18홀, 파 72

- 하와이 프린스 Hawaii Prince

  1992년에 오픈한 골프장으로 아놀드 파머와 에드세이가 디자인하였다. 와이키키에서 다소 떨어져있지만, 그 외의 와이키키 셔틀로 무료 셔틀서비스를 제공한다. 또한 프린스 호텔 숙박객에게는 할인이 제공된다.

  홈페이지 www.princeresortshawaii.com/prince-resorts-hawaii-golf.php 주소 91-1200 Fort Weaver Rd, Ewa Beach 가격 일반 $160, 게스트 $125, 트와일라잇 일반 $85, 게스트 $70 코스 27홀, 파 72

- 와이켈레 Waikele

  테드 로빈슨이 디자인한 와이켈레 컨트리 클럽은 복잡함에서 벗어나 골프를 즐길 수 있는 장소로 인기 있다. 2006년에 코스 재정비를 함으로써 과거에 문제가 되었던 부분들도 해결되었다.

  홈페이지 golfwaikele.com 주소 94-200 Paioa Pl, Waipahu 가격 일반 $160, 트와일라잇 $100 코스 18홀, 파 72

- 카폴레이 Kapolei

  1996년부터 2001년까지 LPGA 하와이안 오픈이 열렸던 곳으로, 호수와 함께 펼쳐지는 풍경이 아름다운 코스이다. 특히 10번 홀 이후에는 계속 호수와 팜트리가 있는 풍경과 함께 골프를 칠 수 있다.

  홈페이지 www.kapoleigolfcourse.com 주소 91-701 Farrington Hwy, Kapolei 가격 일반 $185, 트와일라잇 $120 코스 18홀, 파 72

오아후섬의 해변

오아후는 대도시 호놀룰루와 아름다운 자연이 공존하는 특별한 섬이다. 오아후에도 다른 섬 못지않은 아름다운 해변이 곳곳에 숨어 있지만, 주의해야 할 점은 주말에는 현지인도 그만큼 많이 찾는다는 것. 조용한 휴식을 원한다면 해변 일정은 주말을 피하는 것이 좋다.

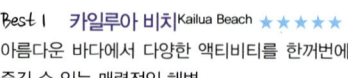

Best 1 카일루아 비치 Kailua Beach ★★★★★
아름다운 바다에서 다양한 액티비티를 한꺼번에 즐길 수 있는 매력적인 해변.

Best 2 라니카이 비치 Lanikai Beach ★★★★★
집들 사이로 나 있는 골목으로 걸어 들어가면 숨은 해변이 나타난다.

Best 3 와이키키 비치 Waikiki Beach ★★★★★
하와이의 이미지와 같은 해변으로, 서퍼와 해수욕을 즐기는 사람들이 한데 뒤섞인 해변.

BEST 1

오아후섬

BEST 2

BEST 3

스노클링 해변

Best 1 하나우마 베이 Hanauma Bay ★★★★★
하와이에서 가장 많은 종류의 물고기를 한 장소에서 만날 수 있는 곳.

Best 2 샤크스 코브 Shark's Cove ★★★★
수심이 낮아 아이들도 쉽게 스노클링을 할 수 있다(여름에만 가능).

Best 3 카헤 포인트 비치 Kahe Point Beach ★★★★
여름에는 물고기와 거북이, 돌고래까지 볼 수 있는 아주 작은 해변이나 조류가 좀 세다.

BEST 1

BEST 2

BEST 3

특별한 해변

Best 1 라니아케아 비치 Laniakea Beach ★★★★
거북이 비치로도 더 잘 알려진 이곳에서는 거의 항상 뭍에 올라와 있는 거북이를 만날 수 있다.

Best 2 샌디 비치 Sandy Beach ★★★★
부기보드를 즐기기에 최적인 해변으로, 어느정도 숙련된다면 쉽게 부기보드를 즐길 수 있다.

Best 3 선셋 비치 Sunset Beach ★★★★★
대표적인 서핑 해변으로, 세계 서핑 대회가 열리는 겨울에는 사람으로 가득 찬다.

BEST 1

BEST 2

BEST 3

Special

오아후섬 해변, 스노클링 완전정복

오아후섬의 스노클링 포인트는 아쉽게도 하와이의 섬 중에서는 가장 떨어지는 편이지만, 1년 내내 누구나 쉽게 스노클링 할 수 있으면서 많은 물고기가 있는 하나우마 베이가 있기 때문에 즐기기엔 훌륭한 편이다. 하나우마 베이와 코올리나 라군을 제외하면, 모두 여름 시즌에만 스노클링이 가능하다는 것이 오아후 스노클링의 가장 아쉬운 부분이다.

🤿 스노클링 포인트　P 주차공간　⋯⋯ 트레일

Shark's Cove & Three Tables 샥스 코브& 쓰리 테이블스 ★★★★★

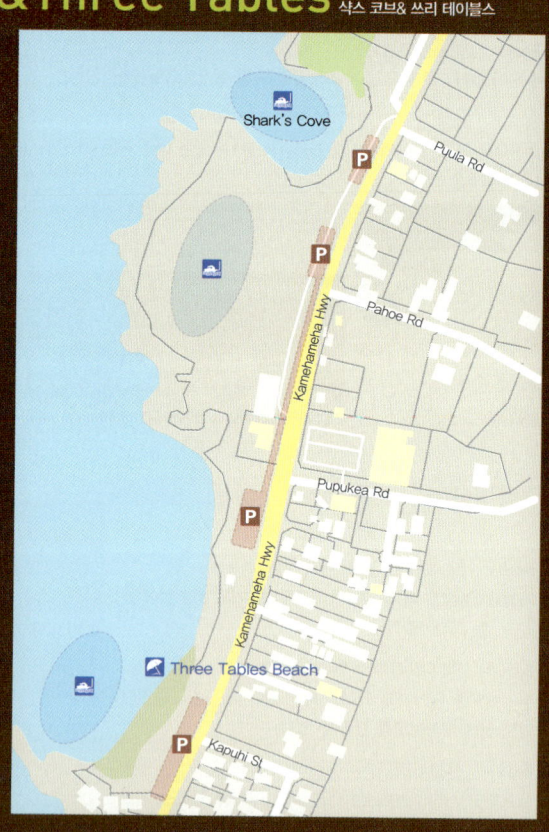

오아후 최고의 여름 스노클링 스팟으로 아이들과 성인이 모두 즐길 수 있는 곳이다. 어린아이들이 있다면 바다로 오픈되어 있는 스노클링 스팟 보다는 중간에 위치한 얕은 타이드풀에서 스노클링을 하면 안전하게 스노클링을 할 수 있으며, 파도에 떠밀려 들어온 물고기들이 상당히 많아 만족스럽다. 겨울에도 파도가 없으면 스노클링이 가능하다. 성인들이라면 타이드풀에서 조금 북쪽의 작은 만을 이용하면 되는데, 이곳이 바로 샥스 코브이다. 대부분 스노클링은 이 만 안에서 하게 되며, 바다쪽으로 나갈수록 조류가 심해진다.

남쪽의 포인트는 쓰리 테이블스 비치이며, 그 앞의 바위들이 3개여서 쓰리 테이블스라는 이름이 붙었다. 이곳은 여름날 중에서도 파도가 거의 없는 날에 스노클링이 가능한데, 수중 환경은 샥스 코브에 못지않게 아름답다. 다만, 들어갈 수 있는 날짜가 상당히 제한적이라는 것이 단점이다. 주차는 해변과 타이드풀을 따라서 도로 옆으로 곳곳에 있으므로, 잘 확인하고 하면 된다.

Hanauma Bay 하나우마 베이 ★★★★★

명실상부 하와이에서 가장 유명한 스노클링 포인트. 스노클링을 하기 위해서는 입장료($7.5)를 내야 하지만, 그 정도의 비용을 지불할만한 가치가 있다. 하나우마베이에 들어가기 전에 간단한 자연보호와 관련된 영상을 보고 들어가게 되며, 짧은 내리막길을 따라 내려가야 한다. 내리막과 오르막이 어려운 사람들을 위해 유료 셔틀버스도 운영한다. 하나우마 베이의 스노클링 스팟은 상당히 넓은데, 중심의 모래만 있는 곳을 제외하고, 양

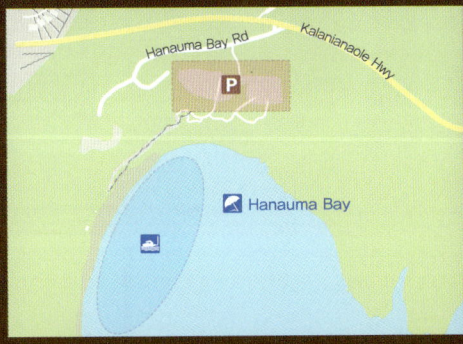

쪽의 산호와 바위가 있는 곳에 물고기가 많다. 전체적으로 수심이 깊지 않은 데 반해, 크고 작은 물고기들이 많아 수족관처럼 바로 앞에서 물고기를 볼 수 있다는 것이 장점이다.
하나우마 베이는 보통 오전 일찍 주차장이 가득 차기 때문에 아예 일찍 오전 8시 전후로 가거나, 사람들이 한차례 빠져나가는 11시~12시 사이에 가는 것이 좋다. 다만, 바람이 불기 전인 오전 일찍이 수중 컨디션이 좋아 시야가 더 잘 나온다.

Ko Olina Lagoons 코올리나 라군스 ★★★

사람이 만든 4개의 라군은 1년 내내 수영 및 액티비티를 하기에 좋은 환경을 제공한다. 바닥이 모래이기 때문에 시야가 잘 나오지는 않지만, 스노클링을 하기에는 충분한 정도이며 바다에서 물고기들이 수시로 들어오기 때문에 물고기의 숫자도 꽤 많은 편이다. 겨울에도 스노클링이 가능하긴 하지만, 파도가 아주 강한 날에는 바닥의 모래 때문에 물속이 뿌옇게 변해 스노클링이 다소 어렵다. 여름이라도 라군 바깥쪽으로 나가서 스노클링을 하는 것은 추천하지 않는다. 총 4개의 라군은 모두 무료 주차 공간을 가지고 있으나, 약 10대 전후밖에 주차할 수 없기 때문에, 가능하면 평일 오전 일찍 가야 공간을 확보할 수 있다.

Kahe Point Beach Park 카헤 포인트 비치 파크 ★★★★

카헤 포인트 비치 파크는 쇼어 다이버들에게 더 인기있는 스팟으로, 조류가 상당히 있고 특히 해변 주변은 여름에도 어느 정도 파도가 있는 편이다. 그렇기 때문에 오리발을 필수로 이용해야 하고, 스노클링 및 수영에 자신이 있는 최소 중급 이상의 스노클러들에게 추천하는 스팟이다. 초보들은 가능하면 다른 스팟을 이용하는 것이 낫다. 스노클링 포인트는 카헤 포인트에서 시작하여 시멘트벽을 따라간 뒤에 나오는 긴 관이 끝나는 지점 부분인데, 관에서 물이 나오는 곳 근처는 조류에 끌려갈 수 있으므로 주의해야 한다. 북쪽의 포인트는 상대적으로 수중환경이 별로이므로, 남쪽의 포인트를 이용하는 것이 낫다.
공원의 남쪽에 무료 주차공간이 있으며, 주말이면 현지인들로 가득 차는 포인트 중 하나이다. 샤워 시설과 화장실 등 기본 시설들이 모두 갖춰져 있다.

OAHU BE

1 오아후의 중심 휴양지, 와이키키 비치 와이키키 비치에는 하와이의 모든 것이 모여 있다고 해도 과언이 아니다. 쇼핑 숍, 맛집, 리조트까지 없는 것이 없다. 대부분의 호텔이 이 와이키키 비치 지역에 있어 언제나 북적거리지만, 의외로 와이키키 해변에 발을 담가보지 못하고 돌아오는 사람도 많다. **2 스노클링의 천국, 하나우마 베이** 하와이에서 가장 유명한 스노클링 장소로, 한 번에 들어갈 수 있는 인원수를 제한하기 때문에 쾌적하게 스노클링을 즐길 수 있다. 다른 해변과 다르게 입장료를 내고, 환경보호와 관련된 영상을 보고 난 이후에야 입장할 수 있다. 스노클링을 하면서 다양한 물고기를 만나기에 최적의 장소!

3 오아후의 가장 아름다운 에메랄드 해변, 카일루아 비치 휴양지 하면 떠오르는 영롱한 물빛의 해변을 원한다면 카일루아로 떠나자. 하와이 최고의 해변으로도 여러 번 선정된 에메랄드빛 카일루아 비치, 그리고 그 옆으로 숨은 보석같은 해변 라니카이 비치가 있다. 현지인들도 즐겨 찾는 해변이므로 주말을 피하는 것이 조용한 해변을 즐기는 방법이다. 카일루아 시내에서 브런치도 즐겨보자.

오아후섬에서 놓치지 말아야 할 추천 베스트

4 하와이 최고의 전망을 즐기다, 다이아몬드 헤드 트래킹 정상에 올라서면 360도로 하와이의 풍경을 조망할 수 있는 다이아몬드 헤드는 주차장에서부터 왕복 1시간이면 다녀올 수 있는 쉬운 트래킹 코스이다. 남녀노소에 관계없이 도전할 수 있으며, 특히 오전에 올라가면 쪽빛 물결과 파도가 함께하는 와이키키 해변을 조망할 수 있다. 시간이 된다면, 오아후의 더 많은 트레일에도 도전해 보자!

5 하루 일정의 멋진 드라이빙 코스, 노스 쇼어 오아후에서 단 하루만 차를 빌릴 수 있다면 어디로 가야 할까? 정답은 노스 쇼어이다. 해안을 따라 달리는 코스도 멋지지만, 중간에 등장하는 파인애플 농장과 쉐이브아이스로 유명한 작은 마을 할레이바, 거북이를 만날 수 있는 거북이 비치, 서퍼의 천국 선셋 비치, 카후쿠의 새우트럭 등은 자꾸만 차를 멈춰 세우게 한다. **6-1, 6-2 호놀룰루의 아름다운 야경, 탄탈루스 언덕** 하와이주에서 가장 많은 인구가 사는 호놀룰루는 밤이 되면 수많은 빌딩이 불을 밝혀 화려한 야경을 연출한다. 해가 지기 전에 탄탈루스 언덕에 오르면, 붉게 타오르는 일몰과 함께 이어지는 호놀룰루의 특별한 야경을 함께 감상할 수 있다. **7-1, 7-2 제2차 세계대전 역사의 현장, 진주만** 2차 세계대전과 역사에 관심이 있는 사람이라면 진주만은 뜻깊은 여행지가 될 수 있다. 아침 일찍 애리조나 호의 무료 투어에 참여하고, 진주만 내의 다양한 전시물을 관람하다 보면 역사의 현장으로 들어간 것 같은 착각이 든다. 조금 더 자세히 보고 싶다면, 전함 미주리 기념관, USS 보우핀 잠수함, 태평양 항공 박물관으로 향하는 유료 투어에 참여하자.

Travel Information in Oahu

Section 02
오아후섬, 출발부터 도착까지

하와이 여행의 시작이자 마지막이 되는 오아후섬. 입국심사가 까다롭기로 소문난 미국이지만, 하와이만큼은 여행자에게 활짝 열려있다. 출발 전에 미리 몇 가지 필수 사항을 숙지해 두면 하와이 여행을 좀 더 산뜻하게 시작할 수 있다. 오아후섬은 하와이에서 가장 많은 선택의 여지가 있는 곳이므로, 자신에게 맞는 여행을 잘 계획하자.

01 오아후섬 기초 정보

면적 1,545㎢로 하와이에서 3번째로 큰 섬 **인구** 약 95만 명(2017년 기준) **날씨** 겨울 26도, 여름 32도 **애칭** 모이는 장소(The Gathering Place)

02 오아후섬 내 소요 시간

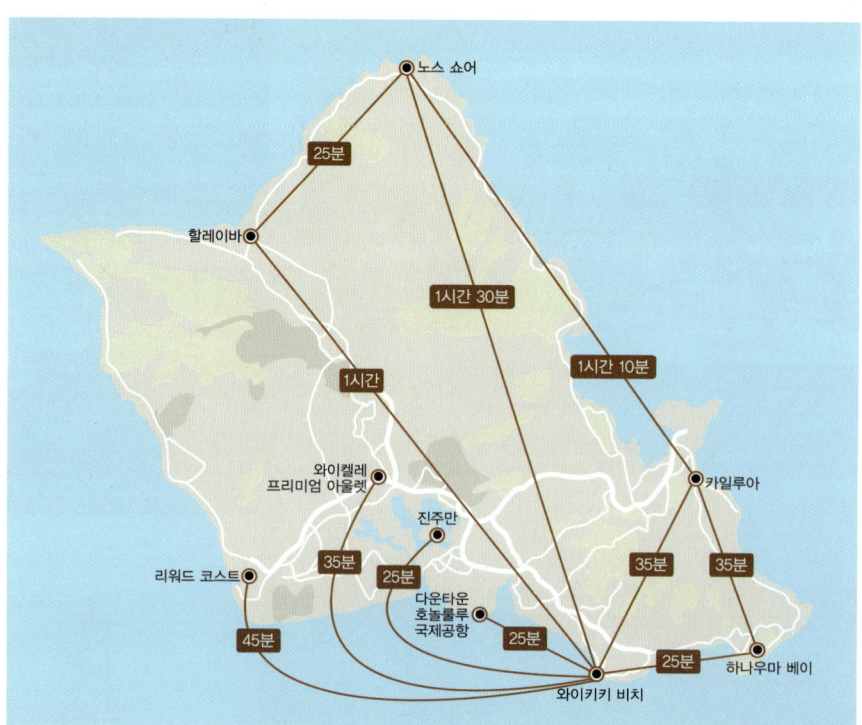

※ 예상시간이며, 출퇴근 시간대에는 더 많은 시간이 소요될 수 있음.

03 오아후섬으로 가는 법

오아후는 하와이 여행을 위한 시작점이 되는 곳으로 대한항공, 아시아나항공, 하와이안항공, 진에어가 오아후 호놀룰루 국제공항HNL으로의 직항을 매일 운항하고 있다. 매일 4편 이상의 비행기가 하와이로 떠나, 한국에서 비행기가 도착하는 오전 시간이 되면 호놀룰루 국제공항은 항상 사람으로 가득 찬다. 직항 이외에도 여러 항공사가 일본, 중국 등을 경유하여 하와이로 취항한다.

04 호놀룰루 국제공항 Honolulu International Airport - HNL

호놀룰루 국제공항은 전 세계에서 모여든 여행자들이 근처의 섬으로 떠나거나 머무르면서 하와이 여행을 시작하는 첫 장소이다. 국제선이 다니는 오버시 터미널 Oversea Terminal과 주내선이 다니는 인터아일랜드 터미널 Interisland Terminal, 현지인이 주로 이용하는 코뮤터 터미널 Commuter Terminal로 나뉘어 있으며 규모는 크지 않다.

인터아일랜드 터미널에서는 하와이안항공 Hawaiian Airlines이 다른 섬들을 연결하며, 터미널에서 다소 떨어진 코뮤터 터미널에서는 모쿠렐레항공 Mokulele airlines이 다른 섬들로 취항한다. 코뮤터 터미널에서 출발하는 항공사들은 짐 연결이 되지 않고, 상대적으로 편수가 적기 때문에 가능하면 편수가 많은 하와이안 항공을 이용하는 것이 좋다. 코뮤터 터미널은 국제선 터미널과 다소 떨어져 있으므로 위키위키 셔틀을 이용하면 편리하다.

01 호놀룰루 국제공항 입출국

하와이에 도착하면 가장 먼저 해야 하는 것은 바로 입국심사와 세관을 통과하는 일이다. 오아후가 목적지이던, 환승해서 다른 섬으로 가던 기본적인 과정은 모두 같다. 최근에는 메인이 되는 오아후섬뿐만 아니라 이웃 섬을 함께 여행하는 것이 추세인데, 어느 항공사를 이용하느냐에 따라서 주내선의 환승 방법이 달라진다.

- **호놀룰루 국제공항 도착 및 입국심사하기**

호놀룰루 국제공항에 도착하면 입국심사를 받아야 한다. 도착한 터미널에 따라서 바로 입국심사장으로 연결되기도 하고, 별도의 버스를 타고 이동해야 하기도 한다. 사람들은 모두 같은 곳으로 이동하므로 잘 모르겠으면 사람들을 따라가면 된다.

유효한 미국 비자를 가지고 있거나 비자 면제 프로그램ESTA을 통해서 온 사람은 세관서류만 작성하면 된다. 주로 오전 시간대에 비행기가 많이 도착하는 관계로 입국심사가 지연되면 생각보다 오랜 시간이 소요되므로 최대한 빨리 입국심사장으로 이동하는 것이 좋다. 호놀룰루로 오는 비행기의 좌석을 앞쪽으로 지정하면 빨리 내리는 데 도움이 된다. 입국심사장에서는 체류 목적 등 간단한 질문을 하고 입국을 허가한다. 최근에는 2번 이상 방문하는 사람은, ESTA 키오스크를 이용해서 좀 더 빠른 입국심사를 할 수 있어 입국심사 시간이 전체적으로 많이 줄어들었다.

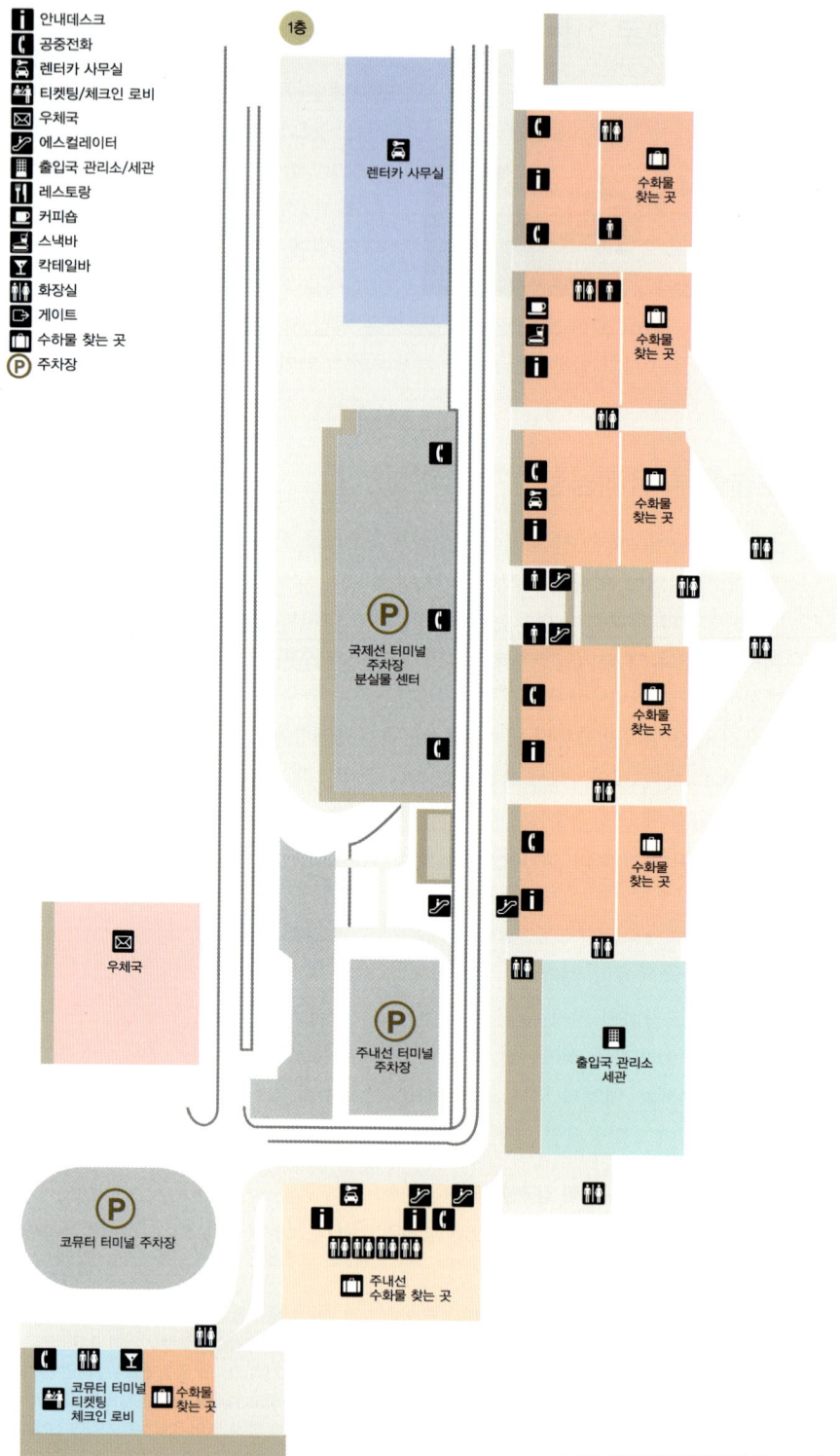

▲ 호놀룰루 국제공항(HNL) 구조도-1층

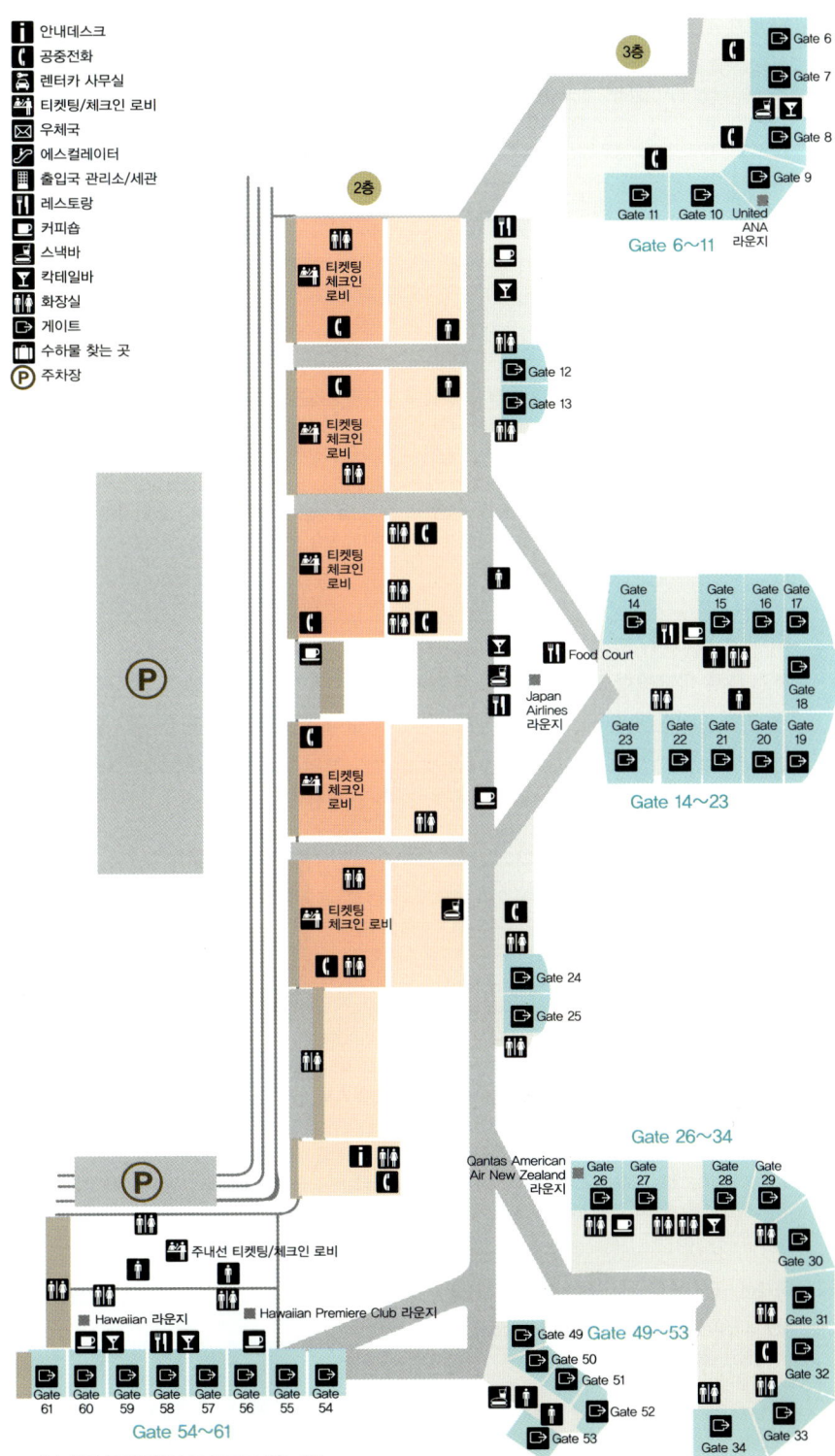

- **짐 찾기**

  입국심사를 끝내면 수하물 찾는 곳 Baggage Claim으로 이동해서 짐을 찾을 수 있다. 보통 입국심사를 빨리 끝내면 짐이 나와 있지 않지만, 입국심사에서 줄이 길어졌을 경우에는 이미 컨베이어 벨트에 수하물이 나와 있을 가능성이 크다. 다른 사람의 수하물과 혼동할 수 있으니 태그를 꼭 확인하고 가져가야 하며, 혹시라도 짐이 제대로 도착하지 않았을 경우에는 항공사의 카운터 또는 분실물 센터 Lost&Found에 문의하면 된다.

  > **수하물 카트 이용하기**
  >
  > 국제선 터미널 빌딩에서는 수하물 카트를 무료로 대여해주지만, 그 이외의 터미널에서는 유료로 이용해야 한다. 만약 다른 사람들이 이용한 뒤 그냥 세워둔 것이 있다면 이용해도 무방하다. 출발 및 도착 지역에 모두 카트가 있다.

- **세관 통과하기**

  미국에 입국 시 기본적으로 허용하는 규정 외 과일, 육류 등은 반입금지거나 검역대상 품목이다. 특히 결혼식 폐백 후 가져오는 대추나 밤 등도 이에 해당하니 미리 신경 쓰는 것이 좋다. 세관신고서 항목을 읽어보고, 그에 맞게 작성해서 세관을 나갈 때 제출하면 된다. 일반적인 인스턴트 식품들은 신고를 해도 대부분 크게 문제없이 통관된다. 세관을 통과해 나오면 아름다운 하와이가 기다리고 있다.

  만약 한국에서 100ml 이상의 액체 면세품을 구입했고, 주내선을 이용해 다른 섬으로 이동할 예정이라면 세관을 나오자마자 면세품을 뜯어서 수하물 안에 넣어 보내면 된다. 환승 시에는 100ml 이상의 액체는 면세품 봉투에 들어 있어도 들고 들어갈 수 없다.

02 주내선 환승하기

호놀룰루 국제공항에서 주내선으로 갈아탈 때는 연착, 입국심사 지연 등을 고려하여 최소 2시간의 환승 여유를 둬야 하며, 코뮤터 터미널에서 환승해야 할 경우에는 2시간 반 이상으로 잡는 것이 좋다. 수속이 빠르게 진행되면 환승까지 1시간이 안 걸리기도 하지만, 그 반대의 경우도 자주 발생한다.

- **국제선 → 하와이안항공 환승(인터아일랜드 터미널)**

  하와이안항공은 인터아일랜드 터미널에 있기 때문에 국제선 터미널에서 가까워 바로 걸어갈 수 있다. 한국에서 수하물을 최종 목적지인 이웃섬까지 연결하여 발권한 경우 세관을 통과한 후 환승카운터에서 짐을 다시 보낼 수 있다. 환승 카운터를 모르고 지나쳤더라도, 직접 짐을 가지고 인터아일랜드 터미널에서 보내도 무방하다. 2016년 10월 기준으로 하와이안항공, 대한항공, 아시아나항공은 하와이안항공 주내선 이용 시 한국에서 최종 목적지까지 짐을 보낼 수 있으며, 진에어는 찾았다가 다시 수속을 해야 한다.

  인터아일랜드 터미널에서 체크인을 할 때는 체크인 키오스크를 사용하는데, 한국어도 지원되므로 한국어로 바꾼 뒤 체크인을 진행하자. 만약 그래도 잘 모르겠다면, 근처에 있는 직원에게 도움을 요청한다.

  수하물의 태그가 목적지까지 되어 있다면 중간 환승 시에 별도 수하물 비용이 나오지 않는다. 다만, 다시 호놀룰루로 돌아올 때는 당일 국제선 연결이 아니면 수하물 비용을 내야 한다. 첫 번째 $25, 두 번째 $35이며, 하와이안항공 회원은 $15와 $20으로 각각 할인하여 보낼 수 있다. 미리 회원번호를 입력해 놓거나, 체크인 시 회원번호를 알려주면 할인이 가능하다.

- **국제선 → 기타 주내선 환승(코뮤터 터미널)**

  코뮤터 터미널에서 출발하는 지역 항공사들은 수하물이 연결이 되지 않기 때문에, 수하물을 가지고 코뮤터 터미널로 가서 다시 체크인하고 수하물을 보내야 한다. 코뮤터 터미널에서 출발하는 항공사는 보내는 짐 개수에 따라서 별도의 비용을 받는데, 첫 번째 수하물보다 두 번째 수하물 비용이 더 비싸다.

03 호놀룰루 국제공항에서 이동하기

- **더 버스**

대중교통인 더 버스 19번과 20번을 이용하면 와이키키 비치까지 이동할 수 있다. 다만 1시간 이상 소요되고, 짐도 좌석 아래에 넣을 수 있는 작은 것만 허용되기 때문에 짐이 많은 사람은 이용할 수 없다. 기내용 캐리어 하나 정도의 작은 짐이라면 이용할 수 있다.

> **가격(편도)** 성인 $2.75, 만 6~17세 $1.25, 만 5세 이하 무료.

- **셔틀**

호놀룰루 국제공항의 공식 셔틀서비스는 스피디 셔틀이며, 과거의 공식 셔틀이었던 로버츠 하와이는 미리 예약해야 하는 방식으로 변경되었다. 가격은 로버츠 하와이가 조금 더 저렴한 대신 와이키키로만 서비스를 제공하며, 스피디 셔틀은 오아후 전역으로 갈 수 있다. 두 곳 모두 짐은 1인당 수하물 2개와 작은 가방 1개까지 허용한다.

- **스피디 셔틀**

현재 호놀룰루 국제공항의 공식 셔틀로, 예약하지 않아도 현장에서 바로 타고 갈 수도 있으나 예약하는 것이 편리하다. 왕복 예약 시 10% 할인된다.

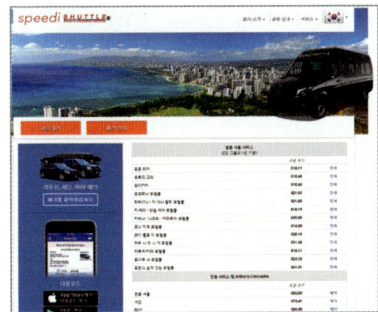

> **홈페이지** www.speedishuttle.com **가격** 와이키키 $31~, 코올리나 $42~, 노스 쇼어 $160~(2인 편도 기준, 인원 추가 시 추가 요금. 팁 미포함)

- **로버츠 하와이**

미리 예약하면 공항 입국장으로 픽업을 나오며, 차량을 찾지 못할 경우 전화하면 장소를 알려준다. 와이키키 지역의 원하는 호텔까지 데려다주며, 다시 돌아올 때도 픽업이 가능하다. 편도보다는 왕복으로 이용하는 것이 더 저렴하다.

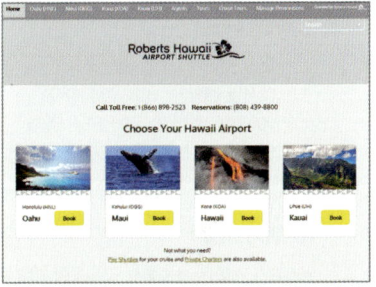

> **홈페이지** www.airportwaikikishuttle.com **가격** 편도 $16, 왕복 $30(1인 기준, 팁 미포함)

- **여행사 픽업/샌딩 서비스**

체크인 시간 이전까지 짧은 시내 관광과 간단한 쇼핑을 하고 싶다면 현지 한국 여행사의 픽업/샌딩 서비스를 이용할 수 있다. 여행사에 따라 다운타운 투어, 월마트 쇼핑, 중식 등이 포함되기도 하며, 가격은 $35~55 정도이다. 보통 짧은 투어 후 체크인 시간 전에 와이키키 지역의 호텔에 도착한다. 이 서비스는 각 여행사의 홈페이지에서 예약할 수 있다. 한국에서 도착하는 비행기 스케줄로만 이용할 수 있으며, 주내선 도착은 이용이 어렵다.

- 가자하와이 **홈페이지** www.gajahawaii.com

- **택시**

  공항에서 와이키키로 가는 가장 편한 방법으로 3명 이상이면 셔틀보다 더 저렴하다. 차가 막히지 않으면 와이키키 시내까지 요금은 $35~40 정도이며 팁은 요금의 10~15%, 짐 한 개당 $1 정도를 주면 된다. 공항에서 나오면 곳곳의 택시 스탠드를 볼 수 있다.

- **한인택시**

  좀 더 편리하게 가려면, 한인택시의 이용도 가능하다. 국제선 도착뿐만 아니라 주내선 도착 시에도 한인 택시를 예약할 수 있으며, 사전에 예약하면 공항에서 대기하고 있으며 한국사람이 직접 운전하기 때문에 의사소통의 문제도 없어 좋다. 예약은 드라이브트래블 카페 및 홈페이지에서 가능하며 편도 $44, 왕복 $80에 예약할 수 있다.

  - 드라이브트래블 : www.drivetravel.co.kr

- **렌터카**

  허츠, 내셔널, 버짓, 어드밴티지, 에이비스는 공항 내에 사무실이 있고, 알라모, 달러 등은 주기적으로 터미널들을 운행하는 셔틀버스를 타고 공항 외곽으로 약 5분 정도 이동해야 한다.

  렌터카 연락처
  - 허츠 렌터카 : 808-831-3500
  - 내셔널 렌터카 : 808-834-6350
  - 에이비스 렌터카 : 808-834-5536
  - 엔터프라이즈 렌터카 : 808-836-2213
  - 알라모 렌터카 : 808-833-4585
  - 달러 렌터카 : 808-944-1544
  - 버짓 렌터카 : 808-836-1700
  - 쓰리프티 렌터카 : 808-952-4238

- **위키위키 셔틀**

  위키위키 셔틀은 호놀룰루 국제공항 내부를 돌아다니는 무료 셔틀로 06:00~22:00까지 운행한다. 내부와 외부 터미널을 이동하는 두 가지 형태가 있으며, 특히 거리가 다소 먼 코뮤터 터미널까지 갈 때 유용하다. 다만 인터아일랜드 터미널은 출국장에서 그냥 걸어가는 것이 더 편하다.

04 호놀룰루 국제공항에서 출국하기(한국으로 귀국)

한국에서 출국하는 것과 마찬가지로 최소 2시간 전에 도착하여 국제선 터미널에서 체크인하고, 출국심사를 하면 된다. 렌터카로 공항에 갈 경우에는, 2시간 반 전에는 렌터카 사무실에 도착할 수 있도록 시간 계획을 해야 한다. 특히 많은 항공사가 출발하는 오전 시간에는 보안검사를 거치는 과정에서 시간이 지체되는 경우가 많으므로 일찍 체크인하는 것이 좋다. 미국은 출국 시에 별도의 출국심사를 하지 않는다.

오아후섬

Section 03
오아후섬의 대중교통

하와이에서 가장 많은 사람이 사는 섬인 만큼, 대중교통이 잘 발달하여 편하게 여행을 할 수 있다. 더 버스가 하와이 전역을 연결하고, 트롤리가 와이키키 비치와 호놀룰루 근교로 여행자들을 실어 나른다. 가까운 거리라면 택시를 이용해도 좋고, 자유로운 여행을 원한다면 렌터카라는 훌륭한 선택지도 있다.

01 더 버스 The Bus

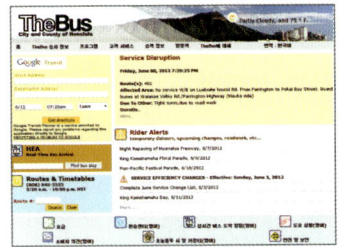

오아후섬 전역을 연결하는 더 버스는 오아후섬을 둘러보기에 부족함이 없는 교통수단이다. 와이키키 비치와 다운타운 그리고 호놀룰루 근교를 잇는 노선이 많아 이동이 편하고, 노스 쇼어나 하와이 카이 쪽도 시간만 잘 맞춘다면 렌터카 없이도 둘러볼 수 있다. 호놀룰루를 벗어나면 버스 편수가 그리 많지 않기 때문에, 구글맵의 대중교통 기능 및 더 버스 홈페이지의 시간표와 지도를 미리 챙겨두면 효율적으로 이동할 수 있다. 더 버스는 목적지까지 바로 연결이 안 될 경우 1회에 한해 환승이 가능했지만 2018년부터는 환승이 불가능하므로, 2개 이상의 버스를 이용해야 할 경우 1일 패스를 구입해야 한다. 1일 패스는 버스기사에게서 구입 가능하고, 새벽 0시부터 익일 오전 2시까지 유효하다.

홈페이지 www.thebus.org(일부 한국어가 지원된다.) **요금** 성인 $2.75, 만 6~17세 $1.25, 만 5세 이하 무료 **승차권** 1일 패스 성인 $5.50, 만 6~17세 $2.50, 만 5세 이하 무료

구글맵 활용하기

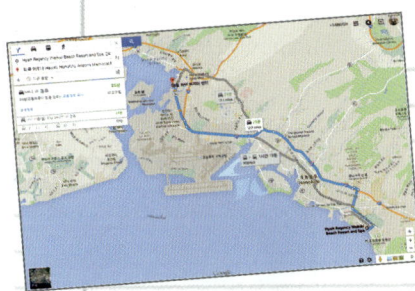

휴대폰 통신사의 무제한 데이터 요금제에 가입하고 왔거나, 로밍 에그를 대여했거나 현지 심카드를 구입한 경우 또는 호텔이나 카페 등의 와이파이를 이용할 수 있다면 구글맵을 활용할 수 있다. 구글맵을 이용하면 지정 위치에서부터 원하는 목적지까지 대중교통을 검색할 수 있는데, 정류장의 위치와 버스 도착 시간까지 확인이 가능하다. GPS를 이용하면 현재 위치에서부터 시작하는 검색도 가능해서 편리하다. 만약 데이터 연결이 되어있지 않더라도, 사전에 [오프라인으로 저장] 기능을 이용하여 미리 지도를 저장해 두면, 기본적인 구글맵의 기능 확인이 이용할 수 있다.

오아후의 대중교통 시스템인 더 버스는 차가 많이 막히지 않는 이상 시간표에 맞춰 운행하기 때문에 시간만 맞춰간다면 놓치지 않고 탈 수 있다. 버스 운행 횟수가 많은 곳에서는 상관없지만, 운행 간격이 뜸한 곳에서는 시간표를 챙기는 것은 필수. 홈페이지에서 각 노선의 시간표와 루트를 확인할 수 있다. 하와이에서는 주중과 주말의 운행시간이 다른 경우가 많으므로 주의해야 한다. 가능하면 구글 지도의 대중교통 길찾기 기능을 이용해서 버스 도착 지점과 루트를 확인하고 탑승하는 것이 가장 효율적이다.

01 버스정류장

버스 노선도를 보고, 타고자 하는 버스 번호가 있는 정류장에 가서 기다리면 된다. 가만히 있으면 버스가 그냥 지나갈 수도 있으므로, 손을 흔드는 등의 버스를 타겠다는 간단한 의사표시가 필요하다.

02 버스 탑승

버스가 도착하면 꼭 앞문으로 탑승해야 한다. 뒷문으로 타는 것은 금지되어 있다.

03 요금 지불

편도 요금은 $2.75이며, 정확한 액수를 지불해야 한다. 만약 잔돈이 없어 요금보다 더 지불했다고 하더라도 거스름돈은 받을 수 없다.

04 착석

버스에서는 어느 자리에나 앉아도 상관이 없기는 하지만, 장애인 마크가 있는 곳은 장애인 탑승 시 비켜줘야 한다. 보통 사람들은 차량 뒤쪽의 자리에 많이 앉는다.

05 하차 요청

더 버스는 벨을 누르는 방식이 아니라, 창문에 있는 줄을 잡아당기는 방식이다. 줄을 잡아당기면 작은 소리와 함께 운전석 위쪽에 있는 전광판에 '정지 요청 Stop Requested'이 표시된다.

06 하차 및 환승

내릴 때는 보통 뒷문으로 내려야 하는데, 뒷문은 수동이므로 내릴 때 손으로 밀어야 문이 열린다. 2018년 부터 환승이 없어졌으므로, 1일 패스를 사전에 구매해야 한다. 1일 패스는 2번 탑승비용과 동일하므로 미리 구입하는 것이 유리하다.

더버스(오아후) 주요 루트

와이키키의 버스 루트는 변경이 잦다 보니, 버스 루트와 목적지를 최신 버전으로 반영하기는 했지만, 출판 이후 변경될 가능성이 있다. 다운타운, 알라 모아나, 와이키키 등 많은 버스가 지나가는 지역은 환승하는 정류장이 많이 떨어져 있을 가능성이 크다. 지도와 주요 버스 루트는 2018년 3월 기준이다.
와이키키에서 대부분의 버스는 쿠히오 애비뉴(Kuhio Ave)에서 타면 되고, 오아후섬 전체를 도는 버스는 대부분 알라 모아나 센터에서 환승이 가능하다. 환승 정류장은 알라 모아나를 빙 둘러서 있으므로 정류장을 미리 확인해야 한다.

- **19, 20번** – 공항과 다운타운, 알라 모아나 센터, 와이키키를 이어주는 버스. 20, 44번과 함께 와이키키에서 진주만까지 연결한다.
- **23, 24번** – 다이아몬드 헤드의 입구까지 가는 버스로 주차장까지는 걸어 올라가야 한다.
- **52번** – 알라 모아나 센터부터 시계 방향으로 할레이바까지 간다. 55번과 이어서 여행할 수 있다.
- **55번** – 알라 모아나 센터부터 시계 반대방향으로 노스 쇼어를 돌아 할레이바까지 간다.
- **56, 57번** – 카일루아까지 갈 수 있는 버스 노선으로, 여기서 70번으로 갈아타면 카일루아 비치와 라니카이 비치에 갈 수 있다.

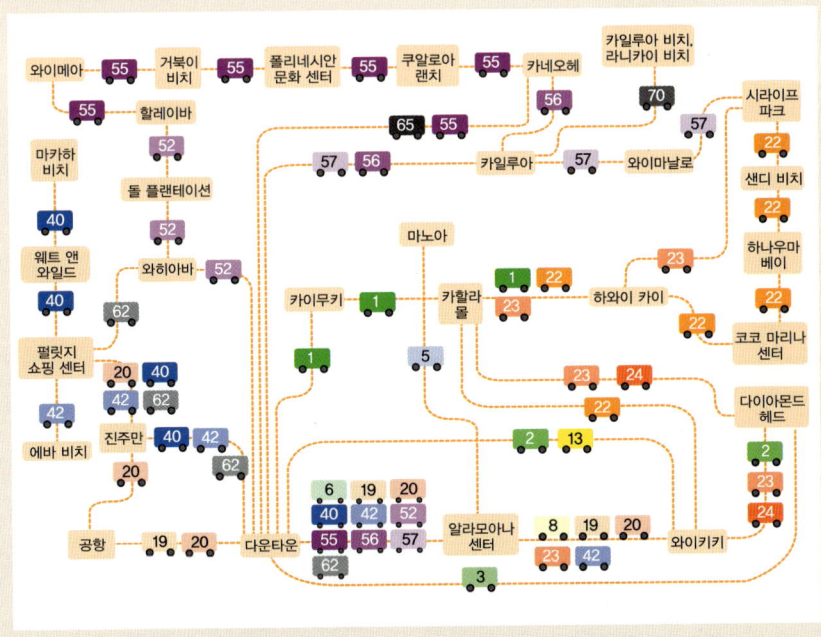

▲ 더버스 주요 루트

02 트롤리

핑크, 레드, 그린, 블루, 퍼플의 다섯 가지 라인을 운영하는 트롤리는 호놀룰루 시내와 와이키키 근교를 둘러볼 수 있는 교통수단이다. 와이키키와 알라모아나 쇼핑센터를 왕복하는 핑크 라인, 와이키키와 다운타운의 명소들을 연결하는 레드 라인, 와이키키와 다이아몬드 헤드 그리고 카할라 몰까지 연결하는 그린 라인, 하나우마베이와 시라이프 파크까지 연결하는 블루 라인, 진주만과 알로하 스타디움을 연결하는 퍼플 라인이 있다. 이 중 핑크 라인만 현금으로 $2를 내고 탑승할 수 있으며, 그 외의 라인은 패스를 구입해야 한다.

그린 라인은 유일하게 다이아몬드 헤드 분화구의 주차장까지 가기 때문에 탑승을 하는 사람이 많고, 핑크 라인은 JCB 카드가 있으면 동반 1인 및 아동 2명까지 무료로 이용이 가능하다. 혜택은 2019년 3월 31일까지라고 되어 있으나, 언제나 그랬듯 그 이후에도 연장될 가능성이 크다. 모든 패스는 홈페이지에서 사전 구매 시 추가 할인이 제공되며, 7일 이상 패스는 추가로 와이키키 아쿠아리움과 호놀룰루 미술관의 무료 입장권이 제공된다. 온라인에서 구매한 티켓은 DFS 갤러리아에 있는 와이키키 트롤리 부스에서 교환 가능하다.

 **홈페이지** www.waikikitrolley.co.kr **요금** • **1 데이 패스** 핑크&레드&그린&블루&퍼플 모든 라인 이용 성인 $45, 3~11세 $25 • **1 데이 패스** 레드, 그린, 블루, 퍼플 각각 성인 $25, 3~11세 $15 • **4 데이 패스** 핑크&레드&그린&&블루&퍼플 모든 라인 이용 성인 $65, 3~11세 $40(7일 중 4일 사용) • **7 데이 패스** 핑크&레드&그린&블루&퍼플 모든 라인 이용 성인 $70, 3~11세 $45(10일 중 7일 사용)

Trolley Route & Stops

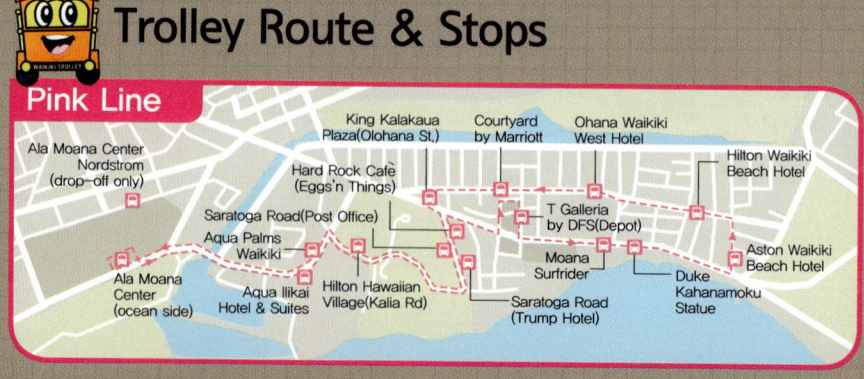

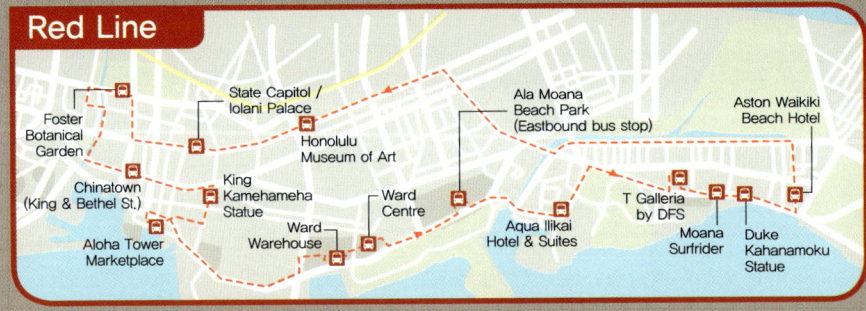

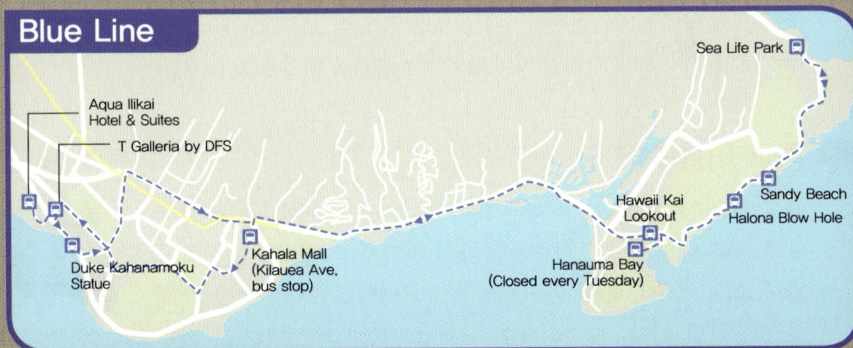
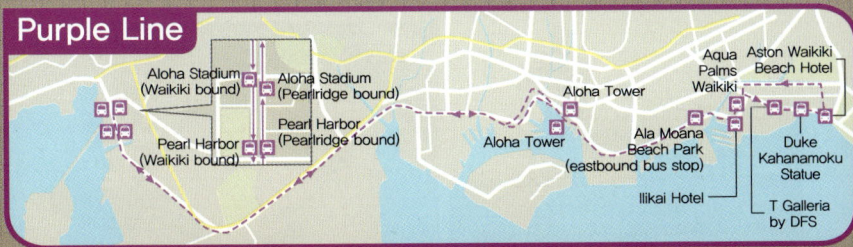

03 택시

오아후에서 가장 흔한 교통수단 중 하나지만, 한국처럼 길에서 택시를 잡는 풍경은 그리 흔하지 않다. 보통 호텔에서 택시를 불러달라고 요청하거나 쇼핑몰 등에 마련된 택시 정류장에서 승차한다. 대표적인 택시 회사는 더 캡 The CAB으로 오아후 전역에서 볼 수 있다. 만약 영어로 부르는 것이 어렵다면 한인 택시회사를 이용해도 된다. 택시 요금은 일반 택시와 큰 차이가 없으나 한국어로 대화할 수 있어 편하다. 요즘에는 전화가 아닌 앱으로 호출하는 우버 Uber와 리프트 Lyft를 이용하는 빈도가 더 높아지고 있다.

오하나 택시(Ohana Taxi) 808-623-8282 공항 픽업 사전 예약 - 드라이브트래블 www.drivetravel.co.kr

04 렌터카

하와이의 다른 섬들을 여행하기 위해서는 렌터카가 필수지만, 와이키키의 주차비가 워낙 비싸기 때문에 대중교통이 잘 되어있는 오아후에서는 하와이를 드라이브하고 싶은 1~2일 정도만 대여하는 경우가 많다. 반면에 오아후에서 전 일정동안 렌트하는 경우는 호텔의 리조트피에 주차비가 포함되어 있어 부담이 없거나, 아이들이 있어 카시트와 편리한 이동이 필요할 때 사용한다.

호놀룰루 국제공항에서 대여하는 것이 가장 일반적이지만, 와이키키 비치 및 마리나 지역에도 각 렌터카 회사 사무소가 있다. 와이키키에는 허츠, 알라모, 달러, 버짓 등의 렌터카 회사 지점이 있으므로 이용이 편리하나, 차량 보유대수가 적고 대기시간이 상대적으로 오래 걸리는 단점이 있다. 오아후는 아침과 늦은 오후에 교통체증이 생기기도 하지만 그 시간만 피하면 더 쉽게 돌아다닐 수 있다. 호놀룰루도 대도시지만, 한국에 비해 상대적으로 운전하기 쉬우므로 크게 걱정할 필요는 없다. 다만, 한국과 다른 기본 운전수칙 몇 가지만 미리 알아두면 즐거운 여행을 할 수 있다.

05 기타 이동수단

모페드 ▶

와이키키 비치와 주변 지역에는 다양한 대여소가 모여 있어 취향에 맞게 골라 탈 수 있다. 체력이 좋다면 자전거를 타고 주변을 돌아봐도 좋고, 좀 더 편한 것을 원한다면 모페드(스쿠터)나 미니쿠페를 이용하면 된다. 대여소마다 24시간 기준으로 자전거는 $20~25, 모페드는 $35~70, 미니쿠페는 $55~90 정도에 대여할 수 있다.

자전거

미니쿠페

와이키키에서 주차하기

오아후에서 자동차를 빌리려는 사람들의 가장 큰 고민이 바로 비싼 주차비이다. 몇몇 호텔은 리조트 피에 주차비를 포함하고 있어 부담이 적지만, 주차비를 별도로 받는 곳은 하루에 $25~35를 받기 때문에 며칠만 주차해도 비용이 상당하다. 그래서 오아후 전 일정을 빌리기보다는 와이키키에 머무르는 1~2일 정도만 빌리는 사람도 많다. 와이키키 시내에 위치한 사무소는 오전에는 차를 빌리려는 사람이 많은 반면 일하는 직원들이 적기 때문에 오래 기다리지 않으려면 예약 시간을 오픈시간 직후로 맞춰놓고 최대한 일찍 가는 것이 좋다. 어쨌든 와이키키에서 빌리더라도 2일 이상을 빌린다면, 하루는 주차를 해야 하기 때문에 주차정보는 필수이다.

아래는 와이키키에 위치한 상대적으로 저렴한 주차장들이다. 주차장에 따라서 밤샘 주차가 가능하기도 하고, 낮에만 주차가 가능한 곳도 있다. 몬사랏 애비뉴와 알라와이 블라바드를 따라서 무료 밤샘 길거리 주차가 가능하지만 매주 주기적으로 진행되는 청소 시간에는 꼭 차를 빼야 한다. 그렇지 않으면 견인되는 불상사를 겪을 수 있다. 주차비는 2018년 3월 기준이며, 정책에 따라서 변경될 수 있다.

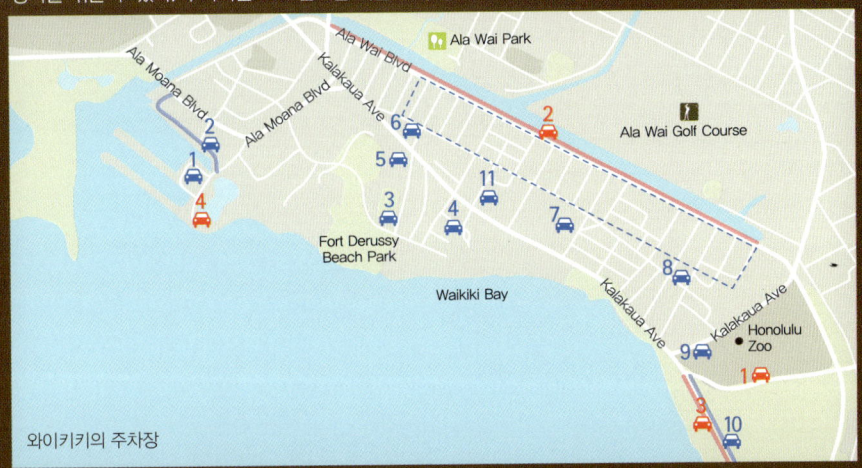

와이키키의 주차장

유료주차(파란색)

1~2. 와이키키 마리나 Waikiki Marina
시간당 $1, 24시간 $24(야외 24시간 - 밤샘 주차 가능)

와이키키 마리나 주차장. 힐튼에 묵는 사람들이 가장 많이 이용하는 공영 주차장으로, 하루가 아닌 시간당 $1이기 때문에, 저녁에 주차하고 다음날 아침에 찾기 좋다. 마리나 쪽 주차장뿐만 아니라 하와이 프린스 호텔 건너편도 같은 가격으로 주차가 가능하다. 일반인은 댈 수 없는 지정주차 구역이 있으므로 확인하고 주차할 것

3. 포트 드 루시 파크 Fort De Russy Parking
처음 1시간 $4, 그 후 30분 당 $2, 24시간 $36, 1개월 $160(야외 24시간 - 밤샘 주차 가능)

한때는 굉장히 저렴했지만, 지금은 사실상 미군 호텔인 Hale Koa에 묵지 않는 이상은 가격적 메리트가 없는 곳. 다만, 1주일 이상 머무르며 주차를 해야 한다면 1개월 요금은 매력적인 편.

4. 로얄 하와이안 센터 Royal Hawaiian Center
처음 1시간 무료, 그 후 추가 2시간까지 시간당 $2(로얄 하와이안 센터에서 $10 이상 소비 시), 3시간 초과 시 시간당 $6(실내 24시간 - 밤샘 주차 불가)

와이키키에서 가장 편한 곳에 위치한 주차장 중 한 곳으로, 와이키키에서 저녁을 먹을 예정이라면 주차하기에 좋다. 로얄 하와이안 센터에서 $10 이상을 써야만, 밸리데이션 티켓을 받을 수 있다. 밸리데이션 티켓이 없으면 무조건 시간당 $6임을 기억하자.

5. **US 우체국(330 Saratoga Road)** US Post Office

    0~2시간 $7, 2~3시간 $9, 3~4시간 $12, 17:00~07:00 $25(24시간 요금 없음)

    우체국 앞 주차장으로 13번~39번만 공영주차장으로 이용 가능하다. 야외 주차장이며 상시출입은 불가능하고 한 번 주차만 가능하다. 아웃리거 리프나 트럼프에서 가장 가까운 대안이었지만, 지금은 주차하는 사람이 많이 줄었다.

6. **킹 칼라카우아 플라자 파킹(2080 Kalakaua Ave)** King Kalakaua Plaza Parking

    0~2시간 $7, 2~4시간 $9, 12시간 $15, 24시간 $20(실내 06:00~24:00 - 밤샘 주차 가능. 단, 24:00~06:00에는 문을 닫음)

    최근 서쪽에서 가장 저렴한 주차장 중 하나이다. 이벤트/이브닝 파킹이 아니라 꼭 12시간, 24시간 주차로 선택해야 한다. 상시출입 불가능. 오픈시간 외(자정부터 새벽 6시)에는 차량을 찾을 수 없으므로, 시간을 잘 계산해서 주차해야 한다.

7. **인터내셔널 마켓플레이스(Kuhio Ave&Walina st)** International Marketplace

    처음 1시간 무료, 그 후 추가 2시간까지 시간당 $2(인터내셔널 마켓플레이스에서 $10 이상 소비 시), 3시간 초과 시 시간당 $6(실내 24시간 - 밤샘 주차 불가)

    새롭게 오픈한 인터내셔널 마켓플레이스의 주차장으로, 쇼핑 또는 식사로 $10 이상 이용 시 밸리데이션이 가능하다. 대부분의 상점에서 밸리데이션이 가능하므로, 지불할 때 요청하면 된다.

8. **애스톤 와이키키 반얀(2520 Kuhio Ave)** Aston Waikiki Banyan Parking

    24시간 $20(실내 24시간 - 밤샘 주차 가능)

    과거에는 저렴한 주차장이었지만, 지금은 상대적으로 가격이 많이 올랐다. 카드사용이 불가하며, $100 이상의 지폐도 받지 않는다.

9. **와이키키 동물원 주차장** Waikiki Zoo Parking

    시간당 $1, 최대 24시간 $24(밤샘 주차 가능)

    와이키키 동물원에 속한 주차장. 시간당 주차비를 받으며, 기계에 자동차 플레이트 넘버(번호판)를 입력하는 방식이다. 굉장히 간간하게 주차를 관리하지만, 시간만 정확히 지킨다면 생각보다 저렴하게 이용할 수 있다. 영수증을 대쉬보드 위에 올려놓아야 한다.

10. **칼라카우아 애비뉴(카피올라니 공원 방향)** Kalakaua Ave

    유료 시 30분 25센트, 2시간 $1, 4시간 $2(야외 24시간 10:00~18:00 유료(최대 4시간), 18:00~10:00 무료 - 밤샘 주차 가능)

    주차 미터기를 이용한 주차장으로 대각선 주차 방식이다. 반대편은 2시간 무료주차지만, 카피올라니 공원 방향은 유료주차다. 다만 주차비가 비싸지 않고, 유료주차 시간이 생각보다 짧기 때문에 밤샘주차용으로도 많이 이용한다. 특히 오후 6시부터 다음날 아침 10시까지는 무료이기 때문에 무료 밤샘 주차에도 부담이 없다.

11. **와이키키 쇼핑 플라자 & 와이키키 비즈니스 플라자** Waikiki Shopping Plaza & Waikiki Business Plaza

    30분 당 $2.50 / 일~목 17:00~24:00, 금~토 17:00~02:00, 주말 06:30~18:00 고정요금 $7. 밤샘 주차 불가능.

    낮시간대에는 30분당 $2.50으로 가격이 상당히 높다. 하지만 오후 5시 이후나 주말 낮에는 고정금액 $7로 주차가 가능하다. 와이키키 외곽에 머무르면서 평일에 와이키키에 와서 일을 보거나 저녁식사를 한다면 이 주차장도 고려해 볼 만하다.

12. **Waikiki 내 미터 파킹(Kuhio Ave 보다 북쪽)_지도 내 점선**

    30분 $0.75, 1시간 $1.50, 최대 2시간 $3.00(야외 24시간 07:00~18:00 유료(최대 2시간), 18:00~07:00 무료 - 밤샘 주차 가능)

    주로 와이키키 내에 있는 주차 미터기 파킹 장소로, Kuhio Ave 보다 북쪽에 주로 위치해 있다. 주차 가능 위치는 [ ]로 표시되어 있으며, 유료주차시간 외에는 무료주차(특히 밤샘 무료)가 가능하기 때문에 자리를 찾기가 어렵다. 무료주차가 아침 7시에 끝나므로, 새벽같이 나와서 $3을 넣고 들어가면 아침 9시까지 주차도 가능하다. 한사람이 부지런하다면 노려볼만한 주차 공간이다. 주차는 동전으로만 가능하다.

무료주차(빨간색)

1. **몬사랏 애비뉴(동물원 방향 쪽)** Monsarrat Ave

    시간제한 없음(밤샘 주차 가능)

    일방통행로이며, 동물원 방향인 왼쪽에 무료주차 가능. 시간제한이 없으며, 아무 때나 주차가 가능하지만 주차 공간이 거의 없다는 단점이 있다. 하지만 와이키키와도 가깝고 무료주차라는 점에서는 확실히 매력적이다. 도로 옆에 색이 칠해져 있거나 차량진입을 위해 낮춰진 곳 등은 불가 구역인데, 이곳에 주차 시 견인 가능성이 있음을 꼭 염두에 두자. 도로변에 최대한 가까이 붙여서 주차해야 한다.

2. **알라와이 블라바드(운하 쪽 주차 공간)** Ala Wai Blvd
   24시간(단 월, 금 08:30~11:30은 거리 청소시간이므로 주차 불가 – 주 공휴일은 예외) – 밤샘 주차 가능
   와이키키의 가장 대표적인 주차 공간이다. 인기가 많은 곳이라 자리 찾기가 쉽지 않지만, 그래도 두어 바퀴 돌다 보면 자리가 종종 난다. 기본적으로 24시간 내내 주차 가능하지만, 1주일에 2번 있는 거리 청소시간에는 주차할 수 없다. 거리 청소시간에 주차 시 높은 벌금을 물거나 차량이 견인 당할 수 있다.

3. **칼라카우아 애비뉴(Sans Souci State Recreational Park 방향)** Kalakaua Ave
   24시간(07:00~18:00 – 최대 2시간 / 18:00~07:00 – 제한 없음), 밤샘 주차 가능(일요일 및 주 공휴일은 시간제한 없음)
   현지인들에게 인기 있는 주차장으로 보통 와이키키 수족관 관람이나 카피올라니 공원 등을 갈 때 많이 이용하는 주차장이다. 주차 가능 공간은 [ ]로 확실하게 표기되어 있으므로, 그곳에만 주차해야 한다.

4. **힐튼 라군(힐튼 라군 앞 및 옆쪽 주차장)** Hilton Lagoon
   04:30~22:30(최대 6시간) – 밤샘 주차 불가
   힐튼 라군에 놀러가거나 힐튼 앞 해변을 이용할 때 많이 사용하는 주차장이다. 생각 외로 공간도 넓고, 차량도 자주 드나들기 때문에 자리가 상당히 많은 편이다. 밤샘 주차가 불가능하며, 밤 10시 반 이후로 주차되어 있을 경우 견인된다. 힐튼 라군에서 바다 쪽뿐만 아니라 마리나를 향한 힐튼 방향 역시 무료주차장이다. 6시간 무료 표지판을 꼭 먼저 확인하자.

주차 시 주의사항

1. 도로변에 빨간색, 노란색 등 색이 칠해져 있는 곳은 대부분 주차 불가능 구역이라고 보는 것이 좋다. 잘못 걸리면 5분만 잠시 주차해도 견인 당할 수 있는 곳이므로 절대 주차하지 말아야 한다. 소화전 옆도 마찬가지이다.
2. 불법주차로 인한 견인 시에는 견인장소까지 택시를 타고 가서 벌금을 내고 찾아와야 한다. 택시비 + 보관비 + 벌금까지 합치면 $200 이상이 나오므로, 불법주차는 생각도 하지 않는 것이 좋다.
3. 유료주차장들 중 미터기 방식이 아닌 영수증 방식은 대부분 영수증을 대시보드 위에 올려놓아야 한다.
4. 알라모아나 센터, 와이켈레 등의 쇼핑몰은 대부분 무료주차지만, 밤샘주차는 불가능하다. 영업시간 이후에 차량을 남겨두었을 경우 견인될 수 있다.
5. 길거리에 주차 시 꼭 차 안에 아무것도 보이지 않게 해야 하며, 트렁크에 짐이 있을 경우 주차 후에 트렁크를 열지 않는 것이 좋다.

Area 01 Waikiki Beach 와이키키 해변

일반적으로 와이키키 해변이라고 통틀어서 부르는 곳은 사실 여러 개의 해변으로 이루어져 있다. 미군 호텔인 할레코아 앞 포트 드루시 비치 파크(Fort Derussy Beach park), 쉐라톤 와이키키 앞에서부터 하얏트 리젠시 호텔을 지나며 이어지는 쿠히오 비치(Kuhio Beach), 동물원 앞의 퀸즈 서프 비치(Queen's Surf Beach)가 대표적이고 그 외에도 여러 작은 해변이 있다.

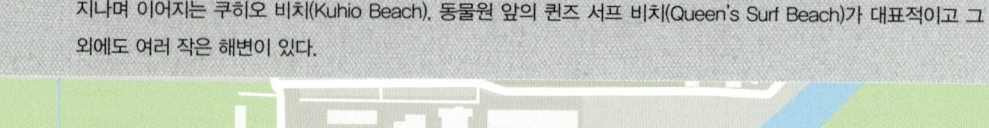

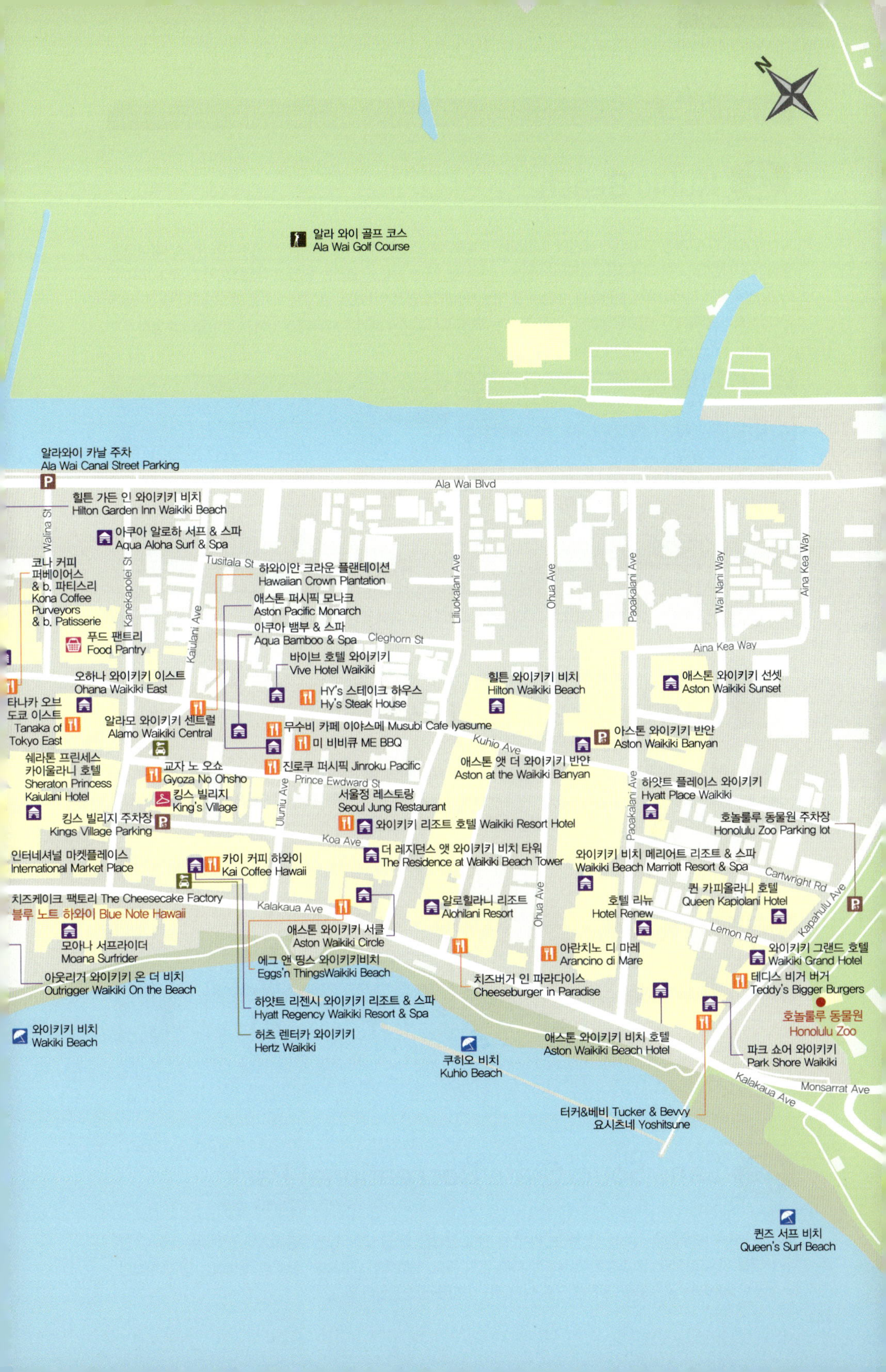

알라 와이 골프 코스
Ala Wai Golf Course

알라와이 카날 주차
Ala Wai Canal Street Parking

Ala Wai Blvd

힐튼 가든 인 와이키키 비치
Hilton Garden Inn Waikiki Beach

아쿠아 알로하 서프 & 스파
Aqua Aloha Surf & Spa

코나 커피 퍼베이어스 & b. 파티스리
Kona Coffee Purveyors & b. Patisserie

하와이안 크라운 플랜테이션
Hawaiian Crown Plantation

푸드 팬트리
Food Pantry

애스톤 퍼시픽 모나크
Aston Pacific Monarch

아쿠아 뱀부 & 스파
Aqua Bamboo & Spa

Cleghorn St

오하나 와이키키 이스트
Ohana Waikiki East

바이브 호텔 와이키키
Vive Hotel Waikiki

힐튼 와이키키 비치
Hilton Waikiki Beach

애스톤 와이키키 선셋
Aston Waikiki Sunset

타나카 오브 도쿄 이스트
Tanaka of Tokyo East

HY's 스테이크 하우스
HY's Steak House

무수비 카페 이야스메 Musubi Cafe Iyasume

아스톤 와이키키 반얀
Aston Waikiki Banyan

알라모 와이키키 센트럴
Alamo Waikiki Central

미 비비큐 ME BBQ

Kuhio Ave

Aina Kea Way

쉐라톤 프린세스 카이울라니 호텔
Sheraton Princess Kaiulani Hotel

교자 노 오쇼
Gyoza No Ohsho

진로쿠 퍼시픽 Jinroku Pacific

애스톤 앳 더 와이키키 반얀
Aston at the Waikiki Banyan

Prince Edward St

서울정 레스토랑
Seoul Jung Restaurant

하얏트 플레이스 와이키키
Hyatt Place Waikiki

킹스 빌리지
King's Village

킹스 빌리지 주차장
Kings Village Parking

Koa Ave

와이키키 리조트 호텔
Waikiki Resort Hotel

호놀룰루 동물원 주차장
Honolulu Zoo Parking lot

인터내셔널 마켓플레이스
International Market Place

카이 커피 하와이
Kai Coffee Hawaii

더 레지던스 앳 와이키키 비치 타워
The Residence at Waikiki Beach Tower

와이키키 비치 메리어트 리조트 & 스파
Waikiki Beach Marriott Resort & Spa

퀸 카피올라니 호텔
Queen Kapiolani Hotel

Cartwright Rd

치즈케이크 팩토리 The Cheesecake Factory

블루 노트 하와이 Blue Note Hawaii

Kalakaua Ave

알로힐라니 리조트
Alohilani Resort

호텔 리뉴
Hotel Renew

Lemon Rd

와이키키 그랜드 호텔
Waikiki Grand Hotel

Kapahulu Ave

모아나 서프라이더
Moana Surfrider

애스톤 와이키키 서클
Aston Waikiki Circle

아웃리거 와이키키 온 더 비치
Outrigger Waikiki On the Beach

에그 앤 띵스 와이키키비치
Eggs 'n Things Waikiki Beach

아란치노 디 마레
Arancino di Mare

테디스 비거 버거
Teddy's Bigger Burgers

하얏트 리젠시 와이키키 리조트 & 스파
Hyatt Regency Waikiki Resort & Spa

치즈버거 인 파라다이스
Cheeseburger in Paradise

호놀룰루 동물원
Honolulu Zoo

와이키키 비치
Waikiki Beach

허츠 렌터카 와이키키
Hertz Waikiki

애스톤 와이키키 비치 호텔
Aston Waikiki Beach Hotel

파크 쇼어 와이키키
Park Shore Waikiki

쿠히오 비치
Kuhio Beach

Monsarrat Ave

터커&베비 Tucker & Bevvy
요시츠네 Yoshitsune

Kalakaua Ave

퀸즈 서프 비치
Queen's Surf Beach

와이키키 해변과 거리

 Kuhio Beach 쿠히오 비치

사람들에게 잘 알려진 와이키키 해변의 이미지는 쿠히오 해변의 이미지이며, 와이키키 경찰서와 듀크카하나모쿠 동상이 위치한다. 서핑 레슨 등의 액티비티뿐만 아니라 저녁에는 공연도 열리는 복합 문화장소이기도 하다. 와이키키 해변에 서면 가까이에서 일광욕과 수영을 즐기는 사람들과 멀리서 서핑을 즐기는 사람들의 모습이 한눈에 들어온다. 하와이 전체에서 가장 유명하고, 가장 붐비는 해변이다. 동쪽의 해변은 방파제가 있어서 아이들이 수영하기에 안전하며, 서쪽은 주로 서퍼들이 많이 모여 있다.

특징 화장실, 샤워시설, 피크닉테이블, 라이프가드, 수영, 보디보딩, 서핑, 워터스포츠 **주차** 주로 와이키키 해변의 숙소 내에 주차. 그 외에는 근처의 쇼핑몰 및 호텔에 주차가 가능하다. 주차비는 시설별 상이.

Fort Derussy Beach Park 포트 드루시 비치 파크

와이키키 해변 지역과 마리나 지역 사이에 위치한 해변으로, 미군 전용 호텔 앞에 있어 미군이 많이 찾는다. 그 외에도 트럼프, 아웃리거 리프 등의 호텔 숙박객과 액티비티를 즐기는 사람들도 선호하는 해변이다. 북적거리는 와이키키에 반해 상대적으로 조용함을 느낄 수 있다.

특징 화장실, 샤워시설, 라이프가드, 수영, 워터스포츠 **주차** 비치 파크 맞은편 할레 코아 주차장 이용 가능. 첫 1시간 $4, 추가 1시간 $2.5

Sans Souci State Recreational Park
샌스 수시 스테이트 레크리에이셔널 파크

와이키키 동쪽 동물원을 지나서 시작되는 이 주립 휴양 공원은 해 질 녘이 되면 운동하거나 산책하는 사람이 많다. 해변은 거의 없지만, 잘 조성된 산책로를 따라 걷기 좋다. 관광객이 대다수인 호텔 앞 해변과는 달리 현지인도 상당수 모여드는 공원으로, 공원의 도로 너머에는 카피올라니 공원이 있다.

오아후섬

특징 화장실, 샤워시설, 피크닉테이블, 산책 **주차** 공원을 따라 이어지는 도로에 미터기를 이용한 주차가 가능하다.

와이키키 해변의 볼거리

 ### Honolulu Zoo
호놀룰루 동물원

와이키키 동쪽 끝에 위치한 하와이 유일의 동물원. 동물원에서 일반적으로 볼 수 있는 사자, 치타, 코끼리, 곰, 호랑이, 하마 등의 동물뿐만 아니라 다양한 색의 열대 조류와 하와이의 새인 네네도 볼 수 있다. 아이들을 위한 프로그램이 잘 되어 있으므로 미리 스케줄을 확인하고 가면 좋다. 동물원 주차장은 와이키키에서 가장 저렴한 시간당 $1이다 보니, 자리가 없는 경우가 종종 있다.

홈페이지 www.honoluluzoo.org **주소** 151 Kapahulu Avenue, Honolulu **전화번호** 808-971-7171 **영업시간** 월~일 09:00~16:30 **입장료** 성인 $19, 만 3~12세 $11, 2세 이하 무료

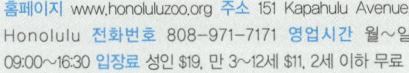

 ### Waikiki Aquarium
와이키키 수족관

와이키키에서 동쪽으로 약 600m 떨어진 곳에 위치한 수족관으로 특히 아이들에게 인기 있다. 하와이 주변에 사는 산호, 어류, 식물 등 많은 생물을 만날 수 있는데, 상어와 해파리 등에서부터 멸종 위기에 있는 몽크바다표범과 같은 동물도 있다. 규모가 상당히 작은 편이기 때문에, 아이들이 스노클링 등의 액티비티를 할 수 있다면 다소 실망할 수 있다.

홈페이지 www.waikikiaquarium.org **주소** 2777 Kalakaua Ave, Honolulu **전화번호** 808-923-9741 **영업시간** 월~일 9:00~17:00(입장 16:30분까지) **입장료** 성인 $12, 만 4~12세 및 65세 이상 : $5, 3세 이하 : 무료

U.S. Army Museum of Hawaii 미국 육군 박물관

포트 드루시 비치 파크 내에 위치한 박물관으로, 하와이의 미군과 관련된 자료가 전시되어 있다. 하와이에서 있었던 전쟁뿐만 아니라 베트남전과 한국전 그리고 전쟁에 참여한 영웅들에 대한 내용으로 채워져 있다. 입장료는 무료이지만 기부를 받는다.

홈페이지 www.hiarmymuseumsoc.org **주소** 2161 Kalia Rd, Honolulu **전화번호** 808-438-2821 **영업시간** 화~토 09:00~17:00, 일, 월 휴관 **입장료** 무료(기부), 오디오 대여 $5

Kapiolani Park 카피올라니 공원

와이키키 끝에 있는 공원으로 호놀룰루 동물원과 와이키키 수족관이 맞닿아 있다. 와이키키의 많은 행사가 열리는 곳으로, 현지인들의 피크닉 장소로도 인기 있다. 공원에서 도로를 하나 건너면 와이키키 해변으로 바로 이어진다.

홈페이지 kapiolanipark.net **찾아가기** 와이키키 동물원 동쪽

Duke Kahanamoku Statue
듀크 카하나모쿠 동상

1912년 스톡홀름, 1920년 앤트워프 올림픽 수영 금메달리스트이기도 한 듀크 카하나모쿠는 서핑을 전 세계적으로 널리 알린 일등 공신이다. 와이키키 비치에 그의 동상이 있으며, 와이키키를 찾는 사람들이 꼭 한번 사진을 찍고 지나갈 만큼 인기 있는 명소이다.

주소 2410 Kalakaua Ave, Honolulu **찾아가기** 하얏트 리젠시 와이키키 호텔 맞은편

Blue Note Hawaii
블루 노트 하와이

아울리거 와이키키 온 더 비치에 위치한 재즈 클럽으로 매일 저녁 다양한 공연을 볼 수 있다. 재즈가 메인이지만 그 외 다양한 분야의 뮤지션 공연도 볼 수 있다. 홈페이지에서 공연 스케줄의 확인 및 예약이 가능하다. 인기 뮤지션의 경우 예약이 일찍 마감되므로 참고하자. 바 좌석이 가장 저렴하고, 무대 바로 앞 좌석이 가장 비싸다.

입장료는 공연만 해당되기 때문에 음료 및 식사는 별도로 주문해야 하는데 1인당 최소 $10이다. 입장은 공연 시작 30분 전부터이며, 주문은 가능하면 공연 시작과 함께 조명이 꺼지기 전에 하는 것이 좋다. 식사를 하지 않고 음료만 주문해도 무방하다.

홈페이지 bluenotehawaii.com 주소 2335 Kalakaua Ave, Honolulu(아울리거 와이키키 온 더 비치 2층) 전화번호 808-931-2700 입장료 뮤지션 및 좌석 별 상이($15~70), 음료 별도

와이키키 해변에서 쇼핑하기

Royal Hawaiian Center
로얄 하와이안 센터

와이키키 중심에 자리 잡고 있는 쇼핑몰로 오아후를 여행하는 사람이라면 꼭 한 번쯤 들르게 되는 쇼핑센터이다. 펜디, 불가리, 까르띠에, 페라가모와 같은 명품 브랜드에서부터 Forever21, 레스포삭 등 저렴한 브랜드도 만날 수 있다. 특별히 세일을 하지는 않지만, 홈페이지나 나눠주는 책자 등을 통해서 할인쿠폰이나 선물쿠폰 등을 얻을 수 있다.
울프강스 스테이크 하우스 같은 고급 레스토랑에서부터 PF창스, 치즈케이크 팩토리와 같은 패밀리 레스토랑, 도라쿠스시와 같은 일식집, 간단하게 식사할 수 있는 푸드코트까지 다양한 레스토랑까지 한곳에 모여 있다. P. 292

홈페이지 kr.royalhawaiiancenter.com 주소 2201 Kalakaua Ave, Honolulu 전화번호 808-922-2299 영업시간 월~일 10:00~22:00

Luxury Row
럭셔리 로

8곳의 명품 브랜드가 늘어서 있는 럭셔리 로는 명품 쇼핑을 하는 사람들이 가장 좋아하는 곳 중 한 곳이다. 지나가다가 맘에 드는 숍에 들어가기에도 부담 없고, 판매 직원들도 친절하다. 럭셔리 로의 상점에서 물건을 구입했을 때는 주차비가 무료이다. P. 300

홈페이지 www.luxuryrow.com/ko 주소 2100 Kalakaua Avenue, Honolulu 영업시간 월~일 10:00~22:00

T Galleria DFS   T 갤러리아 DFS

와이키키에 위치한 면세점으로 하와이를 떠나기 전에 면세 쇼핑을 하려는 사람이 많이 들른다. 다만, 한국에 가지고 들어갈 수 있는 면세품의 금액이 $600으로 한정되어 있으므로, 구입하기 전에 내야 할 세금과 비교해서 저렴한지의 여부를 확인하는 것이 좋다. 와이키키 트롤리의 정류장도 DFS 갤러리아 내에 위치한다. ▶P. 298

홈페이지 www.dfs.com/en/tgalleria-hawaii 주소 330 Royal Hawaiian Ave, Honolulu 전화번호 808-931-2700 영업시간 월~일 09:00~23:00

 ## Waikiki Shopping Plaza   와이키키 쇼핑 플라자

눈에 띄는 브랜드가 입점해 있지 않았으나, A|X, H&M, 그리고 빅토리아 시크릿이 입점하면서 찾는 사람이 부쩍 늘었다. 1층에는 화장품 전문점 세포라도 있다. 여러 층으로 나뉘어 있기는 하지만, 2층 이상으로 올라가면 특별히 볼 만한 것은 없다.

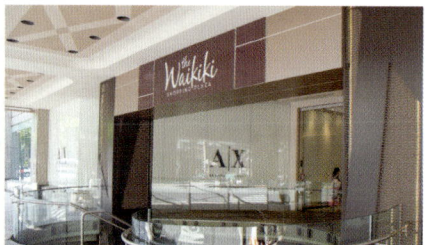

홈페이지 waikikishoppingplaza.com 주소 2250 Kalakaua Ave, Honolulu 전화번호 808-923-1191 영업시간 월~일 09:30~22:00

 ## Pualeilani Atrium Shops   푸알레일라니 아트리움 숍스

하얏트 리젠시 호텔 1, 2층에 위치한 쇼핑몰로 빌라봉, 어그 오스트레일리아, 로컬 모션, 플립플롭 워크샵, 레스포삭 등 익숙한 브랜드가 입점해 있다. 또한 쇼핑몰 내 위치한 카이 커피는 한 번쯤 들러볼 만한 커피 전문점이다. 매주 금요일 오후 4시 30분부터 6시까지 공연이 있으며, 화요일과 목요일 오후 4시부터 8시까지 파머스 마켓이 열린다. ▶P. 297

홈페이지 www.pualeilanishops.com 주소 2424 Kalakaua Ave, Honolulu 전화번호 808-237-6341 영업시간 월~일 10:00~22:00

오아후섬

 Kings Village 킹스 빌리지

하얏트 리젠시 와이키키 호텔의 뒤편에 위치한 킹스 빌리지는 성 모양을 테마로 한 쇼핑센터이다. 브랜드 숍보다는 지역의 특징적인 숍들과 여러 레스토랑이 입점해 있어서 간단히 둘러보기에 좋다. 빌리지 안에는 킹스 가드 박물관(월~일 10:00~22:30, 무료)이 있어 잠시 들러 구경할 만하며, 월, 수, 금, 토 오후 4시~9시에 작은 파머스 마켓이 열리므로 구경해 볼 만 하다. 일요일 오후 6시 30분에는 훌라 춤과 우쿠렐레 연주가 있다.

홈페이지 www.kings-village.com 주소 131 Kaiulani Ave, Honolulu 영업시간 월~일 10:00~23:00

 Waikiki Beach Walk 와이키키 비치 워크

로얄 하와이안 센터 옆에 위치한 와이키키 비치 워크는 여러 레스토랑과 상점이 모여 있는 쇼핑 거리이다. 1층과 2층으로 구분되어 있으며, 가벼운 마음으로 둘러보기에 좋다. 특히 로이스나 루스스 크리스 같은 유명 레스토랑도 있어서, 와이키키에서 저녁식사를 계획하고 있다면 한 번쯤 오게 되는 곳이다. P. 299

홈페이지 www.waikikibeachwalk.com 주소 227 Lewers St, Honolulu 전화번호 808-931-3593 영업시간 월~일 10:00~22:00

Macy's 메이시스

미국의 유명한 백화점 체인 중 하나인 메이시스는 와이키키에서 쇼핑할 때 한 번쯤 둘러보기에 좋은 곳이다. 규모가 아주 크지는 않지만, 다양한 브랜드의 컬렉션을 가지고 있으며, 때때로 세일을 할 때는 괜찮은 물건을 건질 확률이 꽤 높다.

홈페이지 www.macys.com 주소 2314 Kalakaua Ave, Honolulu 전화번호 808-926-5217 영업시간 월~일 10:00~23:00

International Marketplace 인터내셔널 마켓플레이스

긴 기간의 리노베이션을 마치고, 2016년 여름에 다시 오픈하였다. 현대식의 새로운 쇼핑몰로, 상점들과 레스토랑 그리고 백화점인 삭스 피프스 애비뉴(Saks Fifth Avenue)가 들어서 있다. 넓은 주차공간도 있어 쉽게 주차할 수 있으며, 다양한 쇼핑도 가능하다. 와이키키의 새로운 명소로 자리잡고 있다. P. 298

홈페이지 www.shopinternationalmarketplace.com 주소 2330 Kalakaua Ave, Honolulu 전화번호 808-931-6105 영업시간 월~일 10:00~23:00

Food Pantry 푸드 팬트리

와이키키의 유일한 식료품점. 다만 와이키키에서는 식료품점이 많지 않다 보니 일반 마트들에 비해서 다소 가격이 높은 편이며, 몇몇은 ABC 스토어스보다 비싼 경우도 있다. 하지만, 신선한 채소와 다양한 요리 재료를 구할 수 있어 와이키키 내 콘도에서 머무는 사람이나 및 간단한 식재료를 사고자 하는 사람이 많이 방문한다. 푸드 팬트리 내에는 간단한 식사를 할 수 있는 푸드코트 형태의 식당들도 있다.

주소 2370 Kuhio Ave, Honolulu 전화번호 808-923-9831 영업시간 월~일 06:00~01:00

88 Tees 88 티스

하와이 스러운 기념품을 찾고 있다면, 88 티스는 한 번쯤 방문해 볼 만한 티셔츠 전문점이다. 알로하 느낌이 물씬 풍기는 다양한 티셔츠들을 보고 있다 보면, 기념품으로 한, 두 장 구입하고 싶어진다. 엄청나게 쌓여있는 티셔츠들 중에서 보물찾기를 하는 기분이지만, 맘에 드는 디자인을 찾기는 그리 어렵지 않다. 아이들을 위한 섹션도 있는데, 아이들일수록 귀여운 프린트들이 더 잘 어울린다. 쿠히오 애비뉴에 분점도 있으나, 규모가 작으므로 본점으로 가는 것이 낫다.

홈페이지 www.88tees.com
본점 주소 2168 Kalakaua Ave, Honolulu 전화번호 808-922-8832 영업시간 월~일 10:00~23:00
분점 주소 2310 Kuhio Ave, Honolulu 전화번호 808-922-8822 영업시간 월~일 10:00~23:00

와이키키 해변의 레스토랑　　　$ – $10 이하, $$ – $11~20, $$$ – $21~30, $$$$ – $31 이상(메인코스 기준)

Marukame Udon 마루카메 우동 $

와이키키에서 저렴하게 한 끼 식사를 해결할 수 있는 곳으로, 사누끼 스타일의 우동 전문점이다. 온타마우동, 카케우동 등 다양한 우동이 있으며, 우동의 면이나 국물이 생각 외로 꽤 훌륭하다. 저녁때면 항상 길게 늘어선 줄을 볼 수 있는 곳으로 여자는 레귤러 사이즈, 남자는 라지 사이즈가 적당하다. 전체적으로 짜다는 평가가 많으므로 짠 국물이 싫은 사람은 간을 조절할 수 있는 자루우동이 좋다. 포트 스트리트 몰에도 지점(1104 Fort Street Mall, Honolulu, 월~토 10:00~19:00, 일 휴무)이 있다.

홈페이지 www.toridollusa.com **주소** 2310 Kuhio Ave, Honolulu **전화번호** 808-931-6000 **영업시간** 월~일 07:00~22:00

Kyoza no Ohsho 교자 노 오쇼 $

일본 전역에서 볼 수 있는 교자(일본식 만두) 체인점의 와이키키 분점으로, 저렴한 가격에 맛있는 교자를 먹을 수 있다. 일본 지점들은 중화요리풍이지만, 와이키키 지점은 일본 음식점 느낌이 더 난다. 와이키키 한복판인 킹스 빌리지 1층에 있어 찾아가기 쉽다. 치즈 교자가 인기 메뉴이며 교자는 $4~5, 라멘은 $8~9로 비싸지 않아서 부담이 없다. 현금만 받는다.

주소 131 Kaiulania Ave, Honolulu **찾아가기** 킹스 빌리지(King's Village) 1층 **전화번호** 808-922-2161 **영업시간** 월~일 11:30~14:00, 17:30~22:00

ME BBQ 미 비비큐 $ 저자 추천

캐주얼한 테이크아웃 레스토랑으로 한식과 하와이 스타일의 음식을 적절히 섞은 콤보가 주 메뉴이다. 갈비, 카츠, 전과 같은 메뉴부터 오징어덮밥, 비빔밥, 국수류까지 다양하다. 풀 플레이트로 할 경우 메인 2가지와 반찬 4가지를 고를 수 있는데, 밥과 메인메뉴까지 합하면 양이 상당히 많다. 와이키키 한복판에 있어 찾기 쉬우며 레스토랑 앞 테이블에서 식사가 가능하다. 현금만 받는다.

주소 151 Uluniu Ave, Honolulu **전화번호** 808-926-9717 **영업시간** 월~토 07:00~21:00, 일 휴무

🍴 Musubi Cafe Iyasme 무수비 카페 이야스메 $ 저자 추천

하얏트 리젠시 호텔 뒤편에 있던 무수비 전문점 이야스메 무수비가, 퍼시픽 모나크 호텔 1층으로 이전하면서 무수비 카페 이야스메라는 이름으로 변경했다. 또한, 와이키키 로스의 맞은편과 와이키키 쇼핑 플라자, 그리고 알라모아나에도 지점이 있다. $2~3 정도의 무수비뿐만 아니라 여러 반찬과 밥 등을 함께 판매하는 벤토 세트도 있다. 투어나 당일치기 여행에 나서기 전에 점심 도시락 대용으로 가져가기에 좋다.

본점 홈페이지 www.tonsuke.com/eomusubiya.html 주소 2427 Kuhio Ave, Honolulu 전화번호 808-921-0168 영업시간 월~일 06:30~21:00 지점 1 주소 334 Seaside Ave, Honolulu 영업시간 월~일 07:00~21:00 지점 2 주소 1518 Makaloa St, Honolulu 영업시간 월~토 07:00~19:00, 일 07:00~16:00 지점 3 주소 1450 Ala Moana Blvd, Honolulu(Ala Moana Center, Shirokiya 지하) 영업시간 월~일 10:00~22:00

🍴 Teddy's Bigger Burgers 테디스 비거 버거스 $ 저자 추천

일반적인 패스트푸드의 햄버거보다는 조금 더 수제에 가까운 햄버거를 판다. 육즙이 가득한 햄버거 패티 덕분에 인기가 많으며, 파인애플이 들어간 햄버거가 특히 맛있다. 바삭한 감자튀김도 꽤 맛이 좋으며, 와이키키의 동쪽 끝에 위치해 있음에도 줄을 서는 경우가 많다. 카일루아, 하와이카이, 아이에아, 다운타운에서도 볼 수 있다.

홈페이지 teddysbiggerburgers.com 주소 134 Kapahulu Ave, Honolulu 전화번호 808-926-3444 영업시간 월~일 10:00~23:00

🍴 Steak Shack 스테이크 쉑 $~$$

콘도의 해변 쪽에 위치해 있는 작은 키오스크지만, 식사 시간이 되면 항상 사람들로 북적인다. 스테이크 플레이트와 치킨 플레이트가 메인 메뉴이며, 두 가지 다 맛이 좋다. 둘 다 먹어보기를 원하는 사람은 콤보 메뉴를 선택하면 된다. 푸짐한 고기와 넉넉한 샐러드 덕분에 배부르게 먹을 수 있다. 기본적으로 테이크 아웃이지만, 주변에 의자와 테이블이 많으므로 앉아서 먹을 수 있다.

주소 2161 Kalia St, Honolulu(와이키키 쇼어스 바이 아웃리거 콘도) 전화번호 808-861-9966 영업시간 월~일 10:00~19:00

Ramen Nakamura 라멘 나카무라 $$ 저자 추천

식사 시간이면 항상 줄을 선 사람들의 모습을 볼 수 있는 라멘가게. 일본 사람에게도 인정받은 라멘 맛이 그만인데, 특히 커다란 소꼬리를 푹 고아서 만든 소꼬리 라멘 Oxtail Ramen은 국물이 시원하면서도 담백해서 가장 인기 있다. 그 외의 다른 라멘도 기본 이상의 맛을 보장한다. 늦은 시간까지 영업하기 때문에 밤늦게 출출함을 달래기에도 좋다. 현금만 받는다.

 주소 2141 Kalakaua Ave, Honolulu 전화번호 808-922-7960 영업시간 월~일 11:00~23:30

Mikawon 미가원 $$~$$$

미가원의 새로운 주소는 Kuhio Ave이나, Nahua St으로 찾아가는 것이 더 편리하다. 과거에는 조미료 맛이 좀 강한 편이어도 맛이 괜찮았었는데, 최근에는 단체손님을 더 많이 받는 곳으로 변하면서 음식의 퀄리티가 상당히 떨어졌다. 단체손님들이 들어오면 자리가 없어 기다리는 경우도 많은데, 메인메뉴나 반찬의 맛을 기대하면 실망할것이다. 와이키키에 있는 한식당이라는 것 외에는 메리트가 없다.

주소 Ste 102, 2310 Kuhio Ave, Honolulu 전화번호 808-924-3277 영업시간 월~일 10:30~22:30

Heavenly 헤븐리 $$

와이키키의 브런치 스팟이다. 서프&오션 스타일의 밝은 인테리어가 하와이에 와 있음을 느끼게 한다. 쇼어라인 호텔 1층에 위치하며, 항상 대기줄이 늘어선 곳이기도 하다. 전체적으로 건강한 느낌의 오가닉 음식을 표방하는데, 음식의 수준은 평이하지만 분위기 때문에 많은 사람이 찾는다. 다양한 스무디는 조금 더 건강한 맛이다.

홈페이지 www.heavenly-waikiki.com 주소 342 Seaside Ave, Honolulu(쇼어라인 호텔) 전화번호 808-923-1100 영업시간 월~일 06:30~23:00

Top of Waikiki 탑 오브 와이키키
$$~$$$$

하와이의 유일한 회전식 레스토랑으로 와이키키의 높은 곳에 위치하여 360도로 펼쳐진 야경을 감상하며 식사를 즐길 수 있다. 해피아워는 오후 5시부터 9시 반까지 바 그리고 오후 5시부터 7시까지 메인 플로어에서 가능하며, 칵테일과 간단한 안주를 저렴하게 주문할 수 있다. 다만 해피아워 이외의 시간대는 다소 가격이 있는 편인데 맛보다는 분위기 때문에 찾는 사람이 많다.

홈페이지 topofwaikiki.com 주소 2270 Kalakaua Ave, Honolulu 전화번호 808-923-3877 영업시간 월~일 17:00~21:00

Mac 24-7 Waikiki 맥 24-7 와이키키
$$~$$$

4명이 먹어도 남을 만한 거대한 팬케이크를 맛볼 수 있는 레스토랑으로 90분 이내 혼자 다 먹으면 홈페이지 명예의 전당 Hall of Fame에도 올라갈 수 있다. 현재 3장의 팬케이크를 가장 빨리 먹은 기록은 10분이므로 다 먹을 자신이 있다면 도전해볼 만하다. 24시간 운영하며, 방송 덕분인지 드디어 성공한 한국 사람도 나왔다고 한다.

홈페이지 www.mac247waikiki.com 주소 2500 Kuhio Ave, Honolulu(Hilton Waikiki 호텔 내) 전화번호 808-922-0811 영업시간 월~일 24시간

Eggs'n Things 에그즈 앤 씽즈
$~$$

유명한 아침식사 레스토랑으로 팬케이크와 오믈렛이 유명하다. 특히 일본 사람들에게 유명하다 보니, 손님의 80%는 일본 사람이라고 해도 무방할 정도. 대기시간도 긴 편인데, 줄이 길다면 굳이 오래 기다려서 먹을 정도까지는 아니다. 애스톤 와이키키 서클 호텔 1층과 알라모아나에도 분점이 있다.

홈페이지 www.eggsnthings.com 본점 주소 343 Saratoga Rd, Honolulu 전화번호 808-923-3447 영업시간 월~일 06:00~14:00, 17:00~22:00 분점 1 주소 2464 Kalakaua Ave, Honolulu 영업시간 월~일 06:00~22:00 분점 2 주소 451 Pilikoi St, Honolulu 영업시간 월~일 06:00~22:00

 Hau Tree Lanai 하우 트리 라나이
$$~$$$$

뉴 오타니 카이마나 비치 호텔에 위치한 레스토랑으로 해변에 자리해 분위기가 좋으며, 2010년 최고 실외 레스토랑으로 선정된 바 있다. 아침 메뉴로는 에그 베네딕트가 유명해 대부분 이를 선택한다. 아침과 점심은 $20 이하가 많지만, 저녁은 $30~50로 다소 비싼 편이다. 주차는 바로 옆 카이마나 비치 파크에 무료로 가능하며, 식사할 경우 발레 주차는 3시간에 $5이다. 예전에는 명소였지만, 이제는 굳이 찾아가야 할 정도까지는 아니다.

홈페이지 www.kaimana.com/dining.htm 주소 2863 Kalakaua Ave, Honolulu 전화번호 808-921-7066 영업시간 월~일 07:00~21:00

Jinroku Pacific Teppan Grill&Bar 진로쿠 퍼시픽 데판 그릴&바
$$$

퍼시픽 모나크 호텔에 속해있는 일식 철판요리 전문 레스토랑이다. 애피타이저 중에서는 돼지고기로 감싼 아스파라거스가 맛있으며, 메인 요리 중에는 오코노미야키, 네기야키, 야키소바 등이 인기 있다. 그 외에도 해산물 요리들이 좋은 평가를 받고 있다. 김치가 들어간 요리는 일본식이여서 우리 입맛에는 맞지 않는다.

주소 2427 Kuhio Ave, Honolulu 전화번호 808-926-8955 영업시간 월~일 11:30~14:00, 17:30~22:30

Tucker&Bevvy Picnic Food 터커 & 베비 피크닉 푸드
$~$$

아침식사와 피크닉 푸드를 판매하는 캐주얼 레스토랑. 하와이 느낌이 녹아있는 기본 아메리칸 스타일 아침식사에서부터 오믈렛까지 즐길 수 있으며, 아침부터 일정을 시작하는 사람들은 잠시 들러서 샌드위치나 랩을 사서 가볍게 여행을 시작할 수 있다. 특히 샌드위치와 랩 종류는 모두 $10 이하로 저렴한 편이다.

홈페이지 www.tuckerandbevvy.com 주소 2586 Kalakaua Ave, Honolulu 전화번호 808-922-0099 영업시간 월~일 06:00~19:00

 ## Tanaka of Tokyo 타나카 오브 도쿄
$$$~$$$$ 저자 추천

일본식 철판구이 전문점으로 신선한 재료를 철판에 바로 구워 먹는 재미가 있는 레스토랑이다. 스테이크와 랍스터를 함께 먹을 수 있는 세트메뉴가 인기 있으며, 메뉴를 선택하면 셰프가 와서 화려한 묘기와 함께 요리를 시작한다. 재료를 자르거나 양념을 하는 과정도 모두 재치 있는 쇼가 가미되기 때문에 식사하면서 한편의 프라이빗 디너쇼를 보는 것 같은 기분이 든다. 음식 맛도 괜찮은 편인 데다 유쾌한 저녁식사를 할 수 있어 인기가 있다. 한국어 메뉴판과 한국인 직원도 있으므로 미리 요청하면 도움을 받을 수 있다.

홈페이지 www.tanakaoftokyo.com **지점 1 주소** 150 Kaiulani Ave, Honolulu(오하나 와이키키 이스트 호텔 1층) **전화번호** 808-922-4233 **영업시간** 월~일 17:00~21:30 **지점 2 주소** 2250 Kalakaua Ave, Honolulu(와이키키 쇼핑 플라자 3층) **전화번호** 808-922-4702 **영업시간** 월~일 17:00~21:30 **지점 3 주소** 1450 Ala Moana Blvd, Honolulu(알라모아나 쇼핑 센터 4층) **전화번호** 808-945-3443 **영업시간** 월~일 11:30~14:00, 17:00~21:30

 ## HY's Steak House HY's 스테이크 하우스
$$$$ 저자 추천

하와이에서 드물게 드레스코드가 있는 스테이크 전문 레스토랑으로, 셔츠와 긴바지, 그리고 앞이 막힌 신발을 신어야 한다. 저녁 시간대에는 사람이 많으므로 예약하는 것이 좋으며, 와이키키에서도 손꼽는 훌륭한 스테이크로 사람들이 많이 찾는다. 일본사람들에게 특히 인기가 있는데, 일본사람들은 전용 세트메뉴를 많이 먹는다. 서버가 직접 와서 만들어주는 디저트로도 유명하다.

홈페이지 hyswaikiki.com **주소** 2440 Kuhio Ave **전화번호** 808-922-5555 **영업시간** 월~일 17:00~21:30

와이키키 비치 워크 내 레스토랑 $ – $10 이하, $$ – $11~20, $$$ – $21~30, $$$$ – $31 이상(메인코스 기준)

Waikiki Beach Walk Food Truck 와이키키 비치워크 푸드트럭 $~$$

와이키키 비치워크에 위치한 푸드트럭들로 라멘, 오코노미야키, 치킨, 로컬 푸드, 쉐이브 아이스 등 다양한 음식을 맛볼 수 있다. 푸드트럭 안쪽에는 테이블이 있어 메뉴와 상관없이 일행과 함께 먹을 수 있다. 카미토쿠 라멘이 평이 좋지만 다른 곳 음식도 나쁘지 않고, 대부분 푸드트럭의 대표 메뉴를 선택하면 실패 확률이 적다.

주소 234 Beachwalk, Honolulu **영업시간** 푸드트럭 별 상이(점심~저녁 영업)

Taormina Sicilian Cuisine 타오르미나 시칠리안 퀴진 $$~$$$

이탈리안 요리 중에서도 특별한 풍미를 가진 시칠리안 요리에 하와이안 스타일이 가미된 음식을 맛볼 수 있는 레스토랑. 풍부한 이탈리아 경험이 있는 일본인 셰프가 운영하며, 일반적인 요리와는 다른 독특한 시도를 하는 것으로도 유명하다. 덕분에 몇몇 메뉴는 호불호가 갈린다.

홈페이지 www.taorminarestaurant.com/en **주소** 227 Lewers St, Honolulu(와이키키 비치 워크) **전화번호** 808-926-5050 **영업시간** 월~목, 일 11:00~22:00, 금~토 11:00~23:00

Arancino Di Mare
아란치노 디 마레 $$~$$$$

와이키키에 2개의 지점이 있는 이탈리안 레스토랑이다. 피자와 파스타는 많은 레스토랑에서 볼 수 있는 기본메뉴이지만 제대로 된 이탈리안 레스토랑으로, 요리들이 미국식과는 다소 다르다. 아침식사는 메리어트 지점에서만 가능한데, 미국식이 아닌 이탈리아식 뷔페가 제공된다. 전체적으로 이탈리아 로컬의 느낌을 풍긴다.

홈페이지 www.arancino.com **지점 1 주소** 2552 Kalakaua Ave, Honolulu(메리어트 호텔) **전화번호** 808-931-6273 **영업시간** 월~일 7:00~14:30, 17:00~22:30 **지점 2 주소** 255 Beachwalk, Honolulu(와이키키 비치 워크) **전화번호** 808-923-5557 **영업시간** 월~일 11:30~14:30, 17:00~22:00

Travel Information in Oahu

 **Yard House** 야드 하우스 $$~$$$

시끌벅적한 분위기에 맛있는 맥주, 그리고 푸짐한 요리를 기대한다면 야드 하우스로 가보자. 여행자들로 항상 바글거리는 야드 하우스에서는 다양한 생맥주를 선택할 수 있다. 어떤 맥주를 마셔야 할지 모르겠다면 샘플러를 주문하자. 점심과 저녁 사이 그리고 늦은 밤의 해피아워에는 조금 더 저렴하게 요리와 맥주를 즐길 수 있으며, 점심메뉴는 $10 전후이다.

홈페이지 www.yardhouse.com/HI/honolulu-restaurant 주소 226 Lewers St, Honolulu(와이키키 비치 워크) 전화번호 808-923-9273 영업시간 월~일 11:00~01:00

 Tonkatsu Ginza Bairin 돈카츠 긴자 바이린 $$~$$$

호놀룰루에서 제대로 된 돈가스를 먹고 싶다면, 돈카츠 긴자 바이린은 괜찮은 선택이다. 일본과 한국에도 체인 지점이 있다. 레스토랑의 이름답게 대부분 돈카츠를 먹으러 많이 오며. 점심시간에는 상대적으로 저렴한 점심 메뉴도 있다. 점심 메뉴도 양이 적지 않기 때문에, 점심시간에는 저렴한 메뉴를 선택하는 것이 이득이다. 돈가스 가게치고는 가격이 높지만, 육즙이 살아있는 두툼한 돈가스는 다소 비싼 가격의 가치를 한다.

홈페이지 www.pj-partners.com/bairin 주소 255 Beach Walk, Honolulu 전화번호 808-926-8082 영업시간 월~목, 일 11:00~21:30, 금~토 11:00~22:30

 Bills Sydney 빌즈 시드니 $$~$$$

한국과 일본에도 지점이 있는 빌즈 시드니는 원래 아침식사와 브런치로 유명하지만, 점심과 저녁식사까지 모두 가능하다. 리코타 핫케이크로 대표되는 아침메뉴에서부터, 햄버거와 샌드위치, 피자 그리고 메인 디쉬까지 다양한 선택이 가능한 전천후 레스토랑. 밝은 분위기와 깔끔한 인테리어 덕분에 여성들에게 더 인기가 많다.

홈페이지 www.billshawaii.com 주소 280 Lewers St, Honolulu(와이키키 비치 워크) 전화번호 866-306-9241 영업시간 월~일 07:00~21:00

오아후섬

쇼핑 센터 내 레스토랑　　　　　$ – $10 이하, $$ – $11~20, $$$ – $21~30, $$$$ – $31 이상(메인코스 기준)

Paina Lanai Foodcourt 파이나 라나이 푸드 코트
$~$$

로얄 하와이안 센터 2층에 위치한 푸드코트로 에조기쿠, 스바로, 마우이 타꼬스, 펄스, 판다 익스프레스 등의 음식점이 입점해 있다. 와이키키의 비싼 음식점들이 부담스러울 때 무난한 가격으로 식사하기에 좋다.

홈페이지 www.royalhawaiiancenter.com **주소** 2201 Kalakaua Ave, Honolulu(로얄 하와이안 센터 빌딩B 2층) **영업시간** 월~일 10:00~22:00

Restaurant Suntory 레스토랑 선토리
$$$~$$$$

샤브샤브, 스시, 데판야키 등 다양한 요리를 판매하는 일식 레스토랑. 런치메뉴는 $15 전후이며, 저녁 식사의 데판야키는 가격대가 다소 있는 편이다. 데판야끼는 어떤 재료와 코스를 선택하느냐에 따라서 가격이 천차만별이다.

홈페이지 www.restaurantsuntory.com **주소** 2233 Kalakaua Ave, Honolulu(로얄 하와이안 센터 빌딩B 3층) **전화번호** 808-922-5511 **영업시간** 월~금 11:30~13:30, 17:30~21:30, 토~일 12:00~14:00, 17:30~21:30

Doraku Sushi 도라쿠 스시
$$

스시와 롤 전문점으로, 퓨전 일식 요리도 함께 판매한다. 초밥도 단품으로 판매하며, 신선한 생선으로 만든 요리도 많이 찾는다. 대표적인 메뉴인 롤은 총 8조각이 나오는데 혼자 먹으면 배부를 정도로 양이 많다. 도라쿠 롤과 레드 드래곤 롤이 가장 인기 있다.

홈페이지 www.dorakusushi.com **주소** 2233 Kalakaua Ave, Honolulu(로얄 하와이안 센터 빌딩B 3층) **전화번호** 808-922-3323 **영업시간** 월~목, 일 11:30~22:00, 금~토 11:30~23:00

Wolfgang's Steakhouse
울프강스 스테이크하우스 $$$

유명한 셰프 울프강의 스테이크하우스 와이키키 지점. 스테이크하우스인 만큼 스테이크를 주문하는 것이 당연하기는 하지만, 가격이 비싸다. 크게 가격에 신경 쓰지 않는다면 훌륭하고 거대한 스테이크를 맛볼 수 있는 곳이다. 조금 더 저렴한 식사를 하려면, 점심시간대에 방문하는 것도 한 방법이다.

홈페이지 wolfgangssteakhouse.net **주소** 2201 Kalakaua Ave, Honolulu(로얄 하와이안 센터 빌딩C 3층) **전화번호** 808-922-3600 **영업시간** 일~목 11:00~22:30, 금~토 11:00~23:30

Eating House 1849, Waikiki
이팅 하우스 1849, 와이키키 $$$~$$$$

하와이의 유명 쉐프 로이 야마구치의 새 레스토랑으로, 인터내셔널 마켓플레이스 3층에 새롭게 오픈했다. 기존의 로이스가 프렌치 퓨전 스타일이라면, 이팅 하우스 1849는 하와이와 아시아가 섞인 퓨전에 더 가깝다. 덕분에 고추장 소스를 이용한 김치 포크밸리(삼겹살)나, 다양한 종류의 면류, 그리고 사시미 등을 메뉴에서 발견할 수 있다. 메인 메뉴는 조금 더 하와이안 스타일에 가까우며, 로코모코나 버거와 같이 기본적인 메뉴들도 있다.

홈페이지 www.eatinghouse1849.com **주소** 2330 Kalakaua Ave, Honolulu(인터내셔널 마켓플레이스 3층) **전화번호** 808-924-1849 **영업시간** 월~일 11:00~22:00

Strip Steak $$$~$$$$
스트립 스테이크

미국 본토에 여러 레스토랑을 소유하고 있는 유명 쉐프 마이클 미나의 새 레스토랑으로, 인터내셔널 마켓플레이스 3층에 자리한다. 에피타이저는 아시아 음식에서 영감을 받은 메뉴들이 다수이며, 여러 가지 해산물이 한꺼번에 올라가는 시푸드 타워도 있어 인원에 맞게 주문이 가능하다.

점심 메뉴는 $20~30로 타코, 햄버거, 생선요리가 메인이고, 저녁 메뉴는 시푸드가 $35 전후, 스테이크는 $50~70, 부위에 따라 가격이 다르며 최상급 고기를 사용하는 것으로 유명하다. 메인 메뉴 외에도 스시 메뉴를 요청하면 사시미와 초밥을 종류에 따라 별도로 주문할 수 있다. 기본적으로 생선은 하와이, 한국, 일본에서 공수된다. 칵테일도 수준급인데, 그 중 샤카 모양의 시그니처 칵테일이 인기 있다.

 홈페이지 www.michaelmina.net/restaurants/hawaii/stripsteak-waikiki **주소** 2330 Kalakaua Ave, Honolulu(인터내셔널 마켓플레이스 3층) **전화번호** 808-800-3094 **영업시간** 월~목, 일 11:30~22:00, 금~토 11:30~22:30

Yauatcha $$$~$$$$
야우아차

현대적인 광둥 딤섬 레스토랑으로 유럽과 아시아의 여러 요리양식을 섞은 중식 전문점이다. 전 세계에 체인이 있으며, 다양한 종류의 차와 딤섬이 있어 언제 가도 새로운 맛을 경험할 수 있다. 여러 가지를 맛보고 싶다면 세트메뉴를 주문하는 방법도 있지만, 단품메뉴가 상당히 훌륭하므로 세트메뉴에 단품을 섞어 주문하는 것도 좋다. 오픈 키친 형태라 깔끔한 실내는 밝은 분위기를 만들어, 전형적인 중식 레스토랑과는 다른 느낌을 준다. 그만큼 가격은 비싸지만 최소한 맛에서는 실망할 일이 없다고 봐도 좋다.

홈페이지 www.yauatcha.com/waikiki **주소** 2330 Kalakaua Ave, Honolulu(인터내셔 마켓플레이스 3층) **전화번호** 808-739-9318 **영업시간** 일~목 11:00~22:00, 금~토 11:00~23:00

Herringbone $$$~$$$$ 헤링본

캘리포니아 남부의 신선한 재료를 사용하는 레스토랑으로 본점은 라 호야La Jolla에 있다. 태평양에서 잡아 올린 신선한 식재료를 사용한 다양한 해산물 요리를 맛볼 수 있다. 오후 4시부터 6시 사이에는 오이스터 아워로 굴과 함께 가볍게 칵테일을 즐길 수 있다. 디너 타임에는 꽤 다양한 메뉴가 제공되는데, 에피타이저로는 버팔로 옥토퍼스를 추천한다. 메인 메뉴는 마음껏 고르면 되는데, 주로 해산물 메뉴가 평이 좋은 편이다. 주말에는 브런치도 가능하므로 여유롭게 식사를 즐길 수 있다.

홈페이지 www.herringboneeats.com/locations/waikiki **주소** 2330 Kalakaua Ave, Honolulu(인터내셔널 마켓플레이스 3층) **전화번호** 808-797-2435 **영업시간** 일~금 16:00~22:00, 금~토 16:00~23:00, 토~일 10:30~14:30

호텔 레스토랑 $ – $10 이하, $$ – $11~20, $$$ – $21~30, $$$$ – $31 이상(메인코스 기준)

 ## The Veranda & Beachhouse $$$$ 더 베란다 & 비치하우스

아침 뷔페로 유명한 더 베란다는 웨스틴 모아나 서프라이더 호텔 내에 위치한다. 아침은 기본적으로 뷔페에 팬케이크, 에그베네딕트 등을 추가로 주문하는 형태로, 푸짐한 아침식사를 즐기기에 적당하다. 아침 뷔페 때는 비치하우스의 공간도 함께 활용하며, 저녁에는 비치하우스만 다이닝 장소로 활용한다. 고급 호텔의 레스토랑답게 음식은 훌륭하지만 가격이 상대적으로 비싸다.

홈페이지 www.moana-surfrider.com/dining/overview **주소** 2365 Kalakaua Ave, Honolulu(웨스틴 모아나 서프라이더) **전화번호** 808-921-4600 **영업시간** 월~일 06:00~11:00, 12:00~15:00, 17:30~21:30

The Beach Bar 더 비치 바
$$

웨스틴 모아나 서프라이더의 정원에 있는 작은 더 비치 바는 일몰 시간부터 사람들이 모여드는 곳으로, 라이브 음악을 들으며 간단한 식사나 칵테일을 즐길 수 있다. 해변 바로 옆에 위치해 있어 음악과 파도소리를 함께 들을 수 있다. 모아나 서프라이더 옆 로얄 하와이안 호텔의 비치 바인 마이타이 바 Mai Tai Bar도 라이브 음악과 칵테일을 즐기기에 좋다.

홈페이지 www.moana-surtrider.com/dining/overview 주소 2365 Kalakaua Ave, Honolulu(웨스틴 모아나 서프라이더) 전화번호 808-921-4600 영업시간 월~일 10:30~24:00(에피타이저는 22:00까지)

Azure Restaurant 아주어 레스토랑
$$$$

로얄 하와이안 호텔에 위치한 고급 시푸드 레스토랑으로, 그날 아침에 잡은 신선한 재료를 이용해 요리한다. 해변을 마주 보고 있어 저녁시간에 일몰을 감상하며 식사할 수 있으며, 분위기를 잡으며 맛있는 음식을 맛볼 수 있는 레스토랑으로 서비스까지 만족스럽다.

홈페이지 www.azurewaikiki.com 주소 2259 Kalakaua Ave, Honolulu(로얄 하와이안 호텔) 전화번호 808-923-7511 영업시간 월~일 17:30~21:00(마지막 착석)

Dean & DeLuca 딘&델루카
$~$$

리츠칼튼 와이키키와 로얄 하와이안 센터에 위치해 있으며, 리츠칼튼 와이키키 쪽의 평이 더 좋다. 뉴욕에서 바다를 건너온 브랜드로 힙한 느낌의 카페 겸 상점이다. 커피의 맛도 훌륭하지만 쿠키나 달콤한 것, 그리고 샌드위치류도 상당히 맛있는 편이다.

홈페이지 www.deandeluca-hawaii.com 리츠칼튼 와이키키 지점 주소 383 Kalamoku St, Honolulu 전화번호 808-729-9720 영업시간 월~일 07:00~21:00 로얄하와이안센터 지점 주소 2233 Kalakaua Ave, Honolulu 전화번호 808-492-1015 영업시간 월~일 07:00~22:00

🍴 BLT Steak BLT 스테이크
$$~$$$$

햄버거로 유명한 BLT의 업스케일 스테이크하우스로 모던하면서도 우아한 스타일이다. 높은 등급의 소고기를 사용한 스테이크는 가격은 비싸지만 그만큼의 가치를 한다는 평이 많다. 스테이크 메뉴들은 $40 이상이며, 햄버거나 치킨 요리 등 조금 더 저렴한 요리도 있다.

홈페이지 www.trumphotels.com/waikiki/dining/restaurant-waikiki-hawaii **주소** 223 Saratoga Rd, Honolulu(트럼프 인터내셔널 호텔 1층) **전화번호** 808-683-7440 **영업시간** 월~목, 일 17:00~22:00, 금~토 17:00~23:00

🍴 Yoshitsune 요시츠네
$$~$$$$

와이키키의 동쪽 끝, 파크 쇼어 호텔 내에 위치한 요시츠네는 잘 알려지지는 않았지만 일식 코스 요리가 훌륭하다. 저녁 코스 요리가 가장 큰 만족을 얻을 수 있는 메뉴이다. 손님은 거의 일본 사람이며, 분위기와 음식 스타일까지 제대로 된 일식집이다.

주소 2586 Kalakaua Ave, Honolulu(파크 쇼어 호텔) **전화번호** 808-926-5616 **영업시간** 월~일 06:00~14:30, 17:30~22:30

🍴 Orchids 오키즈
$$$$ 저자 추천

오아후 최고의 브런치로 선정되기도 한 오키즈의 선데이 브런치는 현지인들도 한번 가보고 싶어 할 정도. 일요일의 선데이 브런치는 오전 9시부터 오후 2시 30분까지이다. 미리 예약하지 않으면 식사하기 어렵기 때문에, 한 번쯤 먹어보고 싶다면 1~2달 전에는 꼭 예약해 두는 것이 좋다.

홈페이지 www.halekulani.com/living/dining/orchids **주소** 2199 Kalia Rd, Honolulu(할레쿨라니) **전화번호** 808-923-2311 **영업시간** 월~토 07:30~11:00, 11:30~14:00, 18:00~22:00, 일 09:30~14:30

 **Hula Grill** 훌라 그릴 $$~$$$$

아침식사와 저녁식사를 메인으로 하는 레스토랑으로 푸짐하면서도 수준 높은 아침식사가 인기가 있다. 4시부터 6시까지의 해피아워에는 레스토랑 내의 플랜테이션 바에서 선셋을 보며 칵테일을 즐길 수 있다. 아래층의 듀크스 Duke's 에 비해서 전체적으로 조용한 분위기이다.

홈페이지 www.hulagrillwaikiki.com 주소 2335 Kalakaua Ave, Honolulu(아웃리거 와이키키 온 더 비치) 전화번호 808-923-4852 영업시간 월~목 6:30~11:30, 15:00~22:30, 금~일 06:30~22:00

 Seoul Jung 서울정 $$~$$$$

대한항공에서 운영하는 호텔인 와이키키 리조트 호텔 안에 위치한 한식 레스토랑. 와이키키 시내에서 정갈한 분위기에서 한식을 먹을 수 있는 유일한 레스토랑으로, 한국 사람만큼 외국인도 많이 와서 고기를 굽는 풍경을 볼 수 있다. 간단한 점심식사나 단품메뉴, 간단한 점심식사나 단품메뉴, 구워먹는 고기, 그리고 전골까지 맛은 괜찮으나, 서비스가 많이 떨어지고 맛에 비해 가격대가 높다는 평이 많다.

주소 2460 Koa Ave, Honolulu(와이키키 리조트 호텔) 전화번호 808-921-8620 영업시간 월~일 11:45~13:30, 17:00~21:30

디저트 & 커피　　　　　$ – $10 이하, $$ – $11~20, $$$ – $21~30, $$$$ – $31 이상(메인코스 기준)

 KAI Coffee Hawaii 카이 커피 하와이 $

하얏트 리젠시 호텔 1층에 있는 커피 전문점으로, 와이키키에서 꽤 괜찮은 커피를 마실 수 있는 곳이다. 기본적인 커피 외에도 싱글 오리진과 콜드 브루도 즐길 수 있다. 커피 외에도 샌드위치와 크루아상이 상당히 맛있다.

홈페이지 www.Kaicoffeehawaii.com 주소 2424 Kalakaua Ave, Honolulu(푸알레일라니 아트리움 숍스 1층) 전화번호 808-923-1700 영업시간 월~일 05:30~23:00

Island Vintage Coffee
아일랜드 빈티지 커피 $

커피 전문점인 아일랜드 빈티지 커피는 로얄 하와이안 센터 중심 2층에 위치해 있어 와이키키를 왔다 갔다 하면서 자주 들르게 된다. 베란다 쪽에 자리를 잡으면 로얄 하와이안 가든을 내려다볼 수 있는데, 특히 행사가 있을 때 구경하는 재미가 있다. 코나 원두를 사용한 향긋한 커피들을 마셔볼 수 있으며, 코나 커피 원두와 다양한 커피 관련 제품을 구입할 수 있다.
아일랜드 빈티지 커피가 사람들에게 단연 인기 있는 이유는 아사이볼 때문이다. 와이키키 비치 지역 내에도 아사이볼을 판매하는 곳이 있지만, 아일랜드 빈티지 커피의 아사이볼은 그중에서도 단연 최고이다. 갈은 아사이 베리 위에 그라놀라, 바나나, 딸기, 블루베리 등이 올라가 있는데 한 번 맛보면 계속해서 아일랜드 빈티지 커피를 찾게 된다. 알라모아나 쇼핑센터와 코올리나, 할레이바 등에도 분점이 있다.

홈페이지 www.islandvintagecoffee.com
로얄하와이안센터 2층 주소 2301 Kalakaua Ave, Honolulu **전화번호** 808-926-5662 **영업시간** 월~일 06:00~23:00
알라모아나센터 1층 주소 1450 Ala Moana Blvd, Honolulu **전화번호** 808-941-9300 **영업시간** 월~토 08:00~21:00, 일 08:00~19:00
할레이바 주소 66-111 Kamehameha Hwy, Haleiwa **전화번호** 808-637-5662 **영업시간** 월~일 07:00~15:00
코올리나 주소 92-1048 Olani St, Kapolei **영업시간** 월~일 06:30~14:00

Honolulu Cookie Company
호놀룰루 쿠키 컴퍼니 $

호놀룰루를 돌아다니면서 가장 쉽게 만날 수 있는 쿠키 전문점이다. 파인애플 모양의 쿠키에 마카다미아, 초콜릿, 커피, 릴리코이, 망고 등 다양한 재료를 사용해서 맛을 냈다. 수제 쿠키만큼의 맛은 아니지만, 커피와 함께 먹으면 꽤 맛있다. 쿠키 자체가 하와이에 걸맞게 파인애플 모양을 하고 있어서, 선물용으로 구입하기에 좋다. 호놀룰루 전역에 매장이 퍼져 있어서 굳이 찾아다니지 않아도 쉽게 발견할 수 있다. 매장에 따라서 할인쿠폰을 구할 수 있는 곳도 있으므로, 미리 체크하면 저렴하게 살 수 있다.

홈페이지 www.honolulucookie.com **찾아가기** 힐튼 하와이안 빌리지, 와이키키 비치 워크, 알라 모아나 센터, 로얄 하와이안 센터, 로얄 하와이안 애비뉴, 워드 센터, 하얏트 리젠시, 인터내셔널 마켓 플레이스, 와이키키 메리어트, 아웃리거 와이키키 비치 리조트 **영업시간** 월~일 09:00~23:00 (일부 매장은 10:00 오픈

Honolulu Coffee Company 호놀룰루 커피 컴퍼니 $

와이키키 시내를 걷다보면 가장 눈에 띄는 지점은 모아나 서프라이더 호텔에 위치한 호놀룰루 커피 컴퍼이다. 맛있는 커피로 유명한 커피숍 중 하나로, 잠시 들러 커피를 사가는 사람도 많다. 쉐라톤 와이키키, 프린스 와이키키, 알라모아나 센터뿐만 아니라 마우이와 빅아일랜드에도 지점이 있다. 특히, 컨벤션 센터 맞은편 익스피리언스 센터에서는 커피를 볶는 모습이나 베이커리를 직접 만드는 모습을 볼 수 있다. 넓고 조용한 분위기를 원한다면 이곳을 방문해보자.

홈페이지 www.honolulucoffee.com
모아나 서프라이더 지점 주소 2365 Kalakaua Ave, Honolulu 전화번호 808-926-6162 영업시간 월~일 05:30~22:00
쉐라톤 와이키키 지점 주소 2255 Kalakaua Ave, Honolulu 전화번호 808-931-8707 영업시간 월~일 05:30~21:00
프린스 와이키키 지점 주소 100 Holomoana St, Honolulu 전화번호 808-944-3262 영업시간 월~일 05:6:00~17:00
익스피리언스 센터 지점 주소 1800 Kalakaua Ave, Honolulu 전화번호 808-202-2562 영업시간 월~일 06:00~18:00

 Hawaiian Crown Plantation 하와이안 크라운 플랜테이션 $

파인애플 위에 올린 아사이볼로 유명한 디저트 가게이다. 생과일을 사용한 다양한 스무디도 인기가 많다. 특히 말린 파인애플과 100% 파인애플 주스도 맛있다. 다만 커피맛은 크게 기대하지 않는 것이 좋다.

홈페이지 www.hawaiiancrown.com 주소 159 Kaiulani Ave, Honolulu 전화번호 808-779-7887 영업시간 월~일 08:00~20:00, 일 09:00~18:00

Gorilla in the Cafe
고릴라 인 더 카페 $

배우 배용준이 하와이에 오픈한 카페로 잘 알려진 고릴라 인 더 카페에는 그것을 증명이라도 하듯 곳곳에 배용준 사진이 걸려있다. 커피를 포함한 음료들은 꽤 괜찮은 편이나 만드는 사람에 따라서 종종 맛의 차이가 나는 편이다. 배용준의 네임밸류 덕분에 한국이나 일본사람들이 많이 찾지만 의외로 서양사람들도 가볍게 들르곤 한다. 아사이볼을 포함한 간단한 샌드위치 등의 가벼운 식사류도 판매한다.

주소 2155 Kalakaua Ave, Honolulu 전화번호 808-922-2055 영업시간 월~금 06:30~22:00, 토~일 07:00~22:00

Kona Coffee Purveyors & b. Patisserie
코나 커피 퍼베이어스 & b. 파티스리 $

인터내셔널 마켓플레이스 1층에 위치한 커피 전문점 및 베이커리로, 코나커피를 사용한다. 커피는 코나 커피의 평균 정도지만, 웬만한 커피보다는 맛있는 편이다. 다만, 이곳은 커피보다는 베이커리 때문에 간다고 해도 무방한데, b. 파티스리는 샌프란시스코에서 넘어온 유명 베이커리다. 빵들이 다 기본 이상이지만, 퀴니아망 Kouign-Amann이 그중 단연 최고다.

홈페이지 www.konacoffeepurveyors.com 주소 2330 Kalakaua Ave, Honolulu(인터내셔널 마켓플레이스 1층) 전화번호 808-845-1700 영업시간 월~일 06:00~22:00

Special
와이키키에서 즐기는 무료 공연과 체험!

와이키키에는 여행자들이 즐길 수 있는 무료 공연과 체험 거리가 많다. 대부분 정해진 시간이 있기 때문에, 잠시 짬을 내면 모두 경험해 볼 수 있다. 그 외에도 와이키키의 메인 거리인 칼라카우아 애비뉴를 따라 팁을 받기 위해 소규모 공연을 하는 사람들도 쉽게 만날 수 있다.

• 힐튼 하와이안 빌리지 불꽃놀이

힐튼 하와이안 빌리지에서는 매주 금요일 19:45분 전후로 약 10분간 불꽃놀이를 진행한다. 조금 일찍 시작되기도 하므로 미리 준비하는 것이 좋다. 와이키키 해변에서는 호텔에 가려 잘 보이지 않으므로, 가능하면 포트 드루시 공원이나 힐튼 하와이안 빌리지까지 가는 것이 좋다. 또한, 트럼프 호텔의 로비 층에서도 칵테일 한 잔을 시켜놓고 불꽃놀이를 감상하기에 좋다.

• 쿠히오 비치 훌라쇼

매주 화, 목, 토요일 저녁 18:30~19:30(11월, 12월, 1월은 18:00~19:00)에 쿠히오 비치 앞 무대에서 무료 훌라쇼가 진행된다. 듀크 카하나모쿠 동상 옆이므로 쉽게 찾아갈 수 있다. 비가 오면 공연이 취소되기도 한다. 무료공연치고는 꽤 훌륭하므로 가능하면 시간을 내 보도록 하자. 스케줄은 변동될 수 있으므로 정확한 시간은 홈페이지를 참고하자.
홈페이지 www.waikikiimprovement.com/waikiki-calendar-of-events/kuhio-beach-hula-show

• 로얄 하와이안 센터

와이키키 중심에 위치한 로얄 하와이안 센터는 와이키키에서 가장 다양한 행사를 체험할 수 있는 곳이다. 훌라, 레이 만들기, 우쿨렐레, 퀼트 등의 무료 강습뿐만 아니라, 18:00~19:00에는 무료 공연도 진행된다. 날마다 스케줄이 변경되므로 자세한 일정은 홈페이지를 참고하자.
홈페이지 www.royalhawaiiancenter.com/events

• 그 외 쇼핑센터의 무료 강습과 공연

와이키키 비치 워크 www.waikikibeachwalk.com … Events&News 클릭
와이키키 쇼핑 플라자 -waikikishoppingplaza.com … 하단의 Events&Specials 클릭
푸알레일라니 아트리움 숍스 - www.pualeilanishops.com/waikiki … 이벤트(행사) 클릭

와이키키 비치 지역의 숙소

Sheraton Waikiki Hotel 쉐라톤 와이키키 호텔

와이키키 해변과 맞닿은 유일한 인피니티 풀을 보유한 것으로 잘 알려진 쉐라톤 와이키키 호텔은 1,695개의 객실을 보유한 최대 규모의 호텔 중 한 곳이다. 호텔 옆으로 로얄 하와이안 호텔과 공유하는 아이들도 이용 가능한 커다란 수영장이 있으며, 와이키키 해변을 향한 인피니티 풀은 성인 전용이다. 인피니티풀에는 커다란 빈백 스타일의 튜브가 있어서 휴식을 취하기 좋다.

객실이 많은 만큼 숙박객도 많지만, 호텔의 부대시설 및 시스템이 잘 되어있어 큰 불편함은 없으며 투숙객을 위한 액티비티도 다양하게 마련되어 있다. 객실은 일반적인 쉐라톤 스타일의 푹신하고 편한 침대를 사용한다. 또한, 클럽 객실 투숙객을 위한 라운지가 30층에 위치해 있어 다이아몬드 헤드를 향한 와이키키 비치 최고의 뷰를 즐길 수 있다. 건물 1층에는 다양한 상점이 있으며, 인터넷 등을 무료로 이용할 수 있다.

홈페이지 www.sheraton-waikiki.com **주소** 2255 Kalakaua Ave, Honolulu **전화번호** 808-922-4422 **숙박요금** $250~ **리조트피** $37 **인터넷** 리조트피에 포함 **주차** 셀프 $35, 발레 $45 **레스토랑** 카이 마켓(Kai Market), 럼 파이어(Rum Fire), 더 엣지 오브 와이키키(The edge of Waikiki), 하파스 피자(Hapa's Pizza), 요시야(Yoshiya) **스파** 카카라(Khakara)

스타우드 호텔 체인 이용하기

와이키키의 스타우드 체인 : 쉐라톤 와이키키, 모아나 서프라이더, 로얄 하와이안, 쉐라톤 프린세스 등 와이키키에 있는 4개의 스타우드 호텔 중 3곳은 와이키키 해변과 그대로 맞닿아 있다. 4곳의 호텔 중 한 곳에 머무를 때는 나머지 스타우트 체인 3개의 호텔 레스토랑에서 식사한 것도 방으로 비용을 지불시킬 수 있어 편리하다.

Moana Surfrider, A Westin Resort & Spa
모아나 서프라이더, 어 웨스틴 리조트 & 스파

2011년에 110번째 생일을 맞은 호텔로, '와이키키의 첫 번째 숙녀'라는 별명처럼 와이키키의 오랜 역사를 함께한 호텔이다. 본관과 다이아몬드, 타워윙으로 나뉘어 있으며, 오래된 호텔인 만큼 본관 객실의 크기는 작고 타워 객실은 조금 더 크다. 본관 건물에는 모아나 서프라이더의 역사를 알 수 있는 전시물이 곳곳에 있으며, 전체적으로 클래식한 분위기를 풍긴다.

모아나 서프라이더에는 와이키키의 첫 번째이자 유일한 해변이 바라다보이는 모아나 라니 스파가 있다. 와이키키 해변을 향하고 있는 반얀 트리와 작은 풀이 있는 정원은 매일 저녁 6시부터 9시까지 연주가 있어 낭만적인 밤을 보내려는 사람들이 모여드는 곳으로 유명하다. 비즈니스 센터는 타워윙 3층에 있으며, 셀프 파킹은 쉐라톤 프린세스 카이울라니의 주차장을 이용해야 해서 불편하다.

홈페이지 www.moana-surfrider.com **주소** 2365 Kalakaua Ave, Honolulu **전화번호** 808-922-3111 **숙박요금** $280~ **리조트피** $37 **인터넷** 리조트피에 포함 **주차 셀프** $35, **발레** $45 **레스토랑** 비치하우스 앳 더 모아나(Beachhouse at the Moana), 베란다 앳 더 비치하우스(TVeranda at the Beachouse), 서프라이더 카페(Surfrider Cafe) **스파** 모아나 라니 스파(Moana Lani Spa)

 ## Outrigger Waikiki on the Beach
아웃리거 와이키키 온 더 비치

와이키키 칼라카우아 애비뉴의 중심에 위치한 호텔로 쇼핑 거리와 와이키키 해변에 바로 접근할 수 있는 최적의 위치에 있다. 아웃리거 계열의 체인 호텔로 기본적인 서비스가 충실하게 제공된다. 특히 해변을 향한 오픈 레스토랑인 듀크스는 현지인들도 맥주 한 잔을 하기 위해서 자주 찾는 곳으로도 유명하며, 리조트 내의 음악 공연장인 블루 노트 하와이에서는 유명 뮤지션들의 수준급 공연을 감상할 수 있다. 리조트피에는 와이키키 커넥션 트로릴리의 탑승권도 포함되어 있다.

홈페이지 www.outriggerwaikikihotel.com **주소** 2335 Kalakaua Ave, Honolulu **전화번호** 808-923-0711 **숙박요금** $210~ **리조트피** $38 **인터넷** 리조트피에 포함 **주차 셀프** 없음, **발레** $35 **레스토랑** 듀크스 와이키키(Duke's Waikiki), 훌라 그릴 와이키키(Hula Grill Waikiki), 척스 스테이크 하우스(Chuck's Steak House), 블루노트 하와이(Blue Note Hawaii), 파이스 델리(Pai's Deli) **스파** 인피니티 마사지&스파(Infinity Massage & Spa)

The Royal Hawaiian 더 로얄 하와이안

스타우드의 럭셔리 컬렉션 중 한 곳으로, 핑크를 사랑하는 사람이라면 꼭 한 번쯤 묵어보고 싶어 하는 호텔이다. '태평양의 핑크색 궁전'이라는 별명처럼 로비에서부터 객실, 호텔 직원까지 모두 핑크색으로 치장하였지만, 촌스럽지 않고 고급스러운 매력이 느껴진다. 와이키키 해변 쪽으로는 정원이 있어 편안하게 와이키키 해변을 즐길 수 있다.

객실은 로얄 하와이안 본관과 타워오션 빌딩으로 나뉘어 있다. 본관의 객실은 고풍스러운 핑크빛으로 앤티크 풍의 공주방 느낌인데, 라나이가 없고 층이 낮다. 반면에 17층의 타워오션 빌딩의 객실은 조금 더 현대적이면서 깔끔한 느낌으로 라나이가 있다. 높은 층을 원한다면 타워오션이 적합하다. 로얄 비치타워 앞에 메인 수영장이 있으며, 쉐라톤 와이키키와의 사이에 헬루모아 수영장이 있다. 저녁에 와이키키 해변을 보라보며 분위기 있게 칵테일을 즐길 수 있는 마이타이 바가 인기 있으며, 아바사 스파는 와이키키의 최고급 스파로 꼽힌다.

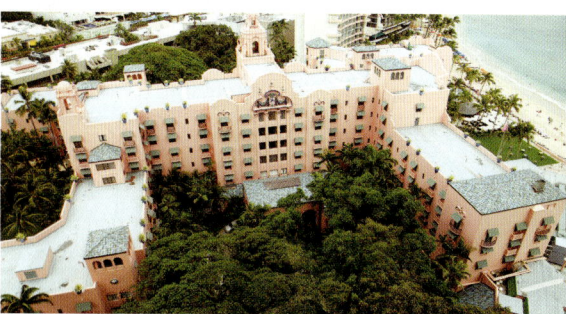

홈페이지 www.royal-hawaiian.com **주소** 2259 Kalakaua Ave, Honolulu **전화번호** 808-923-7311 **숙박요금** $330~ **리조트피** $3/ **인터넷** 리조트피에 포함 **주차** 셀프 없음, 발레 $40 **레스토랑** 아주르 레스토랑(Azure Restaurant), 서프 라나이(Surf Lanai), 마이타이 바(Maitai Bar), 로얄 하와이안 베이커리(Royal Hawaiian Bakery) **스파** 아바사 스파(Abhasa Spa)

Outrigger Reef on the beach
아웃리거 리프 온 더 비치

와이키키 해변의 가장 서쪽에 위치한 리조트로, 유명한 아웃리거 체인 호텔 중 한 곳이다. 와이키키 해변에 위치하나 사람이 적어 조용한 편에 속한다. 아웃리거 리프 온 더 비치 호텔은 와이키키 비치 워크의 시작 지점에 위치해 있어서 주변의 훌륭한 레스토랑과 쇼핑 거리에 접근하기가 쉽다. 호텔은 두 개의 건물로 나뉘어 있으며, 오션뷰의 비중이 높아 많은 객실에서 바다를 바라볼 수 있다. 동전 세탁 시설도 있다.

홈페이지 www.outriggerreef-onthebeach.com **주소** 2169 Kalia Rd, Honolulu **전화번호** 808-923-3111 **숙박요금** $200~ **리조트피** $30 **인터넷** 리조트피에 포함 **주차** 셀프 없음, 발레 $38 **레스토랑** 더 리프 바&마켓 그릴(The Reef Bar & Market Grill), 카니 카 필라 그릴(Kani Ka Pila Grille) **스파** 라아케아 스파 하와이(Laakea Spa Hawaii)

오아후섬

Hyatt Regency Waikiki Beach Resort & Spa
하얏트 리젠시 와이키키 비치 리조트 & 스파

8각형의 두 개의 커다란 타워로 와이키키의 랜드마크 역할을 하고 있는 호텔로, 와이키키의 중심부에 위치하며 로비는 2층에 있다. 1,229개의 객실이 있으며, 그중 알레르기가 있는 사람은 필터가 있는 특별한 방을 동일한 가격에 요청할 수 있다. 객실에 있는 모든 욕실용 어매니티는 나 호올라 스파 제품이고, 치약도 준비되어 있다. 리젠시 클럽 객실에 묵으면 조식과 해피아워가 제공되고, 인터넷과 프린터 등을 무료로 사용할 수 있는 클럽 라운지를 이용할 수 있다. 하얏트 리젠시 와이키키 비치 리조트의 스파인 나 호올라 스파는 다양한 스파 프로그램과 럭셔리한 분위기로 인기 있는데, 특히 스파 대기실에서 내려다보는 와이키키 해변의 풍경과 스파 특유의 향이 마음을 편안하게 한다. 최근의 리노베이션 이후에 전체적으로 깔끔한 화이트톤 객실로 바뀌어, 고객들이 선호한다.

1, 2층은 60개 이상의 가게가 모여 있는 쇼핑몰이며, 한국 사람이 운영하는 가게도 많아 쇼핑이 편리하다. 시내에 있는 렌터카 회사 중 가장 늦은 시간인 9시까지 운영하는 허츠 렌터카도 이곳에 위치한다. 오아후섬 어디로든지 이동하기에도 편한 커다란 리조트 호텔이다. 숙박객을 위한 동전 세탁시설도 있다.

홈페이지 www.hyattregencywaikiki.com 주소 2424 Kalakaua Ave, Honolulu 전화번호 808-923-1234 숙박요금 $240~ 리조트피 $37 인터넷 리조트피에 포함 주차 셀프 $35, 발레 $45 레스토랑 쇼어(SHOR), 스윔(Swim), 더 부페 엣 하얏트(The Buffet at Hyatt) 스파 나 호올라 스파(Na Ho'ola Spa)

Halekulani 할레쿨라니

천국의 집을 뜻하는 할레쿨라니는 오아후에서도 손꼽히는 고급 리조트이다. 객실은 명성에 비해 다소 평범하다는 평이 많지만, 대신 욕실은 상당히 세련됐다. 오아후의 오성급 호텔답게 도착할 때부터 떠나는 순간까지 최고급 서비스를 받을 수 있어, 높은 등급의 호텔을 선호하는 사람에게 적합하다. 와이키키에서 객실 대비 서비스하는 직원의 숫자가 가장 많으며, 24시간 룸서비스를 통해 고객이 원하는 요구의 대부분이 해결 가능하다. 해변 바로 옆에 위치한 넓은 원형 풀도 리조트만의 매력이며, 리조트피가 없다.

홈페이지 www.halekulani.com 주소 2199 Kalia Rd, Honolulu 전화번호 808-923-2311 숙박요금 $450~ 리조트피 없음 인터넷 무료 주차 셀프 $32, 발레 $35 레스토랑 하우스 위드아웃 어 키(House without a Key), 오키즈(Orchids), 라 메르(La Mer) 스파 스파 할레쿨라니(Spa Halekulani)

Waikiki Beach Marriott Resort & Spa
와이키키 비치 메리어트 리조트 & 스파

메리어트 체인 호텔로 와이키키 해변에서 도로를 건너면 바로 있다. 해변에 가까운 24층의 케일로힐라니 타워, 뒤쪽으로 33층의 파오아칼라니 타워가 있다. 호텔에 다양한 숍이 입점해 있으며, 호텔 내 레스토랑도 여러 곳 있다. 해변에서 가깝고 깔끔해 인기가 많다. 수영장은 다소 작은 편이다.

홈페이지 www.marriottwaikiki.com 주소 2552 Kalakaua Ave, Honolulu 전화번호 808-922-6611 숙박요금 $220~ 리조트피 $37 인터넷 리조트피에 포함 주차 셀프 $40, 발레 $45 레스토랑 쿠히오 비치 그릴(Kuhio Beach Grill), 모아나 테라스(Moana Terrace), D.K 스테이크 하우스(D.K Steak House), 아란치노 디 마레(Arancino Di Mare), 산세이 시푸드 레스토랑(Sansei Seafood Restaurant) 스파 로얄 카일라 스파(Royal Kaila Spa)

오아후섬

 ## Aston Waikiki Beach Hotel 애스톤 와이키키 비치 호텔

와이키키 동쪽에 위치한 호텔로, 한국 사람들의 비중이 상당이 높은 호텔 중 하나이다. 빨간색의 포인트가 인상적인 객실이 메인이며, 해변 바로 앞에 있어 오션뷰의 인기가 좋다. 수영장에서 와이키키 해변이 내려다보일 정도로 와이키키 해변이 가까워, 도로 하나만 건너면 되기 때문에 부담 없이 해수욕을 즐길 수 있다.

홈페이지 www.astonwaikikibeach.com **주소** 2570 Kalakaua Avenue, Honolulu **전화번호** 800-877-7666 **숙박요금** $180~ **리조트피** $25 **인터넷** 리조트피에 포함 **주차** 셀프 없음, 발레 $32 **레스토랑** 티키스 그릴&바(Tiki's Grill&Bar), 울프강 퍽 익스프레스(Wolfgang Puck Express)

 ## Aston Waikiki Circle Hotel 애스톤 와이키키 서클 호텔

와이키키 해변 바로 건너편에 있어서 좋지만, 외관은 왠지 실망스러운 호텔. 하지만 저렴한 가격과 깨끗한 객실 그리고 훌륭한 위치 덕분에 평은 생각 외로 괜찮은 곳이다. 단점이라면 와이키키 거리 바로 옆이라 다소 시끄럽고, 객실과 욕실이 좁다는 것이다. 또한 주차 공간이 넉넉하지 않아 자리가 없을 수도 있다.

홈페이지 www.astonhotels.com/resort/overview/aston-waikiki-circle-hotel **주소** 2464 Kalakaua Avenue, Honolulu **전화번호** 808-923-1571 **숙박요금** $125~ **리조트피** $25 **인터넷** 리조트피에 포함 **주차** 셀프 $22, 발레 없음 **레스토랑** 에그 앤 띵즈(Eggs'n Things)

 ## New Otani Kaimana Beach Hotel 뉴 오타니 카이마나 비치 호텔

유명한 레스토랑인 하우 트리 라나이로 더 잘 알려진 뉴 오타니 카이마나 비치 호텔은 와이키키에서 조금 떨어진 곳에 위치한다. 와이키키와 멀지 않으면서도 조용하기 때문에 좋아하는 사람이 많으며, 특히 일본 사람들이 많이 찾는다. 다만 가장 낮은 카테고리의 방은 6평 정도밖에 되지 않아 다소 좁게 느껴질 수 있다. 와이키키까지는 걸어서 15분 정도 걸린다.

홈페이지 www.kaimana.com **주소** 2863 Kalakaua Ave, Honolulu **전화번호** 808-923-1555 **숙박요금** $155~ **리조트피** $14 **인터넷** 리조트피에 포함 **주차** 셀프 없음, 발레 $32 **레스토랑** 하우 트리 라나이(Hau Tree Lanai), 미야코 재패니즈 레스토랑(Miyako Japanese Restaurant)

와이키키 해변에서 한 블록 떨어진 지역의 숙소

The Ritz-Carlton Residences, Waikiki Beach

더 리츠칼튼 레지던스, 와이키키 비치

와이키키의 최고급 레지던스로 호텔 곳곳에 고급스러움이 묻어날 뿐만 아니라 그에 걸맞은 서비스를 제공한다. 8층에 위치한 로비에서는 와이키키 시내와 해변의 탁 트인 전경이 한눈에 들어오며, 바로 인피니티풀로 이어진다. 최고급 레지던스답게 와이키키에서 가장 핫한 일식 레스토랑 스시 쇼가 자리하는데, 몇 개월 전 예약하지 않으면 자리가 없을 만큼 인기가 높다. 2018년 현재 타워 2가 건설 중이며, 타워 2에는 가족을 위한 더 다양한 시설이 추가되어 최적의 경험을 제공할 예정이라고 한다.

전 객실에는 커다란 냉장고를 포함한 주방시설을 갖추고 있을 뿐만 아니라 세탁기와 드라이기까지 있어 아이들과 함께 투숙하기에도 최적이다. 또한 샤워부스와 욕조가 따로 분리된 구조의 넓은 욕실과 핸드헬드 샤워기가 있어 편리하다. 기본적으로 객실이 고층인 만큼 발코니에서 바라보이는 뷰가 시원하다. 호텔은 해변에서 다소 떨어져 있지만, 로비에서 빠져나오면 바로 럭셔리 로와 연결된다. 해변을 방문하는 투숙객을 위해서 타월과 물이 들어있는 별도의 비치백도 제공한다.

홈페이지 www.ritzcarlton.com/en/residences/waikiki-beach 주소 383 Kalaimoku St, Honolulu 전화번호 808-922-8111 숙박요금 $400~ 리조트피 없음 인터넷 무료 주차 셀프 없음, 발레 $35 레스토랑 스시 쇼(Sushi Sho), 딘&델루카(Dean&DeLuca), BLT 마켓(BLT Market) 스파 스파 인 와이키키(Spa in Waikiki)

The Residences at Waikiki Beach Tower
더 레지던스 앳 와이키키 비치 타워

더 레지던스 앳 와이키키 비치 타워는 애스톤 계열의 고급 콘도미니엄이다. 와이키키의 중심거리인 칼라카우아 애비뉴와 바로 연결되며, 원베드룸과 투베드룸의 주방이 완비된 객실이 있다. 주방에는 다양한 조리기구뿐만 아니라 밥솥까지 있을 정도로 모든 것이 갖춰져 있다. 원베드룸에는 1개의 화장실이 있으며, 투베드룸은 2개의 화장실이 있다. 층마다 많지 않은 숫자의 객실이 있어 조용함을 유지할 수 있는 것도 가장 큰 특징이다. 특히 무료로 제공되는 발레 파킹은 와이키키에서는 상당히 드문 편에 속한다.

홈페이지 www.astonwaikikibeachtower.com 주소 2470 Kalakaua Ave, Honolulu 전화번호 855-776-1766 숙박요금 $400~ 리조트피 $25 인터넷 리조트피에 포함 주차 셀프 없음, 발레 무료

Sheraton Princess Kaiulani Hotel
쉐라톤 프린세스 카이울라니 호텔

와이키키 한복판에 위치한 스타우드 계열 호텔로 가격 대비 위치가 좋다. 전체적으로 객실 상태가 많이 노후되었지만 리노베이션 후 오션뷰 이상의 객실은 상대적으로 좋다. 또한 침대는 쉐라톤 급 하얀 침대라 좋아하는 사람이 많다. 커넥팅 도어가 있는 객실은 방음이 잘 되지 않아 소리에 민감한 사람은 꼭 귀마개를 챙기는 것이 좋다. 호텔 자체는 호불호가 좀 갈리지만, 가격과 위치를 노리는 사람들은 선호하기도 한다.

홈페이지 www.princess-kaiulani.com 주소 120 Kaiulani Ave, Honolulu 전화번호 808-922-5811 숙박요금 $139~ 리조트피 $35 인터넷 리조트피에 포함 주차 셀프 $35, 발레 없음 레스토랑 피카케 테라스(Pikake Terrace), 스플래쉬 바(Splash Bar)

Trump International Hotel - Waikiki Beach Walk 트럼프 인터내셔널 호텔 – 와이키키 비치 워크

럭셔리 콘도미니엄으로 7층 로비에서 포트 드루시 공원이 내려다 보이며, 특히 저녁시간대에는 식사와 함께 야경을 즐길 수 있어 인기가 높다. 금요일에는 힐튼에서 진행되는 불꽃놀이를 잘 볼 수 있고, 로비 층에는 바다가 내려다보이는 인피니티 풀도 있다.

호텔의 전 객실에 주방시설이 갖춰져 있으며, 시티뷰라도 바다가 보일 정도로 뷰가 훌륭하다. 기본적으로 객실은 와이키키에 있는 호텔 중 가장 넓으며, 특히 디럭스룸을 선택하면 더 넓은 공간을 보장받을 수 있다. 이태리 대리석으로 꾸민 욕실과 커다란 욕조, 스파에서 직접 공수한 어매니티도 품질이 좋다. 호텔 앞 해변에서 산책을 즐기고 싶다면 타월, 과일, 물이 들어있는 무료 비치백 서비스를 1층에서 받을 수 있다. 8층 라이브러리에서는 인터넷과 프린터를 무료로 사용할 수 있다.

홈페이지 www.trumpwaikikihotel.com 주소 223 Saratoga Rd, Honolulu 전화번호 808-683-740 숙박요금 $300~ 리조트피 없음 인터넷 무료 주차 셀프 없음, 발레 $34 레스토랑 와이올루(Wai'olu), BLT 스테이크(BLT Steak) 스파 더 스파 앳 트럼프 (The Spa at Trump)

Embassy Suites Waikiki Beach Walk
엠바시 스위츠 와이키키 비치 워크

힐튼 계열의 엠바시 스위츠 와이키키 비치 워크는 이름 그대로 전 객실이 스위트룸이다. 1베드룸과 2베드룸이 있어 가족 여행객이 선호한다. 또한, 객실별로 부과되는 리조트피가 없어 차량이 없다면 추가로 드는 비용이 없다. 모든 객실에는 전자레인지가 갖춰져 있으며, 호텔 내에 별도의 동전 세탁시설도 마련되어 있다. 모든 요금에 아침식사가 포함되어 있어 숙박 내내 신경 쓸 것이 그리 많지 않은 곳이다. 프라이빗한 수영장은 꽤 넓은 편이다.

홈페이지 embassysuiteswaikiki.com 주소 201 Beachwalk, Honolulu 전화번호 808-921-2345 숙박요금 $280~ 리조트피 없음 인터넷 무료 주차 셀프 없음, 발레 $38 레스토랑 로이스 와이키키(Roy's Waikiki), 루스 크리스 스테이크하우스(Ruth's Chris Steakhouse), 야드 하우스(Yard House)

 Waikiki Parc 와이키키 파크

할레쿨라니 호텔의 시스터 호텔로, 모던한 디자인이 인상적인 부티크 호텔이다. 커넥트라는 이름의 비즈니스 라운지에서 무료로 인터넷과 컴퓨터를 사용할 수 있다. 리조트 호텔보다는 깔끔한 호텔을 찾는 사람에게 적합하다.

홈페이지 www.waikikiparc.com 주소 2233 Helumoa Rd, Honolulu 전화번호 808-921-7272 숙박요금 $230~ 리조트피 없음 인터넷 무료 주차 셀프 $20, 발레 $35

Waikiki Beachcomber by Outrigger 와이키키 비치콤버 바이 아웃리거

IHG 계열에서 아웃리거로 리브랜딩이 진행중이다. 대대적으로 리노베이션이 진행되고 있는 만큼, 바뀐 모습이 더욱 기대되는 호텔이다.

홈페이지 www.waikikibeachcomber.com 주소 2300 Kalakaua Ave, Honolulu 전화번호 808-922-4646 숙박요금 $189~ 리조트피 $20 인터넷 리조트피에 포함 주차 셀프 없음, 발레 $38 레스토랑 하와이안 아로마 카페(Hawaiian Aroma Caffe), 마우이 브루잉 코(Maui Brewing Co)

Queen Kapiolani Hotel 퀸 카피올라니 호텔

와이키키 가장 동쪽에 위치한 호텔로 호놀룰루 동물원과 다이아몬드 헤드를 직접 바라볼 수 있는 객실이 있다. 한국의 패키지에서 많이 이용하는 호텔 중 하나로 오래된 호텔이지만, 최근에 리노베이션된 객실들은 깔끔하다. 동전 세탁 시설이 있다. 전체 리노베이션은 2018년 8월 종료 예정이다.

홈페이지 www.queenkapiolani.com 주소 150 Kapahulu Avenue, Honolulu 찾아가기 해변에서 1블록, 약 200m 전화번호 808-954-7418 숙박요금 $105~ 리조트피 $14.95 인터넷 리조트피에 포함 주차 셀프 없음, 발레 $30

Park Shore Hotel
파크 쇼어 호텔

와이키키 동쪽 코너에 위치한 호텔로 아쿠아 리조트 계열이다. 카피올라니 공원과 동쪽의 해변을 둘러보기에 좋다. 객실은 다소 오래된 편이다. 바로 앞의 동물원과 아쿠아리움을 가기에 편리하다. 바로 건너편이 동물원 주차장이다보니, 호텔보다는 그곳에 주차하는 사람들이 많다.

홈페이지 www.parkshorewaikiki.com 주소 2586 Kalakaua Ave, Honolulu 전화번호 808-954-7426 숙박요금 $119~ 리조트피 $25 인터넷 리조트피에 포함 주차 셀프 없음, 발레 $28 레스토랑 요시츠네(Yositsune), 터커&베비(Tucker&Bevvy), 루루스 와이키키(Lulu's Waikiki)

와이키키 해변 지역 시내의 숙소

 ## Holiday Inn Express Waikiki 홀리데이인 익스프레스 와이키키

홀리데이인 익스프레스 와이키키 호텔은 해변에서 꽤 멀리 떨어진 곳에 자리하고 있어 위치상 그리 좋다고 표현하기 힘들다. 하지만 와이키키의 다른 호텔에 비해 상대적으로 저렴하면서도 전체적으로 시설은 잘 갖추고 있어 선호하는 사람도 많다. 특히, 건물이 높다보니 뷰 역시 상당히 좋은 편에 속한다. 매일 무료로 제공되는 조식과 더불어 아이들이 놀 수 있는 플레이룸, 미니골프장까지 부대시설도 훌륭하다.

홈페이지 www.ihg.com/hotels/kr/ko/honolulu/hnlka/hoteldetail 주소 2058 Kuhio Ave, Honolulu 전화번호 808-947-2828 숙박요금 $140~ 리조트피 $20 인터넷 무료 주차 셀프 $29

Hyatt Place Waikiki Beach 하얏트 플레이스 와이키키 비치

하얏트 계열의 서브 브랜드로, 와이키키에 있음에도 상대적으로 넓고 깨끗한 426개의 객실을 제공하여 사람들의 사랑을 받고 있다. 2퀸베드 객실이 상대적으로 넓고, 객실에 따라서 소파공간도 추가로 있기 때문에 가족 여행객들이 좋아한다. 리조트피가 없음에도 투숙객에게 인터넷과 조식이 무료로 제공되는 몇 안 되는 호텔 중 하나이다. 로비에는 여행사도 있어 여러 투어 예약을 손쉽게 할 수 있다.

홈페이지 www.hyattplacewaikikibeach.com 주소 175 Paoakalani Ave, Honolulu 전화번호 808-922-3861 숙박요금 $199~ 리조트피 없음 인터넷 무료 주차 셀프 $25, 발레 $35

The Laylow 더 레이로우

메리어트 오토그래프 컬렉션 계열의 호텔로 전통적인 하와이안 스타일과 모던한 현대적인 느낌을 잘 섞어 표현한 부티크 호텔이다. 인터내셔널 마켓플레이스 호텔 바로 옆에 자리하고 있어 쇼핑을 즐기기에도 편리하다. 2017년에 새로 오픈한 호텔로 최근 많은 사람들이 찾기 시작하는 호텔 중 한 곳이다.

홈페이지 www.laylowwaikiki.com 주소 2299 Kuhio Ave, Honolulu 전화번호 808-922-6600 숙박요금 $210~ 리조트피 $29 인터넷 리조트피에 포함 주차 셀프 없음, 발레 $35 레스토랑 하이드아웃(Hideout)

Aqua Bamboo 아쿠아 뱀부
콘도

쿠히오 애비뉴에 위치해 있다. 호텔 이름답게 입구는 대나무로 장식되어 있으며, 뒤쪽에는 작은 수영장과 자쿠지가 있다. 객실은 다소 오래된 편. 스튜디오 급 이상의 객실에는 주방시설도 완비되어 있어 간단한 요리를 해 먹기에 좋다. 주차장이 굉장히 좁으므로 조심해서 주차해야 한다. 알라모아나 센터까지 무료 셔틀을 제공한다.

홈페이지 www.aquabamboo.com 주소 2425 Kuhio Ave, Honolulu 전화번호 808-922-7777 숙박요금 $140~ 리조트피 $25 인터넷 리조트피에 포함 주차 셀프 $25, 발레 $30

Hyatt Centric Waikiki Beach 하얏트 센트릭 와이키키 비치

하얏트의 가장 젊은 브랜드인 하얏트 센트릭은 모던 럭셔리를 추구하는 호텔이다. 새롭게 오픈한 호텔답게 곳곳에 세련됨이 묻어난다. 기본 객실의 크기도 와이키키 호텔 치고는 작지 않은 편에 속하며, 로비 역시 넓고 오픈된 형태로 되어 있다. 특히 로비 바로 옆에 위치한 큰 수영장은 탁 트인 느낌을 받기에 충분하다. 시내 중심에 위치해 있어 해변으로 가기에는 다소 거리가 있으나 쇼핑과 레스토랑을 이용하기에는 최적의 위치이다.

홈페이지 waikikibeach.centric.hyatt.com **주소** 349 Seaside Ave, Honolulu **전화번호** 808-237-1234 **숙박요금** $220~ **리조트피** $29 **인터넷** 리조트피에 포함 **주차** 셀프 $39, 발레 $39 **레스토랑** 더 라나이(The Lanai)

Aston Waikiki Banyan 애스톤 와이키키 반얀
콘도

애스톤 계열의 콘도미니엄으로, 모두 원베드룸 타입의 객실로 되어 있으며 주방이 완비되어 있어 가족여행객이 많이 찾는다. 퀸베드 또는 2개의 트윈베드가 있으며, 추가적인 침대가 필요하다면 거실의 소파베드를 펼쳐서 이용하면 된다. 호텔은 작지만 투숙객들만 전용으로 사용할 수 있는 수영장이 딸려 있으며, 와이키키에서는 주차비가 상대적으로 저렴하다고 알려져 있었으나 지금은 많이 오른편이다. 객실이 전체적으로 노후되기는 하였으나, 저렴한 것이 장점이다.

홈페이지 www.astonhotels.com/resort/overview/aston-at-the-waikiki-banyan **주소** 201 Ohua Ave, Honolulu **전화번호** 808-922-0555 **숙박요금** $190~ **리조트피** $25 **인터넷** 리조트피에 포함 **주차** 셀프 $20, 발레 없음

Aston Waikiki Sunset
애스톤 와이키키 선셋

콘도

와이키키 동쪽에 있는 콘도미니엄이다. 원베드룸과 투베드룸이 있어, 최대 6인까지 숙박할 수 있다는 장점이 있다. 객실은 모두 주방이 완비되어 있으며, 기본 침대 외에 소파베드가 객실마다 구비되어 있다. 전체적으로 객실은 오래된 느낌이 들지만, 디럭스 객실을 선택하면 조금 더 최신 가구와 주방시설이 있는 객실을 선택할 수 있다.

주로 일본사람들에게 인기가 있는 콘도미니엄으로, 콘도 내에 간단한 식료품을 구입할 수 있는 아시안 슈퍼마켓도 있다. 수영장 옆으로는 별도의 BBQ 그릴 시설도 있어서 야외에서 고기를 구워먹을 수 있으며, 시내 안쪽에 있음에도 고층은 오션뷰 객실이 있어 탁 트인 느낌이 들 정도로 멋지다.

홈페이지 www.astonhotels.com/resort/overview/aston-waikiki-sunset **주소** 229 Paokalani Ave, Honolulu **전화번호** 808-670-3998 **숙박요금** $160~ **리조트피** $25 **인터넷** 리조트피에 포함 **주차** 셀프 $15, 발레 없음

Aqua Pacific Monarch
아쿠아 퍼시픽 모나크

콘도

애스톤에서 아쿠아로 변경된 콘도미니엄으로, 객실과 주방시설이 깔끔한 편이다. 옥상에 있는 수영장과 자쿠지가 아래로 내려다보이는 와이키키 풍경 덕분에 인기가 있다. 주방이 있어 모든 객실에서 요리가 가능하며, 객실은 스튜디오룸과 원베드룸으로 구분된다. 체크인 전과 후에 이용할 수 있는 호스피탈리티 룸, 그리고 무료 알라모아나 셔틀을 제공한다. 바로 옆 주차장은 공영 주차장으로 호텔에서 관리하는 곳이 아니다.

홈페이지 www.astonpacificmonarch.com **주소** 2427 Kuhio Ave, Honolulu **전화번호** 808-441-7773 **숙박요금** $134~ **리조트피** $25 **인터넷** 리조트피에 포함 **주차** 셀프 $30, 발레 없음 **레스토랑** 진로쿠(Jinroku), 무수비 카페 이야스메(Musubi Cafe Iyasume)

Travel Information in Oahu

Coconut Waikiki Hotel
코코넛 와이키키 호텔

와이키키 해변보다는 운하 쪽에 가까운 부티크 호텔. 간단한 무료 조식이 포함되어 있고, 전체적으로 깔끔해 인기가 많다. 위치 특성상 건물들이 보이는 해변보다 운하가 내려다보이는 마운틴뷰의 룸이 더 좋다. 층이 낮은 객실은 소음이 좀 많은 것이 단점. 홈페이지에서 직접 예약하면 리조트피를 면제해 준다. 2016년 리노베이션을 한 호텔이다.

홈페이지 www.coconutwaikikihotel.com **주소** 450 Lewers St, Honolulu **전화번호** 808-923-8828 **숙박요금** $130~ **리조트피** $25(홈페이지 예약 시 면제) **인터넷** 무료 **주차** 셀프 없음, 발레 $30

Waikiki Resort Hotel
와이키키 리조트 호텔

대한항공에서 운영하는 호텔이다. 해변에서 조금 떨어져 있지만, 가격이 저렴하고 한국식당이 있어 선호하는 사람이 꽤 있다. 대한항공 마일리지로 숙박이 가능하며, 호텔 내에서 대한항공 출발편 체크인을 할 수 있어 편리하다.

홈페이지 www.waikikiresort.com **주소** 2460 Koa Ave, Honolulu **전화번호** 808-922-4911 **숙박요금** $120~ **리조트피** $18.85 **인터넷** 리조트피에 포함 **주차** 셀프 $25, 발레 없음 **레스토랑** 서울정, 일리마 레스토랑(Ilima Restaurant)

Hilton Waikiki Beach
힐튼 와이키키 비치

힐튼 계열의 호텔로 쿠히오 애비뉴 내에 위치한다. 힐튼 계열의 호텔을 선호하는 사람들이 좋아하며, 세련된 느낌의 로비와 야외 수영장은 호텔의 인기 시설이다. 힐튼 계열답게 깨끗하고 모던한 객실을 제공한다. 엄청난 크기의 팬케이크를 파는 레스토랑 맥 24-7로 더 잘 알려졌다. 호텔의 클럽 라운지는 특이하게 지하층에 위치해 있다.

홈페이지 www.hiltonwaikikibeach.com **주소** 2500 Kuhio Ave, Honolulu **전화번호** 808-922-0811 **숙박요금** $229~ **리조트피** 없음 **인터넷** $10.42(1일) **주차** 셀프 없음, 발레 $30 **레스토랑** 맥 24-7(MAC 24-7), 알티튜드37 (Altitude 37)

Vive Hotel Waikiki
바이브 호텔 와이키키

와이키키 중심에 위치한 가격대비 만족도가 높은 부티크 호텔이다. 위치상 다소 시끄럽다는 평가도 있지만, 오히려 편리한 위치 때문에 선호하는 사람도 꽤 있는 편이다. 숙박객에게는 무료 조식을 제공하는 것도 장점이다. 객실은 와이키키 호텔 중에서도 상대적으로 작은 편이며 개별 에어컨이라 좋지만 소음이 다소 있다. 해변을 가는 고객에게는 돗자리 등과 같은 용품을 무료로 대여해 주며, 홈페이지에서 바이브 리워드 가입 시 발레 비용을 50% 할인해주고, 1등급 객실 업그레이드도 제공한다.

홈페이지 vivehotelwaikiki.com **주소** 2426 Kuhio Ave, Honolulu **전화번호** 808-687-2000 **숙박요금** $140~ **리조트피** $12(홈페이지 예약 시 면제) **인터넷** 리조트피에 포함 **주차** 셀프 없음, 발레 $30

Hilton Garden Inn Waikiki Beach
힐튼 가든 인 와이키키 비치

과거 오하나 웨스트 호텔이 리노베이션을 거쳐 힐튼 가든 인 와이키키 비치로 2016년에 새롭게 오픈했다. 새로 생긴 호텔인 만큼 전체적인 시설이 깔끔해서, 투숙률이 꽤 높은 편이다. 모든 객실에 전자렌지와 냉장고가 비치되어 있어, 아이와 함께 여행하는 사람들에게도 적합하다. 수영장은 크지 않지만 충분한 비치 체어가 구비되어 있다. 리조트피가 없으며, 인터넷도 무료인 것이 장점이다. 카페 1층은 마켓과 연결되어 있다. 차를 가지고 도착했을 때는 Kuhio Ave가 아닌 Wailina St로 가야 발레주차가 가능한 로비로 진입할 수 있다.

홈페이지 www.hgiwaikikibeach.com **주소** 2330 Kuhio Ave, Honolulu **전화번호** 808-892-1820 **숙박요금** $209~ **리조트피** 없음 **인터넷** 무료 **주차** 셀프 없음, 발레 $39 **레스토랑** TR 파이어 그릴(TR Fire Grill), 호놀호로 카페&마켓(Honoholo Cafe&Market)

Ohana Waikiki East
오하나 와이키키 이스트
콘도

아웃리거 계열의 호텔로 일반 객실과 주방이 있는 객실의 두 가지 타입이 있다. 와이키키 시내 중심에 있어 이동이 편리하다. 리조트피에는 인터넷뿐만 아니라 핑크 트롤리 탑승권도 포함된다.

홈페이지 www.ohanahotelsoahu.com/ohana_east **주소** 150 Kaiulani Ave, Honolulu **전화번호** 808-922-5353 **숙박요금** $120~ **리조트피** $15 **인터넷** 리조트피에 포함 **주차** 셀프 $30(주차공간 협소) **레스토랑** 다나카 오브 도쿄(Tanaka of Tokyo), 척스 셀러(Chuck's Cellar)

Ohana Waikiki Malia
오하나 와이키키 말리아
콘도

와이키키 오하나 계열의 숙소 중 가장 평이 좋다. 일반 객실과 주방이 있는 객실로 나뉘어 있으며 전체적으로 깔끔하다. 역시 동전 세탁시설이 마련되어 있어 편리하다. 리조트피에 핑크 트롤리 탑승권도 포함된다.

홈페이지 www.ohanahotelsoahu.com/ohana_waikiki_malia **주소** 2211 Kuhio Ave, Honolulu **전화번호** 808-923-7621 **숙박요금** $115~ **리조트피** $15 **인터넷** 리조트피에 포함 **주차** 셀프 $30(주차공간 협소) **레스토랑** 아이홉(IHOP), 라이벌스(Rivals), 슬라이스 오브 와이키키(Slice of Waikiki)

Hotel Renew
호텔 리뉴

와이키키의 부티크 호텔로 친절하고 모던한 느낌이며, 원하는 향으로 객실을 채울 수 있는 아로마 컨시어지 서비스도 있다. 객실에는 큐리그 커피메이커가 있어 커피와 차를 즐길 수 있고, 투숙객은 조식 무료이다. 모던하다보니 하와이스러운 느낌이 덜한 대신, 깔끔한 호텔을 좋아하는 사람들에게는 안성맞춤이다. 또한 애완동물 투숙도 가능하므로 동물과 여행하는 사람들이 선호한다.

홈페이지 www.hotelrenew.com **주소** 129 Paoakalani Ave, Honolulu **전화번호** 808-687-7700 **숙박요금** $128~ **리조트피** $25 **인터넷** 리조트피에 포함 **주차** 셀프 없음. 발레 $32

Aqua Skyline at Island Colony 아쿠아 스카이라인 앳 아일랜드 콜로니
콘도

운하 쪽에 더 가깝게 위치한 아쿠아 계열 호텔이다. 객실은 상대적으로 좁지만 깔끔한 편이고, 간단하게 조리할 수 있는 간이주방이 있다. 하와이를 몇 차례 방문하는 사람들이 저렴하게 묵을만한 숙소로 주로 선택한다. 객실은 깔끔하지만 복도나 엘리베이터 등에는 오래된 호텔의 흔적이 많이 남아있다.

홈페이지 www.skylineislandcolony.com 주소 445 Seaside Ave, Honolulu 전화번호 808-923-2345 숙박요금 $130~ 리조트피 $25 인터넷 리조트피에 포함 주차 셀프 $30, 발레 없음

Shoreline Hotel Waikiki 쇼어라인 호텔 와이키키

와이키키 중심에 위치해 있는 쇼어라인 호텔은 와이키키 시내를 돌아다니기에 좋아 선호하는 사람들이 많다. 위치에 비해 상대적으로 저렴한 투숙비용과 화이트톤의 상큼한 객실이 장점이나, 객실의 크기는 작은 편에 속하고 주변 소음이 좀 있다는 것이 단점이다. 얼리 체크인과 레이트 체크아웃을 할 수 있는 패키지도 있다.

홈페이지 shorelinehotelwaikiki.com 주소 342 Seaside Ave, Honolulu 전화번호 808-931-2444 숙박요금 $150~ 리조트피 $15(공식 홈페이지에서 예약 시 면제) 인터넷 무료 주차 셀프 없음, 발레 $30 레스토랑 헤븐리(Heavenly)

Waikiki Beachside Hostel 와이키키 비치사이드 호스텔
호스텔

혼자 여행을 와서 와이키키 숙소를 찾는다면, 와이키키 비치사이드 호스텔은 꽤 괜찮은 선택이 된다. 8인, 4인 도미토리와 개인실도 있으며, 혼성 도미토리와 여성전용 도미토리로 나뉜다. 또한 깔끔하게 잘 관리되는 호스텔이다 보니 여성 여행자들에게 특히 인기가 좋다. 간단한 아침식사도 제공되며, 매일 다양한 액티비티 프로그램도 진행되기 때문에 친구들을 사귀기 좋다. 호스텔 1층에 위치한 비치사이드 키친은 $5 전후로 간단한 식사를 하기에 좋다.

홈페이지 www.waikikibeachsidehostel.com 주소 2556 Lemon Rd, Honolulu 전화번호 808-923-9566 숙박요금 1인 $35~ 리조트피 없음 인터넷 무료 주차 셀프 $10(공간이 한정되어 있음)

Special 오아후섬의 숙소

오아후섬의 숙소 대부분은 와이키키 주변에 모여 있으며, 어느 곳에 묵던지 5~10분 이내에 해변까지 걸어올 수 있다. 주로 고급 리조트가 와이키키 해변 바로 앞에 위치해 있는 경우가 많으며, 해변과의 거리가 멀수록 가격도 저렴하다. 그 외에 와이키키가 아닌 코올리나, 카할라, 노스 쇼어에도 리조트들이 있는데, 와이키키의 시끌벅적함에서 벗어나 조용함을 즐길 수 있는 고급 리조트들이다.

01 리조트피란?

리조트피 Resort Fee는 호텔에 숙박할 때 서비스 제공에 따라 내는 비용으로 1일당으로 계산된다. 보통 리조트피 안에는 주차 요금, 객실 전화비, 인터넷 요금, 생수, 피트니스 이용료, 칵테일 등이 포함되어 있으며, 호텔에 따라 리조트피 및 제공 서비스가 조금씩 다르다. 보통 체크인 시 리조트피에 포함된 혜택이 적혀있는 안내지를 함께 나눠준다. 리조트피에 주차 요금이 포함된 경우 셀프주차에만 해당하며, 발레파킹을 하려면 별도의 비용을 내야 한다. 리조트피에 주차요금이 포함되지 않은 곳도 다수 있다. 호텔에 따라 어매니티 피 Amenity Fee, 호스피탈리티 피 Hospitality Fee, 커넥션 피 Connection Fee 등으로도 부른다.

02 리조트피가 없는 호텔

리조트피가 없는 호텔은 주차, 인터넷, 생수, 피트니스, 전화 등을 별도의 비용을 내고 이용해야 한다. 하지만 렌터카가 없거나 해당 시설을 이용할 생각이 없다면 오히려 저렴하게 숙박할 수 있다. 5성급 고급 호텔 중에도 리조트피가 없는 곳들이 꽤 있다. 콘도의 경우에는 리조트피가 없는 대신, 클리닝피(Cleaning Fee)가 붙는 경우도 있다.

나도 모르게 신용카드가 결제되었어요!

하와이를 여행하다 보면, 생각하지 않은 금액이 카드에 결제되는 사례가 종종 있다. 이런 금액들은 주로 렌터카, 호텔, 주유소 등에서 발생하는데, 이유를 알면 걱정이 되지 않지만 갑작스럽게 날아온 문자에 걱정이 커지는 경우가 많다. 그러므로 미리 발생할 수 있는 상황들에 대해서 알아보도록 하자.

01 렌터카 회사에서 차를 빌릴 때

렌터카 회사에서 차량을 빌릴 때는 보증금(Deposit)이라는 것을 잡는다. 말 그대로 차량을 빌릴 때, 신용카드에 일정 금액을 잡아두는 것으로 기름 미주유와 같이 추후에 발생할 수 있는 항목들에 대해서 커버하기 위해서 일정 금액을 승인한다. 렌터카 회사마다 다르지만, 대여 비용에 추가하여 $1~200 정도가 결제되며 정확한 금액은 렌터카 회사마다 다르다.

다만, 결제되는 모든 비용이 디파짓은 아니므로, 렌터카 회사에서 인수할 때 계약서의 내용이 예약했던 금액과 같은지(선불 결제의 경우에는 청구 비용이 $0인지) 확인을 꼭 해야 한다. 보통 사무실을 빠져나가면 결제 금액을 취소하기 어렵기 때문이다. 추가로 청구된 내역이 없다면, 승인된 금액은 보증금이라고 봐도 무방하다. 렌터카 회사에서는 운전자 본인의 신용카드만 사용 가능하다.

02 호텔에서 체크인할 때

호텔에서도 체크인 시 신용카드에 보증금을 잡는다. 미니바, 인터넷이용료, 레스토랑 결제 금액 등 호텔 내에서 사용되는 비용에 대해서 추후 승인을 할 수 있게 하기 위함이다. 덕분에 식사하고 객실로 결제하는 편리함을 얻을 수 있다. 보통은 체크인할 때 일정 금액을 보증금으로 잡는 것이 일반적이지만, 호텔에 따라서는 매일 매일 리조트피를 계속해서 승인하는 경우도 있으므로 의심된다면 호텔과 직접 확인하는 것이 좋다.

호텔에서 결제해야 할 최종금액은 체크아웃할 때 받는 영수증에 있는 금액이며, 그 외의 승인된 금액들은 추후에 청구되지 않는다. 그러므로 체크아웃 시 영수증의 내역을 꼼꼼히 확인하고, 여행 후에도 1달 정도는 보관하는 것이 좋다.

03 주유소에서 주유를 할 때

주유소에서 신용카드로 주유를 하다 보면, 가끔 생각지도 못한 큰 금액이 결제되어 당황하는 경우가 있다. 주유소에 따라서 주유기계에서 바로 결제 시, 주유 가능한 최대 금액으로 승인한 뒤 최종 주유금액만큼만 매입하는 방법을 사용하는 곳이 있기 때문이다. 이 경우 처음 승인 시 $100이 결제되었더라도, 주유금액이 $30이라면 추후에 신용카드 청구서에는 $30만 청구된다. 하지만, 혹시라도 모를 분쟁을 피하기 위해서는 꼭 주유 후 영수증을 챙기는 것을 추천한다.

Area 02 West Waikiki & Ala Moana
와이키키 서부 & 알라 모아나

와이키키 서부와 알라 모아나 지역은 관광보다는 쇼핑과 맛집을 방문하기 위해서 많이 찾는 곳이다. 한식당과 한인타운이 있어 한국 사람들도 쉽게 만날 수 있으며, 하와이 최대의 쇼핑몰인 알라 모아나에는 없는 것이 없을 만큼 다양한 브랜드가 있다. 쇼핑을 하다가 배가 고프면 푸드코트에서 가볍게 식사를 즐길 수도 있다.

와이키키 서부 & 알라 모아나의 해변

Ala Moana Beach Park
알라 모아나 비치 파크

와이키키 비치가 관광객이 점령한 곳이라면, 알라 모아나 비치 파크는 현지인의 피크닉 장소로 사랑받는 곳이다. 넓은 주차공간이 있는 데다가 와이키키처럼 번잡하지 않아서 찾는 사람이 많다. 공원의 동쪽이 백사장이 넓고 물놀이를 하기에 좋다.

특징 화장실, 샤워, 피크닉테이블, BBQ, 라이프가드, 수영, 보디보딩, 서핑 **주소** Ala Moana Beach Park, Honolulu **저자 한 마디** 공원 내부로 이어진 Ala Moana Park Dr을 따라 길거리 주차가 가능하며, 공원의 동쪽에 커다란 주차공간이 마련되어 있다.

Hilton Largoon & Beach
힐튼 라군 & 해변

힐튼 하와이안 빌리지 내에 있는 라군과 해변. 와이키키 서쪽에 위치한 호텔에 숙박하는 사람 대부분이 이 해변을 이용하거나 알라 모아나 해변을 이용한다. 힐튼 라군은 다양한 액티비티도 가능하고, 깊이가 얕아 아이들과 물놀이를 하기에 좋다. 라군 옆으로는 넓은 해변이 이어진다.

특징 화장실, 샤워, 라이프가드, 수영, 워터스포츠 **저자 한 마디** 힐튼 라군 서쪽으로 낮 시간에만 주차가 가능한 커다란 무료주차장이 있어, 해변 이용 시 주차가 가능하다. 최대 6시간까지 가능하며, 주차장은 밤 10시 30분까지 이용할 수 있다. 마리나쪽 유료 주차장과 혼동하지 말 것.

와이키키 서부 & 알라 모아나에서 쇼핑하기

Ala Moana Shopping Center
알라 모아나 쇼핑센터

4층 건물의 하와이 최대의 종합 쇼핑센터. 하와이에서 볼 수 있는 대부분의 유명 브랜드가 입점해 있으며, 다양한 매력을 가진 작은 매장도 가득하다. 저렴한 가격보다는 명품에서부터 캐주얼까지 넓은 선택의 폭 덕분에 인기 있다. 쇼핑센터 내에 여러 레스토랑과 커다란 푸드코트가 있어 이동하지 않고도 모든 것을 해결할 수 있다. 2016년에 에바윙을 추가로 확장하면서, 더 많은 샵과 레스토랑들이 생겼다. ▶ P. 285

홈페이지 www.alamoanacenter.com 주소 1450 Ala Moana Blvd, Honolulu 전화번호 808-955-9517 영업시간 월~토 09:30~21:00, 일 10:00~19:00

🧺 Ward Village 워드 빌리지

하와이의 로컬 브랜드가 모여 있는 쇼핑 빌리지로, 인기 있는 부티크에서부터 여러 생활용품까지 다양한 제품을 쇼핑할 수 있다. 특별한 가게들을 구경하면서 보석 같은 물건을 찾아내는 재미가 있다. 그 외에도 노드스트롬 랙 Nordstrom Rack, T.J 맥스 T.J. Maxx, 피어 1 임포츠 Pier 1 Imports 등 한 번쯤 살펴볼 만한 대형 숍이 많다. ▶P. 303

홈페이지 www.wardcenters.com 주소 1200 Ala Moana Blvd, Honolulu 전화번호 808-591-8411 영업시간 월~토 10:00~21:00, 일 10:00~18:00

🧺 Don Quijote 돈키호테

없는 것이 없는 상점으로 유명한 돈키호테는 일본계 슈퍼마켓이다. 신선식품뿐만 아니라 일본 식재료를 구하기 좋은 곳으로, 24시간 운영하기 때문에 언제나 사람들로 가득하다. 야미 BBQ, 에조기쿠 등 푸드코트 느낌의 식당도 있다. 주차장에서 도난 사고가 자주 일어나는 편이니 주의할 것.

홈페이지 www.donki.com/usa_en 주소 801 Kaheka St, Honolulu 전화번호 808-973-4800 영업시간 월~일 24시간

와이키키 서부 & 알라 모아나의 먹거리 $ - $10 이하, $$ - $11~20, $$$ - $21~30, $$$$ - $31 이상(메인코스 기준)

Makai Market Foodcourt 마카이 마켓 푸드코트
$~$$

한국, 멕시코, 일본, 베트남, 미국, 중국, 그리스 등 다양한 나라의 요리를 한 장소에서 만나볼 수 있는 대형 푸드코트. 알라 모아나 쇼핑센터의 규모만큼이나 푸드코트의 규모도 크다. 너무나도 다양해 어디를 가야 할지 모르겠다면, 한식 중 야미(Yummy)의 갈비와 고기 전을 먹어보자. 그 외에도 스테이크&피시의 스테이크와 치킨 컴퍼니의 베이비 백립도 훌륭하다. 꼭 소개한 메뉴에만 국한하지 말고 입맛에 맞게 골라보자.

주소 1450 Ala Moana Blvd, Honolulu 찾아가기 알라 모아나 쇼핑센터 1층 영업시간 월~토 09:00~21:00, 일 10:00~19:00

Shirokiya Japan Village Walk 시로키야 재팬 빌리지 워크
$~$$

시로키야가 기존 위치에서, 새롭게 확장한 에바윙의 1층으로 이사하면서 넓게 확장했다. 교토 느낌이 나는 인테리어로 새롭게 태어난 시로키야는 다양한 일식과 퓨전 음식들을 만날 수 있는 푸드코트로 재탄생했다. 한식 레스토랑도 있으며, 오미쿠지와 같은 소소한 재미도 찾을 수 있다.

주소 1450 Ala Moana Blvd, Honolulu 찾아가기 알라모아나 쇼핑 센터 1층(에바 윙) 영업시간 월~일 10:00~22:00

 BRUE Bar 브루 바
$

다운타운과 알라모아나에 있는 커피 전문점으로, 로컬들에게 평이 더 좋은 곳이다. 모던한 인테리어가 인기인 이곳은, 일반적인 에스프레소뿐만 아니라 다양한 차와 콜드브루, 그리고 라떼도 맛있다. 이곳의 커피를 마시기 위해서 직접 찾아가야 할 정도는 아니지만, 근처를 여행 중이라면 잠시 들러볼 만한 가치는 있다.

홈페이지 www.bruebar.com 지점 1 주소 1164 Bishop St, Honolulu 영업시간 월~금 07:00~16:00 지점 2 주소 119 Merchant St, Honolulu 영업시간 월~금 07:00~16:00, 토~일 휴무

Goma Tei 고마 테이 $~$$

탄탄 라멘을 메인으로 하는 레스토랑으로 알라 모아나 쇼핑센터 내 1층 그리고 와이키키 인터내셔널 마켓플레이스에 위치해 있다. 진한 국물에 두꺼운 차슈가 올라간 탄탄 라멘은 왜 식사시간대에 이 레스토랑 앞에 사람들이 서서 대기하는지 충분히 이해하게 해준다. 교자도 상당히 괜찮은 편이다.

지점 1 주소 1450 Ala Moana Blvd, Honolulu 찾아가기 알라 모아나 쇼핑센터 1층 전화번호 808-591-9188 영업시간 월~목 11:00~21:30, 금~토 11:00~22:00, 일 11:00~21:00 지점 2 주소 2330 Kalakaua Ave, Honolulu 전화번호 808-664-0363 영업시간 월~일 11:00~22:00

Romano's Macaroni Grill 로마노스 마카로니 그릴 $$~$$$$

알라모아나 4층에 위치한 이탈리안 스타일 패밀리 레스토랑으로, 전체적인 메뉴들은 미국식에 더 가깝다. 전체적인 메뉴는 $10~20 사이이며, 스테이크를 포함한 고기류는 $20~30 사이이다. 낮 시간대에도 쇼핑을 하고 점심을 먹기 위해 오는 사람들이 많다. 테이블에는 종이와 색연필이 있어 성인들 뿐만 아니라 아이들도 좋아한다. 미국 스타일답게 전체적으로 양이 많으므로, 보통 2개의 메뉴로도 충분하다.

홈페이지 jadedynastyhawaii.com 주소 1450 Ala Moana Blvd, Honolulu(알라모아나 쇼핑 센터 4층) 전화번호 808-356-8300 영업시간 월~일 11:00~22:00

Jade Dynasty Seafood Restaurant
제이드 다이너스티 시푸드 레스토랑 $$~$$$

홍콩 유명 브랜드로 괜찮은 딤섬을 맛볼 수 있는 제이드 다이너스티의 호놀룰루 지점이다. 딤섬은 10:30~17:00까지 주문 가능하며, 가격은 접시당 $2.95~4.50이다. 저녁시간대에는 광동식 메뉴를 주문할 수 있는데, 홍콩에 비해 다소 실망스럽다.

홈페이지 jadedynastyhawaii.com 주소 1450 Ala Moana Blvd, Honolulu 찾아가기 알라 모아나 쇼핑센터 4층 전화번호 808-947-8818 영업시간 월~일 10:30~22:00

Mariposa
마리포사 $$~$$$$

알라 모아나 쇼핑센터와 연결된 니먼마커스 3층에 위치한 레스토랑으로, 탁 트인 뷰가 인상적인 레스토랑이다. 메인메뉴 기준으로 점심식사는 $15~20, 저녁식사는 $25~35 정도이며, 일요일에는 오전 11시부터 오후 3시까지 선데이브런치를 운영한다.

홈페이지 www.neimanmarcushawaii.com/restaurant.aspx 주소 1450 Ala Moana Blvd, Honolulu 찾아가기 알라 모아나 쇼핑센터, 니먼마커스 3층 전화번호 808-951-3420 영업시간 월~일 11:00~21:00

Side Street Inn
사이드 스트리트 인 $$

현지인이 자주 찾는 레스토랑으로 호파카 스트리트에 있는 것이 본점이며, 카파홀루 애비뉴에도 분점이 있다. 본점은 옛날 느낌이 많이 나지만, 분점은 조금 더 현대적인 느낌이다. 평은 본점 쪽이 더 좋기 때문에 본점을 추천한다. 하와이와 아시아 요리의 퓨전 느낌의 메뉴가 대다수이다.

홈페이지 sidestreetinn.com 본점 주소 1225 Hopaka St, Honolulu 전화번호 808-591-0253 영업시간 월~목 14:00~24:00, 금 14:00~23:00, 토 13:00~01:00, 일 13:00~22:00 분점 주소 614 Kapahulu Ave, Honolulu 전화번호 808-739-3939 영업시간 월~금 16:00~01:00, 토~일 13:00~01:00

Agu Ramen Bistro
아구 라멘 비스트로 $$

오아후 곳곳에 있는 돈코츠 라멘 체인으로 기본 이상의 맛 덕분에 점점 지점이 늘어나고 있다. 와이키키 지점이 접근성이 좋고, 워드센터 지점도 쇼핑을 하면서 함께 들러볼 수 있어 괜찮다. 다양한 라멘 종류가 있고, 매운 라멘 종류도 있어 라멘 마니아들을 만족시킬 만하다. 라멘 외에도 돈부리와 커리 메뉴도 있으며, 교자도 괜찮은 편이다.

홈페이지 www.aguramen.com 전화번호 808-797-2933 지점 1 주소 1200 Ala Moana Blvd, Honolulu(Ward Center) 영업시간 일~목 11:00~22:00, 금~토 11:00~23:00 지점 2 주소 925 Isenberg St, Honolulu 영업시간 월~목 11:00~23:00, 금~일 11:00~24:00 지점 3 주소 590 Farrington Hwy, Honolulu 영업시간 일~목 11:00~22:00, 금~토 11:00~23:00 지점 4 주소 2146 Kalakaua Ave, Honolulu 영업시간 일~목 11:00~22:00, 금~토 11:00~23:00

 ## Fook Yuen Seafood Restaurant
푹 옌 시푸드 레스토랑 $$

서비스와 청결도는 그리 좋은 평을 못 받지만, 음식 맛 만큼은 좋은 평을 받는 레스토랑이다. 메인 메뉴 1가지를 주문하면 추가 주문할 수 있는 $14의 랍스터 때문에 오는 사람이 많다. 랍스터는 3가지 소스로 주문할 수 있으며, 취향대로 선택하면 된다. 손님이 많으면 추가 주문이 어려우므로 처음부터 필요한 메뉴를 모두 주문하는 것이 좋다.

주소 1960 Kapiolani Blvd, Honolulu 전화번호 808-973-0168 영업시간 월~일 11:00~14:00, 17:30~03:00

Tropics Bar & Grill
트로픽스 바 & 그릴 $$~$$$

힐튼 하와이안 빌리지의 라군 옆에 위치한 레스토랑으로, 저녁에는 라이브 공연을 보며 칵테일을 즐기기 위해 많이 찾는다. 리조트에 숙박하는 사람이 손님의 대부분이지만, 라군과 비치에 놀러 왔다가 간단하게 점심식사를 하는 사람들도 꽤 있다. 테이블 좌석이 없을 때는 바 Bar로 안내하기도 한다.

홈페이지 www.hiltonhawaiianvillage.com/dining 주소 2005 Kalia Rd, Honolulu(힐튼 하와이안 빌리지) 전화번호 808-949-4321 영업시간 월~일 07:00~22:30

The Signature Prime Steak & Seafood
더 시그니쳐 프라임 스테이크 & 시푸드 $$$$

알라모아나 호텔의 36층에 위치한 레스토랑으로, 와이키키 시내가 내려다보이는 풍경으로 유명하다. 레스토랑의 이름처럼 스테이크와 시푸드 전문점으로, 현지인들에게도 중요한 날의 식사나 연인 간의 데이트 장소로 선호하는 곳이다. 한국 사람들은 프라임 립아이를 가장 선호하지만, 고기가 부담스러운 사람이라면 미소 버터 피시도 평이 좋다. 애피타이저 중에서는 타다키와 비슷하지만, 겉만 가볍게 튀겨낸 아히 카츠도 괜찮다.

홈페이지 signatureprimesteak.com 주소 410 Atkinson Dr, Honolulu(알라모아나 호텔 36층) 전화번호 808-949-3636 영업시간 월~일 16:30~22:00

Alan Wong's 알란 웡스 $$$$
저자 추천

하와이의 대표적인 셰프 알란 웡의 시그니쳐 레스토랑이다. 명성만큼이나 사람이 몰려 미리 예약하지 않으면 식사하기가 어렵다. 어떤 메뉴를 선택해야 할지 모르는 사람들은 5코스 테이스팅 메뉴를 선호한다. 훌륭한 맛만큼 가격도 높은 편이다. 알란 웡스의 가격이 부담스럽다면 알라 모아나 센터에 자리한 시스터 레스토랑 '더 파인애플룸'을 찾아보자.

홈페이지 www.alanwongs.com 주소 1857 S King St, Honolulu 전화번호 808-949-2526 영업시간 월~일 17:00~22:00

Bali Steak & Seafood 발리 스테이크 & 시푸드
$$$~$$$$

힐튼 하와이안 빌리지 내에 위치한 발리 스테이크 & 시푸드는 리조트 내의 고급 파인 다이닝 레스토랑이다. 해변을 향해 오픈되어 있어 탁 트인 느낌을 받을 수 있으며 분위기도 좋다. 이름답게 스테이크와 시푸드가 주메뉴이며, 애피타이저부터 디저트까지 평이 좋지만, 너무 비싼 것이 흠이다.

홈페이지 www.hiltonhawaiianvillage.com/dining 주소 2005 Kalia Rd, Honolulu(힐튼 하와이안 빌리지) 전화번호 808-941-2254 영업시간 화~토 17:00~21:00, 일~월 휴무

TANGO Contemporary Cafe
탱고 콘템포러리 카페 $$

스칸디나비안 스타일과 미국식의 퓨전 레스토랑으로 모던 스타일의 레스토랑이다. 아침과 점심 그리고 저녁의 메뉴가 각기 다르며, 주로 인근의 회사원들이 많이 찾는다. 활기차고 밝은 분위기, 그리고 깔끔한 음식 때문에 좋아하는 사람들이 많다. 토요일과 일요일의 브런치도 인기 있지만, 평일 점심과 저녁의 평이 더 좋다.

홈페이지 www.tangocafehawaii.com 주소 1288 Ala Moana Blvd, Honolulu 전화번호 808-593-7288 영업시간 월~금 07:00~21:30, 토~일 08:00~21:30

Waikiki Brewing Company
와이키키 브루잉 컴퍼니 $$
저자 추천

와이키키 인근에서 가장 갈만한 브루어리로 직접 만든 맥주를 판매한다. 처음이라면 샘플러를 주문해 여러 가지를 맛보고 주문해도 되며, 앰버와 페일 에일이 맛있다. 식사 메뉴도 다양하게 있으므로 한 끼를 먹기에도 좋고, 간단하게 안줏거리로 삼아서 먹을 간단한 메뉴도 있다.

홈페이지 www.waikikibrewing.com 주소 1945 Kalakaua Ave, Honolulu 전화번호 808-946-6590 영업시간 월, 수, 목, 일 11:00~23:00, 화, 금, 토 11:00~24:00

Wailana Coffee House
와이라나 커피 하우스 $~$$$

하와이의 분위기가 물씬 풍기는 레스토랑으로, 주로 아침식사를 하기 위해 찾는 사람이 많다. 특히 베이컨+에그, '원하는 만큼 먹을 수 있는' 팬케이크 메뉴가 가장 많은 사랑을 받고 있다. 팬케이크와 함께 다양한 시럽을 가져다주므로 원하는 맛으로 먹으면 된다. 점심 저녁의 햄버거류도 상당히 괜찮은 편이다. 전체적으로 기름진 로컬 하와이안 스타일 음식이다.

주소 1860 Ala Moana Blvd, Honolulu 전화번호 808-955-1764 영업시간 매일 24시간

 **MW Restaurant** MW 레스토랑 $$~$$$$ 저자 추천

현재 알라모아나 쪽에서 가장 핫한 레스토랑 중 하나로, 메인메뉴 뿐만 아니라 디저트가 맛있기로 유명하다. 두 명의 쉐프가 만나 만든 레스토랑은, 음식이 맛있기로 소문나 있어 평일 저녁이면 항상 사람들로 가득 찬다. 메인메뉴 기준 점심은 $10~20, 저녁은 $30~40가량이다. 저녁 메뉴들이 특히 훌륭하며, 가능하면 꼭 디저트들도 맛보기를 권한다. 다양한 맛을 경험하기 위한 사람들을 위한 코스 메뉴도 있다. 좌석 간격이 다소 좁다는 것이 유일한 아쉬움이다.

홈페이지 mwrestaurant.com 주소 1538 Kapiolani Blvd, Honolulu 전화번호 808-955-6505 영업시간 월~목 10:30~21:00, 금 10:30~22:00, 토 16:00~22:00, 일 16:00~21:00

와이키키 서부 & 알라 모아나의 한국 음식점

 SURA Hawaii 수라 하와이 $$$~$$$$

과거 강호동 6780이었던 곳이 수라 하와이로 이름을 바꿨다. 한국식 고깃집 중에서도 가격대가 좀 있는 편이지만, 그래도 고기의 수준이나 전체적인 시설이 가장 낫다는 평을 받고 있다. 한국 사람들뿐만 아니라 외국인들에게도 인기인 레스토랑. 한국에서 구워 먹는 것 같은 느낌으로 고기를 구울 수 있으며, 고기의 질도 상대적으로 좋다. 고기 외에도 일반적인 단품들도 맛이 괜찮은 편. 건물 앞으로 별도의 지정 주차지역이 있어 주차도 쉽게 할 수 있다.

주소 1726 Kapiolani Blvd, Honolulu 전화번호 808-941-6678 영업시간 월~일 17:00~02:00

 Donday 돈데이 $$~$$$

하와이에서 몇 안 되는 야외에서 직접 고기를 구워 먹을 수 있는 한식당으로 삼겹살부터 등심까지 다양한 부위를 판매하며 여러 가지를 섞은 콤보메뉴도 있다. 한국식 고기구이를 접할 수 있는 레스토랑이라 꽤 인기가 좋다.

주소 905A Keeaumoku St, Honolulu 전화번호 808-951-1004
영업시간 월~일 17:00~02:00

Choi's Garden 초이스 가든 $~$$$

구이류를 메인으로 하는 한식당으로 다양한 고기류를 구워 먹을 수 있다. 그보다 사람들에게 인기 있는 것은 돌솥밥 메뉴로, 1개의 사이드와 순두부찌개, 그리고 돌솥밥이 나온다. 리노베이션 이후에 점심시간에만 가능한 것이 아쉽기는 하지만, 그래도 점심메뉴는 전체적으로 훌륭한 편이다.

홈페이지 www.choisgarden.com 주소 1303 Rycroft St, Honolulu 전화번호 808-596-7555 영업시간 월~일 11:00~23:00

Sorabol 서라벌 $$~$$$

한인타운에서 월마트를 가다 보면 바로 눈에 들어오는 한식당으로, 한국 사람보다는 현지인들의 입맛에 조금 더 맞춘 한국요리를 선보인다. 전체적으로 음식이 조금 단 편이며, 한국사람들보다는 외국 사람들이 더 많이 찾는 한국식당이다.

홈페이지 www.sorabolhawaii.com 주소 805 Keeaumoku St, Honolulu 전화번호 808-947-3113 영업시간 월~일 24시간

So Gong Dong
소공동 $$~$$$

순두부를 메인으로 하는 한식당으로, 버섯 순두부, 김치 순두부, 김 순두부 등 다양한 순두부들이 있으며 맛도 괜찮다. 그 외에 해물파전, 냉면, 갈비, BBQ 치킨, 칼국수 등의 일반적인 한식 메뉴들도 기본적으로 갖추고 있다.

홈페이지 www.sogongdong.com **주소** 627 Keeaumoku St, Honolulu **전화번호** 808-946-8206 **영업시간** 월~일 10:00~22:00

와이키키 서부 & 알라 모아나의 한국 슈퍼마켓

Palama Supermarket 팔라마 슈퍼마켓

호놀룰루의 유명한 한인마트로, 총 3개의 지점 중 알라 모아나에 위치한 지점이다. 라면에서부터 소스 등 다양한 한국 식재료를 구입할 수 있으며, 간단한 음식을 먹을 수 있는 푸드코트도 있다. 짧은 여행 중에는 들를 일이 많지는 않겠지만, 그래도 필요한 것이 있을 때 유용하다.

홈페이지 www.palamamarket.com **주소** 1670 Makaloa St, Honolulu **전화번호** 808-447-7777 **영업시간** 월~일 08:00~20:00

88 Supermarket 88 슈퍼마켓

또다른 한인 슈퍼마켓으로, 가격은 다른 곳보다 조금 높지만 깨끗하고 잘 관리되고 있다. 주차장 입구는 Keeaumoku St에 있지만, 꽉 차 있다면 Liona St에서 연결되는 주차장을 이용하는 것도 가능하다.

주소 835 Keeaumoku St, Honolulu **전화번호** 808-941-1300 **영업시간** 월~일 07:00~24:00

오아후섬

와이키키 서부 & 알라 모아나의 숙소

 Hilton Hawaiian Village 힐튼 하와이안 빌리지

와이키키 서쪽의 대단위 리조트 단지로 주로 가족여행객이 많다. 일본인 비중이 높은 편이며, 최근 우리나라 사람도 많이 찾는다. 일반 객실과 주방이 있는 콘도형 객실이 별도 건물로 나뉘어 있다. 콘도형 객실이 주방이 있는 만큼 더 넓고 가격대도 높으며 별도로 힐튼 그랜드 배케이션 Hilton Grand Vacation으로 분류된다. 빌리지 내에는 여러 개의 수영장뿐만 아니라 아이들을 위한 라군도 있으며 건너편으로 해변이 이어져 아이가 있는 가족여행자에게 좋다.

힐튼 하와이안 빌리지는 거대한 리조트 단지이다 보니 이곳을 벗어나지 않고도 대부분의 편의시설을 즐길 수 있다. 리조트 내에는 여러 브랜드의 쇼핑뿐만 아니라 호텔 레스토랑 이외에도 다양한 식당들이 입점해 있어 편하게 식사를 해결할 수 있다. 다만, 규모가 크다 보니 조금 복잡한 느낌이 들고 동선이 상대적으로 복잡하다는 단점이 있다.

힐튼 하와이안 빌리지에서는 매주 금요일 저녁이면 전통 공연과 함께 불꽃놀이를 진행하는데, 좌석이 필요할 경우 유료지만 주변에서 서서 보는 경우에는 무료이다. 불꽃놀이는 일반적으로 저녁 7시 45분에 시작되지만, 취소되거나 스케줄이 변경될 수 있다. 이 불꽃놀이는 와이키키 비치와 알라 모아나 쪽에서도 모두 감상할 수 있다.

홈페이지 www.hiltonhawaiianvillage.com **주소** 2005 Kalia Rd, Honolulu **전화번호** 808-949-4321 **숙박요금** $180~ **리조트피** $37 **인터넷** 리조트피에 포함 **주차** 셀프 $43, 발레 $50 **레스토랑** 발리 스테이크&시푸드(Bali Steak& Seafood), 레인보우 라나이(Rainbow Lanai), 트로픽스 바&그릴(Tropics Bar&grill), 베니하나(Benihana), CJ's 뉴욕 스타일 델리케이트슨(CJ's New York Style Delicatessen), 프레스코 이탈리안 레스토랑(Fresco Italian Restaurant), 하츠하나(Hatsuhana), 라운드 테이블 피자(Round Table Pizza) **스파** 만다라 스파(Mandara)

🏠 Prince Waikiki
프린스 와이키키

전 객실이 오션뷰라 모두 알라와이 요트 하버부터 해변까지를 조망할 수 있다. 2016년 리노베이션을 마친 전 객실은 고급스럽고 기본 객실도 큰 편인 데다가 욕조까지 있어 좋아하는 사람이 많다. 일본 프린스 계열 호텔로 일본인이 많으며, 우리나라 사람도 많이 묵는다. 리노베이션으로 수영장도 마리나가 내려다 보이는 멋진 인피니티풀로 변신하였다.

와이키키 중심까지는 도보로 15분 정도 걸리지만, 무료 운영되는 셔틀을 이용하면 편하게 이동할 수 있다. 셔틀버스 외에도 트롤리, 더 버스 등을 이용해 호텔까지 이동할 수 있다. 자체적으로 운영하는 골프장 때문에 골프 패키지로 묵는 손님도 많고, 골프장까지 무료 셔틀도 운영한다. 특히 객실로 올라가는 엘리베이터에서 보이는 와이키키의 풍경은 전망대가 부럽지 않을 만큼 멋지다. 리조트피가 신설되면서 인터넷과 셀프파킹이 리조트피에 포함되었다.

홈페이지 www.princeresortshawaii.com/hawaii-prince-hotel-waikiki **주소** 100 Holomoana St, Honolulu **전화번호** 888-977-4623 **숙박요금** $216~ **리조트피** $30 **인터넷** 리조트피에 포함 **주차** **셀프** 리조트피에 포함, **발레** $8 **레스토랑** 레스토랑 100 세일즈 레스토랑&바(100 Sails Restaurant&Bar), 히나나 바(Hinana Bar), 카츠미도리 스시 도쿄(Katsumidori Sushi Tokyo)

Ala Moana Hotel
알라 모아나 호텔

알라 모아나 쇼핑센터와 바로 연결되는 호텔로 쇼핑을 목적으로 하는 사람이 많이 숙박한다. 호텔은 전체적으로 깔끔한 편이고, 해변이 필수가 아니라면 오아후 섬을 여행하기 좋은 위치이다. 와이키키 중심이 아니라 가격대가 저렴한 편에 속한다. 객실에는 전자레인지가 비치되어 있으며, 피트니스 센터에는 사우나 시설까지 완비되어 있다. 호텔 36층에 위치한 더 시그니처 레스토랑은 맛있는 음식과 멋진 전망으로 유명하다.

홈페이지 kr.alamoanahotel.com **주소** 410 Atkinson Dr, Honolulu **전화번호** 866-448-1396 **숙박요금** $149~ **리조트피** 없음 **인터넷** 무료 **주차** **셀프** $20, **발레** $25 **레스토랑** 로얄 가든(Royal Garden), 더 시그니처 프라임 스테이크&시푸드(The Signature Prime Steak & Seafood), 플랜테이션 카페(Plantation Cafe)

The Modern Honolulu
더 모던 호놀룰루

모던함을 테마로 하는 부티크 호텔. 해변에서 다소 떨어져 있어, 호텔 내에 매력적인 수영장과 바다 느낌이 나는 모래사장을 연출해 놓았다. 이 옆으로 위치해 있는 바는 저녁 시간대에 분위기 있는 칵테일 한잔하기에 적합하다. 호텔의 1층에는 호놀룰루에서 최근 뜨고 있는 나이트클럽인 애딕션이 있어 주말이면 북적인다.

호텔의 곳곳에 휴식공간이 있으며, 가족보다는 조금 더 모던한 느낌의 호텔을 찾는 연인들에게 더 인기가 있는 호텔이다. 객실은 침대에서부터 간단한 액세서리들까지 전체적으로 하얀색의 밝은 톤을 사용했으며, 곳곳에 하와이다운 아이템으로 장식되어있다. 깔끔한 호텔을 선호하는 사람들에게 추천할 만하다. 1층에는 나이트클럽 애딕션이 있다.

홈페이지 www.themodernhonolulu.com 주소 1775 Ala Moana Blvd, Honolulu 전화번호 808-450-3396 숙박요금 $220~ 리조트피 $30(홈페이지 예약 시 면제) 인터넷 리조트피에 포함 주차 셀프 없음, 발레 $35 레스토랑 래비쉬 레스토랑(Ravish Restaurant), 패지시웨이+더그로브(Passageway+The Grove)

Doubletree by Hilton Alana Waikiki
더블트리 바이 힐튼 알라나 와이키키

마리나 지역의 시내 쪽에 위치한 호텔로 여행자보다는 비즈니스를 하는 사람이 많이 숙박한다. 깔끔한 느낌의 로비와 친절한 직원들이 맞아주는 호텔로, 아주 작은 수영장이 하나 마련되어 있다. 알라 모아나 쇼핑센터까지 걸어갈 수 있는 거리에 있어 쇼핑을 즐기려는 사람들도 종종 숙박한다.

홈페이지 doubletree3.hilton.com/en/hotels/hawaii/doubletree-by-hilton-hotel-alana-waikiki-HNLKADT/index.html 주소 1956 Ala Moana Blvd, Honolulu 전화번호 808-941-7275 숙박요금 $180 리조트피 없음 인터넷 무료(힐튼 아너스 멤버 가입 시) 주차 셀프 없음, 발레 $36 레스토랑 트리스 레스토랑&바(Trees Restaurant&Bar)

Ilikai Hotel
일리카이 호텔
콘도

일반 호텔 객실과 주방이 있는 콘도 객실의 두 가지 형태가 있으며, 호텔의 외관은 다소 오래되어 보이지만 객실 중 새로 리노베이션을 마친 객실은 상당히 깔끔하다. 호텔 최상층에 위치한 레스토랑이 뷰 덕분에 꽤 인기가 있다. 위치가 좋다보니, 콘도를 이용하기 위한 가족여행객도 많다.

홈페이지 www.ilikaihotel.com 주소 1777 Ala Moana Blvd, Honolulu 전화번호 808-949-3811 숙박요금 $180~ 리조트피 $25 인터넷 리조트피에 포함 주차 셀프 없음, 발레 $28 레스토랑 시나몬스(Cinnamon's), 아로마 카페(Aroma Caffe)

Special

게와 랍스터가 먹고 싶을 때?

미국에서 최근 가장 유행하는 음식 중 하나가 바로 루이지애나 스타일의 시푸드이다. 주로 매콤한 소스의 해산물 찜 요리인데, 그중에서도 시가(Market Price)에 따라 가격이 변하는 던저니스 크랩과 랍스터이다. 때때로 공급 상황에 따라 없는 경우도 꽤 있지만 개인적으로는 던저니스 크랩을 더 선호한다. 이 외에도 새우, 크로피시, 홍합, 조개, 옥수수 등을 섞어서 함께 쪄 나오는 요리는 우리 입맛에 아주 그만이다.

매콤한 케이준 소스 외에도 후추, 마늘 등을 활용한 소스, 그리고 특별한 맛을 낸 그 집의 대표소스도 선택 가능하다. 특히 추가로 밥을 시켜 소스에 비벼먹으면 든든하게 한 끼를 해결할 수 있으며, 테이크아웃도 가능하다. 이곳에서는 격식을 차리기보다는 양손으로 열심히 먹는 것이 제대로 즐기는 방법이다.

게 / 랍스터 종류
던저니스 크랩(Dungeoness Crab), 블루 크랩(Blue Crab), 스노 크랩-대게(Snow Crab), 킹 크랩(King Crab), 랍스터(Lobster)

기타 해산물
새우(Shrimp), 미국가재(Crawfish), 홍합(Mussel), 조개(Clam), 굴(Oyster), 옥수수(Corn)

- ### 크래킨 키친(Crackin' Kitchen) $$$~$$$$

와이키키 중심가에 위치한 케이준 스타일의 시푸드 레스토랑이다. 기본적인 케이준 스타일의 레드 소스에서부터 블랙페퍼를 활용한 블랙소스까지, 그리고 레몬버터의 레몬과 양파를 사용한 화이트 소스가 있다. 주로 콤보로 많이 주문을 하며, 다른 곳보다 가격대가 좀 비싸다는 이야기가 있지만 위치가 좋다보니 많은 사람들이 찾는 곳이다. 대표적인 레드소스의 맛은 다른 곳들보다는 조금 아쉽게 느껴진다.

홈페이지 www.crackinkitchen.com 주소 364 Seaside Ave, Honolulu 전화번호 808-922-5552 영업시간 월~일 12:00~23:00

- 키킨 케이준(Kickin Kajun) $$$~$$$$

한국사람들에게 가장 잘 알려진 곳으로 작은 가게에 항상 사람들이 바글거린다. 다양한 해산물들을 포함한 콤보메뉴를 주로 이용하지만, 선호하는 것이 있다면 개별로 주문하는 것도 가능하다. 소스 종류나 맵기의 정도를 선택할 수 있다.
해산물은 비닐봉지에 담겨 나오며, 앞치마를 두르고 하나씩 뜯어 가며 먹으면 된다. 다 먹고 나면 물티슈를 별도로 제공해 준다. 가게 앞으로 주차공간이 있지만 사람들이 몰리는 시간에는 주차할 공간이 모자라기 때문에 조금 멀리 주차를 하고 찾아오기도 한다.

주소 1518 Makaloa St, Honolulu 전화번호 808-946-2787 영업시간 월~일 11:30~22:00

- 카라이 크랩(Karai Crab) $$$~$$$$

키킨 케이준과 레이징 크랩의 소스가 매콤한 케이준 소스라면, 카라이 크랩의 대표 소스인 카라이 스페셜은 후추 맛이 조금 더 강한 스타일의 소스다. 조금 다른 스타일의 게를 맛보고 싶다면 카라이 크랩도 꽤 괜찮은 선택으로, 현지인들에게 좋은 평을 받고 있다. 여러 소스를 맛보고 싶다면, 소스를 추가로 요청하면 별도의 그릇에 담아준다. 다른 지점과 달리 상대적으로 좀 떨어진 외곽의 주택 지역에 있어, 찾아가기가 다소 어려운 편이다.

홈페이지 karaicrab.com 주소 901 Hausten St, Honolulu 전화번호 808-952-6990 영업시간 월~일 17:00~21:00

Area 03 Downtown 다운타운

다운타운은 현재 하와이의 주 정부청사가 있는 행정지역임과 동시에 하와이 카메하메하 왕조 시대의 건물이 남아 있는 관광장소이다. 하와이 현 주민이 근무하는 오피스 빌딩이 모여 있으며, 와이키키와는 다른 현지인들의 실제 생활모습을 볼 수 있다.

다운타운의 볼거리

📷 King Kamehameha Statue 카메하메하 대왕 동상

카메하메하 대왕은 하와이 빅아일랜드섬에서 태어나 1781년에 하와이의 추장이 되었다. 그는 1795년에는 카우아이섬과 니하우섬을 제외한 섬들을 통합하고 1801년에 왕위에 올라 하와이 카메하메하 왕조를 창시한 인물이다. 캡틴 쿡 선장의 하와이 제도 발견 100주년을 기념하여 카메하메하 대왕 동상이 만들어졌으나, 제작 후 하와이로 옮기던 중 배가 침몰하여 사라진 뒤 다시 제작되어 오아후 다운타운에 세워졌다. 처음 만들어졌던 동상은 후에 발견되어 카메하메하 대왕의 고향인 카파아우에 세워졌다.

주소 417 S King St, Honolulu **찾아가기** 사법 역사 센터 앞 광장

📷 Iolani Palace 이올라니 궁전

이올라니 궁전은 하와이 제7대 대왕인 칼라카우아 왕에 의해서 1882년에 세워졌다. 미국의 유일한 궁전으로 하와이 왕조의 마지막 왕인 릴리우오칼라니 여왕이 퇴위할 때까지 살던 곳이다. 현재 이올라니 궁전 내부는 박물관으로 사용되고 있으며, 가이드 투어 및 오디오 셀프 투어를 통해서 내부를 둘러볼 수 있다. 만 5세 이하의 경우 힙시트를 이용하거나, 궁전에서 제공하는 별도의 스트롤러를 이용해야 하며 아이가 시끄러울 경우 투어 도중이라도 밖에 나가야 한다.

홈페이지 www.iolanipalace.org **주소** 364 South King St, Honolulu **전화번호** 808-522-0832 **영업시간** 지하 갤러리 관람 월~토 9:00~16:00, 일요일 공휴일 휴무 **가이드투어** 화, 수, 목 09:00~10:00, 금, 토 09:00~11:15, 15분 간격 출발 / 성인 $21.75 5~12세 $6, 4세 이하 무료 / 예약 필요 **셀프투어** 월 09:00~16:00, 화, 수, 목 10:30~16:00, 금, 토 12:00~16:00, 10분 간격 입장 / 성인 $14.75, 5~12세 $6, 4세 이하 무료

Hawaii State Art Museum 하와이 주립 예술 박물관

No.1 캐피톨 디스트릭트 빌딩 No.1 Capitol Distict Building 2층에 위치한 하와이 주립 예술 박물관은 무료로 둘러볼 수 있는 훌륭한 박물관이다. 3개의 갤러리 중 한 곳에는 하와이의 전통 예술 작품이 전시되어 있으며, 다른 2곳은 주기적으로 전시하는 작품이 변경된다.

홈페이지 sfca.hawaii.gov/hisam/visitor-information 주소 250 S Hotel St, Honolulu 전화번호 808-586-0900 개방시간 화~토 10:00~16:00 휴무 일, 월, 공휴일

The State Capitol 주 정부청사

하와이 자체를 상징하는 주 정부청사는 건물 자체에도 특별한 의미를 담고 있다. 주 정부청사 건물 전체에서 찾아볼 수 있는 8이라는 숫자는 하와이의 8개 섬을 의미하며, 바깥쪽 건물 기둥은 하와이의 야자나무를 표현한 것이다. 정부청사를 둘러싸고 있는 물은 태평양을 의미하고 있다. 건물 앞쪽에는 한센병을 위해 한평생을 바친 벨기에에서 온 데미안 신부의 동상이, 건물 뒤쪽에는 하와이의 마지막 여왕 릴리우오칼라니의 동상이 있다.

홈페이지 governor.hawaii.gov/main/hawaii-state-capitol-tours 주소 415. S. Beretania St, Honolulu 개방시간 월~금 08:30~15:30, 토~일 휴무 가이드 투어 1~5월 수 13:00 / 6~12월 월, 수 13:00

Kawaiaha'o Church 카와이아하오 교회

1838년에 산호 벽돌을 이용해 건축을 시작하였고, 약 14,000개를 이용해 1842년에 완성하였다. 카메하메하 3세가 첫 번째 의식을 진행할 때 약 5,000명이 모여들었다. 하와이 호놀룰루에 있는 건물 중 가장 오래된 건물 중 하나로 2층 구조로 되어있으며, 카메하메하 왕조 시대에는 예배당과 대관식 장소로 사용되었다. 현재에는 관광객과 현지인들의 결혼식 및 장례식 등의 장소로도 이용되고 있다.

홈페이지 www.kawaiahao.org 주소 957 Punchbowl St, Honolulu 전화번호 808-522-1333 개방시간 월~토 개방, 미사 및 결혼식 진행 시에는 들어갈 수 없음

📷 Washington place 워싱턴 플레이스

워싱턴 플레이스는 하와이 왕조가 전복되었을 때 릴리우오칼라니 여왕이 체포된 곳이다. 2007년 국립 역사 랜드마크로 지정되었으며, 내부에는 여왕의 소장품들이 보관되어있다. 현재는 하와이 주지사의 관저이자 박물관으로 사용되고 있으며, 투어로만 입장할 수 있다. 목요일에만 한정적으로만 투어를 진행하며, 홈페이지를 통해서 예약해야 한다.

홈페이지 washingtonplacefoundation.org 주소 320 Beretania Street, Honolulu 전화번호 808-586-0248

📷 China Town 차이나타운

호놀룰루의 차이나타운은 다양한 식재료를 저렴하게 구할 수 있는 곳이다. 열대과일도 하와이의 마트에서 사는 것보다 저렴하고, 한국 사람들의 맛에 맞는 식재료들도 구할 수 있다. 차이나타운은 역사가 오래된 만큼 다양한 식당이 있으며, 한국 식당도 여럿 위치해 있다. 다운타운에서 보내는 시간을 길게 잡았다면 차이나타운까지 걸어가서 호놀룰루의 또 다른 모습을 엿볼 수 있다.

찾아가기 N King St, N Hotel St, N Pauahi St에 걸쳐 넓게 퍼져 있다. 다운타운의 서쪽

📷 Mission House Museum 미션 하우스 박물관

가장 오래된 프레임 하우스는 1821년 미국의 선교사들이 하와이로 건너와 지은 건물로, 하와이에서 가장 오래된 목조건물이다. 건물을 세울 당시에는 선교사들과 현지인들이 함께 생활하는 주거형태였으나 현재는 다양한 하와이 문화를 보여주는 박물관으로 사용하고 있다. 프레임 하우스 외에 2개의 건물이 더 있다.

홈페이지 www.missionhouses.org 주소 553 South King St, Honolulu 전화번호 808-447-3910 개방시간 화~토 10:00~16:00, 일~월 휴무 입장료 성인 $10, 55세 이상 $8, 6세~대학생(학생증 필요) $6 가이드투어 11:00~15:00 매시 정각

Honolulu Academy of Arts 호놀룰루 미술관

1927년에 오픈한 호놀룰루 미술관은 4만 점이 넘는 예술작품을 소장 및 전시하고 있다. 아시아에서부터 미국 및 유럽 회화, 섬유예술, 현대미술 등 다양한 작품이 있는 하와이주 최대의 미술관이다. 무료 도슨트 투어가 주기적으로 진행되며, 화요일 오전 10시에서 12시까지는 한국어 무료투어가 있으므로 이 시간에 참여하면 좋다. 호놀룰루 미술관 내의 사진 촬영은 가능하나 불가능한 지역은 별도로 표시되어 있다. 각 달의 첫 번째 수요일과 세 번째 일요일은 입장료가 무료이다. 호놀룰루 미술관의 입장권은 당일 스폴딩 하우스 P. 222 에서도 유효하다.

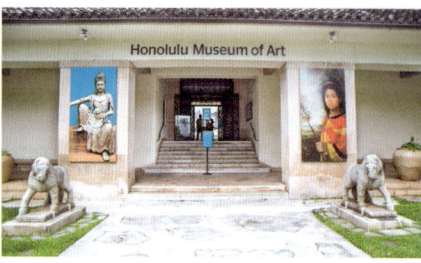

홈페이지 www.honoluluacademy.org 주소 900 South Beretania St, Honolulu 전화번호 808-532-8700 개방시간 화~일 10:00~16:30, 월 휴무 입장료 성인 $20, 18세 이하 무료 저자 한 마디 도로 건너편 공원 주변과 그 옆으로 주차공간이 있으며, 공식 유료 주차장은 Honolulu Museum of Art School에 있다.

Kamaka Hawaii 카마카 하와이

하와이의 대표적인 우쿨렐레 브랜드 중 하나인 카마카 우쿨렐레의 하와이 공장 및 사무소. 화~금요일 오전에는 무료 투어가 가능하므로 우쿨렐레 제작 과정이 궁금하다면 참여해볼 만하다. 하와이산 코아나무가 주재료이며, 제이크 시마부쿠로가 사용하는 것으로도 유명하다. 오피스에서 직접 우쿨렐레를 구입하는 것도 가능하다.

홈페이지 www.kamakahawaii.com 주소 550 South St, Honolulu 전화번호 808-531-3165 개방시간 월~금 08:00~16:00, 토, 일 휴무 무료 투어 화~금 10:30

Honolulu museum of Art at First Hawaiian Center
호놀룰루 미술관 – 퍼스트 하와이안 센터

다운타운에 있는 호놀룰루 미술관의 또 다른 전시관. 1996년 오픈 이후로, 많은 현대 미술작가들의 작품 전시장이 되어 왔다. 1층의 메인 뱅킹홀과 2층에 갤러리가 있으며, 모두 무료로 관람할 수 있다. 은행의 업무시간이 곧 관람 시간이다 보니, 주말에는 열지 않는다.

홈페이지 honolulumuseum.org/12002-first_hawaiian_center 주소 999 Bishop St, Honolulu 개방시간 월~목 8:00~16:00, 금 8:00~16:30, 토~일 휴관 입장료 무료 저자 한 마디 Merchant St쪽으로 주차장 입구가 있다.

Aloha Tower 알로하 타워

1926년 완공 당시 하와이에서 가장 높은 건물이었던 알로하 타워는 하와이 알로하 정신의 상징이자 호놀룰루 항의 랜드마크이다. 알로하 마켓플레이스 내에 위치한 타워의 10층에 전망대가 있어, 다운타운 및 호놀룰루 항뿐만 아니라 호놀룰루 시내도 볼 수 있다. 알로하 타워 전망대 바로 아래에 위치한 시계는 하와이의 시계 중 가장 큰 시계이다. 전망대 이용은 무료이다.

홈페이지 www.alohatower.com 주소 1 Aloha Tower Dr, Honolulu 전화번호 808-566-2337 개방시간 09:30~17:00

다운타운에서 쇼핑하기

Aloha Tower Marketplace 알로하 타워 마켓플레이스

과거에는 꽤 인기 있는 쇼핑몰이었지만, 현재는 상권이 많이 죽어 1층에만 상점들이 남아있다. 스타오브 호놀룰루 등의 크루즈 투어가 출발하는 곳이기도 하고, 후터스나 고든 비어쉬 브류어리 같은 괜찮은 레스토랑들도 있다. 쇼핑보다는 투어 참여와 알로하 타워를 보기 위해서 많이 찾는다. 최근 하와이 퍼시픽 대학의 주도로 재활성 작업이 진행중이다.

홈페이지 www.alohatower.com 주소 1 Aloha Tower Dr, Honolulu 전화번호 808-566-2337 주차 30분당 $3, 24시간 $30(상점에서 밸리데이션을 받았을 경우) 처음 1시간 무료, 6시간까지 시간당 $2

다운타운의 먹거리

$ - $10 이하, $$ - $11~20, $$$ - $21~30, $$$$ - $31 이상(메인코스 기준)

Fort Street Cafe
포트 스트리트 카페 $

포트 스트리트 카페는 베트남과 타이 요리 전문점이다. 주 고객이 근처의 학생과 직장인이다 보니, 가격도 저렴하고 맛도 보장된다. 쌀국수를 시키면 고수풀이 아니라 바질이 함께 나오는 것이 특징. 육수는 꽤 진하고 맛있다.

주소 1152 Fort St Mall, Honolulu 전화번호 808-536-0455 영업시간 월~금 07:30~19:00, 토 08:30~15:00, 일 휴무

Ahi & Vegetable 아히 & 베지터블 $

포트 스트리트몰에 위치한 아히 & 베지터블은 숨은 보석 같은 레스토랑이다. 여러 가지 양념의 아히 포케와 스시 라이스, 미소국을 넣어 세트로 판매하는 메뉴 대부분이 맛있다. 점심시간에는 자리가 없을 정도이다.

주소 1126 Fort St Mall, Honolulu **전화번호** 808-599-3500 **영업시간** 월~목 10:00~18:00, 금 10:00~17:00, 토, 일 휴무

Good and Healthy Cafe 굿 앤 헬시 카페 $

그리스와 레바논 음식을 함께하는 카페이다. 역시 작은 아케이드 안에 위치하며, 좌석이 한정되어 있어 항상 붐빈다. 런치 플레이트를 판매하며, 현지인들의 인기 있는 점심 스팟이다.

주소 212 Merchant St, Honolulu **전화번호** 808-566-6365 **영업시간** 월~금 11:00~14:00, 토~일 휴무

Gordon Biersch Brewery
고든 비어쉬 브류어리 $$~$$$

하와이의 밤, 라이브 음악을 들으며 맛있는 맥주를 마시고 싶다면 고든 비어쉬 브류어리는 탁월한 선택이다. 대표적인 라거 맥주인 골든 엑스포트 Golden Export 가 단연 인기 있지만, 다른 맥주들을 모두 맛보고 싶다면 샘플러를 시켜보자. 5개의 대표 맥주와 계절 맥주를 모두 마셔본 뒤, 가장 마음에 드는 것으로 선택할 수 있다. 요리들도 전체적으로 맥주 안주로 잘 어울린다.

홈페이지 www.gordonbiersch.com **주소** 1 Aloha Tower Dr, Honolulu(Aloha Tower Marketplace) **전화번호** 808-599-4877 **영업시간** 월~목, 일 11:00~22:00, 금~토 11:00~24:00

La Cucina Ristorante Italiano
라 쿠치나 리스토란테 이탈리아노 $$~$$$

현지인들에게 인기 있는 정통 이탈리안 레스토랑. 퓨전 이탈리안 요리에 익숙한 사람에게는 조금 어색할 수 있지만, 제대로 된 정통 이탈리안 요리를 하는 것으로 유명하다. 건물 안에 있어 찾기 좀 어려운 데다, 대체적으로 식사시간이 길어 줄을 서는 경우가 많다. 라비올리와 리조또가 평이 좋지만, 파스타들도 대부분 훌륭하다.

홈페이지 www.lacucina ristoranteitaliano.com **주소** 725 Kapiolani Blvd, Honolulu **전화번호** 808-593-2626 **영업시간** 월~토 17:30~22:00, 일 휴무

 ## Pho Cuu-Long II 포쿠롱 II $

차이나타운 최고의 쌀국수를 먹을 수 있는 곳으로 유명하다. 점심시간에는 줄을 선 사람들도 쉽게 볼 수 있을 정도이며, 차이나타운에서 가장 깔끔한 레스토랑 중 하나. 차이나타운의 끝까지 걸어왔다면, 포 쿠 롱II에서 맛있는 식사로 마무리해보자.

홈페이지 www.cuu-long.com **주소** 175 N hotel st, Honolulu **전화번호** 808-585-6199 **영업시간** 월~일 08:00~17:00

Area 04 Honolulu 호놀룰루 근교

호놀룰루의 복잡한 도심을 조금만 벗어나도 가족과 함께 갈 만한 박물관에서부터 자연 속으로 푹 빠져들 수 있는 다양한 장소가 있다. 오아후에서의 일정이 길수록 가볼 곳이 늘어나는데, 그중에서도 다이아몬드 헤드는 아침 일찍 꼭 한 번 올라가 볼 만한 명소이다.

| 오아후섬

호놀룰루의 해변

Diamond Head Beach
다이아몬드 헤드 비치

절벽 아래에 위치한 해변으로, 와이키키에서의 바글거리는 서핑보다는 조용한 서핑을 선호하는 서퍼들에게 인기 있다. 주차장에서 해변까지 약 20여 분을 걸어 내려가야 하다 보니, 서핑보드를 들고 걷는 서퍼들의 모습을 쉽게 볼 수 있다. 화장실은 내려가는 길이 시작되는 곳에 있다.

특징 화장실, 서핑 **저자 한 마디** 다이아몬드 헤드 로드를 따라서 길거리 주차가 가능하다. 다만, 전망대에는 긴 시간 주차가 불가능하므로 해변 이용 시에는 도로의 빈자리를 찾도록 하자.

호놀룰루의 볼거리

Bishop Museum
비숍 박물관

1889년 찰스 리드 주교에 의해 설립된 비숍 박물관은 하와이에서 가장 큰 박물관이다. 하와이 및 폴리네시아 문화권의 유물 및 역사와 문화를 다양한 테마로 전시해 놓은 곳으로, 다양한 체험 프로그램에 참여할 수 있다. 또한, 입장료에는 천문관에서 진행되는 영상도 포함되어 있으므로 꼭 잊지 말고 관람하자.

홈페이지 www.bishopmuseum.org **주소** 1525 Bernice Street, Honolulu **전화번호** 808-847-3511 **개방시간** 월~일 09:00~17:00 **입장료** 성인 $24.95, 65세 이상 $21.95, 4~17세 $16.95, 3세 이하 무료

Honolulu Museum of Art – Spalding House
호놀룰루 미술관 - 스폴딩 하우스

과거 호놀룰루 현대미술관이었다가, 전시품들을 호놀룰루 미술관과 통합하면서 현재의 스폴딩 하우스가 되었다. 데이비드 호크니의 작품을 영구 전시하고 있으며, 그 외의 전시품들은 주기적으로 바뀐다. 갤러리뿐만 아니라 뒤로 이어지는 정원에도 미술 작품들이 있으며, 멀리 호놀룰루 시내도 내려다볼 수 있다. 언덕 위에 위치한 데다 입구가 작아 자칫 지나치기 쉽다. 화~일요일 오후 1시 30분에 갤러리 및 가든 투어가 제공된다. 매월 첫 번째 수요일과 세 번째 일요일은 입장료 무료이다. 스폴딩 하우스의 입장권은 당일 호놀룰루 미술관에서도 유효하다.

홈페이지 www.tcmhi.org 주소 2411 Makiki Heights Dr, Honolulu 전화번호 808-526-1322 개방시간 화~토 10:00~16:00, 일 12:00~16:00, 월 휴무 입장료 성인 $10, 17세 이하 무료

 ## Foster Botanical Garden
포스터 보타니컬 가든

도심 속의 휴식과 같은 작은 식물원으로, 하와이에서 볼 수 있는 다양한 나무와 꽃 그리고 열매들을 감상할 수 있다. 무료 주차가 가능하며, 규모가 크지 않아 1~2시간 정도면 충분히 둘러볼 수 있다. 월~토요일 오전 10시 30분에는 무료 도슨트 투어가 있으며, 한정된 인원만을 받으므로 원한다면 예약하는 것이 좋다.

홈페이지 www.honolulu.gov/cms-dpr-menu/site-dpr-sitearticles/568-foster-botanical-garden.html 주소 180 N Vineyard Blvd, Honolulu, HI 96817 전화번호 808-522-7066 개방시간 월~일 09:00~16:00 입장료 성인 $5, 6~12세 $1, 5세 이하 무료

 ## Punchbowl & National Memorial Cemetery
펀치볼 분화구 & 국립 태평양 기념묘지

펀치볼 분화구는 오아후섬의 두 번째 화산활동 시기인 약 7만 7천 년~10만 년 전에 생성된 것으로, 현재 국립 태평양 기념묘지가 위치한다. 펀치볼의 하와이 이름인 '푸오와이나 Puowaina'는 희생의 언덕을 의미한다. 국립 태평양 기념묘지에는 세계 1, 2차 대전, 한국전쟁, 베트남전쟁에서 숨진 병사들이 잠들어 있다. 기념묘지에서 호놀룰루 시내의 모습을 내려다볼 수 있다.

홈페이지 www.cem.va.gov/cems/nchp/nmcp.asp 주소 2177 Puowaina Drive, Honolulu 전화번호 808-532-3720 개방시간 월~일 8:00~18:30(겨울시즌은 ~17:30)

Queen Emma Summer Palace 엠마 여왕의 여름 궁전

카메하메하 4세의 왕비인 엠마 여왕이 가족과 함께 여름마다 머물던 곳으로 누우아우 계곡에 자리 잡고 있다. 1885년 엠마 여왕이 사망한 이후 일반인에게 판매되어 건물이 공원으로 변경될 위기에 처했으나, 사라져가는 하와이 문화와 유적을 지키려는 단체인 하와이의 딸들에 의해 건물이 복구되어 현재는 박물관으로 사용되고 있다.

홈페이지 www.queenemmasummerpalace.org 주소 2913 Pali Hwy, Honolulu 전화번호 808-595-3167 개방시간 09:00~16:00, 일 10:00~15:00 입장료 성인 $10, 5~17세 $1, 4세 이하 무료(월~토요일 10:00, 11:00, 13:00, 14:00 무료 가이드 투어가 있다.)

 ## Puu Ualakaa State Park 탄탈루스 언덕 - 푸우 우알라카아 주립공원

탄탈루스 언덕으로 잘 알려진 곳은 바로 탄탈루스 드라이브 Tantalus Dr 와 라운드톱 드라이브 Round Top Dr 이다. 보통 야경을 보기 위해 많이 올라가는 곳은 탄탈루스 드라이브가 아니라 라운드톱 드라이브 쪽으로, 나호아 스트리트에서 약 10분 정도 올라가면 차를 세울 수 있는 곳이 나온다. 많은 투어가 이곳에서 야경을 본다. 조금 더 올라가면 급한 커브에서 푸우 우알라카아 주립공원 입구가 나오는데, 이곳에서 보는 풍경이 더 멋지다. 해가 지기 1시간 전에 탄탈루스 드라이브에서 시작해서 라운드톱 드라이브로 내려오면서 주립공원에 들러 석양을 즐기는 코스가 인기 있지만, 시간이 없다면 바로 주립공원으로 가도 무방하다. 주립공원은 일몰 직후까지 개방하므로, 주립공원에서 석양을 보고 탄탈루스 야경 포인트에서 야경을 보고 내려오면 된다. 푸우 우알라카아 주립공원의 풍경은 낮에 올라가도 멋지다.

주소 Round Top Dr, Honolulu 개방시간 4월 1일~9월 첫째 화요일 07:00~19:45, 9월 첫째 화요일~3월 31일 07:00~18:45

Koaloha Ukulele 코알로하 우쿠렐레

무료 투어가 가능한 또 다른 하와이의 유명 우쿠렐레 공장 중 하나로, 월~금 지정된 시간에 투어가 가능하다. 무료투어는 약 30분 정도 진행되며, 간단하게 우쿠렐레 제작 과정과 재료들에 관해서 설명을 해 준다. 스텝들은 상당히 친절한 편. 만약 좀 더 디테일한 투어를 원한다면, 유료 풀 투어에 참여할 수 있으며 사전에 이메일로 예약하여 시간을 잡아야 한다.

홈페이지 www.koaloha.com 주소 744 Kohou St, Ste K, Honolulu 전화번호 808-847-4911 개방시간 월~금 8:00~17:00, 토~일 휴무 무료 투어 월~금 13:00

 ## Lyon Arboretum 라이언 식물원

하와이 대학교에서 관리하고 있는 식물원으로 마노아 계곡 끝에 위치한다. 이곳 대부분의 식물은 열대우림 저지대 식물과 하와이에서만 자라는 특별한 식물로 구성되어 있으며, 다양한 트레일이 있어 둘러보기에 좋다. 다만, 수많은 식물이 있으나 초입 이후에는 식물에 대한 설명이 부족해 식물원이라기보다는 자연공원의 느낌이 강하다. 과거 하와이 원주민들이 경작하던 밭을 재현해 놓은 곳도 있다. 주차장은 무료이며, 입장료도 기부로 운영된다.

홈페이지 manoa.hawaii.edu/lyonarboretum 주소 3860 Manoa Rd, Honolulu 전화번호 808-988-0457 개방시간 월~금 08:00~16:00, 토 09:00~15:00, 일 휴무 입장료 $5 기부

 ## Manoa Falls Trail 마노아 폭포 트레일

관광객보다는 현지인들에게 더 인기 있는 등산로. 열대우림과 대나무로 가득한 마노아 폭포 등산로는 1.5마일(2.4km)로 왕복 1시간 반 정도가 걸리며, 등산로의 끝에는 46m 높이의 마노아 폭포가 있다. 마노아 폭포도 아름답지만 올라가는 길 자체가 아름다워 인기가 많다. 와이키키 해변 지역이 맑은 날에도 이곳

에는 비가 오는 때도 있으며, 비가 온 날에는 길이 질척하고 미끄럽다. 모기와 같은 곤충이 많으므로 벌레 퇴치제는 필수이며, 운동화를 신는 것이 좋다. 트레일 옆으로 흐르는 물에는 맑아 보여도 박테리아가 있을 수 있으므로 절대 마시지 말아야 한다.

찾아가기 Manoa Rd의 끝(트레일 입구에 도착하기 전에 별도의 유료 주차장이 있다.)

KCC Farmer's Market KCC 파머스 마켓

호놀룰루에서 가장 유명한 파머스마켓으로, 매주 토요일 오전과 화요일 오후에 열린다. 파머스 마켓이 열리는 날이면 일찍부터 주차장이 꽉 찬다. 물건을 가지고 나온 농부들과 음식을 파는 사람들 그리고 구경을 하러 나온 사람들까지 마켓이 열리는 시간 동안에는 발 디딜 틈 없이 복작댄다. 슈퍼마켓과 비교해서 가격이 딱히 저렴하거나 하지는 않지만, 농장에서 바로 가지고 온 과일과 채소들은 신선함 그 자체다. 파머스 마켓에는 지역에서 생산되는 잼, 꿀, 공산품 외에도 다양한 먹거리들이 가득하다. 대부분 평범한 수준이며 딱히 특별하다 싶을 정도의 음식은 없지만, 그래도 밖에 나와서 먹는 기분만큼은 나쁘지 않다.

홈페이지 www.kapiolani.hawaii.edu/project/farmers-market **주소** 4303 Diamond Head Rd(Parking Lot C) **개방시간** 토 07:30~11:00, 화 16:00~19:00

Diamond Head Trail 다이아몬드 헤드 트레일

다이아몬드 헤드는 생성된 지 약 15만 년 정도 된 오아후섬의 대표적인 트래킹 코스로, 와이키키에서도 트롤리나 버스, 렌터카를 이용해 쉽게 접근할 수 있어 많은 사람이 찾는다. 주차장에서부터 왕복 1.6마일(약 2.6km) 거리로 사람에 따라 다르지만 1시간~1시간 반 정도면 쉽게 다녀올 수 있는데, 처음에는 완만한 경사로 시작하다가 정상에 가까워질수록 가파른 계단으로 바뀐다. 전망대에서는 호놀룰루 시내와 하와이 카이 양쪽을 모두 내려다볼 수 있다. 겨울에는 일출을 볼 수 있는 포인트로도 유명하다.

홈페이지 dlnr.hawaii.gov/dsp/parks/oahu/diamond-head-state-monument **주소** Diamond Head Rd and 18th Ave, Honolulu **개방시간** 월~일 06:00~18:00(마지막 입장 : 16:30) **입장료** 성인 $1, 차량 $5 (탑승인원 포함)

다이아몬드 헤드 가는 법

- **렌터카** : 직접 다이아몬드 헤드 주차장까지 올라갈 수 있어 쉽게 트래킹을 할 수 있다. 차량의 경우 탑승인원과 상관없이 입장료 및 주차비로 $5를 내면 된다.
- **택시** : 와이키키에서 편하게 트레일 입구까지 갈 수 있다. 편도 요금은 약 $15~20이다. 우버를 이용하면 조금 더 저렴하다.
- **트롤리** : 그린 트롤리 루트가 다이아몬드 헤드를 거쳐 간다. 다만, 편도로는 탈 수 없고 데이패스를 사야 하는 만큼 가격 대비 성능을 따져봐야 한다.
- **버스** : 9, 23, 24번 버스가 Diamond Head Rd의 앞에 선다. 때문에 초입에서부터 다이아몬드 헤드 주차장까지 걸어 올라가야 한다. 이 경우 전체 시간에 왕복 30분 정도를 추가해야 한다.

1. 완만한 경사 걷기 : 주차장에서부터 올라가는 초입은 산뜻하게 걸을 수 있는 길이다. 등산로는 잘 포장되어 있고, 양쪽으로 나무들이 있어 시작은 매우 가볍다. 다이아몬드 헤드 등산을 시작하기 전에 1인당 최소 1병의 물을 준비하는 것이 좋다.

2. 오르막 오르기 : 잘 포장된 길의 끝에는 조금 더 경사진 길이 이어진다. 등산로에서 가장 긴 코스이기는 하지만, 천천히 오르면 부담 없이 오를 수 있다. 오르막 끝에 다다르면 왼쪽으로 다이아몬드 헤드 분화구를 내려다볼 수 있는 전망대가 있다.

3. 첫 번째 계단 & 터널 : 오르막을 다 올라오면 첫 번째 가파른 계단을 만나게 된다. 계단을 다 올라서면 터널이 나오는데, 어두우므로 선글라스는 벗는 것이 좋다.

4. 분기점 : 첫 번째 계단을 나오면 전망대까지 향하는 2가지 루트가 나온다. 터널 오른쪽은 기존의 가파른 계단 루트A, 왼쪽은 새로운 루트B이다. 새로운 루트가 생긴 이후로는 대부분 새로운 루트를 많이 이용한다.

다이아몬드 헤드 가는 법

〈A루트〉

A5. 더 가파른 계단 & 나선형계단 : 기존 A 루트는 더 가파른 계단이다. 계단의 숫자가 다소 많아 조금 힘들어, 대부분 이 지점에서 한 번쯤 쉬고 올라간다. 계단 이후에는 빙글빙글 돌아가며 올라가는 나선형 계단이 나온다.

A6. 벙커 : 계단을 모두 올라서면 벙커 안으로 들어가게 된다. 벙커를 빠져나가는 것이어서 허리를 숙여야 한다. 벙커를 빠져나와 길을 따라가면 마지막 계단이 나온다.

〈B루트〉

B5. 바깥으로 이어지는 계단 : 기존의 좁고 답답했던 가파른 계단 대신, 바깥 풍경을 보면서 올라갈 수 있는 새로운 루트가 생겼다. 바깥으로 이어지는 계단 앞은 작은 전망대 역할을 한다.

B6. 가파른 계단 : B루트 역시 가파른 계단을 올라야만 전망대로 향하는 길로 갈 수 있다. 대신 탁 트인 풍경 덕에 올라가면서 기념사진을 촬영하는 사람들도 많다. 계단을 다 올라간 뒤 조금만 걸으면 마지막 계단에 도착하게 된다.

7. 마지막 계단 : A와 B루트가 만나는 지점은 계단 형태로 되어 있으며, 꼭대기에 오르면 360도를 모두 전망할 수 있다.

8. 전망대 : 전망대에서는 아름다운 와이키키에서부터 끝없이 이어지는 바다까지, 잊지 못할 풍경을 마주하게 된다. 다이아몬드 헤드에 올랐다는 성취감과 함께 기쁨을 느껴보자.

호놀룰루에서 쇼핑하기

 Kahala Mall
카할라 몰

호놀룰루 부촌에 위치한 쇼핑몰로 특별한 명품 브랜드는 없지만, 디자이너 샵에서부터 캐주얼한 브랜드까지 쏠쏠하게 쇼핑을 할 수 있는 매장이 많이 입점해 있다. 슈퍼마켓도 유기농의 호울푸드 마켓이 들어와 있으며, 바로 옆으로 메이시스 백화점이 연결된다. ▶ P. 301

홈페이지 www.kahalamallcenter.com **주소** 4211 Waialae Ave, Honolulu **전화번호** 808-732-7736 **영업시간** 월~토 10:00~21:00, 일 10:00~18:00

호놀룰루의 먹거리

$ - $10 이하, $$ - $11~20, $$$ - $21~30, $$$$ - $31 이상(메인코스 기준)

Tonkatsu TAMAFUJI
돈카츠 타마후지
$$~$$$ 저자 추천

와이키키 인근에서 최근 두툼한 고기로 좋은 평을 받는 돈카츠 전문점이다. 긴자 바이린보다 상대적으로 저렴하면서도 돈카츠의 퀄리티는 그에 못지않아 매일 밤 항상 줄을 서는 가게이다. 대부분의 메뉴가 $18~20지만, 고기의 양을 늘리거나 세트로 시키면 금액이 높아진다. 저온으로 오래 튀기다보니, 돈까스를 먹기까지 시간이 많이 소요되기 때문에 시간을 넉넉하게 잡고 방문해야 한다. 줄을 서게 되면 입구에서 대기 리스트를 받는다.

주소 2층, 449 Kapahulu Ave, Honolulu **전화번호** 808-922-1212 **영업시간** 월, 수, 목, 금 16:00~21:30, 토~일 11:00~14:00, 17:00~21:30, 화 휴무 **주차** 상가 지하에 유료 주차장이 있다.

Bogart's
보가츠
$$

서퍼들이 이른 아침 서핑을 즐기고 나서, 아침식사를 하기 위해 많이 들르는 레스토랑이다. 새벽부터 오픈하며, 다양한 아침식사 메뉴가 있어 선택의 폭도 넓다. 점심식사도 가능하며, 대부분 가볍게 먹을 수 있는 메뉴이다.

주소 3045 Monsarrat Ave, Honolulu 전화번호 808-739-0999 영업시간 월~일 07:00~15:00

Liliha Bakery 릴리하 베이커리 $~$$ 저자추천

60년이 넘는 역사를 가진 현지인들이 사랑하는 빵집으로, 다양한 빵 중 특히 코코 퍼프가 인기 있다. 퍼프는 달콤한 슈크림이 들어있는 슈크림빵으로 그 외에도 초콜릿 크림 퍼프, 녹차 퍼프가 맛있는데, 후식으로 최고이다. 본 지점은 Kuakini St에 있는 곳이며, N Nimitz Hwy에 더 큰 지점이 있으므로 편리한 곳으로 가면 된다. N Nimitz Hwy에 있는 지점은 넓은 공간과 많은 테이블이 있어 조금 더 편리하게 식사할 수 있으며, 본 지점은 로컬 분위기로 현지인들이 더 많이 찾는다.

지점들이 모두 새벽에도 영업을 하므로 공항에 도착하자마자 또는 떠날 때 잠시 들러 아침식사를 하기에도 좋다. 대표적인 하와이 음식인 로코모코 외에도, 햄버거, 오믈렛, 팬케이크, 생선요리 등 꽤 다양한 선택이 가능하다. 양도 전체적으로 많은 편이므로, 1인 1메뉴로 충분하다. 또한, 후식으로 퍼프류를 먹어야 하기 때문에 과식은 자제하는 것이 좋다. 식사를 하지 않고 빵만 사 가는 사람들도 많다.

홈페이지 lilihabakeryhawaii.com 지점 1 주소 515 N Kuakini St, Honolulu 전화번호 808-531-1651 영업시간 화요일 06:00~일요일 20:00(수~목 24시간), 월요일 휴무 지점 2 주소 580 N Nimitz Hwy, Honolulu 전화번호 808-537-2488 영업시간 월~일 06:00~24:00

Original Pancake House 오리지널 팬케이크 하우스 $

포틀랜드에서 시작되어 미국 전역에 퍼진 팬케이크 하우스로, 특히 인기 있는 곳은 딜링햄 지점이다. 아침식사가 메인인 만큼 아침 일찍 오픈해서 점심시간이 막 끝날 즈음에 문을 닫는다. 이름처럼 팬케이크가 가장 맛있는 가게인데, 주말에는 줄을 설 각오를 해야 한다.

홈페이지 www.originalpancakehouse.com 본점 주소 1414 Dillingham Blvd, Honolulu 전화번호 808-847-1496 영업시간 월~일 06:00~14:00 분점 주소 1221 Kapiolani Blvd, Honolulu 전화번호 808-596-8213 영업시간 월~일 06:00~14:00

Leonard's Bakery 저자 추천
레오나드스 베이커리 $

하와이 최고의 말라사다를 맛보고 싶다면 레오나드스 베이커리를 찾아야 한다. 1952년부터 운영된 이 빵집은 빵을 사려는 사람들 덕분에 주차할 자리가 없을 정도로 인기 있다. 다양한 재료가 들어간 말라사다 이외에도 쿠키, 케이크, 패스트리, 도넛 등의 다양한 빵을 판매한다. 잠깐 들러서 꼭 말라사다의 맛을 볼 것!

홈페이지 www.leonardshawaii.com 주소 933 Kapahulu Ave, Honolulu 전화번호 808-737-5591 영업시간 월~목, 일 05:30~21:00, 금~토 05:30~22:00

ONO Seafood
오노 시푸드 $

아파트 안쪽에 위치해 있어 찾기가 쉽지 않다. 신선한 포케를 만드는 곳으로 유명해서 테이크아웃을 해 가는 사람도 많으며, 바로 앞에 작은 피크닉테이블이 있어 바로 식사할 수도 있지만 자리가 항상 부족하다. 스파이시, 고추냉이, 문어, 하와이안 포케 등 종류와 상관없이 모두 맛이 좋으며, $10 이하로 먹을 수 있어 사람들이 끊이지 않는다.

주소 747 Kapahulu Ave, Honolulu 전화번호 808-732-4806 영업시간 화~토 09:00~18:00, 월, 일 휴무

Diamond Head Cove Health Bar 저자 추천
다이아몬드 헤드 코브 헬스 바 $~$$

사람들이 다이아몬드 헤드 코브에 위치한 헬스 바에 들르는 이유는 바로 유명한 아사이볼을 먹기 위해서다. 푸짐한 아사이베리 위에 그라놀라, 바나나, 딸기를 올린 아사이볼은 한 끼 식사 겸 영양식으로 충분하다. 또 다른 인기 메뉴는 다양한 스무디이며, 샐러드와 간단한 생선요리도 가능하다.

홈페이지 www.dacove.com 주소 3045 Monsarrat Ave, Honolulu 전화번호 808-732-8744 영업시간 월, 금~일 09:00~19:00, 화~목 09:00~22:00

# The Counter 더 카운터 $$

캘리포니아에서 처음 시작된 레스토랑으로, 내가 원하는 버거를 직접 만들어 먹는다는 컨셉으로 잘 알려져 있다. 물론, 메뉴에는 더 카운터 버거나 홀리 크랩, 바이슨 이즈 고우다, 레드 아이 등 여러 햄버거가 있지만, 처음부터 끝까지 원하는 재료로 직접 선택하는 것도 가능하다. 햄버거의 퀄리티도 좋고, 갈릭프라이와 고구마프라이도 맛있다. 단점이라면, 개인별로 특성화된 햄버거를 만들다 보니 주문에서부터 햄버거를 받기까지 시간이 상당히 오래 걸린다는 점이다.

홈페이지 www.thecounterburger.com 주소 4211 Waialae Ave, Honolulu 전화번호 808-739-5100 영업시간 월~목, 일 11:00~21:00, 금~토 11:00~22:00

Nico's Pier 38 니코스 피어 38 $~$$

생선 판매와 레스토랑을 겸하는 곳으로, 신선한 생선요리를 맛볼 수 있는 곳이다. 피쉬타코, 구운 생선 샌드위치, 팬 시어드 후리카케 아히, 피시앤칩스 등 생선요리가 메뉴의 대부분을 차지하고 있으며, 피자도 판매한다. 부두에 니코스 피어 38의 전용 주차공간이 있으며, 그 외에도 주차 가능한 공간이 곳곳에 있다. 요리별로 카운터가 따로 있어 원하는 곳에서 주문하고, 계산대에서 최종 계산을 하는 방식이다. 대부분의 메뉴는 레스토랑에서 주문 가능하나, 포케볼의 경우에는 레스토랑 왼쪽에 딸린 마켓에서 주문을 해야 한다.

홈페이지 www.nicospier38.com 주소 1131 N Nimitz Hwy, Honolulu 전화번호 808-540-1377 영업시간 월~토 06:30~21:00, 일 10:00~21:00

Cafe Kaila 카페 카일라 $~$$

마켓 시티 쇼핑센터에 위치한 카페 카일라는 스윗 E's 카페와 함께 아침식사 장소로 인기가 있는 곳이다. 오늘의 스페셜이 주기적으로 바뀌며, 그중에서도 벨기안 와플과 살몬 베네딕트가 가장 인기 있다. 물론 오믈렛과 팬케이크도 사람들에게 사랑받는 메뉴다. 점심시간대에는 파니니와 샐러드 그리고 파스타 등을 판매한다.

주소 2919 Kapiolani Blvd, Honolulu 전화번호 808-732-3330 영업시간 월~금 07:00~18:00, 토~일 07:00~15:30

Sweet E's Cafe 스윗 E's 카페
$~$$

 저자 추천

호놀룰루에서 사랑받는 아침식사 스팟 중 하나. 오전 9시만 되도 사람들이 줄을 서기 시작하는 날이 많을 정도로 인기다. 줄을 설 경우 바깥에 이름을 적고 기다리면, 차례가 될 때 호명한다. 블루베리 크림치즈 스터프드 프렌치토스트(Blueberry Cream Cheese Stuffed French Toast)가 가장 인기 있는 메뉴지만, 다양한 오믈렛과 에그베네딕트도 사람들이 좋아하는 메뉴다. 커피는 시킬 경우 계속 리필을 해 준다. 발렛 주차도 가능하다.

주소 1006 Kapahulu Ave, Honolulu **전화번호** 808-737-7771 **영업시간** 월~일 07:00~14:00

 ## 53 By The Sea 53 바이 더 시
$$$~$$$$

해안에 위치한 53 바이 더 시는 멀리 와이키키와 다이아몬드헤드가 보이는 풍경으로 잘 알려져 있다. 단순히 풍경뿐만 아니라 아름다운 건축물과 그에 맞는 수준의 음식들은 와이키키에서 꽤 멀리 떨어져 있음에도 예약을 하지 않으면 오래 기다려야 할 정도로 인기가 높다. 다소 가격대가 높기는 하지만, 신혼여행과 같이 특별한 날이라면 한 번쯤 예약을 잡아보는 것도 좋다. 캐주얼보다는 갖춰 입고 와서 식사를 하는 사람들이 많다. 무료 발렛 주차가 가능하며, 찾을 때 팁만 챙겨주면 된다.

홈페이지 www.53bythesea.com **주소** 53 Ahui St, Honolulu **전화번호** 808-536-5353 **영업시간** 월~일 11:00~14:00, 16:00~23:00

호놀룰루의 숙소

Kahala Hotel & Resort
카할라 호텔 & 리조트

이영애, 은지원 등이 결혼한 곳으로 더 잘 알려진 카할라 호텔 & 리조트는 와이키키 해변에서 얼마 떨어지지 않은 고급 주택단지인 카할라에 위치한다. 객실은 라나이의 유무에 따라 두 가지 타입으로 구분되며, 라나이가 있는 객실이 가격이 조금 높다. 전체적으로 하얀색의 밝은 분위기가 느껴지는 카할라의 객실과, 고급 용품을 사용하는 욕실은 카할라만의 큰 장점이다.

카할라 호텔은 여러 가지 액티비티를 즐기기에 최적인 호텔이다. 특히 돌고래와 함께 수영하는 프로그램은 가족단위의 여행객들에게 특히 인기 있는데, 돌고래 라군을 내려다보는 뷰의 객실이 따로 있을 정도이다. 프로그램에 참여하지 않아도 돌고래를 직접 구경할 수 있으며, 그 외에도 라군에서 만타레이, 거북이, 열대어들을 관찰할 수 있어 숙박하지 않아도 이를 보기 위해 찾아오는 사람들까지 있을 정도이다.

호텔의 이름에 걸맞는 고급 피트니스시설과 커다란 수영장을 갖추고 있으며, 수영장 너머는 해변으로 바로 연결된다. 카할라에는 두 개의 가제보가 있는데 서쪽은 은지원이 결혼한 곳이며, 동쪽은 이영애가 결혼한 곳으로 커플들이 좋아하는 사진 촬영장소이다. 특히 바다 쪽으로 땅이 튀어나온 동쪽의 포인트는 일몰 시간대에 달콤한 키스를 나누는 로맨틱 포인트로도 알려져 있다. 호텔에서 와이키키와 근교의 쇼핑센터까지 무료 셔틀을 제공한다.

홈페이지 www.kahalaresort.com **주소** 5000 Kahala Ave, Honolulu **전화번호** 808-739-8888 **숙박요금** $400~ **리조트피** 없음 **인터넷** 무료 **주차** 셀프 $32, 발레 $32 **레스토랑** 호쿠스(Hoku's), 플러메리아 비치 하우스(Plumeria Beach House), 더 베란다(The Veranda), 시사이드 그릴(Seaside Grill), 아란치노 앳 더 카할라(Arancino at The Kahala) **스파** 더 카할라 스파(The Kahala Spa)

Area 05 Hawaii Kai 하와이 카이

와이키키에서 멀지 않은 하와이 카이에는 오아후섬의 대표적인 스노클링 명소인 하나우마 베이에서부터 할로나 블로우 홀, 마카푸우 전망대, 코코헤드 등의 트레일까지 다양한 볼거리와 즐길 거리가 있다. 멋진 풍경과 함께 달릴 수 있는 드라이브 코스도 유명해, 하와이에 가면 꼭 한 번쯤 하와이 카이에 방문하게 된다.

하와이 카이의 해변

Hanauma Bay
하나우마 베이

오아후의 가장 대표적인 스노클링 포인트로, 렌터카를 이용하거나 오아후에서 출발하는 다양한 투어를 이용하여 찾아갈 수 있다. 마치 수족관 안으로 들어온 것 같은 착각이 들 정도로 많은 물고기를 만날 수 있으며, 운이 좋으면 거북이까지 볼 수 있는 스노클링의 천국이다. 입장료를 내면 입장할 수 있는 시간이 적힌 종이를 나눠주는데, 입장 시간이 되면 자연 보호와 관련된 영상을 보고 하나우마 베이로 내려갈 수 있다.

하나우마 베이의 앞바다는 굉장히 넓고 시간마다 들어오는 사람이 한정적이기 때문에, 웬만큼 사람이 많아도 북적거린다는 느낌이 들지는 않는다. 바다는 얕은 곳도 있고 깊은 곳도 있는데 얕은 곳에서는 산호를 건드리지 않도록 주의하자. 산호는 1년에 3cm 정도밖에 자라지 않으므로 사람 한 명 한 명이 건드리는 것이 산호에게는 큰 피해가 된다.

하나우마 베이의 스노클링 장소는 크게 3군데로 나뉘는데, 중심의 넓게 탁 트인 모래 바닥보다는 베이의 양쪽 바위와 산호들이 구불구불 이어진 곳에 더 물고기가 많다. 특히 오전에 물고기가 더 많은데, 상대적으로 적은 날도 있다. 때문에 호불호가 살짝 갈리지만, 그래도 전체적으로 만족도는 높은 편이다.

주소 7455 Kalanianaole Hwy, Honolulu **전화번호** 808-396-4229 **시설** 스낵바, 기념품샵, 샤워, 락커 **영업시간** 월, 수~일 06:00~18:00(10~3월), 06:00~19:00(4~9월) **휴무** 화요일 **입장료** 성인 $7.50 **주차료** $1

하나우마 베이에서 스노클링 즐기기

1 스노클링 장비가 없다면?

하나우마 베이에는 스노클링 장비를 빌려주는 곳이 있으나, 위생이 걱정된다면 월마트 등에서 새것을 하나 구입하는 것이 좋다. 대여 가격과 저렴한 스노클링 장비 구입 비용은 큰 차이가 나지 않는다. 투어를 이용한다면 스노클링 장비 비용이 포함되어 있는 것이 일반적이다. 대여 시에는 신분증이나 자동차 열쇠 등을 맡겨야 한다. 장비 대여 외에도 유료 락커를 운영하고 있으며, 작은 가방 크기까지 가능하다.

2 올라올 때는 트램을 이용하자

하나우마 베이로 내려가는 길은 내리막이기 때문에 쉽게 내려갈 수 있지만 스노클링을 즐긴 후 돌아갈 때 체력이 떨어진 상태에서 경사진 오르막길을 오르는 것은 여간 힘든 일이 아니다. 돌아가는 길에는 하나우마 베이에서 주차장까지 트램 서비스를 제공하므로, 이용하면 편리하게 주차장이 있는 곳까지 올라올

수 있다. 내려가는 것보다 올라가는 비용이 비싸지만, 잠깐 기다렸다가 이용할 만한 가치가 있다. 하행은 $1, 상행은 $1.25, 왕복은 $2의 비용이 든다.

3 하나우마 베이에 가기 좋은 시간은?

사람이 많은 성수기에는 오전 이른 시간에도 주차장이 꽉 차는 경우가 많으므로 가능하면 일찍 가는 것이 좋다. 주차장에 자리가 꽉 차면 더 이상 차량의 진입이 불가능하다. 다만, 가득 찼을 경우에는 왕복하다 보면 자리가 나서 오픈하는 경우도 있다. 오전 일찍 도착한 사람들이 빠져나가는 오전 11시~12시 사이에 오히려 자리가 많이 난다. 또한, 하나우

마 베이는 이른 시간일수록 파도가 거의 없고 물이 잔잔해서 스노클링을 하기에 적합하다. 물이 다소 찬 편이지만 물속에서 조금 지나면 쉽게 적응된다.

4 도난에 주의하세요!

하나우마 베이에 차를 가지고 갈 예정이라면 차 안에 물건을 보이지 않도록 정리하는 것이 좋다. 최근에는 패트롤이 주차장을 돌면서 감시하지만, 가끔 차량 내 도난사고가 보고되고 있다. 하나우마 베이에서 스노클링을 할 때에도 돗자리에는 귀중품을 두지 말고

지갑 등은 지퍼백 2~3개로 감싼 뒤 방수팩에 넣어서 스노클링하는 것이 좋다. 비용이 조금 들어도 괜찮다면, 렌탈샵에 유료 락커가 있으므로 그곳에 맡기는 것이 더 안전하다.

Sandy Beach 샌디 비치

오아후 보디보딩의 메카. 계절에 따라서 파도 높이가 달라지는데, 워낙 보디보딩으로 잘 알려져 있다 보니 서핑을 하는 사람보다는 보디보딩을 즐기는 사람들이 더 많다. 초보자가 즐기기엔 다소 위험하고 중급 이상이어야 하지만, 익숙해지면 가장 재미있게 놀 수 있는 해변이다.

특징 화장실, 샤워, 피크닉테이블, 라이프가드, 수영, 보디보딩 **주소** Sandy Beach Park, Honolulu **저자 한 마디** Kalanianaole Hwy와 이어진 주차장 이외도 도로 안쪽으로 들어가면 큰 주차공간이 마련되어 있다.

Makapu'u Beach Park 마카푸우 비치 파크

마카푸우 포인트에서 내려다보이는 해변으로, 토끼섬이 눈앞에 보이는 아름다운 해변이다. 조류가 심한 편이기 때문에 수영하기에는 좋지 않지만, 보디보딩을 하기에는 적합하다. 해변의 동쪽 바위에서는 낚시하는 사람들을 심심찮게 발견할 수 있다.

특징 화장실, 샤워, 피크닉테이블, BBQ, 라이프가드, 보디보딩, 낚시 **주소** Makapuu Beach Park, Honolulu **저자 한 마디** 약 20대 정도 주차 가능한 주차공간이 있으며, 해변은 조금 걸어 내려가야 한다. 시라이프 파크의 맞은편.

Waimanalo Beach 와이마날로 비치

오아후의 동쪽으로 길게 이어진 와이마날로 만에 위치한 해변에는 넓고 하얀 백사장이 있어 여행객과 현지인 모두에게 인기 있다. 라이프가드도 있고, 겨울이 아니면 상대적으로 파도도 세지 않아 수영하기에도 좋다. 해변이 길게 이어져 있는 만큼 접근할 수 있는 주차장도 여러 곳이 있다.

특징 화장실, 샤워, 라이프가드, 수영, 보디보딩, 서핑 **저자 한 마디** 와이마날로 비치 타운에 들어서기 전에 공원이 2곳. 마을을 지나서 1곳에 주차장이 있다. 어느 곳을 이용하더라도 해변으로 쉽게 이동할 수 있으며, 편의시설도 잘 갖춰져 있다.

하와이 카이의 볼거리

Korea Peninsula Town Lookout 한반도 지도마을 전망대

외국 여행자들은 코코헤드 분화구를 보기 위해서 멈춰서는 전망대지만, 한국 사람들은 그 옆의 한반도 모양의 마을을 보기 위해서 이곳을 들린다. 잠깐 들러서 기념사진을 한 장 찍고 가기에 좋다.

찾아가기 와이키키에서 하나우마 베이에 도착하기 약 200m 전 왼쪽으로 진입

Koko Head Regional Park & Trail
코코헤드 리저널 파크 & 트레일

오아후섬의 대표적인 등산로 중 하나로, 꽤 심한 경사를 계속해서 올라가야 하는 난이도가 높은 등산로이다. 등산로가 일반 흙길이나 포장된 길이 아니라 철로로 되어 있어 보폭을 마음대로 조절할 수 없어서 더 힘들다. 철로의 침목은 총 1,048개인데, 중간에는 땅이 없이 철로만 있는 구간도 있다. 특히 마지막 급경사는 코코헤드 등산로의 가장 큰 난관이지만, 정상에는 하나우마 베이를 포함한 멋진 풍경이 기다리고 있다. 왕복 1.8마일(약 2.9km)이지만, 계속해서 가파른 언덕을 올라야 하므로 체력에 따라 약 1시간 반~두 시간이 소요된다.

주소 Koko Head Park Rd, Honolulu **찾아가기** 코코헤드 리저널 파크 쪽을 통해서 입구로 들어가야 한다. 넓은 무료 주차공간이 있다. **전화번호** 808-395-3096

Lanai Lookout 라나이 전망대

한반도 마을 전망대처럼 잠시 들렀다가는 포인트로, 약 20대 정도 주차할 수 있는 공간이 있고 차량이 금방 이동하기 때문에 주차는 쉬운 편이다. 서쪽에서 동쪽으로 이동할 때에만 진입할 수 있으며, 전망대 표시가 있어 쉽게 확인이 가능하다. 이 전망대에서는 지그재그로 이어진 동쪽 해안선의 멋진 모습을 감상할 수 있다.

주소 Lanai Lookout, Honolulu **찾아가기** 하나우마 베이에서 동쪽으로 약 1km 정도 떨어진 곳에 있다.

Halona Blow Hole & Cove 할로나 블로우 홀 & 코브

할로나 블로우 홀은 이름 그대로 돌 사이에 생긴 구멍으로 바닷물이 솟구쳐 오르는 곳이다. 파도가 잔잔한 날에는 물기둥의 높이가 그리 높지 않지만, 바람이 강한 날이나 겨울처럼 파도가 높을 때는 그만큼 블로우 홀에서 뿜어져 나오는 물기둥의 높이도 높아진다. 물기둥이 솟아오르는 곳의 경우 잘 못하면 블로우홀에 빨려 들어갈 수 있으므로 가까이 가지 않는 것이 좋다.

블로우홀의 옆으로는 작은 코브가 있는데, 현지인들과 여행자들이 좋아하는 수영 포인트지만 이곳은 상당히 조류가 센 편이다. 또한, 공식적으로는 이 코브로 내려가는 길을 추천하지 않기 때문에, 만약 내려가고 싶다면 개인의 책임 하에 내려가야 한다. 주차장 입구 쪽에서 보면 입장금지 팻말과 함께 오솔길이 있다.

주소 Halona Blow Hole, Honolulu 찾아가기 하나우마 베이에서 동쪽으로 약 2km 정도 떨어진 곳에 있다.

Makapu'u Lighthouse Trail 마카푸우 등대 트레일

오아후섬 동쪽에 위치하며, 하얀색의 빨간 지붕이 있는 등대가 인상적인 등산로이다. 마카푸우 라이트하우스 로드의 주차장에 차를 주차하고 걸어 올라가면 되는데, 왕복 1.5마일(약 2.4km)로 대략 1시간 반 정도가 소요된다. 올라가는 동안에는 그늘이 거의 없으므로 이른 아침이나 늦은 오후에 올라가는 것이 좋고, 물을 반드시 챙겨야 한다. 올라가면서 하와이 카이와 코코헤드 쪽의 풍경을 볼 수 있고, 정상의 전망대에 도착하면 마카푸우 해변과 두 개의 섬을 내려다볼 수 있다.

마카푸우 등대 등산로 가는 길에 잘 포장된 길이 끝나고, 조금은 오래된 아스팔트 길이 시작되며 표지판이 있는 곳에서 오른쪽 샛길로 빠지면 펠레스 체어(Pele's Chair)로 향할 수 있다. 특이한 모양의 바위와 로컬들이 주로 찾는 해변은 날씨가 좋을 때는 스노클링 스팟으로도 자주 이용된다. 또한, 작은 다이빙대는 현지인들이 좋아하는 장소이다.

주소 Makapuu Lighthouse Rd, Waimanalo

Travel Information in Oahu

Makapu'u Point Lookout
마카푸우 포인트 전망대

마카푸우 등대 트레일이 부담된다면, 가볍게 들렀다 갈 수 있는 마카푸우 포인트 전망대로 가보자. 등산로의 정상 전망대에서 보는 것만큼은 아니지만, 그에 못지않은 풍경을 볼 수 있다. 근처는 바람이 좋아 패러글라이딩을 즐기는 사람들의 모습도 쉽게 볼 수 있다.

주소 Kalanianaole Hwy, Waimanalo 찾아가기 Makapuu Lighthouse Rd를 지나면 등장하는 오른편 입구

Sea Life Park 시 라이프 파크

돌고래를 직접 만져보고 함께 수영할 수 있는 바다 옆의 해양 테마공원이다. 펭귄, 거북이, 물개 등과 같은 동물도 있으며, 시간별로 먹이주기나 돌고래쇼와 같은 액티비티들도 진행된다. 일반 입장권으로는 관람만 가능하고 돌고래, 물개 등과 수영하는 등의 체험을 위해서는 별도의 패키지를 구입해야 한다. 패키지는 체험 종류에 따라서 $139~259이며 입장료 포함 가격이다.

홈페이지 www.sealifeparkhawaii.com 주소 41-202 Kalanianaole Hwy, Waimanalo 전화번호 808-259-2500 개방시간 월~일 09:30~16:00 입장료 성인 $39.99, 3~12세 $24.99, 2세 이하 무료 주차 $5

하와이 카이의 먹거리 $ - $10 이하, $$ - $11~20, $$$ - $21~30, $$$$ - $31 이상(메인코스 기준)

Kokonuts 코코너츠
$

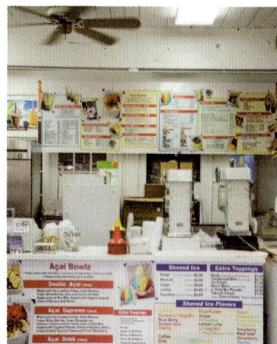

주로 디저트류와 마실거리를 판매하는 코코너츠는 쉐이브아이스, 스무디 그리고 아사이볼, 버블티가 메인 아이템이다. 쉐이브아이스도 다른 곳에 비해 훌륭하고, 코코넛을 위에 얹은 아사이볼은 다른 곳과는 또 다른 색다른 맛이다.

주소 7192 Kalanianaole Hwy, Honolulu(코코 마리나 센터) 전화번호 808-396-8809 영업시간 일~목 10:30~19:30, 금~토 10:30~20:00

🍴 Bubbies 버비스 $

오아후의 유명한 아이스모찌 전문점인 버비스는 향긋한 과일에서부터 달콤한 초콜릿 등을 주재료로 사용하는데, 달콤하면서도 쫄깃한 식감 덕분에 좋아하는 사람이 많다. 찰떡 아이스를 생각하면 조금 더 쉽게 연상이 가능하다.

주소 7192 Kalanianaole Hwy, Honolulu(코코 마리나 센터) **전화번호** 808-396-8722 **영업시간** 월~일 10:00~23:00

🍴 Pa'ina Cafe 파이나 카페 $

오아후에서 포케 볼Bowl을 먹을 수 있는 가게 중 하나이다. 다양한 포케를 얹은 포케 볼이 이 집 인기 메뉴이다. 어떤 맛의 포케가 올라가느냐에 따라 전체적인 느낌이 많이 바뀐다. 그 외에도 플레이트 런치나 샌드위치, 샐러드 등의 메뉴를 판매한다. 대부분의 메뉴가 $10 이하라, 저렴하다는 것도 장점이다. 워드 센터에도 분점이 있다.

홈페이지 www.painacafe.com **본점 주소** 7192 Kalanianaole Hwy, Honolulu(코코 마리나 센터) **전화번호** 808-356-2829 **영업시간** 일~목 11:00~19:30, 금~토 11:00~20:00 **지점 주소** 1240 Ala Moana Blvd, Honolulu(워드 센터) **영업시간** 월~토 10:00~21:00, 일 10:00~18:00

🍴 Ai Love Nalo 아이 러브 날로 $~$$

와이마날로에 위치한 베지테리안 레스토랑으로 신선한 재료를 사용해 많은 사람에게 사랑받는다. 대표적인 메뉴는 메디 볼Medi Bowl과 부다 볼Buddha Bowl이지만, 포르토벨로 버거나 카우카우 루아우와 같은 메뉴도 모두 맛있다. 스무디 역시 수준급이며, 베지테리안이라면 한번쯤 가봐야 할 레스토랑이다.

홈페이지 www.ailovenalo.com **주소** 41-1025 Kalanianaole Hwy, Waimanalo **전화번호** 808-888-9102 **영업시간** 월, 수~일 10:30~17:00, 화 휴무

Area 06 Kailua-Kaneohe 카일루아-카네오헤

오아후의 가장 아름다운 해변으로 손꼽히는 카일루아 비치와 숨은 해변인 라니카이 비치가 있는 이곳은 푸짐하고 맛있는 브런치를 즐길 수 있는 명소로도 유명하다. 조금 더 북쪽으로는 오아후섬 액티비티의 천국인 카네오헤로 이어진다.

카일루아-카네오헤의 해변

Kailua Beach Park 카일루아 비치 파크

오아후에서 가장 아름다운 해변으로도 여러 번 선정된 적이 있는 카일루아 해변은 끝없이 펼쳐지는 에메랄드빛 바다가 매력적인 곳이다. 주말에는 현지인이 많이 찾아 바글바글하므로, 주중에 찾아야 한산하고 조용한 바다를 즐길 수 있다. 여러 편의시설이 잘 되어있고, 주변에 브런치를 즐길 곳이 많아 오전 나절에 휴식을 취하며 바다를 들락날락하는 사람이 많다. 해변을 따라 주차장이 여러 곳이 있으므로, 자리가 있는 곳에 주차하면 된다.

특징 샤워, 화장실, 피크닉테이블, 라이프가드, 수영, 윈드서핑, 카약 **주소** Kailua Beach, Honolulu **저자 한 마디** 주차장이 크게 잘 마련되어 있지만, 주말에는 주차할 공간이 없을 정도로 사람이 많으므로 주중에 방문하는 일정을 짜는 것이 좋다.

Lanikai Beach
라니카이 비치

'숨은 해변'이라는 별명을 가진 라니카이 비치는 고운 하얀 모래와 에메랄드빛 바다 그리고 멀리 보이는 섬들의 풍경이 천국과 같은 풍경을 만들어내는 아름다운 해변이다. 주택가 사이로 난 골목을 통해서만 해변으로 갈 수 있기 때문에 도로에서는 바다가 보이지 않아 숨은 해변이라는 별명이 붙었다. 카일루아 비치와 함께 오아후에서 가장 아름다운 해변이라 해도 손색이 없다. 썰물 때 찾아가야 백사장을 볼 수 있으며, 샤워나 화장실 등의 편의시설이 전혀 없음을 고려해야 한다.

특징 수영, 스노클링 **주소** Lanikai Beach, Honolulu **저자 한 마디** 주차는 다른 차처럼 집 근처에 하면 되지만, 가능한 곳과 불가능한 곳 경계가 애매하다.

Pillbox Hiking Trail
필박스 하이킹 트레일

최근 하와이에서 여행자들 사이에서 가장 핫한 트레일이 바로 이 필박스 하이킹 트레일이다. 왕복 1.6마일(약 2.6km)의 코스로 1시간~1시간 반 정도면 다녀올 수 있을 정도로 짧은 데다가, 초반의 가파른 길만 오르고 나면 능선을 따라서 걸어가면 되는 상대적으로 쉬운 트레일이다. 그럼에도 불구하고 트레일을 오르는 동안 펼쳐지는 라니카이의 풍경은 왜 사람들이 이곳을 꼭 오르고 싶어 하는지 충분히 이해할 수 있다. 첫 번째 필박스(벙커)까지는 약 20~25분 정도가 소요되고, 거기서 두 번째 필박스까지는 10분 미만으로 소요된다.

주소 265 Kaelepulu Dr, Kailua **저자 한 마디** 트레일의 시작 지점은 도로에 Pillbox라고 쓰여있어 쉽게 찾을 수 있다. 다만, 주위에 주차할 수 있는 공간이 없으므로 카일루아 비치나 라니카이 비치 인근에 주차하고 걸어와야 하는 만큼, 트레일 시간을 좀 더 잡는 것을 추천한다.

Kualoa Regional Park 쿠알로아 리저널 파크

사람들이 쿠알로아 리저널 파크를 찾는 이유는 해변에서 수영하는 것보다는 차이나맨스 햇 Chinaman's Hat 을 보기 위해서이다. 해변까지 가지 않아도 주차장에서 차이나맨스 햇을 바로 볼 수 있지만 잠깐 내리는 수고 정도는 할 만하다. 넓은 주차장과 잔디밭이 있어서 나들이를 즐기는 사람도 많고, 바다색도 다른 곳 못지않게 아름답다.

주소 49-479 Kamehameha Hwy, Kaneohe

카일루아-카네오헤의 볼거리

Byodo-In Temple 뵤도 인 사원

뵤도인은 일본 10엔에도 등장하는 사원으로 본래 교토에 있는 사원이다. 1968년에 일본인의 하와이 이주 100주년을 기념해 교토의 사원을 같은 모습으로 세운 것이다. 도시에서 어느 정도 떨어진 한적한 지역에 있어서 산을 배경으로 아늑한 느낌이 나 조용한 시간을 보내고자 하는 사람이 많이 찾는다.

홈페이지 www.byodo-in.com 주소 47-200 Kahekili Hwy, Kaneohe 전화번호 808-239-9844 개방시간 월~일 09:00~17:00 입장료 성인 $5, 65세 이상 $4, 2~12세 $2(현금만 가능)

Tropical Farms 트로피컬 팜스

주로 대형 투어 그룹들이 꼭 한 번쯤 멈춰서는 곳으로, 마카다미아 너트에서부터 다양한 기념품들을 살 수 있는 곳이다. 마카다미아 너트를 시식을 하고, 마카다미아 넛 열매를 직접 깨 볼 수도 있다. 방문객은 가게 뒤쪽에서 진행되는 투어에 참여할 수도 있는데, 생각보다 평이 괜찮은 편이다.

홈페이지 www.macnutfarm.com 주소 49-227 Kamehameha Hwy, Kaneohe 전화번호 808-237-1960 개방시간 월~일 09:00~17:00 투어 성인 $20, 아동 $10

Nu'uanu Pali Lookout 누우아누 팔리 전망대

오아후 최고의 전망대 중 하나로, 카네오헤와 카일루아를 전망할 수 있다. 1795년에 카메하메하의 군대가 오아후의 군대와 결전을 벌였던 곳이다. 항상 강한 바람이 불어서 전망대에 서 있는 것도 힘든 만큼, 모자 등 쉽게 날아갈 만한 것은 미리 챙기는 것이 좋다. 오아후에서도 손꼽히는 뷰를 자랑하기 곳이므로 이동 중에 꼭 들러보자. 진입로가 갑자기 나오는 느낌이므로 도착할 때쯤 신경 쓰는 것이 좋다.

주소 Nuuanu Pali Dr 찾아가기 Nu'uanu Pali Dr의 중간쯤에 위치하며, 달리는 중에 '전망대(Lookout)' 표지판이 나오면 그곳에서 진입하면 된다. 카일루아에서 호놀룰루로 가는 방향의 경우, 진입 후에도 약 1마일을 더 달려야 한다. 개방시간 월~일 09:00~16:00(그 외의 시간도 방문 가능) 주차 $3

Kualoa Ranch 쿠알로아 랜치

오아후에서 다양한 액티비티를 즐길 수 있는 종합 엔터테인먼트 목장이다. 첫키스만 50번째, 진주만, 쥬라기공원 등의 영화와 하와이 파이브 오, 로스트 등의 드라마가 촬영된 장소이기도 하다. 기본적으로 개별 투어들을 직접 예약할 수 있으며, 여러 가지를 한 번에 즐길 수 있는 반나절-하루 패키지 투어가 있다.

홈페이지 kualoa.com 주소 49-560 Kamehameha Hwy, Kaneohe 전화번호 808-237-7321 저자 한 마디 투어는 패키지 및 개별 투어가 있으며, 종류에 따라 선택할 수 있는 투어의 종류가 달라진다.

쿠알로아 랜치 즐기기

- **승마** : 2시간 투어로 영화촬영지와 목장 내 중요 장소를 말을 타고 둘러보게 된다. 1시간 투어는 차이나맨스 햇과 낚시터를 둘러보게 된다. 만 5~9세 아이를 위한 체험 승마 투어도 있다.
- **ATV** : 1시간과 2시간 투어 모두 다 영화촬영지를 둘러보며, 2시간 투어는 목장의 조금 더 깊은 곳까지 들어가 숨은 풍경들을 발견할 수 있다. 가장 인기 있는 투어 중 하나로 16세 이상만 가능하며, 임산부는 불가능하다. 만약 아이가 있다면, 5인승 멀티 ATV를 이용하면 만 7세 이상부터 투어에 참여 가능하다.
- **영화촬영지** : 1시간 반이 소요되는 투어로 유명한 촬영지 위주로 돌아볼 수 있다. 만약 좀 더 많은 영화 촬영지를 둘러보고 싶다면 2시간 반이 소요되는 프리미어 무비 투어에 참여하면 된다. 에어컨이 있는 벤츠 밴과 밴 안에서 촬영지의 영상까지 함께 볼 수 있다.

승마

ATV

영화촬영지

- **집라인 투어** : 아름다운 풍경을 배경으로 집라인을 탈 수 있는 쿠알로아 랜치의 새로운 투어. 총 7번의 집라인을 타게 되며, 중간중간 서스펜션 브릿지를 건너고, 다양한 하와이의 식물을 만날 수 있다.
- **시크릿 아일랜드** : 카네오헤 만에 위치한 작은 섬의 해변으로 가는 투어로 카약, 카누, 스노클링, 비치발리볼 등의 액티비티를 즐길 수 있다.
- **오션 보이징** : 카타마란을 타고 차이나맨스 햇을 한 바퀴 둘러보는 투어. 운이 좋으면 마지막에 핸들을 잡아보는 경험을 할 수도 있다.

집라인 투어

시크릿아일랜드

오션 보이징

- **정글투어** : 1시간 투어로 쿠알로아 랜치의 정글 속으로 들어간다. 계곡과 경사 높은 언덕을 통과한다.
- **고대 낚시터 & 열대정원** : 고대 낚시터와 열대정원을 둘러보는 투어로 하와이에서 자라는 다양한 식생들과 섬의 역사에 대해 들을 수 있다.
- **팜 투 테이블 투어** : 새우 등 여러 식재료를 직접 채취하고, 목장을 경험하고, 음식을 경험하는 미식 겸 경험을 메인으로 하는 투어다.
- **기타** : 그 외에도 그룹 및 교육 투어가 가능하며 하와이 역사, 자연 학습 등 여러 가지 투어를 선택할 수 있다. 승마와 ATV, 집라인이 가장 비싼 투어이다. 배가 고프다면 방문자센터 옆, 앤티 펫 카페에서 훌륭한 쿠알로아 버거를 맛보자.

카일루아-카네오헤의 먹거리

$ - $10 이하, $$ - $11~20, $$$ - $21~30, $$$$ - $31 이상(메인코스 기준)

Kalapawai Cafe & Deli 칼라파와이 카페 & 델리 $~$$$

느끼하지만 맛있는 맥 & 치즈는 칼라파와이 카페 & 델리의 인기 메뉴이다. 카페 & 델리는 빵과 버거, 샌드위치 정도만 판매할 것 같지만 피자나 리조또 같은 훌륭한 메뉴도 많다. 현지인에게 특히 인기 있는 레스토랑이다.

홈페이지 www.kalapawaimarket.com 주소 750 Kailua Rd, Kailua 전화번호 808-262-3354 영업시간 월~금 05:00~21:30, 토~일 07:00~21:30

Overeasy 오버이지 $~$$

저자 추천

최근 인기를 끌고 있는 카일루아의 브런치 레스토랑으로 부드러운 커스타드 프렌치 토스트가 인기 메뉴이지만, 다른 메뉴도 전체적으로 평이 좋다. 브런치 레스토랑답게 팬케이크도 수준급이고, 점심메뉴로 나오는 샌드위치와 햄버거도 맛있다.

홈페이지 www.overeasyhi.com 주소 418 Kuulei Rd, Kailua 전화번호 808-260-1732 영업시간 화~일 07:00~13:00, 월 휴무

Boots & Kimos Homestyle Kitchen
부츠 & 키모스 홈스타일 키친 $~$$

느긋하게 브런치를 즐기고 싶은 사람들에게 인기 있는 레스토랑이다. 최고 인기 메뉴는 마카다미아너트 팬케이크로 그 소스가 맛있는 것으로 유명하다. 유명세 덕분에 줄을 서야 하는 것에 비해 팬케이크를 제외한 다른 음식들은 보통 수준이다. 카일루아의 대표적인 브런치 레스토랑이었지만, 새롭게 생긴 다른 레스토랑에게 많이 밀려났다.

홈페이지 bootsnkimos.com 주소 151 Hekili St, Kailua 전화번호 808-263-7929 영업시간 월, 수~금 07:30~15:00, 토~일 07:00~15:00, 화 휴무

Crepes No Ka 'Oi
크레이프스 노 카 오이 $

저렴하고 맛있는 크레이프를 판매한다. 주말 아침과 점심시간에는 크레이프를 먹으려고 줄을 길게 설 정도로 인기 있다. 치즈와 계란 등이 들어간 식사용 크레이프에서부터 딸기, 바나나, 초콜릿 등 달콤한 디저트 크레이프까지 종류가 다양하다. 카일루아 해변에 놀러 왔다면, 한 번쯤 꼭 들러서 먹어보기를 추천한다. 과거에 있던 곳에서 조금 떨어진 곳으로 새롭게 이전했다.

홈페이지 www.crepesnokaoi.com **주소** 143 Hekili St, Kailua **전화번호** 808-263-4088 **영업시간** 월, 수, 목 07:00~20:00, 금, 토 07:00~21:00, 일 07:00~14:00, 화 휴무

The Hibachi 더 히바치
$$

베트남 요리와 태국 요리를 함께하는 레스토랑으로, 쌀국수와 팟타이를 한 곳에서 맛볼 수 있다. 다소 가격대가 있는 편이기는 하지만, 국물이 있는 요리나 태국 요리가 먹고 싶다면 들를 만한 레스토랑이다.

주소 20 Kainehe St, Kailua **전화번호** 808-261-0222 **영업시간** 화~일 11:00~14:00, 17:00~20:00, 월 휴무

Timmy T's Gourmet Grinders
티미 티스 구루메 그라인더스 $

즉석에서 만들어주는 샌드위치 전문점. 8인치의 커다란 빵에, 가득 채워주는 샌드위치가 종류에 따라 $7~9이다. 파니니를 원할 경우 $11이며, 재료가 조금 더 다르다. 주문하고 난 뒤 바로 옆에서 샌드위치가 만들어지는 모습을 구경할 수 있다. 샌드위치 재료도 선택해서 넣을 수 있지만, 그냥 'Jack it up.'이라고 말하면 모두 다 넣어준다.

홈페이지 www.timmytsgg.com **주소** 60 Kihapai St, Kailua **전화번호** 808-263-3333 **영업시간** 월~일 10:00~20:00

Steak Rave 스테이크 레이브
$~$$

한국 사람이 운영하는 플레이트 런치 식당으로, 리쿼샵 안에 위치한다. 기본 메뉴는 스테이크, 피시, 치킨, 슈림프로 간단하지만, 그 외에 갈비, BBQ 치킨 등을 넣는 믹스 플레이트도 주문 가능하다. 기본적으로 샐러드와 밥이 함께 나온다.

주소 49 Oneawa St, Kailua **전화번호** 808-230-8656 **영업시간** 월~토 10:00~21:00, 일 11:00~20:00

Cinnamon's Restaurant
시나몬스 레스토랑 $$

브런치로 유명한 레스토랑으로, 아침과 점심 영업만 한다. 일본사람들에게 특히 인기가 있으며, 대표메뉴는 레드벨벳 팬케이크다. 아침의 오믈렛과 에그 베네딕트, 프렌치토스트 그리고 점심의 샌드위치 종류들은 대체로 평이 좋으나, 그 외의 메인 런치 메뉴들은 호불호가 좀 있는 편이다. 레스토랑 앞의 도로 또는 뒤쪽의 유료 주차장을 이용해야 한다.

홈페이지 www.cinnamonsrestaurant.com **주소** 315 Uluniu St, Kailua **전화번호** 808-261-8724 **영업시간** 월~일 07:00~14:00

Kim Chee Restaurant 김치 레스토랑
$$

카일루아 해변에서는 조금 떨어진 주거지역 쪽에 위치한다. 메인 메뉴를 주문하면, 다양한 반찬들을 뷔페처럼 이용할 수 있으며 반찬+밥 형태로도 이용이 가능하다. 한식당이지만, 한국사람보다 로컬들이 더 많이 찾는 식당 중 하나. 카일루아에서 한식을 먹어야 한다면 충분한 대안이 될 수 있다. 맞은편에는 세이프웨이가 있다.

홈페이지 enchantedlakekimchee.com **주소** 1020 Keolu Dr, Kailua **전화번호** 808-261-5719 **영업시간** 월~토 11:00~21:00, 일 휴무

Area 07 North Shore 노스 쇼어

오아후섬에서 렌터카를 빌렸다면 한 번쯤 드라이브하게 되는 곳이 바로 노스 쇼어이다. 여름에는 누구나 바다에 들어가서 놀 수 있을 정도로 잔잔하지만, 겨울이 되면 사람 키보다 더 높은 파도가 해안으로 밀려든다. 덕분에 겨울에는 멋진 서퍼들의 모습과 세계적인 서핑 대회를 구경할 수 있다.

노스 쇼어의 해변

 Sunset Beach Park
선셋 비치 파크

선셋 해변은 2마일(3.2km)이나 되는 60~90m 폭의 해변이 계속 이어지는 지역이다. 여름과 겨울에 전혀 다른 모습을 보여주는 해변으로 여름에는 수영, 스노클링, 보디보딩 등을 즐기기에 좋다. 겨울이 되면 엄청난 높이의 파도가 몰려오는데, 특히 11월과 12월에는 하와이의 가장 유명한 서핑대회가 치러진다. 화장실과 샤워시설은 도로 건너편에 있다.

특징 화장실, 샤워, 피크닉테이블, 라이프가드, 수영(여름), 서핑(겨울)
저자 한 마디 주차는 Kemehameha Hwy를 따라서 도로변에 가능하며, 화장실 건물이 있는 곳 앞으로도 주차장이 있다. 내비게이션으로 찾아가기 어렵다면 Hoalua St로 찾으면 더 쉽다.

Ehukai Beach Park - Banzai Pipeline
에후카이 비치 파크-반자이 파이프라인

선셋 비치와 함께 유명 서핑 대회가 열리는 해변이다. 주차장에서 해변과 바로 연결되며, 겨울이면 사람보다 더 높은 파도를 타는 멋진 서퍼들의 모습을 구경할 수 있다. 여름에는 상대적으로 바다가 잔잔해서 보디보딩이나 수영을 즐기는 사람이 많지만, 겨울 바다는 위험하므로 초보자는 들어가지 않는 것이 좋다. 대회가 있을 때는 주변에 주차할 자리가 없을 정도로 북적인다.

특징 화장실, 샤워, 피크닉테이블, 라이프가드, 수영(여름), 서핑(겨울) **저자 한 마디** 해변으로 연결되는 약 30대를 주차할 수 있는 주차장이 있다. 해변 이름으로도 찾아올 수 있지만, 선셋 비치 초등학교(Sunset Beach Elementary School)로 찾으면 더 쉽다.

Travel Information in Oahu

Waimea Bay Beach Park 와이메아 베이 비치 파크

와이메아 베이 비치 파크는 노스 쇼어에서 가장 잘 알려진 해변 중 하나이다. 해변의 폭이 넓은 것도 특징이지만, 사람들이 이곳을 찾는 가장 큰 이유는 다이빙이다. 와이메아 만 해변의 왼쪽에 위치한 검고 높은 바위는 다이빙하기에 최적의 장소여서, 언제나 다이빙하기 위해서 바위 위에 줄 서 있는 사람들로 가득하다. 여름엔 잔잔하지만 겨울에는 파도가 높다.

특징 화장실, 샤워, 피크닉테이블, 라이프가드, 수영(여름), 다이빙 **저자 한 마디** 꽤 많은 차량을 주차할 수 있는 공간이 있지만, 현지인들에게 인기 있는 곳이다 보니 주말에는 자리를 찾기가 힘들다.

트리플 크라운 오브 서핑(Triple Crown of Surfing)

트리플 크라운 오브 서핑은 하와이뿐만 아니라 전 세계적으로 유명한 서핑 대회이다. 할레이바 비치, 선셋 비치, 반자이 파이프라인으로 옮겨가면서 서핑 대회가 열리는데, 약 1달 이상 기간 동안 경기가 치러지기 때문에 이 기간에 하와이를 방문한다면 꼭 놓치지 말자. 사람 키보다 더 큰 파도가 해변으로 밀려오는 모습도 어렵지 않게 볼 수 있으며, 실력 있는 서퍼들이 그 매력을 뽐내기 때문에 볼거리도 상당하다. 다만 구경하려는 사람의 숫자가 워낙 많아 주차하기가 다소 어려울 수도 있으니 이를 고려해서 일정을 짜는 것이 좋다.

홈페이지 www.triplecrownofsurfing.com **대회 기간** 11월 중순~12월 중순

오아후섬

 Pupukea Beach Park - Shark's Cove
푸푸케아 비치 파크 - 샤크스 코브

상어 만이란 의미의 샤크스 코브는 여름철 스노클링 장소로 각광받는 곳이다. 푸푸케아 비치 파크 북쪽의 바위들 위로 바닷물이 넘어와 만들어진 얕은 곳이 아이들과 함께 스노클링을 하며 안전하게 물고기를 관찰하기에 좋다. 다만, 바위들이 날카로우므로 아쿠아슈즈는 반드시 챙겨야 한다. 겨울철에는 파도가 심해서 물놀이가 불가능하다. 파도가 아주 잔잔한 여름날에는 조금 더 북쪽의 작은 만 형태의 샤크스 코브에서 스노클링을 하면, 더 나은 수중환경을 만날 수 있다. 가능하면 이곳은 성인 이상이 스노클링을 하는 걸 추천한다.

특징 화장실, 스노클링(여름) **저자 한 마디** 샤크스 코브는 푸푸케아 비치 파크의 남쪽에 위치한다. 푸드랜드의 맞은 편에 있는 주차공간도 좋지만, 북쪽으로 약 200m 떨어진 곳이 샤크스 코브로 이동하기에 더 좋다.

 Laniakea Beach - Turtle Beach 라니아 케아 비치 - 거북이 비치

거북이 비치라는 별명을 가진 라니아 케아 비치는 오아후에서 항상 거북이를 볼 수 있는 해변으로 유명하다. 주차장에서는 해변이 잘 보이지 않지만, 나무들 사이로 지나가면 바로 해변이 나타난다. 보통 거북이가 적게는 1마리, 많게는 2~3마리가 해변에 올라와 있는데 거북이 주변으로는 보호를 위해 가까이 다가갈 수 없도록 줄이 처져 있으므로, 일정 거리를 유지하고 관찰하면 된다.

특징 거북이 관찰 **저자 한 마디** 해변에는 별다른 표시가 없기 때문에 할레이바에서 북쪽으로 2마일 또는 와이메아 비치에서 남쪽으로 2마일 정도 이동하면 해변 건너편 도로 옆으로 주차된 차들을 발견할 수 있다. 주차 단속이 심한 곳이라 해변 쪽에는 주차하지 않는 것이 좋다.

 Three Tables Beach 쓰리 테이블스 비치

샤크스 코브 남쪽에서 얼마 떨어져 있지 않은 곳에 있는 해변으로, 쓰리 테이블스라는 이름은 3개의 산호가 물 밖으로 드러나 있는 모습 때문에 지어졌다. 이곳도 샤크스 코브와 함께 스노클링 포인트로 유명하다. 역시 여름철에만 인기 있다.

특징 스노클링(여름) **저자 한 마디** 샤크스 코브 남쪽에 있는 작은 해변. 도로 옆으로 20여 대 정도 주차가 가능한 공간이 있다.

노스 쇼어의 볼거리

Waimea Valley
와이메아 밸리

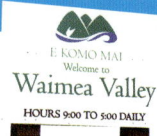

와이메아 밸리는 다양한 수종이 있는 식물원과 훌라 교습, 레이 만들기 등의 액티비티를 즐길 수 있는 곳이다. 와이메아 밸리 내에는 600년 된 할레 오 로노 Hale O Lono 유적에서부터, 하와이 멸종위기의 식물들까지 다양한 볼거리가 있다. 트레일을 따라 식물원을 둘러볼 수 있으며, 트레일의 끝에는 약 14m 높이의 와이메아 폭포가 있다. 비싼 입장료 대비 볼거리는 별로라는 평이 많다.

홈페이지 www.waimeavalley.net 주소 59-864 Kamehameha Hwy, Pupukea 전화번호 808-638-7810 개방시간 월~일 09:00~17:00 입장료 성인 $16, 4~12세 $8, 62세 이상 $12

Dole Plantation
돌 플랜테이션

돌 플랜테이션은 사람들에게 익숙한 파인애플 브랜드 Dole사의 작은 테마파크이다. 메인 건물 내에서는 파인애플을 이용한 다양한 기념품과 가공식품을 구입할 수 있으며, 최고 인기인 파인애플 아이스크림까지 맛볼 수 있다. 시간에 따라 파인애플을 자르는 모습도 시연한다.

돌 플랜테이션 내부에는 파인애플이 종류에 따라 어떻게 자라는지 알 수 있는데, 나무가 아닌 땅에서 자란다는 것에 신기해하는 사람이 많다. 그 외에도 아이들이 있다면 파인애플 열차와 미로에 도전해 보는 것도 좋다. 성인은 시시하게 느끼는 경우가 많으므로, 시설을 이용할 생각이 없다면 방문 시간은 1시간 이내로 잡아도 무방하다.

홈페이지 dole-plantation.com 주소 64-1550 Kamehameha Hwy, Wahiawa 전화번호 808-621-8408 개방시간 월~일 09:30~17:00 입장료 무료 요금 파인애플 열차 성인 $10.50, 4~12세 $8.50, 3세 이하 무료 가든 투어 성인 $7, 4~12세 $6.25, 3세 이하 무료 파인애플 미로 성인 $8, 4~12세 $6, 3세 이하 무료

Laie Point State Wayside 라이에 포인트 스테이트 웨이사이드

작은 바위섬에 구멍이 뚫린 특이한 모습 덕분에 노스쇼어를 도는 사람들이 한 번쯤 거쳐가는 장소다. 폴리네시안 민속촌을 지나서 멀지 않은 곳에 진입 도로가 나오며, 내비게이션을 찍고 가는 것이 편하다.

주소 Laie Point State Wayside, Laie **저자 한 마디** 도로의 끝에 차량을 5대 정도 주차할 수 있는 공간이 있다.

 # Polynesian Cultural Center 폴리네시안 문화 센터

폴리네시안 문화 센터는 폴리네시안 섬들의 민속촌이라 할 수 있다. 사모아, 아오테아로아(뉴질랜드), 피지, 하와이, 타히티, 통가의 6개 섬의 마을로 나뉘어 나무타기, 창던지기, 요리 시범, 직물 짜기, 훌라 레스, 드럼 연주 등 다양한 액티비티에 참여할 수 있다. 폴리네시안 문화 센터는 BYU 대학 학생들이 자원봉사로 활동하는 곳으로, 한국 학생도 있어 미리 요청하면 한국어로 안내받을 수도 있다. 들어갈 때는 상세 시간표와 지도가 있는 안내문을 꼭 챙기자.

폴리네시안 문화 센터의 하이라이트는 2시 반에 시작하는 선상 카누쇼로 각 섬의 대표적인 춤을 볼 수 있는 공연이다. 문화 센터 내 운하를 따라 카누를 타고 이동하며 공연하므로 강변에 자리만 잘 잡으면 약 30분 정도 진행되는 공연을 감상할 수 있다. 5시(섬에 따라 5시 반)가 되면 공연이 끝나고, 본격적으로 저녁 뷔페와 루아우 HA:Breath of Life 공연이 진행된다. 입장료는 오후 5시까지 문화 센터 관람 비용만을 포함하고 있으며, 저녁뷔페와 공연은 별도 패키지를 구입해야 한다. 패키지 가격대에 따라 내용이나 공연 좌석 위치가 달라진다. 최종적으로 공연이 끝나고 모든 것이 마무리되는 시간은 저녁 9시 정도이므로, 공연을 볼 생각이라면 저녁 일정을 모두 비워두는 것이 좋다. 밤 운전이 부담스럽다면 와이키키에서의 왕복 차량을 제공하는 패키지에 참여하면 된다.

홈페이지 www.polynesia.co.kr **주소** 55-370 Kamehameha Hwy, Laie **전화번호** 800-367-7060 **개방시간** **빌리지** 월~토 1200~17:30 **레스토랑&루아우** 17:30~21:00 **입장료** 성인 $64.95, 아동 $51.96(쇼 포함 패키지는 종류에 따라 $89~239) **주차** 무료

노스 쇼어의 먹거리

$ – $10 이하, $$ – $11~20, $$$ – $21~30, $$$$ – $31 이상(메인코스 기준)

Kahuku Land Farms
카후쿠 랜드 팜스 $

노스 쇼어를 돌면서 잠시 멈춰 하와이에서 자라는 과일을 구입하기에 좋다. 하와이의 인기 과일인 릴리코이(패션프루츠)에서부터 익숙한 파인애플이나 코코넛까지, 과일을 구경하는 재미도 쏠쏠하다. 동남아를 생각하면 가격이 다소 비싸지만, 한국에서는 쉽게 맛보기 어려운 열대과일이 많으므로 한두 개쯤은 경험 삼아 먹어보는 것도 좋다.

찾아가기 터틀 베이 리조트(Tuttle Bay Resort)에서 서쪽으로 약 1마일 정도 떨어진 곳에 위치. Kamehameha Hwy를 따라 달리다 보면 발견할 수 있다.

Papa Ole's Kitchen
파파 올레스 키친
$~$$

전통 하와이 요리를 먹어보고 싶다면 들를 만한 레스토랑이다. 팬케이크, 로코모코, 플레이트런치 그리고 디저트까지 현지인들이 좋아하는 메뉴가 가득하다. 하와이식의 아침식사는 오전 11시까지 맛볼 수 있으며, 그 이후에는 런치 플레이트 메뉴들을 주문할 수 있다.

홈페이지 www.papaoles.com **주소** 54-316 Kamehameha Hwy, Hauula **전화번호** 808-293-2292 **영업시간** 월~화 07:00~15:00, 수 휴무, 목~일 07:00~21:00

Hauula Korean BBQ
하우울라 코리안 BBQ
$~$$

한국인이 직접 운영하는 한국식당이기 때문에 한국어로도 주문을 할 수 있어 편하다. 갈비, 오징어덮밥, 비빔밥 등 한국적인 메뉴도 있지만, 로코모코 등의 하와이다운 메뉴 그리고 새우 요리도 함께 판매한다. 하와이 느낌의 한식이 궁금할 때 가보면 좋다.

주소 54-295 Kamehameha Hwy, Hauula **전화번호** 808-293-8404 **영업시간** 월~토 10:00~20:00, 일 휴무

노스 쇼어의 숙소

Turtle Bay Resort
터틀 베이 리조트

오아후섬 북쪽에 위치한 골프 리조트로 한적한 곳에 위치하여 휴식과 골프를 즐기려는 사람들이 선호한다. 리조트의 정면에는 커다란 수영장이 있으며, 리조트와 연결된 자체 해변도 가지고 있다. 새롭게 리노베이션 된 객실은 청록색과 백색이 조화로우며, 오션뷰 객실에서 펼쳐지는 풍경은 터틀 베이 리조트만의 매력이다.

투숙객 이외의 해변 방문자를 위한 주차장을 별도로 가지고 있다. 터틀 베이라는 이름처럼 거북이도 종종 등장하며, 운이 좋으면 태평양 몽크 바다표범도 해변에서 볼 수 있다. 외진 곳에 있는 만큼 레스토랑이 다양하므로 멀리 나가지 않아도 되고, 최근에 로이스 비치 하우스가 새롭게 오픈하여 좋은 평을 얻고 있다. 터틀베이 리조트의 가장 성수기는 늦봄에서부터 초여름까지이다.

홈페이지 www.turtlebayresort.com **주소** 57-091 Kamehameha Hwy, Kahuku **전화번호** 808-293-6000 **숙박요금** $230~ **리조트피** $46 **인터넷** 리조트피에 포함 **주차** 셀프 리조트피에 포함, **발레** $20 **레스토랑** 파아카이(Pa'akai), 쿨라 그릴(Kula Grille), 서퍼, 더 바(Surfer, The Bar), 로이스 비치하우스(Roy's Beach House), 레이 레이스(Lei Lei's) **스파** 날루 키네틱 스파(Nalu Kinetic Spa)

Courtyard Oahu North Shore
코트야드 오아후 노스쇼어

2015년에 폴리네시안 컬쳐럴 센터 옆에 새로 오픈한 호텔로, 메리어트 계열의 서브브랜드 중 하나다. 저렴한 체인인 만큼 호텔 내에 레스토랑은 없지만, 객실은 새로운 호텔인 만큼 잘 관리되고 있다. 또한 호텔의 중심에는 커다란 수영장이 있어 가족 단위의 투숙객이 많은데, 여행자보다는 현지인과 폴리네시안 컬쳐럴 센터를 방문하는 사람들 위주다.

홈페이지 www.marriott.com/hotels/travel/hnloa-courtyard-oahu-north-shore **주소** 55-400 Kamehameha Hwy, Laie **전화번호** 808-293-4900 **숙박요금** $199~ **리조트피** 없음 **인터넷** 무료 **주차** 셀프 $12.50, 발레 없음

Special

카후쿠의 새우트럭

새우트럭은 오아후의 특별한 먹을거리로 사람들에게 항상 화제가 되는데, 카후쿠에 그 중의 원조인 지오바니스가 위치한다. 다양한 소스로 요리한 새우와 밥이 함께 나오는 것이 일반적인데 가게에 따라 접시당 $12~15 정도의 가격대를 유지하고 있으며, 모두 현금만을 받는다. 전체적으로 맛은 비슷하므로 어디서 먹어도 큰 차이는 없지만, 원조를 먹어 보는 것도 좋다. 오아후 시내에 널려있는 팸플릿에서 할인쿠폰을 쉽게 구할 수 있다.

Giovanni's Original White Shrimp Truck

지오바니스 오리지널 화이트 슈림프 트럭 $$

새우트럭의 원조라 불리는 지오바니스는 유명세 덕분인지 가격도 접시당 $14로 가장 비싸다. 슈림프 스캄피와 레몬 버터가 가장 인기 있는 메뉴이다. 하얀색의 트럭에 낙서가 가득하기 때문에 쉽게 알아볼 수 있다. 맛은 호불호가 좀 갈리는 편이며, 맞은편에 위치한 한국사람이 운영하는 새우트럭이 더 입맛에 맞는다는 사람도 있다.

홈페이지 www.giovannisshrimptruck.com 주소 56-505 Kamehameha Hwy, Kahuku 전화번호 808-293-1839 영업시간 월~일 10:30~18:30

Fumi's Kahuku Shrimp $$ 푸미스 카후쿠 슈림프

아침 일찍 직접 양식한 새우를 이용한 새우요리를 파는 가게. 스파이시 갈릭 슈림프와 레몬 페퍼 슈림프가 가장 인기 있다. 푸미스 건물 이외에도 푸미스 새우트럭이 따로 있으며, 같은 사람이 운영하고 있다.

주소 56-777 Kamehameha Hwy, Kahuku 전화번호 808-232-8881 영업시간 월~일 10:00~19:30

Famous Kahuku Shrimp Truck $$ 유명한 카후쿠 새우트럭

카후쿠에 위치한 슈림프 새우트럭으로 지오바니스보다 조금 가격이 저렴하며, 현지인 중에는 지오바니스보다 더 좋아하는 사람도 많다. 가장 인기 있는 메뉴는 갈릭 슈림프이다. 매콤한 핫 스파이시 슈림프도 맛있다.

주소 56-580 Kamehameha Hwy, Kahuku 전화번호 808-389-1173 영업시간 월~일 10:00~18:00

Romy's $$ 로미스

새우요리의 가격은 $14.75이며, 호불호가 상당히 갈린다. 맛 자체는 훌륭한 편이라고 하지만, 줄이 없어도 30분 이상 기다리는 경우가 많기 때문이다. 줄이 있다면 1시간까지 기다릴 수 있다보니 불만이 있는 편이다.

주소 56-781 Kamehameha Hwy, Kahuku 전화번호 808-232-2202 영업시간 월~일 10:00~18:00

Area 08 Haleiwa 할레이바

짧게 스쳐 지나가는 사람들에게는 마츠모토에서 쉐이브아이스를 먹는 곳 정도로 기억되지만, 할레이바는 많은 예술가와 맛집을 만날 수 있는 독특함이 살아있는 마을이다. 특히 주말에 할레이바를 찾으면 평소보다 더 활기찬 모습을 만날 수 있다. 마을 초입에 있는 새우트럭은 카후쿠의 새우트럭과 함께 할레이바의 또 다른 명소이다.

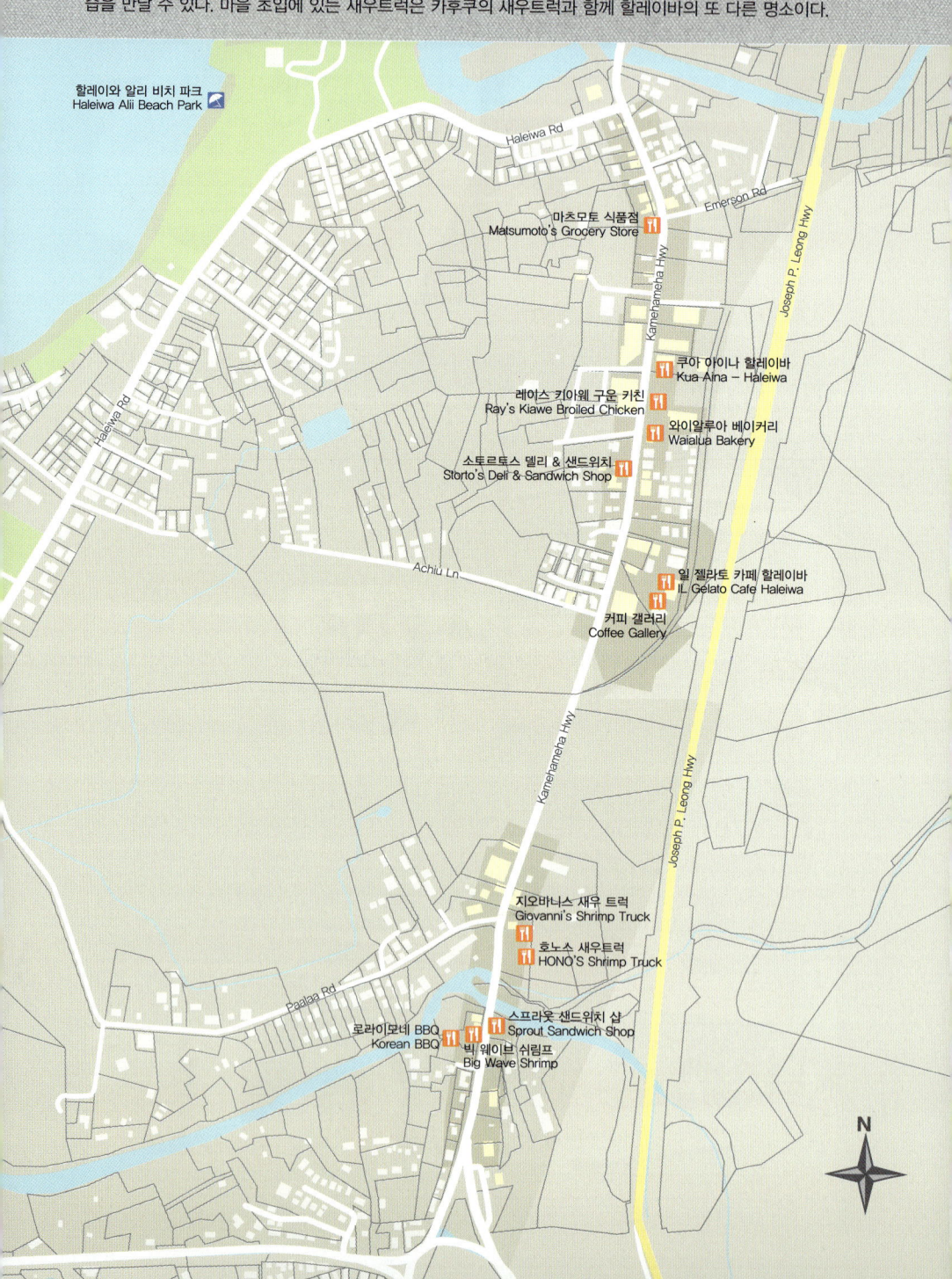

할레이바의 해변

 Haleiwa Ali'i Beach Park 할레이바 알리이 비치 파크

할레이바 마을에 위치한 해변 공원으로 다소 파도가 작은 봄, 가을에는 서핑을 배우기 좋은 곳이지만 파도가 큰 겨울에는 숙련된 서퍼들만이 서핑이 가능하다. 또한, 겨울에는 여러 서핑 대회가 열리기도 하는 해변이다. 수영은 파도가 잔잔한 여름 시즌에만 가능하다.

특징 화장실, 샤워, 피크닉테이블, 라이프가드, 수영, 서핑, 스쿠버 다이빙 **저자 한 마디** 공원 앞으로 커다란 주차장이 있어 별 불편 없이 주차할 수 있다.

할레이바의 먹거리

$ – $10 이하, $$ – $11~20, $$$ – $21~30, $$$$ – $31 이상(메인코스 기준)

 Matsumoto's Grocery Store 마츠모토 식품점 $ 저자 추천

쉐이브아이스 Shave ice 의 원조로 잘 알려진 할레이바의 명소이다. 잘게 간 얼음 위에 달콤한 색색의 시럽을 얹어주는 쉐이브아이스는 더위를 가시게 해 주는 시원한 빙수다. 보통 처음에는 레인보우나 하와이안을 많이 주문하지만, 원하는 맛으로도 주문 가능하다. 쉐이브아이스의 원조라고 해서 아주 특별한 맛이 있는 것은 아니지만, 그래도 한 번쯤 원조를 경험한다 생각하면 괜찮다. 가이드북과 잡지 등에 많이 소개되어 언제나 사람들로 바글바글하다.

홈페이지 www.matsumotoshaveice.com **주소** 66-087 Kamehameha Hwy, Haleiwa **전화번호** 808-637-4827 **영업시간** 월~일 09:00~18:00

Storto's Deli & Sandwich 스토르토스 델리 & 샌드위치 $

오아후에서 가장 맛있는 샌드위치 집으로도 뽑혔던 가게로, 샌드위치의 크기도 크고 특히 빵이 맛있어 사람들에게 사랑받는다. 할레이바에서 가볍게 점심을 해결할 생각이라면 잠시 들러보자. 현금만 가능하다.

홈페이지 www.stortoshaleiwa.com **주소** 66-215 Kamehameha Hwy, Haleiwa **전화번호** 808-637-6633 **영업시간** 월~일 08:00~18:00

Coffee Gallery 커피 갤러리 $

직접 로스팅한 커피를 판매하는 가게로, 향기로운 커피 덕분에 찾는 사람이 많다. 가볍게 커피와 빵으로 아침식사를 해결하기에도 좋으며, 직접 갈은 커피를 구입할 수도 있다. 편한 분위기 덕분에 가볍게 찾는 사람이 많다.

홈페이지 www.roastmaster.com **주소** 66-250 Kameha meha Hwy, Haleiwa(North Shore Market Place) **전화번호** 808-637-5571 **영업시간** 월~일 06:30~20:00

Ray's Kiawe Broiled Chicken 레이스 키아웨 구운 치킨 저자추천

말라마 마켓 Malama Market 주차장에서 토~일요일만 문을 여는 노점상으로 구운 치킨을 판매한다. 1인분에 $10가 넘지 않지만 육질이 굉장히 부드러우면서도 육즙이 가득하다. 주말에는 이곳에서 치킨을 사기 위해 줄을 서는 사람의 모습도 볼 수 있다.

주소 66-160 Kamehameha Hwy, Haleiwa **전화번호** 808-637-9124 **영업시간** 토~일 09:00~16:30

Il Gelato Cafe 일 젤라토 카페 $

이탈리안 아이스크림 전문점으로, 훌륭한 젤라토를 판매한다. 젤라토 외에도 크레페, 와플 그리고 아사이볼도 맛볼 수 있다. 커피는 일리커피를 사용한다. 더운 오후에, 할레이바에서 쉐이브 아이스가 아닌 제대로 된 젤라토를 먹고 싶다면 이곳으로 향하는 것을 추천한다.

오아후섬

홈페이지 ilgelato-hawaii.com
주소 66-250 Kamehameha Hwy, Haleiwa(North Shore Market Place) 전화번호 808-637-7100 영업시간 월~일 09:00~21:00

Kua Aina 쿠아 아이나 $

점심때면 사람이 가득해 앉을 자리를 찾기 어려울 정도로 인기 있는 샌드위치 레스토랑. 특히 일본 사람들에게 인기 있는 가게로, 듬뿍 들어간 재료가 매력이다. 아보카도 샌드위치와 파인애플 샌드위치가 맛있다. 소스가 별도로 나오지 않으므로, 테이블에 있는 소스를 이용해서 취향에 맞게 만들면 된다.

홈페이지 www.kua-aina.com 주소 66-160 Kamehameha Hwy, Haleiwa 전화번호 808-637-6067 영업시간 월~일 11:00~20:00

Sprout Sandwich Shop 스프라웃 샌드위치 샵 $ 저자추천

속이 가득 들어있는 두툼한 맛있는 샌드위치를 먹을 수 있다. 샌드위치의 가격은 $8~9 사이이며, 테이블이 있어 앉아서 먹어도 되고 테이크아웃을 해 갈 수도 있다. 샌드위치에 들어가는 신선한 재료뿐만 아니라, 빵 자체도 상당히 훌륭하다.

주소 66-526 Kamehameha Hwy, Haleiwa 영업시간 월~일 10:00~15:00

Waialua Bakery 와이알루아 베이커리 $

스무디와 샌드위치를 전문으로 파는 빵집으로, 직접 만든 저렴한 쿠키도 함께 판매한다. 쿠키는 오후가 되면 거의 동이 나며, 바나나 브레드 푸딩 등 인기 있는 메뉴는 늦게 가면 없는 경우가 많다.

주소 66-200 Kamehameha Hwy, Haleiwa 전화번호 808-637-9079 영업시간 월~토 10:00~17:00, 일 휴무

할레이바의 새우트럭

새우트럭이 카후쿠에만 있다고 생각하는 사람이 많지만, 할레이바에 그에 못지않게 많은 새우트럭이 있다. 그리고 원조라 불리는 지오바니 새우트럭의 분점도 할레이바에 있다는 사실!

Big Wave Shrimp Truck
빅 웨이브 새우트럭 $$

할레이바의 현지인들이 좋아하는 새우트럭. 전체적으로 청결하고, 대부분의 메뉴가 모두 맛있다. 스파이시, 갈릭 새우 등이 있으며, 그 외에도 BBQ 메뉴들이 있어서 새우와 다른 메뉴를 함께 먹기에 좋다.

홈페이지 www.bigwaveshrimp.com **주소** 66-521 Kamehameha Hwy, Haleiwa **영업시간** 월~일 09:00~19:00

Giovanni's Shirmp Truck
지오바니스 새우트럭 $$

가장 잘 알려진 지오바니스 새우트럭의 할레이바 분점이다. 다른 새우트럭들이 더 맛있기 때문에 현지인들은 많이 찾지 않는다. 다만 새우트럭의 원조라는 이름값 덕분에 지오바니 새우트럭에는 명성을 듣고 찾아온 여행자로 항상 만원이다.

홈페이지 www.giovannisshrimptruck.com **주소** 66-472 Kamehameha Hwy, Haleiwa **전화번호** 808-293-1839 **영업시간** 월~일 10:30~17:00

Honos Shrimp Truck
호노스 새우트럭 $$

한국 사람이 운영하는 새우트럭으로 지오바니 새우트럭의 옆에 있다. 한국 사람의 입맛에 맞는 매운 소스를 사용한 갈릭 스파이시 슈림프가 일품이다. 그 외에 버터 새우 등 다른 새우들도 맛있는데, 트럭에 한국어가 많이 쓰여 있어 쉽게 찾을 수 있다. 슈림프와 갈비 콤보도 있다. 그 옆에 제인(Zane) 슈림프도 있으나, 그곳은 평이 상당히 좋지 않다.

주소 66-472 Kamehameha Hwy, Haleiwa

Korean BBQ
로라이모네 $$

Korean BBQ라는 영문명보다 로라이모네로 더 알려진 푸드 트럭이다. 새우 메뉴도 다양하지만, 갈비나 고기전, 불고기 등과 같은 메뉴도 인기가 있다.

주소 66-517 Kamehameha Hwy, Haleiwa **전화번호** 808-271-0078

Area 09 Leeward Coast 리워드 코스트

리워드 코스트는 오아후 서쪽에 위치한 지역이다. 완벽한 휴식을 원하는 사람과 오아후의 대부분을 방문한 후 서쪽 해안도로를 찾는 사람만 찾기 때문에 관광객의 숫자가 확실히 적은 곳이다. 오아후에서도 조용하면서 잘 보존된 자연이 보고 싶다면 한 번쯤 방문해볼 만하다. 코올리나 리조트 단지 북쪽 지역은 도난 사고가 많으므로 주의하자.

리워드 코스트의 해변

 Ko Olina Beach 코올리나 해변

총 4개의 라군으로 이루어진 코올리나 라군은 첫 번째는 포시즌스 리조트 앳 코올리나와 디즈니 아울라니 리조트, 두 번째는 코올리나 비치 빌라스, 세 번째는 메리어트 코올리나 비치 클럽, 네 번째는 코올리나 마리나와 이어져 있다. 각 라군에는 호텔에서 해변 이용객을 위한 무료 주차장을 별도로 마련해 놓아 누구나 이용할 수 있다.

첫 번째 라군이 조용하고 가장 아름다웠지만, 디즈니 아울라니 리조트가 생기면서 해변을 이용하는 사람이 많이 늘었다. 반면에 두 번째와 세 번째 라군은 여전히 사람이 적어 조용한 휴식을 즐길 수 있다. 또한 파도가 거의 들어오지 않아 잔잔한 바다에서 가족과 함께 물놀이를 즐기기에도 좋다. 다만, 리조트 투숙객 외에 외부에서 올 수 있는 인원의 한계가 있다 보니, 아주 붐비는 날이라 하더라도 라군에서 액티비티를 즐기기에 부담 없다.

특징 화장실, 샤워, 피크닉에어리어, 라이프가드, 수영, 스노클링, 워터스포츠 **저자 한 마디** 리조트 옆으로 '해변이용객'이라는 푯말이 있는 곳에 주차하면 된다. 주말에는 자리가 없는 경우도 많다.

 Kahe Point Beach Park 카헤 포인트 비치 파크

오아후 서쪽에 있는 해변으로 크기는 작지만 여름이 되면 돌고래 및 거북이를 비롯한 수많은 물고기를 볼 수 있어서 찾는 사람이 많다. 이 해변은 오아후의 가장 유명한 쇼어 다이빙 장소이기도 한데, 물 안에 거대한 파이프가 있는 것으로도 유명하다. 도로 건너편에 발전소가 있어 일렉트릭 비치 Electric Beach 라는 이름으로도 불린다. 조류가 다소 있으므로, 초심자에겐 적당하지 않다. 겨울에는 스노클링이 거의 불가능하다.

특징 화장실, 샤워, 피크닉에어리어, 스노클링 **저자 한 마디** 해변 옆으로 많은 주차공간이 있다.

Makaha Beach Park
마카하 비치 파크

관광객은 거의 찾아볼 수 없지만, 많은 현지인이 찾는 해변 공원으로 파도가 높아 서핑을 즐기는 사람이 많다. 수영하기에는 적합하지 않지만, 휴식을 취하는 현지인들의 모습과 파도를 타는 서퍼들의 모습을 감상하기에 좋다. 도난 사고가 종종 있다 보니 관광객은 그리 선호하지 않는다.

특징 화장실, 샤워, 라이프가드, 서핑 **저자 한 마디** 해변 앞으로 충분한 주차공간이 마련되어 있다.

Yokohama Bay
요코하마 베이

요코하마 베이는 패링턴 하이웨이의 끝에 위치한 넓은 백사장을 가진 해변이다. 파도가 강해서 수영하기에는 적합하지 않지만, 곳곳에 무릎 깊이의 작은 자연 라군이 형성되어 있어서 이곳에서 안전한 물놀이를 할 수 있다. 탁 트인 백사장과 풍경이 일품인 해변이다. 사람들은 거의 없지만, 바람이 세게 부는 편이라 조용한 휴식은 조금 힘들다.

특징 화장실, 샤워, 넓은 백사장, 작은 라군 **저자 한 마디** 해변을 따라서 주차도 가능하며, 화장실 건물 옆으로도 주차공간이 마련되어 있다.

리워드 코스트의 볼거리

Farrington Hwy
패링턴 하이웨이

코올리나에서부터 카에나 포인트 주립공원을 잇는 고속도로이다. 카에나 포인트 주립공원이 가까워지면서 나타나는 멋진 해안선과 산악지형 덕분에 훌륭한 드라이브 코스로 꼽힌다.

주소 Farrington Hwy

 ## Wet'n'Wild Hawaii
웻 앤 와일드 하와이

하와이의 가장 큰 대규모 워터파크. 한국의 캐리비안 베이나 오션월드를 상상하면 대충 감이 온다. 하와이에서 웬 워터파크냐고 할지도 모르지만, 하와이의 햇살 아래에서 즐기는 워터파크는 또 다른 재미를 선사한다. 개별적으로 찾아가는 사람보다는 와이키키에서 투어버스를 이용하는 경우가 많으며 개별 입장료와 교통, 식사가 포함된 패키지도 판매한다. 가족 여행객들에게 인기가 많으며, 일본 사람의 비중이 꽤 높은 편이다. 개장시간은 월별로 다르므로 미리 홈페이지에서 확인하는 것이 좋다.

홈페이지 wetnwildhawaii.com 주소 400 Farrington Hwy, Kapolei 전화번호 808-674-9283 개방시간 10:30~15:30(또는 17:00). 요일 및 월별 오픈시간 상이. 자세한 시간표는 홈페이지 참고 입장료 성인 $49.99, 키 1.05m 이하 $37.99, 65세 이상 $37.99, 2세 이하 무료

 ## Kaneana Cave
카네아나 동굴

패링턴 하이웨이를 따라 북쪽으로 가다 보면 카네아나 동굴을 만날 수 있다. 도로 위에 표지판이 있어 어렵지 않게 찾을 수 있으며, 전설 속에는 상어 인간의 집으로 알려져 있다.

찾아가기 Farrington Hwy 위, 별도의 작은 비석에 이름이 적혀있다.

Kaena Point 카에나 포인트

카에나 포인트 주립공원에 속한 카에나 포인트는 오아후섬 서쪽 끝에 위치해 있다. 리워드 코스트를 따라 패링턴 하이웨이 끝까지 가면 도로가 끝나면서 트레일이 시작되는데 약 5마일(8km)거리로 왕복 2시간~2시간 반 정도가 소요되는 트레일 코스이다. 가는 길은 비포장이고 울퉁불퉁하기 때문에 편한 신발을 신는 것이 좋다. 트레일 전체적으로 고도 변화는 거의 없으나, 그늘이 없어 대낮에 걷기에는 다소 힘들 수 있다.

트레일 끝에 도착하면 외부 유입을 막기 위한 철조망과 게이트가 있다. 카에나 포인트 안쪽에는 알바트로스와 하와이안 몽크 실이 살고 있어 이를 보호하기 위해 애완동물을 데리고 들어갈 수 없다. 시즌을 잘 맞추면 알바트로스와 해안에 올라와서 낮잠을 자는 태평양 몽크 바다표범을 볼 수 있는데, 보호종이므로 멀리 거리를 두고 관찰해야 한다.

저자 한 마디 트레일은 두 곳이 있지만, 리워드 코스트 쪽에서 시작하는 것이 좋다. 주차할 때는 차 안에 아무것도 보이지 않게 하는 것이 중요하다.

리워드 코스트의 먹거리

$ - $10 이하, $$ - $11~20, $$$ - $21~30, $$$$ - $31 이상(메인코스 기준)

Two Scoops 투 스쿱스
$

아이스크림과 선데를 주메뉴로 하는 가게로 핑크빛의 하와이다운 인테리어가 사랑스러운 가게이다. 오전 11시부터 오후 6시까지는 핫도그와 터키 파니니도 판매하므로 간단한 요기를 하기에도 좋다.

홈페이지 www.twoscoopsicp.com **주소** 92-1049 Olani St, Ko Olina **전화번호** 808-489-4350 **영업시간** 월~일 11:00~21:00

Ko Olina Hawaiian Bar-B-Que
코올리나 하와이안 바비큐
$~$$

코올리나 하와이안 바비큐라는 이름을 가진 이 레스토랑은 저렴한 하와이 현지 음식을 판매하기 때문에 코올리나 지역에 머물 때 간단한 식사를 하기에 좋다. 한국식 갈비요리와 다양한 치킨요리 그리고 샐러드 등의 메뉴가 있다.

주소 92-1047 Olani St, Ko Olina 전화번호 808-680-9888 영업시간 월~일 09:00~21:00

Monkeypod Kitchen
몽키팟 키친
$$~$$$

저자 추천

레스토랑 선택의 폭이 넓지 않은 코올리나에서 몽키팟 키친은 꽤 훌륭한 선택이다. 화덕에 굽는 피자도 유명하지만, 그 외에도 트러플 오일 프라이, 펌프킨 패치 라비올리 등 훌륭한 메뉴들이 많다. 코올리나에 장기간 묵는다면 여러 번 오게 될 수밖에 없는 곳이기도 하며, 저녁에는 라이브 뮤직도 연주한다.

주소 92-1048 Olani St, Ko Olina 전화번호 808-380-4086 영업시간 월~금 11:00~23:00, 토~일 09:00~23:00

Pizza Corner
피자 코너
$~$$$

코올리나에서 멀리 가지 않고, 괜찮은 피자를 찾는다면 피자 코너는 생각외로 훌륭한 피자를 제공한다. 특히, 다른 곳에서는 볼 수 없는 포케 피자는 피자 코너만의 하와이다운 피자라고 할 수 있다. 기본인 콤비네이션 피자와 갈릭 브레드도 맛있다. 샌드위치나 슬라이스도 가능하며, 피자는 $21~28 사이이다.

홈페이지 pizzacornerhawaii.com 주소 92-1047 Olani St, Ko Olina 전화번호 808-380-4626 영업시간 월~일 11:00~21:00

Fish House $$$~$$$$
피시 하우스

포시즌스 호텔 내에 위치해있는 레스토랑으로, 라군이 보이는 전경이 매력적인 레스토랑이다. 실내와 실외에 모두 테이블이 있으며, 대부분의 사람이 바다를 보며 야외에서 식사하는 것을 즐긴다. 가장 대표적인 메뉴는 랍스타, 굴, 킹크랩, 새우 등이 한 번에 나오는 시푸드 타워이며, 최소 3~4명은 되어야 주문할 만하다. 그 외에, 파스타, 볶음밥, 피시타코 등 여러 나라 음식들이 메뉴에 있기 때문에, 취향에 따라 고를 수 있다. 가격대는 포시즌스에 있는 호텔답게, 다소 높은 편에 속한다. 화요일에는 타코 튜즈데이라고 하여, 별도의 푸드트럭에서 타코를 판매하기도 한다.

주소 92-1001 Olani St, Kapolei (Four Seasons Resort) **전화번호** 808-679-0079 **영업시간** 월~일 11:00~23:00

Kapolei Marketplace $~$$
카폴레이 마켓플레이스

고급 리조트 단지가 있는 코올리나 쪽에는 먹을 곳이 그리 많지 않지만, 차를 타고 10분만 동쪽으로 이동하면 생각 외로 많은 레스토랑을 만날 수 있다. 그중에서도 슈퍼마켓 세이프웨이가 있는 카폴레이 마켓플레이스에는 한식, 중식, 일식, 패스트푸드를 비롯해 10개가 넘는 레스토랑들이 있어 저렴하게 식사를 할 수 있다.

주소 590 Farrington Hwy, Kapolei **영업시간** 레스토랑 별 상이

리워드 코스트의 레스토랑
리워드 코스트는 레스토랑이 많지 않아 거의 리조트 내 레스토랑을 이용해야 한다. 리조트 내 레스토랑은 선택의 폭이 크지 않다는 점은 아쉽다. 조금 더 다양한 선택을 원한다면 현지 및 체인 레스토랑이 모여 있는 카폴레이(Kapolei)로 나가자. 코올리나 지역에서 10분 정도면 이동할 수 있다. 카폴레이에는 세이프웨이, 월마트, 푸드랜드, 코스트코 등 슈퍼마켓도 모두 있다.

리워드 코스트의 숙소

Four Seasons Resort Oahu at Ko Olina
포시즌스 리조트 오아후 앳 코 올리나

2016년 오픈한 포시즌스 리조트는 하와이에서도 손꼽히는 5성급 리조트로 코올리나 지역에서 조용한 휴식을 원하는 이들에게 적합하다. 316개의 일반 객실과 58개의 스위트룸이 있으며, 포시즌스만의 업그레이드된 서비스는 고급스러움을 원하는 커플부터, 가족 여행객들까지 모두 만족시킬 만큼 훌륭하다. 특히 포시즌스 중 오아후 포시즌스는 키즈클럽부터 아이들을 위한 수영장까지 잘 구비되어있어 바로 옆 디즈니 아울라니와도 충분히 견줄 만하다.

침대의 종류부터 베게, 필요한 물품 등 취향에 맞게 세세한 요청이 가능하며, 객실도 포시즌스 특유의 고급스러움이 묻어난다. 수영장은 크게 공용 풀, 어린이 풀, 성인 풀로 나뉘며, 성인 풀은 인피니티풀로 바다와 연결된 것 같은 착각이 든다. 선베드는 무료이며, 카바나는 별도 요청해야 한다. 특히 성인 풀에서 보는 일몰은 아름답기로 유명하다.
포시즌스 리조트의 조식은 기본 메뉴 외에, 그때 투숙하는 손님의 국적에 따라 조금씩 변화를 주기 때문에 입맛에 맞는 식사를 할 수 있다. 그 외 포시즌스 레스토랑도 평이 상당히 좋은 편이라 굳이 밖으로 나가지 않아도 훌륭한 식사를 할 수 있다. 또한 포시즌스 호텔 앞의 라군에서 물놀이를 하기 위한 도구들은 리조트에서 무료로 대여가 가능하다.

홈페이지 www.fourseasons.com/oahu **주소** 92-1001 Olani St, Kapolei **전화번호** 808-679-0079 **숙박요금** $499~ **리조트피** 없음 **인터넷** 무료 **주차** 셀프 없음, 발레 $40 **레스토랑** 피시 하우스(Fish House), 라 히키(La Hiki), 노에(Noe), 워터맨 바&그릴(Waterman Bar&Grill) **스파** 나우파카 스파&웰니스(Naupaka Spa&Wellness)

Aulani, A Disney Resort & Spa 아울라니, 디즈니 리조트 & 스파

코올리나에 위치한 디즈니의 최고급 리조트이다. 일반 객실과 주방 시설이 완비된 빌라 객실이 있으며, 스튜디오룸부터 쓰리베드룸까지 다양한 객실을 완비하고 있다. 객실은 깜찍한 디즈니 캐릭터와 하와이 무늬를 적절히 배치해 세련된 느낌이며, 전체적으로 아이들이 좋아할 만한 시설과 캐릭터가 가득해 특히 가족여행객들에게 인기가 높다.
호텔 내에는 유아용 수영장, 튜브를 탈 수 있는 수영장과 스노클링을 간접 체험할 수 있는 시설까지 갖추고 있다. 또한, 아이들 친화적인 리조트답게 키즈클럽도 잘 되어 있으며, 아이들을 위한 액티비티 프로그램들이 시간별로 준비되어 있으므로 미리미리 스케줄을 챙기는 것을 추천한다. 체크아웃 후에도 짐을 맡기고 수영장 등 호텔의 시설을 이용할 수 있는 공간이 있으며, 샤워도 가능하다.
리조트 앞에는 포시즌스 리조트 오아후 앳 코 올리나와 공유하는 커다란 라군이 있어 파도가 없는 조용한 해변에서 아이들과 함께 물놀이를 즐길 수도 있다. 아울라니에서 인기 있는 액티비티 중 하나는 캐릭터들과 함께 먹는 아침뷔페로 식사하는 동안 캐릭터 인형들이 아이들과 사진도 찍어주고 사인도 해 준다. 다만 아이들이 식사에 집중하지 못할 수도 있으니 주의해야 한다. 리조트 시설은 만족스럽지만, 대부분의 레스토랑은 평이 그리 좋지 않다.

홈페이지 resorts.disney.go.com/aulani-hawaii-resort **주소** 92-1185 Aliinui Dr, Kapolei **전화번호** 808-674-6200 **숙박요금** $399~ **리조트피** 없음 **인터넷** 무료 **주차** 셀프 $37, 발레 $37 **레스토랑** 아마아마('Ama'Ama), 마카히키(Makahiki), 오프 더 후크(Off the Hook), 울루 카페(Ulu Cafe) **스파** 라니와이 스파(Laniwai Spa)

Area 10 Pearl Harbor 진주만

진주만은 2차 세계대전의 아픈 역사를 간직한 지역으로, 역사 시간에 한 번쯤 들어 본 장소이다. 일본의 폭격에 의해서 침몰한 전함과 관련 자료들을 전시하고 있으며, 다양한 체험을 할 수 있다. 또한, 펄릿지 센터, 와이켈레 프리미엄 아울렛이 위치해 있어 쇼핑을 위해서도 여행 중 한 번쯤은 찾게 된다.

오아후섬

진주만의 해변

 Ewa Beach Park
에바 비치 파크

진주만의 건너편에 있기 때문에 여행자는 거의 찾아볼 수 없고, 에바 비치 지역에 사는 현지인이 대부분이다. 평일에는 휴식을 나온 사람들도 많지 않아 더더욱 조용한 해변으로, 멀리 호놀룰루 시내를 조망할 수 있다.

특징 화장실, 샤워, 피크닉테이블, 수영 **찾아가기** Fort Weaver Rd의 끝

진주만의 볼거리

Pearl Harbor Historic Sites 진주만 역사 지역

2차 세계대전 국립공원 기념물로써 내부에는 USS 애리조나 기념관, USS 보우핀 잠수함 박물관 등의 역사적인 장소와 그 시기의 상황을 알 수 있는 전시물이 있는 전시관이 마련되어 있다. 카메라나 휴대전화는 가지고 가는 것이 허용되지만, 백 팩이나 크로스 백 등의 가방은 가지고 들어갈 수 없으므로 입구 옆에 있는 짐 보관소에 가방을 맡기고 들어가야 한다. 보관 비용은 $3이다.

홈페이지 www.nps.gov/valr **주소** 1 Arizona Memorial Place, Aiea **전화번호** 808-422-0561 **개방시간** 월~일 07:00~17:00 **저자 한 마디** 주차는 무료, 안전 요원들이 감시하고 있지만, 사고가 자주 발생하는 곳이므로 차 안에 귀중품을 두지 않는 것이 좋다.

USS Arizona Memorial USS 애리조나 기념관

1941년 일본의 폭격을 받아 1,177명의 선원들과 함께 9분 만에 바다로 가라앉은 USS 애리조나를 기리기 위해 만든 기념관이다. 진주만 역사 지역의 무료 투어를 통해서 방문할 수 있으며, 매시 정각과 30분마다 투어가 출발한다. 보트를 타고 USS 애리조나 기념관으로 향하며, 투어는 약 1시간 반 정도 소요된다. 조금 더 자세한 역사를 알고 싶다면 오디오 가이드를 대여해 보자. 한국어도 가능하다.

입장료 무료 시설이용 요금 오디오 가이드 대여 $7.5
투어 월~일 08:00~15:00

진주만 역사 지역, USS 애리조나 티켓 예약과 발권하기

- **온라인** : 티켓은 국립공원 예약 사이트(www.recreation.gov)에서 진주만 역사 지역(Pearl Harbor Historic Sites)을 검색하면 예약할 수 있다. 회원 가입만 하면 예약은 무료로 가능하지만, 수수료로 $1.5를 내야 한다. 하지만, 기다리지 않고 원하는 시간에 갈 수 있으므로 유용하다. USS 애리조나 오디오 가이드를 포함, USS 보우핀 잠수함 박물관, 전함 미주리 기념관, 퍼시픽 항공 박물관 펄 하버까지 역사 지역 내의 모든 장소를 둘러보는 '패스포트 투 펄 하버(Passport to pearl Harbor)'는 성인 $72, 아동(4~12세) $35에 구매가 가능하다. 다 둘러보기 위해서는 4~8시간을 잡아야 한다.

- **현장 발권** : 아침 일찍 가면 바로 앞 시간대의 USS 애리조나 기념관 투어 티켓을 받을 수 있지만, 시간이 늦어지면 1~2시간 정도 후 투어 티켓을 받는 경우도 많다. 티켓은 무료로 받을 수 있으며, 대기시간이 길다면 역사 지역 내를 둘러보거나 근교의 알로하 스타디움을 구경하는 것도 좋다. 날짜에 따라서는 오전 일찍 티켓이 마감되기도 한다.

USS Bowfin Submarine Museum USS 보우핀 잠수함 박물관

USS 보우핀은 현재까지 존재하는 세계 2차대전 당시의 잠수함 중 하나로 현재는 관람용으로 바다 위에 전시되어 있다. 또한 박물관에는 잠수함과 관련된 다양한 전시물이 있어 2차 세계대전 당시의 잠수함에 관심이 있으면 살펴볼 만하다. 무료 한국어 오디오 투어가 제공되며, 이를 이용하면 잠수함의 내부에 대한 설명을 좀 더 자세하게 들을 수 있다.

홈페이지 www.bowfin.org 개방시간 월~일 07:00~17:00 입장료 성인 $15, 4~12세 $7, 3세 이하 방문 불가. 저자 한 마디 3세 이하는 박물관은 무료 방문할 수 있으나 잠수함은 안전 문제로 입장할 수 없다.

Battleship Missouri Memorial 전함 미주리 기념관

2차 세계대전 때 건조되었던 전함 미주리호는 1945년 2월 일본이 2차 세계대전 항복에 사인했던 당시에 활약했던 전함이다. 1992년 페르시안 걸프전을 마지막으로 은퇴하여 현재 펄 하버에 전시되었다. 전함 미주리 기념관은 35분간의 가이드 투어 후 직접 둘러보는 것이 가능하며, 약 1시간 반 정도가 소요된다. 무료 한국어 오디오 투어도 제공된다. 티켓 부스는 진주만 역사 지역 내에 위치하며 전함까지는 셔틀로 이동한다. 미주리 기념관의 하이라이트는 일본이 항복문서에 서명한 장소이다.

홈페이지 www.ussmissouri.com 개방시간 월~일 08:00~16:00(6~8월은 17:00까지) 입장료 성인 $29, 4~12세 $13

Pacific Aviation Museum 태평양 항공 박물관

포드 아일랜드에 있는 박물관으로, 진주만 역사공원에서 셔틀로 이동 가능하다. 행어 37을 이용한 박물관과 비행기들이 전시된 행어79의 두 개의 건물로 나뉘어 있으며, 무료 한국어 오디오 투어도 가능하다. 진주만 전쟁 당시의 흔적이 행어의 곳곳에 남아있으며, 여러 전쟁에서 활약을 했던 비행기들의 모습을 볼 수 있다. 특히 행어 79에는 한국 전쟁 당시에 이용되었던 MiG-15와 F-86이 전시되어 있다.

홈페이지 www.pacificaviationmuseum.org 개방시간 월~일 8:00~17:00 입장료 성인 $25, 4~12세 $12

진주만에서 쇼핑하기

 ## Aloha Stadium & Swap Meet 알로하 스타디움 & 스왑 미트

알로하 스타디움은 평소에는 공연, 경기 등에 사용되는 곳이지만, 여행자들에게는 스왑 미트가 열리는 곳으로 더 유명하다. 스타디움을 따라 길게 늘어서 있는 상점들을 돌아다니다 보면 의외로 쏠쏠한 기념품들을 건질 수 있다. 여러 개를 사면 할인을 해 주기도 하며, 그 규모가 커서 둘러보는 데만도 적지 않은 시간이 걸린다.

홈페이지 www.alohastadiumswapmeet.net 주소 99-500 Salt Lake Blvd, Honolulu 전화번호 808-483-2756 영업시간 수, 토 08:00~15:00, 일 06:30~15:00 입장료 $1, 11세 이하 무료

 ## Pearl Ridge Center 펄 릿지 센터

호놀룰루에서 다소 거리가 있다 보니, 여행자보다는 현지인이 많이 이용하는 쇼핑센터이다. 입점해 있는 업체도 알라 모아나쇼핑센터와 많이 겹치기 때문에 특별히 방문해야 할 이유는 없지만, 알라 모아나에 원하는 모델의 사이즈가 없을 때 펄 릿지 쇼핑센터에는 있는 경우도 있다. 규모가 큰 쇼핑센터이니만큼 푸드코트와 다양한 레스토랑이 입점해 있어 식사하기에도 좋으며, 조용한 분위기에서 쇼핑을 즐기기에 좋다.

홈페이지 www.pearlridgeonline.com 주소 98-1005 Moanalua Rd, Aiea 전화번호 808-488-0981 영업시간 월~토 10:00~21:00, 일 10:00~18:00

🛒 Waikele Premium Outlet 와이켈레 프리미엄 아울렛

오아후를 처음 방문하는 사람이라면 꼭 들린다는 오아후섬의 아울렛. 코치, 마이클 코어스, 폴로, 타미힐피거, 짐보리 등의 유명 브랜드를 시중보다 더 싸게 구입할 수 있어 인기다. 렌터카를 이용하거나 투어버스를 이용하는 사람이 많다. ▶ P.279

홈페이지 www.premiumoutlets.com/outlet/waikele **주소** 94-790 Lumiaina St, Waipahu **전화번호** 808-676-5656 **영업시간** 월~토 09:00~21:00, 일 09:00~18:00(공휴일 및 세일기간에는 시간이 달라짐)

진주만의 먹거리 $ – $10 이하, $$ – $11~20, $$$ – $21~30, $$$$ – $31 이상(메인코스 기준)

🍴 Sato Okazuya Saimin Stand 사토 오카즈야 사이민 스탠드 $

관광지와는 다소 떨어진 작은 쇼핑센터 안에 위치한 사이민 전문점. 현지인들의 입맛 그대로의 볶음 사이민을 하는 곳으로, 1인분의 양도 굉장히 많아 큰 것을 주문해 나눠 먹어도 된다. 점심시간대까지는 영업을 하지만, 재료가 떨어지면 일찍 문을 닫을 때도 있다. 주문이 밀리면 꽤 많이 기다려야 한다. 관광객들 입맛에는 맛이 훌륭한 편이 아니지만 항상 로컬들로 가득 찬다.

주소 94-235 Hanawai Cir, Waipahu **전화번호** 808-677-5503 **영업시간** 화~토 07:30~12:00, 일~월 휴무

🍴 Anna Miller's 안나 밀러스 $~$$

24시간 운영하는 레스토랑으로 갈비, 마히마히 스테이크 등 현지인에게 익숙한 다양한 메뉴를 판매하고 있다. 요리는 그저 그런 현지 레스토랑이지만, 사람들이 안나밀러스를 찾는 이유는 파이 때문이다. 특히 딸기 파이는 그중에서도 인기가 많다.

홈페이지 www.annamillersrestaurant.com **주소** 98-115 Kaonohi St, Aiea **전화번호** 808-487-2421 **영업시간** 월~일 24시간

Travel Information in Oahu

Section 04
오아후섬 쇼핑의 모든 것

없는 것이 없는 쇼핑 천국 하와이지만, 한국과 비교해서 가격이 매력적이지 않은 경우도 많다. 화장품 역시 브랜드 숍이나 세포라 등에서 한국에 없는 물건들을 찾을 수 있지만, 대부분의 가격은 한국의 면세점이 더 저렴하다. 보통 우리에게 익숙한 명품 브랜드들은 한국과 큰 차이가 없거나, 조금 저렴하지만 관세를 생각하면 오히려 비싼 경우도 있다.

한국 사람들에게는 명품보다는 아베크롬비, 홀리스터, 폴로, 디젤 같은 캐주얼 브랜드에서부터 마이클 코어스, 코치, 토리버치 같은 준명품이라 불리는 브랜드가 인기 있다. 그 외에 아이들을 위한 갭 키즈, 재니앤잭, 짐보리 등의 아동 브랜드와 배스&보디 웍스, 윌리엄-소노마 같은 생활용품, 여성들의 전폭적인 지지를 받는 빅토리아 시크릿은 놓쳐서는 안 될 필수 쇼핑 아이템이다.

여행 기간이 최대 세일 기간과 겹친다면 누구라도 쇼핑을 하지 않을 수 없을 만큼의 저렴한 가격으로 물건을 살 수 있다. 그중에서도 가장 큰 쇼핑 기간은 추수감사절 바로 다음 날인 블랙 프라이데이 Black Friday로 매년 11월 넷째 주 금요일이며, 그다음으로는 프레지던트 데이, 독립기념일과 크리스마스 세일이 크다. 블랙 프라이데이에는 와이켈레 프리미엄 아울렛은 자정부터 다음 날까지 영업하며, 기본 할인율에 최대 80%까지 추가 할인을 하기 때문에 작정하고 가는 사람도 많다. 알라 모아나 센터 역시 새벽 6시부터 저녁 9시까지 큰 할인에 들어가며, 평소에 할인을 거의 하지 않던 브랜드까지 할인을 한다. 그 외의 쇼핑몰들도 각각 커다란 할인을 하므로 쇼핑을 좋아하는 사람이라면 블랙 프라이데이에 하와이를 찾는 것은 행운이나 다름없다.

블랙 프라이데이
- **현충일** Memorial Day 세일 – 5월 넷째 월요일이 있는 주말
- **독립기념일** Independence Day 세일 – 7월 4일 전후
- **노동절** Labor Day 세일 – 9월 첫째 월요일이 있는 주말
- **재향 군인의 날** Veterans Day 세일 – 11월 11일이 있는 주말
- **추수감사절** Thanks Giving Day 세일 – 11월 넷째 주 금요일(블랙 프라이데이)
- **크리스마스** Christmas Day 세일 – 크리스마스 전후
- **신년** New Year's Day 세일 – 12월 31일, 1월 1일   ※ 세일 기간 및 할인은 쇼핑몰에 따라 다를 수 있음.

쇼핑할 때 다음 두 가지는 꼭 주의하세요!

1. 주차 시 차 안에는 아무것도 두지 말자 – 와이켈레 프리미엄 아울렛, 알라모아나 센터 등에서 쇼핑을 할 때 렌터카를 이용해서 가는 경우가 많다. 쇼핑센터 주차장은 차량 내 물품 도난사건이 가장 많이 일어나는 곳이므로, 쇼핑센터에 도착해서 주차를 할 때는 꼭 차 안에 아무것도 보이지 않도록 해야 도난을 예방할 수 있다. 쇼핑백이나 가방 등은 특히 도난의 표적이 된다.

쇼핑몰 주차장 내 도난은 유리창을 깨는 경우도 있지만, 차량에 따라 그냥 문을 따고 짐을 가져가는 경우도 있으므로 가능하면 트렁크도 비워두는 것이 좋다. 트렁크에 짐이 있다면 주차 후에는 트렁크를 열지 않는 것이 좋으며, 트렁크를 열어서 짐을 넣었다면 차량을 다른 위치로 이동 주차해서 표적이 되지 않도록 해야 한다. 쇼핑몰에 들어가기 전에 잠시 주차를 하고 짐을 모두 꺼낸 뒤에 이동해서 쇼핑몰에서는 트렁크 자체를 열지 않는 방법을 이용하자. 알라모아나 센터, 와이켈레 아울렛이 특히 범죄가 자주 일어나는 곳이다.

2. 신용카드 원화 결제는 달러 결제보다 손해 – 하와이에서는 그렇게 자주 있는 일은 아니기는 하지만, 종종 결제화면에서 원화로 결제할 것인지, 달러로 결제할 것인지 묻는 경우가 있다. 이때 원화 결제를 선택하면 이중 환전이 되어 더 큰 금액을 지불하게 되므로, 하와이에서 신용카드로 결제할 때 원화와 달러 중 선택하는 화면이 나오면 꼭 달러를 선택해야 한다. 주로 쇼핑몰에서 이런 원화결제 화면을 볼 수 있다.

01 와이켈레 프리미엄 아울렛 Waikele Premium Outlets

프리미엄 아울렛 계열의 쇼핑몰로 하와이에 있는 유일한 아울렛 매장이나 미국 본토의 아울렛보다는 규모가 작다. 미국 본토의 아울렛을 가 봤다면 조금 실망할 수 있지만, 처음 미국의 아울렛을 접하는 것이라면 의외로 쇼핑할 만한 물건이 많다. 특히 코치, 나인 웨스트, 마이클 코어스, 폴로, 바나나 리퍼블릭 등의 브랜드를 한국에서보다 30~50% 정도 저렴하게 구입할 수 있어 인기 있다.

▲ 홈페이지

아울렛을 방문하기 전 와이켈레 아울렛 홈페이지에 가입하면, 모바일로 쿠폰을 다운받을 수 있다. 또한 드라이브트래블 카페에서 데스티네이션 패스포트바우처를 다운받아 출력한 후 인포메이션센터에서 교환하면, 모바일쿠폰보다 더 높은 할인율을 적용받을 수 있다.

와이켈레 프리미엄 아울렛의 건너편 와이켈레 센터에는 저렴한 캐주얼 매장인 올드 네이비 Old Navy 와 갭 아울렛 Gap Outlet 등이 있다. 와이켈레 프리미엄 아울렛에서 쇼핑을 마치고 추가로 둘러보면 좋은데, 와이켈레 프리미엄 아울렛

▲ 데스티네이션 패스포트

▶ VIP 쿠폰북

과 와이켈레 센터는 무료 트롤리로 이동할 수 있다. 또한, 작은 간이 식당 위주인 와이켈레 아울렛과는 달리, 이쪽에는 더 다양한 패스트푸드 및 레스토랑이 있으므로 식사를 하기에도 좋다.

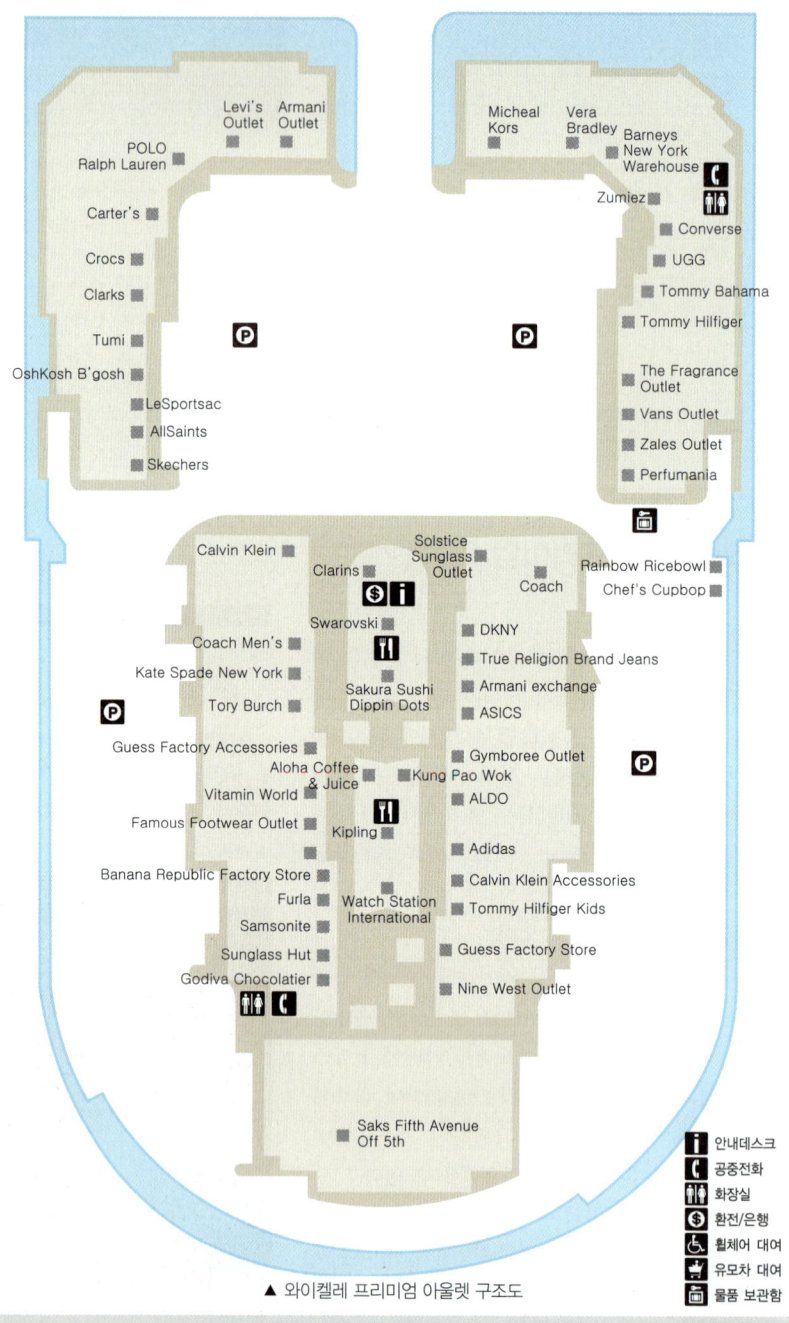

▲ 와이켈레 프리미엄 아울렛 구조도

홈페이지 www.premiumoutlets.com/outlet/waikele 주소 94-790 Lumiaina Street Waipahu, HI 96797 전화번호 808-676-5656 영업시간 월~토 9:00~21:00, 일 10:00~18:00(숍별 상이), 휴무 : 매장별 상이

01 와이켈레 프리미엄 아울렛 가는 법

- **로버츠 하와이 와이켈레 셔틀** Roberts Hawaii Waikele SHuttle

  와이켈레 프리미엄 아울렛에 가장 저렴하게 갈 수 있는 방법으로 오전에 2회 출발하며 픽업 장소와 시간은 홈페이지에서 확인 가능하다. 첫 출발지점은 프린스 호텔로 09:00과 10:00에 출발하며, 그 외 픽업 시간은 호텔마다 다르다. 와이켈레 프리미엄 아울렛에서 와이키키로 돌아오는 시간은 14:00, 15:00, 16:30의 세 편이 있다. 로버츠 하와이 홈페이지에서 온라인으로 예약이 가능하다. 일리카이 호텔, 쉐라톤 와이키키 호텔, 아웃리거 리프 온 더 비치, 시사이드 애비뉴, 듀크 카하나모쿠 동상, 하얏트 플레이스 호텔, 힐튼 가든 인 와이키키 비치 순으로 선다.

  > **홈페이지** www.robertshawaii.com/waikeleshuttle **전화번호** 808-536-5527 **예약전화** 월~일 07:00~12:00, 15:00~22:00 **요금** 왕복 성인 $18, 4~11세 $12 편도 성인 $10, 4~11세 $8 **출발시간** 와이키키 출발 09:00, 10:00 와이켈레 출발 14:00, 15:00, 16:30

- **에노아 투어** E Noa Tours

  와이켈레 아울렛의 공식 투어버스로 가장 가격이 비싸고, 출발 및 도착 시간이 하나로 정해져 있어 불편하다 보니 이용하는 사람이 많지 않은 편이다.

  > **홈페이지** www.enoa.com **요금** 왕복 성인 $29, 3~12세 $19.50 **출발시간** 와이키키 출발 : 8:45 / 와이켈레 출발 : 15:00

- **현지 여행사 왕복 투어**

  현지 여행사에 따라서 $10~$25로 가격이 다양하므로 비교해 보고 적합한 곳으로 예약하면 된다. 다양한 출발 시간과 도착시간이 정해져 있으며, 그에 따라 움직이면 된다. 와이키키 시내를 걷다 보면, 와이켈레 셔틀 홍보를 하는 사람들도 손쉽게 만날 수 있을 정도로 흔하다. 한국 여행사로는 가자 하와이가 있다.

  > **가자하와이 홈페이지** www.gajahawaii.com

▲ 로버츠 하와이 와이켈레 셔틀   ▲ 에노아 투어   ▲ 현지 여행사 왕복 투어

02 와이켈레 아울렛의 브랜드

- **코치** Coach

  미국 아울렛의 영원한 베스트셀러로 가장 많은 한국 사람을 볼 수 있는 매장이기도 하다. 매장 방문 시 별도의 할인쿠폰을 제공하여 높은 할인율을 자랑한다. 대부분이 아울렛 전용 디자인이나, 가끔 이월 상품도 발견할 수 있다. 별도의 남성 전용 매장도 있다. 최근에는 인기가 많이 떨어졌다.

- **마이클 코어스** Michael Kors

  코치의 대안으로 언급되는 브랜드로 우리나라 20~30대 여성들 사이에서 인기를 끌고 있다.

- 나인 웨스트 Nine West

스타일이 좋아 여성들 사이에 인기가 좋은 구두 브랜드이다. 원래도 매우 비싼 브랜드는 아니지만, 아울렛에서는 할인이 많이 될 뿐만 아니라 한국에 없는 디자인도 많다.

- 토미 힐피거 Tommy Hilfiger

미국의 클래식 캐주얼 브랜드로 남성복, 여성복, 아동복이 모두 있어 가족 의류를 쇼핑하기에 좋은 브랜드이다. 기본아이템들 위주로 인기 있다.

- 토리 버치 Tory Burch

최근 아울렛에서 가장 떠오르는 브랜드로 코치와 마이클 코어스의 시대는 가고, 토리 버치가 아울렛의 최대 아이템이 되었다는 이야기가 나올 정도이다.

- 바나나 리퍼블릭 Banana Republic

캐주얼부터 정장까지 커버하는 브랜드로, 기본 아이템을 구입하기 좋다. 면바지와 셔츠가 인기 아이템.

- 폴로 랄프 로렌 Polo Ralph Lauren

한국 사람들에게 가장 인기 있는 브랜드로 기본 스타일의 옷을 저렴하게 구입할 수 있다. 폴로 PK 셔츠는 그중에서도 베스트 아이템이며, 아동용 의류 역시 많은 사랑을 받고 있다.

- 레스포삭 LeSportsac

밝고 화려한 느낌의 미국 브랜드로 다양하고 독특한 가방 디자인을 원한다면 방문해봐야 할 곳이다. 하와이에서만 판매되는 한정 디자인 상품을 만날 수 있다.

- 짐보리 Gymboree

신생아부터 12살까지의 아동복 전문점으로, 다양한 디자인이 많아 취향에 맞춰 고를 수 있다. 아울렛과 일반 매장의 디자인이 다소 다르므로 둘 다 방문해보자.

- 트루 릴리전 True Religion

미국의 프리미엄 청바지 브랜드로 특유의 스티치로 멋 내기 좋은 아이템을 찾을 수 있는 곳이다. 한국에서는 이미 유행이 지나갔다.

- 리바이스 Levi's

잘 알려진 청바지 브랜드. 아울렛의 청바지 디자인은 한국과 다소 다른 것이 많지만, 그중에서도 괜찮은 디자인을 찾을 수 있다.

- 캐빈 클라인 Calvin Klein

한국에도 잘 알려진 브랜드. 아울렛에 있는 대부분의 제품은 아울렛 자체 디자인이다 보니, 베이직한 아이템들 이외에는 큰 매력은 없는 편이다.

- 삭스 피프스 애비뉴, OFF5TH Saks Fifth Avenue, OFF5TH

미국의 백화점, 삭스 피프스 애비뉴에서 판매했던 상품들의 재고를 판매하는 곳이다. 눈썰미만 있으면 보석 같은 제품을 발견할 수 있는 매력적인 곳이다.

- 투미 Tumi, 샘소나이트 Samsonite

수트케이스로 유명한 브랜드로, 와이켈레에서 쇼핑을 많이 할 예정인 사람들은 아예 이곳에서 수트케이스를 구입하고 쇼핑을 시작하기도 한다.

02 알라 모아나 쇼핑센터 Ala Moana Hawaii's Center

하와이에 있는 쇼핑센터 중 최대 규모를 자랑하는 곳으로 4층 건물로 되어있다. 쇼핑센터 안에 300여 개 이상의 숍과 레스토랑이 있으며 미국 유명 백화점인 블루밍데일스, 노드스트롬, 메이시스, 니먼마커스와 연결이 되어있다.

2016년에 에바윙의 추가 확장을 하면서 선택의 폭이 훨씬 넓어졌다. 다양한 명품 매장부터 하와이에서만 만나볼 수 있는 독특한 아이템을 판매하는 매장이 입점해있어 쇼핑에 무관심한 사람도 쇼핑하고 싶게 만드는 장소이다.

알라모아나 한글 홈페이지에서 프리미어 패스포트 교환권을 출력해가면 알라모아나 1층 중앙 무대 옆에 위치한 고객서비스 센터에서 쿠폰북으로 교환할 수 있다. 매일 오후 1시에는 중앙 무대에서 무료 훌라쇼가 있으며, 그 외의 시간에도 다양한 문화 공연이 있으므로 알라모아나 쇼핑센터에서 쇼핑하는 도중에 잠시 들를 만하다.

알라모아나의 1층에는 마카이 마켓 푸드코트와 시로키야 재팬 빌리지 워크가 있어 저렴하게 한 끼를 해결하기에 좋지만, 백화점과 연결된 레스토랑과 알라모아나 센터 4층에도 레스토랑이 많아 쇼핑과 식사를 한 번에 즐길 수 있다. 에바윙의 1층 주차장 건너편으로는 슈퍼마켓인 푸드랜드 팜스와도 연결되므로 간단한 식료품 쇼핑도 할 수 있다. 특별히 싼 물건이 있는 것은 아니지만, 선택의 폭이 넓다 보니 제대로 구경하려면 하루를 꼬박 투자해야 할 수도 있다. 쇼핑하다 짐이 많아지면, 1층의 코인 락커에 짐을 보관할 수 있다.

마카이 마켓 푸드코트

시로키야 재팬 빌리지 워크

푸드랜드 팜스

니먼마커스 백화점

블루밍데일스 백화점

노드스트롬 백화점

홈페이지 www.alamoanacenter.kr **주소** 1450 Ala Moana Boulevard, Honolulu **전화번호** 808-955-9517 **영업시간** 월~토 09:30~21:00, 일 10:00~19:00 **저자 한 마디** 추수감사절과 크리스마스에는 휴무이며 매장 사정에 따라 영업시간이 변경될 수 있다.

01 알라 모아나 쇼핑센터 가는 법

- **더 버스**

    와이키키의 쿠히오 애비뉴(Kuhio Ave)에서 6, 18, 19, 20, 23, 42번 등의 버스가 알라 모아나로 가며, 약 10분 정도면 도착할 수 있다.
    - **요금(편도)** : 성인 $2.75 , 6~17세 $1.25

- **트롤리**

    핑크 라인과 레드 라인이 알라모아나 센터로 가며, JCB 카드가 있으면 핑크트롤리를 성인 2인, 아동 2인까지 무료로 이용 가능하다.
    - **요금(편도)** : 1인당 $2.00

- **택시/우버/리프트**

    와이키키 시내에서 알라모아나까지는 약 $12~15 정도이다. 사람이 많거나 쇼핑 후 짐이 많을 때 이용하면 편리하다. 와이키키에서는 호텔에서 택시를 요청하면 되고, 알라모아나 쇼핑센터 내에는 택시 승강장이 있다. 와이키키에서는 우버를 이용해서 오면 편리하나, 알라모아나 센터 내에 돌아간 땐 우버 지정지역이 있지만 드라이버들이 찾기 어려워하므로 통화를 해야 할 수도 있다.

- **렌터카**

    자동차가 있으면 편리하게 알라모아나 센터로 갈 수 있다. 센터 전체에 커다란 주차장이 마련되어 있으며 주차비는 무료이다. 주말에는 주차할 공간이 없을 정도로 붐비므로 일찍 가는 것이 좋다. 도난사고 종종 있으므로 차 안에는 아무것도 두지 말 것. 쇼핑 중간에 트렁크에 짐을 넣었을 경우 다른 곳으로 차를 이동 주차하는 것이 좋다.

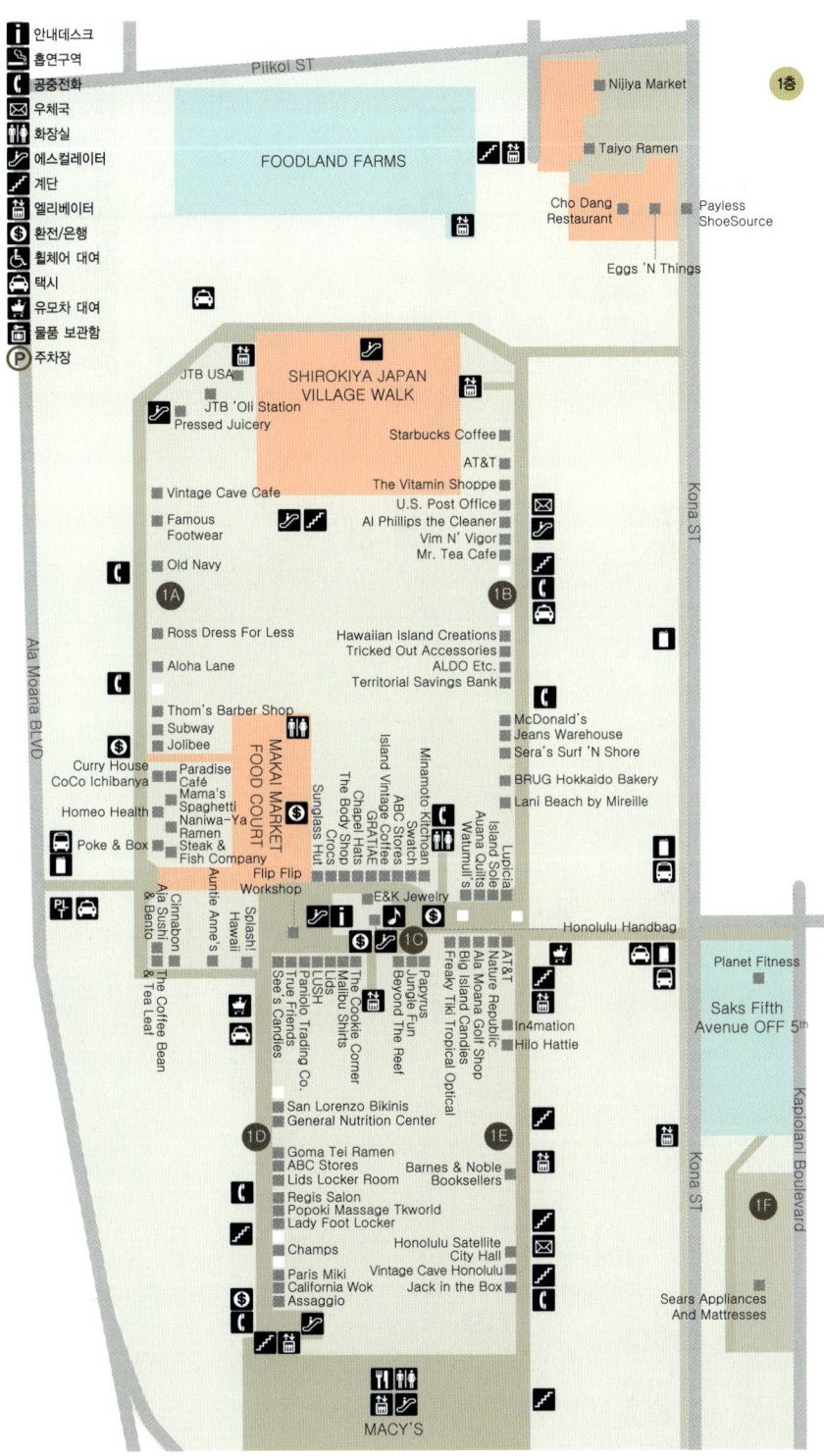

▲ 알라 모아나 쇼핑센터 구조도-1층

Travel Information in Oahu

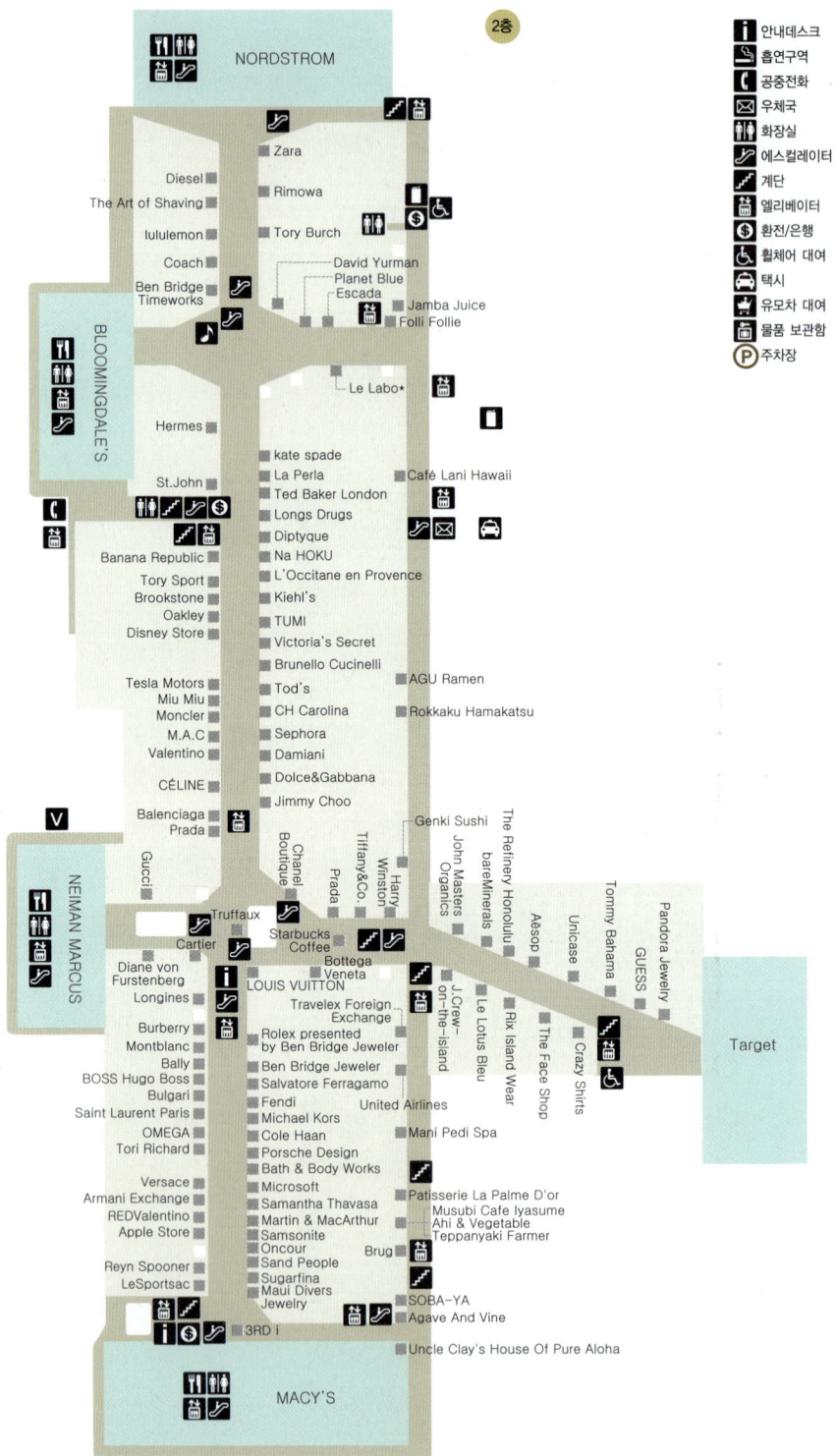

▲ 알라 모아나 쇼핑센터 구조도-2층

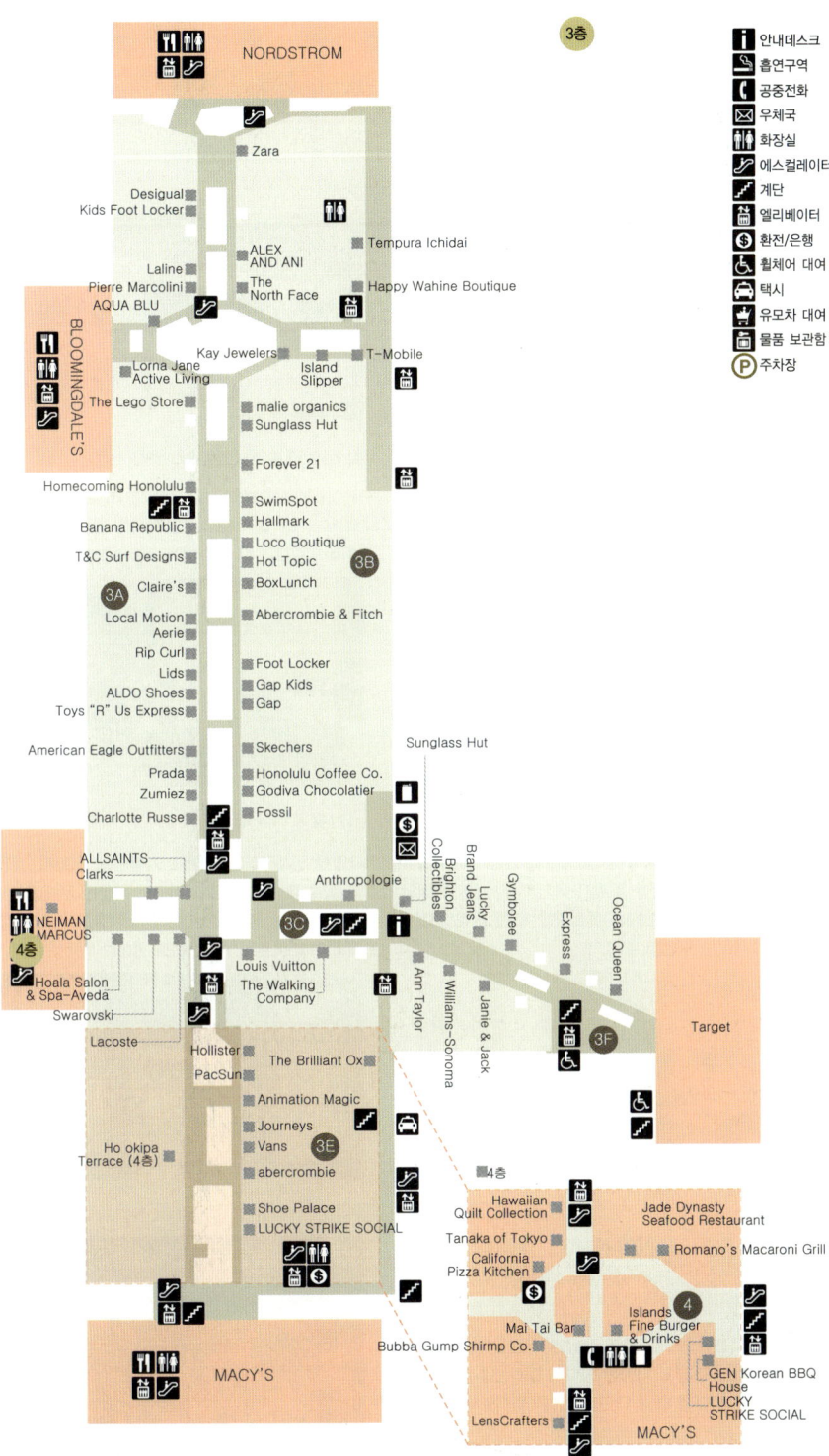

▲ 알라 모아나 쇼핑센터 구조도-3층, 4층

02 알라 모아나 쇼핑센터의 브랜드 – 1층

- **차펠 햇츠** Chapel Hats

다양한 모자를 갖추고 있는 모자 전문점이다. 하와이 느낌이 나는 것부터 일반적인 것까지 상품의 종류가 다양하다.

- **올드 네이비** Old Navy

저렴한 캐주얼 브랜드로 백화점을 방불케 하는 커다란 매장이다. 저렴한 만큼 멋진 디자인은 없지만, 베이직한 디자인을 고르기에 무난하다.

- **아우아나 퀼츠** Auana Quilts

하와이안 퀼트 소품 전문점. 퀼트로 만든 베개에서부터 침구용품, 가방 등까지 아기자기한 물건들이 많다. 퀼트를 배우는 사람들을 위한 입문용 퀼트 관련 소품들도 구입할 수 있다.

- **루피시아** Lupicia

차 브랜드로 특히 가향차가 인기 있다. 한국에도 매장이 들어왔다가 현재는 철수한 상태라 더 반가운 숍이다.

- **빅 아일랜드 캔디스** Big Island Candies

빅 아일랜드에 본점을 둔 쿠키 전문점으로, 다양한 맛의 쿠키 덕분에 선물용으로 인기가 많다. 시식도 해볼 수 있으므로 한 번 들러서 가볍게 맛볼 수 있다.

- **파피루스** Papyrus

다양한 엽서부터 시작해서, 기념카드, 포장지, 쇼핑백 등을 팔고 있다. 하와이만의 독특한 무늬에서부터 센스 있는 프린트가 다양해서 구경하기 좋다. 그 외에 여러 종류의 액세서리도 판매한다.

03 알라 모아나 쇼핑센터의 브랜드 – 2층

- **디젤** Diesel

특유의 편안함으로 꽤 오랫동안 사랑받아온 청바지 브랜드로, 꽤 넓고 다양한 청바지 컬렉션을 가지고 있기 때문에 디젤 매니아라면 한 번쯤 들러도 좋다.

- **마틴 맥아더** Martin&MacArthur

  하와이 코아나무로 만든 제품을 판매하는 가게이다. 하와이에서만 구입할 수 있는 독특한 기념품을 원하는 사람에게 적합하다.

- **테슬라** Tesla

  알라모아나 센터에 자동차 브랜드의 쇼룸이 있다는 게 어색할 수 있지만, 그게 테슬라라면 어느 정도는 이해가 간다. 매장은 사람들로 항상 북적인다.

- **디즈니 스토어** Disney Store

  만화와 영화에서 봤던 다양한 인형들과 복장을 모두 구경할 수 있는 곳이다. 종종 인형 등의 세일을 하기도 하므로, 세일 여부를 확인해 볼 것.

- **자라** ZARA

  의외로 가격이 비싼 한국에 비해서 미국의 자라는 살 만한 가격대를 유지하고 있다. 에바윙에 크게 자리잡고 있으므로, 살짝 들러볼 만하다.

- **토리 버치** Tory Burch

  한국에서보다 무척 저렴하게 살 수 있는 브랜드 중 하나로 코치, 마이클 코어스와 함께 한국 사람들에게 특히 인기 있다.

- **바스 앤 보디 웍스** Bath&Body Works

  다양한 바스 제품에서부터, 캔들까지 목욕과 관련된 제품이 가득한 가게로 가격도 저렴하고 품질도 좋아 둘러보는 재미가 있다. 향긋한 향 이외에도 달콤하거나 특별한 향의 제품도 갖춰져 있다.

- **빅토리아 시크릿** Victoria Secret

  빅토리아 시크릿의 속옷에 빠지면 다른 브랜드에는 관심도 가지 않는다는 평이 있을 정도로 유명한 브랜드. 볼륨업 브래지어가 특히 인기 있으며, 수영복 라인도 예쁜 아이템이 많다.

02 알라 모아나 쇼핑센터의 브랜드 - 3층

- **아베크롬비 앤 피치** Abercrombie & Fitch

품질 좋은 캐주얼 브랜드로 한국에는 매장이 없어서 미국에서 챙겨서 다녀가는 사람이 많다. 후드와 폴로티, 트레이닝 팬츠가 가장 인기 있다.

- **홀마크 골드 크라운** Hallmark Gold Crown

다양한 카드와 선물, 그리고 아이들의 책 등을 판매하는 상점으로, 아이들을 위한 선물을 사기에 좋은 곳이다.

- **갭** Gap

기본적인 스타일을 갖추기에 좋은 브랜드로, 일반 매장보다 어린이 브랜드인 갭 키즈(Gap Kids)가 더 많이 붐빈다.

- **윌리암스 소노마** Williams Sonoma

주방용품에 관심이 있는 사람이라면 혹할 만한 물건이 많다. 베이킹, 전자제품, 요리 도구, 고급 요리 재료 등을 구경하는 것만으로도 즐겁다.

- **더 레고 스토어** The Lego Store

아이들뿐만 아니라 성인들도 좋아할 만한 레고 숍. 한국에는 없는 모델들도 있어 찾는 사람이 많으며, 개별 레고 블럭을 원하는 만큼 구입할 수도 있어 평소에 레고를 좋아하는 사람이라면 한 번쯤 들러 볼 만하다.

- **제니 앤 잭** Janie and Jack

조금 고급스러운 아동 의류를 원하는 사람들에게 인기 있는 곳으로, 다른 아동 의류에 비해서 가격대가 다소 있는 편이다. 캐주얼 옷보다는 모던한 디자인의 옷들이 많아 좋아하는 사람들이 많다.

03 로얄 하와이안 센터 Royal Hawaiian Center

와이키키 중심에 위치한 로얄 하와이안 센터는 와이키키를 걷다가 한 번쯤은 들르게 된다. 명품 브랜드에서부터 캐주얼 브랜드, 고급 레스토랑에서부터 저렴한 푸드코트까지 모든 것을 갖추고 있어 둘러보기에도 좋다. 한국 사람에게도 잘 알려진 치즈케이크 팩토리도 로얄 하와이안 센터에 위치한다.

로얄 하와이안 센터는 요일별로 다양한 액티비티를 제공한다. 우쿨렐레, 훌라, 레이 만들기 등 직접 참여할 수 있는 것에서부터, 주기적으로 열리는 공연까지 오가면서 참여할 거리가 많다. 공식 홈페이지에서 미리 일정을 확인하고 가면 놓치지 않고 참여할 수 있다. 대부분의 액티비티는 쇼핑센터 중앙의 정원에서 이뤄진다.

홈페이지 kr.royalhawaiiancenter.com **주소** 2201 Kalakaua Ave, Honolulu **전화번호** 808-922-2299 **영업시간** 월~일 10:00~22:00

미국과 한국의 사이즈 차이

• 신발 사이즈

한국(mm)		210	220	230	240	250	260	270	280	290
미국	남	–	–	5	6.5	7.5	9	10	11	12
	여	4	5	6	7.5	8.5	10	11	12	13

• 의류사이즈(남성)

구분	XS	S	M	L	XL	XLL
한국	85	90	95	100	105	110
미국	90~95	95~100	100~105	105~110	110~115	115·

• 의류사이즈(여성)

구분	XS	S	M	L	XL	XLL
한국	44(85)	55(90)	66(95)	77(100)	88(105)	110
미국	2	4	6	8	10	12

위 사이즈는 한국 사이즈 대비 사이즈이지만 브랜드에 따라 사이즈가 다를 수 있다. 보통 100~105 사이즈의 옷을 입는 남성은 미국에서는 M 사이즈가 적당하다. 또한 체구가 작은 여성은 사이즈가 아예 없는 경우도 종종 있으므로 가능하면 구입하기 전 한 번 입어보는 것이 좋다. 미국의 쇼핑몰은 대부분 피팅룸이 잘 마련되어 있으며, 니트류도 손쉽게 입어볼 수 있기 때문에 부담 없이 원하는 옷을 고르기에 좋다. 점원들도 물어보기 전에 먼저 접근하는 경우가 드물다.

Travel Information in Oahu

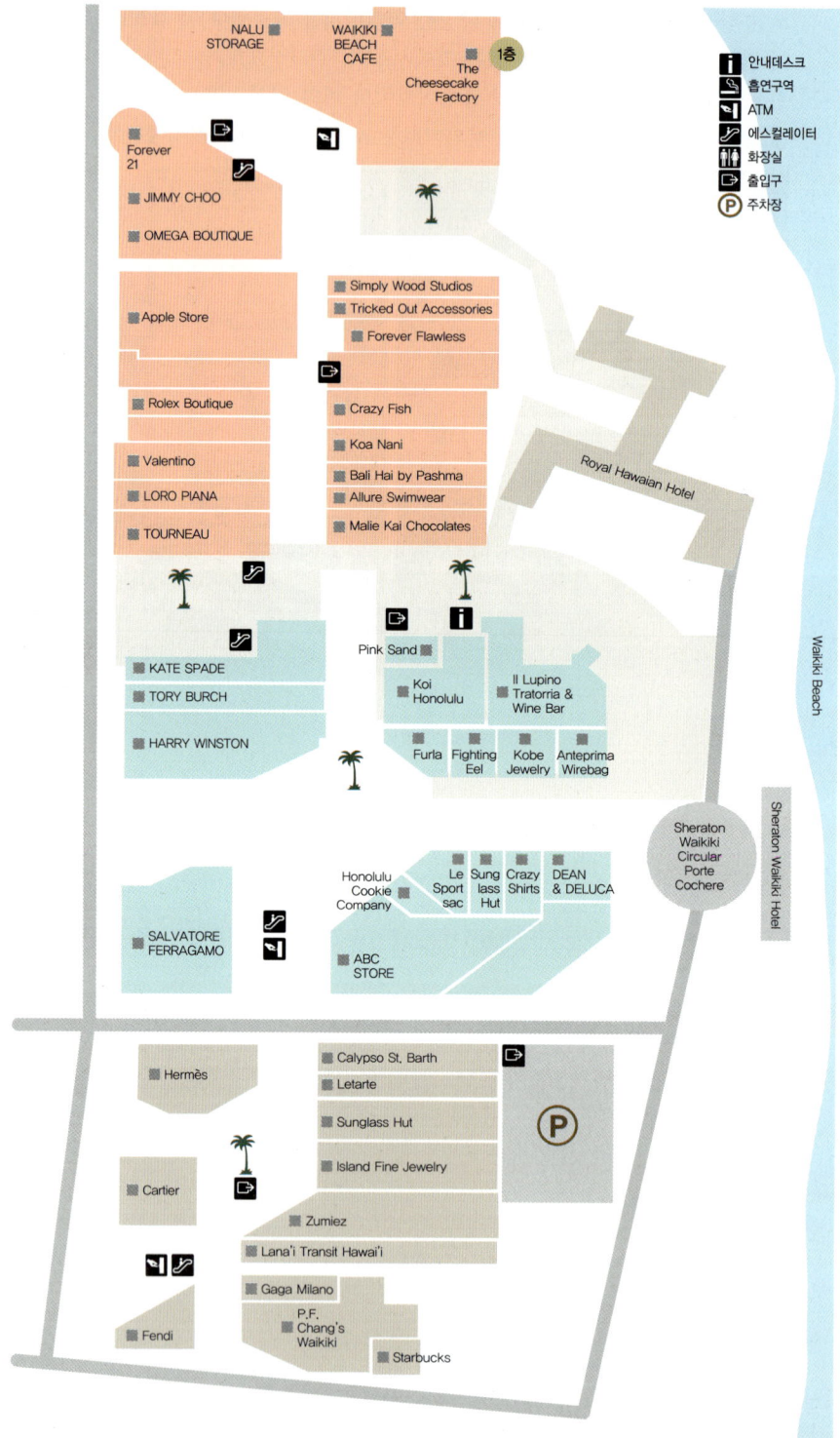

▲ 로얄 하와이안 센터 구조도-1층

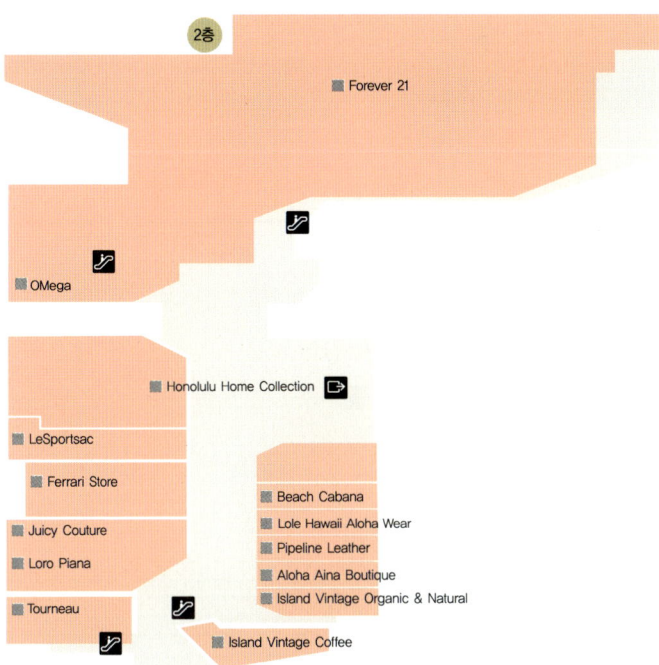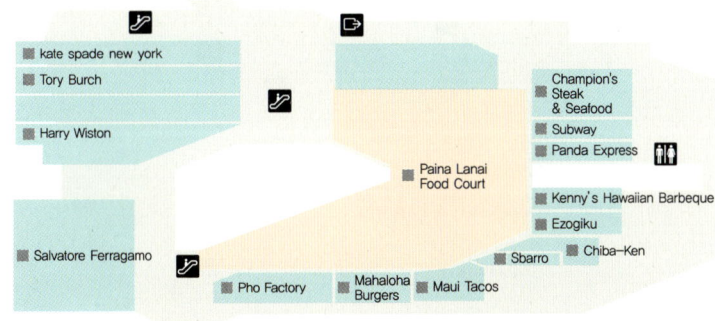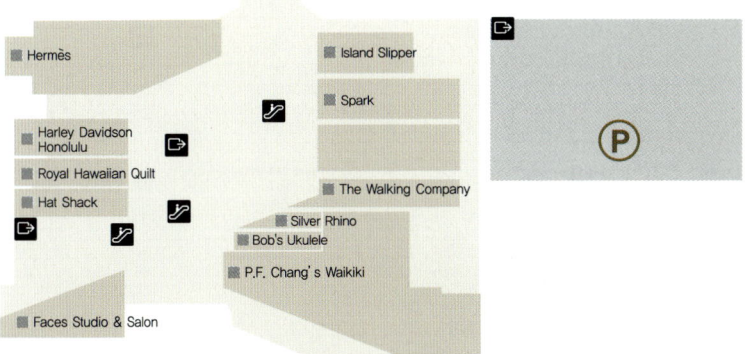

▲ 로얄 하와이안 센터 구조도-2층

Travel Information in Oahu

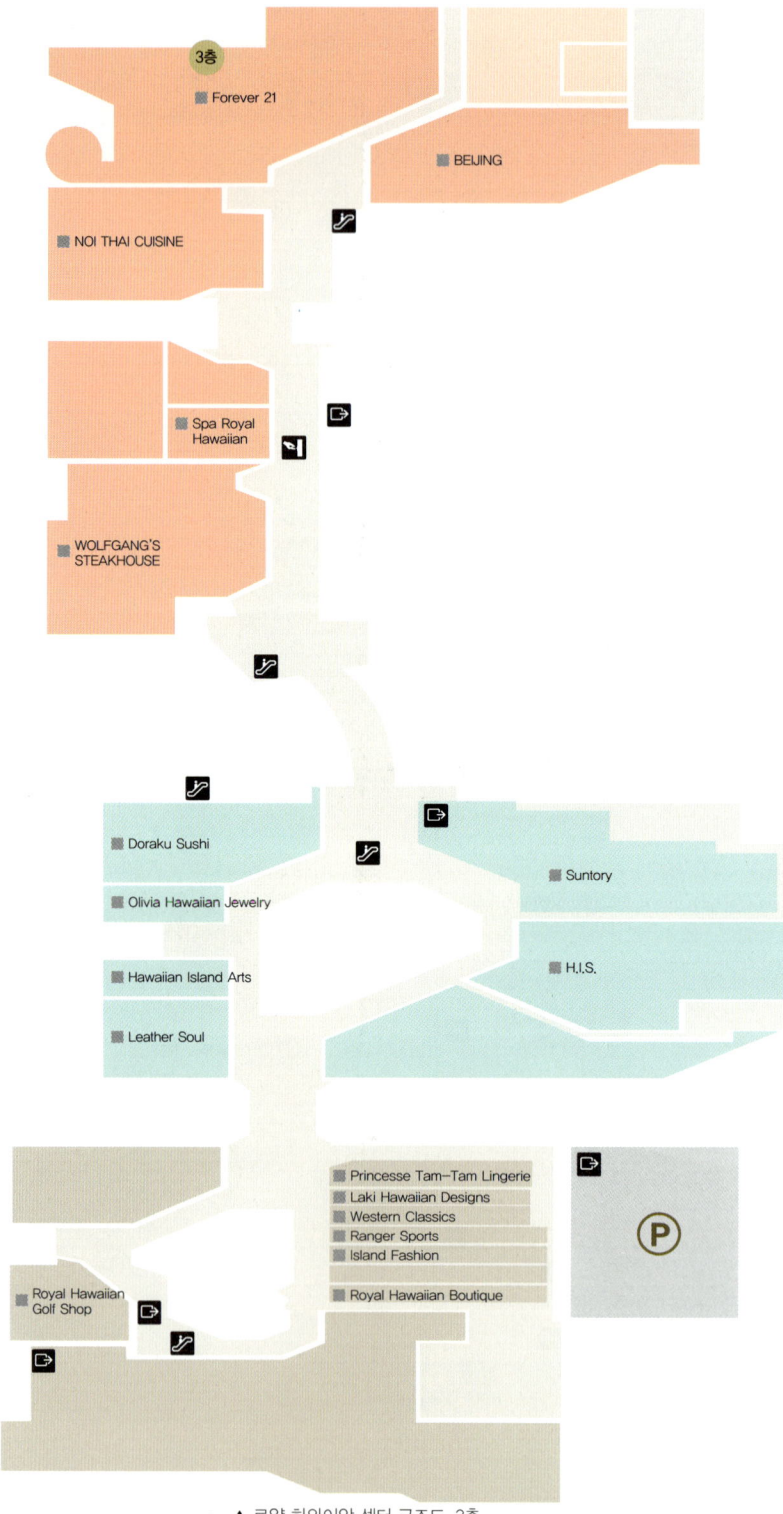

▲ 로얄 하와이안 센터 구조도-3층

01 로얄 하와이안 센터의 브랜드

- **포에버21** Forever21

  저렴하면서도 다양한 디자인의 옷을 구매할 수 있어 고르다 보면 시간 가는 줄 모르는 경우가 많다. 오래 입을 옷보다는 가볍게 입을 옷을 구입하기에 좋다. 주로 여성의류 위주지만, 남성의류 섹션도 볼 만 하다.

- **아일랜드 솝 앤 캔들 웍스** Island Soap & Candle Works

  가게로 들어서자마자 향긋한 향기가 유혹하는 곳으로, 아기자기한 비누와 양초가 많아 여성들이 좋아하는 숍이다.

- **아일랜드 슬리퍼스** Island Slippers

  하와이에서 편하게 신을 슬리퍼나 플립플롭을 찾고 있다면 아일랜드 슬리퍼스에 가보자. 다양한 디자인 중에 마음에 드는 것이 있을 가능성이 높다.

- **밥스 우쿨렐레** Bob's Ukulele

  하와이에서 우쿨렐레를 구입할 생각이라면 들러볼 만한 가게. 자체 브랜드에서부터 카마카와 같이 유명한 브랜드의 우쿨렐레까지 모두 갖추고 있다.

- **훌라** Furla

  이태리 가죽 잡화 브랜드로 깔끔하면서 가격대비 훌륭한 품질의 가죽 가방을 구입할 수 있어 좋아하는 사람이 많다.

04 푸알레일라니 아트리움 숍스 Pualeilani Atrium Shops

하얏트 리젠시 호텔 1, 2층에 위치한 쇼핑몰. 가장 북적이는 쿠히오 해변 바로 맞은편에 위치하며, 레스토랑과 캐주얼한 숍 그리고 여러 브랜드가 입점해 있어 찾는 사람이 많다. 어그 오스트레일리아와 코치 맨이 인기 있고, 상점 주인의 많은 수가 한국 사람이어서 한국어로도 쉽게 쇼핑할 수 있다.

홈페이지 www.pualeilanishops.com/waikiki **주소** 2424 Kalakaua Ave, Honolulu **전화번호** 808-923-1234 **영업시간** 10:00~22:00

05 T 갤러리아 DFS T GALLERIA DFS

DFS 갤러리아는 총 3층으로 1~2층은 비면세, 3층은 면세 구역으로 구분된다. 3층은 하와이에서 국제선으로 출국(예 : 한국으로 돌아가는 비행기)하는 사람만 물품을 구입할 수 있다. 1~2층은 누구나 구입이 가능하며, 디오르를 제외하면 정가표 이외에 추가로 하와이 주 세금이 붙지 않는다. 와이키키의 트롤리 정류장도 이 DFS 갤러리아 내에 있어 트롤리를 이용하는 사람이라면 자주 들르게 되는 곳이기도 하다.

홈페이지 www.dfs.com/en/tgalleria-hawaii 주소 330 Royal Hawaiian Ave, Honolulu 전화번호 808-931-2700 영업시간 월~일 09:00~23:00

06 인터내셔널 마켓플레이스 International Marketplace

삭스 피프스 애비뉴 Saks Fifth Avenue 백화점과 함께 2016년에 리노베이션을 마치고 새롭게 오픈한 인터내셔널 마켓플레이스는 와이키키의 중심에 위치해 있다. 기존의 분위기를 크게 해치지 않으면서도 밝은 분위기의 쇼핑 공간을 만들어냈다. 오픈한지 얼마 되지 않아 샵들이 꾸준하게 오픈하고 있으며, 비어있는 곳

▲ 삭스 피프스 애비뉴 백화점

들도 2017년 초까지 모두 입점 예정이다. 로컬 샵 보다는 익히 알고 있는 브랜드들이 주로 입점했다. 1, 2층은 쇼핑이 메인이며 3층은 고급 레스토랑들이 메인이다.

홈페이지 shopinternationalmarketplace.com 주소 2330 Kalakaua Ave, Honolulu 전화번호 808-931-6105 영업시간 월~일 10:00~23:00

07 와이키키 비치 워크 Waikiki Beach Walk

와이키키 비치 워크는 가벼운 쇼핑과 맛집 탐방을 함께할 수 있는 쇼핑 거리로, 유명한 레스토랑이 많아 와이키키에서의 저녁을 계획하고 있다면 한 번쯤 들르게 되는 곳이기도 하다. 특히 로이스와 루스 크리스 스테이크 하우스는 그중에서도 인기 있는 레스토랑이다. 메인이 되는 곳은 2층으로 되어 있어 거리 아래의 사람들을 구경하기도 좋다.

홈페이지 www.waikikibeachwalk.com 주소 227 Lewers St, Honolulu 전화번호 808-931-3593 영업시간 월~일 10:00~22:00

01 와이키키 비치 워크의 브랜드

- **블루 진저** Blue Ginger

트로피컬 느낌이 나는 옷이 가득한 숍으로, 주로 화려한 꽃무늬가 프린트된 옷이 많다. 여성과 아이들을 위한 의류 위주의 브랜드이다.

- **피터 릭 갤러리** Peter Lik Gallery

자연 사진으로 잘 알려진 피터 릭의 갤러리. 다양한 나라에서 촬영한 자연 사진이 전시되어 있으며, 구입하지 않더라도 한 번쯤 들어가서 구경할 만하다.

- **말리부 셔츠** Malibu Shirts

서핑의 메카인 하와이 그리고 캘리포니아의 느낌이 나는 프린트가 가득한 티셔츠로 서퍼들이 좋아하는 브랜드이다.

- **언더 더 코아 트리** Under the Koa Tree

코아나무로 만든 기념품뿐만 아니라, 하와이와 관련된 다양한 기념품을 취급하고 있어 선물을 사기에 좋다.

08 럭셔리 로 Luxury Low

티파니에서부터 코치, 미우미우, 생로랑, 샤넬, 구찌, 몽클레어, 보테가 베네타, 휴고 보스까지 총 9개의 명품 브랜드가 입점해 있어 명품 쇼핑을 즐기기에 적합하다. 큰 규모의 매장에 폭넓은 선택을 제공하기 때문에 원하는 제품을 찾을 가능성이 높다. 전체적으로 개방적인 분위기이기 때문에 부담 없이 둘러볼 수 있으며, 물건 구입 시 주차가 무료이다.

홈페이지 www.luxuryrow.com/ko 주소 2100 Kalakaua Avenue, Honolulu 영업시간 월~일 10:00~22:00

09 카할라 몰 Kahala Mall

카할라 몰에는 명품 브랜드가 거의 입점해 있지 않지만, 사람들이 좋아하는 로컬 브랜드와 메이시스 백화점이 입점해 있어 찾는 사람이 많다. 주 고객은 부촌인 카할라 지역 사람들이며, 그들을 타깃으로 한 유기농 마트인 호울푸드 마켓도 들어와 있다. 그 외에도 다양한 레스토랑이 입점해 있어 잠깐 들러서 간단한 식사를 즐기기에도 좋다. 몰 전체에서 무료 와이파이가 제공된다.

홈페이지 www.kahalamallcenter.com 주소 4211 Waialae Ave, Honolulu 영업시간 월~토 10:00~21:00, 일 10:00~18:00

01 카할라 몰의 브랜드

• **더 리파이너리** The Refinery

모던 제너럴 스토어로, 최근 유행하는 스타일의 상품진열로 보기 쉽게 구성되어 있어 여성 고객들이 많이 찾는다. 다양한 물건을 판매하고 있어 구경하는 재미도 쏠쏠하다.

• **더 컴플리트 키친** The Compleat Kitchen

1977년에 하와이에서 처음 오픈한 가게로, 실생활에 유용한 주방용품부터 센스 있는 물건까지 다양하게 갖추고 있다. 커피, 잼, 스파게티류 등 다양한 먹거리도 판매한다.

• **소하 리빙** SoHa Living

다양한 인테리어 상품들을 판매하는 매장으로, 구경하다 보면 하나 사가지고 오고 싶은 물건들이 가득하다. 하와이에서의 개인적인 기념품 하나를 구입하기도 좋은 곳.

⑩ 워드 빌리지 Ward Village

여행자보다는 현지인이 더 많이 찾는 쇼핑센터로 크게 워드 센터, 워드 웨어하우스, 워드 게이트웨이 센터, 워드 빌리지 숍스, 워드 엔터테인먼트 센터로 나누어진다. 다양한 폭의 레스토랑과 영화관, 로컬 숍이 메인이며, 그 외에도 맨스 웨어하우스 Men's Wearhouse 에서부터 TJ 맥스 TJ MAXX, 로스 ROSS, 노드스트롬 랙 Nordstrom Rack 과 워드 웨어하우스까지· 시간만 충분하다면 보물을 건질 수 있는 값진 장소가 가득하다. 잘 알려진 브랜드보다는 워드 웨어하우스의 로컬 숍에서 보물찾기 쇼핑을 해보고 싶다면 워드 센터가 적합한 목적지이다.

홈페이지 www.wardvillageshops.com 주소 1240 Ala Moana Blvd, Honolulu 전화번호 808-591-8411 영업시간 월~토 10:00~21:00, 일 10:00~18:00

01 워드 센터 Ward Center

작은 로컬 샵들에서부터 다양한 침실, 욕실 용품들을 파는 베드 배스&비욘드, 수많은 신발 브랜드들이 모여 있는 페이모스 풋웨어 등 다양한 상점들 그리고 쿠아 아이나와 같은 유명한 레스토랑까지 위치한 워드 센터는 쇼핑뿐만 아니라 가볍게 들러 가기에도 좋은 쇼핑장소다. 여행자보다는 로컬들이 더 많이 보인다.

주소 1240 Ala Moana Blvd, Honolulu

- 호놀룰루 초콜릿 컴퍼니
Honolulu Chocolate Company

초콜릿 마니아라면 한번 들러갈 수밖에 없는 초콜릿 가게. 가게에서 판매되는 모든 초콜릿은 가게 뒤에 있는 작업실에서 모두 수제로 만들어진다.

- 아일랜드 올리브 오일 컴퍼니
Island Olive Oil Company

여러 가지 향신료가 가미된 올리브 오일이 가득하다. 소금과 향신료 종류도 다양하게 판매하며, 시음도 가능하다.

02 노드스트롬 랙 Nordstrom Rack

노드스트롬 백화점의 이월상품이나 작은 하자가 있는 상품들을 파는 곳으로, 백화점의 물건들이다 보니 유명 브랜드도 쉽게 찾을 수 있다. 신발이나 가방 등 잡화류에서 특히 건질 것이 많다.

주소 워드 빌리지 : 1240 Ala Moana Blvd, Honolulu 영업시간 월~목 10:00~21:00, 금~토 10:00~22:00, 일 10:00~19:00

03 TJ 맥스 ^{TJ MAXX}

전 세계 다양한 브랜드들을 모아서 파는 아울렛으로 조금 더 다양한 종류의 브랜드들을 만날 수 있다. 수트케이스를 파는 섹션도 큰 편이며, 그 외에도 여러 가지 살만한 물건들이 많다. 역시 고르는 쇼핑을 좋아한다면, 마주보고 있는 노드스트롬 랙과 함께 꼭 들러볼 만하다.

주소 워드 빌리지 : 1240 Ala Moana Blvd, Honolulu **영업시간** 월~토 09:30~21:30, 일 11:00~20:00

04 로스 드레스 포 리스 ^{ROSS Dress for Less}

아울렛 중에서도 가장 마지막까지 팔리지 않는 물건들이 모이는 곳이 바로 로스 드레스 포 리스이다. 덕분에 다른 곳들보다 정리가 잘 되어있지는 않지만, 대신 가격은 가장 저렴하다는 장점이 있다. 스포츠나 캐주얼 브랜드의 평범한 디자인 중에서는 고를 만한 것이 많은 편이다. 쇼핑 취향에 따라서 5분 만에 나오게 될 수도 있고, 몇 시간을 머무를 수도 있는 매력이 있는 곳이다.

주소 와이키키 : 333 Seaside Avenue, Honolulu / 워드 빌리지 : 333 Ward Ave, Honolulu / 다운타운 : 1045 Fort Street Mall, Honolulu / 케아우모쿠 : 711 Keeaumoku St, Honolulu **영업시간 지점**별 상이 홈페이지(www.rossstores.com/store-locator)에서 확인 가능

> **보물찾기를 좋아한다면?**
> 쇼핑할 시간이 넉넉하고, 많은 물건 중에서 보석을 건져내는 재미를 느끼고 싶다면 로스(ROSS)와 노드스트롬 랙(Nordstrom Rack), TJ MAXX 등이 최적의 장소다. 노드스트롬 랙과 TJ MAXX는 워드 빌리지에만 있지만, 로스는 케아모쿠, 다운타운, 와이키키 등 곳곳에서 발견할 수 있다.

05 피어 1 임포츠 ^{Pier 1 Imports}

다양한 데커레이션 상품들과 접시, 가구 종류들을 파는 곳으로 다소 특별한 기념품을 사기 위해 들르는 사람들도 있다. 워드 빌리지 안에 위치해 있으며, 편리하게 주차할 수 있는 공간도 마련되어 있다. 예쁘지만 큰 물건들도 많아, 캐리어에 넣을 수 없는 것이 아쉬워지기도 한다.

주소 워드 빌리지 : 1240 Ala Moana Blvd, Honolulu **영업시간** 월~토 10:00~21:00, 일 10:00~19:00

Part 05

Travel Information in Maui

마우이섬의 지역별 정보

여행자들이 사랑해 마지않는 섬, 마우이. 아름다운 바다, 웅장한 산 그리고 역사가 담긴 로맨틱한 마을까지 갖춘 마우이는 아무리 오랜 시간 머물러도 질리지 않을 만큼의 매력으로 가득하다. 하와이에서 2번째로 많은 여행자가 방문하는 섬으로, 휴식과 멋진 자연 풍광을 한 번에 잡을 수 있다. 특히, 할레아칼라 정상에서의 일출과 일몰은 마우이에서 잊지 못할 가장 인상적인 기억이 될 것이다.

마우이섬
MAUI

하이쿠
Haiku

마카와오
Makawao

푸칼라니 Pukalani

Kula Hwy
Haleakala Hwy

쿨라 Kula

푸우 니아니아우
Pu'u Nianiau

할레아칼라 Haleakala

하나로 가는 길
Road to Hana
Area 09 : 394p

하나
Hana

할레아칼라 국립공원과 근교
Haleakala National Park
Area 10 : 409p

키파훌루
Kipahulu

렌터카 운행 금지 구역

Section 01 마우이섬, 그곳이 궁금하다!

고민 없이 즐기는
마우이 추천 루트

마우이는 작은 섬이기 때문에 하나로드를 제외한 대부분의 명소는 반나절 내로 다녀올 수 있지만 하이킹, 수영, 스노클링 등을 즐기려면 하루를 그대로 투자해야 한다. 여행 취향에 따라 반나절은 휴식을, 반나절은 추천 루트를 따라가는 것도 좋다. 마우이 추천 루트는 관광지가 기준이니, 입맛에 맞게 여러 액티비티를 추가하면 재미가 배가 된다. 동선에 표시한 *은 추천 스노클링 해변, **은 렌터카 보험 제외구역이다.

Route 1 - 마우이 서부 당일 루트

아름다운 바다와 마우이의 역사를 한 번에 마주할 수 있는 루트이다. 짧으면 3~4시간 만에도 다 돌아볼 수 있지만, 느긋하게 가벼운 하이킹과 해변에서 스노클링을 즐기며 곳곳을 누비면 하루를 알차게 보낼 수 있다. 특히 카팔루아와 나카렐레 블로우 홀 사이에는 멈춰서 전망할 수 있는 포인트가 많으므로 시간이 넉넉하면 하나하나 들러서 풍경을 즐겨보자. 네이처 배스와 나카렐레 블로우 홀은 렌터카 보험 제외구역에 속하므로, 루트를 전망 포인트가 있는 호놀루아 베이에서 시작하는 것도 하나의 방법이다.

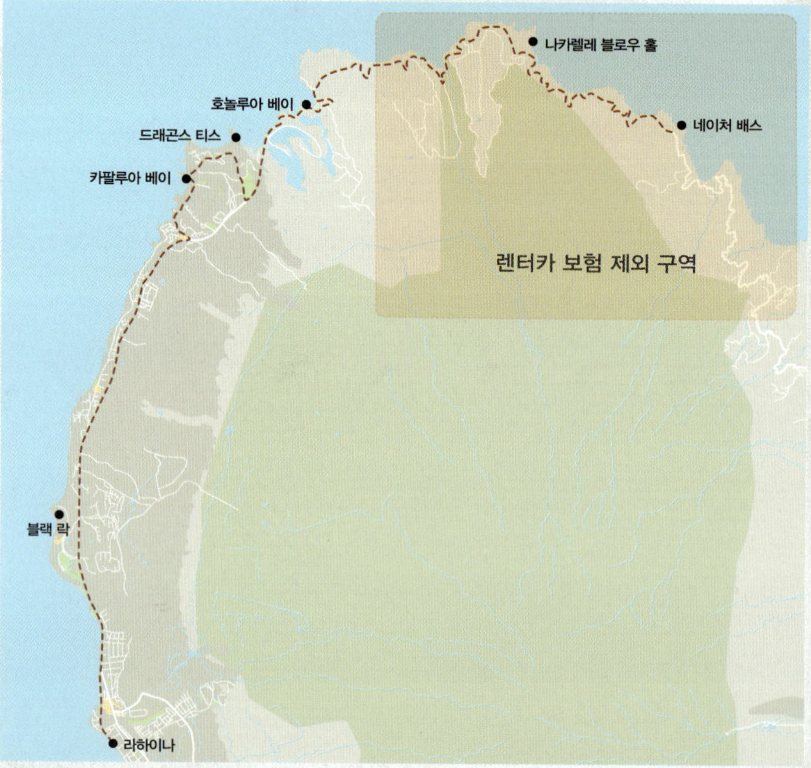

> 동선 : 네이처 배스** → 나카렐레 블로우 홀** → 호놀루아 베이* → 드래곤스 티스 → 카팔루아 베이* → 블랙 락* → 라하이나 사적지 워킹 투어 → 라하이나 프론트 스트리트 일몰 및 저녁식사

Route 2 - 마우이 중부 당일 루트

아침 일찍 남서부 최고의 스노클링 포인트인 아히히 코브에서 스노클링을 하고, 넓은 빅 비치와 숨은 누드 비치인 리틀 비치를 방문하는 루트.

동선 : 아히히 코브 또는 베이* → 빅 비치/리틀 비치 → 포올레날레나 비치* → 와일레아 리조트 및 숍스 앳 와일레아 → 키헤이 → 케파니와이 공원 → 이아오 밸리

고급스러운 리조트와 쇼핑몰인 숍스 앳 와일레아에서 쇼핑을 즐기고 키헤이에 들러 간단한 점심식사를 한 뒤, 마우이 중부의 아름다운 이아오 밸리와 케파니와이 공원을 마지막으로 방문하게 된다. 스노클링 장비를 차에 넣고, 언제든지 바다로 뛰어들 준비가 되어 있다면 바로 일정을 시작하자!

Route 3 - 할레아칼라 일출, 일몰 당일 루트

할레아칼라 국립공원은 마우이에서 빼놓을 수 없는 필수 루트이다. 일출을 보기 위해서는 새벽 2~3시에 일어나서 준비해야 한다는 부담이 있지만, 할레아칼라의 일출은 아침잠을 포기할 만큼의 가치가 충분할 정도로 감동적이다. 일출시간보다 넉넉하게 출발하는 것이 좋고, 최대한 안전운전을 해야 한다. 일출 이후에는 전망대 및 가벼운 트레일을 걸어보면 좋다. 일출을 보고 난 뒤에 레스토랑에 들러 아침식사를 하고, 오후 일정을 위해 숙소에서 휴식을 취하자.

> **일출 동선** : 리조트 출발 → 할레아칼라 정상과 일출 → 슬라이딩샌드 트레일 → 칼라하쿠 전망대 → 레레이위 전망대 → 쿨라 지역에서 아침식사 → 알리 쿨라 라벤더(선택) → 리조트 도착

> **일몰 동선** : 리조트 출발 → 알리 쿨라 라벤더(선택) → 레레이위 전망대 → 칼라하쿠 전망대 → 슬라이딩샌드 트레일 → 할레아칼라 정상과 일몰 → 별 감상 → 리조트 도착

새벽같이 일어나는 것이 부담스럽다면 일몰을 보러 가는 것을 추천한다. 일몰 약 2시간 전에 정상에 도착할 수 있도록 짜야 전망대와 트레일들을 가볍게 둘러볼 수 있다. 원할 경우 일몰 이후까지 머무르며 하늘의 수많은 별을 감상하는 것도 한 방법이나, 정상에는 식당이 없으므로 간단한 먹거리를 챙겨가야 한다. 일출 일정 이후 또는 일몰 일정 이전에 알리 쿨라 라벤더 농장도 방문해 볼 만하다.

Route 4 - 하나로 가는 길 당일 루트

'모험의 길'이라 부르는 하나로 가는 길로 떠나는 루트. 마우이의 다양한 드라이브 코스 중 하루를 모두 할애해야 하는 유일한 루트이다. 아름다운 마을에서부터 폭포, 바다, 화산 지형까지 마우이의 하이라이트를 모두 볼 수 있지만, 좁고 구불구불한 도로는 운전자의 혀를 내두르게 하다 보니 호불호가 좀 갈린다. 마우이에서 3박 이상을 하고 운전을 좋아하는 여행자라면 도전해 볼 만하며, 트레일까지 다 걸어 볼 예정이라면 오전 7시 정도에는 일정을 시작하는 것이 좋다.

> 동선 : 카훌루이 → 파이아 → 호오키파 비치 → 하나로 가는 길(3~5시간) → 와이아나파나파 주립공원 → 하나 → 할레아칼라 국립공원 키파훌루 → 카훌루이

파스텔톤의 마을 파이아에서 시작해서 조용한 하나 마을 또는 키파훌루까지 갔다가 다시 파이아로 돌아오는 루트로 이동한다. 키파훌루를 지나 이어지는 남쪽 도로는 비포장이며, 렌터카 보험 제외 구역이다. 시작점인 파이아 마을은 하나로 가는 길을 떠나기 전에 음식을 구입하고 주유를 하기 위한 거점이다.

마우이섬에서 즐기는 액티비티

할레아칼라 투어

01 할레아칼라 선라이즈 투어

운전에 자신이 없거나 마우이에서 차를 대여하지 않았다면 투어를 이용해 일출을 보러 가자. 간단한 아침식사도 제공되며, 긴 거리 운전 없이 편하게 다녀올 수 있다.

- 템테이션 투어스 Temptation Tours 홈페이지 www.temptationtours.com 전화번호 808-877-8888
- 밸리아일 익스커전 Valley Isle Excursions 홈페이지 www.tourmaui.com 전화번호 808-661-8687
- 로버츠 하와이 Roberts Hawaii 홈페이지 www.robertshawaii.com 전화번호 800-831-5541

02 할레아칼라 선라이즈 & 다운힐 바이크 투어

할레아칼라에서 자전거를 타고 내려오는 액티비티는 다양하다. 가장 인기 있는 코스는 투어 차량을 타고 올라가 일출을 보고, 날이 밝으면 자전거를 타고 내려오는 코스이다. 일출을 보고 난 뒤, 안전을 위해 도로에 가드레일이 있는 국립공원 입구 바로 앞의 2,000m 지점에서부터 투어 리더와 함께 자전거를 타고 내려온다. 루트 대부분이 내리막길이기 때문에 페달보다는 브레이크를 잡는 경우가 많아 체력적으로는 부담이 적지만, 오전의 낮은 온도와 맞바람 때문에 힘들 수 있다. 바람을 막을 수 있고 보온이 잘 되는 옷이 필수이다.

일출 시간 외의 투어가 일출 투어보다 조금 더 저렴하며, 가이드의 인도 없이 할레아칼라 국립공원의 입구에서부터 투어 회사의 사무실까지 내려오는 상품도 있다. 보통 국립공원의 입구에서부터 사무실까지는 회사마다 차이가 있으나 약 30km 전후의 내리막으로 오르막이 거의 없다.

- 마운틴라이더스 Mountain Riders 홈페이지 www.mountainriders.com 전화번호 808-242-9739
- 할레아칼라 바이크 컴퍼니 Haleakala Bike Company 홈페이지 www.bikemaui.com 전화번호 808-575-9575
- 마우이 다운힐 Maui Downhill 홈페이지 www.mauidownhill.com 전화번호 808-871-2152

고래 관찰

01 고래 관찰 투어

겨울이 되면 많은 사람이 혹등고래를 관찰하기 위해 마우이로 모여든다. 하와이 4개 섬 중 마우이에서 출발하는 고래 관찰 투어가 가장 저렴하며 라하이나, 마알라에아, 마케나에서 모두 출발하므로 선택의 폭도 넓다. 고래 관찰을 진행하는 투어에서는 고래 관찰 성공률이 95% 이상이며, 만약 고래를 보지 못했을 경우에는 무료 또는 50%의 가격으로 다시 투어에 참여할 수 있다. 고래 관찰 투어가 아니더라도 스노클링이나 디너크루즈 등의 투어에서도 고래를 볼 가능성이 크다.

12월에서 4월까지 혹등고래를 볼 수 있으며, 1월에서 3월까지 가장 활발하게 활동한다. 이 시기에는 태평양에 사는 혹등고래의 반 이상이 하와이 주변으로 모여든다. 특히 마우이섬과 라나이섬 사이의 바다는 외부의 침입이 적어 혹등고래들이 출산 및 육아를 하기에 좋아서 하와이에서도 가장 많은 혹등고래가 모여든다. 고래의 활동이 가장 활발한 2월에는 마우이섬의 가장 큰 축제 중 하나인 고래 축제가 진행된다.

- 퍼시픽 웨일 파운데이션 Pacific Whale Foundation 홈페이지 www.pacificwhale.org 전화번호 1-800-942-5311(내선 1)
- 트릴로지 Trilogy 홈페이지 www.sailtrilogy.com 전화번호 888-225-6284

02 고래 관찰 전망대

마알라에아에서 서쪽으로 2km 떨어진 곳에 고래를 관찰할 수 있는 전망대가 있어, 높은 절벽 위에서 바다를 내려다보며 혹등고래를 찾아볼 수 있다. 특히 1월에서 3월에는 바다로 나가지 않아도 이 전망대에서 고래 관찰이 가능하다. 다만, 거리가 멀어 혹등고래가 작게 보인다.

서핑

마우이의 유명한 서핑 포인트 해변은 호오키파 비치를 제외하면 모두 서쪽에 위치한다. 주로 겨울에 서퍼가 많이 모이며, 가장 쉽게 서퍼들을 발견할 수 있는 곳은 라하이나에서 우쿠메하메 비치 파크까지 이어지는 해변이다. 차를 타고 가는 도중에도 해변의 서퍼를 많이 볼 수 있는데, 해변 주차장에 잠시 주차하고 구경할 수 있다. 우쿠메하메 비치는 파도가 잔잔해 초보에서부터 중급 서퍼에게 적합하다.

더 커다란 파도를 찾는 서퍼라면 카훌루이 동부 호오키파 해변이 적합하다. 겨울에는 아주 큰 파도가 몰려오기 때문에 숙련된 서퍼가 아니라면 서핑을 자제하는 것이 좋다. 바람이 많이 부는 날에는 윈드서핑을 하는 사람들도 쉽게 볼 수 있다.

스노클링

01 몰로키니 스노클링

마우이는 스노클링 장비만 있어도 뛰어들기 좋은 물고기 가득한 해변이 많지만, 초승달 모양의 몰로키니섬은 그중에서도 바닷속 시야가 좋은 마우이 스노클링 명소이다. 일반적으로 수많은 열대어와 아름다운 산호초를 볼 수 있지만, 때로는 물고기 종류가 몇 안 되어 실망하는 경우도 있다. 가장 유명한 투어이다 보니 해당 투어를 운영하는 투어회사도 많아서 몰로키니섬은 항상 스노클링을 하는 사람들로 북적인다. 뱃멀미가 있는 사람은 미리 멀미약을 먹는 것을 추천한다.

• **몰로키니섬 투어**

몰로키니섬은 바다 한가운데 있는 섬이기에 투어를 이용해야 한다. 몰로키니 섬으로 향하는 대부분의 투어가 마알라에아 항구에서 출발하며, 몰로키니섬을 기본적으로 방문하고 추가로 말루아카 해변 앞의 터틀 타운을 방문하는 코스가 일반적이나, 날씨와 파도의 상황에 따라 루트가 달라진다. 커다란 배의 경우 단순 왕복을 하는 경우가 많으나 상대적으로 작은 배들의 경우 세일링도 즐길 수 있다.

혹등고래 시즌에는 이동 중 혹등고래를 쉽게 만날 수 있으며, 그 외의 시즌에도 종종 돌고래와 마주치기도 한다. 투어회사에 따라서 제한 인원이 다른데, 비싼 투어일수록 소규모로 진행되는 경우가 많다. 대부분의 투어가 5~6시간 정도 소요되나, 마케나 지역에서는 몰로키니만을 방문하는 2시간 소요의 익스프레스 투어도 있다.

- **투어 포함 사항**

    투어는 보통 바다가 잔잔한 오전에 많이 떠나는데, 간단한 아침식사와 BBQ 또는 햄버거 스타일의 점심식사가 기본적으로 포함되어 있다. 보통은 스노클링만 하지만, 물속으로 산소 호스를 물고 들어가는 스쿠바를 옵션으로 제공하는 회사도 있다. 하와이는 전체적으로 수온이 낮은 편이기 때문에, 특히 겨울에 스노클링을 하기 위해서는 온도를 유지해주는 웨트수트를 빌리는 것이 좋다.

- **예약 방법**

    성수기에는 미리 투어업체 홈페이지 또는 여행사를 통해서 예약하는 것이 좋지만, 그 외의 기간에는 마우이에 도착해서 예약해도 된다. 많은 업체가 온라인 예약 시 할인을 해 주고 있다. 만약 예약하지 않았지만, 꼭 투어를 하고 싶다면 투어가 시작하기 최소 1시간 전에 항구로 가서 현장에서 직접 참여하는 것도 가능하다. 하지만 상대적으로 덜 유명한 회사를 이용하게 될 가능성이 높다.

    - 트릴로지 Trilogy 홈페이지 www.sailtrilogy.com 전화번호 888-225-6284
    - 카이카나니 Kai Kanani 홈페이지 www.kaikanani.com 전화번호 808-879-7218
    - 퀵실버 Quicksilver 홈페이지 quicksilvermaui.com 전화번호 888-700-3764
    - 포윈즈Ⅱ Four Winds Ⅱ 홈페이지 www.fourwindsmaui.com 전화번호 800-736-5740

- **해변 스노클링**

    마우이에는 수많은 스노클링 포인트가 있지만, 카팔루아 지역의 호놀루아 베이와 카팔루아 베이, 카아나팔리의 블랙 락, 남부의 포올레날레나 비치와 아히히 베이가 손에 꼽을 만하다. 마우이에는 곳곳에 스노클링 장비 대여업체가 있어서 마스크, 스노클 및 핀을 빌릴 수 있는데, 혹시라도 개인적으로 사용하거나 2일 이상 스노클링을 할 예정이라면 슈퍼마켓에서 구입하는 것도 좋다. 스노클링 장비에 따라서 약 $20~40 정도에서 구입할 수 있으며, 가능하면 오리발은 꼭 구입하는 것이 좋다. 조금 더 자세한 내용은 P. 322 을 참고하자.

스쿠버 다이빙

마우이는 미국 10대 다이빙 스팟 중 하나로 선정된 곳으로 다양한 종류의 물고기뿐만 아니라 이글레이, 리프샤크, 녹색 바다거북 등을 쉽게 볼 수 있는 훌륭한 바다환경을 가지고 있다. 스쿠버 다이빙 장소로 마우이가 특별한 이유는 많은 숫자의 물고기 종이 하와이에만 살고 있어 다른 곳에서는 볼 수 없는 경우가 많기 때문이다.

마우이뿐만 아니라 몰로키니섬과 근교의 라나이섬 등에도 훌륭한 포인트가 많다. 스쿠버 다이빙 자격증이 있다면 다이빙숍에서 장비를 빌려 쇼어 다이빙도 할 수 있지만, 투어에 참여하면 좀 더 멋진 다이빙 스팟을 방문할 수 있다. 마우이에서는 시야가 좋은 오전에 다이빙을 많이 하며 점심 전에 끝난다. 시야가 잘 나올 때는 30m 이상 나오는 날도 많다. 스쿠버 다이빙 후 24시간 이내에는 할레아칼라 정상 방문과 비행기 탑승을 피해야 한다.

- 마우이 다이브 숍 Maui Dive Shop 홈페이지 www.mauidiveshop.com 특징 장비 렌탈
- 에드 로빈슨스 다이빙 어드벤처스 Ed Robinson's Diving Adventures 홈페이지 www.mauiscuba.com 전화번호 808-879-3584
- 마이크 서번스 다이빙 Mike Severns Diving 홈페이지 www.mikesevernsdiving.com 전화번호 808-879-6596

루아우

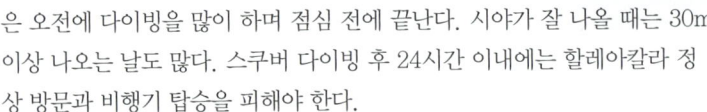

루아우는 하와이 전통 음식의 이름이지만, 루아우를 비롯해 다양한 요리와 춤, 음악이 함께하는 연회를 통틀어 루아우라고 한다. 마우이에는 다양한 루아우 프로그램이 있는데, 그 중 올드 라하이나 Old Lahaina Luau 의 평이 좋다. 하와이의 전통을 잘 살린 구성과 분위기, 라하이나에서 가깝다는 점 덕분에 인기 있다. 보통 해지기 전 간단한 액티비티와 식사가 제공되며, 완전히 어두워지면 쇼가 진행된다. 음식은 특별할 것이 없는 뷔페식이지만, 칼루아 피그나 포이같은 하와이 전통 음식을 맛볼 기회가 된다.

조금 더 프라이빗한 루아우를 원한다면 피스트 앳 렐레 Feast at Lele 가 좋다. 해변을 바라보는 디너 테이블 앞의 작은 무대에서 진행되는 작은 루아우 공연이지만, 공연을 가까이서 볼 수 있으며 프로그램에 불쇼도 포함된다. 그 외에 로얄 라하이나, 하얏트 리젠시 등에도 루아우 프로그램이 있다.

- 올드 라하이나 루아우 Old Lahaina Luau 홈페이지 www.oldlahainaluau.com 전화번호 800-248-5828
- 피스트 앳 렐레 Feast at Lele 홈페이지 feastatlele.com 전화번호 866-244-5353
- 로얄 라하이나 루아우 Royal Lahaina Luau 홈페이지 royallahaina.com 전화번호 808-661-3611
- 드럼스 오브 퍼시픽 루아우 Drums of Pacific Luau 홈페이지 www.hyattregencymaui.com 전화번호 808-667-4727
- 와이렐레 폴리네시안 루아우 Wailele Polynesian Luau 홈페이지 www.westinmaui.com/luau 전화번호 808-661-2992

하이킹

마우이에는 반나절 이내에 충분히 할 수 있는 멋진 하이킹 코스가 많다. 마우이의 하이킹 코스들은 대부분 멋진 풍경과 함께 하기 때문에, 시간이 된다면 하이킹 코스들을 걸어보는 것이 좋다. 아래에 소개하는 하이킹 코스는 모두 반나절 이내에 다녀올 수 있는 코스들이다.

- **이아오 밸리** Iao Valley **1.2마일(1.9km)**
  이아오 니들을 볼 수 있는 트레일로, 가벼운 산책 수준의 트레일이다. 1시간 이내로 다녀올 수 있다. ▶ P. 385

- **피피와이 트레일** Pipiwai Trail **4마일(6.4km)**
  거대한 2개의 폭포와 대나무 숲이 있는 트레일로, 시시각각 바뀌는 풍경이 하이라이트. 30~40분 정도 더 추가하여 오헤오 협곡도 다녀오는 것을 추천한다. 왕복 2시간 반~3시간 반이 걸린다. ▶ P. 419

- **슬라이딩 샌즈 트레일** Sliding Sands Trail **원하는 만큼**
  할레아칼라의 분화구로 들어가는 트레일로, 보통 편도 30분 정도 내려가면 뷰포인트에 도착하게 되며, 1시간 반~2시간 정도면 분화구 바로 옆까지 갈 수 있다. 다만 계속되는 내리막이므로 돌아올 때는 계속해서 오르막을 걷게 되는 점을 주의해야 한다. 최소 1시간에서 최대 하루 이상이 걸리는 트레일이다. ▶ P. 416

이아오 밸리

피피와이 트레일

슬라이딩 샌즈 트레일

골프

마우이 대부분의 골프 코스는 서쪽의 리조트 단지 안에 위치한다. 라나이섬과 몰로카이섬을 배경으로 하는 멋진 골프 코스들은 한 번 경험해본 사람이라면 꼭 다시 한 번 방문하고 싶게 만든다. 바람이 약한 오전에 플레이하는 것이 가장 좋으며, 골프 코스에 따라 트와일라잇 및 늦은 오후 요금을 운영하며 적용 시간은 골프 코스 및 계절에 따라 조금씩 다르다. (2018년 3월 기준)

01 카아나팔리 Kaanapali

홈페이지 www.kaanapaligolfcourses.com

- **로얄 카아나팔리 코스** Royal kaanapali Course

로버트 트랜드 존스가 디자인한 코스이다. 특히 18번 홀은 아놀드 파머가 가장 도전적이면서 흥미로운 홀로 선정하기도 했다.

주소 2290 kaanapali Parkway, Lahaina 가격 일반 $255, 게스트 $179, 트와일라잇 $149, 늦은 오후 $109 코스 18홀, 파 71

- **카아나팔리 카이 코스** Kaanapali Kai Course

주소 2290 kaanapali Parkway, Lahaina 가격 일반 $205, 게스트 $129 / 트와일라잇 $99 / 늦은 오후 $79 코스 18홀, 파 70

카아나팔리 카이 코스는 아서 잭 스나이더가 디자인하였으며, 최근 로빈 넬슨이 리노베이션하였다. 거리나 힘보다는 전략적인 플레이에 중점을 두고 있어 초보자에게도 적합하다.

02 카팔루아 Kapalua

홈페이지 www.kapalua.com

- **카팔루아 베이 코스** Kapalua Bay Course

카팔루아 베이 코스는 아놀드 파머와 프란시스 드웨인이 디자인한 코스이다. 눈앞으로는 멋진 해변이, 뒤로는 카팔루아 빌라스가 둘러싸고 있다.

주소 300 Kapalua Drive, Lahiana 가격 일반 $229, 게스트 $209, 트와일라잇 $169, 늦은 오후 $149 코스 18홀, 파 72

- **플랜테이션 코스** Plantation Course

  플랜테이션 코스는 마우이의 가장 드라마틱한 풍경을 가진 코스 중 한 곳으로, 몰로카이와 라나이를 바라보며 플레이할 수 있다. 때때로 산에서부터 강한 바람이 불어 골퍼들을 난감하게 만들기도 한다.

  주소 2000 Plantation Club Drive, Lahaina 가격 일반 $329, 게스트 $299, 트와일라잇 $249, 늦은 오후 $199 코스 18홀, 파 73

03 와일레아 Wailea

홈페이지 www.waileagolf.com

- **블루 코스** Blue Course

  올드 블루 코스는 와일레아의 초급 코스로 누구에나 적합하다. 특히 8홀에서 12홀까지는 주변의 경관이 멋지게 잘 보이는 곳으로, 아서 잭 스나이더가 디자인하였다.

  주소 120 Kaukai St, Wailea 가격 일반 $185, 게스트 $175, 트와일라잇 $145, 늦은 오후 $115, 9홀 $95 코스 18홀, 파 72

- **에메랄드 코스** Emerald Course

  에메랄드 코스는 로버트 트렌드 존스 2세가 디자인한 곳으로, 꽃이 피는 계절이 되면 코스 전체에 만발한 꽃의 향연을 볼 수 있다.

  주소 100 Wailea Golf Club Drive, Wailea 가격 일반 $250, 게스트 $199, 트와일라잇 $170, 늦은 오후 $119 코스 18홀, 파 72

- **골드 코스** Gold Course

  와일레아의 골프 코스 중 가장 난이도가 높은 곳으로, 도전을 즐기는 골퍼들에게 인기 있다. 로버트 트렌드 존스 2세가 디자인하였다. 전체적으로 고저 차가 있으며 방해물이 많아 정확성이 요구된다.

  주소 100 Wailea Golf Club Drive, Wailea 가격 일반 $250, 게스트 $199, 트와일라잇 $170, 늦은 오후 $119

04 카훌루이 Kahului

홈페이지 dunesatmauilani.com

카훌루이에 위치한 듄스 앳 마우이 라니 골프 코스(The Dunes at Maui Lani Golf Course)는 마우이 중부 계곡의 멋진 배경을 벗 삼아 플레이할 수 있는 골프 코스이다. 가장 최근에 생긴 코스 중 한 곳으로 저렴하게 플레이할 수 있다.(18홀, 파 72)

주소 1333 Maui Lani Parkway, Kahului 가격 일반 $95

마우이섬의 해변

마우이에는 하와이에서도 손꼽히는 해변이 많다. 서핑과 보디보딩이 가능한 해변에서부터 스노클링에 적합한 해변, 수영과 휴식을 즐기기에 좋은 해변 등 다양한 특징을 가진 해변이 많아 자신이 원하는 곳을 골라갈 수 있다.

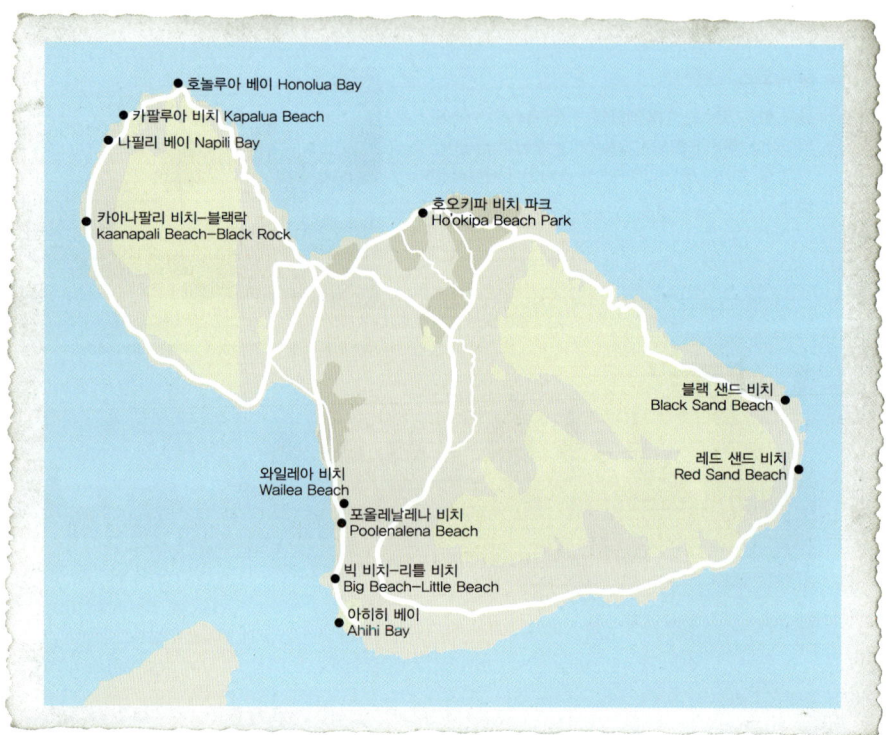

아름다운 해변

Best 1 나필리 베이 Napili Bay ★★★★
카팔루아의 조용한 해변으로 팜트리가 늘어서 있어 이국적인 아름다움이 있다.

Best 2 와일레아 비치 Wailea Beach ★★★★
와일레아 지역의 가장 유명한 리조트들 앞에 있는 해변으로 넓은 백사장이 매력적이다.

Best 3 빅 비치-리틀 비치 Big Beach-Little Beach ★★★★
빅 비치는 아름다운 인기 해변이며, 리틀 비치는 마우이의 비공식 누드 비치로 유명하다.

BEST 1

BEST 2

BEST 3

스노클링 해변

BEST 3

Best 1 호놀루아 베이 Honolua Bay ★★★★★
투어 회사들이 스노클링을 하러 오는 곳 중 하나로, 바다가 잔잔해 스노클링하기 좋다.

Best 2 카아나팔리 비치–블랙 락 Kaanapali Beach-Black Rock ★★★
리조트 단지 앞에 넓게 펼쳐진 해변으로, 북쪽의 블랙 락은 유명한 스노클링 포인트.

Best 3 아히히 베이 Ahihi Bay ★★★★
와일레아 남쪽의 스노클링 포인트로 거북이도 자주 출현하며, 물고기의 종류가 다양하다.

BEST 1

BEST 2

특별한 해변

BEST 1

Best 1 호오키파 비치 파크 Ho'okipa Beach Park ★★★★
파도가 높고 바람이 많이 부는 겨울에 서퍼들과 윈드서퍼들이 몰려드는 해변이다.

Best 2 블랙 샌드 비치 Black Sand Beach ★★★
와이아나파나파 주립공원 내에 있는 해변으로, 화강암이 잘게 부서져 생긴 검은 모래가 깔려있다.

Best 3 레드 샌드 비치 Red Sand Beach ★★★★
빨간색 모래가 있는 특별한 해변으로, 짧은 하이킹을 해야 갈 수 있다.

BEST 2 BEST 3

마우이섬 해변, 스노클링 완전정복

마우이에서 스노클링을 꼭 투어를 이용해야만 할까? 행복하게도 그렇지 않다. 마우이에는 해변에서 접근 가능한 훌륭한 스노클링 스팟이 많으므로, 바다만 잔잔하다면 거의 대부분의 해변에서 스노클링이 가능하다. 그중에서도 마우이에서 손꼽히는 스노클링 포인트는 다음과 같다.

🅿 스노클링 포인트   P 주차공간   ━━ 트레일

Honolua Bay 호놀루아 베이 ★★★★★ P. 358

라하이나에서 출발하는 스노클링 투어 회사들이 방문하는 곳이 바로 이 호놀루아 베이일 정도로 마우이에서 손꼽히는 스노클링 장소이다. 호놀루아 베이의 스노클링 장소는 만의 양쪽 끝이며, 북쪽이 서쪽보다 더 볼거리가 많다. 입구에서부터 스노클링 포인트까지는 약 100~150m 정도 헤엄쳐 가야 하므로 오리발을 준비하는 것이 좋다. 스노클링 포인트에 도착해서 만나게 되는 잘 보존된 산호와 다양한 물고기들은 그런 수고를 잊게 할 정도로 훌륭하다.
호놀루아 베이는 지정된 주차공간이 없다 보니 도로 옆 공간에 주차를 해야 하고, 주차 위치에 따라서 짧은 하이킹을 해야 한다. 인기 있는 스노클링 포인트이다 보니 주차 공간은 보통 오전 일찍 가득 차는 경우가 많으므로, 가능한 한 일찍 가야 주차 공간을 확보할 수 있다. 별도의 샤워시설이 마련되어 있지 않다.

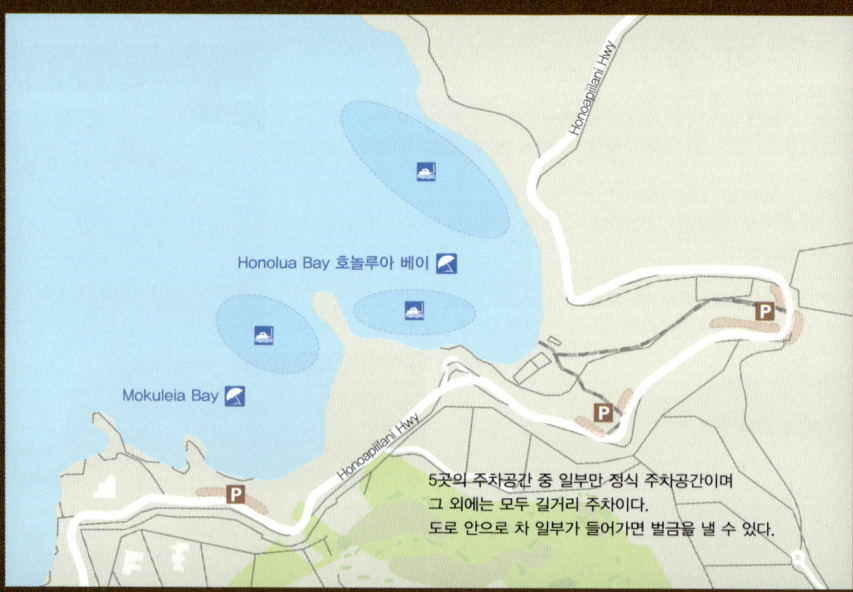

Kapalua Bay 카팔루아 베이 ★★★★ P. 358

깊은 ㄷ자 형태의 만 덕분에 1년 내내 높은 파도 없는 잔잔한 해변으로, 가족 여행객들에게 인기 있다. 아름다운 해변 자체만으로도 많은 사랑 받고 있지만 1년 내내 파도의 걱정 없이 스노클링을 즐길 수 있는 몇 안 되는 스노클링 명소이기도 하다. 베이의 양쪽에서 모두 스노클링이 가능하지만 북쪽이 스노클링하기에 더 좋다. 해변에서 스노클링 포인트가 멀지 않은 것도 장점이다. 약 30개 정도의 주차공간과 샤워시설, 화장실을 갖추고 있어 보다 쉽게 스노클링을 즐길 수 있다. 주차공간이 부족할 경우, 도로의 입구 건너편 쪽에도 길거리 주차가 가능하나, 단속을 자주 하므로 위치를 잘 확인해야 한다. 카팔루아 베이의 주차장 역시 오전 일찍 가득 차므로 일찍 가는 것이 안전하다.

Black Rock 블랙 락 ★★★ P. 349

마우이에서 가장 잘 알려진 스노클링 포인트인 블랙락은, 사실 수중환경으로만으로 볼 때는 그렇게 훌륭한 스노클링 포인트는 아니다. 카아나팔리 비치의 리조트에 머무르는 수많은 사람이 스노클링을 하는 장소다 보니, 바닷속 산호들이 대부분 죽어있다. 녹색 바다거북이 자주 출현하고 여전히 많은 물고기를 볼 수 있기는 하지만, 조류가 다소 있는 편이므로 수영에 익숙하지 않다면 구명조끼를 입거나 해변에서 멀리 가지 않는 것이 좋다.

주차는 마우이 쉐라톤 호텔, 카아나팔리 비치 호텔 그리고 웨일러스 빌리지 옆에 무료 주차 공간이 있으므로 그곳을 활용하면 된다. 주차공간을 찾지 못했다면 웨일러스 빌리지에 유료 주차도 가능하며, 식사 등을 하고 확인증을 받으면 주차비용이 할인된다. 유명한 포인트인 만큼 무료 주차 공간은 금세 가득 찬다.

Mokapu & Ulua Beach 모카푸&울루아 비치 ★★★ P. 371

마우이 남쪽의 가장 최신 리조트 중 하나인 안다즈 마우이 앞에 위치한 해변으로, 와일레아 지역에 머무르면서 가장 쉽게 갈 수 있는 스노클링 해변이다. 울루아 비치 파크에 주차하고 바로 해변으로 걸어갈 수 있으며 샤워시설도 있다. 모카푸 비치와 울루아 비치 사이의 바위가 모여 있는 곳이 스노클링 포인트이다. 고급 리조트 단지 앞이라는 위치를 감안하면 수중환경도 꽤 잘 보존되어 있는 편이다.

Poolenalena Beach 포올레날레나 비치 ★★★★ P. 372

포올레날레나 비치는 와일레아 리조트 지역의 남쪽에 위치한 스노클링 해변으로, 한 곳의 해변에 여러 스노클링 포인트가 있다. 가장 쉽게 접근할 수 있는 포인트는 해변 중간에 위치한 곳으로, 포올레날레나 파크의 주차장에서 바로 접근이 가능하다. 다만 이 포인트는 해변의 북쪽과 남쪽 포인트에 비해 상대적으로 수중 환경이 떨어지긴 하지만, 스노클링을 하기에는 무방하다.

북쪽의 포인트는 상대적으로 수중환경이 잘 보존되어 있지만, 별도의 주차공간이 없는 만큼 중간에서부터 걸어서 가야 한다. 남쪽의 포인트는 마케나 서프 콘도에 위치한 약 10여 개의 주차공간에 주차를 하고, 콘도 내의 길을 따라서 해변으로 이동이 가능하다. 마케나 서프 리조트 남쪽에 위치한 공영 주차공간에 주차를 하면, 포올레날레나 비치 남쪽의 창스 비치(Chang's Beach)로 갈 수도 있는데 여기서 북쪽 방향으로 스노클링을 시작하는 것도 가능하다.

Five Caves 파이브 케이브스 ★★★ P. 372

스노클링보다 다이빙으로 더 인기 있는 포인트로, 다이버들은 남쪽에 위치한 마케나 랜딩 파크(Makena Landing Park)에서 주로 진입한다. 스노클링을 하려면 파이브 케이브스 바로 앞 해변을 통해서 가는 것이 가장 편리하나, 별도의 주차장이 없는 만큼 길거리 주차를 하고 이동하는 것이 최선이다. 어느 정도 숙련된 스노클러에게 추천하는 포인트.

Ahihi Bay 아히히 베이 ★★★★ P. 373

아히히 베이에는 두 개의 스노클링 포인트가 있다. 사람들에게 익히 잘 알려진 아히히 코브(Ahihi Cove)는 작은 만 안쪽에 위치하여 초보 스노클링에 적합하지만, 산호가 많이 죽어있어 수중환경은 상대적으로 아쉬운 편이다. 물고기의 종류와 숫자는 꽤 훌륭한 편이지만 거북이는 자주 출현하지 않는다.

만약 어느 정도 수영에 익숙한 사람이라면, 주차장에서 트레일을 따라 이동할 수 있는 아히히 베이 쪽의 포인트에서 스노클링을 하는 것이 더 낫다. 사람들이 상대적으로 덜 찾기 때문에 산호도 잘 보존되어 있으며, 거북이를 비롯해 흔하게 볼 수 없는 물고기들도 쉽게 볼 수 있다. 해변에서 멀리 가지 않아도 훌륭한 수중환경의 감상이 가능하나, 해변이 바위로 되어 있고 얕아 바다로의 진출입은 반드시 해변 남쪽 끝의 작은 모래 사장을 이용하기를 권한다. 파도가 없이 바다가 잔잔할 때만 스노클링이 가능한 포인트이며, 파도가 다소 있다면 다른 포인트를 이용하자.

MAUI BE

1-1

1-2

2-1

1-1, 1-2 영원히 잊지 못할 일출과 일몰 할레아칼라 해발 3,055m의 높이에서 보는 할레아칼라의 일출은 마우이의 진정한 하이라이트. 보러 가는 길이 결코 쉽지만은 않지만, 비현실적인 풍경에서 떠오르는 태양을 바라보는 순간은 그 아름다움에 그저 숨이 막힌다. 새벽 2~3시에 일어나 출발하는 것이 힘들다면 할레아칼라의 일몰과 어두워진 후의 쏟아질 듯한 별을 감상해도 좋다. 일출, 일몰이 목적이 아니라면 풍경을 제대로 감상할 수 있는 낮 시간을 추천한다. **2-1, 2-2 아름다운 석양과 함께 낭만을 라하이나** 19세기 히와이 왕국의 수도이기도 했던 라하이나는 마우이의 유일한 번화가이자 역사적인 사적지들이 남아있는 특별한 마을이다. 프런트 스트리트를 따라서 늘어서 있는 갤러리를 구경하고, 해안가의 레스토랑에서 저녁식사와 함께 붉게 물들어가는 하늘을 감상하는 로맨스를 즐기자.

2-2

마우이섬에서 놓치지 말아야 할 추천 베스트

3-1, 3-2 겨울마다 찾아오는 손님 혹등고래 해마다 겨울철이 되면 혹등고래들이 출산을 위해 먹이가 풍부하고 수온이 따뜻한 하와이를 찾는다. 12월에서 4월까지 혹등고래를 볼 수 있으며, 1~3월에 가장 활발하게 움직인다. 이 시기에 하와이를 찾는다면 고래를 볼 수 있는 투어에 꼭 참여하자!

4 마우이의 아름다운 바다에서 즐기는 스노클링 마우이의 바닷속은 수족관이라고 해도 부족하지 않을 만큼 열대어로 가득하다. 초승달 모양의 섬으로 유명한 몰로키니뿐만 아니라, 스노클링 장비만 가지고 바다로 뛰어들면 바로 아름다운 수중 세계가 펼쳐지는 포인트들이 마우이 곳곳에 있다. **5-1, 5-2 모험을 떠나는 도로 하나로 가는 길** 모험을 좋아하는 사람에게 마우이가 선물하는 환상적인 도로, 하나로 가는 길. 600개의 커브가 넘는 구불구불한 길을 따라 도로를 달리다 보면, 하나로 가는 길의 숨은 비경을 하나하나 발견할 수 있다. 베스트 드라이버라면 한 번쯤 도전해볼 만하지만, 멀미가 심하다면 멀미약은 필수!

Section 02
마우이섬, 출발부터 도착까지

> 오아후섬 다음으로 많은 사람이 방문하는 마우이섬의 주 공항은 카훌루이 국제공항이다. 짧은 비행
> 후 도착한 공항 앞에는 대형 슈퍼마켓이 많아 여행에 필요한 물품을 구입하기 편리하다.

01 마우이섬 기초 정보

면적 1,883km²의 마우이는 하와이에서 2번째, 미국에서 17번째로 큰 섬 인구 약 15만 5천 명(2017년 기준) 날씨 겨울 26도, 여름 32도 애칭 계곡의 섬(Valley Isle)

02 마우이섬 내 소요 시간

03 마우이섬으로 가는 법

한국에서 마우이로 향하는 직항이 없으므로 오아후의 호놀룰루 국제공항을 경유해야 한다. 마우이에는 총 3개의 공항이 있지만, 주로 이용하는 공항은 카훌루이 국제공항 OGG 과 카팔루아 공항 JHM 이다. 취항 편수가 많은 카훌루이 국제공항이 가장 많이 이용되지만, 리조트 지역과 약 40분 정도 떨어져 있다. 카팔루아 공항은 취항하는 편수가 적고 소형 비행기만 다니지만, 카팔루아와 라하이나가 가깝다.

마우이섬

04 카훌루이 국제공항 Kahului International Airport – OGG

마우이 여행의 게이트웨이인 카훌루이 국제공항은 호놀룰루 국제공항에서 35분 거리이다. 하와이에서 두 번째로 큰 국제공항으로 늘 붐빈다.

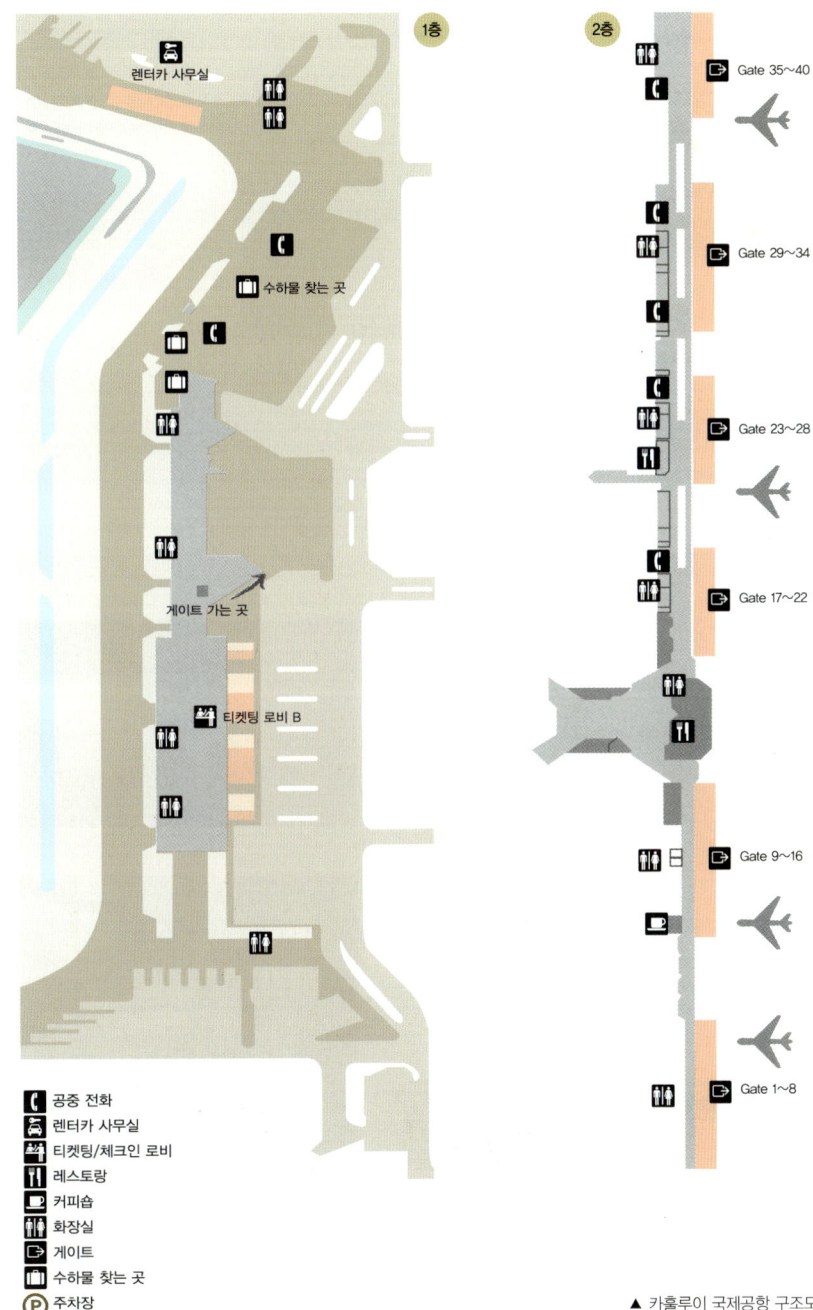

▲ 카훌루이 국제공항 구조도

01 카훌루이 국제공항에서 이동하기

• **대중교통**

마우이버스 루트 35번과 40번이 90분 간격으로 운행하지만, 리조트 쪽으로 향하는 버스는 없다. 짐은 의자 아래로 들어가는 작은 사이즈의 수트케이스만 허용된다.

• **셔틀버스**

마우이 에어포트 셔틀 서비스 Maui Airport Shuttle Service가 공식 셔틀이며, 그 외에 스피디 셔틀 Speedi Shuttle, 로버츠 하와이 Roberts Hawaii가 있다. 차량당 기본요금이 있어 사람이 많을수록 저렴하며 왕복 시 추가 할인된다. 1인당 수하물 2개와 작은 가방 1개가 무료이다. 온라인 예약도 가능하며, 이 외에도 여러 로컬 셔틀 업체들이 있다.

- 마우이 에어포트 셔틀 서비스 홈페이지 goairportshuttle.com/maui_kahului_ogg_airport_shuttle 요금 와일레아 $48~, 라하이나 $64~, 카아나팔리 $67~, 카팔루아 $87~(2인 기준, 인원 추가 시 추가 요금, 팁 미포함)
- 로버츠 하와이 홈페이지 www.robertshawaii.com/mauiexpress 요금 와일레아 $48~, 라하이나 $62~, 카아나팔리 $68~, 카팔루아 $88~(2인 기준, 인원 추가 시 추가 요금, 팁 미포함.)
- 스피디 셔틀 홈페이지 www.speedishuttle.com 요금 와일레아 $43~, 라하이나 $59~, 카아나팔리 $62~, 카팔루아 $81~(2인 기준, 인원 추가 시 추가 요금. 팁 미포함.)

• **택시**

가장 비싼 교통수단이지만, 빠르게 이동할 수 있다.

요금 와일레아 $60~65, 라하이나 $80~85, 카아나팔리 $90~95, 카팔루아 $110~115(예상 금액이며, 교통 사정에 따라 달라질 수 있음. 팁 미포함.)

• **렌터카**

렌터카 사무소는 셔틀버스를 타고 이동해야 하며, 렌터카 픽업 셔틀이 주기적으로 운행한다. 수하물 찾는 곳에서 렌터카(Rent a Car) 사인을 따라가면, 버스정류장 형태로 대기장소가 마련되어 있어 쉽게 찾아갈 수 있다.

- 허츠 렌터카 전화번호 808-893-5200
- 내셔널 렌터카 전화번호 808-871-8852
- 에이비스 렌터카 전화번호 808-871-7575
- 엔터프라이즈 렌터카 전화번호 808-871-1511
- 알라모 렌터카 전화번호 808-872-1470
- 달러 렌터카 전화번호 808-877-2732
- 버짓 렌터카 전화번호 808-871-8811

05 카팔루아 공항 Kapalua Airport – JHM

연간 5만 명 정도가 이용하는 카팔루아 공항은 마우이 북쪽의 소규모 공항이다. 주로 카팔루아 지역의 골프 관광객이 많이 이용하며, 작은 건물 하나로 되어있다. 대중교통수단이 없으므로 렌터카나 택시, 호텔의 픽업 서비스를 이용해야 한다. 호텔에 따라 카팔루아 공항까지 무료 셔틀을 제공하는 곳도 있다.

- **택시**   요금 카팔루아 $10~15, 카아나팔리 $15~20

- **렌터카**
도착 후 공항에 있는 무인 여행자 정보 센터에 있는 전화기로 예약한 렌터카 회사에 전화를 걸면 픽업을 온다.

  - 허츠 렌터카 전화번호 808-669-6200
  - 달러 렌터카 전화번호 808-667-2651
  - 버짓 렌터카 전화번호 808-661-4588
  - 알라모 렌터카 전화번호 808-661-7181
  - 에이비스 렌터카 전화번호 808-661-4588

수하물로 보낸 짐이 도착하지 않았다면?

하와이에서는 가끔 연결편 이용 시에 부득이하게 환승시간이 짧아졌을 경우, 수하물이 바로 연결되지 못해 사람은 도착했지만 짐은 도착하지 않는 경우가 종종 발생한다. 대부분 다음 비행편으로 짐이 도착하기 때문에 크게 문제가 되지 않지만, 늦은 시간대의 비행기였을 경우 다음날 도착하기도 한다.
만약 짐이 도착하지 않았다면 해당 항공사의 사무실에 가서 짐이 도착하지 않았음을 알리고, 그에 따른 보고서를 받아야 한다. 보통 호텔까지 짐을 배달해주나, 코뮤터 터미널의 항공사의 경우 공항으로 직접 짐을 찾으러 가야 할 수도 있다.

Travel Information in Maui

Section 03
마우이섬의 대중교통

마우이섬은 오아후 다음으로 대중교통이 잘 되어있기는 하지만, 자주 다니지 않고 호텔에서 정류장이 먼 경우가 많아 여행객이 이용하기에는 적합하지 않다. 마우이의 주요 명소를 둘러보려면 렌터카를 이용하는 것이 가장 편리하고, 운전에 자신이 없다면 호텔 또는 여행사에서 제공하는 투어에 참여하는 것이 좋다.

01 마우이 버스 Maui Bus

총 11개의 노선이 있으며, 대부분의 버스가 1시간 간격으로 운행한다. 주로 지역에서 지역으로 운행하며 관광지에는 거의 서지 않기 때문에, 주로 현지인이 이용한다. 1회 탑승 금액은 $2, 1일 이용권은 $4. 짐은 무릎에 얹거나 좌석 아래에 넣을 수 있는 크기까지만 허용된다. 마우이 버스의 실시간 위치는 웹사이트(mauibus.transloc.com)에서 확인할 수 있다.

※ 관광객들이 주로 이용하는 루트와 주요 정류장만을 표시했다.

02 카아나팔리 트롤리 Kaanapali Trolley

카아나팔리 리조트 단지를 도는 트롤리로 아침 10시부터 저녁 10시까지 운행한다. 시간표는 조금씩 변동되므로, 숙박하는 호텔의 컨시어지에게 트롤리 시간표를 요청하자. 탑승 요금은 무료이다.

루트 Sheraton Maui–kaanapali Beach → Westin Maui–Whaler's Village → Maui Marriott–Hyatt → kaanapali Golf Course → Maui kaanapali Villas → Royal Lahaina–Maui Eldorado

03 택시

마우이에서는 길에서 택시를 잡는 것이 힘들기 때문에 주로 호텔에 요청하거나 전화를 걸어 부르는 것이 빠르다. 가격이 비싸므로 단거리 이동에 적합하다. 기본 요금 $3.50, 1마일당 $3, 분당 30센트, 팁은 10~15%이다.

04 렌터카

마우이는 도로가 단순한데다가 혼잡하지 않고, 대부분의 관광지를 1시간 이내에 갈 수 있기 때문에 시간에 구애받지 않는 렌터카를 이용하는 것이 가장 편리하다. 카훌루이 국제공항과 카팔루아 공항 그리고 각 호텔의 렌터카 오피스에서 빌릴 수 있다. 예약은 한국에서 하는 것이 가장 편리하고 저렴하다. 대부분의 지역은 멀지 않기 때문에 문제가 없지만, 할레아칼라 국립공원과 하나로 가는 길을 갈 때는 주유소가 거의 없으므로 출발 전에 미리 기름을 가득 채워두는 것이 좋다. 마우이에는 총 3곳의 렌터카 보험 제외 구역이 있는데, 이곳에서 사고가 나면 보험 적용을 받을 수 없으므로 최대한 이용을 자제하는 것이 좋다.

Area 01 Lahaina 라하이나

라하이나는 19세기의 역사가 남아있는 하와이 최대의 문화도시이다. 한때 하와이 왕국의 수도이기도 했던 아름다운 항구도시이기도 하다. 다양한 사적지와 멋진 석양을 감상할 수 있는 로맨틱한 라하이나는 수많은 여행자가 꼭 들러가는 마우이의 대표적인 관광 명소가 되었다.

라하이나의 해변

 Puamana Beach Park to Ukumehame Beach Park 푸아마나 비치파크에서 우쿠메하마 비치파크까지

라하이나 바로 남쪽의 푸아마나 비치 파크에서부터 라우니우포코 비치파크를 거쳐 우쿠메하메 비치 파크까지 Honoapiilani Hwy를 따라 이어지는 해변에는 여러 공원과 주차공간이 있어 서퍼들이 많이 찾는다. 공원의 주차장뿐만 아니라 도로 옆의 주차 가능한 공간에 차들이 빼곡할수록 더 많은 서퍼들을 구경할 수 있다. 이 해변은 높지 않은 파도가 꾸준히 오기 때문에 초급부터 중급 사이의 서퍼들이 주로 찾는다.

특징 화장실, 샤워, 피크닉에어리어, BBQ 시설, 수영, 서핑(공원별로 상이) **저자 한 마디** 공원의 주차공간 및 도로를 따라 흙길 위에 주차 가능

라하이나의 볼거리

Sunset at Lahaina 라하이나의 석양

서쪽을 향하는 마우이의 모든 해변에서는 아름다운 석양을 볼 수 있지만, 라하이나의 석양을 최고로 꼽는 이유는 일몰 시간의 부드러운 빛이 라하이나 타운을 이국적인 모습으로 바꿔놓기 때문이다. 프런트 스트리트를 따라 어느 곳에서 일몰을 봐도 아름답지만, 해변에서 가까운 레스토랑에서 식사하며 일몰을 감상하는 센스를 발휘해 보자.

주소 Front St

마우이섬

📷 Lahaina Art Galleries 라하이나 아트 갤러리들

라하이나에는 프런트 스트리트 Front St 를 따라 수많은 아트 갤러리가 있다. 굳이 아트갤러리 방문이 목적이 아니더라도, 거리를 따라 걷는 동안 마음에 드는 갤러리를 발견하면 잠시 들어가 구경하는 여유를 부려보자. 라하이나의 갤러리는 대부분 무료로 공개되어 있어 부담 없이 예술작품들을 구경할 수 있다.

주소 Front St 와 Dickenson St

📷 Maui Grown Coffee Company Store 마우이 그로운 커피 컴퍼니 스토어

하와이 커피는 코나 커피가 가장 유명하지만, 하와이의 섬마다 자체적으로 커피를 재배하고 있다. 마우이에서 가장 괜찮은 커피를 맛볼 수 있는 곳으로, 시음도 가능하고 카페도 마련되어 있다. 원한다면 커피 구입도 가능하다. 스토어 바로 옆에 위치한 농장이 활성화되었던 시기의 전시물들도 훌륭한 볼거리이다.

홈페이지 www.mauigrowncoffee.com 주소 277 Lahainaluna Rd, Lahaina 전화번호 808-661-2728 개방시간 월~토 6:30~17:00, 일 휴무

Special
라하이나의 역사적인 사적지

라하이나에는 마우이의 역사를 경험할 수 있는 사적지가 모여 있다. 라하이나 항구에서부터 프론트 스트리트를 따라 북쪽으로 올라가면서 사적지를 방문해 보자. 여기서는 가장 대표적인 장소를 소개했으며, 조금 더 자세히 알아보고 싶으면 방문자 센터에서 무료로 제공하는 '도보 가이드북'을 받아서 둘러볼 수 있다.

Baldwin Home Museum 볼드윈 홈 박물관

의사이자 선교사였던 볼드윈의 집을 박물관으로 개조하였다. 1835년에 지은 집으로, 선교가 진행되던 시기에 사용하던 물건들과 가구들, 치과도구들을 볼 수 있다. 몇 사람이 들어가면 꽉 차는 작은 박물관. 입장권을 구입하면 워 힝 사원 박물관도 입장할 수 있다.

주소 120 Dickenson Street, Lahaina 개방시간 월~일 10:00~16:00 투어 $5 입장료 성인 $7, 65세 이상 $5, 12세 이하 무료

Wo Hing Temple Museum
워 힝 사원 박물관

중국인들의 하와이 이주 역사는 고래잡이와 선교보다도 더 앞서있다. 1912년에 지어진 워 힝 사원은 중국인들의 모임과 종교적인 행사를 위해서 사용되었다. 1940년대에 대부분의 중국인이 오아후로 이주하였고, 라하이나에 남은 소수의 중국인이 사원을 유지하여 현재까지 보존될 수 있었다. 현재는 라하이나 복원 재단에 소속되어 있다. 입장권을 구입하면 볼드윈 홈 박물관도 입장할 수 있다.

주소 848 front St, Lahaina 개방시간 월~일 10:00~16:00 입장료 성인 $7, 65세 이상 $5, 12세 이하 무료

패스포트 투 패스트(Passport to Past)

마우이에 있는 4개의 박물관(볼드윈 홈 박물관, 워 힝 사원 박물관, 알렉산더&볼드윈 슈가 박물관, 베일리 하우스 박물관)에 입장 가능한 통합 입장권으로, 하와이의 역사와 박물관에 관심이 있다면 구입을 고려해 볼 만 하다. 박물관의 티켓 판매소에서 구입($10) 가능하다.

Old Lahaina Prison 올드 라하이나 감옥

1850년대에 오래된 요새의 돌을 이용해 지은 감옥으로, 범죄자들을 수용하는 데 사용하였다. 중앙의 빌딩이 1957년에 소실되었지만, 2년 후인 1959년에 다시 일반인에게 공개되었다. 현재는 역사를 보여주는 건물로 보존되고 있다.

주소 187 Prison St, Lahaina 개방시간 월~일 09:00~17:00

Old Fort 오래된 요새

올드 라하이나 코트하우스의 앞에 위치한 오래된 요새는 라하이나를 위협하는 선원들을 방어하기 위해 지어졌다. 요새의 많은 부분은 1850년에 라하이나 감옥을 짓는 데 사용되었으며, 현재는 그 일부만이 남아있다.

Banyan Tree Park 반얀 트리 공원

카메라의 한 화각에 담기도 어려운 크기의 반얀트리가 있는 공원. 라하이나 첫 선교 50주년을 기념하여 심은 반얀트리는 처음 심을 때는 2.5m에 불과했지만, 지금은 16m 높이에 2,700㎡를 덮을 만큼 거대해졌다. 사람들에게 언제나 훌륭한 그늘을 만들어 주는 반얀트리는 라하이나를 찾는 사람들에게 언제나 만족스러운 휴식처를 제공한다.

주소 Banyan Tree Park

Old Lahaina Courthouse 올드 라하이나 코트하우스

1860년에 준공되어 고래잡이배들과 무역선들에 대한 세관 및 지역의 법원 건물로 이용되었다. 기존에 2층 목조 건물이었던 것을 1925년에 재건축하여 1970년대에 라하이나 시빅 센터로 사용되었다. 1998년에 대규모 복원작업을 거쳐 현재의 모습의 박물관으로 공개되었다.

주소 648 Wharf St, Lahaina 개방시간 월~일 09:00~17:00 입장료 무료

Lahaina Harbor
라하이나 항구

태평양 최대의 고래잡이 항이었던 라하이나 항구는 현재 고기잡이 배들과 투어 액티비티의 거점으로 변모하였다. 항구 북쪽의 잔디밭에서 라하이나 시내의 풍경을 볼 수 있으며, 라하이나의 유명한 일몰 포인트 중 하나이다.

찾아가기 올드 라하이나 코트하우스 앞

Maria Lanakila Catholic Church
마리아 라나킬라 가톨릭 성당

하와이 로만 가톨릭 성당의 교구가 있는 곳이다. 1846년에 마우이에 온 선교사들이 1858년에 임시 성당을 지었고, 현재의 모습은 1928년에 완공되었다. 라하이나 지역의 선교 역사와 밀접한 관련이 있는 성당이다.

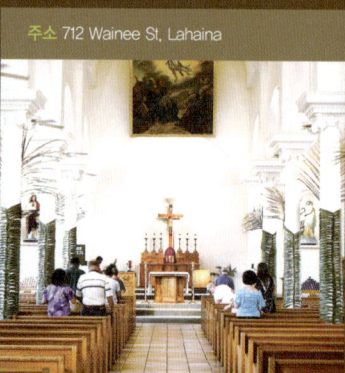

주소 712 Wainee St, Lahaina

라하이나에서 쇼핑하기

 The Outlets of Maui 더 아울렛츠 오브 마우이

라하이나에 새롭게 생긴 아울렛으로 다양한 브랜드가 입점해 있어, 오아후 못 지않은 쇼핑을 즐길 수 있다. 오아후의 프리미엄 아울렛에는 없는 물건도 다수기 때문에 선호하는 사람들이 많다. 오아후로 넘어가 본격적인 쇼핑을 즐기기 전 가볍게 워밍업으로 쇼핑을 즐기기에 적합하다.

특히 라하이나 내에 있어 별도로 시간을 할애하지 않고 잠깐 들러갈 수 있다. 한국사람들이 좋아하는 코치, 마이클코어스, 바나나리퍼블릭, 아디다스, 크록스, 타미힐피거 등의 매장이 있으며, 늦은 시간까지 영업하므로, 야간 쇼핑을 즐기는 사람들에게도 매력적인 아울렛이다.

아울렛츠 오브 마우이에서는 라이브 뮤직, 훌라, 우쿨렐레 등의 공연도 연간 내내 진행되며, 스케줄은 홈페이지에 공지되므로 관심 있는 공연이나 행사가 있다면 체크해두고 방문하는 것이 좋다. 또한, 공식 홈페이지에서는 주기적으로 VIP쿠폰북을 제공하니 잊지 않고 출력해가면 알들 쇼핑에 도움이 된다.

홈페이지 www.theoutletsofmaui.com **주소** 900 Front St, Lahaina **전화번호** 808-661-8177 **영업시간** 월~일 09:30~22:00(휴일 단축 또는 연장 영업) **주차** 구매 후 주차 도장을 받을 경우 2시간까지 무료, 이후 30분당 $2

아울렛 셔틀

라하이나와 카아나팔리 리조트 단지 사이에 셔틀버스를 제공하며, 탑승비용은 성인 $2(편도 당)이며 4세 이하 무료이다. 탑승 시 쿠폰북을 무료로 제공하며, 1시간 간격으로 오전 10시에서부터 저녁 10시까지 운행하며 호텔에 따라 도착시간이 다르다.

- **도착시간 :** Aston Kaanapali Shores(매시 정각), Honua Kai Resort(매시 04분), Royal Lahiana Resort(매시 09분), Kaanapali Beach Hotel(매시 11분), Marriott's Maui Ocean Club(매시 14분), Hyatt Regency Maui Resort(매시 16분), The Outlets of Maui(매시 24분), Lahaina Harbor(매시 34분), The Outlets of Maui(매시 44분)

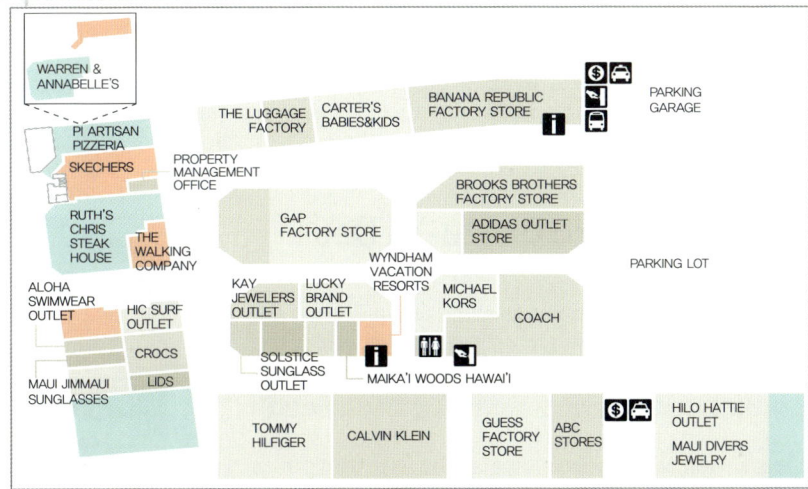

▲ 더 아울렛츠 오브 마우이

Lahaina Cannery Mall 라하이나 캐너리 몰

마우이의 유일한 실내 쇼핑몰. 여행자보다는 현지인을 위한 쇼핑몰이지만 세이프웨이, 롱스 드러그 등 여행자들에게 유용한 식료품 및 약품 상점과 간단하게 식사할 수 있는 레스토랑이 모여 있다. 무료 주차가 가능하고, 무료 공연도 있어서 잠시 들를 만하다. 홈페이지에서 몰 내에 있는 상점들의 쿠폰북을 제공한다. 25번 버스가 카아나팔리와 캐너리몰 그리고 라하이나 사이를 왕복한다.

홈페이지 www.lahainacannerymall.com **주소** 1221 Honoapiilani Hwy, Lahaina **전화번호** 808-661-5304 **영업시간** 월~토 9:30~21:00, 일 9:30~19:00 **특징** 무료 훌라쇼 : 수, 토, 일 유동적 13:00 / 훌라 레슨 : 목 17:00 / 우쿨렐레 레슨 : 화 17:45

라하이나의 먹거리　　$ – $10 이하, $$ – $11~20, $$$ – $21~30, $$$$ – $31 이상(메인코스 기준)

Ululani's Hawaiian Shave Ice
울루라니스 하와이안 쉐이브아이스 $

라하이나 거리에서 쉐이브아이스를 맛보기 위해 길게 줄 선 곳을 발견했다면, 울루라니스 하와이안 쉐이브아이스의 두 지점 중 한 곳일 가능성이 크다. 무지개색의 쉐이브가 가장 인기 있으며, 어릴 적 먹던 불량식품 맛과 비슷하지만 그중에도 이곳이 가장 맛있다. 하와이에 오면 한 번쯤 먹어봐야 할 디저트, 독립적인 분점들 외에 와일루쿠 세이프웨이와 하얏트 리젠시 마우이 내에도 분점이 있다.

홈페이지 ululanisshaveice.com **본점 주소** 790 Front St, Lahaina **영업시간** 월~일 10:30~21:00 **분점1 주소** 61 S Kihei Rd, Kihei **영업시간** 월~일 10:30~18:30 **분점2 주소** 333 Dairy Rd, Kahului **영업시간** 월~일 10:30~18:00

Nagasako Okazu-Ya Deli
나가사코 오카즈야 델리 $

$5 전후로 저렴하게 식사할 수 있는 현지인들의 맛집. 이른 아침에 플레이트 런치를 사기 위해서 줄 서 있는 현지인의 모습을 볼 수 있다. 직접 만든 스팸 무수비도 판매하며, 맛보다는 저렴한 가격 때문에 찾는 사람이 많다. 앉을 곳이 없으므로 구입한 뒤 주변의 벤치 등에서 식사해야 한다.

주소 845 Wainee St, Lahaina **전화번호** 808-661-0985 **영업시간** 월~일 05:30~16:00

Kohola Brewery
코홀라 브루어리 $

라하이나에서 괜찮은 맥주 한잔을 걸치고 싶다면, 코홀라 브루어리를 고려해 볼 만 하다. 직접 생산한 맥주를 판매하고 있으며, 마셔본 사람들의 평도 좋다. 라거에서부터 IPA까지, 대부분의 종류의 맥주가 있으며, 시음메뉴(FLIGHT)도 있다. 다만 음식은 판매하지 않으므로 맥주만을 즐기는 사람들에게 적합하다. 상점가가 아닌 창고시설 쪽에 위치한다. 해피아워는 오후 5시부터 7시까지.

홈페이지 www.koholabrewery.com 주소 910 Honoapiilani Hwy, Lahaina 전화번호 808-868-3198 영업시간 월~일 12:00~21:00

 ## Maui Sugar Shop Bakery
마우이 슈가 샵 베이커리 $

글루텐 프리(GF) 컵케이크를 전문으로 하는 베이커리. 글루텐 프리 식품들은 대부분 맛이 없다는 편견을 깨 줄 수 있는 곳이며, 일반 밀가루로 만든 컵케이크 맛 이상이다. 동양사람들은 글루텐에 크게 민감하지 않기는 하지만, 평소 밀가루에 민감한 사람이라면 이곳의 컵케이크는 그래도 안심하고 먹을 수 있다.

홈페이지 www.mauisugarshop.com 주소 878 Front St, Lahaina 전화번호 808-662-0033 영업시간 월~화, 목~일 16:00~22:00, 수 11:00~22:00

 ## Star Noodle
스타 누들 $~$$

아시아 면 요리가 주메뉴인 레스토랑. 마우이에서는 가장 괜찮은 면 요리 전문 레스토랑으로 라멘 종류와 하와이의 대표적인 면 요리 사이민도 맛볼 수 있다. 팟타이, 싱가포르 누들, 우동 등의 메뉴도 있으며 포크 번도 사이드로 괜찮다. 서양인의 입맛에 맞춘 면 요리이기 때문에 맛에 아주 민감하지 않다면 양도 전체적으로 많고 만족스러운 편. 다만, 김치에 대해서는 큰 기대를 하지 말자. 라하이나 북쪽에 위치한다.

홈페이지 www.starnoodle.com 주소 286 Kupuohi St, Lahaina 전화번호 808-667-5400 영업시간 월~일 10:30~22:00

Penne Pasta Cafe 펜네 파스타 카페 $~$$

파스타를 메인으로 하는 전문점이다. 뽀모도로 소스를 이용한 펜네 뽀모도로가 가장 대표적인 파스타이며, 그 외의 파스타들도 괜찮은 편이다. 얇게 구워 바삭한 도우가 특징인 플랫 브레드 피자 역시 훌륭하다. 다만 최근의 평은 점점 나빠지는 중이다.

주소 180 Dickenson St, Lahaina **전화번호** 808-661-6633 **영업시간** 월~일 11:00~21:30

Lahaina Luna Cafe 라하이나 루나 카페 $~$$ 저자 추천

작은 야외 몰 안에 위치해 있는 카페로, 현지인 입맛에 맞는 테리야키 프라이드 치킨, 한국 바비큐와 생선 플레이트 등이 메인이다. 핫도그와 샌드위치, 버거와 같은 메뉴들도 있으나, 가장 인기 있는 메뉴는 타코이다. 이곳에서 처음 식사를 한다면 타코 콤비네이션을 추천한다. 크레이지 프라이도 맛있다. 다만, 에어컨이 없는 야외이므로 그늘이 있어도 덥다.

홈페이지 lahainalunacafe.com **주소** 790 Front St #270, ahaina **전화번호** 808-757-8286 **영업시간** 월~일 10:30~21:00

Cool Cat Cafe 쿨 캣 카페 $$

두툼한 수제 햄버거로 유명한 캐주얼한 레스토랑이지만, 시푸드 샐러드와 커다랗고 바삭한 어니언링 역시 빼놓을 수 없는 메뉴이다. 와프 시네마 센터 2층에 위치하고 있으며, 센터 안쪽으로 위치한 계단을 통해서 올라가야 한다.

홈페이지 www.coolcatcafe.com **주소** 658 Front St #160, Lahaina **전화번호** 808-667-0908 **영업시간** 월~일 10:30~22:30

Choice Health Bar
초이스 헬스 바 $$

마우이에서 아사이볼을 먹을 곳을 찾는다면, 초이스 헬스 바는 딱 적당한 목적지다. 아사이볼 이외에도 이름에서 나타내는 것처럼 신선한 재료들을 사용한 샐러드와 스무디, 그리고 간단한 식사도 현지인들에게 큰 인기를 끌고 있다. 라하이나 시내에서 조금 떨어진 곳에 있지만, 아침시간이면 사람들로 바글바글하다. 개인적인 추천은 그린 버즈 볼(Green Buzz Bowl)과 디저트 선라이즈 볼(Desert Sunrise Bowl).

홈페이지 www.choicehealthbar.com 주소 1087 Limahana Pl, Lahaina 전화번호 808-661-7711 영업시간 월~토 08:00~17:00, 일 09:00~14:00

Kimo's
키모스 $$~$$$

라하이나의 중심 거리에 사람들이 줄을 서서 기다리는 레스토랑을 발견했다면, 키모스일 가능성이 크다. 저녁에 일몰을 보면서 식사할 수 있는 2층 라나이 좌석이 가장 인기 있으며, 음식도 전체적으로 무난해 여행자들의 발길이 끊이지 않는다. 워낙 손님이 많아 서비스가 조금 정신이 없지만 괜찮은 식사와 멋진 풍경을 원한다면 찾아가 보자. 일몰시간에는 워낙 인기가 있다보니, 가능하면 미리 예약을 하는 것이 좋다.

홈페이지 www.kimosmaui.com 주소 845 Front St, Lahaina 전화번호 808-661-4811 영업시간 월~일 11:00~22:00

Mala Ocean Tavern & Honu Seafood and Pizza
말라 오션 타번 & 호누 시푸드 앤 피자 $$~$$$

셰프 마크 엘먼과 주디가 운영하는 말라 오션 타번과 호누 시푸드 앤 피자는 시스터 레스토랑이다. 두 레스토랑 모두 시푸드를 메인으로 하고 있으며, 호누 시푸드 앤 피자가 조금 더 캐주얼하며 피자 메뉴가 많다. 신선하고 훌륭한 생선요리를 맛보려면 말라 오션 타번을 선택하자. 두 레스토랑은 바로 옆에 붙어있으며, 여행자뿐만 아니라 현지인도 많이 찾기 때문에 저녁이면 자리가 없다. 특히 바다를 바라볼 수 있는 데크 자리가 인기이다.

홈페이지 말라 오션 타번 : http://www.malaoceantavern.com / 호누 시푸드 앤 피자 : http://www.honumaui.com 주소 1307 Front St, Lahaina 전화번호 808-667-9394 영업시간 월~일 11:00~21:00, 말라오션타번은 토, 일은 09:00 오픈

Lahaina Grill 라하이나 그릴 $$$~$$$$

저자 추천

수많은 매체 수상 경력이 있는 역사적인 라하이나 인에 속해 있는 레스토랑이다. 라하이나에서 훌륭한 분위기와 수준급 음식을 제공하는 레스토랑으로 정평이 나 있다. 조금 오래되어 보이는 외관과 달리 내부는 고풍스러우며 음식도 높은 퀄리티를 보장한다. 가격이 비싸다는 것과 해변을 볼 수 없다는 것이 단점이다.

홈페이지 www.lahainagrill.com **주소** 127 Lahainaluna Rd, Lahaina **전화번호** 808-667-5117 **영업시간** 월~일 17:00~21:00

Gerard's Restaurant
제라드스 레스토랑 $$$~$$$$

수많은 수상경력이 있는 셰프 제라드가 운영하는 프렌치 레스토랑으로 하와이의 신선한 재료를 활용한 프랑스식 메뉴가 특징이다. 라하이나의 오랜 역사만큼 라하이나 그릴과 함께 좋은 평을 얻은 레스토랑 중 하나로, 항상 새로운 메뉴와 창의적인 요리가 있다. 오래된 플랜테이션 인에 속해 있으며, 오래전으로 돌아가 제대로 된 프랑스 요리를 먹는 느낌이 들게 한다. 다만, 최근에는 호불호가 조금 갈리는 편이다.

홈페이지 www.gerardsmaui.com **주소** 174 Lahainaluna Rd, Lahaina **전화번호** 808-661-8939 **영업시간** 월~일 18:00~20:00

라하이나의 숙소

Best Western Pioneer Inn 베스트 웨스턴 파이어니어 인

라하이나 항구 앞에 위치한 라하이나의 역사적인 호텔로 1901년에 세워졌다. 라하이나의 포경이 진행되었을 때와 사탕수수 시대를 모두 겪은 호텔로, 호텔 전체적으로 중후함이 묻어난다. 베스트 웨스턴으로 바뀌면서 호텔 시설을 전체적으로 리모델링하였지만, 여전히 전체적으로 세월의 흔적이 묻어난다.

홈페이지 www.pioneerinnmaui.com **주소** 658 Wharf St, Lahaina **전화번호** 808-661-3636 **숙박요금** $120~ **리조트피** 없음 **인터넷** 무료 **주차** 3블럭 떨어진 곳에 별도의 무료 주차공간이 있다. **레스토랑** 파이어니어 인 그릴 & 바(Pioneer Grill & Bar)

Outrigger Aina Nalu 아웃리거 아이나 나루
콘도

아웃리거 계열의 콘도로 라하이나 타운 내에 위치해 있어 라하이나 대부분의 장소를 걸어서 이동할 수 있는 장점이 있다. 스튜디오, 1베드룸, 2베드룸의 객실 구분이 있으며, 1베드룸 이상의 객실에는 주방시설 및 빨래시설이 완비되어 있다. 리조트의 중심에는 커다란 수영장이 있어 아이들과 함께 물놀이를 즐길 수 있으며, 수영장 옆으로는 BBQ 시설도 준비되어 있어 가족여행객들에게 좋다.

리조트의 전체 객실은 모두 2층 구조로 되어있으며, 1층과 2층은 엘리베이터 없이 계단으로 연결된다. 벨맨 없이 직접 짐을 옮겨야 하는데 오르내리는 것이 부담스럽다면 1층 객실을 요청하는 것을 추천한다. 리조트 주변에는 망고 나무가 가득한데, 운이 좋으면 관리자에게 열려있는 망고를 얻는 행운을 얻을 수도 있다.

홈페이지 www.outriggerainanalucondo.com **주소** 660 Wainee St, Lahaina **전화번호** 866-716-8109 **숙박요금** $145~ **리조트피** 없음 **인터넷** 무료 **주차** 셀프 $17.50 **클리닝피** 투숙당 스튜디오 $125, 1베드룸 $175, 2베드룸 $225

라하이나에서 주차하기

라하이나에 찾은 사람들의 많은 고민 중 하나가 '어디에 주차할 것인가'이다. 라하이나에는 무료 주차장에서부터 인증식 주차장, 유료 주차장까지 다양한 주차 옵션이 있으니 자신에게 가장 적합한 방법을 선택하도록 하자.

- **무료 주차장** : 라하이나에는 도시 전체에 걸쳐서 무료 주차공간이 있다. 주차공간에 따라 짧게는 30분, 길게는 3시간까지 주차를 허용하지만, 비어있는 공간을 찾기가 쉽지 않다. 라하이나 타운 중심에서는 조금 떨어져 있지만 프리즌 스트리트(Prison St)와 프론트 스트리트(Front St)가 만나는 곳의 주차장은 상대적으로 여유가 있다. 프런트 스트리트(Front St), 카메하메하 스쿨(Kamehameha School) 건너편, 라하이나 반얀 코트(Lahaina Banyan Court) 주변 등에도 무료 주차장이 있다.
- **인증식 주차장** : 라하이나 센터, 와프 시네마 센터 등이 대표적인 인증식 주차장이다. 부바 검프, 롱기스, 힐로 해티, 푸드랜드 등 해당 센터에 속한 레스토랑에서 식사하거나 상점에서 기념품 등을 구입하면 주차 도장을 받을 수 있다. 상점에 따라 2~4시간으로 무료 주차 시간이 다르니, 미리 확인하자.
- **유료 주차장** : 기계로 작동되는 유료 주차장이 많으며, 주차 금액은 한 시간에 $1~3에서부터, 종일 $5~20까지 다양하다. 주차한 장소의 번호를 기억하고 금액을 기계에서 정산하는 방식이다. 라하이나 전역 곳곳에 유료 주차장이 있다.

▲ 무료 주차장 　　　▲ 인증식 주차장 　　　▲ 유료 주차장

Area 02 Kaanapali 카아나팔리

카아나팔리 해변에는 마우이 서쪽의 유명한 리조트 대부분이 모여 있다. 카아나팔리 해변에서는 가족 물놀이에서부터 액티비티까지 즐길 수 있다. 리조트 단지 카아나팔리 지역 내에는 비싼 호텔 레스토랑, 웨일러스 빌리지 내의 레스토랑 그리고 푸드코트 정도이므로 다양한 선택을 원한다면 10분 거리의 라하이나에서 식사하자.

마우이섬

카아나팔리의 해변

Kaanapali Beach 카아나팔리 비치

서부 마우이의 가장 대표적인 해변으로 3마일 길이의 백사장이 있다. 해변을 따라 리조트가 많아 항상 북적인다. 수영뿐만 아니라 다양한 액티비티를 즐기기에도 좋고, 북쪽에서 남쪽의 리조트까지 비치 워크로 연결되어 있어 산책하기도 좋다. 해변 북쪽 쉐라톤 리조트 앞의 블랙 락 Black Rock 은 마우이의 유명한 스노클링 포인트, 조류가 조금 센 편이므로 조심하는 것이 좋다. 거북이도 자주 출현한다.

특징 화장실, 샤워시설, 라이프가드, 수영, 스노클링, 선셋 감상 **저자 한 마디** 카아나팔리 해변에 있는 호텔들은 5~10대 정도 주차 가능한 공간을 해변을 찾는 방문자를 위해 무료로 공개하고 있다. 'Beach Access, Beach Parking Only' 등의 사인을 찾으면 된다. 다만 자리들이 금방 차므로, 이른 아침에 가는 것을 추천한다. 쉐라톤 리조트의 무료 주차장, 카아나팔리 비치 리조트의 무료 주차장, 웨일러스 빌리지와 웨스틴 사이의 무료 주차장 등이 블랙 락과 가장 가깝다.

Kahekili Beach Park 카헤킬리 비치 파크

카아나팔리 해변 북쪽에 위치한 긴 해변으로, 카아나팔리 해변에 비해 조용하고 사람도 적다. 특히 해변 주위로 파빌리온과 BBQ 그릴 등이 설치되어 있어서, 주말이면 이곳에서 시간을 보내며 고기를 굽는 현지인들도 쉽게 만날 수 있다. 과거에는 스노클링 포인트로도 유명했으나, 최근에는 여기서 스노클링을 하는 사람은 많이 줄어들었다.

특징 화장실, 샤워시설, 라이프가드, 피크닉테이블, BBQ그릴, 스노클링, 스쿠버 다이빙 **저자 한 마디** 커다란 주차시설이 잘 되어있다.

Travel Information in Maui

Hanakao'o Beach Park
하나카오오 비치 파크

카아나팔리의 남쪽에 있는 공원으로 파도가 잔잔할 때는 스노클링을 하는 사람과 카누를 타는 사람들을 만날 수 있다. 넓은 백사장과 주차장이 있어 리조트단지의 북적거림에서 벗어나고 싶은 사람들이 찾는 곳으로, 역시 주말에는 현지인들이 더 많이 찾는다. 해변은 하얏트 리젠시 카아나팔리 앞까지 이어진다.

특징 화장실, 샤워시설, 라이프가드, 피크닉테이블, 스노클링, 카누 **공원 오픈 시간** 07:00~20:00 **저자 한 마디** 커다란 주차시설이 잘 되어있다.

카아나팔리에서 쇼핑하기

Whalers Village
웨일러스 빌리지

카아나팔리의 리조트 중심에 있는 작은 쇼핑몰로, 레스토랑과 다양한 쇼핑몰이 입점해 있다. 레스토랑뿐만 아니라 푸드코트도 있어 해변에 들렸다가 간단한 식사나 쇼핑하기에 좋으며, 쇼핑몰 내의 박물관에서는 고래에 관한 전시를 볼 수 있다. 훌라 레슨, 레이 만들기, 훌라 및 음악 공연 등이 무료이니 방문하기 전에 홈페이지의 스케줄을 참고하자.

홈페이지 www.whalersvillage.com **주소** 2435 kaanapali Pkwy, Lahaina **전화번호** 808-661-4567 **영업시간** 09:30~22:00 / **박물관** 10:00~16:00, 입장료 성인 $3, 학생, 시니어 $2 **저자 한 마디** 쇼핑몰 내의 상점이나 레스토랑에서 주차 스티커를 받으면 3시간까지 무료 주차가 가능하며, 그 이후로는 30분당 $3 이다. 웨일러스 빌리지와 웨스틴 사이의 좁은 골목 사이로 해변을 방문하는 사람을 위한 무료 주차장이 있다.

카아나팔리의 먹거리
$ - $10 이하, $$ - $11~20, $$$ - $21~30, $$$$ - $31 이상(메인코스 기준)

Japengo
자펭고
$$~$$$$

저자 추천

하얏트 리젠시 마우이 호텔에 속해있는 아시안 퓨전 레스토랑. 꽤 푸짐한 롤 메뉴들이 인기 있으며, 생선회도 훌륭한 수준이다. 주로 생선 요리들이 평이 좋은 편이며, 카아나팔리 해변을

350

바라보며 저녁식사를 하기에 좋다. 시간에 따라서 라이브 음악도 들을 수 있다. 스시는 $8~15, 롤은 $10~20, 메인메뉴는 $35~45 정도.

홈페이지 maui.regency.hyatt.com **주소** 200 Nohea Kai Dr, Lahaina(Hyatt Regency Maui) **전화번호** 808-661-1234 **영업시간** 월~일 17:30~21:30

 ## Whalers Village Foodcourt 웨일러스 빌리지 푸드코트 $~$$

카아나팔리 해변에서 물놀이를 즐기고, 가볍게 식사할 곳을 찾는다면 웨일러스 빌리지의 푸드코트를 찾자. 조이스 키친, 니키스 피자, 서브웨이 등과 같이 저렴하면서도 꽤 맛있게 먹을 수 있는 곳들이 있다.

주소 2435 kaanapali Pkwy, Lahaina(Whalers Village) **전화번호** 808-661-4567 **영업시간** 월~일 09:30~22:00

 ## Hula Grill 훌라 그릴 $$~$$$

저자추천

웨일러스 빌리지 서쪽, 카아나팔리 해변을 향해 있다. 가벼운 식사와 칵테일을 위한 해변의 베어풋 바(Barefoot Bar)와 격식 있는 요리를 위한 실내의 다이닝룸으로 나누어 있으며 메뉴도 다르다. 쇼핑몰의 가장 좋은 위치에 있어서 언제나 바글대며, 저녁식사시간 때는 항상 줄이 길게 늘어서 있다. 매일 오전부터 저녁식사시간 때까지 라이브 음악을 들을 수 있다. 쿠폰북들을 찾아보면 무료 디저트 쿠폰도 쉽게 얻을 수 있다.

홈페이지 www.hulagrillkaanapali.com **주소** 2435 kaanapali Pkwy, Lahaina(웨일러스 빌리지) **전화번호** 808-667-6265 **영업시간** 월~일 11:00~23:00

 ## Leilani's on the beach 레일라니스 온 더 비치 $$~$$$

카아나팔리 해변을 보며 식사할 수 있는 레일라니스 온 더 비치는 음식 맛은 평범한 편이지만, 해변을 바라보는 분위기가 좋아 찾는 사람이 많다. 훌라 그릴에 자리가 없을 때 대안으로 선택할 만하다.

홈페이지 www.leilanis.com **주소** 2435 kaanapali Pkwy, Lahaina(Whalers Village) **전화번호** 808-662-0668 **영업시간** 월~일 08:00~22:00

Travel Information in Maui

카아나팔리의 숙소

Hyatt Regency Maui Resort & Spa 하얏트 리젠시 마우이 리조트 & 스파

카아나팔리 해변의 가장 남쪽에 위치한 하얏트 리젠시 마우이는 806개의 객실을 가진 대단위 리조트이다. 알레르기가 있는 사람들을 배려해 다양한 정화과정을 거친 '저자극성 객실'은 하얏트의 특별한 장점으로, 예약 시 미리 요청할 수 있다. 객실에 비치된 욕실 어메니티인 '코코 망고'는 향긋한 과일 향이 매력적이다. 전자레인지는 요청 시 이용할 수 있으며, 1일 당 $10의 비용이 부과된다.

하얏트 리조트는 여러 개의 동으로 나누어져 있으며 객실 수만큼 전체 규모도 크다. 리조트 앞으로 넓은 수영장과 슬라이드가 있는 어린이용 풀장이 있으며, 폭포와 다리 등 조경도 신경을 썼다. 호텔 규모만큼 다양한 부대시설도 잘 갖춰져 있는데, 매일 오전 로비에 나오는 펭귄을 포함한 다양한 새를 보려고 아이와 함께 나온 가족도 많다.

홈페이지 www.hyattregencymaui.com 주소 200 Nohea Kai Dr, Lahaina 전화번호 808-661-1234 숙박요금 $280~ 리조트피 $32 인터넷 리조트피에 포함 주차 셀프 $22, 발레 $32 레스토랑 자펭고(Japengo), 우말루(Umalu), 손즈 스테이크하우스(Son'z Steakhouse) 스파 스파 모아나(Spa Moana)

Sheraton Maui Resort & Spa 쉐라톤 마우이 리조트 & 스파

카아나팔리의 유명한 명소인 블랙 락 바로 앞에 위치한 스타우드 체인 리조트로 총 508개의 객실을 보유하고 있다. 호텔 앞으로는 야자나무가 곳곳에 심겨 있는 커다란 수영장이 펼쳐지며, 수영장을 지나면 마우이의 가장 유명한 스노클링 포인트인 블랙 락을 이용할 수 있어 최적의 편리성을 자랑한다. 객실도 쉐라톤이라는 이름답게 앤티크해 보이는 코아 나무 가구와 쉐라톤의 침대를 갖추고 있다.

카아나팔리 지역에서 역사가 오래된 호텔인 만큼 좋은 위치와 넓은 해변을 감싸 안은 커다란 규모가 인상적이다. 로비에 위치한 링크 앳 쉐라톤 Link@Sheraton 에서는 인터넷과 프린팅 서비스 등을 무료로 이용할 수 있다.

홈페이지 www.sheraton-maui.com 주소 2605 kaanapali Parkway, Lahaina 전화번호 866-500-8313 숙박요금 $275~ 리조트피 $26 인터넷 리조트피에 포함 주차 첫날 발렛 무료, 둘째 날부터 셀프 $22, 발레 $30 레스토랑 블랙 락 라운지(Black Rock Lounge), 블랙 락 키친(Black Rock Kitchen), 데판야끼 단(Teppan-yaki Dan), 클리프 다이브 그릴(Cliff Dive Grill) 스파 더 스파 앳 블랙 락(The Spa at Black Rock)

The Westin Maui Resort & Spa
더 웨스틴 마우이 리조트 & 스파

카아나팔리의 쇼핑몰인 웨일러스 빌리지의 바로 옆에 위치한 웨스틴 마우이는 쉐라톤과 함께 카아나팔리 해변에 위치한 스타우드 계열의 리조트이다. 759개의 객실을 가지고 있는 커다란 리조트로, 카아나팔리 해변을 향해 커다란 수영장이 잘 조성되어 있다. 슬라이드 등 수영장에서 즐길 수 있는 액티비티도 있으며, 호텔 로비에서는 홍학과 같은 동물을 만날 수 있다.

리조트에 들어서는 순간부터 알로하의 기운을 느낄 수 있는 웨스틴은 휴양으로도 적격이다. 특히 웨스틴의 자랑인 헤븐리 베드는 숙면을 취하기 위한 최상의 조건을 제공한다. 웨스틴 마우이의 헤븐리 스파는 마우이에서도 좋은 평가를 받고 있는 스파 중 한 곳이다. 리조트에서 카팔루아 공항까지 무료 왕복 셔틀을 제공하며, 미리 전화로 예약해야 한다.

홈페이지 www.westinmaui.com 주소 2365 Kaanapali Parkway, Lahaina 전화번호 866-500-8313 숙박요금 $320~ 리조트피 $31 인터넷 리조트피에 포함 주차 셀프 없음, 발레 $30 레스토랑 렐리쉬 오션사이드(Relish Oceanside), 시독스(Sea Dogs), 코로나데 카페(Colonnade Cafe) 스파 헤븐리 스파(Heavenly Spa)

The Westin kaanapali Ocean Resort Villas
더 웨스틴 카아나팔리 오션 리조트 빌라스
콘도

카헤킬리 해변 앞에 위치한 더 웨스틴 카아나팔리 오션 리조트 빌라스는 스타우드 계열의 콘도미니엄으로 주방 시설 및 세탁시설이 완비되어 있다. 북적거리는 카아나팔리 해변에서 조금 떨어져 있어 조용한 휴식을 즐길 수 있다. 5세에서 12세까지 이용할 수 있는 키즈 클럽이 잘 되어있으며, 다양한 액티비티도 제공한다. 카아나팔리에서 이용할 수 있는 고급 콘도이다 보니 가족 여행객들이 선호한다.

홈페이지 www.westinkaanapali.com 주소 6 Kai Ala Dr, Lahaina 전화번호 808-667-3200 숙박요금 $350~ 리조트피 없음 인터넷 무료 주차 셀프 $15, 발레 $20 레스토랑 풀레후, 이탈리안 그릴(Pulehu, an Italian Grill), 파일로로 바 & 그릴(Pailolo Bar&Grill), 언티스 키친(Auntie's Kitchen) 스파 스파 헬라니(Spa Helani)

스타우드 계열에 묵는다면 무료 셔틀을!
스타우드 계열 호텔인 쉐라톤 마우이, 웨스틴 마우이, 더 웨스틴 카아나팔리 오션 리조트 빌라스의 숙박객은 3곳의 호텔뿐만 아니라 라하이나 캐너리 몰, 아울렛 오브 마우이 그리고 더 와프를 도는 셔틀을 무료로 이용할 수 있다. 오전 10시부터 저녁 10시까지 15~20분 간격으로 운행하며, 자세한 호텔별 셔틀 스케줄은 홈페이지 또는 각 호텔의 컨시어지에게 문의하면 받을 수 있다.

Travel Information in Maui

 ## Aston Maui Kaanapali Villas 애스톤 마우이 카아나팔리 빌라스
콘도

웨스틴 빌라스와 로얄 라하이나 리조트 사이에 위치한 콘도미니엄으로 메인 타워와 부속 빌딩 두 가지 타입으로 나뉜다. 부속 빌딩의 경우 1층은 객실에서 바로 수영장 및 바다로 연결되어 가족 여행객들이 선호한다. 기본룸은 호텔룸으로 주방시설이 없으며, 스튜디오, 원베드룸, 투베드룸에는 신식 주방시설이 갖춰져 있다. 호텔 특성상 최소한 스튜디오 이상에 묵는 것이 좋다. 세탁시설은 별도의 빌딩으로 분류되어 있으며, BBQ시설 및 꽤 훌륭한 수영장을 가지고 있다.

홈페이지 www.astonmauikaanapalivillas.com 주소 45 Kai Ala Drive, Lahaina 전화번호 808-671-5307 숙박요금 $225~ 리조트피 $20 인터넷 리조트피에 포함 주차 셀프 리조트피에 포함, 발레 없음 레스토랑 캐스트어웨이 카페(Castaway Cafe)

 ## Aston at The Whaler on Kaanapali Beach
콘도   애스톤 앳 더 웨일러 온 카아나팔리 비치 콘도

카아나팔리 중심에 위치한 콘도미니엄으로 고급스러운 객실과 훌륭한 주방시설을 갖추고 있어 가족 여행객이 많이 찾는다. 바로 옆에 웨일러스 빌리지가 위치해 있어 식사 및 쇼핑을 하기도 편리하다. 리조트들에 비해 다소 작은 수영장이 단점이지만, 바로 바다로 이어지기 때문에 큰 불편함은 없다. 최소 2박 이상을 묵어야 투숙이 가능하며 스튜디오, 원베드룸, 투베드룸 형태의 객실이 있다.

홈페이지 www.whalerkaanapali.com 주소 2481 Kaanapali Pkwy, Lahaina 전화번호 808-661-6000 숙박요금 $195~ 리조트피 $20 인터넷 무료 주차 셀프 리조트피에 포함, 발레 없음

Kaanapali Beach Hotel
카아나팔리 비치 호텔

카아나팔리 해변에 위치한 호텔로 카아나팔리에서 가장 저렴한 주차비와 숙박비로 인기 있다. 가격은 저렴하지만 스태프의 서비스가 훌륭해 평가가 좋으며, 비싼 호텔이 부담스러운 사람들에게 좋다. 특히 나무로 둘러싸여 있는 정원과 작은 수영장은 휴식을 취하기에 더할 나위 없이 좋다.

홈페이지 www.kbhmaui.com **주소** 2525 Kaanapali Parkway, Lahaina **전화번호** 808-661-0011 **숙박요금** $160~ **리조트피** 없음 **인터넷** 무료 **주차** 셀프 $12, 발레 $14 **레스토랑** 티키 바&그릴(Tiki Bar&Grill)

Royal Lahaina Resort 로얄 라하이나 리조트

블랙 락 북쪽에 위치한 리조트로, 리조트의 메인인 12층 높이의 카이타워는 최근에 리모델링을 하여 전체적으로 훌륭한 시설을 제공한다. 카이타워에 레스토랑 및 수영장이 있으며 수영장의 규모는 다소 작은 편이다. 코티지는 다소 시설이 노후 되었고 소음이 많은 편이므로 가급적 카이타워를 선택하는 것이 좋다. 로얄 라하이나의 루아우도 꽤 인기 있는 편이다.

홈페이지 www.royallahaina.com **주소** 2780 Kekaa Dr, Lahaina **전화번호** 800-222-5642 **숙박요금** $210~ **인터넷** 무료(속도제한) **주차** 셀프 $15, 발레 $20 **레스토랑** 로얄 오션 테라스 레스토랑(Royal Ocean Terrace Restaurant)

Outrigger Maui Eldorado 아웃리거 마우이 엘도라도
콘도

아웃리거 마우이 엘도라도는 카아나팔리 골프 코스에 둘러싸여 있는 콘도미니엄으로 모든 객실에 주방시설 및 세탁시설을 갖추고 있다. 해변으로부터 약 200m 정도 떨어져 있지만, 해변에 별도의 카바나를 설치해 숙박객이 이용할 수 있도록 운영하고 있다. 리조트 내에 작은 수영장이 있으며, 콘도미니엄에 속해있는 레스토랑은 없지만 입구 앞으로 레스토랑이 여럿 있다. 바로 앞에 해변이 아름답게 펼쳐진 곳이 필요한 신혼여행객보다는, 여러 사람이 함께 이용해야 하는 가족여행객들에게 적합하다.

홈페이지 www.outriggermauieldorado.com **주소** 2661 Kekaa Dr, Lahaina **전화번호** 808-661-0021 **숙박요금** $155~ **리조트피** $15 **인터넷** 무료 **주차** 셀프 리조트피에 포함, 발레 없음 **클리닝피** 투숙당 **스튜디오** $125, 1베드룸 $175, 2베드룸 $225

Aston Mahana at Kaanapali 애스톤 마하나 앳 카아나팔리

굉장히 작은 콘도미니엄이지만 갖출 것은 다 갖추고 있다. 전 객실 오션뷰라는 특징이 있으나, 낮은 층의 경우 파샬 오션뷰 정도의 뷰를 보여준다. 전체적으로 주방시설이 조금 오래되기는 했지만, 침구나 가구들은 최근에 리노베이션을 하였다. 세탁기와 건조기도 객실 내에 있다는 것이 또 다른 장점이다. 주로 1주일 이상 머무르는 장기 투숙객이 많으며, 스튜디오, 원베드룸, 투베드룸 형태의 객실이 있다.

홈페이지 themahana.com 주소 110 Kaanapali Shores Pl, Lahaina 전화번호 808-661-8721 숙박요금 $170~ 리조트피 $20 인터넷 리조트피에 포함 주차 셀프 무료, 발레 없음

Honua Kai Resort & Spa 호누아 카이 리조트 & 스파

한국사람들에게는 다소 생소하지만 현지인들이 선호하는 마우이의 고급 콘도미니엄 중 하나로 총 600개의 스튜디오, 투베드룸, 쓰리베드룸 그리고 스위트룸까지 다양한 카테고리의 객실을 보유하고 있다. 수영장 시설에서부터 직원들의 서비스까지, 고급 콘도미니엄의 경험을 제대로 즐길 수 있는 곳이다.

홈페이지 www.honuakai.com 주소 130 Kai Malina Pkwy, Lahaina 전화번호 808-662-2800 숙박요금 $315~ 리조트피 $35 인터넷 리조트피에 포함 주차 셀프 리조트피에 포함, 발레 리조트피에 포함 레스토랑 듀크스(Duke's) 스파 호올라 스파(Ho'ola Spa)

Area 03 Kapalua 카팔루아

마우이 서북부의 한적한 지역인 카팔루아는 그야말로 조용한 휴식을 위해 찾기에 좋은 곳이다. 수준 높은 골프 코스들이 있는 카팔루아 골프 리조트 단지와 다양한 규모의 리조트, 멋진 해변이 있는 나필리 베이와 카팔루아 베이로 구분된다. 마우이 최고의 스노클링 포인트도 카팔루아에 위치한다.

카팔루아의 해변

Napili Bay Beach 나필리 베이 비치

카팔루아 지역의 가장 아름다운 해변으로 꼽히는 나필리 베이 비치는 리조트와 야자나무들이 늘어서 있고, 잔잔한 바다와 부드러운 모래사장을 가지고 있다. 가벼운 액티비티를 하기 좋으며, 가족들이 와서 놀기 좋다. 겨울에는 보디보딩을 즐기는 사람도 많다.

특징 화장실(리조트시설), 샤워시설, 수영, 스노클링, 보디보딩 **저자 한 마디** 주차공간 협소. 나필리서프와 나필리쇼어스 사이, 나필리 선셋 앞 Hui Rd. 길거리 주차.

Kapalua Bay 카팔루아 베이

바다가 잔잔해 서북부에서 가장 스노클링하기 좋은 해변으로 ㄷ자 형태를 하고 있다. 해변의 수심이 얕고 바로 앞이 바위와 산호초이기 때문에 물고기가 많아서 스노클링에 적합하다. 해변의 북쪽이 스노클링 포인트이며, 남쪽에서도 스노클링을 많이 한다. 많은 사람이 방문하는 곳임에도 불구하고, 수중환경이 잘 보존된 때때로 거북이도 등장하는 작고 아름다운 해변이다.

특징 화장실, 샤워시설, 수영, 스노클링 **저자 한 마디** 해변 남쪽에 주차공간이 있으며, 주차 후 작은 터널을 지나면 해변이 나온다. 레스토랑 주차장과 헷갈리지 말자.

DT Fleming Beach Park DT 플레밍 비치 파크

2006년에 미국의 최고의 해변으로 뽑혔던 해변으로 피크닉을 즐기기에도 좋다. 수영하기에 좋은 해변이지만, 파도가 있을 때는 역조현상이 생기므로 조심해야 한다. 주로 오후에 파도가 많다. 나무그늘과 휴식시설이 잘 되어 있어 가족 나들이에 좋은 해변.

특징 화장실, 샤워시설, 라이프가드, 피크닉테이블, BBQ그릴, 수영 **저자 한 마디** 커다란 주차공간이 있다.

Honolua Bay 호놀루아 베이

겨울에는 강하고 높은 파도 때문에 서퍼들에게는 유명하지만 초심자들에게는 추천하지 않는다. 반면 파도가 잔잔한 여름에는 스노클링과 다이빙을 즐기기에 더할 나위 없이 좋은 해변이다. 해안선은 모래사장이 없이 모두 바위로 이루어져 있으며, 만의 북쪽과 서쪽의 산호들이 있는 곳이 스노클링 포인트이나 해변에서 약 100~150m가량을 수영해 가야 하므로 오리발이 필수이다.

특징 편의시설 없음 **저자 한 마디** 도로를 따라 한정적인 주차공간이 있으며, 주차 위치에 따라 약 100~200m정도를 걸어들어가야 한다.

Slaughterhouse Beach 슬러터하우스 비치

호놀루아 베이 옆 모쿨레이아 베이에 위치한 해변으로, 바위로만 이루어진 호놀루아 베이와 달리 넓고 부드러운 백사장이 있어 수영과 물놀이를 즐기는 사람이 많이 찾는다. 상대적으로 오픈되어 있어 파도가 상대적으로 높은 편이다. 이곳 역시 훌륭한 스노클링 포인트이긴 하나, 해변에서 거리가 멀고 컨디션도 바로 옆 호놀루아 베이보다는 아쉽다.

특징 편의시설 없음 **저자 한 마디** 도로 옆으로 약 15대 정도의 주차 공간이 있으며, 주차장에서 계단을 따라 내려가야 한다.

카팔루아의 볼거리

Dragon's Teeth 드래곤스 티스

마우이의 마지막 화산 분출에 의해서 생겨난 지역 중 한 곳으로, 다른 곳보다 밝은색을 띠는 바위가 특징이다. 오랜 세월 동안 바람이 바위를 깎아내어, 흡사 용의 이빨 같아 보여 드래곤스 티스라는 이름이 붙었다. 아주 멋진 볼거리는 아니므로 꼭 가야 할 정도는 아니다. 주차장에 차를 주차하고, 골프장 옆으로 마련된 길을 따라 걸어가면 된다. 길에 골프장 안으로 들어가지 말아 달라는 안내판이 있다.

찾아가기 Office Rd의 끝, Honoapiilani Rd와 만나는 **지점**에 위치한 주차장에서 걸어서 5분 거리

Nakalele Blow hole 나카렐레 블로우 홀

마우이의 가장 큰 블로우 홀. 카팔루아에서 25분 정도를 달려야 갈 수 있지만, 가는 동안 해안도로의 풍경이 절경이기 때문에 운전이 전혀 지루하지 않다. 주차장에서 가파른 돌길을 따라 내려가야 하므로 편한 운동화를 신는 것이 좋으며, 블로우 홀 주변은 사망사고 여럿 있었을 정도로 위험하므로 20m 이상 멀리 떨어져 구경하는 것이 좋다. 파도가 센 만조 때 물기둥이 가장 높게 솟구쳐 오르며, 반대로 바다가 잔잔할 때는 물기둥을 보지 못할 수도 있다. 렌터카 회사에 따라 나카렐레 블로우 홀까지 가는 도로가 진입금지로 설정된 곳이 있다. 내비게이션을 대여했을 경우 해당 내용을 알려주는데, 내비게이션 운행 기록에 따라 추후 보험 관련해서 문제가 생길 수 있으므로 진입금지로 설정되었다면 가지 않는 것이 좋다.

찾아가기 마일 마커 38 직후 돌무더기가 쌓여있는 주차장에서 도보로 걸어서 15분. 렌터카 보험 제외 지역

Nature Bath – Olivine Pools 네이처 배스 – 올리빈 풀스

16번 마일마커 바로 전에 위치한 곳으로 멀리서 보면 하트모양이지만 가까이서 보면 하트보다는 오리발을 더 닮은 자연 수영장이다. 파도가 만든 수영장이다 보니 가끔씩 네이처 배스 안에서 물고기를 만날 수도 있다. 여름철 파도가 아예 없다시피 한 날씨라면 내려가서 수영을 즐겨도 좋지만 파도가 조금이라도 있다면 가까이 가지 않는 것이 좋다. 특히 겨울철에는 사망 사고도 일어난 적이 있으므로 가급적 내려가지 말고 멀리서 구경하는 것만으로 만족하자. 네이처 배스 지역을 지나면서부터는 좁고 운전하기 힘든 비포장도로가 시작되므로 일주할 생각을 하지 말고, 여기서 다시 온 길을 되돌아갈 것을 권장한다.

찾아가기 마일 마커 16 직전, 왼쪽으로 포장된 주차공간이 있다. **주의** 렌터카 보험 제외 지역

카팔루아의 먹거리 $ – $10 이하, $$ – $11~20, $$$ – $21~30, $$$$ – $31 이상(메인코스 기준)

Gazebo Restaurant 저자 추천
가제보 레스토랑 $~$$

아침에서부터 점심까지만 오픈하는 아메리칸 스타일의 레스토랑이다. 대표메뉴인 마카다미아 너트 팬케이크는 줄을 서서 먹을 정도로 인기가 많으며, 푸짐한 볶음밥 역시 다양한 재료를 사용한 데다가 양이 많아서 사람들이 선호한다. 아웃리거 나필리 쇼어스 호텔 안에 있으며, 나필리 해변과 접해 있다.

홈페이지 www.outriggernapilishorescondo.com **주소** 5315 Lower Honoapiilani Rd, Lahaina **전화번호** 808-669-5621 **영업시간** 월~일 07:30~14:00

Maui Brewing Co. 마우이 브루잉 컴퍼니
$$

카아나팔리에서 카팔루아로 가는 길에 있는 펍으로 직접 맥주를 생산한다. 음식은 전체적으로 보통이지만, 대표맥주인 비키니 블론드 Bikini Blonde, 빅 스웰 IPA Big Swell IPA, 코코넛 포터 Coconut Porter 는 꽤 훌륭하다. 저녁에 맛있는 맥주 한 잔을 마시고 싶다면 찾아가 보자. 키헤이에 위치한 분점에서는 브루어리 투어도 가능하다. 하루 6회 진행되며, 홈페이지에서 사전 예약이 가능하다.

홈페이지 www.mauibrewingco.com **주소** 4405 Honoapiilani Hwy, Kahana Gateway Center **전화번호** 808-669-3474 **영업시간** 월~일 11:00~22:00
분점 주소 605 Lipoa Parkway, Kihei **전화번호** 808-201-2337 **영업시간** 월~일 11:00~23:00 **브루어리투어** $15 매일 11:30, 12:15, 13:00, 13:45, 14:30, 15:15

마우이섬

🍴 Pineapple Grill 파인애플 그릴
$$$~$$$$

카팔루아 골프 클럽 베이 코스에 위치한 레스토랑. 골프를 치는 손님이 주 고객이지만, 외부에서 찾아오는 사람도 적지 않다. 야외 좌석에서 골프장을 내려다볼 수 있으며, 일몰 시간대에는 예약하는 것이 좋다. 최근 주인이 바뀌었으며, 그 뒤로 맛이 많이 떨어졌다는 평이 많다.

홈페이지 www.pineapplekapalua.com 주소 200 Kapalua Drive, Kapalua 전화번호 808-669-9600 영업시간 월~일 11:00~20:00

🍴 Honolua Store 호놀루아 스토어
$

카팔루아 빌라스 오피스 및 리츠 칼튼 호텔과 인접해 있는 슈퍼마켓 겸 델리. 아침식사와 점심식사를 판매하며, 도시락으로 먹을 만한 스팸무수비도 판매한다. 전체적으로 저렴하기 때문에 부담 없이 식사하기에 좋으며, 간단한 요리용 재료와 술을 사기에도 적합하다.

홈페이지 honoluastore.com 주소 502 Office Rd, Lahaina 전화번호 808-665-9105 영업시간 월~일 06:00~20:00

🍴 Sea House Restaurant 시 하우스 레스토랑
$$~$$$$

나필리 해변의 나필리 카이 비치 리조트에 있는 레스토랑. 아침과 점심 메뉴는 $8~12로 간단하게 먹을 수 있는 것이 많으며, 저녁 메뉴는 다소 가격이 있는 편이다. 오후 2~5시까지 해피아워 메뉴들은 나필리 해변에서 놀다가 출출할 때 가볍게 한두 개 먹기에 좋다. 레스토랑에서 보이는 뷰가 좋아 칵테일을 마시며 휴식을 취하기에도 좋다.

홈페이지 seahousemaui.com 주소 5900 Lower Honoapiilani Road, Lahaina 전화번호 808-669-1500 영업시간 월~일 07:00~21:00

카팔루아의 숙소

Outrigger Napili Shores 아웃리거 나필리 쇼어스
콘도

아름다운 나필리 베이가 바로 앞에 위치하여 바로 해변으로 뛰어들 수 있는 콘도미니엄. 2층 건물이며 엘리베이터가 없는 계단식이다. 전 객실에 주방설비가 되어 있어 마음껏 요리할 수 있다. 객실이 다소 노후되기는 했지만, 커다란 수영장과 BBQ 그릴 등의 시설에 충실하고 위치가 워낙 좋아 저렴한 콘도미니엄을 찾는 사람들이 선호한다.

홈페이지 www.outriggernapilishorescondo.com 주소 5315 Lower Honoapiilani Rd, Lahaina 전화번호 808-669-8061 숙박요금 $145~ 리조트피 없음 인터넷 무료 주차 무료 레스토랑 가제보 레스토랑(Gazebo Restaurant) 클리닝피 없음

The Ritz-Carlton, Kapalua Maui Resort & Luxury Hotel 더 리츠 칼튼, 카팔루아 마우이 리조트 & 럭셔리 호텔

카팔루아에 자리 잡고 있는 마우이 최고급 리조트 중 한 곳으로, 미국의 저명인사가 많이 찾는 호텔로도 잘 알려져 있다. 총 463개의 객실이 있으며, 모든 객실은 2018년에 리모델링이 완료되었다. 로비에 들어서는 순간부터 고급스러움이 느껴지는 리조트로, 들어서는 순간부터 최고의 환대를 받는다는 느낌이 든다.

리조트 어디에서나 보이는 3단 형태의 수영장은 다른 곳에서 볼 수 없는 특별함을 제공한다. 호텔은 D.T.플레밍스 해변과 직접 연결되어 있으며, 해변으로 향하는 길은 산책로가 잘 조성되어 있다. 리츠 칼튼의 스파는 최고급 어매니티를 사용하여 숙박객들에게도 인기가 높다. 또한, 피트니스 센터 역시 최신 고급 운동기구들이 구비되어 있다. 리조트의 바로 옆으로 카팔루아 골프 코스가 있어서 골프를 즐기는 사람들에게도 최적의 리조트이며, PGA 오픈 등이 진행되었던 타이거 우즈도 자주 찾았었다. 호텔에서 제공하는 셔틀버스만으로도 카팔루아 곳곳을 갈 수 있으며, 카팔루아 공항까지 무료 셔틀을 운행하므로 미리 예약하면 이용할 수 있다.

홈페이지 www.ritzcarlton.com/en/Properties/KapaluaMaui 주소 1 Ritz-Carlton Dr, Kapalua 전화번호 808-669-6200 숙박요금 $380~ 리조트피 $35 인터넷 리조트피에 포함 주차 셀프 없음. 발레 $30 레스토랑 더 테라스(The Terrace), 버거 쉑(Burger Shack), 더 반얀 트리(The Banyan Tree) 스파 더 리츠 칼튼 스파(The Ritz-Carlton Spa)

마우이섬

콘도
Napili Kai Beach Resort 나필리 카이 비치 리조트

나필리 베이에 맞닿아있는 고급리조트로 한국에는 잘 알려져 있지 않지만 일본사람과 현지인들에게는 꽤 인기 있는 리조트이다. 주방이 없는 호텔룸과 주방이 있는 스튜디오룸 이상의 객실로 이루어져 있으며, 바다를 향한 넓은 라나이가 있는 객실들은 그중에서도 특히 인기 있다. 가족단위로 여행오기에 좋은 리조트 겸 콘도이다.

홈페이지 www.napilikai.com 주소 5900 Lower Honoapiilani Rd, Lahaina 전화번호 808-669-6271 숙박요금 $280~ 리조트피 없음 인터넷 무료 주차 무료 레스토랑 시 하우스 레스토랑(Sea House Restaurant) 클리닝피 없음

콘도
Kapalua Villas 카팔루아 빌라스

카팔루아 지역에 넓게 퍼져있는 고급 콘도미니엄으로 주로 카팔루아의 골프장에서 골프를 즐기려는 사람들과 넓은 공간이 필요한 가족여행객들에게 인기 있다. 객실은 1, 2, 3베드룸으로 나뉘어 있으며, 3베드룸은 전화로만 예약이 가능하다. 골프장뷰, 파샬 오션뷰, 오션뷰의 세 가지 카테고리가 있으며, 최근에 리노베이션된 빌라는 골드, 기존의 빌라는 스탠더드로 분류되며 가격 차이가 조금 있다. 1베드룸 빌라도 약 33평 정도로 넓고, 특히 2베드룸 빌라는 6명까지 숙박이 가능하기 때문에 인원이 많은 여행객에게 적합하다. 카팔루아 빌라스에는 커다란 주방과 넉넉한 식기가 제공되며, 세탁시설도 완비되어 있어 빨래걱정을 할 필요가 없다. 사우나, 수영장 등의 스파시설은 유료이다.

골프로 유명한 단지인 만큼 카팔루아 빌라스에는 수준급 장비를 갖춘 골프 스쿨도 있으므로 관심이 있다면 골프 패키지를 이용하는 것도 좋다. 스쿨도 훌륭하지만 카팔루아의 골프 코스 역시 마우이에서도 손꼽히는 수준이다. 리조트피에는 단지 내의 테니스장, 해변, 스파 등을 무료로 이동할 수 있는 셔틀서비스도 포함된다.

홈페이지 www.kapaluavillas.com 주소 2000 Village Road, Lahaina 전화번호 808-665-5400 숙박요금 $230~ 리조트피 $30 인터넷 리조트피에 포함 주차 리조트피에 포함 스파 카팔루아 스파(Kapalua Spa) 클리닝피 투숙당 1베드룸 $200, 2베드룸 $250, 3베드룸 $275

Area 04 Kihei 키헤이

키헤이는 마우이의 리조트 타운 중 하나로, 카아나팔리와 와일레아에 비해 저렴한 리조트와 콘도가 모여 있어 미국 본토에서 오는 여행객과 현지인이 더 많이 찾는다. 와일레아에서 가깝고, 저렴한 맛집이 많아서 식사하기 위해 찾는 사람도 많다. 특별한 쇼핑보다는 다양한 브랜드가 모인 작은 쇼핑몰이 키헤이 곳곳에 위치한다.

마우이섬

키헤이의 해변

Kamaole Beach Park 카마올레 비치 파크

키헤이의 가장 대표적인 해변으로 카마올레 비치 파크 1, 2, 3으로 나뉜다. 그중에서도 카마올레 비치 파크 3은 넓은 잔디밭과 각종 시설이 잘 구비되어 있어 가장 인기가 좋다. 서쪽의 다른 해변들처럼 아름다운 해변으로, 주말에는 리조트에 머무는 사람들뿐만 아니라 현지인들까지 모여 바글바글하다.

특징 화장실, 샤워시설, 피크닉테이블, 라이프가드, 수영, 스노클링 **저자 한 마디** 해변마다 주차공간이 있지만, 주말에는 자리가 없을 수도 있다. 도로를 따라 주차도 가능하며, 키헤이 곳곳에 주차공간이 많다.

Keawakapu Beach
케아와카푸 비치

해변 북쪽에서 가볍게 스노클링이나 넓은 해변을 따라 물놀이를 즐길 수 있다. 마나 카이 마우이 리조트와 데이즈 인 마우이 오션프론트 호텔 사이에 있다. 남쪽으로 걸어 내려가면 울루 비치와 연결되는 케아와카푸 비치는 일몰을 감상하기에도 좋은 조용한 해변이다.

특징 화장실, 샤워시설, 피크닉테이블, 라이프가드, 수영, 스노클링 **저자 한 마디** 두 리조트 사이에 무료 주차 공간이 넓게 있으며, 비포장이다.

키헤이의 볼거리

Kealia Pond National Wildlife Refuge
케알리아 폰드 내셔널 와일드라이프 레퓨지

케알리아 폰드는 8월에서 4월까지 수많은 철새가 찾는 곳으로, 새와 관련된 사진을 찍는 사람이 많이 방문한다. 연못 자체는 방문하기가 쉬운 편은 아니지만, 바닷가를 향해 있는 보드워크는 조용하고 풍경이 멋져서 잠깐 산책 삼아 들를 만하다.

• 보드 워크 주소 North Kihei Rd(Hwy 310) • 케알리아 폰드 주소 Mokulele Hwy(Hyw 311)

키헤이의 먹거리

$ – $10 이하, $$ – $11~20, $$$ – $21~30, $$$$ – $31 이상 (메인코스 기준)

Koiso Sushi Bar
코이소 스시 바 $$$ 저자 추천

키헤이에 위치한 초밥집으로, 일본인 부부가 직접 운영하고 있다. 여행자보다는 단골손님이 많은 가게로, 일본식에 가까운 초밥집이다. 좌석이 적어 예약하지 않으면 식사하기 어려울 정도로 인기 있지만 종종 취소예약 때문에 운이 좋으면 당일에도 먹을 수 있다. 초밥과 롤은 접시당 $10 이하이지만 1인당 최소 $30 정도는 생각해야 하며, 오마카세(쉐프의 선택)는 $45에 먹을 수 있다. 하와이에서 갓 잡은 생선으로 만든 스시는 매우 훌륭하다.

주소 2395 S Kihei Rd, Kihei(Dolphin Plaza) **전화번호** 808-875-8258 **영업시간** 월~토 18:00~22:00, 일 휴무

808 Deli
808 델리 $

가벼운 식사를 하고 싶을 때 들르면 딱 좋은 델리. 아침식사 메뉴, 오후 나절에 판매하는 샌드위치와 핫도그 그리고 파니니가 맛있다. 모든 메뉴가 $10을 넘지 않아서 저렴하게 한 끼를 해결하기에 최고이다. 한국어 메뉴판도 있으니 요청하자.

홈페이지 www.808deli.net **주소** 2511 S Kihei Rd, Kihei **전화번호** 808-879-1111 **영업시간** 월~일 09:00~17:00

808 Bistro
808 비스트로 $~$$

808 델리의 시스터 레스토랑으로, 메뉴 하나하나가 맛이 괜찮고 양도 많은 편이다. 주로 아침식사와 점심식사 때 붐비지만 저녁식사도 무난하다. 아침식사와 점심식사는 $10 전후, 저녁식사는 $20 이하 정도로 가격도 크게 부담 없는 편이다.

홈페이지 www.808bistro.com **주소** 2511 S Kihei Rd, Kihei **전화번호** 808-879-8008 **영업시간** 일~수 10:00~22:00, 목~토 10:00~23:00

마우이섬

Joy's Place 조이스 플레이스 $

델리 느낌의 작은 베지테리안 레스토랑이다. 모든 메뉴에 유기농 재료를 사용해 조금 더 건강한 음식을 파는 것을 모토로 하고 있다. 채식주의자를 위한 메뉴가 별도로 있으며, 스무디와 아사이볼도 판매한다. 추천메뉴는 터키 아보카도 치즈 샌드위치이다.

홈페이지 www.joysplacemauihawaii.com **주소** 1993 S Kihei Rd, Kihei(Island Surf Building) **전화번호** 808-879-9258 **영업시간** 월~금 7:30~16:00, 토 07:30~14:00, 일 휴무

Coconut Fish Cafe 저자추천
코코넛 피시 카페 $

가장 대표적인 메뉴는 피시 타코로 실패할 가능성이 가장 적다. 그 외에도 코코넛 슈림프와 피시 앤 칩스가 인기 있는데, 바삭하게 잘 구워진 코코넛 슈림프와 생선을 통째로 튀겨서 기름지지 않은 피시 앤 칩스는 깔끔하면서도 맛있다. 파스타는 그냥 무난한 편.

홈페이지 coconutsfishcafe.com **주소** 1279 S Kihei Rd, Kihei(Azeka Shopping Center) **전화번호** 808-875-9979 **영업시간** 월~일 10:00~21:00

Maui Fish'n Chips 마우이 피시 앤 칩스 $

키헤이에 위치한 피시 앤 칩스 전문점. 여러 가지 생선을 선택할 수 있는데, 마히(Mahi), 아히(Ahi), 오노(Ono)를 가장 많이 먹는다. 바사(Basa)는 베트남 메기로 추천하지 않는다. 칩스 역시 여러 가지 맛을 고를 수 있는데, 매콤한 맛이 나는 볼케이노 프라이와 마늘 맛 가득한 갈릭프라이가 맛있다.

홈페이지 www.mauifnc.com **주소** 2395 S Kihei Rd, Kihei **전화번호** 808-757-8708 **영업시간** 월~일 11:00~20:30

Eskimo Candy Seafood Market & Deli
에스키모 캔디 시푸드 마켓 & 델리 $~$$

시푸드 마켓 & 델리라는 이름답게 생선요리들이 가장 인기 있다. 튀긴 생선 요리와 하와이의 참치 샐러드인 포케 역시 그 종류가 다양해 원하는 맛을 골라먹기 좋다. 키헤이 안쪽에 있어 찾아가기가 조금 어렵지만, 그만큼의 가치가 있다. 저녁시간에는 일찍 문을 닫기 때문에 점심식사나 이른 저녁식사를 하기에 적합하다.

홈페이지 www.eskimocandy.com 주소 2665 Wai Wai Pl, Kihei 전화번호 808-879-5686 영업시간 월~금 10:30~19:00, 토~일 휴무

Maui Brick Oven
마우이 브릭 오븐 $$

키헤이에서 가장 훌륭한 피자를 만드는 곳이다. 마우이에서도 손꼽히는 곳으로 100% 글루텐 프리 피자를 만든다. 소스와 드레싱은 직접 만든 것이며, 피자 외에도 마우이 특산물 양파를 사용한 커다란 어니언링은 꼭 먹어봐야 할 메뉴이다.

홈페이지 mauibrickoven.com 주소 1215 S Kihei Rd, Kihei 전화번호 808-875-7896 영업시간 월~토 16:00~21:00, 일 휴무

Cuatro
쿠아트로 $$~$$$

약간 호불호는 있지만 해피아워(오후 4~6시)에는 상대적으로 저렴한 가격에 파인 다이닝을 즐길 수 있어 사람들이 많이 선호한다. 생선요리부터 스테이크까지 모두 수준급이지만, 그 중 인기 메뉴는 푸푸 스테이크, 스파이시 튜나 나초 그리고 오늘의 생선 요리로 미리 예약하는 것이 좋다.

홈페이지 www.cuatro808.com 주소 1881 S Kihei Rd, Kihei 전화번호 808-879-1110 영업시간 월~일 16:00~22:00

키헤이의 숙소

Maui Coast Hotel
마우이 코스트 호텔

마우이에서 저렴하고 깔끔한 호텔을 찾는다면 한 번 고려해 볼 만한 호텔이다. 큰 특색은 없지만 공항과 가깝고 나름 마우이 교통의 중심에 있는 호텔이다. 객실도 모두 리노베이션을 거쳐 깔끔하며, 꽤 훌륭한 실외 수영장을 가지고 있다.

홈페이지 www.mauicoasthotel.com 주소 2259 South Kihei Rd, Kihei 전화번호 808-874-6284 숙박요금 $165~ 리조트피 $25 인터넷 무료 주차 무료 클리닝피 없음

Aston Maui Hill 애스톤 마우이 힐
콘도

키헤이 해변에 조금 떨어진 언덕 위에 위치한 콘도미니엄이다. 상대적으로 저렴한 가격과 괜찮은 입지 덕분에 장기 투숙객이 많다. 원베드룸, 투베드룸 그리고 복층구조의 쓰리베드룸까지 다양한 종류의 객실을 갖추고 있다. 단점이라면 리조트가 전체적으로 노후하다 보니 객실의 시설이나 물품들도 세월의 흔적이 느껴진다는 것이다.

홈페이지 www.astonmauihill.com 주소 2881 South Kihei Road, Kihei 전화번호 808-879-6321 숙박요금 $175~ 리조트피 없음 인터넷 무료 주차 무료 클리닝피 없음

Aston at the Maui Banyan 애스톤 앳 더 마우이 반얀
콘도

카마올레 비치파크 2 앞에 위치한 키헤이에서 가격대 성능비로 가장 좋은 평가를 받고 있는 호텔겸 콘도이다. 상대적으로 저렴한 비용임에도 전체적으로 시설이 훌륭하다. 주방이 없는 호텔 객실과 주방이 있는 원베드룸, 투베드룸 객실로 나뉜다. 현재도 꾸준히 리노베이션이 진행되고 있으므로 가능하면 최신 가구와 주방을 설치한 리노베이션된 객실을 요청하는 것이 좋다. 스탠다드가 일반 객실이며, 디럭스가 리노베이션된 객실이다. 건물에 엘리베이터가 없어 계단으로 올라가야 한다는 단점이 있으며, 부대시설로 2개의 수영장, 자쿠지 그리고 야외 바비큐시설도 있다.

홈페이지 www.astonmauibanyan.com 주소 2575 South Kihei Road, Kihei 전화번호 808-875-0004 숙박요금 $125~ 리조트피 $20 인터넷 리조트피에 포함 주차 리조트피에 포함 클리닝피 없음

Days Inn Maui Oceanfront 데이즈 인 마우이 오션프론트

대부분 콘도 위주인 키헤이에 몇 안 되는 호텔로, 케아와카푸 비치 바로 앞에 위치해 있다. 저렴하게 묵을 수 있는 숙소이기는 하지만, 기본 객실의 크기는 상대적으로 꽤 좁은 편이다. 2층으로 올라가는 엘리베이터가 없으므로 계단을 이용해야 하며, 해변 쪽 객실은 레스토랑 때문에 다소 시끄럽다.

홈페이지 www.mauioceanfrontinn.com 주소 2980 South Kihei Rd, Kihei 전화번호 800-329-1053 숙박 요금 $125~ 리조트피 없음 인터넷 무료(로비 한정) 주차 무료

Area 05 Wailea & Makena 와일레아 & 마케나

마우이 최고의 고급 리조트 지역. 리조트에서부터 레스토랑까지, 물가 비싼 마우이에서도 비싼 곳만 골라 놓았다고 해도 될 정도로 비싸지만, 전체적으로 여유와 고급스러움이 느껴지는 리조트 단지이다. 리조트 주변으로 멋진 해변이 많아 액티비티와 휴양을 즐기기에 좋다. 와일레아의 남쪽으로 마케나 주립공원이 있는 마케나가 이어진다.

와일레아의 해변

Mokapu Beach & Ulua Beach 모카푸 비치 & 울루아 비치

모카푸 비치와 울루아 비치는 바위로 나뉘어 있는데, 두 해변이 만나는 지점이 바위와 산호가 몰려있는 스노클링 포인트이다. 울루아 비치의 남쪽도 스노클링하기에 좋다. 수영부터 모든 것을 즐길 수 있는 해변. 모카푸 비치는 안다즈 마우이 앳 와일레아 호텔 앞에 위치해 있다.

특징 화장실, 샤워시설, 수영, 스노클링, 스쿠버다이빙 **찾아가기** Wailea Alanui Dr을 따라 북쪽으로 이동, Ulua-Mokapu Beach 사인을 따라 Ulua Beach Rd를 따라 들어가면 작은 주차장이 있다.

Wailea Beach 와일레아 비치

마우이의 최고급 리조트인 그랜드 와일레아 리조트와 포 시즌스 리조트가 공유하는 해변으로, 황금빛 고운 모래를 가진 와일레아의 중심에 위치한 대표 해변이다. 해변에는 두 대형 리조트의 파라솔이 늘어서 있으며, 사람들로 항상 붐빈다.

특징 화장실, 샤워시설, 피크닉테이블, 수영, 스노클링, 보디보딩 **찾아가기** 그랜드와일레아 리조트와 포 시즌스 리조트 사이 Wailea Beach Rd에 주차장이 있다.

Polo Beach 폴로 비치

페어몬트 케아 라니 호텔 앞의 해변. 호텔 숙박객이 대부분이지만, 주차장이 잘 되어있어 해변에서 수영이나 스노클링을 즐기는 모습도 쉽게 볼 수 있다. 곳곳에 미끄러운 바위가 있는 편이므로 조심해야 한다.

특징 화장실, 샤워시설, 피크닉테이블, BBQ 그릴, 수영, 스노클링, 스쿠버다이빙 **찾아가기** 페어몬트 케아 라니 호텔 남쪽, Kaukahi St를 따라 들어가면 큰 주차장이 있다.

마케나의 해변

Poolenalena Beach 포올레날레나 비치

마케나 지역의 잘 알려지지 않은 스노클링 해변 중 하나이다. 해변의 북쪽과 남쪽 그리고 중간에 바위가 있는 지점이 스노클링 스팟이며, 바다가 잔잔한 시즌에는 최고의 수중환경을 보여주는 것으로 유명하다. 특히 산호가 잘 보존되어 있고, 스노클링을 할 수 있는 구역이 넓어 긴 시간을 투자하며 스노클링을 즐겨도 지루함이 없다. 포올레날레나 비치 파크를 통하면 해변의 중간으로 들어오게 되고, 마케나 서프 호텔을 통하면 해변의 남쪽으로 들어오게 된다.

특징 화장실, 샤워시설, 수영, 스노클링, 보디보딩, 액티비티 **저자 한 마디** 포올레날레나 비치 파크 주차장 또는 마케나 서프 호텔의 비치 억세스 주차장을 이용하면 된다.

Makena Landing&Five Caves 마케나 랜딩&파이브 케이브스

폭이 10m도 채 되지 않는 아주 작은 해변을 낀 마케나 랜딩은 스쿠버 다이빙 출발지점으로 유명하다. 이곳에서 출발하여 북쪽의 파이브 케이브스로 스쿠버 다이빙을 하며, 스노클러들은 마케나 랜딩이 아닌 파이브 케이브스 바로 옆에서 스노클링을 시작하기도 한다. 마케나 랜딩 바로 앞의 바다에는 산호가 많이 손상되어 물고기가 많지 않다.

특징 스노클링, 스쿠버다이빙 **저자 한 마디** Makena Rd 옆으로 약 20여 대를 주차할 수 있는 공간이 있다. 파이브 케이브스는 길거리 주차를 해야 한다.

Maluaka Beach Park 말루아카 비치 파크

말루아카 비치 파크 앞바다는 하와이안 녹색 바다거북이 가장 많이 모여 살아, 거북이 마을 Turtle Town 로 알려져 있다. 거북이가 많은 포인트는 해변에서 다소 멀리 떨어져 있지만, 해변의 남쪽에서부터 암초를 따라 스노클링을 하면 거북이를 만날 수 있는 확률이 높다.

특징 화장실, 샤워시설, 피크닉테이블, 수영, 스노클링, 액티비티 **저자 한 마디** 구 마케나 호텔에서 0.5마일 남쪽으로 이동 후 우회전, Dead End라 쓰여 있는 Makena Rd의 끝에 주차시설이 있다.

마우이섬

Ahihi Bay & Cove 아히히 베이 & 코브

아히히-키나우 네이쳐 리저브(Ahihi-Kinau Preserve)의 북쪽에 자리 잡은 만으로 마우이 남쪽의 최고의 스노클링 포인트이다. 스노클링 경험이 어느 정도 있는 사람이라면, 파도가 없는 날에 오리발과 함께 남쪽의 큰 베이 쪽에서 스노클링을 해야 한다. 만약 초심자라면 작은 아히히 코브(Cove)에서 수영하는 것이 좋으며, 이른 아침이 스노클링을 즐기기에 최적이다. 아히히 베이로 가는 길 중간에 2차선이 양방향 1차선으로 변경되므로 운전에 주의하자.

특징 바위 해변, 스노클링 **저자 한 마디** 코브 바로 앞에는 단 4대만 주차할 수 있지만, 남쪽으로 250m 정도 더 내려가면 오른쪽으로 커다란 주차공간이 있으며 가는 길옆으로도 주차가 가능하다. 이 주차장에서 아히히 베이로도 이어진다.

Big Beach & Little Beach 빅 비치 & 리틀 비치

마케나 주립공원 Makena State Park 에 속한 두 개의 해변이다. 빅 비치는 약 1km 길이의 해변으로 백사장이 넓고 커 사람이 많아도 북적거리는 느낌이 전혀 들지 않는다. 크지 않은 파도가 계속해서 밀려오기 때문에 파도와 함께 놀기에 적합하다. 빅 비치 북쪽의 절벽을 넘어가면 리틀 비치가 나오는데, 이곳은 마우이의 비공식 누드 비치이다. '수영복은 옵션'이라는 표지판대로, 해변에는 수영복을 입은 사람과 누드인 사람이 공존한다. 평소에는 조용한 해변이지만 일요일 저녁에는 히피들이 모여 드럼과 불쇼 등을 진행하는데, 흥미롭기는 하지만 위험할 수 있다. 가능하면 평일 낮에 방문하자.

▲ Big Beach   ▲ Little Beach

특징 화장실, 피크닉테이블, 라이프가드(리틀 비치에는 없음), 수영, 누드 비치 **저자 한 마디** 마케나 로드를 따라 주차장으로 향하는 2개의 2차선의 진입로가 있다. 커다란 2개의 주차장 덕분에 주차는 다소 쉬운 편이다.

Travel Information in Maui

와일레아 & 마케나에서 쇼핑하기

 # Shops at Wailea 숍스 앳 와일레아

와일레아의 대표적인 쇼핑몰로 고급스러운 분위기가 난다. 다양한 명품에서부터 개성 있는 브랜드, 수준 있는 갤러리, 고급 레스토랑까지 모두 입점해 있다. 와일레아 지역에서 머문다면 꼭 무엇을 사지 않더라도 한 번쯤 들르게 되는 곳이다. 쇼핑을 즐기는 것 뿐만 아니라, 공연에서부터 다양한 체험행사까지 매일매일 진행되므로 홈페이지의 캘린더를 찾아보고 흥미 있는 것이 있다면 참여해보는 것도 좋다. 요일에 따라서 작은 콘서트가 열리기도 한다.

홈페이지 www.theshopsatwailea.com **주소** 3750 Wailea Alanui Drive, Wailea **전화번호** 808-891-6770 **주차** 1시간 무료(기본), 3시간 무료($25 이상 구매 밸리데이션 시 최대 4시간 무료), 그 외 시간당 $3 **영업시간** 월~일 09:30~21:00(영업시간은 상점에 따라 다를 수 있음)

와일레아 & 마케나의 먹거리

$ - $10 이하, $$ - $11~20, $$$ - $21~30, $$$$ - $31 이상(메인코스 기준)

Monkeypod Kitchen 몽키팟 키친 $$~$$$ 저자 추천

와일레아에서 적당한 가격에 식사할 수 있는 레스토랑으로 규모도 꽤 크고 평가도 좋다. 매일 오후와 저녁에 라이브 공연이 진행되며 분위기도 밝기도 한다. 사람들이 항상 많기 때문에 가능하면 예약을 하는 것이 빠르게 식사를 하는 데 도움이 된다. 생선 요리들과 피자 그리고 갈릭 트러플 오일 프라이는 에피타이저 중 가장 인기가 많다. 아이들을 위한 케이키 메뉴($10 이하)도 별도로 마련되어 있다.

홈페이지 www.monkeypodkitchen.com **와일레아 지점 주소** 34 Wailea Ike Dr, Wailea **전화번호** 808-891-2322 **영업시간** 월~일 11:00~23:00 **카아나팔리 지점 주소** 2345 Kaanapali Pkwy, Lahaina(웨일러스 빌리지 내) **전화번호** 808-878-6763 **영업시간** 월~일 11:00~23:00

The Pint and Cork 더 파인트 앤 코르크 $$~$$$

드디어 숍스 앳 와일레아에도 꽤 괜찮은 맥주와 음식을 먹을 수 있는 곳이 생겼다는 평을 받을 정도로, 오픈과 함께 좋은 평가를 받는 레스토랑이다. 다양한 맥주와 칵테일 그리고 와인이 있다. 술과 함께 먹을 수 있는 식사들의 수준도 상당히 훌륭한 편이다. 해피아워는 2시부터 5시까지로 조금 더 저렴하게 즐길 수 있다.

홈페이지 www.thepintandcork.com **주소** 3750 Wailea Alanui Dr, Wailea(Shops at Wailea) **전화번호** 808-727-2038 **영업시간** 월~일 11:00~02:00

Longhi's 롱기스 $$~$$$$

숍스 앳 와일레아에 위치한 마우이의 유명 레스토랑인 롱기스 분점이다. 1976년 오픈한 라하이나점이 본점이고, 2000년 오픈한 와일레아점이 분점이다. 훌륭한 브런치로 정평 나 있지만, 저녁식사도 못지않다. 특히, 롱기스의 크랩 케이크는 베스트 메뉴 중 하나이다. 식전 빵으로는 피자 스타일의 빵이 나오는데, 맛있어서 먹다 보면 본 메뉴를 먹기 힘들 정도인데, 해가 지날수록 평이 안 좋아지는 것이 슬플 따름이다.

홈페이지 www.longhis.com **와일레아 지점 주소** 3750 Wailea Alanui Dr, Wailea(숍스 앳 와일레아) **전화번호** 808-891-8883 **영업시간** 월~금 08:00~22:00, 토~일 07:30~22:00 **라하이나 지점 주소** 888 Front St, Lahaina **전화번호** 808-667-2288 **영업시간** 월~일 07:30~21:30

Tommy Bahama's Restaurant & Bar
토미 바하마스 레스토랑 & 바 $$~$$$$

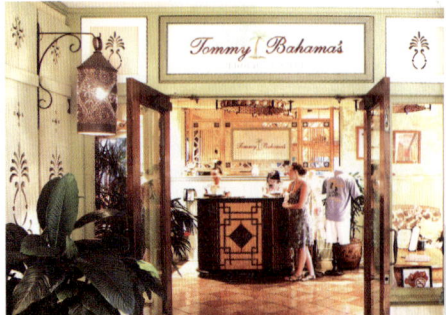

숍스 앳 와일레아에서의 또 다른 좋은 선택. 아일랜드 스타일의 패션 브랜드인 토미 바하마에서 운영하는 레스토랑으로, 점심과 저녁식사가 가능하다. 점심식사는 $20 이하, 저녁식사는 $40 이하로 가격대는 다소 있지만, 전체적으로 음식의 맛은 꽤 괜찮은 편이다.

홈페이지 www.tommybahama.com 주소 3750 Wailea Alanui Dr, Wailea(숍스 앳 와일레아) 전화번호 808-875-9983 영업시간 월~일 11:00~22:00

Duo Steak & Seafood
듀오 스테이크 & 시푸드 $$$~$$$$

마우이 최고급 리조트인 포 시즌스에 위치한 레스토랑으로 고급스러운 분위기로 가득하다. 아침부터 진행되는 조식 뷔페가 특히 유명하며, 저녁에는 분위기 있는 식사를 하기에 적합하다. 드라이 에이지드 스테이크와 랍스터 등의 시푸드 모두 좋은 평가를 받고 있다.

홈페이지 www.fourseasons.com/maui/dining 주소 3900 Wailea Alanui, Wailea(포 시즌스 마우이 앳 와일레아) 전화번호 808-874-8000 영업시간 월~일 6:00~11:30, 17:30~21:00

Pita Paradise
피타 파라다이스 $$~$$$

지중해 요리를 전문적으로 하는 레스토랑. 점심메뉴는 $10~14, 저녁메뉴는 $15~20 사이이다. 점심은 주로 샌드위치와 샐러드 위주이며, 저녁은 파스타를 포함한 여러 가지 메인 요리들을 제공한다. 매일 저녁 무료 공연이 진행되며, 오후 3~6시 사이 해피아워에는 좀 더 저렴하다.

홈페이지 www.pitaparadisehawaii.com 주소 34 Wailea Ike Dr, Wailea 전화번호 808-879-7177 영업시간 월~일 11:00~21:30

와일레아 & 마케나의 숙소

 Andaz Maui at Wailea 안다즈 마우이 앳 와일레아

2013년에 오픈한 리조트로 총 297개의 객실을 가진 하얏트 계열의 최고급 리조트이다. 기존 건물을 리노베이션한 것이 아닌 새로 지은 리조트라 현대적인 느낌이 물씬 풍긴다. 별도의 체크인 카운터 없이 직원들이 직접 태블릿을 가지고 다니며 체크인을 해주고, 로비에서 보이는 리조트와 모카푸 비치의 전경은 그림처럼 아름답기로 유명하다. 가장 핫한 최고급 리조트답게 높은 가격이 문제이지만, 가격에 크게 구애받지 않는 신혼여행객들이 많이 선택한다. 가족여행보다는 커플여행에 더 적합한 리조트이다.

친환경적인 리조트를 추구하는 만큼, 객실 역시 고급스런 나무를 사용하여 부드러움이 느껴진다. 1회용 생수를 사용하지 않고 별도로 물병에 물을 담아 제공하는 것도 특징이다. 객실 내에서는 무료인터넷을 제공하며, 미니바에 있는 스낵과 음료(무알콜만)도 무료로 먹을 수 있다.

안다즈의 가장 대표적인 부대시설은 4단으로 되어 있는 수영장으로 특히 중간에 위치한 수영장에 들어가면 바다와 연결된 인피니티풀처럼 보인다. 또한 다소 차가운 수영장 물이 싫다면 자쿠지에서 몸을 데울 수도 있다. 아이들을 위한 여러 액티비티 프로그램이 있으며, 바닷가에서 바로 스노클링도 가능하다. 이러한 액티비티들은 대부분 리조트피에 포함되어 있어 무료로 이용할 수 있다.

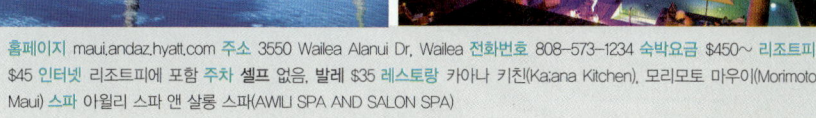

홈페이지 maui.andaz.hyatt.com 주소 3550 Wailea Alanui Dr, Wailea 전화번호 808-573-1234 숙박요금 $450~ 리조트피 $45 인터넷 리조트피에 포함 주차 셀프 없음, 발레 $35 레스토랑 카아나 키친(Ka;ana Kitchen), 모리모토 마우이(Morimoto Maui) 스파 아윌리 스파 앤 살롱 스파(AWILI SPA AND SALON SPA)

Grand Wailea, A Waldorf Astoria Resort
그랜드 와일레아, 월도프 아스토리아 리조트

힐튼의 최고급 계열인 월도프 아스토리아의 마우이 리조트. 마우이의 가장 럭셔리한 리조트 중 하나로, 마우이에서 가장 큰 규모의 수영장을 보유한 것으로도 잘 알려져 있다. 최고의 리조트답게 리조트 전체에서 고급스러운 느낌을 풍긴다. 그랜드 와일레아의 객실은 가장 작은 곳이 18평이기 때문에, 가장 낮은 등급의 객실에서도 충분한 휴식공간을 누릴 수 있다.

그랜드 와일레아의 객실은 일반 객실과 나푸아 객실로 나뉘며, 나푸아 객실에 묵는 손님은 클럽라운지를 이용할 수 있으며 저녁에 칵테일 아워 및 조식이 제공된다. 객실 크기 역시 20평으로 더 넓다. 리조트 내에는 다양한 레스토랑이 있어서 리조트 내에서 모든 식사 해결이 가능하며, 숍스 앳 와일레아와도 인접해 있어 쇼핑을 하기에도 편리하다.

그랜드 와일레아 내의 수영장은 액티비티 수영장, 흐르는 강 모양의 수영장과 슬라이드, 폭포, 성인 전용 수영장과 자쿠지, 유아용 모래 수영장 등 워터파크라고 해도 무방할 정도로 규모가 크고 시설이 훌륭하다. 또한, 기구가 잘 갖춰진 헬스 센터와 11개의 테니스코트, 미국 10대 스파에도 선정된 적이 있는 스파 그란데는 그랜드 와일레아만의 매력. 또한, 호텔 부지에 있는 채플은 탤런트 한지혜가 결혼한 곳으로도 유명하다. 호텔의 주차는 100% 발레파킹이지만, 차를 찾을 때 시원한 생수를 미리 준비해 두는 등 섬세한 배려가 엿보인다.

홈페이지 www.grandwailea.com 주소 3850 Wailea Alanui Dr, Wailea 전화번호 808-875-1234 숙박요금 $409~ 리조트피 $30 인터넷 리조트피에 포함 주차 셀프 없음, 발레 $30 레스토랑 후무후무누쿠누쿠아푸아아(Humuhumunukunukuapuaa), 비스트로 몰로키니(Bistro Molokini), 카페 쿨라(Cafe Kula), 그랜드 다이닝 룸(Grand Dining Room) 스파 스파 그란데(Spa Grande)

The Fairmont Kea Lani
더 페어몬트 케아 라니

폴로 비치를 마주보고 있는 고급 리조트로, 순백색의 건물과 중간중간 파란색의 포인트가 인상적이다. 와일레아 단지의 남쪽에 위치하여 조용한 휴식을 취하고 싶은 사람들이 좋아한다. 객실은 스위트와 빌라로 나뉘며, 스위트룸의 객실 크기는 최소 23.5평에서부터 시작할 정도로 크다. 빌라는 해변을 따라 별도의 건물로 나뉘어있는데, 하얀 건물들이 파란 바다와 대조되어 더 아름답게 느껴진다. 과거에는 없던 리조트피가 새롭게 생겼다.

홈페이지 www.fairmont.com/kealani 주소 4100 Wailea Alanui Dr, Wailea 전화번호 808-875-4100 숙박요금 $420~ 리조트피 $35 인터넷 리조트피에 포함 주차 셀프 리조트피에 포함, 발레 $30 레스토랑 케아 라니 레스토랑(Kea Lani Restaurant), 코(Ko), 닉스 피시마켓(Nick's Fishmarket), 아마 바&그릴(Ama Bar&Grill) 스파 스파 케아 라니(Spa Kea Lani)

 ## Four Seasons Maui at Wailea
포 시즌스 마우이 앳 와일레아

마우이 최고의 리조트를 이야기할 때 항상 언급되는 곳으로, 성인들을 위한 럭셔리 리조트이다. 처음 도착 시 받는 서비스부터 객실, 수영장, 컨시어지와 룸서비스, 리조트의 조경과 시설까지 무엇 하나 빠지지 않지만 리조트 자체는 크지 않고 컴팩트하게 모여 있다. 포 시즌스 마우이의 단 하나 단점이 높은 가격이라는 말이 있을 정도로 완벽을 추구하는 리조트이다. 로비에서 분수가 있는 수영장을 내려다보는 풍경은 포 시즌스 마우이의 가장 대표적인 이미지이다. 객실

의 욕실 용품은 록시땅 제품을 사용하며, 가장 작은 객실 크기가 56m²이다. 특히 호텔 내 위치한 레스토랑들의 평이 좋아 외부에서 식사하기 위해 오는 사람도 많다. 숙박객에게는 다양한 무료 액티비티가 제공된다.

홈페이지 www.fourseasons.com/maui 주소 3900 Wailea Alanui Dr, Wailea 전화번호 808-874-8000 숙박요금 $550~ 리조트피 없음 인터넷 무료 주차 셀프 없음, 발레 $34 레스토랑 스파고(Spago), 페라로스 바 & 리스토란테(Ferraro's Bar e Ristorante), 듀오 스테이크 & 시푸드(DUO Steak & Seafood) 스파 더 스파(The Spa)

Wailea Beach Marriott Resort & Spa
와일레아 비치 메리어트 리조트 & 스파

숍스 앳 와일레아 바로 옆에 위치한 고급 리조트이다. 밝은 톤 위주의 깔끔한 객실이 매력적이다. 호텔 바로 앞에는 모래사장이 없지만, 북쪽으로 울루아 해변, 그리고 남쪽으로 와일레아 해변이 있으며 산책로가 잘 조성되어 있어 금방 닿을 수 있다. 2개의 수영장 중 바다와 연결된 것처럼 보이는 성인 전용 인피니티풀이 단연 인기가 좋다.

홈페이지 www.waileamarriott.com 주소 3700 Wailea Alanui, Wailea 전화번호 808-879-1922 숙박요금 $300~ 리조트피 $36 인터넷 리조트피에 포함 주차 셀프 $30, 발레 $35 레스토랑 카파 바&그릴(KAPA Bar&Grill), 험블 마켓 키친 바이 로이 야마구치(Humble Market Kitchin by Roy Yamaguchi) 스파 만다라 스파(Mandara Spa)

Hotel Wailea Maui
호텔 와일레아 마우이

스몰 럭셔리 호텔 중 하나로 고급 호텔이 늘어선 와일레아에서 상대적으로 저렴한 숙박비로 인기를 끌고 있다. 객실의 상태도 전체적으로 깔끔하고, 매력적인 수영장을 보유하고 있으며 동전 세탁시설도 갖추고 있다. 와일레아 지역이지만 해변과 맞닿아 있지 않다. 대신 해변으로 셔틀을 운영하며 스노클링 장비를 무료로 대여해 준다.

홈페이지 www.hotelwailea.com 주소 555 Kaukahi St, Wailea 전화번호 808-874-0500 숙박 요금 $260~ 리조트피 $35 인터넷 리조트피에 포함 주차 셀프, 발레 리조트피에 포함 레스토랑 더 레스토랑 앳 호텔 와일레아(The Restaurant at Hotel Wailea), 더 트리하우스(The Treehouse) 스파 스파 와이레아(Spa Wailea)

Palms at Wailea Maui By Outrigger
팜스 앳 와일레아 마우이 바이 아웃리거
콘도

와일레아 지역의 가장 북쪽에 위치한 콘도미니엄으로, 전 객실에 모두 주방이 갖춰져 있다. 하얀색의 건물과 파란 수영장은 전체적으로 고급스러운 느낌이 들지만, 객실은 조금 올드한 느낌이 없지 않아 있다. 1베드룸과 2베드룸이 있으며, 침실에만 에어컨이 가동된다. 전체에 에어컨의 가동을 원할 경우 일 $15~20의 비용을 추가로 내야 한다. 마우이에서 장기로 투숙하는 사람들이 많이 찾는다.

홈페이지 www.outrigger.com/hotels-resorts/hawaii/maui/palms-at-wailea-by-outrigger 주소 3200 Wailea Alanui, Wailea 전화번호 808-879-5800 숙박 요금 $165~ 리조트피 없음 인터넷 무료 주차 셀프, 발레 없음 클리닝피 1베드룸 $175, 2베드룸 $225

Area 06 Maalaea 마알라에아

마우이 서쪽 중심에 있어서 평소에는 그냥 지나쳐 가는 곳이지만, 몰로키니섬 투어나 고래 관찰 투어 등에 참여한다면 한 번쯤 들러가게 된다. 마우이의 유일한 수족관인 마우이 오션 센터가 있으며 그 옆에는 작은 규모의 쇼핑몰이 있어 투어 등에 필요한 간단한 물품을 구입할 수 있다. 또한 레스토랑, 투어회사의 사무실이 모여 있다.

마알라에아의 볼거리

 ### Ma'alaea Boat Harbor
마알라에아 보트 항구

라하이나 항구와 함께 마우이의 바다로 나가는 투어가 출발하는 대표적인 항구. 특히 몰로키니섬으로 가는 투어의 대다수가 이 항구에서 출발한다. 부두 지역은 대부분 유료이며, 일부 무료 주차가 가능하지만, 투어 때문에 오전 시간대에 금방 꽉 차 버린다.

주소 Maalaea Boat Harbor Rd, Wailuku

마알라에아 항구에서의 주차

마우이에서 가장 많은 투어가 이뤄지는 마알라에아 항구의 주차지역은 부두가 있는 곳과 마알라에아 하버 숍의 주차 공간이다. 퍼시픽 웨일 파운데이션을 이용할 경우 숍의 주차공간이 편하나, 그 외의 투어회사들은 대부분 부두 쪽이 더 편리하다. 다만, 부두 쪽은 자리가 빨리 차기 때문에 상황에 따라서는 숍 쪽에 주차하고 걸어오는 것이 나을 수도 있다.

Whale Watching Overlook 고래 관찰 전망대

마알라에아 항구에서 서쪽으로 3.2km(2마일) 정도 가면, 왼쪽으로 주차공간이 있다. 마우이의 가장 대표적인 고래 관찰 장소로, 이곳에서 차를 세우고 기념사진을 찍는 사람들을 쉽게 볼 수 있다. 혹등고래가 활발하게 활동하는 1~3월에는 고래를 발견할 수 있으며, 그 외의 기간에는 마우이의 멋진 해안을 보는 장소로 이용된다.

주소 Honoapiilani Hwy, Wailuku

Maui Ocean Center 마우이 오션 센터

마우이의 유일한 아쿠아리움으로, 거북이와 상어에게 먹이를 주는 프로그램과 다양한 물고기를 볼 수 있는 수중 터널이 인기가 있다. 규모가 아주 크지는 않지만, 해양동물의 수가 많고 전체적인 구조나 배치는 꽤 훌륭하다. 수족관의 뒷이야기를 볼 수 있는 비하인드 더 씬 투어도 있다. 하와이에서만 볼 수 있는 물고기들을 한눈에 다 감상할 수 있어 스노클링을 하지 못하는 아이들이 있는 가족여행객에게 적합하다. 1주일 패스를 구입하면 저렴하게 무제한으로 방문이 가능하다.

홈페이지 www.mauioceancenter.com **주소** 192 Ma'alaea Rd. Wailuku **전화번호** 808-270-7000 **개방시간** 월~일 08:00~17:00(7, 8월 18:00까지) **입장료** 성인 $29.95, 3~12세 $19.95, 65세 이상 $26.95

마알라에아의 먹거리 $ - $10 이하, $$ - $11~20, $$$ - $21~30, $$$$ - $31 이상(메인코스 기준)

Beach Bums Bar & Grill 비치 범스 바 & 그릴
$~$$

쇼핑몰 안에 있는 그저 그런 레스토랑 정도로 보일수도 있지만, 음식은 나쁘지 않다. 간단하게 점심을 해결할 만한 곳으로 베이비백립와 프라임립이 인기 있으며, 전체적으로 음식 양도 많은 편이다.

홈페이지 beachbumshawaii.com **주소** 300 Maalaea Rd, Maalaea **전화번호** 808-243-2286 **영업시간** 월~일 08:00~21:00

Area 07 Kahului & Wailuku 카훌루이 & 와일루쿠

마우이의 가장 큰 공항인 카훌루이 국제공항이 있는 곳으로, 마우이의 대부분의 인구가 모여 사는 곳이다. 관광객보다는 현지인을 대상으로 하는 레스토랑이 많은데, 이곳에 숨은 맛집이 많다. 카훌루이와 와일루쿠 주변의 관광지들은 마우이섬에 도착했거나 떠날 때 시간이 남으면 둘러보기 좋다.

카훌루이 & 와일루쿠의 볼거리

Maui Tropical Plantataion 마우이 트로피컬 플랜테이션

마우이 트로피컬 플랜테이션은 트램을 타고 마우이에서 자라는 타로, 사탕수수, 커피, 망고 등의 다양한 재배과정을 볼 수 있는 40분짜리 투어를 제공한다. 비용은 $16이나 볼거리 대비 상대적으로 비싼 편이며, 트램 투어를 하지 않으면 볼거리가 없다. 레스토랑 겸 공연을 하는 밀하우스(Mill House)는 평이 좋으나, 공연은 매일 있지 않으므로 사전에 스케줄 확인이 필요하다.

홈페이지 mauitropicalplantation.com 주소 1670 Honoapiilani Hwy, Wailuku 개방시간 08:00~21:00 가이드투어 성인 $20, 3~12세 $10 투어시간 트램투어 월~일 10:00, 11:00, 12:00, 13:00, 14:00, 15:00, 16:00

Bailey House Museum 베일리 하우스 박물관

1833년에 지어진 건물로, 현재는 마우이의 역사와 문화, 당시의 물건들과 그림, 가구를 전시하는 박물관으로 활용되고 있다.

홈페이지 www.mauimuseum.org 주소 2375-A Main Street, Wailuku 전화번호 808-244-3326 개방시간 월~금 10:00~16:00 입장료 성인 $7 / 65세 이상 : $5 / 7~12세 $2 / 6세 이하 : 무료

Alexander & Baldwin Sugar Museum 알렉산더 & 볼드윈 슈가 박물관

마우이섬의 유일한 사탕수수 설탕 공장 옆에 위치한 박물관. 실내의 6개 전시관에는 각각 지리, 관개시설, 사람, 농장, 작업, 공장에 대한 전시물이 있으며, 실외에도 당시에 사용된 장비들이 전시되어 있다. 하와이의 흥망을 좌우했던 사탕수수에 관련해서 이해하기 좋다.

홈페이지 www.sugarmuseum.com 주소 3957 Hansen Rd, Puunene 전화번호 808-871-8058 개방시간 월~일 09:30~16:00 입장료 성인 $7 / 60세 이상 : $5 / 6~12세 $2 / 5세 이하 : 무료

패스포트 투 패스트(Passport to Past)
베일리 하우스 뮤지엄(Bailey House Museum)과 알렉산더 & 볼드윈 슈가 박물관(Alexander & Baldwin Sugar Museum)은 패스포트 투 패스트(Passport to Past)로 한꺼번에 관람할 수 있다. ▶P. 338

Kepaniwai Park 케파니와이 공원

이아오 밸리로 향하는 길에 있는 케파니와이 공원은 마우이로 이민해 거주했던 한국, 뉴잉글랜드, 포르투갈, 중국, 필리핀, 일본계 사람들의 건축물과 정원이 있는 곳으로 1952년에 설립되었다. 한국의 전통건축물과 돌담길, 그리고 기와 등에서부터 각국 특유의 건물들을 살펴볼 수 있다. 이 지역의 이민사를 조금이나마 들여다볼 수 있으며, 화장실, 파빌리온, BBQ그릴 등이 잘 되어있어 현지인들의 휴식처로 더 많이 활용된다. 이아오 밸리로 가는 길에 들를 수 있다.

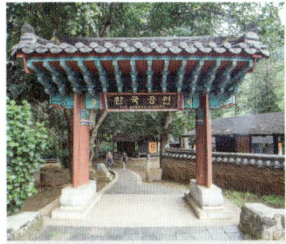  

홈페이지 www.co.maui.hi.us/Facilities/Facility/Details/103 주소 870 Iao Valley Road, Wailuku

Iao Valley State Monument 이아오 밸리 주립 기념물

와일루쿠에서 조금 떨어져 있는 작은 계곡으로, 카메하메하 1세가 마우이를 점령할 때 많은 목숨을 앗아갔던 케파니와이 전투가 있었던 곳이다. 계곡 내에 우뚝 솟아있는 685m 높이의 이아오 니들이 가장 큰 볼거리이며, 계곡도 그리 크지 않아서 1시간 이내에 충분히 둘러볼 수 있다. 이아오 니들까지 향하는 트레일은 경사도 크지 않고 왕복 2km 정도로 짧기 때문에 누구나 부담 없이 걸을 수 있으며, 전망대에서 내려다보는 계곡의 풍경도 아름답다. 마우이섬을 떠나는 날 잠시 들렀다 가기에 좋다.

홈페이지 www.hawaiistateparks.org/parks/maui/index.cfm?park_id=36 주소 Iao Valley Road(Hwy 32)의 끝 개방시간 월~일 07:00~18:00 주차 $5

카훌루이 & 와일루쿠에서 쇼핑하기

Queen Kaahumanu Center
퀸 카아후마누 센터

럭셔리 브랜드보다는 일반 상품을 더 많이 만날 수 있는 마우이 최대의 종합 쇼핑몰이다. 시어스와 메이시스 백화점도 함께 입점해 있으며, 푸드코트에 저렴한 레스토랑도 많아 마우이에 막 도착했을 때나 떠날 때 식사하고 가기에도 좋다. 상대적으로 조용하게 쇼핑할 수 있는 배스&바디웍스와 빅토리아 시크릿이 자리해 여성 여행객에게 인기가 많다. 현지인들과 여행객을 대상으로 하는 훌라쇼나 파머스 마켓 등 다양한 행사가 있다. 자세한 스케줄은 홈페이지를 참고하자.

홈페이지 www.queenkaahumanucenter.com 주소 275 West Kaahumanu Ave, Kahului 전화번호 808-877-4325 영업시간 월~토 09:30~21:00, 일 10:00~17:00

Maui Oriental Market
마우이 오리엔탈 마켓-한인마트

마우이에도 작지만 한인 마트가 있어서 필요한 식료품을 구입할 수 있다. 현지인들이 주 고객이기는 하지만, 그래도 기본적인 물품은 대부분 갖추고 있다. 공항에서 멀지 않으므로 쉽게 다녀올 수 있으며, 만약 이곳에 없다면 바로 옆의 하나스 코리안 오리엔탈 마켓(Hana's Korean Oriental Market / 714 Lower Main St, Wailuku)에도 들러보자.

주소 94 Lower Main St, Wailuku 전화번호 808-242-0809

카훌루이 & 와일루쿠의 먹거리

$ - $10 이하, $$ - $11~20, $$$ - $21~30, $$$$ - $31 이상(메인코스 기준)

Oyako Tei 오야코 테이
$

현지 음식을 먹고 싶다면 한번 가볼 만한 가게. 가장 기본적인 다 로코모코(Da Loco Moco)가 인기이며, 스팸무수비도 수준급이다. 새벽부터 오픈하는 관계로 아침식사를 하는 사람도 많다. 대단한 맛집을 기대하면 실망할 수 있지만, 저렴하게 한 끼 해결을 원한다면 괜찮은 곳이다.

주소 180 E Wakea Ave, Kahului 전화번호 808-873-0100 영업시간 월~금 06:00-14:00, 토 06:00~13:00 휴무 일요일

마우이섬

Geste Shrimp Truck
제스트 슈림프 트럭 $$

마우이에서 새우트럭을 찾는다면 한 번 찾아가 볼 만하다. 신선하고 푸짐한 새우 덕분에 새우트럭 중에서도 상당히 평이 좋다. 카훌루이 항구 Kahului Harbor 옆에 위치한 트럭이므로 쉽게 찾아갈 수 있다. 영업은 오후 5시 반 까지지만 새우가 떨어지면 일찍 닫기도 한다. 가끔 날씨가 나쁘면 나오지 않기도 한다.

주소 Kahului Beach Road(카훌루이 항구 옆) **전화번호** 808-298-7109 **영업시간** 화~토 11:30~17:30, 일~월 휴무

808 Plates 808 플레이츠 $$

제스트 슈림프 바로 옆에 자리한다. 만약 새우요리 말고 다른 요리를 하나 더 먹어보고 싶다면 808플레이트의 아히를 이용한 와사비 글레이즈드 카츠도 한번 시도해보자. 매콤달콤한 와사비 맛이 매력적이다. 그 외에도 치킨과 새우 메뉴도 있다.

주소 Kahului Beach Road (카훌루이 항구 옆) **전화번호** 808-268-7836 **영업시간** 월~금 10:00~14:00, 18:00~21:00, 토~일 휴무

Da Kitchen Cafe 다 키친 카페 $~$$

튀김 무수비로 유명한 다 키친 카페는 카훌루이에 도착했거나 떠날 때 들러서 푸짐한 식사를 하기 좋다. 대부분의 메뉴가 $15 이하지만 로컬푸드로는 조금 비싼 것이 아니냐는 평이 있다. 그렇지만 하와이의 다른 레스토랑과 비교하면 가격대비 양이 많고 맛도 좋은 것으로 유명하기 때문에 괜찮은 편이다. 직원들도 친절하고 가게도 밝은 분위기이기 때문에 부담 없이 식사를 할 수 있다. 카훌루이에 있는 카페 지점이 메인이며, 키헤이에 작은 규모의 익스프레스 지점이 있다.

홈페이지 www.dakitchen.com • **카훌루이 주소** 425 Koloa St, Kahului **전화번호** 808-871-7782 **영업시간** 월~토 11:00~21:00, 일 휴무 • **키헤이 주소** 2439 South Kihei Rd, Kihei **전화번호** 808-875-7782 **영업시간** 월~일 09:00~21:00

Travel Information in Maui

808 On Main 808 온 메인 $$

과거 메인 스트리트 비스트로가 있던 곳이 808 온 메인으로 새롭게 바뀌었다. 샌드위치, 파니니, 햄버거 그리고 피자를 메인으로 하는 레스토랑으로 평이 좋다. 푸푸 중 김치 포크볼이 인기 있으며, 메인 메뉴들 중 파니니류가 인기 있다. 서비스는 전체적으로 느린 편이다.

홈페이지 www.808onmain.com 주소 2051 Main St, Wailuku 전화번호 808-244-1111 영업시간 월~금 10:00~20:00, 토 11:00~20:00, 일 휴무

Maui Coffee Roasters
마우이 커피 로스터즈 $

더운 날 시원한 커피 한잔이 생각난다면 마우이 커피 로스터즈가 정답이다. 기본 이상은 하는 커피 맛과, 진한 콜드 브루 외에도 다양한 마실 거리를 판매한다. 또한 베이글과 샌드위치, 랩과 같이 가볍게 먹을 수 있는 메뉴도 있어 아침이면 테이블에서 식사하는 사람도 많다.

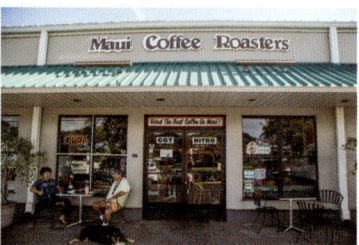

홈페이지 www.mauicoffeecafe.com 주소 444 Hana Hwy, Kahului 전화번호 808-877-2877 영업시간 월~토 07:00~18:00, 일 08:00~16:00

마우이 프라이데이(Maui Friday)

마우이에 금요일에 머무른다면? 매주 금요일마다 돌아가면서 열리는 타운 파티에 참여해 보자. 소소한 규모의 파티지만, 공연팀과 다양한 먹거리까지 꽤 흥미로운 저녁 시간을 보낼 수 있다.

첫째 주 와일루쿠(Wailuku) 둘째 주 라하이나(Lahaina) 셋째 주 마카와오(Makawao)
넷째 주 키헤이(Kihei) 다섯째 주 라나이(Lanai)
시간 18:00~21:00

Area 08 Paia 파이아

하나로 가는 길로 들어서기 전에 꼭 들르게 되는 아기자기한 마을. 간단한 식사에서부터 식료품 구입, 연료 보충을 할 수 있는 곳이다. 이 마을을 떠나면 하나 전까지는 주유소가 없으므로 가득 채워야 한다. 파이아에서 식사 등을 할 예정이라면 파이아 마을 표지판 옆의 무료 주차장을 이용하면 된다. 마을 안에서 길거리 주차도 가능하다.

파이아의 해변

 Baldwin Beach Park
볼드윈 비치 파크

파이아에서 조금 떨어진 해변 공원으로, 마일 마커 6 근처에 위치한다. 파도가 조금 센 편이라 스릴 있는 보디보딩을 즐기기에 좋으며, 해변의 동쪽 끝 볼드윈 코브 Baldwin Cove 는 파도가 잔잔해 아이들과 함께 놀기에 좋다. 이른 아침의 조용한 분위기가 독특하다.

특징 화장실, 샤워, 피크닉테이블, 라이프가드, BBQ 그릴, 라이프가드, 비비큐 그릴, 수영, 보디보딩 **저자 한 마디** 해변 앞 넓은 비포장 주차공간.

 Ho'okipa Beach Park 호오키파 비치 파크

파도가 좋은 날에는 서퍼들을, 바람이 많이 부는 날에는 윈드서퍼들을 볼 수 있는 해변. 경험이 많은 서퍼와 윈드서퍼에게 인기 있는 해변으로, 초보자에게는 적합하지 않다. 해변을 이용하지 않아도 호오키파 해변을 볼 수 있는 전망대에서 멋진 서퍼와 윈드 서퍼들을 구경하는 재미가 있으므로 잠깐 멈췄다 가는 것을 추천한다. 해변으로 향하는 길은 일방통행이므로 전망대 옆의 도로로 들어가면 된다. 항상 파도가 있는 편이라 물놀이에는 적합하지 않지만, 가벼운 해변 산책 정도는 무방하다.

특징 화장실, 샤워, 피크닉테이블, 라이프가드, BBQ그릴, 서핑, 윈드서핑 **저자 한 마디** 뷰포인트 및 해변 바로 앞으로도 넓은 주차공간이 있음.

파이아에서 쇼핑하기

 Mana Foods 마나 푸즈

파이아라는 작은 마을에 있는 슈퍼마켓이라는 것이 믿기지 않을 정도로 다양한 품목을 구비하고 있다. 하나로 가는 길에서 먹을 간단한 간식거리들을 사기에도 좋다. 직접 빵을 굽는 베이커리와 근방 지역에서 직접 기른 과일 등 손이 가는 것이 많다. 마우이에서 유기농 식품을 구하기 가장 좋은 슈퍼마켓.

홈페이지 www.manafoodsmaui.com 주소 49 Baldwin Ave, Paia 전화번호 808-579-8078 영업시간 월~일 08:00~20:30

파이아의 먹거리

$ - $10 이하, $$ - $11~20, $$$ - $21~30, $$$$ - $31 이상(메인코스 기준)

 Mama's Fish House 마마스 피시 하우스
$$$$ 저자 추천

마우이의 최고의 레스토랑으로도 여러 번 선정된 곳이다. 과거에는 항상 극찬으로 가득했지만, 최근에는 요리는 훌륭하지만 가격이 너무 비싸다는 평도 많다. 하지만 요리가 맛있다는 것에는 모두 공감한다. 인기 메뉴는 스터드 마히마히지만, 다른 메뉴도 모두 맛있다. 인기가 많아 예약하지 않으면 오래 기다려야 하는 경우가 많고, 일몰 시간에 가장 붐빈다.

홈페이지 www.mamasfishhouse.com 주소 799 Poho Place, Paia 전화번호 808-579-8488 영업시간 월~일 11:00~21:00

Travel Information in Maui

Paia Fish Market 파이아 피시 마켓
$~$$

생선요리가 메인인 레스토랑. 생선살을 그대로 구워서 끼워 먹는 햄버거나 샐러드 또는 밥과 함께 주문하는 플레이트는 푸짐함이 가장 큰 매력이다. 기본적으로 오노(Ono)와 마히(Mahi)는 항상 선택할 수 있고, 갓 잡은 생선들을 활용하는 만큼 매일 주문 가능한 생선들을 추가로 안내한다. 키헤이에도 분점이 있다.

 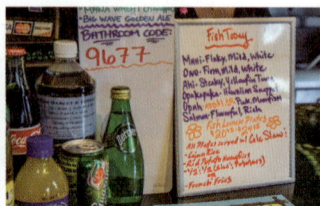 

홈페이지 www.paiafishmarket.com 주소 • 파이아 100 Baldwin Ave, Paia • 키헤이 1913 South Kihei Rd, Kihei 전화번호 • 파이아 808-579-8030 • 키헤이 808-874-8888 영업시간 • 파이아 월~일 11:00~21:30 • 키헤이 11:00~21:30

Kuau Store 쿠아우 스토어 $ 저자추천

파이아 타운에서 동쪽으로 약 1마일 떨어진 곳에 있는 상점으로, 작은 슈퍼마켓과 델리가 합쳐진 곳이다. 사람들이 이곳에 들르는 이유는 하나로 가는 길에서 먹을 도시락을 테이크아웃 하기 좋기 때문이다. 보통 플레이트 런치나 파니니를 많이 구입하는데, 파니니의 경우 샐러드를 함께 먹을 수 있는 세트 형태로 많이 주문한다. 커피의 맛도 나쁘지 않은 편이며, 재료들도 상당히 신선하여 식료품을 구입하기에도 좋다.

홈페이지 www.kuaustore.com 주소 701 Hana Hwy, Paia 전화번호 808-579-8844 영업시간 월~일 06:30~19:00

Paia Gelato 파이아 젤라토
$

맛있는 젤라토를 먹을 수 있는 가게. 릴리코이(Lilikoi, 패션프루츠) 등 현지인에게 인기 있는 맛을 선택하면 실패할 확률이 낮다. 젤라토 외에도, 아침식사용 베이글과 다양한 샌드위치 종류를 판매한다.

홈페이지 paiagelato.com 주소 115D Hana Hwy, Paia 전화번호 808-579-9201 영업시간 월~일 07:00~22:00

Paia Bay Coffee
파이아 베이 커피
$

삼거리 골목 뒤에 입구가 작게 숨어있어 잘 찾아봐야 한다. 하지만, 작은 를 넘어들어가면 꼭 수목원 안으로 들어온 것 같은 느낌이 들 정도로 우거진 나무들 사이에 카페가 있다. 커피의 맛도 훌륭한 편이며, 바나나 브레드를 비롯한 빵들이 맛있다. 가볍게 먹을 수 있는 아침식사와 샌드위치 메뉴도 있다. 파이아에서 커피 한잔을 하고 싶다면 찾아갈 만한 카페.

홈페이지 www.paiabaycoffee.com 주소 115 Hana Hwy, Paia 전화번호 808-579-3111 영업시간 일~수 07:00~17:30, 목~토 07:00~20:00

Cafe Des Amis
카페 데-자미
$~$$

저자추천

아침에 파이아에 들르는 사람들에게 인기 있다. 아침의 크레이프가 가장 유명하며, 저녁식사로 커리요리도 가능하다. 파이아에서 가장 맛있는 커피를 마실 수 있는 레스토랑이다.

홈페이지 cdamaui.com 주소 42 Baldwin Ave, Paia 전화번호 808-579-6323 영업시간 월~일 08:30~20:30

Cafe Mambo
카페 맘보
$~$$$

아침식사 메뉴는 $9~12 정도이며, 멕시칸 스타일이다. 점심에는 버거 종류를 팔며, 저녁에는 멕시코 요리가 주메뉴이지만, 그 외에 하와이 스타일의 요리도 다양하게 선택할 수 있다. 전체적으로 음식은 무난하지만 수프류는 대체적으로 실망스럽다.

홈페이지 www.cafemambomaui.com 주소 30 Baldwin Ave, Paia 전화번호 808-579-8021 영업시간 월~일 08:00~21:00

Area 09 Road to Hana 하나로 가는 길

하나로 가는 길은 구불구불한 길이 가득하고 모험 요소가 곳곳에 숨어있는 짜릿한 도로이다. 600여 개의 커브를 굽이굽이 돌아야 하는 데다 차 한 대가 겨우 지나갈 수 있는 다리가 끊임없이 등장하는 탓에 운전에 자신 없는 사람에게는 절대 권하지 않는 코스이지만, 마우이에서 3박 이상을 하고 운전을 좋아한다면 추천한다.

01 하나로 가는 길, 알아두면 좋은 것들 10가지

01 하나로 가는 길에는 작은 폭포와 계곡, 물웅덩이, 트래킹 코스가 많기 때문에 편한 운동화, 수영복과 수건을 준비해가면 좋다.

02 시작점 파이아에서 하나까지는 2~3시간이지만, 곳곳에서 멈추고 하나에서 다시 돌아올 시간까지 생각하면 아침 일찍 떠나는 것이 좋다. 할레아칼라 카헤킬리까지 다녀오려면 시간을 조금 더 넉넉하게 잡아야 한다.

03 마우이 남쪽 도로는 렌터카 통행이 불가능하므로, 다시 돌아오는 시간도 고려해서 일정을 짜야 한다. 하나로 가는 길은 빛이 없어 위험하므로 해가 지기 전에 일정을 끝내는 것이 좋다. 가능하면 식료품과 주유는 파이아에서 미리 해결하자. 하나에도 주유소가 있긴 하지만 더 비싸다.

04 무조건 맑은 날에 출발하자. 하나로 가는 길은 맑은 날과 흐린 날의 풍경도 크게 차이가 나지만, 비가 오면 커브 많은 도로가 굉장히 위험하다. 날씨는 하와이 날씨 정보 사이트에서 마우이 윈드워드 할레아칼라 Windward Haleakala 지역을 참고하면 된다.

홈페이지 www.hawaiiweathertoday.com

05 원 레인 브릿지 One Lane Bridge 는 다리에 먼저 도착한 차에게 우선권이 있다. 반대편에 차가 먼저 도착했다면 다리 앞에 멈춤선이 있으므로 꼭 그곳에 맞춰 정차하여 기다리자.

06   하나로 가는 길에 갈 때는 차 안에 아무것도 보이지 않도록 짐을 정리하고, 물건은 항상 트렁크 안에 넣어두는 것이 좋다.

07   차들이 주차된 곳에는 무언가 볼거리가 있는 경우가 많다. 공간이 있다면 차를 세우고 구경하는 것도 좋지만 주차공간이 협소하여 그냥 지나치게 되는 경우도 많다. 다만, 하나로 가는 길은 한 번 지나친 길을 다시 돌아가기 쉽지 않다.

08   화장실이 자주 없으므로, 이용 가능할 때 바로 이용하는 것이 좋다.

09   하나로 가는 길은 낙석이나 폭우 때문에 길이 망가져 통행할 수 없는 경우가 자주 있다. 출발 전에 마우이섬의 도로 상태를 한 번쯤 살펴보자.

10   마일 마커는 하나로 가는 길의 명소를 찾는 가장 쉬운 방법이다. 운전하면서 마일 마커의 숫자에 주목하자. 요즘에는 GPS를 이용해 명소를 확인할 수 있는 앱들도 있다.

마우이섬

02 하나로 가는 길의 명소들

하나로 가는 길에는 명소를 안내하는 안내판이 없기 때문에, 마일 마커 Mile Marker 를 통해 위치를 파악해야 한다. 마일 마커는 36번 도로에서 360번 도로로 갈아타는 지점에서부터 시작되며, 크기가 작으므로 신경 써서 봐야 한다. 마일 마커는 MM으로 표기하였다.

Twin Falls 트윈 폭포 – MM2

하나로 가는 길에서 첫 번째로 만나게 되는 명소이다. 과일 판매대와 주차장이 있어 쉽게 찾을 수 있으며, 입구에서부터 첫 폭포까지는 약 5~10분 정도 소요된다. 첫 폭포에서 15~20분 정도 걸어 들어가면 조금 더 큰 폭포가 있다. 중간에 물을 몇 개 지나야 하므로 샌들이 적합하다. 왕복 약 1시간 정도 소요되는데, 오전 늦게 출발했고 국립공원에서의 하이킹을 계획하고 있다면 일정 시간 단축을 위하여 지나쳐도 무방하다.

Huelo Lookout 후엘로 전망대 – MM4 직전

MM4가 나오기 직전에 등장하는 과일 판매대. 과일, 아사이볼, 커피 등을 판매하고 있어 잠시 쉬어가기 좋다.

Waikamoi Nature Trail 와이카모이 네이쳐 트레일 – MM9

20~30분이면 다녀올 수 있는 작은 트레일이다. 유칼립투스에서부터 다양한 수종을 볼 수 있으며, 가볍게 산책 겸해서 걷기 좋다. MM9~10 사이에는 작은 다리 옆으로 여름에는 거의 흐르지 않고, 비가 많이 오는 겨울이 되면 볼 수 있는 와이카모이 폭포가 있다.

Travel Information in Maui

Garden of Eden Arboretum
가든 오브 에덴 식물원 - MM10~11 사이

하나로 가는 길 초입에 위치한 식물원으로 이국적인 꽃과 나무 그리고 폭포를 볼 수 있는 멋진 뷰포인트가 매력적인 곳이다. 1시간~1시간 30분이면 둘러볼 수 있으며, 식물에 관심이 있다면 방문해볼 만하다. 어퍼 푸오호카모아 폭포는 식물원 내에서만 조망할 수 있다.

홈페이지 mauigardenofeden.com **주소** 10600 Hana Hiwy, Haiku **전화번호** 808-572-9899 **입장료** 성인 $15, 어린이 $5, 2세 이하 무료 **영업시간** 월~일 08:00~16:00

Haipua'ena Falls
하이푸아에나 폭포 - MM11

MM11 후 다리 근처에 주차된 차들을 발견했다면 그곳이 바로 하이푸아에나 폭포이다. 다리 건너편으로 잘 보면 작은 오솔길이 있는데, 안으로 들어가면 사람들이 수영을 즐기는 꽤 큰 웅덩이와 작은 폭포가 있다.

Kaumahina State Wayside
카우마히나 스테이트 웨이사이드 - MM12

MM12를 지나자마자 작은 공간이 나온다. 피크닉 테이블과 화장실을 이용할 수 있으며, 탁 트인 해안이 바라다보이는 멋진 뷰포인트가 있다.

Honomanu Bay
호노마누 베이 - MM14

MM14를 지나자마자 바로 왼쪽으로 내려가는 길이 있다. 내려가는 길은 비포장도로이고 좁으므로, 4WD로 가거나 13마일 마커를 0.5마일 정도 지나 있는 주차공간에 주차하고 약 5~10분 정도 내려가야 한다. 조류가 강해 수영은 추천하지 않지만, 해변 가까이에서의 물놀이는 괜찮다. MM13 바로 앞에 호노마누 만을 내려다볼 수 있는 뷰포인트가 있다.

Keanae Arboretum
케아나에 식물원 – MM16~17 사이

조용한 케아나에 식물원은 15분 정도 포장된 길을 따라 올라가야 한다. 올라가는 길은 조용한 숲길을 걷는 기분의 트레일으로, 작은 계곡도 만날 수 있다. 식물원이라는 이름답게 커다란 나무들과 하와이의 열대 식물들을 감상할 수 있다. 트레일을 계속 따라가면, 게이트로 막힌 곳이 나오는데 그곳에서 더 진행해도 큰 볼거리는 없다. 게이트 앞의 커브에 주차공간이 있다.

Keanae Peninsula
케아나에 반도 – MM16~17 사이

케아나에 식물원을 지나 조금만 가면, 왼쪽으로 바로 케아나에 반도로 빠질 수 있는 좁은 길이 나온다. 바위가 가득한 해안선이 가득한 풍경 때문에 잠시 들러가는 사람들이 많고, 입구 쪽에 위치한 언티 샌디스 바나나 브레드(Aunty Sandy's Banana Bread)는 꽤 평이 좋은 프루트 스탠드 중 하나이다.

Keanae Overlook 1
케아나에 전망대 1 – MM17~18 사이

케아나에 반도를 내려다볼 수 있는 뷰포인트이다. 식물원을 지나 달려가는 길에 도로 옆으로 작은 공간이 마련되어 있다.

Halfway to Hana
하프웨이 투 하나 – MM18

커다란 표지판 때문에 그냥 지나칠 수 없는 장소이다. 하나로 가는 길에서 반 조금 더 간 장소에 있으며, 이곳은 사실 표지판이라기보다는 간단한 먹거리들을 파는 프루트 스탠드의 광고판이라고 보는 것이 좋다. 주차공간이 있으므로 출출하다면 잠시 들러가도 무방하다.

Keanae Overlook 2
케아나에 전망대 2 – MM19

케아나에 반도를 내려다볼 수 있는 두 번째 포인트. MM19를 조금 지나면 왼쪽으로 주차공간이 있다.

 Upper Waikani Falls
어퍼 와이카니 폭포 – MM19

전망대를 지나 처음 나오는 커브에 있는 폭포로, 수량이 많을 땐 1개의 폭포로 보이고 적을 때는 2개의 폭포로 보인다.

Pua'Aka'a State Park
푸아 아카아 주립공원 – MM22~23 사이

MM22에서 800m 정도 더 달리면 양쪽으로 건물들이 보여 쉽게 알아볼 수 있다. 화장실과 피크닉 시설이 있으며, 화장실 건너편 안쪽으로는 작은 폭포와 수영할 수 있는 물웅덩이가 있다.

Hanawi Falls
하나위 폭포 – MM24

마일마커 24에 위치한 폭포로, 수량이 적을 때는 작은 물줄기 정도거나, 폭포처럼 보이지 않기도 한다. 하지만 수량이 많으면 여러 개의 폭포가 한눈에 들어오는 멋진 폭포이기도 하다. 전날 비가 얼마나 왔느냐에 따라 모습이 많이 달라진다.

Makapipi Falls 마카피피 폭포 – MM25

마일마커 25 근처에 있는 폭포로, 그냥 지나갈 때는 보이지 않지만 주차공간에 차를 세우고 다리 위로 걸어오면 보인다. 다리 위에서 아래로 떨어지는 폭포의 모습을 감상할 수 있다. 난간이 낮으므로 조심해야 한다.

마우이섬

📷 Nihaku Marketplace
니하쿠 마켓 플레이스 - MM28~29 사이

하나에 도착하기 전에 만나는 작은 마켓 플레이스. 간단한 기념품을 파는 가게와 BBQ, 새우요리 등을 하는 가게가 늘어서 있다. 먼 거리를 운전하고 와서 출출하다면 식사할 수 있는 좋은 포인트이다. 하나 마을 내에는 식사할 수 있는 곳이 많지 않으므로, 이곳에서 식사하는 것도 나쁘지 않다.

📷 Hana Lava Tube   하나 라바 튜브

용암 동굴로 들어가 볼 수 있는 투어로, 입장료를 내고 헬멧과 손전등을 받아서 직접 동굴 안으로 들어가 볼 수 있다. 입구에서 들어오는 빛을 제외하면, 동굴 안에는 조명이 전혀 없어 손전등에 의지해야 한다. 동굴 안으로 내려가는 계단과 가드레일이 잘 되어 있으며, 동굴 안은 전체적으로 선선한 편이다.

홈페이지 mauicave.com 주소 205 Ulaino Rd, Hana 전화번호 808-248-7308 입장료 성인 $11.95, 5세 이하 무료 영업시간 월~일 10:30~16:00

📷 Waianapanapa State Park   와이아나파나파 주립공원
— MM32

마우이 동부의 보물 같은 주립공원이다. 아치와 기괴한 바위 모양을 볼 수 있는 트레일, 검은 모래가 인상적인 블랙 샌드 비치, 파도가 많이 치는 날에는 물기둥이 뿜어 오르는 것을 볼 수 있는 블로우 홀 그리고 신비로운 물이 있는 동굴까지, 다양한 자연 현상을 모아놓은 종합선물세트와 같은 느낌이다. 하나로 가는 길에 절대 놓쳐서는 안 되는 포인트.

03 하나 Hana

하와이에서 가장 조용한 마을이라는 별칭을 가진 하나는, 휴식을 방해할 요소가 전혀 없는 청정 지역이다. 하나로 가는 길의 최종 목적지이지만, 하나를 지나 키파홀루까지 가기도 한다.

하나의 해변

Hana Beach Park
하나 비치 파크

하나의 대표 해변. 여행자보다는 하나의 현지인에게 더 인기 있는 해변으로, 주말에는 휴식을 취하는 가족들의 모습을 쉽게 볼 수 있다. 날씨가 맑고 파도가 잔잔할 때는 스노클링도 가능하다.

특징 화장실, 샤워, 피크닉테이블, 수영, 스노클링 **저자 한 마디** 공원 주차시설 이용.

Red Sand Beach
레드 샌드 비치

마우이의 가장 특이한 해변 중 하나로 빨간색 모래를 볼 수 있으며 누드 비치로도 알려져 있다. Uakea Rd 끝에 주차(주차 불가 구역을 잘 살펴야 한다)하고, 정원을 가로지르면 레드샌드 비치로 향하는 트레일이 나타난다. 약 10~15분 정도 소요되며, 길이 좁으므로 조심해야 한다. 트레일을 따라 끝까지 가면 붉은 모래가 있는 레드 샌드 비치를 위에서 조망할 수 있는 곳에 도착한다. 수영은 바위가 만들어 낸 작은 공간 이외에서는 하지 않는 것이 좋다.

특징 빨간색의 모래, 수영 **저자 한 마디** 길거리 주차.

하나에서 쇼핑하기

하나에는 2개의 슈퍼마켓이 마주 보고 있다. 언덕 위에 있는 하나 랜치 스토어와 맞은편 도로 안쪽으로 있는 하세가와 스토어이다. 편의점 수준의 물건과 과일 등을 갖추고 있어 간식거리를 구입하기에 좋다.

- 하나 랜치 스토어(Hana Ranch Store) 주소 1 Mill St, Hana 영업시간 월~일 09:00~19:30
- 하세가와 스토어(Hasegawa Store) 주소 5165 Hana Hwy, Hana 영업시간 월~일 09:00~19:00

하나의 먹거리

$ – $10 이하, $$ – $11~20, $$$ – $21~30, $$$$ – $31 이상(메인코스 기준)

 Barefook Cafe 베어풋 카페 $~$$

하나 해변에 위치한 작은 레스토랑으로 가볍게 먹기에 부담 없는 레스토랑이다. 특히, 이 가격대에 먹을 수 있는 곳이 하나에 거의 없다 보니, 하나 일주를 하는 사람들이 점심을 먹으러 많이 들린다. 음식은 전체적으로 무난하나, 서비스는 거의 기대하지 않는 편이 낫다.

주소 1632 Keawa Pl, Hana(NHana Beach Park) 전화번호 808-446-5732 영업시간 월~일 07:00~20:00

 Hana Ranch Restaurant 하나 랜치 레스토랑 $$~$$$

과거보다는 서비스는 좋아졌다는 평이 있지만, 여전히 음식의 맛은 그리 좋은 평가를 받고 있지 못하다. 뷰나 주차 공간은 잘 마련되어 있어, 별 고민하지 않고 들르기엔 좋다. 다만, 바쁠 때는 서비스마저 별로이므로 한가할 때 방문하는 것을 추천한다.

주소 2 Mill St, Hana 전화번호 808-248-8255 영업시간 월~일 11:00~20:30

하나의 레스토랑

호텔에 딸린 레스토랑을 제외하면, 아래의 두 레스토랑이 정확한 시간을 가지고 오픈한다. 그 외에 푸드트럭 형태의 레스토랑이 몇 곳 더 있으나 오픈 시간이 일정하지 않으므로 직접 가서 확인해봐야 한다. 하나 마을을 떠나 남쪽으로 가는 길에 2~3군데가 있다.

하나의 숙소

 Travaasa Hana
트라바아사 하나

호텔 하나 마우이(Hotel Hana Maui)의 주인이 바뀌면서, 새롭게 단장하고 이름을 변경했다. 일부 리노베이션되었으며, 하나 최고의 럭셔리 호텔로써의 입지를 여전히 유지하고 있다. 바다를 향한 인피니티풀이 인기 있다.

홈페이지 www.travaasa.com/hana 주소 5031 Hana Hwy, Hana 전화번호 808-248-8211 숙박요금 $475~ 리조트피 $175(1인당) 인터넷 리조트피에 포함 주차 리조트피에 포함

 Hana Kai Maui
콘도 하나 카이 마우이

하나의 콘도형 리조트로 바로 앞에 검은 모래 해변이 있다. 레스토랑이 많지 않은 하나에서 주방이 있다는 장점 덕분에 인기를 끌고 있다.

홈페이지 www.hanakaimaui.com 주소 4865 Uakea Rd, Hana 전화번호 808-248-8426 숙박요금 $200~ 리조트피 없음 인터넷 무료 주차 무료

04 하나를 지나서

하나를 지나면 할레아칼라 국립공원이 위치한 키파훌루 지역이 등장한다. 시간이 된다면 이곳까지 방문할 수 있도록 계획을 짜 보도록 하자.

📷 Koki Beach Park 코키 비치 파크

하나 남쪽에 위치한 두 개의 해변 중 하나로 Haneoo Rd를 따라서 위치해 있다. 코키 비치 파크는 주차 공간이 더 넓다 보니 찾는 사람들이 많다. 조류가 심한 편이므로 파도가 있을 때는 수영하지 않는 것이 좋고, 잔잔할 때

도 멀리 가지 않는 것이 좋다. 이곳에서도 일부 빨간 모래를 발견할 수 있으며, 종종 주말에는 현지인들을 위한 푸드트럭들도 생긴다.

특징 샤워시설, 수영 **저자 한 마디** 도로를 따라 넓은 주차 공간이 있다.

Hamoa Beach 하모아 비치

하모아 비치는 미국에서 가장 아름다운 해변 10선에 들었을 정도로 숨은 보석 같은 해변으로 유명해 함께 찾는 사람이 많다. 주차공간이 상대적으로 부족한데, 길거리 주차를 하고 계단을 따라 내려가야 한다. 트라비아사 하나 호텔에서 편의 시설을 제공한다.

특징 샤워시설, 화장실, 수영 **저자 한 마디** 도로 옆으로 주차를 할 수 있는 공간이 있으나 많지 않다.

Wailua Falls 와일루아 폭포

원레인 브릿지를 지나 왼쪽으로 주차한 차들이 많아 쉽게 알아볼 수 있는 폭포로 잠시 들러 폭포를 감상하거나 수영을 하는 사람들에게 인기 있는 곳이다. 공식적으로 내려가는 길은 없지만, 사람들이 만들어 놓은 작은 길을 통해 내려가 볼 수 있다.

Travel Information in Maui

Haleakala National Park Kipahulu Area
할레아칼라 국립공원 키파훌루 지역

할레아칼라 국립공원 키파훌루 지역에 대한 정보는 ▶ P. 412 를 참고하자. 가장 큰 볼거리가 폭포이기 때문에 우기에 가는 것이 가장 좋지만, 때때로 비나 가뭄으로 트레일을 임시 폐쇄하기도 하므로 가기 전에 미리 국립공원 홈페이지를 참고하자.

Palapala Ho'omau Congregational Church
팔라팔라 호오마우 교회

하나 하이웨이의 렌터카 진입 불가지역 직전에 있는 곳으로, 녹색 지붕을 한 교회이다. 팔라팔라 호오마우 교회의 묘지에는 뉴욕에서 파리까지 대서양 횡단 비행을 세계 최초로 성공한 찰스 린드버그의 무덤이 있다. 하나로 가는 길의 마지막 볼거리이지만, 비행사에 큰 관심이 있는 사람이 아닌 이상 굳이 갈 필요는 없다. 별도의 주소는 없으나, 마일마커 41을 지나서 나타나며 안내 표지판이 무척 작다.

마우이 남쪽 도로, 지나갈 수 있을까?

팔라팔라 호오마우 교회를 지나면 바로 비포장도로가 시작된다. 이름은 피일리니 하이웨이 Piilini Hwy 이지만, 실제로는 속도를 10~20km밖에 낼 수 없는 비포장도로의 연속이다. 거기다가 시야가 거의 나오지 않는 위험한 커브 구간도 존재한다. 일방통행만 가능할 정도로 폭이 좁은 구간이 대다수이지만, 실제로는 양방향인 데다가 커다란 트럭도 수시로 지나가는 도로이다. 때문에 사고 가능성이 높고, 차량이 손상될 가능성이 높아 할레아칼라 국립공원이 있는 키파훌루 Kipahulu 지역에서 누우 Nuu 지역까지의 31번 도로는 렌터카 회사에서 운행을 제한하고 있다. 제한 지역이니만큼 보험에서 제외되어 있어, 이 지역에 렌터카로 진입했다가 타이어가 펑크 나거나 사고가 났을 때는 전혀 보상을 받을 수 없다. 비가 오면 수시로 닫히기 때문에, 할레아칼라 국립공원 홈페이지 및 방문자 센터의 보드에서 도로 정보를 확인해야 한다.

지도상으로 얼핏 보면 이 길이 하나로 가는 길을 되돌아가는 것보다 짧아 보이지만, 비포장도로에서 속도를 낼 수 없기 때문에 실제로 단축되는 시간은 그리 길지 않다. 이 길로 다녀온 사람들이 꽤 있기는 하지만, 모두 길에서 발생하는 모든 문제를 자신이 책임질 각오를 하고 다녀온 사람들이다. 마우이의 또 다른 면을 볼 수 있는 길이지만, 문제가 발생했을 때를 생각한다면 왔던 길을 되돌아가는 것이 좋다.

Area 10 Haleakala National Park
할레아칼라 국립공원과 근교

마우이에 가는 사람이라면 꼭 한번 다녀온다는 할레아칼라 국립공원의 할레아칼라는 '태양의 집'이라는 뜻이다. 힘든 여정이지만 잊지 못할 아름다운 광경을 간직할 수 있는 할레아칼라는 단연 마우이의 하이라이트이다. 새벽 2~3시에 일어나서 왕복 5~6시간을 달려야 하는 대장정이지만, 웅장한 일출을 보고 나면 피로도 싹 잊힌다.

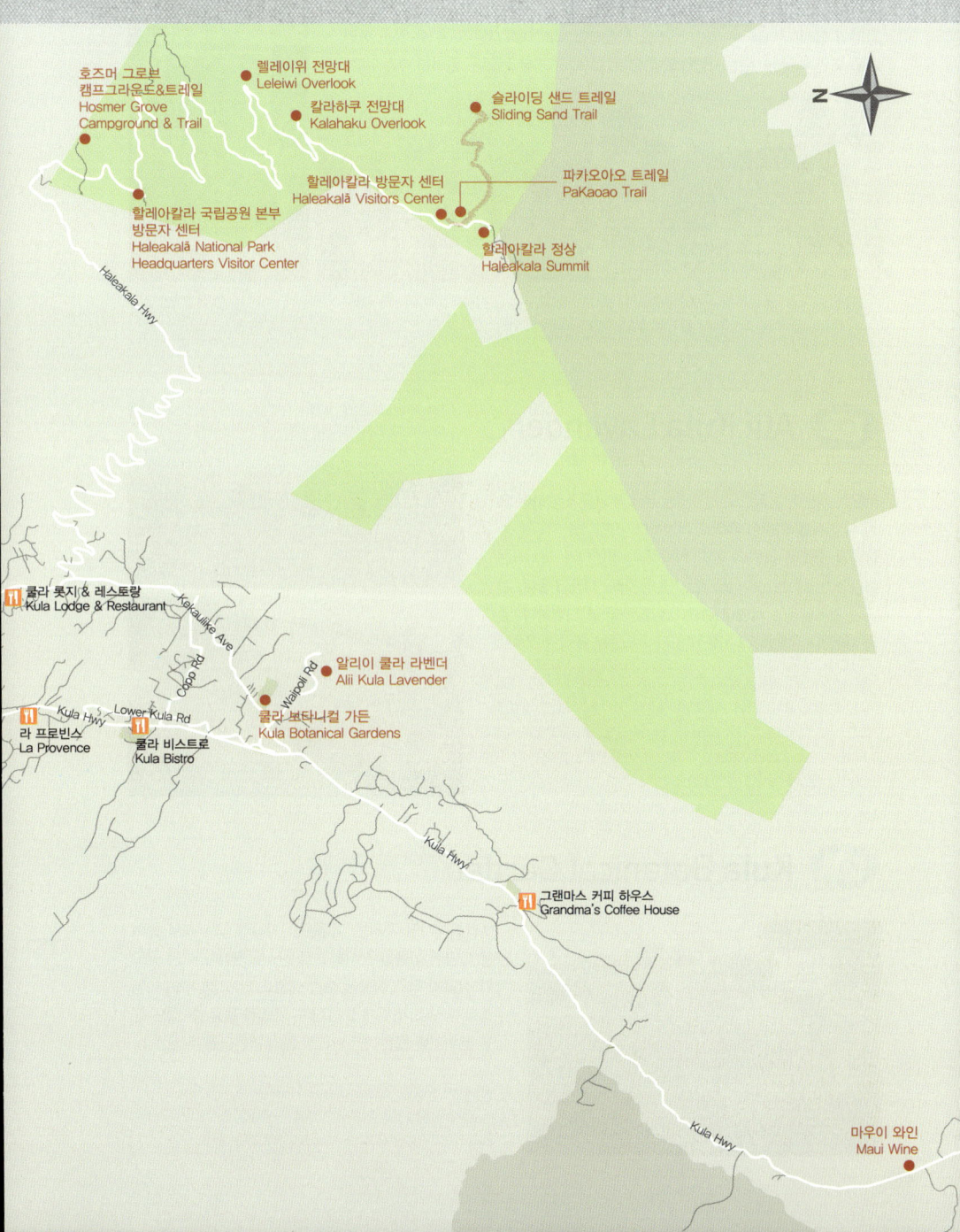

할레아칼라 국립공원과 근교의 볼거리

Maui Wine 마우이 와인

마우이에 하나밖에 없는 와이너리로 쿨라 하이웨이 남쪽에 위치한다. 마우이 와인까지 가는 도로도 아름다우며, 정원 같은 풍경 속에 자리 잡고 있어서 할레아칼라와 함께 다녀올 수 있는 코스로 적합하다. 마우이에서만 맛볼 수 있는 파인애플 와인 때문에 가는 사람들도 있으나, 그 외의 기본 와인은 평이한 수준이다.

홈페이지 www.mauiwine.com 찾아가기 14815 Piilani Hwy, Kula 전화번호 808-878-6058 개방시간 월~일 10:00~17:30 가이드투어 와이너리 무료투어 월~일 10:30, 13:30, 시음 $10~15

Alii Kula Lavender 알리이 쿨라 라벤더

마우이 라벤더 농장으로 하루 5번 유료 투어를 진행하며 요청 시 카트를 이용한 투어도 가능하다. 라벤더를 키우는 농장답게 곳곳에 라벤더 향이 가득하다. 라벤더가 개화하는 여름에 방문하는 것이 좋지만, 1년 중 어느 때라도 좋다. 기념품 가게에서는 라벤더 관련 다양한 상품을 판매하며, 옆의 카페에서 간단하게 차를 마시거나 스콘을 즐길 수 있다.

홈페이지 www.aliikulalavender.com 주소 1100 Waipoli Road, Kula 전화번호 808-878-3004 개방시간 월~일 09:00~16:00 입장료 성인 $3, 12세 이하 무료 가이드투어 월~일 9:30, 10:30, 11:30, 13:00, 14:30, / 성인 : 현장 지불 시 $12 / 사전예약 : $10 카트투어 10:30, 14:00 / 성인 $25(사전 예약 필수)

Kula Botanical Garden 쿨라 보타니컬 가든

하와이에서만 자라는 식물뿐만 아니라, 외부에서 들여온 다양한 식물을 전시하고 있는 식물원이다. 다만 규모가 상당히 작고 식물에 대한 설명도 많지 않다 보니, 입장료가 다소 비싸게 느껴진다. 가볍게 들를 수 있는 정원 분위기를 원한다면 알리이 쿨라 라벤더를 추천한다.

홈페이지 www.kulabotanicalgarden.com 주소 638 Kekaulike Ave, Kula 전화번호 808-878-1715 개방시간 월~일 09:00~16:00 입장료 성인 $10 / 6~12세 $3 / 6세 미만 : 무료

할레아칼라 국립공원과 근교의 먹거리 $ - $10 이하, $$ - $11~20, $$$ - $21~30, $$$$ - $31 이상(메인코스 기준)

Kula Lodge & Restaurant 쿨라 롯지 & 레스토랑 $$~$$$

쿨라 롯지는 할레아칼라에서 일출을 보고 내려온 사람들이 아침식사를 하기 위해 많이 들르는 레스토랑이다. 카훌루이로 향하는 길목 왼편에 있어서 찾아가기 쉽다. 음식은 전체적으로 평범한 편이지만, 창가나 야외석에서 내려다보는 풍경이 환상적이어서 인기 있다. 아침식사는 7시부터 11시까지이다.

홈페이지 www.kulalodge.com 주소 15200 Haleakala Highway, Kula 전화번호 808-878-1535 영업시간 월~일 07:00~20:30

Grandma's Coffee House
그랜마스 커피 하우스 $~$$

할레아칼라에서 일출을 본 후 현지인들 틈에서 아침식사를 즐기고 싶다면 조금 남쪽으로 달려 그랜마스 커피 하우스를 찾아가보자. 현지에서 재배한 재료로 만들어 당연히 맛있지만, 점심나절의 샌드위치나 직접 재배해서 로스팅까지 마친 커피도 맛이 꽤 괜찮다. 지나가는 길에 잠깐 들러 파이 등을 사기에도 좋다.

홈페이지 www.grandmascoffee.com 주소 9232 Kula Highway, Kula 전화번호 808-878-2792 영업시간 월~일 07:00~17:00

Kula Bistro 쿨라 비스트로 $$~$$$

저자 추천

할레아칼라 일출을 감상한 뒤, 맛있는 아침식사를 원한다면 쿨라 비스트로는 괜찮은 선택이다. 특히 에그 베네딕트와 블루베리 프렌치 토스트가 맛있다. 단 월요일은 아침식사가 되지 않는 것을 기억하자. 점심은 주로 샌드위치 위주이며, 저녁식사는 스테이크 및 생선요리들이 메인이다. 최근 인기가 많다 보니 줄을 서는 경우도 잦다.

홈페이지 www.kulabistro.com 주소 4566 Lower Kula Rd, Kula 전화번호 808-871-2960 영업시간 월 11:00~20:00, 화~일 07:30~10:30, 11:00~20:00

할레아칼라 국립공원 여행

할레아칼라 국립공원은 2곳으로 나뉘어 있는데 서로 연결되어 있지 않다. 한 곳은 일출을 볼 수 있는 할레아칼라 정상으로 올라가는 길이고, 또 한 곳은 마우이 동쪽 하나(Hana)를 지나서 만날 수 있는 키파훌루이다. 오헤오 협곡이 있는 키파훌루는 마우이에서도 외진 곳이라 찾아가는 사람이 많지 않지만, 보석 같은 풍경을 간직하고 있어 하나로 가는 길을 달린다면 꼭 한번 방문해 봐야 할 장소이다.

01 할레아칼라 일출 여행 준비하기

할레아칼라 국립공원의 일출을 보러 가기 전에 먼저 알아두어야 할 것은 바로 일출 시간과 날씨 그리고 소요 시간이다. 삼박자가 모두 갖춰져야만 할레아칼라 일출의 감동적인 순간을 마주할 수 있다.

홈페이지 www.nps.gov/hale **입장료** 차량당(탑승자 포함) $20 / 오토바이 $15 / 개인(자전거, 도보) $10(3일간 유효) – 신용카드만 가능. **개방시간** • 파크 헤드쿼터 방문자 센터(Park Headquaters Visitor Center) : 07:00~15:45 • 할레아칼라 방문자 센터(Haleakala Visitor Center) : 05:30~15:00 • 키파훌루 방문자 센터(Kipahulu Visitor Center) : 09:00~17:00 **저자 한 마디** 2017년 2월 1일부터 할레아칼라 국립공원의 일출은 예약제로 변경되었다. 새벽 3시에서부터 7시 사이에 국립공원에 입장하기 위해서는 사전에 인터넷을 통해 예약해야 하며, 차량당 $1.50의 예약비용이 부과된다. 일출 입장 예약은 하루 당 총 150의 차량이 가능하며, 60일 전에 120대 그리고 2일 전에 30대가 가능하다. 그러므로 60일 전 예약 기회를 놓쳤다면, 2일 전 예약 기회에 도전해야 한다. 새벽 3시~7시에는 예약 없이 할레아칼라 국립공원의 입장이 불가능하나, 그 외 시간에는 자유롭게 입장 가능하다. 예약은 www.recreation.gov에서 Haleakala National Park Summit Sunrise Reservations를 검색하여 진행하면 된다.

01. 할레아칼라 일출 여행 준비물

할레아칼라의 정상은 영하 전후로 온도가 떨어지기 때문에 따뜻한 옷을 가져가는 것이 좋다. 캐리어 공간이 넉넉하다면 패딩을 가져가는 것이 최선이겠지만, 여의치 않다면 여러 개의 옷을 껴입고 방한 용도로 호텔의 커다란 타월을 가져가서 담요 대용으로 사용하는 것도 하나의 방법이다.
새벽 일찍 올라가야 하기 때문에 할레아칼라에서 먹을 간단한 음식과 운전하면서 마실 커피를 미리 준비해 놓으면 좋다. 카훌루이를 지나면 주유소를 만날 수 없으므로 미리 가득 주유해 두는 것이 필수이며, 대부분의 주유소에서 커피를 판매한다. 해발 3,000m가 넘는 곳까지 올라가는 것이기 때문에 고산 증상이 올 수 있으므로 출발하기 전에 충분한 휴식을 취해야 한다.

02. 할레아칼라 국립공원 일출 및 일몰 시간

날짜	일출	일몰	날짜	일출	일몰
1월 1일	6:56am	6:00pm	1월 15일	6:58am	6:10pm
2월 1일	6:55am	6:21pm	2월 15일	6:48am	6:29pm
3월 1일	6:39am	6:35pm	3월 15일	6:27am	6:40pm
4월 1일	6:12am	6:49pm	4월 15일	6:00am	6:49pm
5월 1일	5:50am	6:55pm	5월 15일	5:42am	7:01pm
6월 1일	5:38am	7:08pm	6월 15일	5:38am	7:12pm
7월 1일	5:41am	7:16pm	7월 15일	5:46am	7:15pm
8월 1일	5:52am	7:09pm	8월 15일	5:57am	7:01pm
9월 1일	6:02am	6:49pm	9월 15일	6:06am	6:33pm
10월 1일	6:10am	6:19pm	10월 15일	6:14am	6:06pm
11월 1일	6:20am	5:55pm	11월 15일	6:28am	5:49pm
12월 1일	6:38am	5:47pm	12월 15일	6:47am	5:50pm

※ 출처 : 할레아칼라 국립공원 홈페이지

03. 할레아칼라 국립공원 정상까지

할레아칼라로 가기 위해서는 카훌루이에서 37번 도로 Haleakala Hwy 를 타고 동남쪽으로 이동하다가, 377번 도로로 갈아탄다. 남쪽으로 운전하다 보면 할레아칼라 국립공원 표지판과 함께 크레이터스 로드 Crater Rd 가 나온다. 이 도로가 정상 끝까지 이어진다. 만약에 올라가는 도중에 고산병으로 인해 어지럽거나, 속이 메스껍거나, 갑작스러운 두통 등의 증상이 지속되면 내려가는 것을 고려해야 한다. 카아나팔리, 라하이나, 와일레아 등 리조트가 모여있는 지역에서 빠르면 2시간 만에도 할레아칼라의 정상에 도착할 수 있지만, 구불구불한 도로와 조명이 없는 악조건이므로 안전운전이 필요하다. 또한 어두컴컴한데다가 시야가 확보되지 않아 조심하느라 느릿느릿하게 올라가는 차가 앞에 있을 수도 있기 때문에 소요 시간을 조금 넉넉하게 2시간 반 정도로 잡는 것이 좋다. 카팔루아까지는 30분 정도가 더 필요하다. 일출 시간에 딱 맞춰서 도착하기보다는 일출시간보다 30분 정도 일찍 도착하면 여유 있게 준비가 가능하며, 조금 더 일찍 도착하면 밤하늘의 별도 감상할 수 있다. 예정보다 일찍 도착했다면 차 안에서 히터를 켜고 따뜻하게 기다리다가, 일출 시간 조금 전에 올라가서 일출을 맞을 준비를 하는 것도 좋다.

예상 소요 시간

- 카훌루이 : 1시간 40분 • 와일레아 : 2시간 20분 • 카아나팔리/라하이나 : 2시간 30분 • 카팔루아 : 2시간 50분

04. 할레아칼라 날씨

여행기를 보면 많은 사람이 다 일출과 일몰을 보는 데 성공하는 것 같지만, 날씨가 좋지 않아 보지 못하는 경우도 많다. 할레아칼라에 올라가기 전에 미리 날씨를 확인하고 흐림 Cloudy, 비 Rainy 라는 표현이 있을 때는 과감하게 다른 날과 일정을 바꾸자.

forecast.weather.gov/MapClick.php?zoneid=HIZ022 ▶

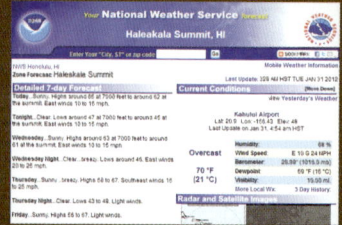

05. 할레아칼라의 일몰

마우이하면 할레아칼라의 일출이 떠오를 만큼 일출이 유명하지만, 일몰을 보러 가는 사람들도 그만큼 많다. 일출의 경우에는 올라가는 길이 위험하다면, 일몰은 내려오는 길이 어두워서 위험하다. 새벽 2~3시에 일어나서 움직이는 것이 부담스러운 사람들에게는 일몰을 추천한다. 보통 일몰 시간에 가는 사람들은 해가 지는 모습뿐만 아니라, 해가 진 이후 밤하늘의 별까지 보기 위해서 할레아칼라를 찾는다. 낮 시간대의 풍경도 예쁘므로 일몰 1~2시간 전에 도착하는 것을 추천한다. 할레아칼라 역시 마우나 케아처럼 천문 관측소들이 설치되어 있어 별을 보기에 최적의 환경이며, 그믐에서 초닷새 정도에는 은하수도 뚜렷하게 볼 수 있다. 별을 촬영할 생각이라면 삼각대를 반드시 챙기자.

06. 낮에 찾는 할레아칼라

할레아칼라로 올라가는 길이 워낙 구불구불하고 험하다 보니, 운전이 미숙한 사람에게는 낮에 할레아칼라를 찾을 것을 권한다. 국립공원으로 들어서는 2,000~3,000m 구간은 도로에 가드레일도 없다. 낮에 할레아칼라 국립공원을 찾으면 할레아칼라의 분화구와 정상에서 내려다보는 멋진 풍경을 제대로 감상할 수 있다는 장점이 있다.

02 할레아칼라 국립공원(할레아칼라 정상)

할레아칼라 국립공원은 일출을 보러 갈 때는 일출을 본 후 내려오면서, 일몰을 보러 갈 때는 올라가면서 포인트들을 들르게 된다.

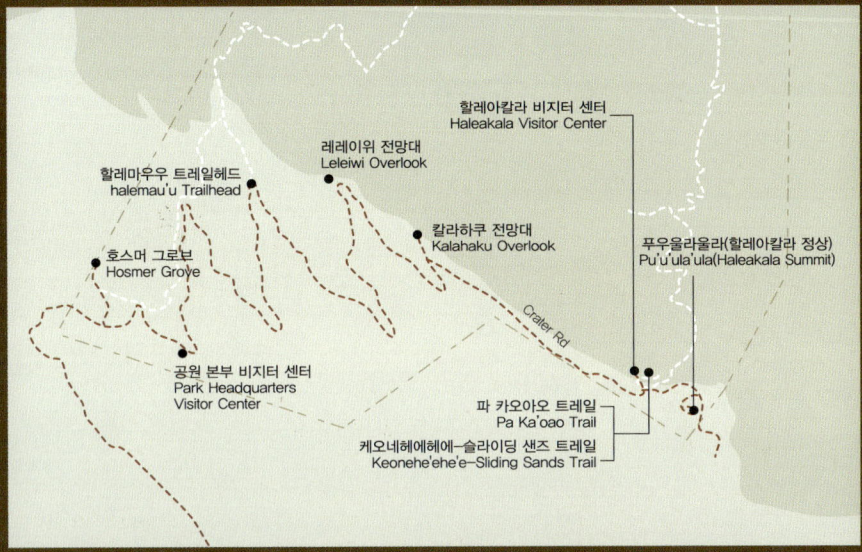

01. 할레아칼라 정상-푸우울라울라 Haleakala Summit - Pu'u'ula'ula

일출과 일몰을 감상할 수 있는 가장 유명한 포인트인 할레아칼라의 정상은 푸우울라울라(붉은 언덕)라는 이름을 가지고 있다. 할레아칼라 방문자 센터에서 도로를 따라 조금 더 올라가면 도착한다. 주차장에 차를 세우고 걸어 올라가면 전망대가 있다. 건물 안은 바깥과 온도차이가 거의 없지만, 바람을 막아줘서 추위가 다소 덜하다. 정상의 높이는 3,055m이다.

02. 할레아칼라 방문자 센터 Haleakala Visitor Center

할레아칼라 정상에 도착하기 전 주차장에 방문자 센터가 있다. 때때로 정상의 주차장이 꽉 차면 길을 통제하므로, 정상이 아닌 방문자 센터 앞에서 일출을 보게 될 수도 있는데 정상에서 보는 것 못지않게 아름다우므로 실망할 필요는 없다. 방문자 센터 안에서는 엽서, 사진 등의 기념품을 판매하며, 안에서 조금 더 따뜻하게 일출을 볼 수 있다.

• 파 카오아오 트레일 Pa Ka'oao Trail

편도 0.2마일(0.32km)의 언덕을 올라가는 짧은 트레일. 정상의 주차장이 꽉 차서 일출을 못 보는 사람들이 이 파 카오아오 트레일의 정상에서 일출을 감상한다. 거리가 짧기 때문에 쉽게 올라갈 수 있지만, 약 30m의 고도 차이가 있다.

• 케오네헤에헤에—슬라이딩 샌즈 트레일 Keonehe'ehe'e – Sliding Sands Trail

분화구의 바로 옆까지 들어가 볼 수 있는 트레일로, 가볍게 걸어보고자 하는 사람들은 출발 지점에서부터 30분 정도까지 내려갔다가 다시 돌아오는 코스를 택한다. 30분 정도면 분화구를 가까이 볼 수 있는 뷰포인트에 도달한다. 내려가는 길은 계속 내리막인 만큼, 되돌아오는 길은 오르막이다. 본격적으로 하이킹을 하는 사람은 편도 5.6 마일(9km)거리의 카팔라오아 캐빈(Kapalaoa Cabin)까지 왕복하거나, 할레 마우우 트레일헤드(HaleMau'u Trailhead)까지 내려가는 루트를 선택하기도 한다. 할레마우우 트레일헤드 앞에는 정상까지 향하는 공식 히치하이킹 장소가 있다. 시간이 허락한다면 일부라도 걸어보기를 추천한다.

03. 칼라하쿠 전망대 Kalahaku Overlook

칼라하쿠 전망대에서는 할레아칼라 정상에서 봤던 풍경을 다른 각도에서 볼 수 있다. 정상에서는 분화구들을 내려다봤다면, 칼라하쿠 전망대에서는 옆에서 조금 더 자세히 볼 수 있다. 내려가거나 올라가는 길에 표지판이 보이면 놓치지 말고 꼭 들르자. 전망대에서 보는 풍경도 멋지지만, 주차장에서 북부 해안을 내려다보는 풍경도 장관이다.

04. 레레이위 전망대 Leleiwi Overlook

전망대 주차장에 차를 세우고 10~15분 정도 걸어가면 레레이위 전망대가 나온다. 전망대에서는 화산의 경사면을 볼 수 있으며, 주차장에서는 북부 해안을 내려다볼 수 있다. 시간이 충분하다면 두 전망대는 꼭 들러보자.

05. 호스머 그로브 Hosmer Grove

할레아칼라 국립공원 입구 바로 앞에 위치한 호스머 그로브에는 할레아칼라의 캠프장과 함께 800m 정도 되는 트레일이 있다. 트레일은 30분 정도 소요되며, 꼭 들러야 하는 곳은 아니지만 다양한 식물과 새들을 관찰할 수 있어 잠시 들러가기 좋다.

할레아칼라에서 자라는 특별한 식물, 은검초 Silversword

은검초는 하와이의 고산지대에서만 자라는 특이한 식물로, 할레아칼라 정상에서 흔히 볼 수 있다. 은색 털이 난 잎의 모양이 칼을 닮았다고 해서 은검초라는 이름이 붙었다. 은검초는 강한 바람과 추위, 뜨거운 태양에도 견딜 수 있지만, 사람들에 의해 멸종위기에 처했다가 현재는 보호식물로 지정되어 있다. 은검초는 보통 50년 정도를 사는데, 생을 마감할 즈음에 단 한 번 꽃을 피우기 때문에 50년에 한 번 꽃을 피운다고 알려졌다. 꽃을 피우는 시기는 보통 7월에서 10월 사이이고, 꽃의 줄기는 약 2m 높이로 자란다. 꽃을 피우고 씨앗을 퍼트린 이후에 은검초는 점점 기운을 잃다가 말라 죽는다.

03 할레아칼라 국립공원 – 키파훌루 Kipahulu

할레아칼라 국립공원 동쪽에 위치한 키파훌루는 할레아칼라 정상과 연결되어있지 않아 별도로 방문해야 하지만, 입장료는 한 번만 지불해도 두 곳 다 입장할 수 있다. 키파훌루는 오헤오 협곡에 있는 폭포와 물웅덩이의 유명세 덕분에 하나로 가는 길 Road to Hana 의 마지막 종착지로 많이 찾는다.

01. 키파훌루 방문자 센터 Kipahulu Visitor Center

키파훌루에 도착하면 제일 먼저 만나게 되는 곳이 키파훌루 방문자 센터이다. 국립공원 내이 트레일 등에 대한 정보를 얻을 수 있으며, 두 개의 중요한 트레일의 시작점이기도 하다.

02. 쿨로아 포인트 트레일 Kuloa Point Trail

쿨로아 포인트 트레일은 오헤오 협곡의 로워 폭포 풀스(Lower Falls Pools)와 연결되는 트레일이다. 로워 폭포 풀스까지 가는 길에는 여러 유적도 발견할 수 있다. 전체적으로 경사가 별로 없어 쉽게 걸을 수 있는 800m 거리의 트레일이다.

03. 오헤오 협곡 Ohe'o Gulch

오헤오 협곡은 협곡 전체의 이름이기는 하지만, 사람들이 말하는 곳은 계단처럼 이어진 폭포가 만들어 낸 여러 개의 웅덩이가 있는 로워 폭포를 의미한다. 우기에는 폭포에서 내려오는 물이 많아, 웅덩이의 크기가 커져 수영을 즐기는 사람도 많다. 다만 비가 많이 온 직후에 수량이 많거나, 건기에 수량이 없어 물이 고여 있기만 할 때는 수영이 금지된다. 일반적으로는 즐겁게 수영을 즐길 수 있지만, 건기에는 추천하지 않는다.

04. 피피와이 트레일 Pipiwai Trail

키파훌루 지역의 하이라이트인 마카히쿠 폭포(Makahiku Falls)와 와이모쿠 폭포(Waimoku Falls)를 볼 수 있는 트레일. 트레일의 시작 지점에서 조금 걸은 뒤에 도로를 건너면 본격적인 트레일 코스가 시작된다. 트레일의 시작으로부터 800m 지점에 마카히쿠 폭포를 볼 수 있는 전망대가 있으며, 조금 더 걸으면 커다란 반얀 트리가 나온다.

트레일의 1.6km 지점에는 팔리케아 스트림을 건너는 다리가 나온다. 다리를 지나면 울창한 대숲이 시작되는데, 사람 키보다 큰 대나무와 그 사이로 쏟아지는 빛이 멋진 분위기를 자아낸다. 숲을 지나 3.2km 지점에는 120m 높이의 와이모쿠 폭포가 그 모습을 드러낸다. 왕복 6.4km의 트레일로 체력에 따라서 2시간 반에서 3시간 반 정도 소요된다. 전체적으로 습하고 미끄러운 진흙땅이니 슬리퍼보다는 가벼운 트래킹화를 신는 것이 좋다. 또한, 모기를 비롯한 벌레가 많으므로 벌레 퇴치제를 가져가면 유용하다. 트레일의 풍경이 상당히 멋진 곳으로, 점심시간을 조금 지나 도착해서 충분한 여유가 있다면 꼭 도전해 볼 만한 트레일이다.

Part 06

Travel Information in Kauai

카우아이섬의 지역별 정보

정원의 섬Garden Isle이라는 별명을 가진 카우아이는 하와이에서 가장 많은 영화가 촬영된 섬으로, 미국에서 가장 아름다운 해안선 중 하나인 나팔리 코스트를 품에 안고 있다. 섬 어느 곳을 가도 녹음이 가득한 카우아이는 도로로 갈 수 있는 곳이 제한되어 있어 보트나 헬리콥터, 트레일 등을 이용해야 구석구석 둘러볼 수 있다.

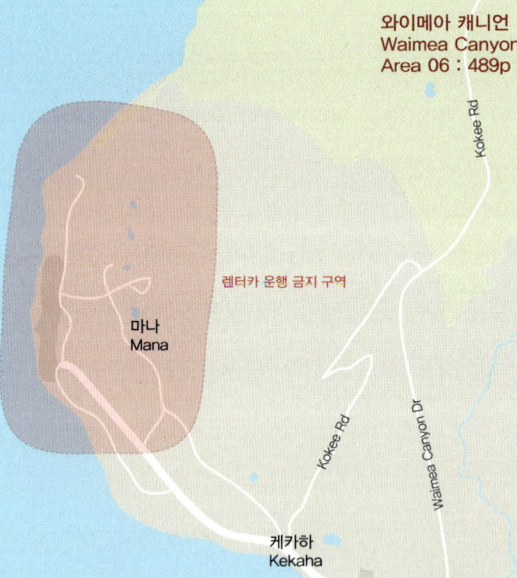

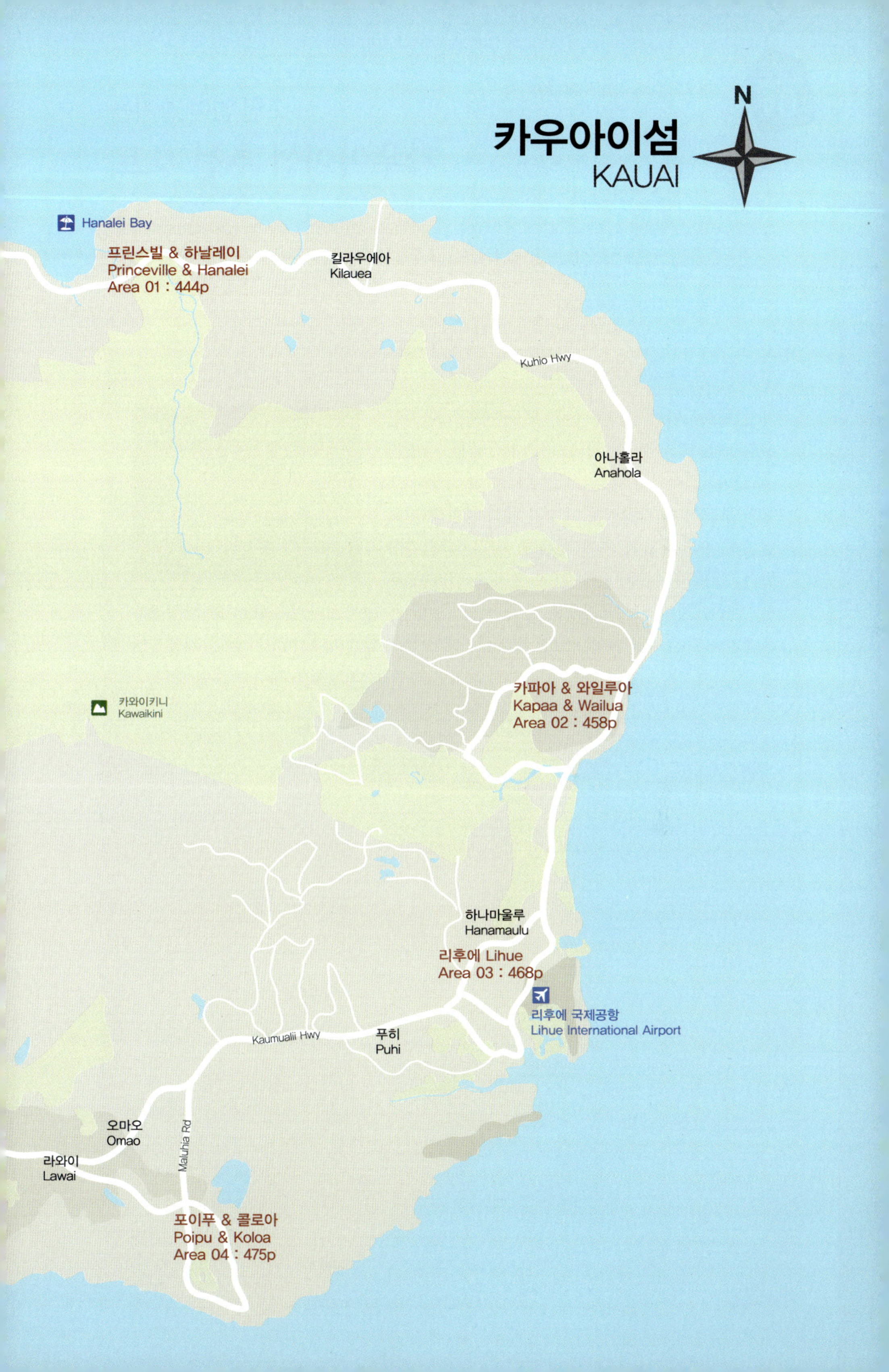

카우아이섬
KAUAI

✈ Hanalei Bay

프린스빌 & 하날레이
Princeville & Hanalei
Area 01 : 444p

킬라우에아
Kilauea

Kuhio Hwy

아나홀라
Anahola

카와이키니
Kawaikini

카파아 & 와일루아
Kapaa & Wailua
Area 02 : 458p

하나마울루
Hanamaulu

리후에 Lihue
Area 03 : 468p

✈ 리후에 국제공항
Lihue International Airport

Kaumualii Hwy

푸히
Puhi

오마오
Omao

라와이
Lawai

Maluhia Rd

포이푸 & 콜로아
Poipu & Koloa
Area 04 : 475p

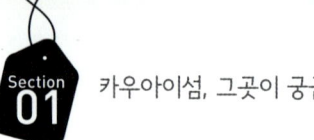

Section 01 카우아이섬, 그곳이 궁금하다!

고민 없이 즐기는
카우아이섬 추천 루트

카우아이에는 일주할 수 있는 도로가 없기 때문에 어느 방향으로 가든지 왔던 길로 다시 돌아와야 한다. 다행히 도로 끝에서 끝까지 이동하는 데 2시간 정도, 북쪽의 프린스빌과 남쪽의 포이푸는 1시간 정도면 왕복할 수 있어 어느 지역에서 숙박하든지 카우아이섬을 즐기는 데에는 불편함이 없다. 모든 루트의 시작 지점은 카우아이의 중심에 위치한 리후에이다.

Route 1 - 카우아이 북부 당일 루트

자연 보호구역인 킬라우에아, 고급 리조트 단지인 프린스빌, 액티비티의 천국 하날레이 베이, 나팔리 코스트를 들여다볼 수 있는 칼랄라우 트레일이 포함된 루트이다. 칼랄라우 트레일 앞의 주차장은 오전 9시만 지나도 꽉 차기 때문에, 아침 일찍 가야 한다. 칼랄라우 트레일을 걷고 일정을 시작한 뒤에, 해변에서의 스노클링으로 땀을 식힐 수 있다. 왕복 4마일(6.4km)의 칼랄라우 트레일을 가지 않을 예정이라면 반나절이면 충분한 일정이다. 파도가 높은 겨울철에는 퀸즈 배스는 위험하므로 절대 가지 말아야 하며, 스노클링도 피하는 것이 좋다.

> 리후에 → 칼랄라우 트레일 입구 및 트래킹(3시간) → 케에 비치(또는 터널스 비치) 스노클링 → 하날레이 베이 → 하날레이 밸리 전망대 → 퀸즈 배스(여름철 한정) → 킬라우에아 등대

Route 2 - 카우아이 남부 당일 루트

카우아이 남부의 하이라이트는 다름 아닌 와이메아 캐니언이다. 이 일정을 즐기기 위해서 먼저 아침 일찍 호텔을 나선 후 와이메아 마을에서 가볍게 먹을 도시락을 챙기자. 웅장함에 넋을 놓게 되는 대협곡 와이메아 캐니언과 칼랄라우 계곡이 내려다보이는 코케에 주립공원에 올라 멋진 풍경을 감상하자. 돌아오는 길에는 하나페페 마을에 들러 거리를 걸어 보고, 포이푸 서쪽의 스파우팅 혼을 본 뒤 포이푸 비치 또는 라와이 비치에서 스노클링을 즐기는 것으로 일정은 마무리된다.

> 리후에 → 와이메아 마을 → 와이메아 전망대 → 푸우 히나히나 전망대 → 칼랄라우 전망대 → 하나페페 → 트리터널 → 스파우팅 혼 → 포이푸(또는 라와이) 비치 스노클링

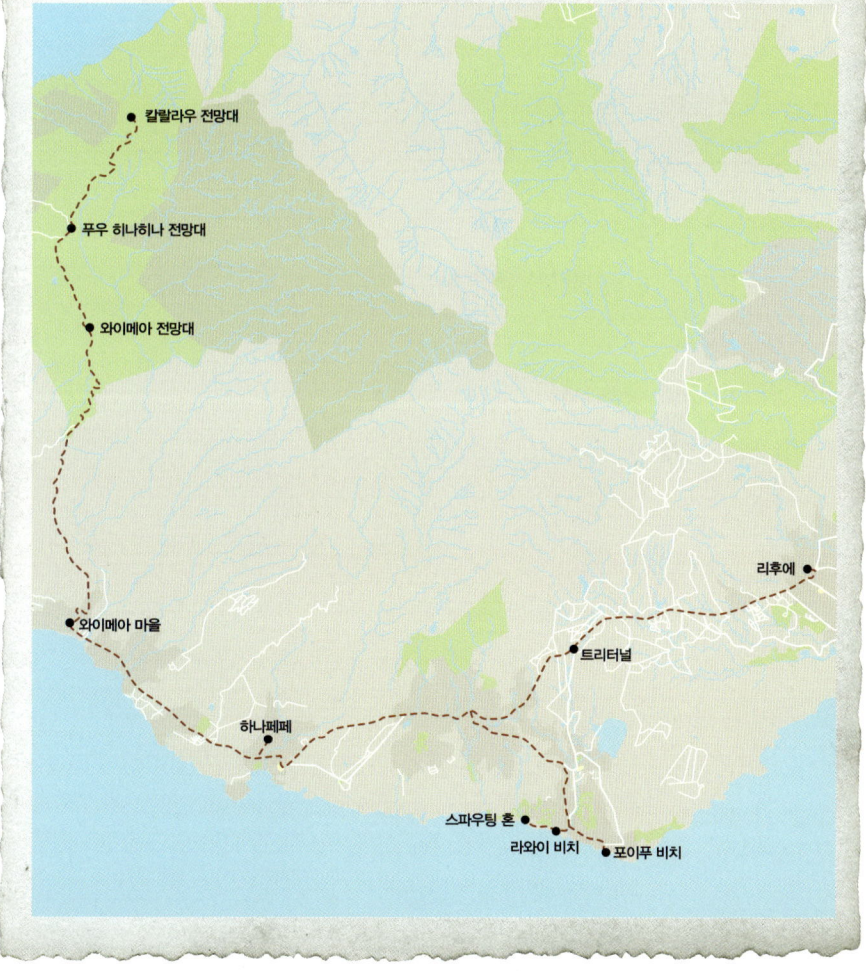

Route 3 - 카우아이 동부 당일 루트

카우아이를 여행하다 보면 항상 지나는 동부 지역을 자세하게 둘러보는 루트이다. 카우아이의 대표적인 풍경인 오파에카아 폭포와 와일루아 강 그리고 와일루아 폭포

> 리후에 → 와일루아 강(투어 2~4시간) → 오파에카아 폭포 전망대 → 카파아 마을 → 와일루아 폭포 → 리후에

를 한 번에 방문해 볼 수 있다. 보트 또는 카약 투어를 이용해 와일루아 강과 고사리동굴(또는 시크릿 폭포)를 구경하고, 전망대에서 오파에카아 폭포를 감상할 수 있다. 카파아에서 가볍게 점심을 먹고, 와일루아 폭포와 리후에 시내를 둘러보면 된다.

카우아이에서 즐기는 액티비티

나팔리 코스트 투어

01 나팔리 코스트 크루즈/보트 투어

나팔리 코스트의 아름다운 모습을 감상할 수 있는 가장 쉬운 방법이다. 카우아이에서 출발하는 크루즈 투어의 주목적은 나팔리 코스트를 보는 것이지만, 투어회사에 따라서 다양한 추가 옵션을 제공한다. 오전 투어의 경우 스노클링을 할 수 있으며, 오후 투어의 경우 일몰을 보며 식사를 하는 것이 일반적이다. 보통 투어 중에는 돌고래와 거북이를 자주 볼 수 있고, 겨울 시즌에는 혹등고래도 관찰할 수 있다.

보통은 크루즈를 많이 이용하지만, 튼튼한 허리와 엉덩이를 가진 사람이라면 래프트 보트를 이용한 투어도 선택해 볼 만 하다. 작은 보트 위에 앉아서 파도의 충격을 온몸으로 견뎌야 하지만, 대신 다양한 바다 동굴과 좋은 스노클링 포인트 등 큰 배가 갈 수 없는 곳을 갈 수 있다는 장점이 있다.

나팔리 코스트를 사진에 담는 것이 주목적이라면 오후에 출발하는 투어를 선택하는 것이 좋다. 보통 여름 오전에 바다가 가장 잔잔하기는 하지만, 역광이기 때문에 나팔리 코스트의 멋진 풍경이 사진에 잘 담기지 않는다. 반면에 오후 나절에는 나팔리 코스트가 빛을 받아 그 모습을 제대로 드러낸다. 나팔리 코스트에서 일몰까지 보며 식사까지 하는 투어가 인기 있다.

- 캡틴 앤디스 세일링 어드벤처스 Captain Andy's Sailing Adventures 홈페이지 www.napali.com 전화번호 808-335-6833
- 블루 돌핀 차터스 Blue Dolphin Charters 홈페이지 kauaiboats.com 전화번호 808-335-5553
- 홀로 홀로 차터스 Holo Holo Charters 홈페이지 www.holoholokauaiboattours.com 전화번호 808-335-0815
- 카우아이 시 투어스 Kauai Sea Tours 홈페이지 www.kauaiseatours.com 전화번호 808-733-7997

02 카우아이 헬리콥터 투어

하와이에서 최고의 헬리콥터 투어를 경험하고 싶다면 단번에 카우아이를 추천할 정도로 카우아이의 비경은 말로 표현하기 어렵다. 가장 기본적인 루트는 리후에 공항에서 시작해 하나페페 밸리, 와이메아 캐니언, 나팔리 코스트, 북부 해안을 도는 것으로 약 50~60분 정도 소요된다. 이 루트를 도는 동안에 최소 10개 이상의 폭포가 눈에 들어오는데, 비가 많이 온 다음 날에는 물이 흐르는 폭포의 숫자가 2배로 늘어난다. 조금 더 비싼 헬리콥터 투어에서는 영화촬영지 등 카우아이 내의 지정된 장소에서 잠시 내려 관광을 하거나, 섬의 곳곳을 좀 더 자세하게 둘러볼 수 있다. 날씨 좋은 날 헬리콥터 투어를 한다면 카우아이섬을 사랑하지 않을 수 없을 정도로 멋진 장관이 펼쳐진다. 블루하와이안이 가장 평이 좋다.

- 블루 하와이안 Blue Hawaiian 홈페이지 www.bluehawaiian.com 전화번호 808-245-5800
- 잭 하터 헬리콥터스 Jack Harter Helicopters 홈페이지 www.helicopters-kauai.com 전화번호 808-245-3774
- 아일랜드 헬리콥터 Island Helicopte 홈페이지 www.islandhelicopters.com 전화번호 808-245-8588
- 사파리 헬리콥터 투어 Safari Helicopters 홈페이지 www.safarihelicopters.com 전화번호 808-246-0136

카우아이 무비 투어

카우아이에서 촬영된 대표적인 영화 촬영지들을 둘러보는 투어이다. 카우아이에서 촬영된 다양한 영화 중 식스데이즈 세븐 나잇, 쥬라기 공원, 캐리비안의 해적, 디센던트 정도가 익숙한 영화이고, 그 외의 영화들은 우리에게는 익숙하지 않은 오래된 영화들이라 실망하는 사람도 많다. 대부분의 장소가 렌터카로도 갈 수 있지만, 쥬라기 공원 및 캐리비안의 해적이 촬영된 장소는 투어를 통해서만 갈 수 있다.

로버츠 하와이 홈페이지 www.robertshawaii.com/kauai/hawaiimovietour.php 전화번호 808-539-9400

와일루아 강 투어

01 스미스 고사리 동굴 투어

고사리 동굴까지 가는 동안 크루즈 안에서 훌라댄스 공연과 함께 훌라댄스를 배워볼 수 있으며, 고사리 동굴 앞에서는 역사를 설명해주는 가이드와 함께 전통 음악을 감상할 수 있다. 2일 전까지 온라인으로 예약하면 10% 할인을 받을 수 있으며, 현장에서 티켓 구입도 가능하다.

스미스 고사리 동굴 투어 Smith's Fern Grotto Tour 홈페이지 www.smithskauai.com 전화번호 808-821-6895 투어시간 09:30, 11:00, 14:00, 15:00 가이드투어 성인 $20, 3~12세 : $10, 2세 이하 : 무료

02 카약

카약을 이용해서 고사리 동굴뿐만 아니라 울루웨히 폭포, 숨은 계곡 등을 갈 수 있다. 여러 카약 업체에서 카약 대여 및 가이드투어를 제공하고 있으므로, 원하는 회사를 선택하면 된다. 카약에 익숙하지 않으면 가이드 투어를 이용하는 것이 좋으며, 약 4~5시간가량이 소요되므로 체력도 충분해야 한다.

- 카약 와일루아 Kayak Wailua 홈페이지 www.kayakwailua.com 전화번호 808-822-3388
- 카약 카우아이 Kayak Kauai 홈페이지 www.kayakkauai.com 전화번호 808-826-9844
- 와일루아 카약 어드벤처스 Wailua Kayak Adventures 홈페이지 www.wailuakayakadventure.com 전화번호 808-639-6332

스노클링

카우아이의 스노클링은 파도의 영향을 많이 받는다. 스노클링을 하러 가기 전에 파도와 날씨를 확인하는 것도 중요하지만, 계절에 따른 파도를 미리 알고 있으면 해변을 선택하기 좋다. 일반적으로 북부 해변은 여름이 잔잔하고, 남부 해변은 겨울이 잔잔하며, 동부 해변은 일 년 내내 평균적이다. 다행히도 카우아이에는 좋은 스노클링 스팟이 섬 전체적으로 퍼져있으므로 큰 걱정은 하지 않아도 된다. 카우아이에는 스노클링 장비 대여업체가 곳곳에 있고, 리후에에 있는 월마트나 케이 마트에서 개인 장비를 구입해도 된다.

스쿠버 다이빙

카우아이의 유명한 스쿠버 다이빙 포인트는 대부분 섬에서 다소 떨어져 있기 때문에, 2-3탱크 다이브를 하는 보트 투어에 참여하는 것이 좋다. 겨울에는 날씨 때문에 포인트가 남쪽 해안으로 제한되지만, 여름부터는 북쪽의 유명한 포인트들에서 다이빙을 할 수 있다. 해변에서 하는 쇼어 다이브는 남쪽 쉐라톤 앞 바다 주변, 케에 비치 주변 등에 유명한 포인트가 다수 있다.

- 버블 빌로우 스쿠바 차터스 Bubble Below Scuba Charters 홈페이지 bubblesbelowkauai.com 전화번호 808-332-7333
- 팬텀 파이브 오션 퀘스트 Fathom Five Ocean Quest 홈페이지 www.fathomfive.com 전화번호 808-742-6991
- 시스포트 다이버스 Seasport Divers 홈페이지 www.seasportdivers.com 전화번호 808-742-9303

서핑

카우아이의 가장 유명한 서핑 스팟은 겨울철의 하날레이 베이지만, 서핑에 익숙한 사람을 위한 곳이다. 만약 서핑에 익숙하지 않은 초보자라면 가장 서핑을 배우기에 좋은 봄이나 가을의 하날레이 베이, 남쪽의 포이푸 해변을 찾자. 하날레이와 포이푸에는 서핑스쿨이 곳곳에 있어 서핑 수업을 받거나 서핑보드를 대여할 수도 있다.

골프

카우아이는 다른 섬들보다 전체적으로 골프 코스의 숫자가 적은 편이기는 하지만, 각 리조트 단지마다 특별한 골프 코스를 가지고 있기 때문에 골프를 좋아하는 사람들도 충분히 만족할 수 있는 섬이다. 주로 오전에 플레이하는 것이 좋으며, 골프 코스에 따라 트와일라잇 및 늦은 오후 요금을 운영하며 적용 시간은 골프 코스 및 계절에 따라 조금씩 다르다. (2018년 3월 기준)

01 호쿠알라 오션 코스 Hokuala Ocean Course

2012년에도 다양한 골프 관련 수상을 한 바 있는 골프 코스로, 리후에 시내에서 가까운 메리어트 리조트 옆에 위치한다. 9홀과 18홀을 따로 즐길 수 있으며, 잭 니클라우스가 디자인하고 2011년에 리노베이션한 코스들은 아름답기로 소문이 나 있다.

홈페이지 www.kauailagoonsgolf.com **주소** 3351 Hoolaulea Way, Lihue **가격** 일반 07:00~11:00 $208, 11:00~14:00 $177, 14:00~ $136 **코스** 18홀, 파 71

02 와일루아 Wailua

1930년에 처음 생겼을 당시 9홀로 디자인되었으며, 1961년에 9홀이 추가되어 현재의 18홀 코스가 완성되었다. 어려운 도전보다는 즐겁게 골프를 치는 것에 중점을 둔 코스로, 주말에는 현지인들로 붐빈다. 2명 이상이서 칠 생각이라면 미리 예약해야 한다.

홈페이지 www.kauai.gov/golf **주소** 3-5350 Kuhio Hwy, Lihue **가격** 주중 $48, 주말 $60, 주중 트와일라잇 $24, 주말 트와일라잇 $30 **코스** 18홀, 파 72

03 프린스빌 인 하날레이 Princeville in Hanalei

프린스빌 리조트 단지 동쪽에 위치한 코스로 하와이 최고의 골프 코스 및 미국의 100대 골프 코스로도 선정된 바 있다. 각각의 홀마다 자연을 잘 활용한 특별함이 돋보이며 멋진 바다 풍광이 일품이다.

홈페이지 www.princeville.com **주소** 5-3900 Kuhio Hwy, Princeville **가격** 일반 $260, 게스트 $190, 트와일라잇 $170 **코스** 18홀, 파 72

04 마카이 Makai

• 마카이 코스 Makai Course

프린스빌 리조트 단지 내 서쪽에 위치한 골프 코스로 주변 리조트들이 한눈에 들어오는 코스이다. 리조트 단지와 골프 코스가 유기적으로 잘 엮여있다.

홈페이지 www.makaigolf.com **주소** 4080 Lei O papa Rd, Princeville **가격** 일반 $295, 게스트 $225 **코스** 18홀, 파 72

• 우즈 코스 Woods Course

보다 쉬운 코스로 리조트 단지 동쪽에 위치한다. 조금 더 저렴한 가격으로 훌륭한 플레이를 할 수 있는 코스.

홈페이지 www.makaigolf.com **주소** 4080 Lei O papa Rd, Princeville **가격** 일반 $65 **코스** 9홀, 파 36

05 키아후나 Kiahuna

로버트 트랜트 존스 주니어가 디자인한 이 코스는 과거 하와이안 빌리지의 모습을 코스에 녹여 즐거움을 느낄 수 있다. 코스 곳곳에서 유적의 일부를 발견할 수 있다. 현지인과 관광객이 반반인 코스.

홈페이지 www.kiahunagolf.com **주소** 2545 Kiahuna Plantation Drive, Koloa **가격** 일반 $96, 트와일라잇 $60(16:00~) **코스** 18홀, 파 70

06 포이푸 베이 Poipu Bay

그랜드 하얏트 리조트 옆에 위치한 골프 코스로 가장 현대화된 시설을 갖추고 있다. 1994년부터 2006까지 PGA 그랜드 슬램 오브 골프가 열렸으며, 그 외에도 다양한 경기가 열린 코스이다.

홈페이지 www.poipubaygolf.com **주소** 1571 Poipu Rd, Koloa **가격** 일반 $250, 게스트 $180, 11:00~ $170, 13:00~ $135 **코스** 18홀, 파 72

07 쿠쿠이올로노 파크 Kukuiolono Park

주말이면 현지인으로 복작대는 9홀 골프 코스. 특이한 점이 없지만, 단돈 $9에 9홀을 즐길 수 있어 큰 인기를 끌고 있다. 별도의 티 타임이 없어 사람이 몰리는 주말은 꼭 피할 것.

주소 854 Puu Rd, Kalaheo 가격 일반 주중 $10, 주말 $12 코스 9홀, 파 36

하이킹

하와이의 가장 유명한 하이킹 코스인 칼랄라우 트레일이 바로 카우아이에 위치한다. 그 외에도 카우아이에는 수많은 트레일들이 있는데, 그중 사람들이 많이 찾는 곳들을 소개한다.

01 칼랄라우 트레일 Kalalau Trail

나팔리 코스트를 경험할 수 있는 최고의 트레일 코스이며, 끝까지 걸으려면 1박 2일 또는 2박 3일을 준비해야 하며 퍼밋을 따로 받아야 한다. 대부분의 여행자들은 트레일을 끝까지 걷지 않고, 왕복 4마일 거리의 해변까지 다녀온다. ▶ P. 453

- 코스 1 거리 왕복 22마일(35.2km) 소요시간 1박 2일 또는 2박 3일
- 코스 2 거리 왕복 4마일(6.4km) 소요시간 2~3시간

02 슬리핑 자이언트 트레일 Sleeping Giant Trail

카우아이 동부의 해변과 마을을 내려다볼 수 있는 트레일. 현지인들에게 특히 더 인기 있는 트레일이다. ▶ P. 461

거리 왕복 2.6마일(4.1km) 소요시간 1시간 반

03 알라카이 스왐프 트레일 Alakai Swamp Trail

코케에 주립공원의 끝에서 시작되는 트레일로, 카우아이에서 가장 습한 지역으로도 유명하다. 늪지대를 지나가게 되며, 트레일의 끝에서는 하날레이 베이를 조망할 수 있다. ▶ P. 492

거리 왕복 8마일(12.6km) 소요시간 5~6시간

카우아이섬의 해변

카우아이의 해변은 파도가 없을 때는 아름다운 에메랄드 빛 바다의 모습을 그대로 드러내지만, 파도치는 카우아이의 해변은 서핑으로 인기를 끈다. 여름과 겨울에 해변을 찾아가는 재미가 있다.

- 케에 비치 Ke'e Beach
- 퀸즈 배스 Queen's Bath
- 시크릿 비치 Secret Beach
- 하날레이 베이 Hanalei Bay
- 하에나&터널스 비치 Haena & Tunnels Beach
- 아니니 비치 Anini Beach
- 리드게이트 비치 파크 Lydgate Beach Park
- 솔트 폰드 비치 파크 Salt Pond Beach Park
- 라와이 비치 Lawai Beach
- 마하울레푸 비치 Mahaulepu Beach
- 포이푸 비치 Poipu Beach

아름다운 해변

Best 1 포이푸 비치 Poipu Beach ★★★★★
두 개로 나뉜 해변이 특별한 남쪽의 가장 유명한 해변. 가족 놀이 및 스노클링에 최적.

Best 2 하날레이 베이 Hanalei Bay ★★★★
겨울에는 최고의 서핑 포인트, 여름에는 잔잔한 액티비티를 즐기기 좋은 북부의 인기 해변.

Best 3 리드게이트 비치 파크 Lydgate Beach Park ★★★
피크닉과 수영, 스노클링까지 모두 즐길 수 있는 전천후 해변 공원이다.

BEST 1

카우아이섬

BEST 2

BEST 3

스노클링 해변

Best 1 하에나&터널스 비치 Haena & Tunnels Beach ★★★★★
하에나 비치 동쪽과 터널스 비치는 파도가 잔잔할 시 북부 최고 스노클링 포인트.

Best 2 라와이 비치 Lawai Beach ★★★★★
작은 해변의 바로 앞은 아름다운 물고기가 가득해 인기가 많다.

Best 3 케에 비치 Ke'e Beach ★★★
해변 앞의 바위가 파도를 막아주어 스노클링하기에 적합하다.

Best 4 아니니 비치 Anini Beach ★★★
수심이 깊지 않아 안전한 물놀이를 할 수 있으며, 바다색도 영롱하다.

BEST 1

BEST 2

BEST 3

BEST 4

특별한 해변

Best 1 퀸즈 배스 Queen's Bath ★★★★★
바닷물이 만들어 낸 바위 속 인공 수영장. 파도가 잔잔한 여름에만 갈 수 있다.

Best 2 솔트 폰드 비치 파크 Salt Pond Beach Park ★★★
해변의 바로 옆에 전통 방식의 염전이 있어 작업하는 모습을 볼 수 있다.

Best 3 시크릿 비치 Secret Beach ★★★
작은 오솔길을 따라 내려가야만 만날 수 있다. 킬라우에아 등대가 보이는 해변.

BEST 1

BEST 2

BEST 3

Special

카우아이 해변, 스노클링 완전정복

여름에 카우아이를 방문했다면, 카우아이 전체가 스노클링 스팟이나 다름없다. 겨울 시즌 여행이라면 남부에 위치한 포인트들을 노려보자.

🏖 스노클링 포인트　P 주차공간　▬▬ 트레일

Tunnels Beach 터널스 비치 ★★★★★

카우아이 북쪽 최고의 스노클링 포인트로, 파도가 잔잔한 여름에만 스노클링이 가능하다는 것이 안타까운 곳이다. 터널스 비치 바로 앞에는 C자 모양으로 바위와 산호가 있어 큰 파도들을 막아주며, C자 모양의 안은 중급 이상의 스노클러에게 멋진 스노클링 환경을 제공한다. 만약 초보 스노클러라면 멀리 가는 것보다는, 해변 바로 앞에도 바위와 산호들이 있어 그곳에서 스노클링을 해도 만족할 만하다. 거북이도 상당히 자주 등장한다. 터널스 비치로 바로 연결되는 주차 공간은 골목 형태로 있기는 하나 10대 정도 겨우 주차할 수 있을 정도이기 때문에, 아침 일찍 가지 않으면 주차공간이 없는 경우가 많다. 아니면 하에나 비치의 주차장에 주차하고, 해변을 따라서 조금 걸으면 터널스 비치에 도착할 수 있다. 주차공간이 협소하다 보니 대부분 하에나 비치를 통해서 터널스 비치로 이동한다.

Ke'e Beach 케에 비치 ★★★

케에 비치는 자연이 만든 방파제가 파도를 막아주어 손쉬운 스노클링을 즐길 수 있는 곳이다. 바다에는 산호가 거의 없어, 바위 쪽으로 가야 물고기들을 많이 볼 수 있다. 스노클링을 목적으로 오는 사람은 드문 편이지만, 칼랄라우 트레일을 마치고 나서 가볍게 해변을 즐기거나 땀을 식히면서 스노클링을 하는 사람들은 꽤 있는 편이다. 트레일의 인기 때문에 주차하기 위해서는 아침 일찍 도착해야 한다. 공식 주차 공간 외 도로 옆 평행 주차의 경우 종종 단속한다.

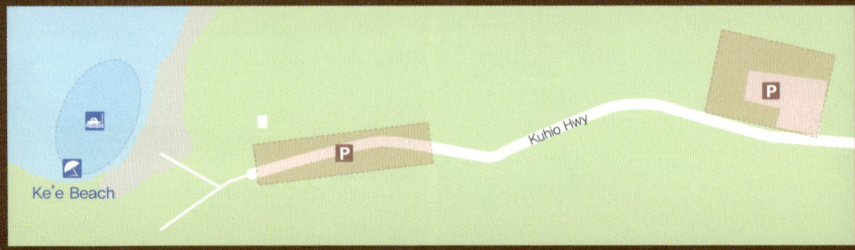

Anini Beach 아니니 비치 ★★★

넓게 펴져있는 아니니 비치는 여름철 아이들과 함께하기에 가장 좋은 스노클링 장소 중 하나다. 산호는 거의 없고, 대부분 모래이기는 하지만 물고기들은 꽤 있는 편이다. 멀리 나가도 깊지 않다 보니 아이들을 돌보면서 하기에 좋으나, 겨울철에는 파도 때문에 바다에 들어가기 어렵다. 넓은 해변이다 보니 주차 공간이 많아 주말을 제외하면 널찍한 편이다.

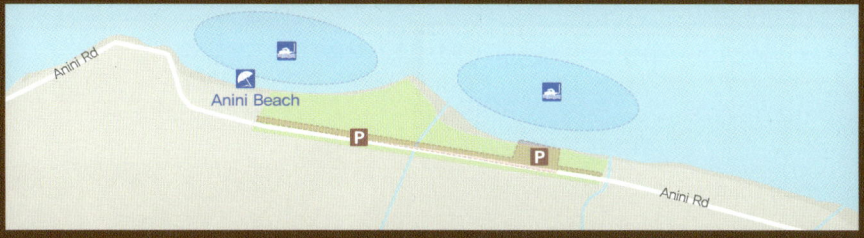

Lawai Beach 라와이 비치 ★★★★★

남쪽의 아주 작은 해변이지만, 스노클링을 하기에는 최적의 장소다. 바로 옆에 레스토랑이 있고, 해변의 길이는 100m도 되지 않는다. 하지만, 해수욕보다는 스노클링을 즐기기 위해 많이 찾는 곳이기 때문에 해변의 길이는 크게 문제가 되지 않는다. 해변의 바로 앞에서부터 바로 바위들이 나오기 때문에 미리 오리발이나 아쿠아 슈즈를 신어야 한다. 그러나 바위를 지나 조금만 걸어가도 바로 물고기들이 가득한 수중 환경이 펼쳐지기 때문에, 손쉽게 스노클링을 할 수 있어 사람들이 선호한다.
섬의 남쪽에 위치하다 보니 여름부터 겨울까지 모두 스노클링을 즐길 수 있는 전천후 해변이다. 종종 남쪽에서 바람이 불어오면 파도가 높아질 때가 있으나, 전체적으로 잔잔한 날이 많다. 주차는 바로 건너편에 공영주차장이 있으나 15대 정도밖에 주차할 수 없다. 하지만, Lawai Rd를 따라서 길거리 주차도 가능하므로, 일찍 도착하면 주차공간을 찾는 건 크게 어렵지 않은 편이다.

Poipu Beach 포이푸 비치 ★★★★

두 개의 자연 라군이 이어져 있는 형태의 포이푸 비치는 가족 여행객들이 많이 찾는 해변이다. 종종 거북이와 하와이안 몽크 씰이 해변에 올라와 있기도 해서, 방문객들이 한곳에 모이기도 한다. 해변을 즐기는 사람들과 스노클링을 하는 사람들이 섞여 있다. 잔잔한 라군의 바위 쪽에 물고기들이 많이 몰려있는 편이기 때문에 그쪽에 스노클러가 많다.

KAUAI B

1-1

1-2

1-1, 1-2 태평양의 그랜드캐니언 '와이메아 캐니언' 와이메아 캐니언은 하와이의 한 섬에 있다는 것이 믿어지지 않을 만큼 웅장한 풍경을 자랑한다. 반나절이면 와이메아 캐니언을 가볍게 둘러볼 수 있는 놓쳐서는 안 될 필수 포인트. 맑은 날 오전에 가야 더 멋진 풍경을 볼 수 있다. **2 신이 조각해 놓은 해안선 '나팔리 코스트'** 미국 최고의 해안으로 여러 번 선정이 된 적이 있는 나팔리 코스트는 카우아이의 하이라이트지만 쉽게 접근하기 어렵다. 나팔리 코스트를 몸으로 직접 느껴보고 싶다면 카우아이 최고의 트레일인 '칼랄라우 트레일'에 도전해 보자. 트레일 전체를 돌아보기가 부담스럽다면 왕복 4마일 코스 또는 보트와 헬리콥터라는 대안이 있다.

2

ST

카우아이섬에서 놓치지 말아야 할 **추천 베스트**

3-1, 3-2 카우아이의 젖줄 '와일루아 강' 와일루아 강의 고사리 동굴과 숨은 폭포들은 카우아이를 탐험하는 사람들에게 인기 있는 목적지. 크루즈와 카약 투어로 와일루아 강을 둘러볼 수도 있고, 자동차로 전망대에 올라 와일루아강의 멋진 풍경을 조망할 수도 있다. **4-1, 4-2 카우아이의 숨은 보물찾기 '카우아이 헬기 투어'** 카우아이에서 자동차로 갈 수 있는 곳은 한정적이기 때문에 카우아이섬의 진면목을 보기 위해서는 헬기 투어가 필수이다. 하늘에서 내려다보이는 모습이 하와이의 그 어떤 섬보다도 아름답다고 알려져 있다. 하늘에서 헬리콥터를 타고 카우아이섬을 내려다보면 가득한 녹음 속에 그렇게 많은 폭포가 숨겨져 있다는 데 다시 한 번 놀라게 된다. **5-1, 5-2 여름의 '하날레이 베이' & 겨울의 '포이푸 비치 파크'** 카우아이의 해변 액티비티는 여름과 겨울로 나뉜다. 여름에는 북쪽 해안이 파도가 잔잔하고 아름다워 여행자가 많이 찾는다면, 겨울에는 남쪽 해안이 수영장처럼 파도 없이 잔잔하다. 카우아이의 대표적인 두 해변은 간단한 해변 액티비티를 즐기기에 더할 나위 없이 완벽하다.

Section 02
카우아이섬, 출발부터 도착까지

리후에 공항을 통해서 도착하는 카우아이는 생각보다 조용한 섬이다. 그만큼 공항의 규모도 작으며, 대중교통도 상대적으로 발달해 있지 않다. 도로 역시 섬을 제한적으로 연결하기 때문에 걷거나 바다를 이용해야 섬의 매력을 조금 더 발견하기 쉽다.

01 카우아이섬 기초 정보

면적 1,456㎢ 하와이에서 4번째 크기 인구 6만 7천 명(2016년) 날씨 겨울 26도, 여름 32도 애칭 정원의 섬(Garden Isle)

02 카우아이섬 내 소요 시간

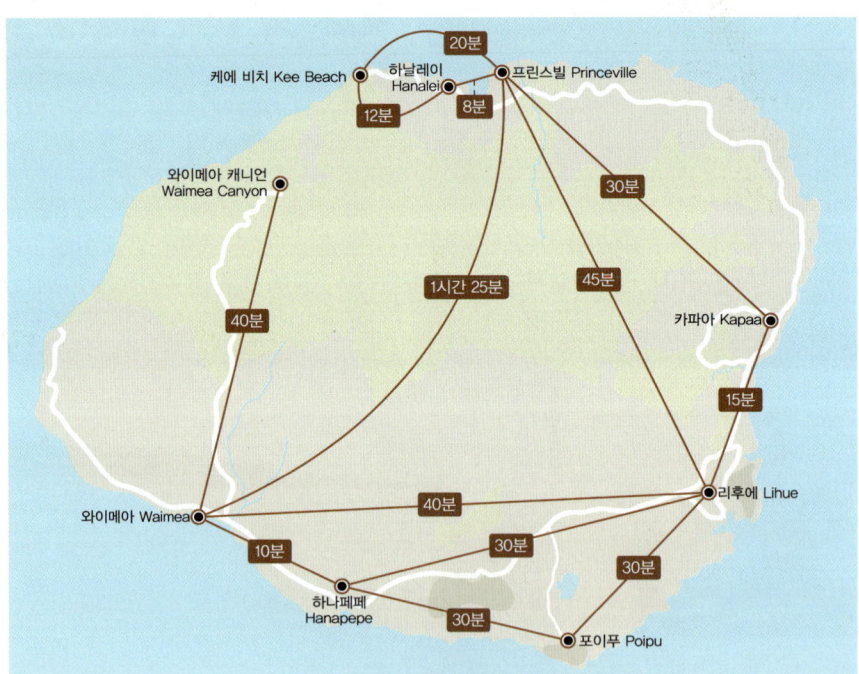

※ 예상시간이며, 출퇴근 시간대에는 더 많은 시간이 소요될 수 있음.

03 카우아이섬으로 가는 법

직항이 없으므로 오아후의 호놀룰루 국제공항을 경유해야 한다. 카우아이에도 소규모 공항들이 있지만, 여행객이 이용하는 것은 리후에 국제공항(LIH) 뿐이다. 리후에 공항에서 대표 리조트 단지인 포이푸와 프린스까지는 40분 이내에 닿을 수 있다.

04 리후에 국제공항 Lihue International Airport – LIH

카우아이의 유일한 국제공항인 리후에 국제공항은 호놀룰루 국제공항에서 35분 거리에 위치한다. 리후에는 카우아이에서 두 번째로 큰 도시로, 다양한 마트와 저렴한 레스토랑이 모여 있어 카우아이섬에서의 여행 준비를 시작하기 좋다.

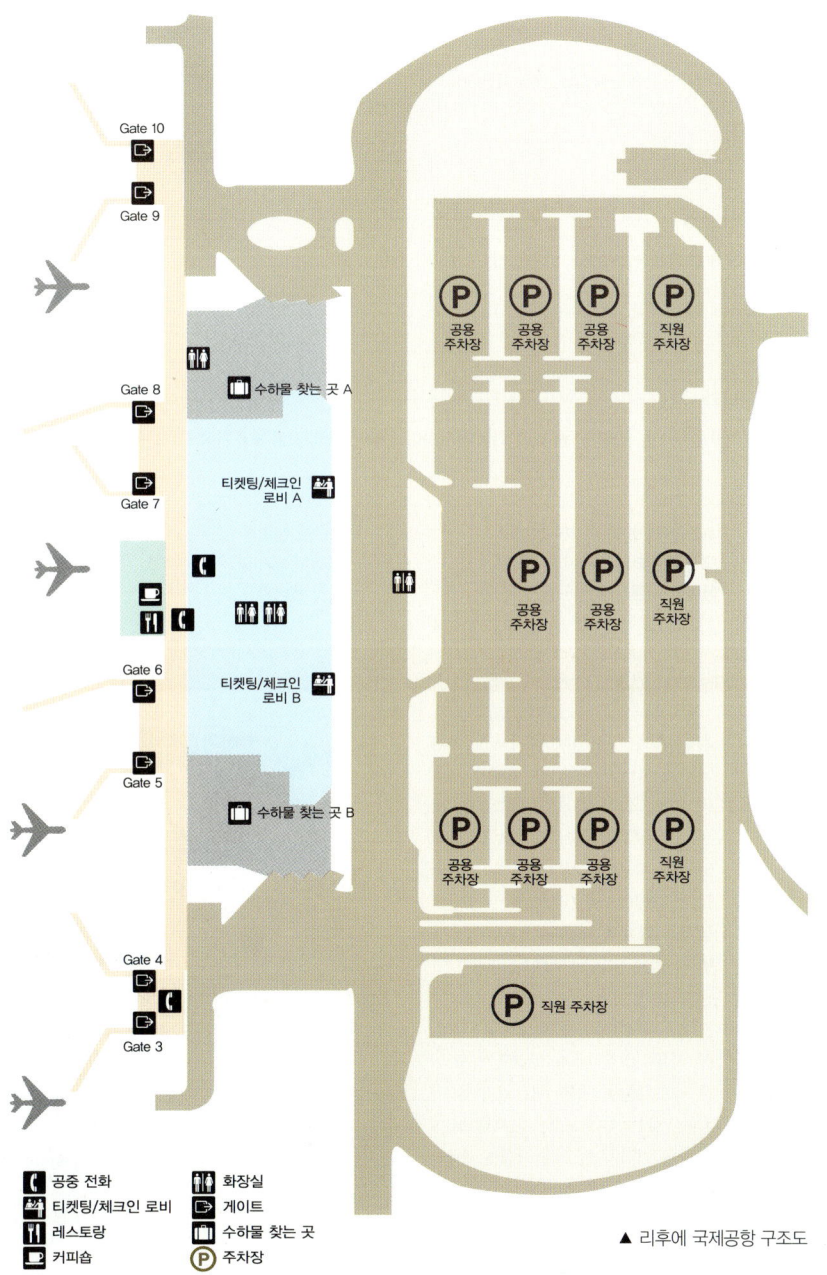

▲ 리후에 국제공항 구조도

Travel Information in Kauai

01 리후에 국제공항에서 이동하기

카우아이 버스가 공항과 리후에 시내를 연결한다. 다만, 캐리어를 실을 수 없으므로 실질적인 이용은 힘들다.

• 셔틀버스

스피디 셔틀 Speedi Shuttle 이 호텔 앞까지 데려다준다. 차량당 기본 이 요금이 있어 사람이 많을수록 저렴하며, 왕복 시 10% 할인된다. 1인당 수하물 2개와 작은 가방 1개가 무료이다. 온라인 예약도 가능하다.

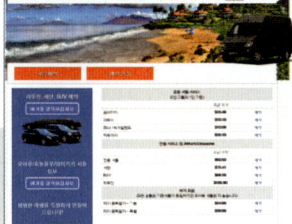

홈페이지 www.speedishuttle.com **요금** 포이푸 $45~, 카파아 $22~, 프린스빌 $80~(2인 기준. 인원 추가 시 추가 요금. 금액에 팁 미포함)

• 택시

가장 비싼 교통수단이지만, 빠르게 갈 수 있다는 장점이 있다.

요금 포이푸 $45~55, 카파아 $25~30, 프린스빌 $90~100(예상 금액, 팁 미포함.)

• 렌터카

렌터카 사무소는 셔틀버스를 타고 이동해야 하며, 렌터카 픽업 셔틀이 주기적으로 운행한다.

렌터카 연락처
- 허츠 렌터카 808-245-7530
- 내셔널 렌터카 808-245-5638
- 에이비스 렌터카 808-245-3512
- 알라모 렌터카 808-246-0645
- 달러 렌터카 866-434-2226
- 버짓 렌터카 808-245-1901

카우아이의 또다른 별명, 닭의 섬

카우아이는 섬 전체에 가득한 녹음 덕분에 정원의 섬이라는 별명이 있지만, 여행자들 사이에서는 닭의 섬이라는 또 다른 애칭으로도 불린다. 카우아이에 처음 온 사람들은 도로, 리조트, 전망대 등 곳곳에서 볼 수 있는 야생닭들 때문에 놀란다. 섬 어디에서나 볼 수 있는 닭들은 때로는 문제가 되곤 하는데, 이를 전문적으로 사냥하는 사냥꾼까지 있을 정도이다. 덕분에 카우아이섬 내에서 닭고기 요리로 레스토랑을 하면 재료비가 들지 않을 거라는 농담도 있다. 수탉들이 낮밤을 가리지 않고 울어대는 소리를 듣는 것은 카우아이에서만큼은 특별한 일이 아니다.

Section 03
카우아이섬의 대중교통

카우아이에는 카우아이 버스라는 대중교통이 있기는 하지만, 실제로 여행자들이 이용하기에는 불편한 점이 많다. 카우아이 곳곳을 둘러보기 위해서는 렌터카가 최적이며, 리조트에서만 머무를 것이라면 셔틀서비스를 이용하는 것이 편리하다.

01 카우아이 버스

카우아이섬 전역을 연결하는 버스로 총 7개의 메인 노선이 있다. 노선에 따라 주중에는 저녁까지 운영하기도 하지만, 주말에는 해가 지기 전에 버스가 끊기거나 운행하지 않는 노선도 있다. 버스는 리조트보다는 현지인이 주로 찾는 곳을 연결한다. 캐리어와 같이 커다란 짐은 들고 탈 수 없으며, 버스 안에서 음식을 먹는 것이 금지되어 있다.

요금 1회 탑승 성인 $2, 7~18세 및 60세 이상 $1, 6세 이하 무료

02 택시

택시가 드물기 때문에 호텔을 통하거나 직접 전화로 요청해야 한다. 지역마다 택시회사가 있으므로 가까운 택시회사로 전화하는 것이 편리하다. 요금은 회사마다 차이가 있으나 일반적으로 기본요금 $3, 1마일당 $3, 1분당 $0.40, 팁 10~15%이다.

요금 기본 요금 $3, 1마일당 $2.4, 팁 10~15%

03 렌터카

카우아이를 자유롭게 돌아다니고 싶다면 렌터카는 필수이다. 남쪽과 북쪽, 어느 곳에서 숙박하던지 반대편까지 1시간이면 이동할 수 있기 때문에 편리하다. 렌터카는 리후에 국제공항 그리고 각 호텔의 렌터카 카운터에서 빌릴 수 있다. 예약은 한국에서 하는 것이 가장 편리하고 저렴하다. 카우아이섬 대부분의 도로는 렌터카로 갈 수 있으나, 섬 서쪽 폴리할레 공원 Polihale Park 으로 가는 비포장도로는 운행 금지구역이다.

Area 01 Princeville & Hanalei
프린스빌 & 하날레이

프린스빌은 카우아이 북부의 리조트 단지로, 카우아이 최고의 트레일인 칼랄라우 트레일로 가는 시작점이기도 하다. 프린스빌 옆으로는 하날레이 베이가 펼쳐지는데, 바다가 잔잔한 여름에 특히 많은 사람이 찾는다. 숨은 비경이 많은 아름다운 프린스빌과 하날레이를 만나보자.

프린스빌 & 하날레이의 해변

Secret Beach-Kauapea Beach
시크릿 비치-카우아페아 비치

주차장에서부터 10분 정도 걸어 내려가면 펼쳐지는 해변으로, 카우아페아라는 이름이 있기는 하지만 시크릿 비치라는 이름으로 더 잘 알려져 있다. 자동차로 접근할 수 없는 숨은 해변이라, 시크릿 비치라는 이름이 붙었다. 현지인들은 서핑이나 보디보딩을 많이 즐기지만, 이 역시 숙련자에 한하며 초보자는 도전하지 말아야 한다. 해변 전체적으로 조류가 심해서 수영은 어려우며, 겨울에는 파도가 높다. 카우아이의 누드 해변으로 알려져 있지만, 실제로 누드인 사람은 보기 어렵다.

특징 서핑, 보디보딩 **저자 한 마디** Kuhio Hwy에서 Kalihiwai Rd로 접어든 뒤, 약 200m 후에 우회전을 해 비포장 Secret Beach Rd를 따라 들어가면 끝에 포장되어 있지 않은 주차장이 있다. 주차장에서 오솔길을 따라 약 10분 정도 걸어 내려가면 시크릿 비치에 도착한다.

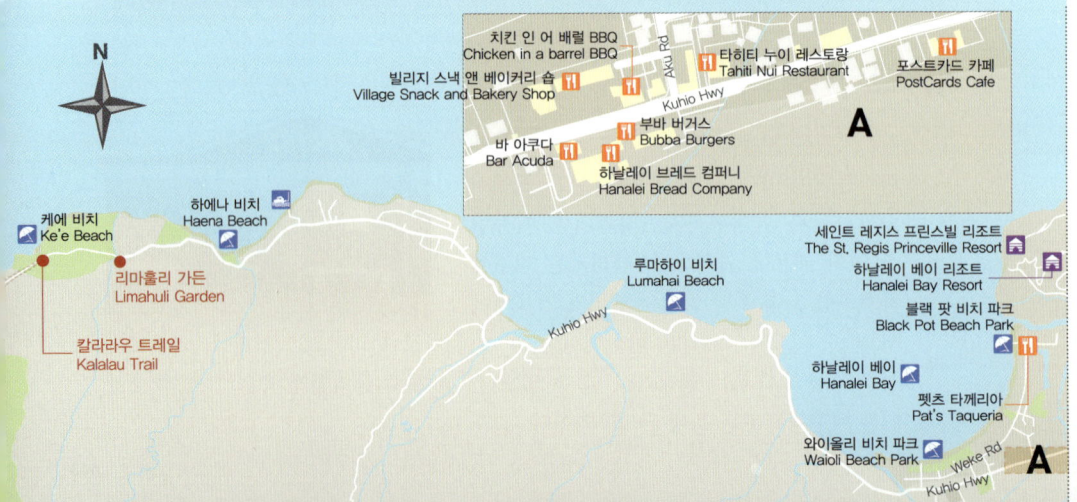

카우아이섬

🏖 Ke'e Beach 케에 비치

카우아이의 가장 유명한 트레일인 칼랄라우 트레일Kalalau Trail 초입의 해변으로, 바위가 커다란 파도를 막아 잔잔한 해변이 조성되어 있다. 바닥에 돌이 적고 모래가 많아 부드럽고 깊지 않아서 스노클링 초보자들에게 특히 인기 있다. 대부분의 물고기는 바위 근처에 몰려있다. 휴식을 위해서 찾는 사람도 많지만, 칼랄라우 트레일을 마치고 더운 몸을 식히기에도 적당한 해변이다.

특징 화장실, 샤워시설, 피크닉테이블, 수영, 스노클링, 라이프가드 **저자 한 마디** Kuhio Hwy의 끝에 위치한 해변. 해변의 바로 앞에 주차장이 있고, 200m 떨어진 곳에도 주차공간이 있다. 단 포장도로가 아니라 조심해서 주차해야 한다. 트레일의 인기 때문에 아침 일찍 가야만 주차공간이 있다.

Haena Beach 하에나 비치

북부에서 가장 쉽게 접근 가능한 넓은 백사장을 가진 해변이다. 잔잔한 여름철에는 가벼운 파도만 밀려오기 때문에, 물놀이를 즐기기에 적합하며 라이프가드도 있어 안심할 수 있다. 겨울철에는 파도가 높아 해변에서 물놀이를 즐기는 사람들은 거의 없지만, 대신 서핑 및 윈드서핑을 즐기는 사람들을 볼 수 있다. 하에나 비치의 주차장은 포장되어 있지 않아 비가 온 직후에는 물웅덩이가 곳곳에 생긴다. 하에나 비치 주차장 맞은편으로는 커다란 동굴이 있다.

Tunnel's Beach 터널스 비치

하에나 비치와 터널스 비치는 서로 인접해 있으며, 하에나 비치에서 해변을 따라 동쪽으로 조금만 걸어가면 터널스 비치에 닿게 된다. 터널스비치 앞에도 주차공간이 있으나, 주차공간이 적다 보니 하에나 비치에서 가는 사람들이 많다. 터널스 비치는 바다가 잔잔한 여름에는 카우아이의 가장 유명한 스노클링 스팟 중 하나로 꼽히며, 해변에서 가까운 곳은 초심자들이 많이 스노클링을 한다. 스노클링에 자신이 있다면 파도를 막아주는 바위와 산호가 있는 곳까지도 다녀올 수 있다. 겨울에는 파도 때문에 스노클링이 불가능하다.

특징 스노클링(여름만), 스쿠버다이빙(여름만) **저자 한 마디** 터널스 비치 앞으로 10대 정도 주차 가능한 골목이 있으나, 아침 일찍 도착하지 않으면 자리가 금방 꽉 찬다.

Lumahai Beach 루마하이 비치

쿠히오 하이웨이의 숨은 해변 중 하나로 터널스 비치 조금 못 미쳐서 있다. 주차공간은 좁지만, 해변이 넓고 사람이 많지 않아 조용히 휴식을 취하기 좋다. 북쪽의 작은 라군이 수영하기 좋지만, 그 외의 지역은 조류가 심하고 파도가 잦아 스노클링 등의 액티비티는 추천하지 않는다. 또한 해변의 바위 쪽은 파도가 치면 위험하므로 바위가 젖어있다면 가까이 가지 않는 것이 좋다.

특징 수영 **저자 한 마디** 도로가 꺾이는 주차공간에 주차를 하고 5분 정도 걸어 내려가야 한다.

🏖 Hanalei Bay 하날레이 베이

반달 모양의 하날레이 베이는 크게 동쪽의 블랙 팟 비치 파크와 남쪽의 와이올리 비치 파크로 나뉜다. 부두가 있는 블랙 팟 비치 파크는 반달 모양 안쪽에 위치해 파도가 잔잔하여 해변에서 액티비티를 즐기기에 좋다. 또한, 주말에는 부두에서 다이빙하거나 휴식을 취하는 현지인을 많이 볼 수 있다. 다만, 공식적으로 다이빙은 금지되어 있다. 반면에 와이올리 비치 파크는 블랙 팟 비치 파크에 비해 잔잔한 파도가 꾸준한 편이기 때문에, 보디보딩을 즐기는 사람과 초보 서퍼들의 모습을 쉽게 볼 수 있다. 파도가 커지는 겨울에는 엄청난 크기의 파도를 볼 수 있는 곳으로, 세계적인 서퍼들의 고향이라고도 불린다. 스노클링에는 적합하지 않다.

▲ 블랙 팟 비치

특징 화장실, 샤워시설, 피크닉테이블, BBQ, 라이프가드, 수영, 서핑, 보디보딩 **저자 한 마디** 블랙 팟 비치 파크는 Weke Rd의 동쪽 끝, 와이올리 비치 파크는 Weke Rd의 서쪽 끝에 주차장이 있다.

▲ 와이올리 비치

🏖 Anini Beach Park 아니니 비치 파크

아니니 해변은 카우아이에서도 손꼽히는 해변 중 한 곳으로, 해변에서 3~400m 정도 떨어진 곳의 바위들이 커다란 파도를 막아 대부분 파도 없이 잔잔하다. 해변의 길이는 약 4.5km 정도이며, 멀리 나가지 않는 이상 깊이가 1~1.5m 정도밖에 되지 않아 초보자의 스노클링 장소로, 아이들의 물놀이 장소로도 적합하다. 또한 넓은 잔디밭과 피크닉테이블이 있어 휴식을 취하기에도 적합하다. 현지인들에게도 사랑받는 해변으로, 주말에는 바비큐와 물놀이를 즐기는 가족들을 쉽게 볼 수 있다. 카우아이에서 가장 아름다운 해변 중 하나이다.

특징 화장실, 샤워시설, 피크닉테이블, BBQ, 수영, 스노클링 **저자 한 마디** Kuhio Hwy를 따라 달리다가 Kalihiwai Rd로 진입. 약 400m 직진 후 Anini Rd에서 좌회전한 뒤 해안도로를 계속 따라가면 된다. 해변을 따라 주차공간이 많으며, 잔디 위에 주차하는 것도 가능하다.

프린스빌 & 하날레이의 볼거리

 Queen's Bath 퀸즈 배스

프린스빌 고급 리조트 단지 사이에 숨은 보석 같은 곳으로 여행자들에게는 잘 알려지지 않았다. 퀸즈 배스로 향하는 입구에서 약 5분 정도 걸어가면 바위가 있는 해변이 나오는데, 여기서 왼쪽으로 5분 정도 더 걸어가면 퀸즈 배스가 보인다. 과거 화산활동으로 만들어진 용암바위 내 조수수영장으로 영롱한 물빛 덕분에 현지인들에게 인기가 있다.

퀸즈 배스로 향하는 길은 미끄러지기 쉬우니 운동화를 신는 것이 좋으며, 사망사고도 자주 발생한 곳이니만큼 파도가 조금이라도 높다면 가지 않는 것이 좋다. 파도가 잔잔한 여름에만 가는 것을 추천하며, 그것도 파도가 높다면 가까이 가지 않는 것이 좋다. 겨울에는 항상 파도가 높아 위험하므로 아예 일정에 넣지 않아야 한다. 특히 퀸즈 배스 주변은 조류가 심해 바다에 빠지면 나오기 쉽지 않으므로 퀸즈 배스 이외의 풀에는 호기심에라도 들어가지 않는 것이 좋다.

▲ 퀸즈 배스로 향하는 작은 길

찾아가기 St.Regis 호텔로 향하는 Ka Haku Rd를 따라가다가 Punahele Rd에서 우회전. 도로를 계속 따라가다 보면 Kapiolani Loop 와 만나는 **지점**에 차량을 15대 정도 세울 수 있는 주차장이 있다. 그 오른편에 퀸즈 배스로 향하는 작은 길이 나 있는데, 유심히 보지 않으면 잘 보이지 않는다.

 Hanalei Valley Lookout 하날레이 밸리 전망대

1,000년 가까이 경작되어온 넓게 펼쳐진 하날레이 계곡을 내려다볼 수 있는 전망대이다. 프린스빌에서 하날레이 베이로 내려가는 길에 있어서 지나가는 길에 다들 한 번쯤 내려서 사진을 찍는 포인트이기도 하다. 카우아이 전원의 모습을 감상할 수 있다. 하날레이 밸리 전망대를 지나, 하날레이 베이로 내려가는 커브에도 주차공간이 있어 이곳에서는 하날레이 베이를 내려다볼 수 있다.

찾아가기 Kuhio Hwy를 따라가다, 프린스빌 리조트를 지나 약 500m 후 왼쪽에 위치.

카우아이섬

📷 Kilauea Point National Wildlife Refuge
킬라우에아 포인트 국립 야생동물 보호구역

킬라우에아 포인트는 카우아이의 야생동물 보호구역으로 하와이에서 볼 수 있는 레드 풋 부비스, 라이산 알바트로스, 큰군함조 등의 새와 녹색 바다거북, 돌고래, 혹등고래 등 바다 동물이 모여 사는 곳이다. 보호구역 내의 트레일에서는 새들이 살고 있는 바위뿐만 아니라, 주변에 날아다니는 모습도 구경할 수 있다. 새를 좋아하는 사람이라면 망원렌즈를 준비하는 것이 좋다.

보호구역의 끝에 위치한 붉은색 지붕이 인상적인 킬라우에아 등대 Kilauea Lighthouse 는 하와이 관광안내 책자에도 자주 등장을 하는 명소로, 매년 수십만 명의 방문자가 찾는 카우아이의 유명 관광지이다. 킬라우에아 등대가 있는 곳까지 가기 위해서는 입장료를 지불해야 하지만, 야생동물의 모습만을 보고 싶다면 초입 주차장에서도 가능하다. 보호구역 내에 별도의 주차장이 또 있다.

홈페이지 www.fws.gov/kilaueapoint 주소 Kilauea Rd의 끝, HI 96754 전화번호 808-828-1413 개방시간 화~토 10:00~16:00, 일~월 및 공휴일 휴무 입장료 성인 $5 / 15세 이하 : 무료

📷 Limahuli Garden 리마훌리 가든

케에 비치로 진입하기 전에 위치한 정원으로, 고대 하와이안들이 화산암으로 이루어진 땅에 계단식으로 타로와 같은 작물들을 키웠던 모습들을 그대로 보존하고 있다. 기본적으로 셀프 가이드 투어로 직접 둘러보는 것이 일반적이나, 가이드 투어를 원할 경우 하루에 1번 10시에 가능하다. 셀프투어를 할 경우 1시간이면 충분히 둘러볼 수 있다.

홈페이지 limahuli.ntbg.org 주소 58301 Kuhio Hwy, Hanalei 전화번호 808-826-1053 개방시간 화~토 09:00~17:00(게이트는 16:00 마감), 일~월 휴무 입장료 성인 $20 / 17세 이하 : 무료

프린스빌 & 하날레이의 먹거리

$ - $10 이하, $$ - $11~20, $$$ - $21~30, $$$$ - $31 이상(메인코스 기준)

 Pat's Taqueria 펫스 타께리아 $ 저자추천

블랙 팟 비치 파크 앞 주차장에 있는 푸드트럭 펫스 타께리아는 타코와 퀘사디아로 인기 있는 노점이다. 모든 메뉴가 $5~10 사이로 간단하게 먹기 좋고, 특히 피시타코가 인기 있지만 전체적으로 다 훌륭하다. 점심시간대에 주로 영업하며, 오후 3시 정도에 재료가 떨어지면 문을 닫는다.

주소 Black Pot Beach Park 주차장 전화번호 800-262-1400 영업시간 월~토 12:00~15:00(유동적), 일 휴무

 Banana Joe's Fruit Stand 바나나 조스 후르트 스탠드 $

킬라우에아 등대로 향하는 도로를 조금 지나 자리한 과일 스무디 가게이다. 농장에서 재배한 과일을 직접 스무디로 만들기 때문에 신선함을 제대로 즐길 수 있다. 과일 출하 시기에 따라 스무디 종류가 조금씩 달라진다. 정해진 영업시간은 있지만, 예고 없이 문을 닫는 경우도 잦은 편이다.

홈페이지 www.bananajoekauai.com 주소 5-2719 Kuhio Highway, Kilauea 전화번호 808-828-1092 영업시간 월~토 09:00~17:30, 일 휴무

 Village Snack and Bakery Shop 빌리지 스낵 앤 베이커리 숍 $

하날레이에서 간단하게 한 끼를 해결하고 싶다면 이곳으로 가자. 칠리 페퍼 치킨이 인기 있으며, 스팸 무수비 등을 구입할 수도 있다. 뛰어나게 맛있지는 않지만, 하날레이에서 저렴한 가격대에 식사할 수 있다는 것이 매력이다. 아침식사와 점심식사가 가능하다.

주소 5-5190 Kuhio Hwy, Hanalei 전화번호 808-826-6493 영업시간 월~토 06:00~16:00, 일 06:00~15:00

Bubba's Burger 부바스 버거 $~$$

카우아이에서 저렴하게 점심을 먹고 싶다면 선택해도 괜찮은 햄버거 가게이다. 가격이 저렴한 만큼 패티가 다소 얇은 편이기 때문에, 최소한 더블 이상을 주문하는 것이 좋다. 빨리 먹을 수 있고 간편하여 많이 찾지만, 특별한 맛의 햄버거를 기대하면 실망할 수 있다. 카파아와 포이푸의 쇼핑몰 내에도 분점이 있다.

  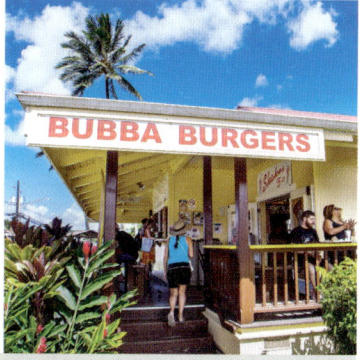

홈페이지 www.bubbaburger.com **주소** 4-1421 Kuhio Hwy, Kapaa **전화번호** 808-823-0069 **영업시간** 월~일 10:30~20:00

Bar Acuda 바 아쿠다 $$~$$$

하날레이의 가장 세련된 레스토랑으로 지중해풍 타파스를 메인으로 삼고 있다. 2명이라면 함께 나눠 먹을 수 있는 타파스 2~3가지, 다양한 칵테일과 와인 셀렉션만으로도 꽤 훌륭한 저녁식사가 가능하다. 각 타파스 메뉴는 그리 크지 않으므로, 먼저 2개를 주문해본 뒤 추가로 주문하자.

홈페이지 restaurantbaracuda.com **주소** 5-5161 Kuhio Hwy, Hanalei **전화번호** 808-826-7081 **영업시간** 월~일 17:30~21:30

Tahiti Nui Restaurant 타히티 누이 레스토랑 $$~$$$

점심식사 메뉴로 주로 햄버거와 피자가 서빙되며, 저녁 시간대에는 음악을 들으며 식사와 함께 칵테일 한 잔을 즐기기 좋은 레스토랑. 저녁 6시 반부터 8시 반까지 매일 다른 음악이 연주된다. 영화 디센던트의 촬영장소로 더 유명해졌지만, 음식 자체에 대한 평가는 보통이다. 그래도 저녁에 진행되는 공연과 타히티 누이만의 특별한 마이 타이 칵테일은 괜찮다.

홈페이지 www.thenui.com **주소** 5-5134 Kuhio Hwy, Hanalei **전화번호** 808-826-6277 **영업시간** 월, 수, 목, 일 11:00~22:00, 화 11:00~24:00, 금~토 11:00~01:00

Travel Information in Kauai

Hanalei Bread Company 하날레이 브레드 컴퍼니 $~$$

가볍게 빵과 커피를 먹을 수 있는 베이커리. 가벼운 식사류도 판매한다. 과거에는 직접 커피를 볶는 곳이었지만, 주인이 새롭게 바뀌면서 베이커리가 되었다. 빵류는 맛이 괜찮은 편이편이며, 커피맛도 상당히 좋아졌다. 바 아쿠다에서 직접 운영하는 베이커리이기 때문에, 베이커리의 빵은 두 곳에서 모두 맛볼 수 있다.

홈페이지 www.restaurantbaracuda.com/hanalei-bread-shop/ 주소 5-5161 C Kuhio Hwy, Hanalei 영업시간 화~금 07:00~20:00, 토~월 8:00~20:00

Princeville Center 프린스빌 센터 $~$$$$

프린스빌 센터 내에는 다양한 레스토랑이 모여있다. 저렴하게 식사할 수 있는 푸드코트에서부터 스테이크 레스토랑까지 종류가 다양한데, 센터 내 대부분의 레스토랑이 평이 좋은 편은 아니다. 어느 곳을 가든지 대부분 비슷한 퀄리티의 맛이라는 의견이 많다. 프린스빌 센터 내에는 슈퍼마켓인 푸드랜드도 있으므로, 콘도 형식의 숙소에 묵고 있다면 요리 재료를 사는 것도 좋다.

홈페이지 www.princevillecenter.com 주소 5-4280 Kuhio Hwy, Princeville 전화번호 808-826-9497

Kiluea Town 킬라우에아 타운 $~$$

킬라우에아 등대로 향하는 길목 작은 마을에 레스토랑들이 모여 있다. 킬라우에아 베이커리 & 파우 하나 피자 Kilauea Bakery & Pau Hana Pizza 나 킬라우에아 피시마켓 Kilauea Fish Market, 더 비스트로 The Bistro 등이 평이 좋다. 대부분 점심 및 저녁 시간대에 오픈한다.

주소 4270 Kilauea Rd, Kilauea 영업시간 레스토랑별 상이 저자 한 마디 사거리를 기준으로 레스토랑들이 모여 있다.

칼랄라우 트레일

여행자뿐만 아니라 하와이 현지인들도 한번 걸어보고 싶어 하는 칼랄라우 트레일은 꽤 어려운 트레일 중 하나에 속하지만, 가벼운 마음으로 초반부만이라도 걸어 볼 수 있기 때문에 찾는 사람이 많다. 카우아이의 가장 대표적인 명소 중 하나로 조금만 걸어도 케에 비치와 나팔리 코스트의 일부를 볼 수 있다. 다만 오르막과 내리막이 이어지는 트레일임을 기억해야 한다.

▼ 트레일 입구

01 하와이 최고의 트레일

하와이 최고의 트레일로 자주 언급되는 칼랄라우 트레일 Kalalau Trail 은 왕복 22마일(약 35.2km)의 긴 트레일이다. 숙련된 등산가는 1박 2일로도 다녀오지만, 보통은 2박 3일 정도를 계획하고 칼랄라우 트레일을 다녀온다. 오랜 시간동안 잘 보존되어 온 나팔리 코스트의 진면목을 느끼고 싶다면 당연히 전체 트레일을 다 다녀와야겠지만, 일정에 어려움이 있다면 하나카피아이 해변까지 향하는 왕복 4마일(약 6.4km)의 코스만을 다녀오는 것도 좋다. 하나카피아이 해변까지의 2마일은 트레일 중간중간 굽이굽이 이어지는 나팔리 코스트의 해안선뿐만 아니라, 계곡과 아름다운 해변까지 모두 다 볼 수 있어 전체 트레일을 압축해 놓은 느낌이다. 오르막과 내리막이 번갈아 가면서 나오지만, 거리가 그리 길지 않기 때문에 신체 건강한 사람이면 누구나 다녀올 수 있다. 트레일은 사람에 따라 다르지만 약 3~4시간을 잡으면 충분하다.

◀ 거리 안내판
▼ 칼랄라우 트레일

▲ 아름다운 바다 ▼ 케에 비치 뷰

◀ 나팔리 코스트 ▲ 나팔리 코스트의 계곡

▼ 하나카피아이 해변 ▲ 1마일 포인트

02 캠핑 및 허가

칼랄라우 트레일에서 1박 이상의 캠핑을 계획하고 있다면 꼭 허가Permit를 받아야 한다. 2012년 1월부터 공원에서 직접 캠핑비를 지불하는 방식이 사라졌기 때문에, 꼭 온라인으로 예약하고 지불해야만 캠핑할 수 있다. 매일 캠핑할 수 있는 인원을 제한하기 때문에, 칼랄라우 트레일에 도전하고 싶다면 일찍부터 일정을 계획하는 것이 필요하다. 하와이 캠핑 사이트(camping.ehawaii.gov/camping)에서 나팔리 코스트 스테이트 와일더니스 파크Napali Coast State Wilderness Park를 선택해야 하며 1인당 비용은 1박당 $20이며 최대 5박까지 가능하다. 칼랄라우 트레일 내에서는 하나코아Hanakoa 와 칼랄라우Kalalau 의 캠프장에서만 캠핑이 가능하며 다른 지역에서의 캠프는 금지되어 있다. 만약 하루 코스로 다녀올 예정이라면 6마일(약 9.6km) 지점의 하나코아 계곡까지는 허가 없이 다녀올 수 있다. 사람이 많이 찾는 하나카피아이 해변은 그 중간에 위치하므로 역시 별도의 허가 없이 다녀올 수 있다.

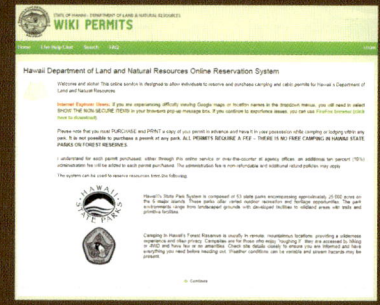

03 계획 및 날씨

칼랄라우 트레일에 들어선 이후에는 간이 화장실을 제외하면 편의시설이 전혀 없다. 쓰레기통이 없어 트레일 도중에 생긴 쓰레기는 모두 가지고 와야 하며, 계곡물에는 박테리아가 있어 간이 정수기나 정수 알약을 이용해야 한다. 별다른 숙박시설이 없고, 캠프장에도 별다른 시설이 없으므로 간단한 취사도구와 텐트, 침낭이 있으면 좋지만 짐은 최대한 가볍게 싸는 것이 좋다.

칼랄라우 트레일은 날씨가 온화한 늦봄에서부터 초가을까지가 트래킹하기 좋으며, 비가 많이 오는 시기에는 불어난 강물이 여행자를 덮칠 수 있으므로 물가를 지날 때 조심해야 한다. 또한, 비가 온 후에는 트레일이 질척하거나 미끄러운 경우가 많으므로 평소보다 더 조심해서 다녀야 한다.

칼랄라우 트레일을 걷는 동안에 다양한 해변을 만날 수 있지만, 대부분의 해변이 조류가 심하고 사고 발생 시에 도움을 요청하기 어렵기 때문에 수영은 자제하는 것이 좋다. 또한 트레일 초입을 제외하면 휴대전화가 터지지 않으므로 트레일에 들어서는 순간 외부와 단절된다고 생각하는 것이 편하다.

04 칼랄라우 트레일 코스

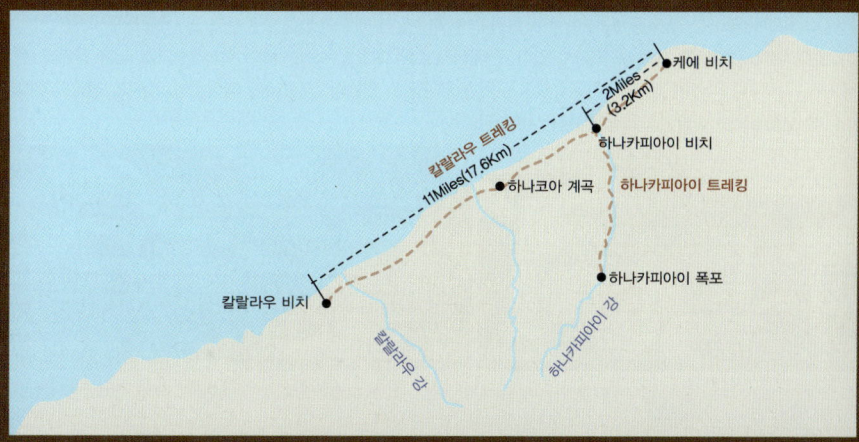

프린스빌 & 하날레이의 숙소

 ### The St. Regis Princeville Resort 더 세인트 레지스 프린스빌 리조트

더 세인트 레지스 프린스빌 리조트는 카우아이 북쪽의 최고급 리조트로 휴식을 원하는 사람들이 선호한다. 세인트 레지스라는 브랜드답게 최고급 서비스를 제공하며, 호텔 곳곳에서 고급스러움을 느낄 수 있다. 방마다 버틀러가 커피/티, 짐 패킹/언패킹 서비스 등을 제공하는데, 커피와 티 수준이 상당히 높다. 객실의 세세한 부분에서부터 특별함을 느낄 수 있으며, 욕실 어메니티는 세인트레지스만의 REMEDE를 제공한다. 로비는 산 위에 위치하며, 호텔의 프라이빗 해변인 푸우 포아 비치 Puu poa Beach 는 엘리베이터를 타고 내려가야 한다. 해변은 일반인에게도 공개되어 있지만 호텔의 특성상 외부 사람은 거의 없다. 해변 옆으로는 바다와 연결된 것처럼 보이는 인피니티풀이 있다.

홈페이지 www.stregisprinceville.com 주소 5520 Ka Haku Rd, Princeville 전화번호 808-826-9644 숙박요금 $420~ 리조트피 없음 인터넷 무료 주차 셀프 없음, 발레 $34 레스토랑 더 카우아이 그릴(The Kauai Grill), 마카나 테라스(Makana Terrace), 날루 카이 그릴 & 바(Nalu Kai Grill & Bar) 스파 할렐레아 스파(Halelea Spa)

 ### Wyndham Bali Hai Villas 윈댐 발리 하이 빌라스
콘도

윈댐 체인의 배케이션 빌라 중 하나로 콘도 회원 이외의 손님에게도 객실을 오픈하고 있어, 호텔 예약 사이트를 통해 예약할 수 있다. 전체적으로 부지가 넓은 데 반해 수영장은 다소 작은 편이다. 원베드과 투베드룸 객실이 있으며, 하우스키핑은 매일 제공되지 않는다. 객실에는 에어컨이 없는데, 천장의 팬과 바다에서 불어오는 바람만으로도 충분히 시원하다.

홈페이지 www.extraholidays.com/kauai-hawaii/wyndham-bali-hai-villas.aspx 주소 4970 Pepelani Loop, Princeville 전화번호 808-826-2800 숙박요금 $190~ 리조트피 없음 인터넷 무료 주차 무료

The Westin Princeville Ocean Resort Villas
더 웨스틴 프린스빌 오션 리조트 빌라스

프린스빌 리조트의 럭셔리한 콘도로 특히 가족여행자들에게 적합하다. 객실에는 웨스틴 특유의 편안한 헤븐리 침대와 여러 명이 충분히 이용할 수 있는 고급 주방시설이 완비되어 있다. 또한 부지 내에는 BBQ 시설까지 완벽하게 갖춰져 있어 별도의 레스토랑이 필요 없을 정도이다. 리조트가 해변과 바로 연결되어 있지는 않지만, 여러 섹션으로 구분된 커다란 수영장이 부족함을 채워준다. 또한, 간단한 빵과 식재료를 파는 마켓이 리조트 내에 있어 멀리 가지 않고도 요리 재료를 구할 수 있다.

호텔의 가장 작은 객실 단위는 14.5평 규모의 스튜디오이며, 그 위로 원베드, 투베드룸이 있다. 건물은 여러 개의 동으로 나누어져 있으며 가운데의 수영장을 둘러싸고 있는 형태이다. 웨스틴에 숙박하는 숙박객은 무료로 더 세인트 레지스 프린스빌로 가는 셔틀을 이용해 푸우 포아 비치를 이용할 수 있지만, 세인트 레지스의 수영장은 이용할 수 없다.

홈페이지 www.westinprinceville.com **주소** 3838 Wyllie Rd, Princeville **전화번호** 808-827-8700 **숙박요금** $280~ **리조트피** 없음 **인터넷** 무료 **주차** 셀프 $15 **레스토랑** 나네아 레스토랑 & 바 (Nanea Restaurant & Bar)

Hanalei Bay Resort
하날레이 베이 리조트

프린스빌에서 상대적으로 저렴하게 묵을 수 있는 숙소 중 하나로 주방시설이 없는 호텔룸과 주방시설이 있는 콘도 두 가지 타입이 있다. 호텔룸에 묵어도 단지 내 BBQ 시설에서 고기 등을 구워먹을 수 있으며, 꽤 훌륭한 수영장과 테니스 코트 등을 이용할 수 있다. 하날레이 베이가 보이는 위치는 꽤 매력적인 숙소로 만든다. 객실은 다소 오래된 편이다.

홈페이지 www.hanaleibayresort.com **주소** 5380 honoiki Rd, Princeville **전화번호** 877-344-0688 **숙박요금** $160~ **리조트피** 없음 **인터넷** 무료 **주차** 무료

Area 02 Kapaa & Wailua 카파아 & 와일루아

카파아와 와일루아 지역의 대표적인 볼거리는 단연 와일루아 강과 연관된 풍경이다. 자동차로도 쉽게 닿을 수 있는 폭포들과 멋진 풍경들은 쉽게 갈 수 있는 거리에 있으므로 관광하기도 쉽다. 다양한 맛집도 지역 내에 있으므로 점심이나 저녁에 잠시 시간을 내 들러도 좋다.

카파아 & 와일루아의 해변

Kapaa Beach Park
카파아 비치 파크

관광객보다는 카파아 마을에 사는 현지인이 많이 이용하는 해변으로, 파도가 잔잔할 때는 수영을 즐기는 사람들의 모습을 쉽게 볼 수 있다. 마을에 접해있다 보니 카우아이의 다른 해변들만큼 예쁘지는 않지만, 카파아 마을에 들렀을 때 바다가 보고 싶다면 잠시 산책하기에 좋다.

특징 화장실, 샤워, 축구장, 수영장, 수영 **저자 한 마디** 해변은 카파아 마을 내 도로를 통해 접근이 가능하며, 카파아 마을 북쪽의 축구 경기장 주변으로 주차장이 있다.

Kealia Beach
케알리아 비치

약 1km 길이의 해변으로 카파아 마을 북쪽에 위치한 해변이다. 여름철이면 적당한 크기의 파도가 꾸준히 밀려오기 때문에 서핑과 보디보딩을 즐기는 사람들의 모습을 쉽게 볼 수 있다.

특징 화장실, 피크닉테이블, 수영, 서핑, 보디보딩 **저자 한 마디** 카파아 마을에서 1마일 북쪽에 있으며, 주차장이 넓게 마련되어 있다.

Kapaa Lookout
카파아 전망대

카파아 해변 공원과 마을까지 전망할 수 있다. 전망대에는 남북쪽으로 트레일이 이어지며, 이 트레일은 카파아 마을에서부터 케알리아 해변까지 이어진다. 해변을 따라 이어지므로 한 번 걸어볼 만하다.

찾아가기 Kapaa 다운타운에서 약 1마일 정도 북쪽으로 올라가면, 전망대 진입 도로가 있다.

카파아 & 와일루아의 볼거리

Fern Grotto 고사리 동굴

왕족 결혼식 등의 행사가 거행됐던 성스러운 장소로 육로로 통하는 길이 없어 와일루아 강 크루즈나 카약을 이용해야 한다. 공식적으로 보트 독은 투어회사만 이용할 수 있으며, 카약을 이용할 경우 조금 떨어진 곳에 카약을 묶고 이동해야 한다. 고사리 동굴에서 연인과 손을 잡으면 영원한 사랑이 이루어진다는 이야기가 있으며, 여전히 하와이 전통 결혼식을 올리는 커플도 있다. 고사리 동굴로 향하는 선착장에서부터 시작되는 산책로에서는 다양한 식생을 볼 수 있으며, 고사리 동굴의 모습도 특이해 카우아이의 인기 명소 중 한 곳이 되었다.

홈페이지 www.smithskauai.com **전화번호** 808-821-6895 **투어시간** 09:30, 11:00, 14:00, 15:30 **가이드투어** 성인 $20 / 3~12세 : $10 / 2세 이하 : 무료(홈페이지 예약 시 10%할인) **저자 한 마디** 와일루아강의 상류. 크루즈 또는 카약 투어를 이용해서만 갈 수 있다.

Secret Falls-Uluwehi Falls 시크릿 폭포-울루웨히 폭포

와일루아 강에서 카약을 이용해야만 갈 수 있는 폭포로, 시크릿 폭포의 입구에 카약을 묶은 뒤 20~30분 정도 걸어 들어가야 한다. 비가 온 다음 날에는 땅이 굉장히 질척해지거나 종종 트레일이 잘 보이지 않기 때문에, 그룹투어가 아닌 개별 카약 렌트로 갔을 때는 조심해서 확인하며 이동해야 한다. 카약 투어는 대부분 오전에 출발한다.

찾아가기 와일루아 강에서 출발해 카약을 타고 약 2마일 정도 강을 거슬러 올라가야 한다. 트래킹 시작지점에서부터 폭포까지는 약 1마일 거리이며, 평탄한 길을 걷는다.

Opaekaa Falls & Wailua River Lookout
오파에카아 폭포 & 와일루아강 전망대

주차장에서 차를 세우고 내리자마자, 바로 2갈래로 멋지게 물줄기가 떨어지는 오파에카아 폭포를 멀리서 전망할 수 있다. Kuamoo Rd를 건너면 또 다른 전망대에서 와일루아강을 내려다볼 수 있으며, 강 위에서 카약을 하는 사람들과 투어 크루즈의 모습을 구경할 수 있다.

▲ 오파에카아 폭포　　▲ 와일루아강　　▲ 와일루아강

찾아가기 Kuhio Hwy에서 Kuamoo Rd로 진입한 뒤 1.5마일 정도 직진하면 오른쪽으로 진입로가 큰 주차장이 있어 찾기 쉽다.

📷 Sleeping Giant Trail 슬리핑 자이언트 트레일

와일루아 강과 카파아 및 와일루아를 내려다볼 수 있는 트레일이다. 공식 명칭은 노우노우 마운틴 트레일(Nounou Mountain Trail)이며, 거주지역의 안쪽에서 트레일이 시작된다. 왕복 2.6마일(약 4.1km)으로 1시간 반 정도 소요된다. 올라가는 중간중간 계속해서 멋진 풍경이 펼쳐지며, 트레일의 거의 마지막 지점에는 위험하므로 더이상 가지 말라는 안내판이 나온다. 대부분의 현지인들은 이 안내판을 지나 최종 지점까지 가곤 하지만, 안내판 이후로는 땅이 안정적이지 않고 위험하므로 아이들을 동반했을 경우에는 절대 가지 말아야 한다.

 Kuhio Hwy에서 Haleilio Rd로 진입하여, 거주지역을 따라 끝까지 가면 주차공간이 나온다. 그곳에서부터 트레일을 시작할 수 있다.

📷 Wailua Falls 와일루아 폭포

와일루아강 주립공원에 위치한 와일루아 폭포는 와일루아가 아닌 리후에 쪽에서 진입해야 한다. 와일루아 폭포는 2개의 물줄기가 떨어지는 쌍둥이 폭포지만, 강수량이 많은 시기에는 물줄기가 하나로 합쳐지기도 한다. 이른 아침에 방문하는 것이 좋으며, 무지개도 자주 볼 수 있는 아름다운 폭포이다. 종종 현지인들이 폭포 아래로 내려가 있는 경우도 있지만, 공식적으로 금지되어 있다.

 Kuhio Hwy에서 Maalo Rd로 진입한 뒤, 끝까지 이동하면 주차장이 보인다. 중간중간 사거리가 나오지만, 빠지지 말고 길을 따라가면 된다.

카파아 & 와일루아에서 쇼핑하기

🧺 Coconut MarketPlace 코코넛 마켓 플레이스

카파아에 위치한 마켓으로 탁 트인 공간에 30여 개의 상점이 모여 있는 쇼핑몰이다. 특별한 것이 많지 않기 때문에 쇼핑보다는 가볍게 나들이와 무료 공연을 즐기러 가기에 좋다. 최근 ABC스토어에서 몰 전체를 인수하여 리노베이션을 하였으며, 이전보다 더 쇼핑하기 편리하게 변했다. 주로 기념품 구매나 간단한 식사를 하기에 좋다.

홈페이지 www.coconutmarketplace.com 주소 4-484 Kuhio Hwy, Kapaa 영업시간 월~토 9:00~21:00, 일 10:00~18:00
공연 무료 훌라쇼 : 수 17:00, 토 13:00 / 파머스 마켓 : 화, 목 08:00~12:00

카파아 & 와일루아의 먹거리

$ – $10 이하, $$ – $11~20, $$$ – $21~30, $$$$ – $31 이상(메인코스 기준)

Mermaid Cafe 머메이드 카페 $~$$ 저자 추천

가게 간판에 인어가 그려진 머메이드 카페는 저렴하면서도 괜찮은 점심식사를 하기 적합한 곳이다. 생선요리부터 랩, 타코, 샐러드까지 비싸지 않으면서 양도 푸짐해 만족스럽다. 길가로 나와 있는 오픈 테이블에서 거리풍경을 즐기며 식사하는 재미가 쏠쏠하다. 가장 인기 있는 메뉴는 단연 아히 노리 랩이다. 참치와 와사비가 적절히 버무려진 랩은 한 끼 식사로 부족함이 없다. 목이마르다면 히비스커스 레모네이드도 추천한다.

홈페이지 www.mermaidskauai.com 주소 4-1384 Kuhio Ave, Kapaa 전화번호 808-821-2026 영업시간 월~일 11:00~21:00

Pono Market 포노 마켓 $

사람들이 포노 마켓을 찾는 이유는 카우아이섬에서 가장 맛있는 포케를 먹기 위해서다. 하나의 플레이트에 다양한 종류의 포케와 스팸 무수비 그리고 식사를 위해 밥이나 면, 프라이드 치킨, 칼루아 포크 등을 원하는 대로 선택할 수 있다. 포노 마켓에 들어서면 언제나 손님을 환영하는 분위기 덕분에 부담스럽지 않다.

주소 4-1300 Kuhio Hwy, Kapaa 전화번호 808-822-4581 영업시간 월~토 06:00~ 16:00, 일 휴무

Chicken in a Barrel 치킨 인 어 배럴 $~$$ 저자 추천

카우아이 카파아 북쪽에 위치한 치킨 인 배럴은 닭을 드럼통에 훈제 방식으로 익혀 퍽퍽하지 않고 촉촉한 식감이 매력적이다. 닭고기뿐만 아니라 소고기, 돼지고기, 립 등의 메뉴도 있지만 역시 최고 인기 메뉴는 치킨이다. 솔솔 풍겨오는 훈제치킨 냄새에 그냥 지나칠 수 없는 가게로 꼭 한번 먹어보길 추천한다. 하날레이 베이의 칭 영 빌리지 내에도 분점이 있으므로 편한 곳을 이용하면 된다.

홈페이지 www.chickeninabarrelbbq.com 주소 4-1586 Kuhio Hwy, Kapaa 전화번호 808-823-0780 영업시간 월~토 11:00~ 20:00

NOM Kauai 놈 카우아이 $$

저자 추천

카파아 마을보다 조금 더 북쪽에 위치한 놈 카우아이는 햄버거와 샌드위치를 메인으로 하는 푸드트럭이다. 햄버거와 함께 먹는 감자튀김 톳츠(Tots)로 유명하며, 푸짐한 양의 블랙퍼스트 샌드위치도 인기메뉴다. 놈 카우아이가 위치한 곳에는 여러 개의 푸드트럭이 더 모여 있으며, 대부분 평이 좋은 푸드트럭들이니 햄버거 말고 다른 음식을 맛봐도 좋다.

홈페이지 nomkauai.com 주소 4-1602 Kuhio Hwy, Kapaa 전화번호 808-635-5903 영업시간 화~토 08:00~18:00, 일 09:00~14:00, 월 휴무

Street Burger 스트리트 버거 $$

저자 추천

카우아이에서 최고의 햄버거를 찾는다면, 단연 스트리트 버거를 추천하고 싶을 정도로 맛있는 버거를 맛볼 수 있는 곳이다. 나무를 직접 때어 구워내는 햄버거 패티는 단연 일품. 다양한 햄버거 메뉴뿐만 아니라, 맥주와 와인의 선택 폭도 넓다. 조금 뜨겁더라도 햄버거가 구워지는 현장을 보고 싶다면 쉐프의 테이블을 요청하자. 바로 앞에서 햄버거가 만들어지는 모습을 오픈 키친으로 구경할 수 있다. 단 버거 외의 메뉴는 크게 기대하지 말자.

홈페이지 www.streetburgerkauai.com 주소 4-369 Kuhio Hwy, Kapaa 전화번호 808-212-1555 영업시간 화~토 11:00~22:00, 일~월 휴무

Kountry Kitchen 컨트리 키친
$$

양 많은 미국식 오믈렛을 먹고 싶다면 컨트리 키친은 그에 딱 맞는 레스토랑이다. 오믈렛에 해시브라운만 추가해도 웬만한 성인 남성은 배를 두드릴 정도이다. 오믈렛뿐 아니라 마카다미아 넛 팬케이크도 맛이 좋다. 계란프라이와 베이컨 같은 아침 기본 메뉴부터 프렌치 토스트까지 선택의 폭이 넓으므로 한 끼 정도는 이곳에 들러도 좋다. 점심은 오후 2시에 마감하므로 좀 일찍 가야 먹을 수 있다.

주소 4-1485 Kuhio Hwy, Kapaa 전화번호 808-822-3511 영업시간 월~일 06:00~14:00

Monico's Taqueria 모니코스 타께리아
$$

카우아이에서 가장 괜찮은 멕시코 음식을 먹을 수 있는 레스토랑. 하와이에서 인기 많은 피시타코도 훌륭하지만, 시푸드타코도 맛있다. 그 외에 다양한 멕시코 요리도 기본 이상이기 때문에 실패할 확률이 낮다. 다만 전체적으로 서빙이 느린 편이고, 테이크아웃이 많을 때는 다소 기다려야 할 수도 있다.

주소 43562 Kuhio Hwy, Wailua 전화번호 808-822-43003 영업시간 화~일 11:00~15:00, 17:00~21:00, 월 휴무

Java Kai 자바 카이
$~$$

카우아이의 꽤 괜찮은 커피 샵 중 한 곳으로 카파아를 찾은 사람들이 아침이나 점심식사 후 커피 한 잔을 즐기려고 많이 찾는다. 커피 외에도 주스, 스무디, 베이커리 종류도 무난한데, 자바카이 도장이 찍힌 종이컵이 독특하다.

홈페이지 www.javakaihawaii.com 주소 4-1384 Kuhio Hwy, Kapaa 전화번호 808-823-6887 영업시간 월~일 06:00~21:00

카파아 & 와일루아의 숙소

콘도
Waipouli Beach Resort & Spa by Outrigger
와이포울리 비치 리조트 & 스파 바이 아웃리거

가족여행객들에게 추천할 만한 아웃리거 계열의 럭셔리 콘도미니움. 카우아이 동쪽에서 가장 훌륭한 시설을 보유한 리조트로 세이프웨이, 푸드랜드 등의 슈퍼마켓이 길 건너에 위치해 있어 걸어서 다녀올 수 있을 정도로 가깝다. 객실과 시설이 모두 고급스럽고, 객실도 비밀번호 형태로 되어있어 열쇠를 잃어버릴 염려가 없다.

아웃리거 와이포울리 비치의 객실은 주방시설이 없는 호텔 객실과 주방 및 세탁시설이 모두 갖춰진 1베드룸 이상으로 나뉜다. 호텔 객실은 일반 리조트의 호텔 객실과 동일하며 주방시설이 없고, 1베드룸은 약 25평 규모로 4명 정도가 숙박하기에 충분하며 공간 활용을 잘한 욕실도 훌륭하다. 가족여행객이라면 1베드룸 이상의 객실을 추천하며, 이동침대를 추가하려면 비용을 지불해야 한다.

콘도미니엄 중심에는 강 모양의 커다란 수영장이 있으며, 수영장 끝은 모래사장처럼 꾸며놓았다. 아이들을 위한 작은 놀이기구와 워터슬라이드 등도 마련되어 있어 물놀이를 하기에 좋다. 해변 방향에는 오아시스 레스토랑이 있고, 그 앞으로 바로 해변이 펼쳐진다. 모든 편의시설과 관광지로 이동하기 쉬운 카우아이의 중심에 위치한다.

홈페이지 www.waipoulibeachresort.com **주소** 4-820 Kuhio Hwy, Kapaa **전화번호** 808-823-1401 **숙박요금** $160~ **리조트피** $15(2017년 1월부터 $20) **인터넷** 리조트피에 포함 **주차** 리조트피에 포함 **레스토랑** 오아시스 레스토랑(Oasis Restaurant) **스파** 스파 바이 더 시(Spa by the Sea) **클리닝피** **투숙료** 스튜디오 $120, 1베드룸 $175, 2베드룸 $220

콘도
Kauai Coast Resort at the Beachboy
카우아이 코스트 리조트 앳 더 비치보이

카우아이 동부 해안에 위치한 콘도미니엄. 가장 작은 객실인 스튜디오 타입에는 전자레인지만, 원베드룸 이상 객실에는 주방시설이 완비되어 있다. 객실과 시설은 다소 오래된 느낌이지만, 저렴한 금액에 원베드룸 이상을 이용할 수 있어 카파아 지역에서 금액대비 가장 훌륭하다는 평가를 받고 있다.

홈페이지 www.shellhospitality.com/en/Kauai-Coast-Resort-at-the-Beachboy **주소** 520 Aleka Loop, Kapaa **전화번호** 808-822-3441 **숙박요금** $150~ **리조트피** 없음 **인터넷** 무료 **주차** 무료

Hilton Garden Inn Kauai Wailua Bay
힐튼 가든 인 카우아이 와일루아 베이

2016년에 새롭게 리노베이션하여 오픈한 리조트로, 리드게이드 비치 파크와 맞닿아 있다. 새 리조트답게 전체적인 시설이 힐튼 가든인이라는 브랜드의 평균보다 더 훌륭하다. 객실도 전체적으로 잘 정돈되어 있으며, 공간도 넓게 활용할 수 있다. 모든 객실에 전자렌지가 제공되어 간단하게 음식을 먹기에도 편리하다. 수영장의 크기는 다소 작은 편이지만, 가까운 해변에 인공 방파제가 있어 아이들과도 안전하게 수영할 수 있다.

기본적인 객실 외에도 코티지 객실이 있는데, 원베드룸 스위트 형태로 주로 가족여행이나 신혼여행을 온 사람들이 선호한다. 해변과 가까운 곳에 개별 건물로 되어 있어, 조용하게 시간을 보내고자 하는 사람들이 좋아한다. 또한, 별도의 건물이다 보니 바로 앞에 주차도 가능하다. 힐튼 가든 인에서는 2시간동안 무료로 자전거의 대여가 가능하므로 가까운 곳을 다녀올 때 이용할 수 있다.

홈페이지 hiltongardeninn3.hilton.com/en/hotels/hawaii/hilton-garden-inn-kauai-wailua-bay-LIHWBGI/index.html **주소** 3-5920 Kuhio Hwy, Kapaa **전화번호** 808-823-6000 **숙박요금** $165~ **리조트피** $22 **인터넷** 리조트피에 포함 **주차** 셀프 리조트피에 포함 **레스토랑** 더 가든 그릴(The Garden Grill)

Courtyard Kauai at Coconut Beach
코트야드 카우아이 앳 코코넛 비치

과거 애스톤 브랜드였던 리조트를 메리어트가 인수하면서, 리노베이션을 통해 코트야드 카우아이 앳 코코넛 비치로 리브랜딩되었다. 메리어트 체인의 저렴한 계열인 코트야드답게 고급스러움보다는 전체적으로 이코노믹한 느낌을 풍기는 호텔이다. 카파아 마을에서 가깝고, 위치가 좋다.

홈페이지 www.marriott.com/hotels/travel/lihku-courtyard-kauai-at-coconut-beach **주소** 650 Aleka Loop, Kapaa **전화번호** 808-822-3455 **숙박요금** $190~ **리조트피** 없음 **인터넷** 무료 **주차** 셀프 $14 **레스토랑** 마카이 라운지(Makai Lounge)

Aston Islander on the Beach 애스톤 아일랜더 온 더 비치

애스톤 계열의 리조트로 카우아이에서 저렴한 리조트를 찾는 사람들에게 적합하다. 주방시설은 없지만 전자레인지가 있어서 간단한 요리를 데워먹을 수 있다. 수영장과 자쿠지, 풀 바 등 기본적인 시설이 잘 갖춰져 있다. 엘리베이터가 없어 높은 층은 짐을 가지고 올라가야 하는 단점이 있지만, 프로퍼티가 넓게 퍼져있고 최고층이 3층이기 때문에 큰 부담이 되지는 않는다. 코코넛 마켓플레이스가 바로 옆에 붙어있어 간단한 식사와 쇼핑이 가능하고, 호텔 내에 위치한 킬라우에아 피시마켓도 꽤 평이 좋은 식당이다.

홈페이지 www.astonhotels.com/resort/overview/aston-islander-on-the-beach **주소** 440 Aleka Place, Kapaa **전화번호** 808-822-7417 **숙박요금** $150~ **리조트피** $20 **인터넷** 리조트피에 포함 **주차** 무료 **레스토랑** 킬라우아에 피시마켓(Kialuea Fish Market)

Aqua Kauai Shores 아쿠아 카우아이 쇼어스

깔끔하면서 저렴한 호텔을 찾는다면, 아쿠아 카우아이 쇼어스는 목적에 딱 맞는 호텔이다. 아쿠아 체인 특유의 파스텔톤이 섞인 인테리어는 전체적인 숙소의 분위기를 밝게 만들어준다. 해변과 인접해 있어 물놀이를 즐기기에도 좋다.

홈페이지 www.kauaishoreshotel.com **주소** 420 Papaloa Rd, Kapaa **전화번호** 808-822-4951 **숙박요금** $109~ **리조트피** $18 **인터넷** 리조트피에 포함 **주차** 리조트피에 포함 **레스토랑** 라바 라바 비치 클럽(Lava Lava Beach Club)

Castle Kaha Lani 캐슬 카하 라니
콘도

와일루아 강 옆의 콘도미니엄으로 원베드룸과 투베드룸의 두 가지 타입이 있다. 모든 객실에 주방시설이 완비되어 있으며, 리조트 중앙에 8자 모양의 아담한 수영장이 있다. BBQ 공간이 따로 마련되어 있고, 리조트 내의 세탁시설은 동전으로 이용할 수 있다.

홈페이지 www.castleresorts.com/Home/accommodations/kaha-lani-resort **주소** 4460 Nehe Rd, Lihue **전화번호** 808-822-2828 **숙박요금** $175~ **리조트피** 없음 **인터넷** 무료 **주차** 무료 **클리닝피** 1~2박 1베드룸 $50, 2베드룸 $60, 3베드룸 $70 **3박 이상** 1베드룸 $95, 2베드룸 $115, 3베드룸 $135

Area 03 Lihue 리후에

리후에는 카우아이에 처음 도착하면 만나는 도시로, 특별히 도시의 중심이 있다기보다는 방사형으로 퍼져있는 도시다. 특별한 볼거리는 없지만 남쪽과 북쪽을 오가는 길목에 있어 간단한 슈퍼마켓 쇼핑과 가볍게 식사를 하는 거점이 된다.

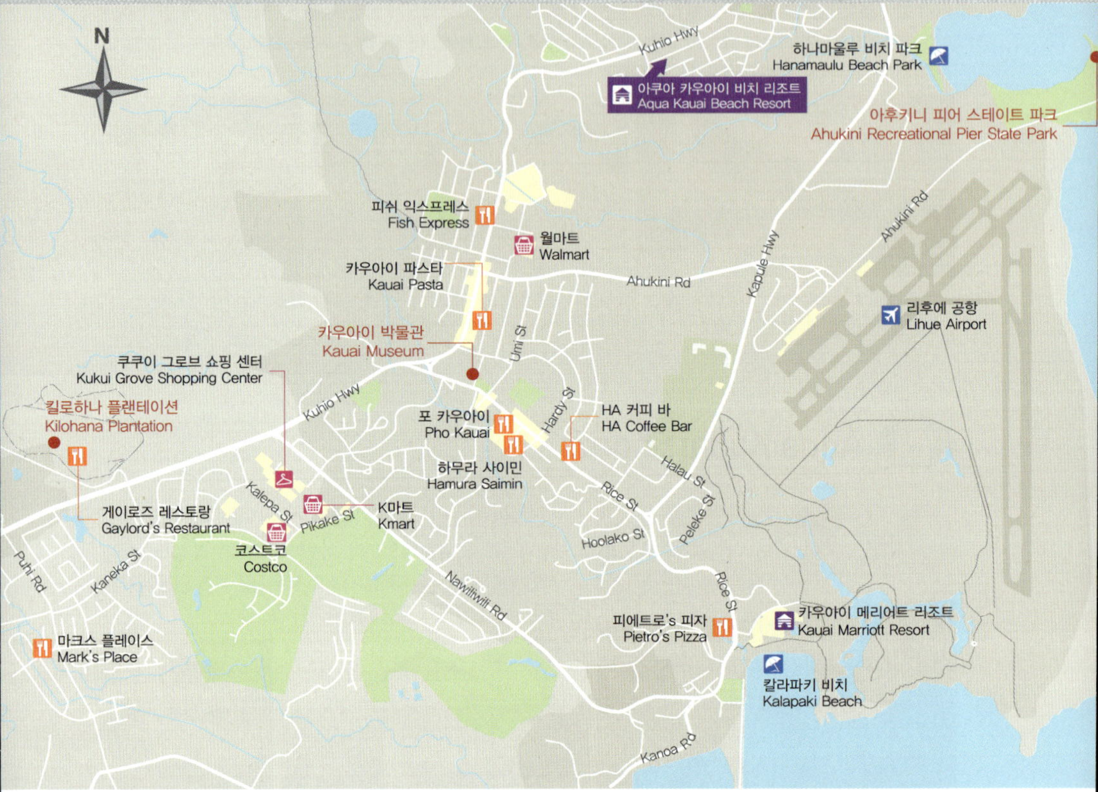

리후에의 해변

Kalapaki Beach
칼라파키 비치

카우아이 메리어트 리조트 앞에 위치한 해변으로 서핑, 보디보딩, 카약 등 다양한 액티비티를 하기 좋다. 바로 옆으로 카우아이 항구가 연결되어 있지만, 바닷물은 생각 외로 깨끗한 편이다. 다만, 스노클링에는 적합하지 않다.

특징 화장실, 샤워, 수영, 보디보딩, 카약 **저자 한 마디** 편의시설은 해변 근처의 앵커 코브 쇼핑센터에 있으며, 주차도 무료로 할 수 있다.

카우아이섬

🏖 Lydgate Beach Park 리드게이트 비치 파크

리드게이트 비치 파크는 카우아이 동쪽에서 가장 유명한 해변으로, 스노클링에서부터 가족 피크닉까지 모든 액티비티에 적합하다. 해변의 북쪽에는 아이들을 위해 바위를 쌓아 만든 파도가 잔잔한 라군이 있다. 바람이 심하지 않은 날에는 해변 바로 앞에서도 수영과 피크닉을 즐기기에 좋다. 물고기가 많은 것은 아니지만, 방파제 안쪽에서 아이들과 함께 스노클링도 가능하다.

특징 화장실, 샤워, 피크닉테이블, BBQ, 라이프가드, 놀이시설, 수영, 스노클링 **찾아가기** Kuhio Hwy에서 Leho Dr로 진입. 남쪽이나 북쪽에서 진입해 500m 정도 전진하면 공원과 이어지는 Nalu Rd가 나온다. 공원 초입에도 주차장이 많으며, 도로 끝까지 가면 라군 옆으로도 주차장이 있다.

리후에의 볼거리

📷 Kauai Museum 카우아이 박물관

카우아이의 역사와 관련한 다양한 전시물을 둘러 볼 수 있는 박물관으로 50년이 넘는 역사를 가지고 있다. 리후에 시내 중심에 있어 리후에를 돌아다니는 동안 건물을 자주 볼 수 있다. 규모는 크지는 않지만 관람하는 데 1~2시간 정도가 필요하다.

홈페이지 www.kauaimuseum.org **주소** 4428 Rice St, Lihue **전화번호** 808-245-6931 **개방시간** 월~토 09:00~16:00, 일요일 휴관 **입장료** 성인 $15, 65세 이상 $12, 8~17세 $10, 7세 이하 무료

Ahukini Pier State Park
아후키니 피어 스테이트 파크

1920년대에 지어진 아후키니 피어는 콘크리트 부두로, 카우아이로 오는 대부분의 배가 왕복하는 곳이었다. 1930년대에 나윌리윌리 항구가 신설되면서 이용량은 줄었고, 1978년에 해체되었다. 그렇지만 그 이후에도 〈식스 데이즈 세븐 나잇〉과 같은 영화의 배경이 되기도 하였다. 공항에서 멀지 않기 때문에 잠시 들러 바다와 오래된 부두를 잠시 산책할 만하다.

주소 Ahukini Rd의 끝

Kilohana Plantation
킬로하나 플랜테이션

1896년 조성된 대규모 농장으로 카우아이에서 첫 번째로 대저택이 세워진 곳이다. 농장 안에는 갤러리, 핸드메이드 숍, 레스토랑 등이 있지만, 전체적으로 아주 흥미로운 곳은 아니다. 특히 농장을 둘러보는 기차는 지루함을 느끼는 사람도 많으며, 평도 그냥 그렇다. 홈페이지에서 예약하면 10% 할인이 가능하다. 다만, 농장 내 레스토랑인 게이로즈는 훌륭하다.

홈페이지 www.kilohanakauai.com **주소** 3-2087 Kaumualii Highway, Lihue **전화번호** 808-245-5608 **기차시간** 월~일 10:00, 11:00, 12:00, 13:00, 14:00(그 외 날짜별 별도 투어시간 있음) **요금** 성인 $19.50, 3~12세 $14, 3세 이하 무료.

리후에에서 쇼핑하기

Kukui Grove Shopping Center
쿠쿠이 그로브 쇼핑센터

카우아이에서 가장 큰 쇼핑센터로 코스트코, K마트, 타임스 수퍼마켓 등의 대형 마트에서부터 메이시스, 시어스 등의 백화점까지 있어 다양한 물건을 구입하기에 좋다. 체인 패스트푸드점과 한국 음식점도 입점해 있어 쇼핑 사이에 간단하게 식사할 수 있다. 패셔너블한 아이템보다는 선물을 사기 좋은 쇼핑센터.

홈페이지 www.kukuigrovecenter.com **주소** 3-2600 Kaumualii Hwy, Lihue **전화번호** 808-245-7784 **영업시간** 월~목, 토 09:30~19:00, 금 09:30~21:00, 일 10:00~18:00

| 리후에의 먹거리 | $ – $10 이하, $$ – $11~20, $$$ – $21~30, $$$$ – $31 이상(메인코스 기준) |

Mark's Place 마크스 플레이스 $ 〈저자 추천〉

카우아이에서 하와이 현지인이 먹는 음식을 먹어보고 싶다면, 마크스 플레이스만큼 적합한 곳은 없다. 다소 외진 곳에 있지만, 와이메아나 포이푸로 향하는 길에 점심을 먹기 적당하다. 뭘 먹어야 할지 모르겠다면, 여러 가지 메뉴가 함께 들어가 있는 콤비네이션 플레이트를 고르자. 전체적으로 양이 많아, 양이 적은 사람들은 2명에서 하나로도 충분하다. 베이커리 메뉴 중 버터모찌도 인기 있다.

홈페이지 www.marksplacekauai.com 주소 1610 Haleukana St, Lihue
전화번호 808-245-2522 영업시간 월~금 10:00~20:00, 토~일 휴무

Hamura's Saimin 하무라 사이민 $

하무라 사이민은 하와이 현지 음식인 사이민이 주메뉴인 곳이다. 사이민은 진한 국물에 면과 다양한 고명이 올라가 있어 한 끼 식사로도 그만이다. 저렴하게 먹을 수 있는 면 요리인 만큼 큰 기대는 금물이지만, 하무라 사이민의 스페셜 사이민은 생각 외로 훌륭하다. 사이민 외에도 후식으로 먹을 수 있는 쉬폰파이를 추천한다.

주소 2956 Kress St, Lihue 전화번호 808-245-3271 영업시간 월~목 10:30~22:30 / 금~토 11:00~24:00 / 일 10:30~21:30

Pho Kauai 포 카우아이 $

현지인이 손님의 대다수인 베트남 쌀국수집. 포 카우아이의 쌀국수는 한국에서 먹는 쌀국수보다 좀 더 베트남의 맛에 가깝다. 어느 정도 하와이화되어 있고 평가가 좋기는 하지만, 사람에 따라서 익숙하지 않을 수도 있다. 다소 향이 강한 고수 풀을 사용하므로 좋아하지 않는다면 미리 요청하여 제외하고 먹는 것이 좋다.

주소 4303 Rice St, Lihue(Rice Shopping Center) 전화번호 808-245-9858 영업시간 월~토 10:00~21:00, 일 휴무

The Fish Express 피시 익스프레스 $

월마트 건너편에 위치한 가게로, 다양한 플레이트 런치를 팔고 있다. 다양한 포케에서부터 칼루아 피그 등 하와이 현지 음식을 한 번에 시도해 보고 싶다면 추천할 만하다. 식사할 수 있는 테이블이 없고 테이크아웃만 가능하다. 카우아이에서 해변이나 산으로 피크닉을 계획하고 있다면 도시락용으로 좋다.

주소 3343 Kuhio Hwy, Lihue **전화번호** 808-245-9918 **영업시간** 월~토 오전 10:00~17:00, 일 휴무

Pietro's Pizza 피에트로스 피자 $$

벽돌 오븐에서 구운 이탈리안 스타일의 화덕 피자와, 뉴욕 스타일의 콤비네이션 피자를 모두 즐길 수 있는 피자 레스토랑. 레스토랑의 안쪽에서는 이탈리안 스타일의 주문이 가능하며, 바깥쪽에서는 뉴욕 스타일의 주문이 가능하다. 뉴욕 스타일 피자는 슬라이스로도 주문할 수 있다. 하버 몰 안에 있으며, 식사 후 도장을 받으면 주차비가 면제된다.

주소 3501 Rice St, Lihue (Harbor Mall) **전화번호** 808-245-2266 **영업시간** 월~토 11:00~21:00, 일 휴무

HA Coffee Bar HA 커피 바
$

리후에에서 훌륭한 커피 한 잔 하고 싶다면, HA 커피 바는 꽤 괜찮은 선택이다. 하와이에서 생산된 커피 빈을 사용하며, 이 커피샵의 대표 메뉴는 콜드 브류 커피로 많은 사람들에게 사랑을 받고 있다. 커피 외에도 베이커리와 샌드위치, 샐러드 종류도 판매하며 가격은 $5 전후이다.

주소 4180 Rice St, Lihue **전화번호** 808-631-9241 **영업시간** 월~토 오전 06:30~17:00, 일 휴무

Gaylord's 게이로즈
$$~$$$

킬로히나 플렌테이션 내 위치한 레스토랑으로, 정원을 따라 배치된 테이블과 고풍스러운 건물이 인상적이다. 과거에 22노스 22 North 였다가 새로운 스태프들과 함께 22노스 이전의 이름이었던 게이로즈로 이름을 다시 변경했다. 저녁식사가 인기 있으며, 일요일에는 선데이 브런치만 운영한다.

홈페이지 gaylordskauai.com **주소** 3-2087 Kaumualii Hwy, Lihue **전화번호** 808-245-9593 **영업시간** 월~토 11:00~14:30, 17:30~20:30, 일 09:00~13:30

Kauai Pasta 카우아이 파스타
$$~$$$

카우아이에서 가장 훌륭한 파스타 전문점으로, 2007년부터 꾸준히 카우아이 최고의 이탈리안 레스토랑으로 선정되었다. 대부분의 파스타 메뉴가 모두 좋은 평을 받고 있으며, 애피타이저 샐러드도 충실하다. 가게 규모가 작다 보니 점심 및 저녁시간대에는 사람이 많아 오래 기다려야 할 수도 있다. 리후에와 카파아에 지점이 있다.

홈페이지 www.kauaipasta.com **주소** • **리후에** : 3-3142 Kuhio Hwy, Lihue • **카파아** : 4-939 Kuhio Hwy, Kapaa **전화번호** 808-245-2227 **영업시간** 월~일 11:00~21:00

리후에의 숙소

Kauai Marriott Resort 카우아이 메리어트 리조트

리후에 시내에 위치한 리조트로 공항과 가까우며 바로 옆으로 골프 코스가 연결된다. 항구와 연결된 아름다운 칼라파키 해변을 끼고 있어 다양한 액티비티를 즐기기에도 적합하다. 리후에 공항과 가까운 만큼 미리 요청하면 공항까지 무료 셔틀서비스를 제공한다.

카우아이 메리어트 리조트의 자랑거리는 리조트 중심에 위치한 원형의 커다란 수영장이다. 수영장의 규모 자체가 크다 보니 웬만큼 사람이 많아도 복작거리는 느낌이 들지 않는다. 수영장은 바로 해변으로 연결되어 편리하다. 객실에 주방시설은 없지만 리조트 객실 주위로 BBQ 시설이 마련되어 있어 고기 등을 구워먹을 수 있다.

홈페이지 www.marriott.com/hotels/travel/lihhi-kauai-marriott-resort **주소** 3610 Rice St, Lihue **전화번호** 808-245-5050 **숙박요금** $220~ **리조트피** 없음 **인터넷** 무료 **주차** 셀프 $25, 발레 $30 **레스토랑** 쿠쿠이(Kukui's), 카페 포르토피노(Cafe Portofino), 듀크스(Duke's), 토로 테이 스시 바(Toro Tei – Sushi Bar) **스파** 알렉산더 데이 스파(Alexander Day Spa)

Aqua Kauai Beach Resort 아쿠아 카우아이 비치 리조트

리후에 시내 북쪽 조용한 곳에 위치해 휴식을 취하려는 사람들에게 적합하다. 하와이안 플랜테이션 스타일의 건축양식과 대형 수영장, 인공 폭포와 바위들이 인상적이다. 특히 수영장은 2개의 핫텁이 있어 경쟁하지 않아도 된다. 리조트는 예약 시 리후에 공항까지 무료 셔틀서비스를 제공한다. 2016년부터 시작된 리노베이션은 과거의 다소 칙칙했던 느낌을, 밝은색 위주의 침대와 벽으로 바꾸어 산뜻하게 변했다. 전 객실이 모두 바다를 향해 있으며, 주변에 다른 건물들이 없어 조용한 것이 장점이다. 리조트 내에 위치한 코 쉐이브 아이스는 더운 오후를 시원하게 만들어 준다.

홈페이지 www.kauaibeachresorthawaii.com **주소** 4331 Kauai Beach Dr, Lihue **전화번호** 808-954-7419 **숙박요금** $180~ **리조트피** $22 **인터넷** 리조트피에 포함 **주차** 셀프, 발레 리조트피에 포함 **레스토랑** 나우파카 테라스 레스토랑(Naupaka Terrace Restaurant), 드리프트우드 바&그릴(Driftwood Bar&Grill), 코 쉐이브 아이스(Ko Shave Ice) **스파** 하와이안 레인포레스트 스파(Hawaiian Rainforest Spa)

Area 04 Poipu & Koloa 포이푸 & 콜로아

포이푸와 콜로아는 카우아이 남쪽의 대규모 리조트 단지가 있는 곳으로, 주로 겨울에 파도가 잔잔하고 바다가 아름다워 많이 찾는다. 북쪽에 비해 리조트 개발이 많이 되어있어 숙소 선택의 폭이 넓고, 바다 이외에도 스파우팅 혼 등 다양한 볼거리가 있다.

포이푸 & 콜로아의 해변

Lawai Beach 라와이 비치

비치 하우스 레스토랑 앞의 작은 해변으로, 부드러운 모래와 아름다운 수중환경 덕분에 수영과 스노클링을 즐기기에 적합한 해변이다. 물고기가 모여 있는 곳이 가까워 조금만 걸어가도 스노클링을 즐길 수 있으며, 파도가 높은 시즌을 제외하면 물속 시야도 잘 나온다. 남부 최고의 스노클링 포인트.

특징 화장실, 샤워, 수영, 스노클링 **주소** 5022 Lawai Rd, Koloa **저자 한 마디** 주변의 리조트에 해변을 이용하는 사람들을 위한 주차공간이 있다.

Mahaulepu Beach 마하울레푸 비치

약 3km의 마하울레푸 비치는 카우아이의 또 다른 숨은 해변이다. 사유지가 포함된 비포장도로를 20분 넘게 들어가야만 만날 수 있는 해변으로 카우아이에서 사람이 가장 적은 해변 중 한 곳이고, 낮 시간대에만 들어갈 수 있다. 바위가 많고 바다가 거칠기 때문에 수영은 모래가 많은 지역에서만 즐기는 것이 좋다. 그 외 해변에서는 산책을 즐기는 것으로 만족하는 것이 좋다. 파도기 잔잔한 날에는 해변 동쪽에서 스노클링을 하는 사람도 종종 있다.

특징 수영, 산책 **저자 한 마디** Poipu Rd를 따라 동쪽으로 가다 보면 비포장도로가 나타난다. 비포장도로를 따라가다가 삼거리가 나오면 우회전해서 도로의 끝까지 따라가면 된다. 비포장도로의 상태가 그리 좋지 않다.

Shipwreck Beach 쉽렉 비치

그랜드 하얏트 카우아이 리조트 앞에 위치한 해변으로 '긴 해변'이라는 별칭도 있다. 초승달 모양의 해변으로, 배가 좌초된 적이 있어 쉽렉 비치라는 이름이 붙여졌다. 남쪽의 다른 해변에 비해 파도가 다소 있는 편이라 보디보딩이나 서핑을 즐기는 사람이 많다.

특징 화장실, 샤워, 서핑, 보디보딩 **저자 한 마디** 그랜드 하얏트 카우아이 리조트를 지나치면, 오른쪽으로 해변과 이어지는 Ainako St가 있다. 끝으로 가면 비포장도로를 지나 주차공간이 있다.

카우아이섬

🏖 Poipu Beach Park
포이푸 비치 파크

포이푸 비치는 카우아이 남쪽 해안에 있는 아름다운 해변으로, 스노클링을 하기에 좋아 인기 있다. 운이 좋으면 바다거북뿐만 아니라 멸종위기인 하와이안 몽크 바다표범까지 만나는 행운을 누릴 수 있다. 특히 해변 중심에는 건너편의 작은 섬과 이어져 해변이 2개로 나뉘는 곳이 있는데, 포이푸 해변에서도 가장 인기 있는 곳이다. 고운 모래사장이 넓게 펼쳐져 있어 일광욕과 온가족이 물놀이를 하기에도 적합하다.

특징 화장실, 샤워, 피크닉테이블, BBQ, 라이프가드, 수영, 스노클링 **저자 한 마디** Poipu Rd을 따라 내려오다 Hoowili Rd로 진입해 끝까지 가면 해변이 나온다.

포이푸 & 콜로아의 볼거리

📷 Spouting Horn
스파우팅 혼

스파우팅 혼은 용암 바위 사이로 뿜어져 나온 파도가 멋진 자연 분수를 만들어내는 포이푸의 하이라이트이다. 스파우팅 혼은 특이하게 파도가 용암 바위 사이를 통과하며 소리를 내는데, 하와이 전설 속에서는 거대한 도마뱀의 울음소리라고 알려져 있다. 파도가 강한 날에는 15m 이상의 물줄기도 감상할 수 있다. 스파우팅 혼 옆에는 60m까지 치솟는 또 다른 블로우 홀이 있었지만, 주변 농작물에 피해를 준다는 이유로 1920년대 파괴되어 현재의 모습이 되었다. 블로우홀은 항상 위험하므로 지정된 곳을 벗어나지 않는 것이 좋다.

찾아가기 포이푸에서 Lawai Road를 따라 서쪽으로 약 1.8마일 정도를 가면 왼쪽으로 스파우팅 혼의 간판이 보인다. **저자 한 마디** 주차장이 넓고, 스파우팅 혼으로 가는 길에는 기념품 상점이 늘어서 있다.

Tree Tunnel
트리 터널

Kaumualii Hwy에서 포이푸로 진입하기 위해 Maluhia Rd로 들어서면 바로 1km 가까이 이어지는 트리 터널을 만날 수 있다. 트리 터널의 나무들은 150년 이상 된 유칼립투스로, 허리케인 등에서 포이푸를 지키기 위해 심은 것이다.

찾아가기 Maluhia Rd(State Hwy 520)의 초입

 ## National Tropical Botanical Garden
내셔널 트로피컬 보타니컬 가든

내셔널 트로피컬 보타니컬 가든은 크게 30만 평의 맥브라이드 가든 McBryde Gardens 과 12만 평의 앨러튼 가든 Allerton Gardens 으로 나뉘며, 가든 내에는 퀸 엠마가 여름 피서지로 사용했던 작은 집이 있다. 맥브라이드 가든은 트램을 타고 들어가 셀프투어로 둘러볼 수 있으며 약 1시간 반 정도 소요된다. 앨러튼 가든은 가이드투어를 통해서만 둘러볼 수 있으며 2시간 반 정도 소요된다. 가든으로 가는 모든 트램은 사우스 쇼어 방문자센터 Shore Shore Visitor Center 에서 출발하며, 출발 30분 전에는 도착해야 한다. 홈페이지에서 사전 예약 시 할인을 받을 수 있다.

홈페이지 www.ntbg.org **찾아가기** 포이푸에서 Lawai Rd를 따라가다 보면, 스파우팅 혼에 조금 못 미친 1.7마일 거리에 입구가 있다. **전화번호** 808-742-2623 **입장료** • 맥브라이드 가든 성인 $30, 6~12세 $15, 5세 이하 무료 • 앨러튼 가든 투어 성인 $50, 6~12세 $25, 5세 이하 무료 • 두 공원 콤보 성인 $60, 6~12세 $30, 5세 이하 무료 **시설이용 시간** • 맥브라이드 가든 트램 09:30, 10:30, 11:30, 12:30, 13:30, 14:30 • 앨러튼 가이드 투어 09:00, 10:00, 13:00, 14:00, 15:00

포이푸 & 콜로아에서 쇼핑하기

 ## The Shops at Kukuiula
더 숍스 앳 쿠쿠이올라

포이푸 지역에 새롭게 조성된 쇼핑몰로 메리맨스 피시하우스, 로이스 이팅 하우스 1849 등의 고급 레스토랑에서부터 부바버거와 새비지 슈림프, 라퍼츠 아이스크림과 같이 가볍게 먹을 수 있는 곳들까지 다양하다. 여러 브랜드의 쇼핑몰뿐만 아니라, 가벼운 식료품 쇼핑 및 카페를 즐길 수 있는 리빙 푸즈 슈퍼마켓&카페도 쇼핑몰 내에 있다. 매주 수요일 오후 3시 30분~6시에는 파머스 마켓이 열린다.

홈페이지 kukuiula.com theshops **주소** 2829 Ala Kalani kaumaka, Koloa **전화번호** 808-742-9545 **영업시간** 월~일 07:00 ~21:00(상점에 따라 상이)

Poipu Shopping Village 포이푸 쇼핑 빌리지

포이푸 중심에 있는 작은 쇼핑 빌리지로 빌리지 내에는 여러 상점과 케오키스 파라다이스 Keoki's Paradise, 방콕 해피 볼 타이 비스트로 Bangkok Happy Bowl Thai Bistro, 올림픽 카페 Olympic Cafe 등 다양한 레스토랑이 모여 있다. 쇼핑보다는 식사를 위해서 들르는 사람도 많다.

주소 2360 Kiahuna Plantation Dr, Koloa **전화번호** 808-742-2831

포이푸 & 콜로아의 먹거리 $ - $10 이하, $$ - $11~20, $$$ - $21~30, $$$$ - $31 이상(메인코스 기준)

 ## Koloa Fish Market 콜로아 피시마켓 $~$$

 저자 추천

콜로아 타운 내에 있는 피시마켓으로 매일 아침에 잡은 신선한 생선으로 만든 포케와 생선회를 판매한다. 이른 시간에 방문할수록 신선한 생선을 만날 수 있으며, 한국 사람들의 입맛을 충족시킬 만큼 맛도 좋고 가격도 저렴하다. 생선 위주로 선택하는 것이 실패하지 않는 방법. 개인적으로 선호하는 포케는 코리안 포케 Korean Poke 와사비 포케 Wasabi Poke 이다.

주소 5482 Koloa Rd, Koloa **전화번호** 808-742-6199 **영업시간** 월~금 10:00~18:00, 토 10:00~17:00, 일 휴무

 ## Sueoka Store Snack Shop
수에오카 스토어 스낵 숍 $

콜로아 마을의 슈퍼마켓인 수에오카 스토어 옆에 붙어있는 작은 스낵 숍. $7 이하로도 간단하게 식사할 수 있어서 하와이의 비싼 물가가 부담되는 사람이 많이 찾는다. 바로 옆이 슈퍼마켓이므로 식료품을 사기 위해서 들르도 좋다.

주소 5392 Koloa Rd, Koloa **전화번호** 808-742-1112 **영업시간** 화~금 8:30~14:00, 토~일 9:00~15:00, 월 휴무

Living Foods Market & Cafe
리빙 푸즈 마켓 & 카페 $~$$

더 숍스 앳 쿠쿠이울라 내 위치한 슈퍼마켓으로 전체적인 가격대가 높다. 대신 포이푸 마을에 있어 신선한 과일 및 채소를 구입하기 편하고, 카페가 있어 간단한 식사를 하기에도 적합하다. 호텔의 비싼 조식이 부담된다면, 이곳에서 괜찮은 아침식사를 하는 것도 한 방법이다.

주소 2829 Ala Kalanikauamaka, Koloa(The Shops at Kukuiula) 전화번호 808-742-2323 영업시간 월~일 07:00~21:00

Savage Shrimp
새비지 슈림프 $$

카우아이에서 그나마 괜찮은 새우를 먹고 싶다면 새비지 슈림프는 나쁘지 않은 선택이다. 새우 맛에 호불호가 좀 있기는 하지만, 그래도 평균 정도는 된다. 만약 껍질을 깐 새우를 먹고 싶다면 $2를 추가하면 되며, 기본 메뉴들과는 또 다른 소스들이 제공된다. 조금 양이 부족한 편이므로, 본격적인 식사로는 아쉬울 수 있다.

홈페이지 www.savageshrimp.com 주소 2829 Ala Kalanikauamaka, Koloa(The Shops at Kukuiula) 전화번호 808-742-9611 영업시간 월~일 11:00~21:00

Brennecke's Beach Broiler
브레넥스 비치 브로일러 $$~$$$

포이푸우 비치 파크 건너편에 있는 레스토랑으로 2층 창가에 앉으면 해변을 바라볼 수 있다. 포이푸 해변에서 물놀이하다가 출출해 졌을 때 가볍게 점심으로 샌드위치를 먹기에 좋다. 음식은 그리 뛰어나지 않지만, 포이푸 해변이 보이는 뷰 때문에 찾는 사람이 많다.

홈페이지 www.brenneckes.com 주소 2100 Hoone Rd Koloa, HI 96756 전화번호 808-742-7588 영업시간 월~일 10:00~22:00

Beach House Restaurant
비치 하우스 레스토랑 $$~$$$$

라와이 해변 바로 앞에 있어 이름도 비치 하우스 레스토랑이다. 요리들은 가격대비 떨어진다는 평이 많지만, 바로 앞에 바다가 펼쳐지는 멋진 뷰 때문에 해가 지는 저녁시간대에는 항상 많은 사람이 찾는다. 점심시간대에는 주로 해변에서 휴식을 취하던 사람들이 레스토랑을 찾는다.

홈페이지 www.the-beach-house.com 주소 5022 Lawai Rd, Koloa 전화번호 808-742-1424 영업시간 월~일 11:00~22:00

 ## Da Crack 다 크랙 $$

멕시칸 요리, 특히 브리토와 타코를 좋아한다면 다 크랙은 한 끼를 해결할 수 있는 좋은 선택이다. 버리또, 타코 등에 들어가는 재료들을 직접 고를 수 있으며, 어떻게 넣어야 할지 모르겠으면 직원이 추천해주는 메뉴를 먹어도 실패가 없다. 주변에 먹을 수 있는 공간이 별도로 없기 때문에 대부분의 사람들이 테이크아웃해 간다.

주소 2827 Poipu Rd, Koloa 전화번호 808-742-9505 영업시간 월~토 11:00~20:00, 일 11:00~15:00

 ## Red Salt Restaurant 레드 솔트 레스토랑 $$~$$$$ 저자 추천

아침에는 대부분 숙박객이 많이 찾지만, 저녁에는 럭셔리한 분위기와 훌륭한 음식 덕분에 외부에서도 많이 찾아온다. 포이푸 지역의 가장 비싼 레스토랑 중 하나로, 음식 역시 훌륭하다는 평을 받고 있다. 하지만 $40을 넘는 메뉴도 많아 음식 대비 비싸다는 의견도 많다.

홈페이지 koakea.com/dining-at-red-salt 주소 2251 Poipu Rd, Koa Kea Resort 전화번호 808-742-4288 영업시간 월~일 06:30~22:00

포이푸 & 콜로아의 숙소

Sheraton Kauai 쉐라톤 카우아이

포이푸 해변 서쪽에 위치한 리조트. 2012년 3월에 리노베이션을 끝내 깔끔한 모습으로 변신했다. 도로를 기준으로 남북으로 리조트가 나뉘어 있으며, 로비 및 수영장은 북쪽 건물에 있다. 다만, 남쪽 건물에서 바로 해변이 이어지므로 필요에 따라 원하는 위치의 객실을 잡는 것이 좋다. 바로 앞의 해변에서 스노클링도 가능하다.

홈페이지 www.sheraton-kauai.com **주소** 2440 Hoonani Rd, Koloa **전화번호** 808-742-1661 **숙박요금** $250~ **리조트피** $31 **인터넷** 리조트피에 포함 **주차** 리조트피에 포함, 발레 첫째 날 무료 / 이후 $10 **레스토랑** 럼 파이어 앳 포이푸(Rum Fire at Poipu), 라바스 온 포이푸 비치(Lava's on Poipu Beach)

Outrigger Kiahuna Plantation 아웃리거 키아후나 플렌테이션
콘도

포이푸 해변에 위치한 아웃리거 계열의 콘도미니엄. 원베드와 투베드의 룸 타입이 있으며, 모든 객실에 주방시설이 완비되어 있다. 객실은 조금 오래된 느낌이 들지만 가장 작은 객실이 25평일 정도로 넓은 공간을 제공한다. 또한 조경이 잘 되어있어 전원 농장의 한가운데에 들어온 듯한 아늑함을 느낄 수 있다. 3층 건물이나 엘리베이터가 없다는 것이 단점이다.

홈페이지 www.outrigger.com/hotels-resorts/hawaiian-islands/kauai/outrigger-kiahuna-plantation **주소** 2253 Poipu Rd, Koloa **전화번호** 808-742-6411 **숙박요금** $185~ **리조트피** 없음 **인터넷** 무료 **주차** 셀프 무료 **레스토랑** 플렌테이션 가든스 레스토랑 & 바(Plantation Gardens Restaurant & Bar) **클리닝피 숙박당** 1베드룸 $175, 2베드룸 $225

Koa Kea Hotel & Resort
코아 케아 호텔 & 리조트

포이푸 해변의 모던한 럭셔리 리조트. 총 121개의 객실을 가진 작은 규모의 리조트이지만, 리조트의 작은 부분에서도 세심한 손길을 느낄 수 있어 선호하는 사람이 많다. 객실 내의 편안한 침대, 고급스러운 가구, 에스프레소 커피머신, 고급 브랜드인 록시땅 욕실용품 등 많은 부분에서 코아 케아의 서비스를 엿볼 수 있다. 포이푸 해변과 바로 마주 보고 있어 1년 내내 물놀이를 즐기기도 좋으며, 리조트 앞의 정원과 수영장에서 휴식을 취하기에도 좋다.

홈페이지 www.koakea.com **주소** 2251 Poipu Rd, Koloa **전화번호** 808-828-8888 **숙박요금** $340~ **리조트피** $37 **인터넷** 리조트피에 포함 **주차** 리조트피에 포함 **레스토랑** 레드 솔트 레스토랑(Red Salt Restaurant) **스파** 코아 케아 스파(Koa Kea Spa)

Aston at Poipu Kai   **애스톤 앳 포이푸 카이**
콘도

개인이 소유한 콘도들을 애스톤에서 관리하고 있는 곳으로, 각 콘도마다 주인의 독특한 개성이 묻어있다. 1베드룸에서부터 최대 4베드룸까지 있을 정도로, 다양한 사이즈의 가족 여행객들에게 적당하다. 가장 큰 4베드룸 객실은 최대 10명까지 투숙할 수 있어, 3대가 함께 가는 여행도 모두 커버할 수 있다. 개별로 관리되는 곳이다 보니, 리조트적인 느낌보다는, 모두 개별 건물이라 집에 머무르는 것 같은 느낌이 난다.

홈페이지 www.astonpoipukai.com **주소** 1775 Poipu Rd, Koloa **전화번호** 855-747-0759 **숙박요금** $225~ **리조트피** 없음 **클리닝피** 숙박당 $150~ **인터넷** 리조트피에 포함 **주차** 리조트피에 포함

Grand Hyatt Kauai 그랜드 하얏트 카우아이

카우아이 남쪽 최고의 리조트. 북부에는 세인트 레지스, 남부에는 그랜드 하얏트 카우아이가 있다고 할 정도로 섬의 대표적인 리조트이다. 하얏트 브랜드의 가장 상위인 그랜드 하얏트답게 서비스에서부터 시설까지 모두 잘 갖춰져 있다. 처음 호텔에 도착한 순간부터 떠나는 날까지 호텔을 벗어나지 않아도 모든 것을 해결할 수 있을 정도이다.

그랜드 하얏트 카우아이의 가장 대표적인 자랑은 바로 카우아이에서 가장 큰 수영장과 정원시설이다. 성인들을 위한 풀, 아이들을 위한 모래사장이 있는 풀, 모두가 이용할 수 있는 풀까지 종류도 다양하다. 또한, 정원과 함께 조성된 연못이 있어 리조트 내에서 산책을 즐기기에도 부족함이 없다. 리조트 앞은 쉽렉 해변으로 겨울에는 파도가 잔잔하지만, 여름에는 파도가 높아 해변 물놀이에는 적합하지 않다. 리조트 내의 아나라 스파도 좋은 평을 받고 있으며, 리조트 내에서 진행되는 루아우와 바로 옆에 위치한 골프장, 바다에서 카약 등의 액티비티를 즐기기 좋다.

홈페이지 kauai.hyatt.com **주소** 1571 Poipu Rd, Koloa **전화번호** 808-742-1234 **숙박요금** $360~ **리조트피** $30 **인터넷** 리조트피에 포함 **주차** 셀프 리조트피에 포함, 발레 $30 **레스토랑** 타이드풀스(Tidepools), 돈데로스(Dondero's), 일리마 테라스(Ilima Terrace), 스티븐슨스 스시&스피릿(Stevenson's Sushi&Spirits), 시뷰 테라스(Seaview Terrace) **스파** 아나라 스파(Anara Spa)

The Point at Poipu 더 포인트 앳 포이푸
콘도

다이아몬드 리조트 계열의 타임쉐어 콘도미니엄이지만, 일반인도 예약 사이트를 통해 숙박할 수 있다. 원베드룸과 투베드룸으로 구분되며, 모든 객실에 주방시설 및 세탁시설이 완비되어 있다. 객실뿐만 아니라 욕실 공간도 넓으며, 리조트의 중심에는 커다란 수영장이 있다. 포이푸에서도 다소 한적한 지역에 위치해 있다.

홈페이지 www.diamondresorts.com/The-Point-at-Poipu **주소** 1613 Pee Rd, Koloa **전화번호** 808-742-1888 **숙박요금** $260~ **리조트피** $25 **인터넷** 리조트피에 포함 **주차** 리조트피에 포함 **레스토랑** 가스 그릴(Gas Grills)

Area 05 Hanapepe 하나페페

하나페페는 와이메아로 가는 길에 잠시 들러가는 작은 마을이자, 카우아이의 예술 마을이다. 오래전 모습을 간직하고 있는 흔들다리와 건물이 자리하는 이곳은 금요일 저녁에 아트 나이트가 열려 흥겹다. 나팔리 코스트로 향하는 투어 보트 대부분이 하나페페의 포트 알렌 항구에서 출발한다.

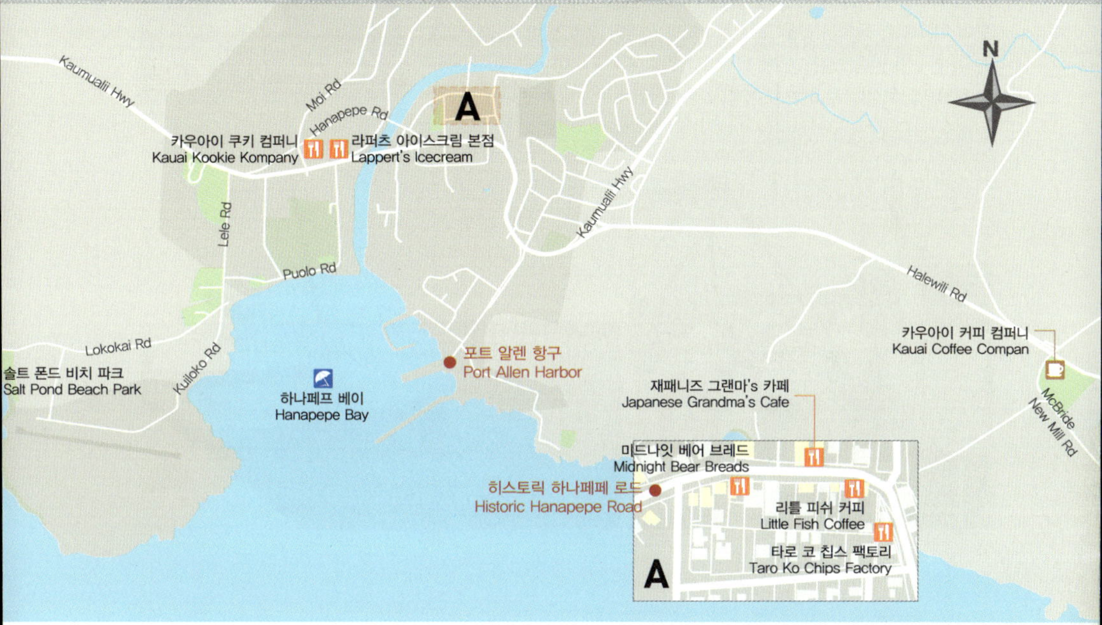

하나페페의 볼거리

Historic Hanapepe Road
히스토릭 하나페페 로드

히스토릭 하나페페 로드에는 개성 있는 갤러리와 상점이 모여 있다. 이 오래된 마을은 디즈니의 애니메이션 '릴로 & 스티치'에 영감을 주기도 했던 곳으로, 하와이의 옛 모습을 간직하고 있다. 평소에는 조용한 마을이지만, 매주 금요일 저녁이 되면 하나페페 아트 나이트가 열려 흥겨운 모습으로 변한다.

홈페이지 www.hanapepe.org **찾아가기** Kaumualii Hwy를 따라가다가 'Kauai's Biggest Little Town'이라는 표지판을 따라 Hanapepe Rd로 진입. 도로를 따라서 갤러리와 상점들이 늘어서 있다. **개방시간** 하나페페 아트 나이트(Hanapepe Art Night) : 금 18:00~21:00

Port Allen Haobor 포트 알렌 항구

남쪽에서 출발하는 대부분의 크루즈와 보트 투어는 이 포트 알렌 항구에서 출발한다. 대부분 선 예약을 통해서 투어에 참여하지만, 빈자리가 있다면 당일 투어에 참여할 수도 있다. 모든 투어 회사들이 다 포트 알렌 항구에 모여 있으므로, 원하는 곳을 모두 들어가도 시간이 그리 많이 소요되지 않는다. 항구의 남쪽으로는 투어 회사마다 개별 주차구역이 있는데, 주차비는 무료이므로 하고자 하는 투어 회사의 주차장에 주차하면 된다.

주소 4337 Waialo Rd, Hanapepe

Kauai Coffee Company 카우아이 커피 컴퍼니

하와이의 커피 하면 빅아일랜드의 코나 커피가 가장 먼저 떠오르지만, 다른 섬에도 특별한 커피농장들이 있다. 카우아이 커피 컴퍼니도 그중 하나로 400만 그루 이상의 커피나무를 가진 커다란 농장이다. 카우아이 커피농장을 직접 둘러보는 셀프투어가 가능하며, 역사와 관련된 비디오 시설도 마련되어 있다. 커피농장에 대한 큰 기대를 하면 실망할 수도 있지만, 커피와 관련된 가벼운 상식을 얻기에 좋다.

홈페이지 www.kauaicoffee.com 주소 870 Halewili Rd, Kalaheo 전화번호 800-545-8605 개방시간 월~일 09:00~17:00(7/1~8/31은 30분 연장)

하나페페의 해변

 ### Salt Pond Beach Park 솔트 폰드 비치 파크

하와이의 유일한 자연 염수연못이 옆에 있어 솔트 폰드 비치 파크라는 이름이 붙었으며, 현재도 전통적인 방법으로 소금을 생산하고 있다. 허락 없이는 염수연못에 들어갈 수 없지만, 대신 바다로 연결된 해변이 잔잔할 때는 수영부터 스노클링까지 다양한 액티비티를 즐길 수 있다. 또한, 피크닉테이블과 BBQ 시설도 잘 마련되어 있어 주말이면 많은 현지인으로 바글거린다. 파도를 막는 방파제도 있어 아이들과 시간을 보내기에도 좋다.

특징 화장실, 샤워, 피크닉테이블, BBQ, 수영, 스노클링, 낚시, 캠핑 **찾아가기** Kaumualii Hwy를 따라 하나페페 마을을 지나 Lele Rd에서 좌회전. 약 0.5마일 직진 후 Salt Pond Rd(Lokokai Rd)를 따라 우회전을 해서 도로 끝까지 가면 주차장이 있다.

하나페페의 먹거리

$ – $10 이하, $$ – $11~20, $$$ – $21~30, $$$$ – $31 이상(메인코스 기준)

 ### Taro Ko Chips Factory 타로 코 칩스 팩토리
$

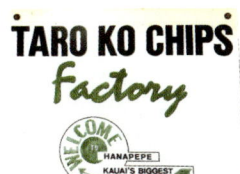

토란의 일종인 타로 Taro 를 이용해 만든 타로칩을 만드는 곳으로, 한 봉지에 $4 정도이다. 타로뿐만 아니라 고구마칩 등 여러 가지 칩을 팔며 바로 만든 칩을 좋아하는 사람들은 들를 만하다. 하나페페 히스토릭 로드로 들어가는 초입에 있으므로 잠시 들러서 한두 봉지를 사가기에 좋다. 보통 낮에 열려있지만, 문이 닫혀 있다면 영업 중이 아니다. 주로 주중에 문을 연다.

주소 3940 Hanapepe Rd, Hanapepe

Lappert's Ice Cream
라퍼츠 아이스크림 본점 $

하와이의 유명한 아이스크림 체인인 라퍼츠 아이스크림의 본점. 이곳에서 하와이 전역으로 보내지는 라퍼츠 아이스크림이 생산된다. 본점이라고는 하지만 작은 건물 안에서 퍼주는 아이스크림이 전부이다. 하지만 다른 섬에서 라퍼츠 아이스크림이 마음에 들었다면, 지나가는 길에 한 번 들를 만하다. 본점 외에도 하와이의 쇼핑몰들에서 라퍼스 아이스크림 지점들을 찾아볼 수 있다.

홈페이지 www.lappertshawaii.com 주소 1-3555 Kaumualii Highway, Hanapepe 전화번호 808-335-6121 영업시간 월~일 10:00~18:00

 ## Kauai Kookie Kompany
카우아이 쿠키 컴퍼니 $

1965년에 세워진 카우아이 쿠키 컴퍼니는 가족이 경영하는 쿠키 가게로 하루에 50,000개 이상의 쿠키를 굽는다. 하와이 전역에서도 쉽게 구경할 수 있는 유명한 기념품 중 하나로, 본점인 이 가게에서는 친절한 직원 덕분에 기분이 좋아진다. 다만, 기존에는 쿠키를 시식 해보고 고를 수 있었으나, 더 이상 시식을 제공하지 않아 안타깝다.

홈페이지 www.kauaikookie.com 주소 1-3529 Kaumualii Hwy, Hanapepe 전화번호 808-335-5003 영업시간 월~금 08:00~17:00, 토~일 10:00~17:00

Area 06 Waimea Canyon 와이메아 캐니언

와이메아 캐니언은 와이메아 캐니언 주립공원과 코케에 주립공원, 두 개의 구역으로 나뉘어 있다. 두 개의 주립공원은 하나의 도로로 연결되어 있지만 서로 다른 풍경이니 꼭 도로의 끝까지 가 보도록 하자. 와이메아 캐니언은 카우아이 자연의 하이라이트인 만큼 카우아이섬에 머물 계획이라면 꼭 하루를 할애하자.

와이메아 캐니언의 볼거리

보통 오후에 구름이 끼는 경우가 많아 와이메아는 이른 오전에 일정을 잡는 것이 좋다. 순수하게 왕복만 1시간 반 정도 걸리지만, 전망대에서 풍경을 감상할 시간까지 생각한다면 총 3~4시간 정도 할애하는 한 나절 일정이 적합하다. 만약 와이메아 캐니언 내에 있는 수많은 아름다운 트레일에 도전할 생각이라면 하루를 투자하는 것이 좋다.

 ### Waimea Canyon State Park 와이메아 캐니언 주립공원

와이메아 캐니언은 태평양의 그랜드 캐니언이라 불릴 만큼 훌륭한 장관으로 깊이 약 1.08km, 길이 12마일의 커다란 캐니언이다. 와이메아 주립공원 내 이 곳을 볼 수 있는 공식적인 전망대는 2곳뿐이지만, 차를 타고 올라가는 동안 멈출 수 있는 공간이 많으므로 가능하면 많은 곳을 들러 풍경을 감상하도록 하자. 초록으로 가득한 풍경, 쏟아져 내리는 폭포 등 다른 전망대에서 볼 수 없는 풍경도 볼 수 있다. 와이메아 캐니언 주립공원의 끝에서 바로 코케에 주립공원으로 이어진다.

찾아가는 법 와이메아 마을에서 Waimea Dr로 진입, 약 4~5마일 후 Kokee Rd로 이어진다. 도로가 코케에 주립공원까지 하나로 연결된다.

 ### Waimea Canyon Lookout 와이메아 캐니언 전망대

와이메아 캐니언의 가장 대표적인 전망대로, 와이메아 캐니언 전체를 한 번에 둘러볼 수 있다. 그랜드 캐니언과 비슷하지만, 곳곳에 녹색이 섞여 다른 분위기를 자아내는 것이 와이메아 캐니언의 특징이다. 주차장과 전망대가 잘 마련되어 있어 둘러보기 좋으며, 와이메아 캐니언의 잘 알려진 사진이 대부분 이 전망대에서 촬영되었다. 주차장에서 전망대까지는 조금 걸어야 하기는 하지만, 부담스러운 거리는 아니다.

📷 Puu Hinahina Lookout 푸우 히나히나 전망대

푸우 히나히나 전망대에는 두 곳의 뷰 포인트가 있다. 한 곳은 와이메아 캐니언을 내려다볼 수 있는 곳으로, 와이메아 캐니언의 전망대와는 다른 각도의 풍경이 펼쳐진다. 두 번째 뷰 포인트에서는 카우아이의 서쪽에 위치한 니하우섬을 전망할 수 있다. 캐니언 트레일의 시작 지점이기도 하다.

📷 Kokee National History Museum 코케에 국가 역사 박물관

코케에 주립공원에 대한 여러 가지 정보를 얻을 수 있는 박물관이며, 코케에 주립공원 내의 공식 트레일 지도를 얻을 수 있다.

홈페이지 www.kokee.org 전화번호 808-335-9975 개방시간 월~일 10:00~16:00 입장료 무료이지만 최소 $3의 기부를 권장한다.

📷 Kalalau Lookout 칼랄라우 전망대

코케에 박물관에서 2마일 정도 떨어진 곳에 칼랄라우 전망대가 있다. 이 전망대에서 칼랄라우 계곡을 내려다보는 풍경은 코케에 주립공원의 하이라이트이다. 오전에 가야 맑은 날씨를 볼 수 있으며, 구름이 많이 낀 날이라도 날씨가 변화무쌍하므로 잠시 기다리면 날씨가 좋아지는 경우가 많다. 내려다보이는 칼랄라우 해변은 코케에 주립공원에서는 갈 수 없으며, 칼랄라우 트레일을 통해야만 갈 수 있다.

📷 Puu O Kila Lookout 푸우 오 킬라 전망대

도로의 끝에 위치한 푸우 오 킬라 전망대는 칼랄라우 계곡을 내려다볼 수 있는 또 다른 전망대이자 수많은 트레일이 시작되는 시작점이기도 하다. 약 1마일의 피헤아 트레일 Pihea Trail 로 출발해서 3개의 트레일로 갈라진다.

📷 Alakai Swamp Trail 알라카이 스왐프 트레일

대표적 트레일은 왕복 8마일(약 12.8km)의 알라카이 스왐프 행이다. 카우아이섬에서 가장 습한 곳이라 땅이 젖어 있는 경우가 많으므로 트래킹화는 좋은 것을 신는다. 트레일은 전체적으로 관리가 잘 되어 있고 보드워크가 있지만, 진흙탕도 자주 나타난다. 트레일 중에는 꽤 멋진 나팔리코스트의 풍경과 늪지대를 감상할 수 있으며, 4마일 포인트에는 하날레이 베이가 한눈에 들어온다. 짧지 않은 트레일이고, 중간에 물을 구할 곳이 없으므로 물은 충분히 준비해가는 것이 좋다.

| 와이메아 캐니언의 먹거리 | $ – $10 이하, $$ – $11~20, $$$ – $21~30, $$$$ – $31 이상(메인코스 기준) |

🍴 The lodge at Kokee
더 롯지 앳 코케에 $~$$

캠프장과 캐빈, 레스토랑이 모여 있는 곳으로 와이메아 캐니언 내의 유일한 숙박시설이다. 하루 이상 머무르는 사람도 있지만, 대부분 가볍게 아침이나 점심식사를 해결한다. 가격도 생각보다 저렴하기 때문에 부담 없다. 와이메아 마을에서 도시락을 준비했다면, 앞 공원에 벤치가 많으므로 식사하기 편리하다.

홈페이지 www.thelodgeatkokee.net 주소 Kokee State Park 전화번호 808-335-6061 영업시간 월~일 09:00~16:00

 ## Ishihara Market 이시하라 마켓 $~$$

와이메아 마을에 있는 슈퍼마켓으로, 마켓 안에서 신선한 포케와 생선회, 롤, 샌드위치 같은 메뉴를 판매하고 있다. 여러 개의 메뉴를 한 곳에 담아주는 플레이트 런치 형식으로도 판매하기 때문에, 와이메아 캐니언으로 출발하기 전에 간단한 도시락용으로 구매하기에 좋다. 마켓이기 때문에 내부에 식사할 수 있는 공간은 없지만, 바깥에 벤치가 마련되어 있다.

주소 9890 Kahakai Rd, Waimea 전화번호 808-338-9915 영업시간 월~금 06:00~20:30, 토~일 07:00~20:30

 ## Wrangler's Steakhosue & The Saddle Room
랭글러스 스테이크 하우스 & 더 새들 룸 $$~$$$$

랭글러스 스테이크 하우스는 본격적으로 스테이크를 포함한 식사류를 하기 위해서 많이 들르지만, 전체적인 평은 그리 좋지 않은 편이다. 반면에 건물 오른편에 딸린 더 새들 룸은, 기본적으로 바의 역할을 하지만 같이 먹을 수 있는 다양한 메뉴들도 제공한다. 햄버거들이 가장 대표적인 메뉴지만, 안주 삼아 먹을 수 있는 윙이나 케사디야 등도 있다. 새들룸은 상대적으로 저렴하게 먹을 수 있는 것에 비해, 음식들도 괜찮다.

주소 9852 Kaumualii Hwy, Waimea 전화번호 808-338-1218 영업시간 랭글러스 스테이크 하우스 월~금 11:00~20:30, 토 17:00~21:00, 일 휴무 더 새들 룸 목~금 16:00~21:00, 토 11:00~22:00, 일 11:00~16:00, 월~수 휴무

 ## Shrimp Station 슈림프 스테이션 $$

카우아이섬 와이메아와 카파아에 체인이 있는 새우 전문점. 오아후 새우트럭에서 파는 새우요리를 기대하면 조금 실망할 수도 있다. 주문 및 픽업을 셀프이며, 레스토랑 한 편에 손을 씻을 수 있는 개수대가 있다. 새우요리는 한 접시에 $11~13 정도이다. 한국 사람의 입맛에는 매콤한 타이 슈림프가 잘 맞는다.

주소 9652 Kaumualii Hwy, Waimea(4-985 Kuhio Hwy, Kapaa) 전화번호 808-338-1242 영업시간 월~일 11:00~20:30

 ## Island Taco 아일랜드 타코 $~$$

생선을 주재료로 한 피시타코와 버리또가 맛있는 가게이다. 특히 와사비 아히 타코가 인기 있으며, 마히마히와 생선도 맛있다. 그 외에 칼루아 포크, 치킨, 두부 등의 재료로 만든 타코와 버리또도 있다. 가격대비 양은 적은 편이다.

홈페이지 www.islandfishtaco.com 주소 9643 Kaumualii Hwy, Waimea(4-985 Kuhio Hwy, Kapaa) 전화번호 808-338-9895 영업시간 월~일 11:00~17:00

Part 07

Travel Information in Big Island

빅아일랜드(하와이섬)의 지역별 정보

빅아일랜드는 하와이에서 가장 큰 섬이자 가장 젊은 섬으로 본래 이름은 하와이섬이다. 여전히 진행되는 화산활동 덕분에 하와이 제도의 섬 중에서 가장 다이나믹한 자연환경으로 볼거리가 많다. 빅아일랜드는 마우나 케아(해발 4,205m)와 마우나 로아(해발 4,170m)라는 거대한 산이 중심에 위치한 10,432㎢의 섬으로 하와이 제도의 주요 섬을 합친 것보다 넓다. 두 개의 산을 기준으로 카일루아-코나와 와이콜로아가 있는 서쪽에는 비가 적게 오고 맑은 날이 많아 리조트가 모여 있고, 힐로가 있는 동쪽은 비가 많이 와 열대우림, 폭포 등 자연환경이 풍요롭다.

카파아우 Kapaau

코할라 코스트 Kohala Coast
Area 09 : 587p

렌터카 운행 금지 구역

와이메아 & 호노카아 Waimea & Honokaa
Area 10 : 592p

와이콜로아 Waikoloa
Area 08 : 578p

Queen Kaahumanu Hwy

Mamalahoa Hwy

Saddle

코나 국제공항 Kona International Airport

코나 코스트 Kona Coast
Area 01 : 522p

카일루아-코나 Kailua-Kona
Area 02 : 532p

Kealakekua Bay

사우스 코나 South Kona
Area 03 : 546p

Mamalahoa Hwy

카우 Kau
Area 04 : 552p

나아레 Naalehu

렌터카 운행 금지 구역

빅아일랜드(하와이섬)
BIG ISLAND

호노카아
Honokaa

Mamalahoa Hwy

비지터 센터-
마우나 케아 정상
렌터카 운행금지 구역

힐로 북부
North Hilo
Area 05 : 564p

힐로 국제공항
Hilo International Airport

힐로 Hilo
Area 06 : 566p

푸나 & 파호아
Puna & Pahoa
Area 07 : 574p

하와이 화산 국립공원
Hawaii Volcanoes National Park
Special : 555p

파할라
Pahala

Section 01 빅아일랜드, 그곳이 궁금하다!

고민 없이 즐기는
빅아일랜드 추천 루트

하와이의 가장 큰 섬인 빅아일랜드는 반나절이면 대부분의 일정을 소화할 수 있는 다른 섬들과는 달리, 한 바퀴를 제대로 돌아보려면 하루 또는 1박 2일을 계획해야 한다. 사람들이 주로 머무르는 곳은 코나와 와이콜로아이지만, 섬 일주를 할 예정이라면 볼케이노 빌리지나 힐로에서의 1박도 고려해볼 만하다. 모든 루트는 코나 국제공항이 기준이므로, 자신의 숙소가 있는 지역에 맞게 조율하면 된다. 만약 좀 더 효율적으로 전체 일정을 짜고자 한다면 코나 인/힐로 아웃 또는 힐로 인/코나 아웃으로 비행편을 예약하면 더 좋겠지만, 이 경우 편도 렌트비가 $50~110 정도 나온다. 다만, 새들로드가 정비되어 고속도로가 된 이후로, 힐로에서 코나까지 운전시간은 1시간 반~2시간 정도이므로 굳이 편도로 예약할 필요는 없다. 빅아일랜드 일정이 2박 3일 정도로 짧지 않으면, 동일 공항 인/아웃이 편리하다.

Route 1 - 빅아일랜드 당일 루트

빅아일랜드의 자연 명소를 단시간에 둘러보기를 원하는 사람들을 위한 일주 루트. 순수 운전 시간만 8시간에 가까워, 다소 찍고 도는 형태의 일정이 되기 쉽다. 일정 중 하와이 화산 국립공원은 크레이터 림 드라이브만 구경해야 하루 만에 일정을 소화할 수 있으며, 전체 소요 시간이 긴 만큼 가능한 한 일찍 출발해야 와이피오 밸리에 해지기 전에 도착할 수 있다. 화산 국립공원에서 조금 더 시간을 보내길 원한다면, 와이피오 밸리는 생략해도 무방하다.

코나 국제공항 → 푸날루우 비치(블랙 샌드 비치) → 하와이 화산 국립공원 → 아카카 폭포 → 와이피오 밸리 전망대 → 코나 국제공항

Route 2 - 빅아일랜드 1박 2일 루트

첫째 날 : 코나 국제공항 → 사우스포인트(선택1) → 푸날루우 비치(블랙 샌드 비치) → 하와이 화산 국립공원 → 체인 오브 크레이터스 로드(선택2) → 볼케이노 빌리지(숙박)

둘째 날 : 볼케이노 빌리지 → 마우나 로아 마카다미아 공장 → 힐로 파머스 마켓 → 레인보우 폭포 → 4마일 드라이브(+하와이 트로피컬 보타니컬 가든) → 아카카 폭포 → 와이피오 밸리 전망대 (또는 마우나케아 일몰) → 코나 국제공항

빅아일랜드를 제대로 돌아보고 싶다면 최소 1박 2일을 잡는 것이 좋다. 숙박은 볼케이노 빌리지에서 하는 것을 추천했지만, 일정에 따라 힐로에 잡아도 무방하다. 숙소를 옮기게 되므로 빅아일랜드 전체 일정의 가장 앞이나 뒤에 배치하는 것이 좋다. 하와이 화산 국립공원에서는 엔드 오브 크레이터스 로드(선택2)까지 다녀올 수 있으며, 아니면 대신 하와이 화산 국립공원에 가기 전 사우스 포인트(선택1)에 들러도 된다. 둘 다 하려면 아침 일찍 일정을 시작하는 것이 좋다.

둘째 날, 시간이 허락한다면 4마일 드라이브를 돌 때 하와이 트로피컬 보타니컬 가든에도 들러보자. 열대 식물에 관심이 있는 사람이라면 충분히 만족할 만하나, 입장료가 있으므로 꼭 가야 하는 곳은 아니다. 아카카 폭포 이후 와이피오 밸리를 들르지 않고 마우나케아에서 일몰을 보는 것도 가능하다. 힐로에서 1박을 더 머물 예정이라면 힐로/파호아 루트도 추가해 보자.

Route 3 - 힐로/파호아 당일 루트

힐로에서 출발하여 파호아와 푸나 지역을 둘러보는 일정으로, 남쪽으로 내려가면서 라바트리 주립 기념물에서 일정을 시작한다. 짧은 트래킹 후 동부 최고의 스노클링 포인트 카포호 타이드 풀스에서 스노클링

힐로 → 라바트리 주립 기념물 → 카포호 타이드 풀스 → 아할라누이 공원 → 카이무 비치 파크 → 칼라파나 → 스타 오브 더 시 페인티드 처치 → 힐로

을, 지열이 만들어낸 따뜻한 수영장 아할라누이 공원에서 수영 그리고 카이무 비치 파크에서 블랙 샌드를 감상할 수 있다. 칼라파나의 용암이 뒤덮은 대지를 구경하고, 페인티드 처치에 들러 돌아오는 일정이다.

어느 정도 머무르냐에 따라 하루 종일이 소요될 수 있다. 시간이 남으면 힐로 주변의 이밀로아 천문 센터, 마우나로아 공장, 파나에와 열대우림 동물원 같은 명소들도 방문해 보자. 바다로 용암이 흐르는 시기에는 보트 투어로 감상이 가능하며, 땅 위로 흐를 때에는 하이킹 투어가 가능하다. 가장 편하게 보는 방법은 헬리콥터이다.

Route 4 - 카일루아 코나 당일 루트

카일루아 코나 지역의 하이라이트는 단연 '코나 커피벨트'이다. 커피 수확시기인 겨울에는 직접 커피콩을 볶는 모습을 볼 수 있으며, 농장에서 무료 농장 투어도 가능하다. 일반적으로 오전에 날씨가 좋으므로 일찍 찾는 것이 좋으며, 커피를 좋아한다면 루트에 있는 커피농장 이외에도 다양한 곳에 들러 시음을 해 보자. 코나 커피에 관심이 좀 더 있다면 코나 커피 역사를 들여다볼 수 있는 코나 리빙 히스토리 팜도 들러보자.

페인티드 처치와 푸우호누아 오 호나우나우 국립 역사공원을 구경하고, 역사공원 바로 앞의 투 스텝스 또는 조금 더 북쪽의 카할루우 비치 파크에서 스노클링을 즐기자. 최종 목적지인 카일루아 코나는 멋진 뷰포인트와 역사적인 지역을 만날 수 있는 빅 아일랜드의 심장부이다.

코나 국제공항 → 무료 투어를 제공하는 커피 농장 방문(마운틴 썬더, 홀라 대디, 도토루 커피 마우카 메도우스, 그린웰팜스) → 코나 리빙 히스토리 팜(유료) → 페인티드 처치 → 푸우호누아 오 호나우나우 국립 역사공원 → 투스탭스(선택1) → 카할루우 비치 파크(선택2) → 카일루아 코나 → 코나 국제공항

Route 5 - 코할라 코스트와 마우나 케아 당일 루트

북쪽의 코할라 코스트는 빅아일랜드에서도 잘 알려지지 않은 곳으로, 빅아일랜드에서 마지막에 선택하는 루트이다. 가장 중요한 포인트는 폴롤루 밸리 트레일과 오리지날 카메하메하 대왕 동상 그리고 라파카히 주립 역사공원이다. 마지막에는 마우나 케아를 방문하는데, 별 관찰이 주목적이라면 코할라 코스트 일정을 제외하고 바로 마우나 케아로 가도 된다. 마우나 케아 정상은 4WD차량만 올라갈 수 있으며, 대부분의 렌터카 회사에서 보험 제외 지역으로 분류한다.

코나 국제공항 → 코할라 마운틴 전망대 (비공식) → 폴롤루 밸리 전망대 및 트레일 → 오리지날 카메하메하 대왕 동상 → 라파카히 주립 역사 공원 → 푸우코홀라 헤이아우 국립 역사 공원 → 마우나 케아 방문자 센터 → 마우나 케아 정상 → 마우나 케아 방문자 센터 별 관찰 → 코나 국제공항

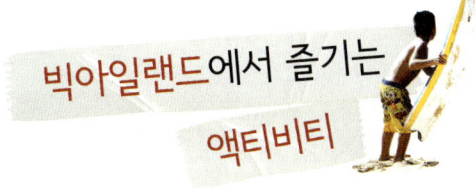

빅아일랜드에서 즐기는 액티비티

화산 관찰

하와이의 화산을 제대로 둘러보려면 헬리콥터 투어를 이용하는 것이 좋다. 하와이에는 다양한 헬리콥터 투어회사가 있으며, 하와이 화산 국립공원 헬리콥터 투어는 힐로 국제공항에서 출발한다. 블루하와이안 헬리콥터스가 유명하며, 그 외 사파리, 선샤인, 파라다이스 헬리콥터스가 있다. 하와이 화산 국립공원 투어 가격은 투어 시간과 관광 지역에 따라 다르다.

여행기간 중 시기가 맞으면 용암이 바다로 흐르는 모습을 감상할 수 있다. 용암은 예측할 수 없지만, 한번 바다로 흐르기 시작하면 꽤 오래 지속된다. 이렇게 운이 좋은 경우에는 하이킹(용암이 흐르는 지역에 따라 왕복 3~10시간 소요)을 하거나, 용암 바로 옆으로 향하는 보트 투어를 이용하는 방법이 있다. 용암의 현재 흐름은 국립공원 홈페이지에서 확인 가능하다.

- 블루 하와이안 헬리콥터스 Blue Hawaiian Helicopters 홈페이지 www.bluehawaiian.com 전화번호 800-745-2583
- 사파리 헬리콥터스 Safari Helicopters 홈페이지 www.safarihelicopters.com 전화번호 800-326-3356
- 칼라파나 컬쳐럴 투어스 Kalapana Cultural Tours 홈페이지 www.kalapanaculturaltours.com 전화번호 808-345-4964
- 오션 라바 투어 Ocean Lava Tour 홈페이지 www.seelava.com 전화번호 808-966-4200

와이피오 계곡 투어

와이피오 계곡 투어는 승마나 마차를 타고 계곡으로 내려가서 계곡의 역사와 자연환경 등에 관한 설명을 들으며 둘러보는 것이다. 빅아일랜드에서 오래 머무는 경우라면 괜찮지만, 당일치기나 1박 2일로 섬을 일주하는 중이라면 계곡 전망대만 둘러보고 지나가는 것이 낫다.

- 나알라파 스테이블스 Na'alapa Stables 홈페이지 www.naalapastables.com 전화번호 808-775-0419
- 와이피오 온 호스백 Waipio on Horseback 홈페이지 waipioonhorseback.com 전화번호 808-775-7291
- 와이피오밸리 웨건 투어 Waipio Valley Wagon Tour 홈페이지 www.waipiovalleywagontours.com 전화번호 808-775-9518

마우나 케아

마우나 케아 정상에서 일몰과 별을 관찰할 수 있는 가장 쉬운 방법은 투어 참여이다. 위험한 길을 직접 운전할 필요도 없고, 따뜻한 옷을 제공하기 때문에 편하게 아름다운 풍경을 감상할 수 있다. 마우나 케아의 정상으로 가는 투어는 모두 평이 괜찮은 편이다. 마우나케아 서밋 어드벤처스는 카일루아-코나 및 와이콜로아 지역에 무료 픽업을 제공한다. 아놋츠는 힐로에서 픽업을 제공하며, 방문자센터에서부터 정상까지의 왕복 투어만도 제공한다. 원한다면 직접 4WD 차량을 몰고 정상으로 올라가는 것도 가능하나, 보험 제외라는 것을 고려해야 한다.

- 아놋츠 롯지&어드벤처 Arnott's Lodge & Adventure 홈페이지 www.arnottslodge.com 전화번호 808-339-0821
- 마우나 케아 서밋 어드벤처스 Mauna Kea Summit Adventures 홈페이지 www.maunakea.com 전화번호 808-322-2366
- 하와이 포레스트&트레일 Hawaii Forest & Trail 홈페이지 www.hawaii-forest.com 전화번호 808-331-8505

하이킹

빅아일랜드는 하이킹의 천국이라고 해도 될 정도로 곳곳에 멋진 풍경을 간직한 트레일 코스들이 많다. 특히 하와이 화산 국립공원의 트레일들을 모두 한 번쯤 걸어볼 만한 가치가 있다.

01 아카카 폭포 주립공원 트레일 Akaka Falls State Parks Trail [왕복 0.4마일(0.65km), 30분 소요] P. 564
아카카 폭포로 향하는 트레일로 가장 쉽지만 멋진 폭포를 볼 수 있는 잘 포장된 트레일이다. 두 개의 폭포가 있는데, 아카카 폭포를 나중에 가는 것이 낫다.

02 폴롤루 밸리 트레일 Pololu Valley Trail [왕복 3마일(4.8km), 1시간 반~2시간 소요] P. 588
트레일을 따라 계곡 아래로 내려가는 트레일로, 전망대에서는 볼 수 없는 각도의 풍경과 해안선이 펼쳐진다.

03 킬라우에아 이키 트레일 Kilauea Iki Trail [왕복 4마일(6.4km), 2~3시간 소요] P. 558
화산 국립공원에서 가장 인기 있는 트레일로, 킬라우에아 분화구에 직접 내려가 볼 수 있다. 분화구까지 내려가야 하다 보니, 내리막과 오르막의 고도차가 122m 정도 있다.

루아우

빅아일랜드 루아우 프로그램 대부분은 리조트 위주로 운영되기 때문에, 해당 리조트를 찾아 관람해야 한다. 대부분 유명 리조트에서 진행하는 루아우가 좋은 평가를 받기 때문에 자신과 가까운 곳의 루아우를 선택해도 무방하다. 그 외에도 카일루아 코나 및 와이콜로아에 루아우 전문 레스토랑들도 있다.

- 레전드 오브 더 퍼시픽 Legends of the Pacific 홈페이지 www.hiltonwaikoloavillage.com/dining/luau.cfm 전화번호 808-886-1234
- 마우나 케아 하와이안 루아우 Mauna Kea Hawaiian Luau 홈페이지 www.princeresortshawaii.com/mauna-kea-beach-hotel/big-island-luaus.php 전화번호 808-882-5810
- 로얄 코나 리조트 루아우 Royal Kona Resort Luau 홈페이지 www.royalkona.com 전화번호 808-329-3111
- 페어몬트 오키드-개더링 오브 더 킹스 루아우 Fairmont Orchid-Gathering of the Kings Luau 홈페이지 www.gatheringofthekings.com 전화번호 866-482-9775
- 코트야드 메리엇 킹 카메하메하 코나 비치 호텔-아일랜드 브리즈 루아우 Courtyard Marriott King Kamehameha Kona Beach Hotel-Island Breeze Luau 홈페이지 www.konabeachhotel.com/island-breeze-luau.htm 전화번호 808-329-2911

스쿠버 다이빙

빅아일랜드는 다른 섬 못지않은 멋진 스쿠버 다이빙 스팟이 있어 매년 많은 다이버를 끌어모은다. 그중에서도 쉐라톤 케아우호우 호텔 앞의 만타 빌리지에서 수십 마리의 만타레이를 만날 수 있는 만타레이 나이트 다이빙은 빅아일랜드 다이빙의 하이라이트라고 할 수 있다.

보통 1탱크일 경우 만타레이만을 보고, 2탱크일 경우 일몰 전에 출발하여 다이빙하고 2번째에 만타레이 다이빙을 한다. 꼭 스쿠버 다이빙이 아니더라도 투어에 따라 스노클링으로 만타레이를 보는 것도 가능하다. 만타레이 다이빙 장소는 시기에 따라 쉐라톤 호텔 앞이 아닌 다른 곳으로 변경되기도 한다.

- 빅아일랜드 다이버스 Big Island Divers 홈페이지 www.bigislanddivers.com 전화번호 808-329-6068
- 잭스 다이빙 락커 Jack's Diving Locker 홈페이지 www.jacksdivinglocker.com 전화번호 808-329-7585
- 코나 호누 다이버스 Kona Honu Divers 홈페이지 www.konahonudivers.com 전화번호 808-324-4668

스노클링

01 스노클링 크루즈

빅아일랜드 역시 다른 곳 못지않은 스노클링 스팟을 많지만, 그중에서도 가장 인기 있는 곳은 당연 케알라케쿠아 베이이다. 때문에 빅아일랜드 스노클링 크루즈를 선택할 때 케알라케쿠아 베이를 포함하는 크루즈를 선택하면 빅아일랜드 최고의 스노클링을 즐길 수 있다. 스노클링 크루즈 회사에 따라 혹등고래 관찰 투어 프로그램이 있는 곳도 있으며, 대부분 만타레이 나이트 스노클링 프로그램도 가지고 있다.

- **페어 윈드** Fair Wind 홈페이지 www.fair-wind.com 전화번호 800-677-9461
- **보디 글로브 크루즈** Body Glove Cruises 홈페이지 www.bodyglovehawaii.com 전화번호 800-551-8911
- **시퀘스트 하와이** Sea Quest Hawaii 홈페이지 www.seaquesthawaii.com 전화번호 808-329-7238

02 해변 스노클링

빅아일랜드는 다양하고 아름다운 스노클링 스팟으로 유명하며, 스노클링 중 거북이를 만나는 것은 그리 어려운 일이 아니다. 가장 유명한 스노클링 포인트로는 카할루우 비치 파크, 투 스텝스, 케알라케쿠아 베이, 그리고 카포호 타이드 풀스가 있다. 케알라케쿠아 베이는 투어, 하이킹, 그리고 카약으로 접근할 수 있다. 하이킹은 상당히 높은 수준을 요구하는 만큼 선택에 주의해야 하며, 투어와 카약은 별도의 허가를 가진 회사를 이용해야 한다.

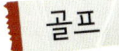 **골프**

빅아일랜드의 골프 코스는 저렴한 곳에서부터 최고급까지 골퍼들을 만족시킬 만한 시설들이 훌륭하게 갖춰져 있어 사랑받고 있다. 오전에 플레이하는 것이 가장 좋으며, 골프 코스에 따라 트와일라잇 및 늦은 오후 요금을 운영하며 적용 시간은 골프 코스 및 계절에 따라 조금씩 다르다. (2018년 4월 기준)

01 빅아일랜드 컨트리 클럽 Big Island Country Club

리조트와 연계되지 않은 골프 코스 중 하나로 빅아일랜드에서 가장 인기 있는 곳으로 페리 다이가 디자인했다. 해발 600m에 위치하여 마우나 케아의 멋진 파노라믹 뷰가 펼쳐진다. 1주일 동안 무제한으로 칠 수 있는 $240 패키지도 있으나 $30 카드비는 별도이다.

홈페이지 www.bigislandcountryclub.com **주소** 71-1420 Mamalahoa Highway, Kailua-Kona **가격** 일반 $135, 트와일라잇 $95 **코스** 18홀 파 72

02 하푸나 Hapuna

하푸나 골프 리조트에 속한 골프 코스로 아놀드 파머와 에드 시가 디자인하였다. 해변 가까운 곳에서 해발 200m 정도 되는 곳까지 이어지는 골프 코스는 여행객뿐만 아니라 현지인들에게도 인기 있다.

홈페이지 www.princeresortshawaii.com/hapuna-golf.php **주소** 62-100 Mauna Kea Beach Dr, Kohala Coast **가격** 일반 $160, 게스트 $140, 트와일라잇 일반 $100, 게스트 $90 **코스** 18홀 파 72

03 와이콜로아 비치 Waikoloa Beach

비치 코스 Beach Course 는 와이콜로아 비치 골프 코스의 대표적인 골프 코스로 특히 7번 홀은 하와이 전체에서 가장 아름다운 촬영 포인트로도 꼽힌 바 있다. 킹스 코스 King's Course 는 킹스 트레일에 접해 있어 이런 이름이 붙었으며, 코스 중간중간 암면 조각을 발견할 수도 있다.

홈페이지 waikoloabeachgolf.com **주소** 600 Waikoloa Beach Dr, Waikoloa **가격** 일반 $185, 게스트 $148, 11:00~ 일반 $125, 게스트 $123, 트와일라잇 일반/게스트 $98 **코스** 18홀 파72

04 후알랄라이 Hualalai

포 시즌스 리조트에 속한 코스이다. 잭 니클라우스가 디자인한 18홀의 골프 코스는 빅아일랜드 최고의 럭셔리 골프 코스로, 해안과 화산 지형이 절묘하게 섞인 분위기에서 멋진 골프를 즐길 수 있다. 포 시즌스에 숙박하는 사람에 한해 이용할 수 있다.

홈페이지 www.fourseasons.com/hualalai/services_and_amenities/golf/course **주소** 70-100 Kaupulehu Dr, Kailua-Kona **가격** 게스트 $295, 트와일라잇 $190 **코스** 18홀 파 72

05 마우나 케아 Mauna Kea

코할라 코스트의 아름다운 해안선과 함께 이어지는 마우나 케아의 골프 코스는 아름답기로 잘 알려져 있다. 1960년대에 만들어졌지만, 빅아일랜드 최고의 위치에 자리 잡고 있는 만큼 여전히 멋진 경험을 제공한다.

홈페이지 www.maunakeagolf.com **주소** 62-100 Mauna Kea Beach Dr, Kohala Coast **가격** 일반 $195, 게스트 $180, 9홀 일반 $150, 게스트 $135 **코스** 18홀 파 72

06 마우나 라니 Mauna Lani

프란시스 H II 브라운 Francis H II Brown 사우스 코스 South Course 와 노스 코스 North Course 로 나눠진 골프 코스는 화산 지형에 그림같이 펼쳐진 코스로 유명하다. 여러 유명한 토너먼트 경기가 열리기도 했으며, 특히 사우스 코스의 15번 홀은 아름답기로도 유명하다.

홈페이지 www.maunalani.com **주소** 68-1400 Mauna Lani Dr, Kohala Coast **가격** 일반 $235, 게스트 $165, 트와일라잇 일반 $155, 게스트 $125 **코스** 18홀 파72

빅아일랜드의 해변

하와이에서 가장 젊은 섬인 빅아일랜드에는 다른 섬들처럼 넓은 백사장을 가진 해변은 없지만, 섬 곳곳에 보석과도 같은 작은 해변이 많다. 아름다운 하얀 모래를 가진 해변뿐만 아니라 검은 모래, 새하얀 모래가 있는 해변까지 그 종류도 다양하다. 유명한 해변에는 편의시설이 잘 마련되어 있지만, 여전히 접근하기가 다소 어려운 곳도 많다.

- 마우나 케아 비치 Mauna Kea Beach
- 아나에호오말루 베이 Anaeho'omalu Bay
- 화이트 샌드 비치 파크 White Sands Beach Park
- 카할루우 비치 파크 Kahaluu Beach Park
- 케알라케쿠아 베이 Kealakekua Bay
- 케오네엘레 코브 Keoneele Cove
- 카포호 타이드 풀스 Kapoho Tide Pools
- 아할라누이 공원 Ahalanui Park
- 푸날루우 비치 파크 Punalu'u Beach Park
- 그린 샌드 비치 Green Sand Beach

아름다운 해변

BEST 1

Best 1 화이트 샌드 비치 파크 White sand Beach Park ★★★★
매직 샌드, 사라지는 모래 해변이라는 별칭이 있는 새하얀 모래가 인상적인 해변.

Best 2 아나에호오말루 베이 Anaeho'omalu Bay ★★★
와이콜로아 단지에 있는 해변으로 늘어서 있는 야자나무가 매력적이다.

Best 3 마우나 케아 비치 Mauna Kea Beach ★★★★
해가 수평선 너머로 넘어갈 때쯤 붉게 물드는 해변과 호텔 풍경이 아름답기로 유명하다.

빅아일랜드(하와이섬)

BEST 2

BEST 3

스노클링 해변

Best 1 케알라케쿠아 베이 Kealakekua Bay ★★★★★
빅아일랜드 최고의 스노클링 장소로, 주로 투어나 카약을 이용해 스노클링을 한다.

Best 2 카포호 타이드 풀스 Kapoho Tide Pools ★★★★★
힐로 근교에 자리하며 얕은 수심과 많은 물고기 덕분에 가족 여행객들에게 사랑 받는다.

Best 3 카할루우 비치 파크 Kahalu'u Beach Park ★★★★
얕은 수심과 많은 물고기 덕분에 가족 여행객들에게 사랑을 받는 코나 근교의 스노클링 포인트.

BEST 1

BEST 2

BEST 3

특별한 해변

Best 1 파파콜레아 해변-그린 샌드 비치 Papakolea Beach - Green Sand Beach ★★★★
전 세계적으로도 드문 녹색 모래가 가득한 아름다운 해변.

Best 2 푸날루우 비치 파크-블랙 샌드 비치 Punalu'u Beach Park - Black Sand Beach ★★★★★
녹색 바다거북을 자주 볼 수 있는 보석 같은 검은 모래의 해변.

Best 3 아할라누이 공원 Ahalanui Park ★★★★
화산작용으로 인한 지열로 바닷물이 데워져 만들어진 수영장이 있는 공원.

BEST 1

BEST 2

BEST 3

빅아일랜드 해변 스노클링 완전정복

빅아일랜드에는 길게 이어지는 모래사장은 많지 않지만, 수중환경은 그 어떤 섬보다 잘 보존되어 있어 스노클러들의 사랑을 받고 있다. 대부분의 유명한 스노클링 포인트가 서쪽에 모여 있긴 하지만, 어느 해변이라도 스노클링 장비만 착용하고 들어가도 아름다운 수중환경이 펼쳐지므로 큰 걱정은 하지 않아도 된다. 빅아일랜드는 바람의 변화가 꽤 있는 편이므로, 여름이라도 스노클링 일정은 무조건 아침 일찍 잡는 것이 좋다.

🛥 스노클링 포인트　P 주차공간　---- 트레일

Kealakekua Bay 케알라케쿠아 베이 ★★★★★

케알라케쿠아 베이 스노클링은 스노클링 크루즈, 카약 그리고 하이킹으로 즐길 수 있으나, 접근에 대한 편의성 때문에 거의 대부분의 한국인 여행자들은 스노클링 크루즈를 택한다. 맑고 투명한 바다는 스노클링을 하지 않더라도 물고기들이 한가득 보일 정도로 투명하게 잘 보존되어 있다.

특히 바닷물의 색이 노랗게 보일 만큼 많은 옐로우탱이 모이는 것으로도 유명하다. 산호들도 건강하기 때문에 물고기와 함께 아름다운 풍경을 연출한다. 투어비용이 다소 들지만, 스노클링 초보라면 한번쯤 경험해 봐도 좋을 만한 포인트이다. 아침 일찍 스노클링 포인트 주변으로 돌고래들이 나타나기도 한다. 하이킹 정보는 P. 547 참고.

Waialae Beach-Beach 69 와이알레아 비치-비치 69 ★★★

북쪽지역에서 스노클링을 하려고 했지만, 마우나케아에 주차공간을 찾지 못했을 때의 대안이 될 수 있는 곳이 바로 이 비치 69이다. 파도가 없거나 잔잔한 여름철에 스노클링을 즐길 수 있으며, 해변의 북쪽과 남쪽이 모두 스노클링 포인트이다. 주차공간과 화장실 그리고 샤워시설을 두루 갖추고 있어 편리한 스노클링 해변이다.

Two Steps-Keonele Cove 투 스텝스-케오네엘레 코브 ★★★★★

역사적인 명소인 푸우호누아 오 호나우나우를 관광한 뒤, 뜨거워진 열기를 식히기 위해 스노클링을 원한다면 바로 옆의 투 스텝스 만한 곳이 없다. 거북이가 자주 출몰하기로도 유명한 포인트로, 항상 스노클러들로 북적인다. 별다른 모래사장 없이 바위에서 바로 바다로 들어가기 때문에 입수하자마자 훌륭한 시야가 나온다.

바위에서 들어갈 때는 2개의 계단처럼 생긴 바위를 이용하면 된다. 이 계단 모양의 바위로 인해 투 스탭스라는 이름이 붙었다. 나올 때도 이 바위를 이용하면 된다. 도로의 서쪽으로 무료 길거리 주차가 가능하며, 자리가 꽉 찼을 경우 도로 동쪽의 유료주차장을 이용해도 된다.

Mauna Kea Beach 마우나 케아 비치 ★★★★

빅아일랜드 서북쪽에서 최고의 포인트라고 해도 무방할 정도로 훌륭한 스노클링 장소이다. 고급 리조트인 마우나케아 호텔 앞에 위치하며, 해변의 북쪽에 산호가 잘 보존되어 있다. 남쪽도 북쪽만큼은 아니지만 스노클링을 즐길만 하다.

해변의 중앙보다는 양쪽 끝의 바위에서 스노클링을 시작하는 것이 편하며, 어느 정도 해변에서 벗어나야 수중환경을 감상할 수 있다. 마우나케아 호텔에서는 해변을 위한 무료 주차장을 공개하고 있기는 하나, 가능 주차대수가 많지 않기 때문에 아침 일찍 가지 않으면 온종일 자리를 구하기 어려운 곳이기도 하다.

Kahaluu Beach Park 카할루우 비치 파크 ★★★★

카일루아-코나 남쪽에 위치한 카할루우 비치 파크는 가족단위로 스노클링을 즐기기에 적합하다. 모래사장을 통해 쉽게 스노클링 포인트로 이동할 수 있고, 자연 방파제가 파도를 막아주는 덕분에 겨울에도 파도가 그리 높지 않은 편이다. 해변과 가까운 곳은 모래 때문에 시야가 잘 나오지 않지만, 바위 방파제와 가까워질수록 다양한 물고기를 볼 수 있다. 다만, 해안에서 멀어질 경우 수심이 깊어지기 시작하므로 초심자는 너무 멀리 가지 않거나 구명조끼를 하는 것이 좋다. 또한 스노클링에 빠져 자연 방파제를 넘어가는 일은 하지 않아야 한다. 넓은 주차공간도 있어 쉽게 접근할 수 있다.

Pauoa Bay 파우오아 베이 ★★★

페어몬트 오키드 호텔 앞의 작은 만으로, 사실상 호텔 전용 해변처럼 이용되는 곳이다. 스노클링 포인트는 방파제 역할을 하는 바위를 빠져나가 왼쪽으로 이어진다. 북쪽에서 거북이들이 상당히 많이 나타나는 포인트이어서 많은 사람이 찾는다. 대신 물고기의 숫자나 산호는 상대적으로 부족한 편이다. 호텔에는 주차 공간이 없으므로 북쪽의 홀로홀로카이 비치 파크에 주차를 하고 걸어 내려와야 한다.

Kapoho Tide Pools 카포호 타이드 풀스 ★★★★★

서쪽에 케알라케쿠아 베이가 있다면, 동쪽에는 카포호 타이드 풀스가 있다고 할 정도로 유명한 스노클링 포인트이다. 자연적으로 만들어진 수영장이 가득한 이 스노클링 포인트는, 밀물과 썰물에 따라서 스노클링을 할 수 있는 곳들이 달라진다. 또한, 자연 수영장이 넓게 퍼져 있으므로 원하는 곳으로 들어가서 스노클링을 해도 많은 물고기를 만날 수 있다. 시작지점에서 가까운 곳보다 먼 곳에 더 물고기가 많다. 다만, 카포호 타이드 풀스가 있는 지역은 거주지역이므로 스노클링 장소 바로 앞에 주차를 할 수는 없다. 대신 커뮤니티의 입구 쪽에 방문객을 위한 주차공간이 있으므로 그곳에 주차하고 걸어와야 한다.

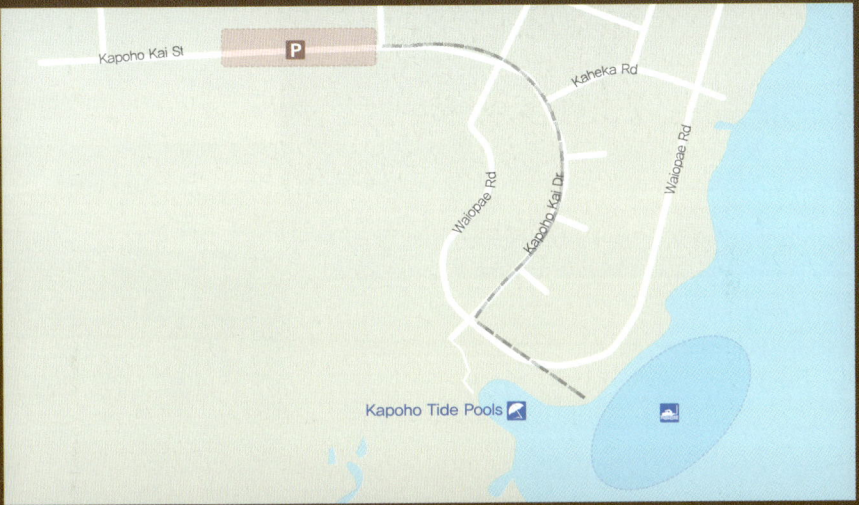

Carlsmith Beach Park 칼스미스 비치 파크 ★★★

스노클링 포인트라기보다는 현지인들이 애용하는 해변이라는 느낌이 강하지만, 자연적으로 만들어진 바위 방파제 덕분에 파도가 크지 않아 아이들이 스노클링을 하기에 적합하다. 파도가 약한 날에는 방파제 바깥쪽에서도 스노클링을 즐길 수 있다. 물고기는 적지만 거북이가 종종 나타난다.

BIG ISLAI

1-1 1-2 여전히 화산활동이 진행되는 '하와이 화산 국립공원' 화산활동으로 인해 생성된 다양한 지형과, 살아있는 활화산을 만날 수 있는 국립공원으로 빅아일랜드의 대표적인 관광지이다. 용암이 만들어낸 동굴, 여전히 가스를 뿜어내는 분화구, 운이 좋으면 볼 수 있는 용암이 흘러가는 모습까지 상상할 수 있는 화산의 모든 모습을 볼 수 있다. **2-1 2-2** 세상에서 가장 높은 산 '마우나 케아' 마우나 케아는 해수면이 아닌 바닷속 시작 지점에서부터 그 높이를 재면 약 10,000m가 넘어 세상에서 가장 높은 산이다. 해발 높이도 4,205m에 이를 정도로 높은 마우나 케아는 아름다운 석양 그리고 별이 쏟아질 것만 같은 밤하늘 덕분에 찾는 사람이 많다. 매일 밤이면 방문자센터 앞에서 무료 천체관측 프로그램이 진행된다.

1-1

1-2

2-1

2-2

ID BEST

빅아일랜드에서 놓치지 말아야 할 추천 베스트

3 커피농장을 찾아서 떠나는 '코나 커피벨트' 세계 3대 커피로 불리는 하와이 코나 커피가 생산되는 코나 커피벨트. 빅아일랜드에서도 화산 산기슭의 특정 지역에서 자란 커피만을 코나 커피로 인정하기 때문에, 진정한 코나 커피를 맛볼 수 있다. 커피농장에서는 무료 시음뿐만 아니라 무료 투어도 진행하므로 커피 애호가라면 꼭 들러보자.

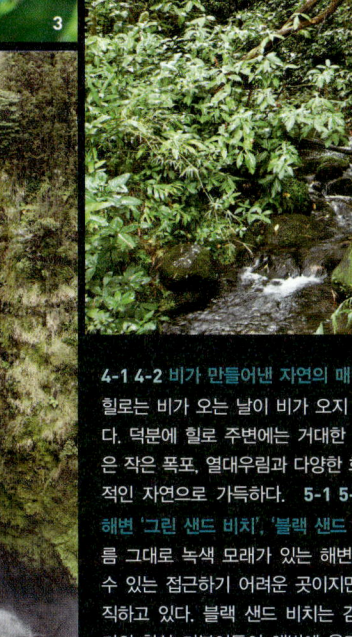

4-1 4-2 비가 만들어낸 자연의 매력, '힐로' 열대우림 기후인 힐로는 비가 오는 날이 비가 오지 않는 날보다 더 많은 곳이다. 덕분에 힐로 주변에는 거대한 아카카 폭포에서부터 수많은 작은 폭포, 열대우림과 다양한 화산지형이 만들어 낸 매력적인 자연으로 가득하다. **5-1 5-2 빅아일랜드만의 특별한 해변 '그린 샌드 비치', '블랙 샌드 비치'** 그린 샌드 비치는 이름 그대로 녹색 모래가 있는 해변으로, 4WD 차량으로만 갈 수 있는 접근하기 어려운 곳이지만 그만큼의 아름다움을 간직하고 있다. 블랙 샌드 비치는 검은 모래가 있는 해변으로 거의 항상 거북이들이 해변에 올라와 휴식을 취하기 때문에 거북이를 보기 위해 많은 사람이 모여든다.

Travel Information in Big Island

Section 02
빅아일랜드, 출발부터 도착까지

서쪽에는 코나 국제공항, 동쪽에는 힐로 국제공항이 있어 인/아웃을 다르게 해서 여행할 수도 있다. 하와이에서 가장 큰 섬인 만큼 다른 섬들과 달리 이동시간이 상대적으로 길다는 것을 고려해야 한다. 본격적으로 여행하려면 렌터카는 필수이다.

01 빅아일랜드 기초 정보

면적 10,430㎢으로 하와이뿐만 아니라 미국에서 가장 큰 섬 인구 약 19만5천 명(2015년 기준) 날씨 서부는 연중 건조한 편이나 동부는 1년 내내 비가 내린다. 애칭 화산의 섬(Volcanic Island)

02 빅아일랜드 내 소요시간

03 빅아일랜드로 가는 법

한국에서 빅아일랜드로 향하는 직항이 없으므로 오아후섬의 호놀룰루 국제공항을 경유해야 한다. 빅아일랜드의 대표적인 공항은 서쪽의 코나 국제공항 KOA 과 동쪽의 힐로 국제공항 ITO 이다. 대부분의 리조트가 날씨가 좋은 서쪽에 몰려있어 코나 국제공항을 많이 이용하지만, 하와이 화산 국립공원과 힐로의 자연을

목적지로 하는 사람이라면 힐로 국제공항이 적합하다. 규모가 작은 코나 국제공항은 호놀룰루 국제공항에서 40분 거리에 위치한다. 대부분의 렌터카 사무소는 셔틀버스로 이동해야 하며, 공항에서 가장 가까운 주유소는 남쪽으로 약 5마일 떨어진 곳에 있다.

04 코나 국제공항 Kona International Airport-KOA

▲ 코나 국제공항 구조도

Travel Information in Big Island

01 코나 국제공항에서 이동하기

• **셔틀버스**

코나 국제공항에는 스피디 셔틀 Speedi Shuttle 과 로버츠 하와이 Roberts Hawaii 가 빅아일랜드의 곳곳을 연결한다. 공항 카운터는 오전 9시에 오픈해서 마지막 비행기가 도착할 때까지 운영된다.

> **가격** 카일루아 코나 $26~, 케아우호우 베이 $41~, 와이콜로아 $54~, 마우나 케아 호텔 $70~(2인 기준, 인원 추가 시 추가 요금. 금액에 팁 미포함.)
> - **스피디 셔틀 홈페이지** www.speedishuttle.com
> - **로버츠 하와이 홈페이지** www.robertshawaii.com/konaexpress

• **택시**

원하는 목적지까지 가장 빠르게 갈 수 있는 교통수단이다.

> **가격** 카일루아 코나 $25~30, 케아우호우 베이 $35~40, 와이콜로아 $50~55, 마우나 케아 호텔 $70~75(예상 금액이며, 교통사정에 따라 달라질 수 있음. 팁 미포함)

• **렌터카**

빅아일랜드를 돌아보는 가장 좋은 교통수단은 단연 렌터카이며, 공항에서 사무실까지 셔틀을 운영한다. 대부분의 렌터 회사가 오전 5시에서 5시 30분 사이에 오픈한다. 코나 공항 내에는 주유소가 없으므로, 반납할 때에는 남쪽으로 5마일 떨어진 주유소에서 주유해야 한다.

> **렌터카 연락처**
> - 허츠 렌터카 808-329-3566
> - 내셔널 렌터카 808-327-3755
> - 에이비스 렌터카 808-327-3000
> - 엔터프라이즈 렌터카 808-331-2509
> - 알라모 렌터카 808-329-8896
> - 달러 렌터카 866-434-2226
> - 버짓 렌터카 808-329-8511

05 힐로 국제공항 Hilo International Airport-ITO

힐로는 하와이에서 두 번째로 큰 도시지만, 힐로 국제공항은 상대적으로 작은 공항으로 운항편수가 많지 않다. 호놀룰루 국제공항에서 50분 거리이며, 하와이 화산 국립공원과 근처의 명소들을 구경하기에 좋다.

01 힐로 국제공항에서 이동하기

• **택시**

> **가격** 힐로 타운 $10~15, 볼케이노 국립공원 $75~80

- **렌터카**

  공항 터미널을 빠져나오면 바로 렌터카 사무소가 있어 편리하다. 총 7개의 렌터카 업체가 위치한다.

  렌터카 연락처
  - 허츠 렌터카 800-462-5266
  - 내셔널 렌터카 888-868-6207
  - 에이비스 렌터카 800-331-1212
  - 알라모 렌터카 800-462-5266
  - 달러 렌터카 800-342-7398
  - 버짓 렌터카 800-527-0700

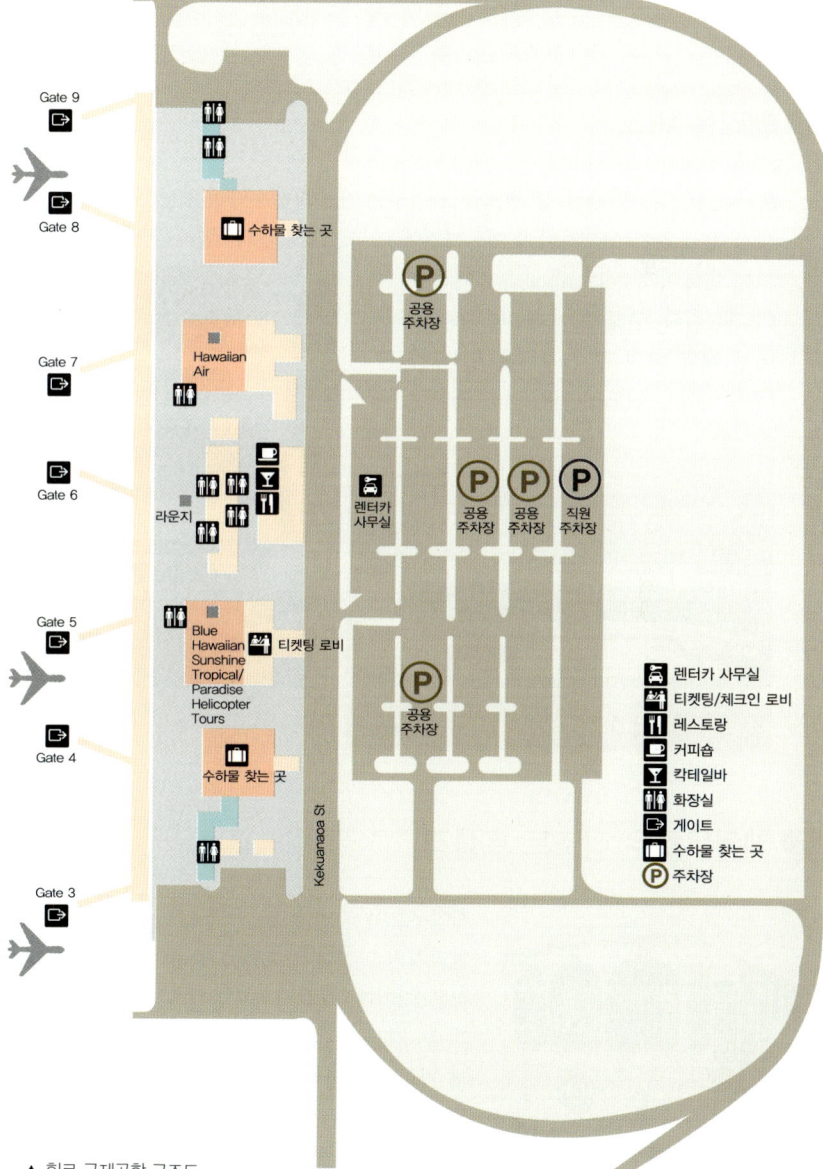

▲ 힐로 국제공항 구조도

Section 03
빅아일랜드의 대중교통

빅아일랜드에는 헬레온 버스라는 대중교통수단이 있지만, 여행자에게는 사실상 무용지물이나 다름없기 때문에 빅아일랜드에서는 렌터카를 빌리는 것이 좋다. 렌터카를 이용하면 빅아일랜드 곳곳을 시간에 구애받지 않고 돌아다닐 수 있다. 다만 섬이 크기 때문에 출발 시에 기름을 가득 채우는 것이 좋고, 일정을 조금 여유 있게 잡는 것이 좋다.

01 헬레온 버스 Hele-On Bus

헬레온 버스는 하와이 섬 전역을 연결하는 대중교통수단이지만, 노선별로 운행 횟수가 많지 않아 여행자들이 이용하기에는 적합하지 않다. 헬레온 버스의 루트와 지도는 홈페이지(heleonbus.org)에서 확인이 가능하다. 편도 $2이며, 배낭이나 캐리어는 개당 $1의 추가 요금을 받는다. 만 60세 이상은 편도 $1이며, 4세 이하는 무료이다.

02 케아우호우 리조트 트롤리 Keauhou Resort Trolley

케아우호우 지역에 있는 리조트들과 카일루아 코나 빌리지의 다양한 장소들을 방문하는 트롤리이다. 가격은 $2이며, 오전 9시부터 오후 9시까지 운행한다. 약 두 시간 간격으로 운행하므로 시간을 놓치면 오래 기다려야 한다. 시간표는 케아우호우 지역에 위치한 호텔의 홈페이지에서 확인 가능하다.

홈페이지 www.keauhouvillageshops.com/visit-the-village

03 택시

빅아일랜드에서는 길에서 택시를 불러 잡는 것은 불가능하므로, 호텔에 요청해야 한다. 빅아일랜드는 섬이 크기 때문에 지역 간 이동 시 택시비가 많이 나올 수 있다.

04 렌터카

렌터카는 빅아일랜드를 둘러볼 수 있는 가장 유용한 교통수단이다. 대부분의 렌터카 회사가 빅아일랜드에 들어와 있으며, 공항에서 빌리는 것이 가장 편리하다. 빅아일랜드는 교통량이 많지 않아 운전하기는 편하지만, 제한속도가 낮은 편이므로 속도위반에 주의해야 한다. 또한,

마을을 벗어나면 주유소가 많지 않으므로 섬 일주와 같이 장거리 이동을 할 때에는 미리 기름을 채워놓아야 한다. 하와이에서 차량이 가장 빨리 마감되는 곳이 빅아일랜드이므로, 가능하면 2주~1달 전에는 예약하는 것을 추천한다.

빅아일랜드에서는 4WD 차량을 빌리는 사람도 많은데, 마우나 케아 방문자 센터에서부터 정상까지 향하는 비포장도로는 보험에서 제외되는 구역이다. 빅아일랜드 렌터카 운행 금지구역에서 주행하다가 사고가 나거나 문제가 생겼을 경우에는 보험 적용을 받을 수 없으므로 운전에 주의해야 한다. 빅아일랜드의 주요 관광지인 마우나 케아로 향하는 새들로드는 왕복 4차선으로 확장을 하면서 많이 안전해졌지만, 일부구간은 여전히 왕복 2차선에 안개가 많이 끼므로 조심하는 것이 좋다.

빅아일랜드에서 4WD를 빌리고 싶다면?

하와이에는 대부분의 렌터카 회사가 JEEP라는 등급으로 지프 랭글러JEEP WRANGLER 차량을 대여해준다. 이 차량만 확실하게 4WD이며, 다른 등급의 차량들은 AWD와 2WD가 섞여 있다. 지프 랭글러 외에 4WD를 원한다면 LARGE 또는 PREMIUM SUV급을 빌리거나, 허츠의 FULLSIZE SUV를 빌리면 4WD 또는 AWD를 받을 수 있다. 하지만 4WD라고 하더라도 마우나케아는 보험이 되지 않는다.

4WD는 크게보면 AWD에 포함되지만, 여기서 4WD는 수동으로 2륜과 4륜을 조작할 수 있는 차량을 의미하고, AWD는 전자동으로 2륜과 4륜이 제어되는 차량을 의미한다.

Area 01 Kailua-Kona 카일루아-코나

카일루아-코나의 항구에서는 다양한 투어가 출발하며, 하와이 역사와 관련된 여러 건물을 만날 수 있다. 코나 지역에서 가장 많은 레스토랑이 모여 있어, 먹을거리에 대해 걱정을 하지 않아도 된다. 코나 코스트에 머무른다면 꼭 들르게 되는 지역이다.

빅아일랜드(하와이섬)

카일루아-코나의 볼거리

 Kailua Pier 카일루아 피어

낮에는 카누 경기나 물놀이를 즐기는 사람들의 모습을, 파도가 있는 날에는 서핑을 즐기는 사람들의 모습을 쉽게 볼 수 있다. 항구 주변으로는 레스토랑도 많으므로 식사한 후에 가볍게 둘러보기에 좋다. 빅아일랜드의 몇몇 스노클링 크루즈가 출발하는 곳이기도 하다.

 Hulihee Palace 훌리헤 팔라스

하와이 섬 초대 총독이었던 존 쿠아키니가 세운 건물로, 1844년부터 1914년까지 하와이안 왕조의 여름 궁전으로 쓰였다. 1925년에 하와이 주에서 구입하여 현재는 킹 칼라카우아와 퀸 카피올라니 시대의 물건들을 전시하는 박물관으로 운영되고 있다. 내부 사진촬영은 불가능하다. 가이드투어는 10:00, 13:00에 진행된다.

주소 75-5718 Ali'i Drive, Kailua-Kona 전화번호 808-329-1877 개방시간 월~토 09:00~16:00, 일 10:00~15:00 입장료 성인 $10, 64세 이상 $8, 17세 이하 $1

 Mokuaikaua Church 모쿠아이카우아 교회

모쿠아이카우아 교회는 하와이에서 가장 오래된 기독교 교회이다. 1823년에 처음 목조 교회를 지었고, 1835년에서 1837년까지 현재 모습의 석조 교회를 건축하였다. 교회에 사용된 돌 중 일부는 하와이의 고대 신전에 있던 것을 재사용한 것이다.

홈페이지 www.mokuaikaua.org 주소 75-5713 Alii Drive, Kailua-Kona 전화번호 808-329-0655 개방시간 월~일 07:00~17:00

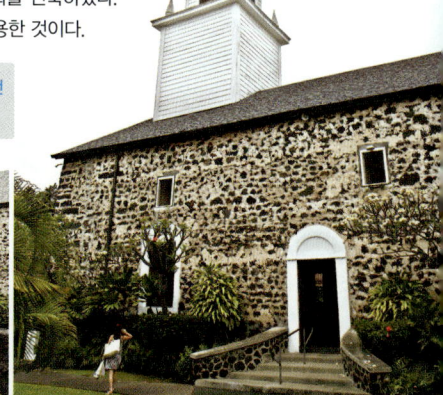

Ahuena Heiau 아후에나 헤이아우

아후에나 헤이아우는 복원된 종교 유적지로 카메하메하 1세의 개인적인 신전이었다. 카메하메하 1세는 1813년부터 1819년까지 이곳에서 예배를 드렸다. 코트야드 킹 카메하메하 코나 비치 호텔 앞에 위치한 이 신전은 신 '로노'에게 바쳐졌으며, 신전 주변으로 신 모습의 조각들이 우뚝 서 있다.

 75-5660 Palani Road, Kailua-Kona

카일루아-코나에서 쇼핑하기

Kailua-Kona Shopping Center 카일루아-코나 쇼핑센터

훌리헤 궁전 남쪽으로 코나 마켓 플레이스와 코나 인 쇼핑 빌리지가 마주 보고 있다. 기념품과 티셔츠 등 소소한 물건을 파는 곳이 모여 있다. 그 외에도 특징 있는 작은 숍과 레스토랑이 쇼핑센터 주변으로 많다.

 75-5744 Alii Dr, Kailua-Kona

Farmer's Market 카일루아 코나 파머스 마켓

카일루아 코나의 남쪽 주차장에서 열리는 파머스 마켓은 힐로의 파머스 마켓보다 규모가 작지만, 현지인들이 기른 다양한 과일과 채소 그리고 직접 만든 수공예품을 구입하기에 좋다. 수요일에서 일요일 07:00~16:00에 열리지만 상시 영업하는 상점도 많다. 파머스 마켓이 없을 때 주차장은 시간당 $5이다.

카일루아 코나에서 무료 주차하기

카일루아 코나는 빅아일랜드 서쪽에서 가장 번화한 곳으로 항상 사람이 많이 몰린다. 시내 대부분은 유료주차이고 가격도 상당히 비싼 편이지만, Likana Ln 옆 주차장은 공간도 넓고 무료 주차가 가능하다. 그 외에도 카일루아 코나에서 조금 북쪽으로 떨어진 코나 브루잉 컴퍼니 옆 일마 코트(Ilma Court)의 상점 앞 주차장은 무료이다. 차 안에는 아무것도 남겨두지 않도록 주의하자.

카일루아-코나의 먹거리

$ – $10 이하, $$ – $11~20, $$$ – $21~30, $$$$ – $31 이상(메인코스 기준)

Kope Lani Coffee & Ice Cream 코페 라니 커피 & 아이스크림
$

카일루아 코나에서 가장 맛있는 26가지 맛의 아이스크림을 파는 가게. 100% 코나 커피도 함께 판매하지만, 커피가 첨가된 아이스크림들이 더 인기 있다. 그 외에 피베리 등 하와이에서만 즐길 수 있는 맛도 있으므로 도전해볼 만하다. 바다 풍경이 바로 앞에서 펼쳐지므로 아이스크림이나 커피 한 잔과 함께 테이블에 앉아 휴식을 취하기에 좋다. 샌드위치와 베이글 같은 간단한 먹을거리도 판매한다.

홈페이지 www.kopelani.com 주소 75-5719 Alii Dr, Kailua-Kona 전화번호 808-329-6152 영업시간 월~일 07:00~21:00

Chirashi Sushi-don by Jiro 치라시 스시 동 바이 지로
$$

라니하우 센터(Lanihau Center) 내에 위치한 키오스 형태의 테이크아웃 덮밥 전문점. 치라시는 밥 위에 재료들을 올려놓는 일종의 덮밥이라고 생각하면 되며, 가장 대표적인 에도마에 도쿄 스타일 치라시 외에도, 여러 재료를 사용한 치라시들이 있다. 상대적으로 저렴한 가격대에 푸짐한 양 때문에 많은 사람이 찾는다. 키오스크 옆으로 있는 테이블에서 식사할 수 있지만, 건강 문제로 종종 문을 닫는다.

주소 75-5595 Palani Rd, Kailua-Kona 영업시간 화~토 12:30~15:30, 17:30~20:30, 일~월 휴무

Kona Haven Coffee 코나 헤이븐 커피
$

코나 시내에서 커피 한잔을 하려 한다면, 100% 코나 커피를 사용하는 코나 헤이븐 커피는 꽤 괜찮은 선택이다. 에스프레소의 맛도 훌륭한 편이며, 더치커피도 커피의 향이 잘 살아있다. 주차 역시 카페가 있는 몰에 하면 되므로 주차 스트레스가 없는 것도 장점이다. 바깥쪽 테이블에 앉아, 바다와 지나다니는 사람들을 구경하기에도 좋다.

홈페이지 konahaven.com 주소 75-5805 Alii Dr, Kailua-Kona 전화번호 808-334-0790 영업시간 월~일 07:00~21:00

🍴 Holy Donuts 홀리 도넛
$

도넛에 어떤 것을 토핑으로 올릴 수 있을지 궁금하다면, 홀리 도넛를 찾아보자. 상상할 수 있는 대부분의 토핑이 올라간 수많은 도넛들이 전시되어 있으며, 도넛의 맛도 상당히 훌륭하니 후식으로도 부족함이 없다. 진한 커피 한잔과 하기에 좋으며, 개인적인 추천은 스트로베리와 크림 브륄레. 도넛 하나에 $5 가까이한다는 것은 아쉽다.

주소 75-5729 Alii Dr, Kailua-Kona 전화번호 808-960-2720 영업시간 화~일 07:30~17:00, 월 휴무

🍴 Basik Cafe 바식 카페
$ 저자 추천

하와이 건강 열풍을 주도하고 있는 아사이볼을 판매한다. 브라질이 원산지인 아사이를 기본으로 바나나, 딸기, 파파야 코코넛, 견과류, 꿀 등의 건강에 좋은 재료들을 올려 그릇에 담아낸다. 빅아일랜드에서 가장 인기 있는 아사이볼 가게. 양이 꽤 많아 아침 대용으로도 훌륭하다. 주차장 가운데에 있는 작은 건물의 2층에 위치한다.

홈페이지 basikacai.com 주소 75-5831 Kahakai Rd, Kailua-Kona 전화번호 808-238-0184 영업시간 월~토 08:00~16:00, 일 09:00~17:00

🍴 Kona Korean BBQ 코나 코리안 BBQ
$~$$

한국 아주머니가 운영하는 레스토랑으로 한식 메뉴와 하와이 로컬 메뉴가 섞여있다. 한식 메뉴들도 현지화가 꽤 되기는 했지만, 그래도 맛은 상당히 좋은 편이다. 한국어로 된 메뉴도 당연히 있다. 코나에서 밥이 먹고 싶을 때 가장 무난한 곳이다.

주소 74-5540 Kaiwi St, Kailua-Kona 전화번호 808-327-0080 영업시간 월~금 11:00~14:30, 16:30~20:00, 토 11:00~16:30, 17:30~20:00, 일 휴무

Frenchman's Cafe 프렌치맨스 카페 $~$$

 저자 추천

최근 코나지역에서 가장 뜨고 있는 브런치 레스토랑이다. 디저트 크레이프와 식사용 크레이프가 메인이며, 그 외에 크로크 무슈와 마담, 오믈렛도 메뉴에 있으며 가격은 $9~15 사이이다. 커피의 수준도 상당히 괜찮은 편이다 보니, 특히 여성손님들이 많다. 주말 오전에는 줄을 서서 먹어야 할 정도이며, 점심나절에 영업이 끝난다.

주소 75-5729 Alii Dr, Kailua-Kona(Kona Marketplace) 전화번호 808-365-2671 영업시간 월,목,금 07:00~13:15, 토,일 07:00~11:00, 화,수 휴무

Umeke's 우메케스 $~$$

 저자 추천

카일루아 코나에서 현지인들이 가장 선호하는 레스토랑으로 볼(Bowl)에 생선부터 육류까지 담아먹는 형태가 인기 좋다. 소고기와 돼지고기를 얹고, 다양한 사이드를 추가하는 하와이안 플레이트 형태로도 찾는 사람이 많다. 기본 메뉴들은 $9~15 사이이지만, 포케나 사이드 메뉴 등을 추가하면 가격이 올라간다. 매일매일 신선한 생선으로 만든 요리와 포케들도 훌륭하며, 당일 신선한 생선을 공지하므로 메뉴 선택에 도움이 된다. 친절한 직원과 즐거운 분위기가 느껴지는 곳으로 남쪽에 있는 곳은 테이크아웃 전문이다. 만일 앉아서 식사를 하고 싶다면 Kaiwi St에 위치한 레스토랑 지점으로 가는 것이 좋다.

홈페이지 www.umekespoke808.com 주소 75-143 Hualalai Rd, Kailua-Kona 전화번호 808-329-3050 영업시간 월~토 10:00~17:00, 일 휴무 레스토랑지점 주소 74-5563 Kaiwi St, Kailua Kona 영업시간 10:00~17:00

Sushi Shiono 스시 시오노 $$

신선한 생선과 좋은 재료들을 사용하는 일식 레스토랑. 가게가 좁고 시끄러운 편이기는 하지만, 가격대비 훌륭한 샐러드와 다양한 롤 덕분에 많은 인기를 얻고 있다. 신선한 초밥과 생선요리도 맛이 좋은, 정통 일식 레스토랑이다.

홈페이지 www.sushishiono.com 주소 75-5799 Alii Dr, Kailua-Kona 전화번호 808-326-1696 영업시간 월~토 11:30~14:00, 월~목 17:30~21:00, 금~토 17:30~22:00, 일 17:00~21:00

🍴 Shimaichi Sushi 시마이치 스시
$~$$

저렴하게 롤을 먹을 수 있는 레스토랑으로 6개가 나오는 대부분의 기본 롤이 $4~6이며, 재료가 더 많이 들어가는 스페셜 롤은 $9~13이다. 그 외에 스시와 함께 나오는 콤보 메뉴들도 있으며, 별도로 스시와 회도 주문 가능하다. 생선 상태도 좋은 편이고, 둘이서 식사를 하면 $20~30 내에 충분히 먹을 수 있어 스시 레스토랑 치고는 저렴한 편이다. 실내에 좌석이 많지 않은 편이지만, 야외에도 테이블이 마련되어 있어 좌석이 부족하지는 않다.

홈페이지 naomi171.wixsite.com/shimaichi **주소** 75-5742 Kuakini Hwy, Kailua-Kona **전화번호** 808-747-0152 **영업시간** 화~금 11:30~14:30, 17:00~20:30, 토,일 12:00~14:30, 17:00~20:30, 월 휴무

🍴 Big Island Grill 빅아일랜드 그릴
$$

여행자들보다 현지인들이 더 선호하는 하와이안 레스토랑이다. 로코모코와 사이민 같은 하와이 음식에서부터 코리안 치킨, 치킨가스, 포르투갈 소시지 등 현지화된 다국적 음식도 맛볼 수 있다. 인기 메뉴는 치킨가스 Chicken Katsu 와 로코모코 Loco Moco. 양이 다른 레스토랑에 비해 많으므로 감안하여 주문해야 한다.

주소 75-5702 Kuakini Hwy, Kailua-Kona **전화번호** 808-326-1153 **영업시간** 월~토 7:00~21:00, 일 07:00~12:00

🍴 Island Lava Java 아일랜드 라바 자바
$$~$$$

알리 드라이브 바로 옆에 위치한 레스토랑으로, 실내와 실외 좌석이 있다. 아침식사가 특히 인기 있지만, 식사시간 이외에도 테이블에 앉아 커피를 마시며 바다를 구경하는 사람이 많다. 아침식사는 $10~15, 점심식사는 $10~20, 저녁식사는 $18~25 정도이다. 카페 내의 테이블보다 바다를 향한 테이블들이 더 인기가 있다.

홈페이지 www.islandlavajava.com 주소 75-5799 Alii Dr, Kailua-Kona 전화번호 808-334-9561 영업시간 06:30~21:30

Kona Brewing Co. 코나 브루잉 컴퍼니 $$~$$$ 저자 추천

빅아일랜드의 마이크로 브루어리. 하와이 내에서도 맛이 괜찮다고 평을 받는 맥주를 생산하는 코나 브루잉 컴퍼니의 본점이다. 대부분의 음식은 평범하지만, 피자만큼은 좋은 평가를 받고 있다. 맛있는 피자와 양조장에서 생산하는 생맥주의 맛 덕분에 저녁시간이면 항상 만원을 이룬다. 어떤 맥주를 마셔야 할 지 모르겠다면, 비어 샘플러로 먼저 다양하게 맛을 보자. 또한 매일 10:30, 15:00에 진행되는 브루어리 투어는 $10에 가능하다.

홈페이지 konabrewingco.com 주소 74-5612 Pawai Place, Kailua Kona 전화번호 808-334-2739 영업시간 월~일 11:00~22:00

Huggo's on the Rocks 후고스 온 더 락스 $$~$$$

해변에 위치한 레스토랑으로, 매일 저녁 6~7시에 라이브 공연이 있어 인기 있다. 오후 3~6시에는 해피아워로 저렴하게 칵테일을 마실 수 있으며, 분위기 있는 음악과 함께 테이블에서 바라보는 일몰이 아름답다. 저녁 늦게까지 여는 코나의 몇 안 되는 나이트 스폿 중 하나로, 늦은 저녁시간을 보내기에 좋다. 칵테일이나 음식의 평은 보통이지만, 분위기와 뷰 때문에 많이 찾는다.

홈페이지 huggos.com 주소 75-5828 Kahakai Rd, Kailua-Kona 전화번호 808-329-1493 영업시간 일~목 11:00~22:00, 금~토 11:00~23:00

카일루아-코나의 숙소

Royal Kona Resort 로얄 코나 리조트

코나 타운 남쪽에 위치한 리조트로 전 객실에 라나이가 있다. 메인 타운에서 조금 떨어져 있지만, 리조트 바로 앞에 쇼핑센터와 레스토랑이 모여 있어 큰 불편 없이 편의시설을 이용할 수 있다. 객실은 다소 낡은 편이지만, 전체적으로 깨끗하고 친절한 평범한 느낌의 리조트이다.

홈페이지 www.royalkona.com 주소 75-5852 Alii Dr, Kailua-Kona 전화번호 805-480-0052 숙박요금 $120~ 리조트피 없음 인터넷 $9.95(일) 주차 셀프 $12

Kona Seaside Hotel 코나 시사이드 호텔

저렴한 가격 덕분에 장기로 묵는 투숙객이 꽤 있는 호텔로, 이름과는 달리 바다 바로 옆에 위치해 있지는 않다. 전형적인 옛 하와이 스타일의 다소 오래된 호텔 중 하나이다. 주차자리가 상당히 제한적이다.

홈페이지 www.konaseasidehotel.com 주소 75-5646 Palani Rd, Kailua-Kona 전화번호 808-329-2455 숙박요금 $95~ 리조트피 없음 인터넷 무료 주차 $10 레스토랑 스플래셔 그릴(Splashers Grill)

Uncle Billy's Kona Bay Hotel 엉클 빌리스 코나 베이 호텔

시설보다는 저렴한 숙소를 찾는 사람이 선택하는 호텔로, 코나 시내에 위치해 있어 이동하기 편리하다. 객실은 전형적인 미국 스타일로, 상당히 노후한데 제대로 관리가 되지 않고 있다. 조촐하지만 숙박객에게 모두 아침식사를 제공한다.

홈페이지 www.unclebilly.com/UB_Kona.html 주소 75-5739 Alii Dr, Kailua-Kona 전화번호 808-329-1393 숙박요금 $85~ 리조트피 없음 인터넷 무료 주차 셀프 $5

빅아일랜드(하와이섬)

Courtyard King Kamehameha's Kona beach Hotel 코트야드 킹 카메하메하스 코나 비치 호텔

코나 타운 중심에 위치한 메리엇 계열의 코트야드 호텔이다. 리노베이션 된 지 얼마 안 된 객실은 모두 모던한 스타일이며, 수영장 등의 시설도 새롭게 정비하여 깔끔하게 변했다. 호텔 내부와 주변으로 빅아일랜드의 역사와 관련된 부분들을 만날 수 있는 호텔이다. 넓은 주차장이 있어 코나 시내에서 주차할 곳을 못 찾은 사람들도 이 호텔에 주차하곤 하나 가격대는 좀 있는 유료주차장이다.

홈페이지 www.konabeachhotel.com 주소 75-5660 Palani Rd, Kailua-Kona 전화번호 808-329-2911 숙박요금 $159~ 리조트피 없음 인터넷 무료 주차 셀프 $18 발레 $26 레스토랑 호누스 온 더 비치(Honu's On the Beach), 빌피시 풀사이드 바 & 그릴(Billfish Poolside Bar & Grille) 스파 스파 앳 코나 비치(Spa at Kona Beach)

Holiday Inn Express Kailua-Kona 홀리데이인 익스프레스 카일루아-코나

카일루아 코나의 몇 안 되는 신규호텔 중 하나로, IHG체인의 중저가 브랜드인 홀리데이인 익스프레스다. 브랜드의 모토답게 뜨거운 음식이 있는 아침식사를 무료로 제공하며, 새 호텔인 만큼 전체적인 시설도 깨끗하고 직원들도 친절해 꽤 인기가 있다. 타운의 중심부에 있어, 걸어서 대부분의 맛집과 쇼핑 센터를 방문할 수 있다는 것도 장점이다. 전형적인 홀리데이인이다보니, 휴양지 느낌이 나지 않는 것이 흠이다.

홈페이지 www.ihg.com/holidayinnexpress/hotels/us/en/kailua-kona/koahi/hoteldetail 주소 75-146 Sarona Rd, Kailua-Kona 전화번호 808-329-2599 숙박요금 $125~ 리조트피 없음 인터넷 무료 주차 $10

Area 02 Kona Coast 코나 코스트

카일루아 코나 마을을 따라 이어지는 코나 코스트는 빅아일랜드의 매력이 가득 모여 있는 지역이다. 빅아일랜드의 가장 유명한 스노클링 장소에서부터, 해안을 따라 늘어선 콘도미니엄 그리고 코나 커피벨트로 이어지는 빅아일랜드 서부 여행의 중심지이다.

빅아일랜드(하와이섬)

코나 코스트의 해변

Kahalu'u Beach Park 카할루우 비치 파크

카할루우 비치 파크는 코나 주변에서 가족과 함께 스노클링을 즐기기에 가장 좋은 장소이다. 밀려오는 파도를 막아주는 바위 덕분에 잔잔한 물 속에서 스노클링을 즐길 수 있고, 입수도 상대적으로 쉬운 편에 속한다. 스노클링 포인트가 1~3m 정도의 수심으로, 그리 깊지 않은 데 반해 수족관에 버금갈 정도로 다양한 열대어를 만날 수 있다. 거북이도 자주 등장하는 편이다. 바위가 많고 뜨거우므로 아쿠아슈즈나 오리발은 필수.

특징 화장실, 샤워시설, 피크닉테이블, 라이프가드, 수영, 스노클링 **찾아가기** Alii Dr와 Makolea St가 만나는 곳에 해변 공원 주차장으로 들어가는 입구가 있다.

White Sand Beach Park - Magic sand Beach
화이트 샌드 비치 파크-매직 샌드 해변

밀물 때는 해변이 사라지고 바위만 남았다가, 썰물이 되면 해변이 다시 나타나는 특징 덕분에 사라지는 해변이라는 별명도 있다. 파도가 다소 있기 때문에 물놀이나 보디보딩에 적합하다. 찾아갈 때에는 라알로아 만 비치 파크로 찾아가는 것이 쉽다.

특징 화장실, 샤워시설, 피크닉테이블, 수영, 보디보딩 **주소** 77-6452 Alii Dr, Kailua-Kona **찾아가기** 주소를 따라 달리다 보면 Laaloa Bay Beach Park라는 표지판을 발견할 수 있다. **저자 한 마디** 주차공간도 충분한 편.

코나 코스트의 볼거리

Kaloko-Honokohau National Historic Park
칼로코-호노코하우 국립 역사공원

하와이 원주민의 활동과 문화를 보존하기 위한 국립 역사공원이다. 유럽 사람들이 하와이에 도착하기 전의 거주 역사를 보존하고 있으며 해안, 낚시 연못, 거주 지역 등으로 구성되어 있다. 국립공원의 입구에 들어가면 바로 주차장이 있고, 역사 공원 내 보존 지역은 산책로를 통해서 둘러볼 수 있다.

홈페이지 www.nps.gov/kaho **주소** 73-4786 Kanalani St, Kailua-Kona **전화번호** 808-329-6881 **개방시간** 월~일 08:30~16:00

Honokohau Marina 호노코하우 마리나

칼로코-호노코하우 국립 역사공원 남쪽에 위치한 호노코하우 마리나는 많은 낚시 투어가 출발하는 항구이다. 낚시 투어에서 돌아오는 오후에는 커다란 물고기를 손질하는 모습도 볼 수 있으며, 항구의 끝에서는 멀리 이어지는 바다를 조망할 수 있다. 종종 스노클링을 하는 사람들도 있다.

주소 74-381 Kealakehe Parkway, Kailua-Kona

빅아일랜드(하와이섬)

코나 코스트에서 쇼핑하기

 Keauhou Shopping Center 케아우호우 쇼핑센터

케아우호우 지역에 위치한 쇼핑센터로, 약 여덟 곳의 레스토랑이 있어 가까운 리조트에 묵는 사람들이 점심이나 저녁을 먹기 위해서 많이 들린다. 쇼핑센터에서 케아우호우만을 내려다볼 수 있어서 잠시 들렀다 가기에 좋다. 매주 토요일 오전 8시부터 정오 무렵까지 쇼핑센터 주차장에서 파머스 마켓이 열린다. 커다란 KTA 슈퍼마켓도 있어 식료품 및 생필품 쇼핑을 하기에도 좋다.

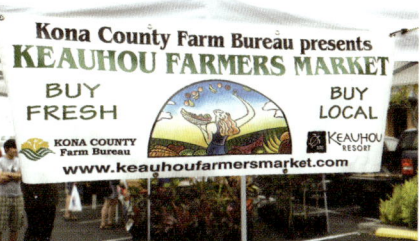

홈페이지 www.keauhouvillageshops.com 주소 78-6831 Alii Drive, Kailua-Kona 전화번호 808-322-3000

코나 코스트의 먹거리

$ – $10 이하, $$ – $11~20, $$$ – $21~30, $$$$ – $31 이상(메인코스 기준)

 Kailua Candy Co 카일루아 캔디 컴퍼니 $

코나에서 30년 넘게 초콜릿을 만들어온 곳으로 코스트코가 있는 산업지구에 위치한다. 오전 시간에 방문하면 커다란 통유리 너머 초콜릿 제조 과정도 구경할 수 있다. 초콜릿 외에도 케이크와 기념품 등을 판매한다.

홈페이지 kailua-candy.com 찾아가기 Kamanu St와 Kauholo St 사이 코너 전화번호 800-622-2462 영업시간 월~토 9:00~17:00, 일 휴무

Da Poke Shack 다 포케 쉑 $$~$$$ 저자 추천

여러 맛집 평가 사이트에서 항상 상위권에 오르는 곳으로, 포케볼과 포케플레이트가 인기가 있다. 가격은 예전보다 많이 올랐으며, 포케볼은 $15 전후, 포케플레이트는 $25 전후이며 시장 가격에 따라 조금씩 달라진다. 플레이트를 선택할 경우 다양한 종류의 포케와, 사이드 메뉴들도 맛볼 수 있다. 재료가 다 떨어지면 좀 더 일찍 문을 닫기도 한다. 캡틴쿡에도 분점이 있다. 요청 시 회 형태로 떠주기도 한다.

홈페이지 dapokeshack.com **주소** • 코나코스트 76-6246 Alii Dr, Kailua • 캡틴쿡 83-5308A Mamalahoa Hwy, Captain Cook(Mile Marker 106) **전화번호** • 코나코스트 808-329-7653 • 캡틴쿡 808-328-8862 **영업시간** • 코나코스트 월~일 10:00~18:00 • 캡틴쿡 일~목 11:00~18:00, 금~토 11:00~19:00

Bianelli's Gourmet Pizza & Pasta 비아넬리스 맛있는 피자 & 파스타 $$

케아우호우 쇼핑센터 내에 위치한 피자 및 파스타 전문점으로 저렴하게 맛있는 피자를 먹을 수 있는 곳이다. 파스타는 $10~12, 피자는 $15~20로 부담 없이 먹을 수 있다. 배달이 되지 않기 때문에 레스토랑에서 먹거나 테이크아웃을 해야 한다.

홈페이지 www.bianellis.com **주소** 78-6831 Alii Dr, Kailua-Kona **전화번호** 808-322-0377 **영업시간** 월~토 16:30~21:00, 일 휴무

Jackie Rey's Ohana Grill 잭키 레이스 오하나 그릴 $$~$$$$

포터리 테라스 Pottery Terrace 안에 위치한 고급 레스토랑이다. 신선한 생선들을 이용한 요리들이 가장 대표적이며, 그 외에도 양고기, 베이비백립, 폭찹, 파스타 등 다양한 메인 메뉴가 있다. 점심은 주로 샌드위치류이며 $15 전후이고, 디너메뉴는 $25~35 사이이다. 오후 3시부터 5시까지는 해피아워로, 약 $8~15 정도의 전용 메뉴가 별도로 있다.

빅아일랜드(하와이섬)

홈페이지 www.jackiereys.com 코나점 주소 75-5995 Kuakini Hwy, Kailua-Kona 전화번호 808-327-0209 영업시간 월~금 11:00~21:00, 토~일 17:00~21:00 힐로지점 주소 64 Keawe Street, Hilo 전화번호 808 961 2572 영업시간 월~금 11:00~21:00, 토~일 17:00~21:00

Holuakoa Gardens&Cafe 홀루아코아 가든스&카페 $$~$$$ 저자 추천

커피농장 사이 작은 타운에 자리 잡고 있는 이곳은 현지인들의 고급스러운 식사 장소로 인기 있다. 브런치 시간대에도 사람이 많지만, 저녁 시간대에는 예약을 해야 할 정도로 붐빈다. 카페와 레스토랑이 각기 다른 건물이므로 레스토랑 쪽으로 가야 한다. 레스토랑은 아름다운 정원 안에 들어온 것 같은 분위기이며, 음식의 맛은 좋으나 다소 느린 편이다. 레스토랑 주 출입구는 Mamalahoa Hwy에 있지만, 주차장 진입은 좁은 시골길 같은 Old Government Rd쪽으로 들어가야 한다. 카페의 커피도 수준급이다.

홈페이지 www.holuakoacafe.com 주소 76-5900 Old Government Rd, Holualoa 전화번호 808-322-5072 영업시간 월~금 10:00~14:30, 토~일 09:00~14:30, 월~일 17:30~20:00

Peaberry & Gallete 피베리 & 갈레트 $$

케아우호우 쇼핑센터에 위치한 크레이프 전문점. 식사대용부터 디저트용까지 다양한 크레이프를 맛볼 수 있다. 크레이프 외에 샌드위치, 샐러드, 치킨수프 등 간단하게 먹을 수 있는 메뉴도 있다. 오픈된 주방에서 밝은 분위기로 크레이프를 만드는 모습을 보고 있으면 기분까지 좋아지는 가게이다. 100% 코나커피를 사용하기 때문에 커피를 좋아하는 사람도 충분히 만족할 만하다.

홈페이지 www.peaberryandgallette.com 주소 78-6831 Alii Dr, Kailua-Kona 전화번호 808-322-6020 영업시간 월~토 07:00~17:00, 일 08:00~17:00

Travel Information in Big Island

코나 코스트의 숙소

Sheraton Kona Resort & Spa at Keauhou Bay
쉐라톤 코나 리조트 & 스파 앳 케아우호우 베이

빅아일랜드의 유일한 스타우드 체인 리조트로 가족여행자들에게 인기 있는 리조트이다. 리조트 전체적인 시설은 오래되었지만, 2012년 6월에 전 객실 리노베이션을 마쳐서 더욱 깔끔해졌다. 리조트의 안쪽, 외부 두 곳에 수영장에 있는데 외부 수영장에는 어린이용 수영장과 슬라이드도 있어 아이들이 특히 좋아한다. 리조트 앞 바다는 나이트 만타레이 다이빙&스노클링 스팟으로 유명한데, 매일 밤 레이즈 온 더 베이 맞은편에서 투어가 진행되는 모습뿐만 아니라 만타레이의 모습도 구경할 수 있다.

홈페이지 www.sheratonkona.com **주소** 78-128 Ehukai St, Kailua-Kona **전화번호** 844-235-6796 **숙박요금** $190~ **리조트피** $31 **인터넷** 리조트피에 포함 **주차** 셀프 $20, 발레 $27 **레스토랑** 레이즈 온 더 베이(Rays on the Bay), 홀루아 풀사이드 바(Holua Poolside Bar) **스파** 호올라 스파(Ho'ola Spa)

Holua Resort at the Mauna loa Village
콘도   홀루아 리조트 앳 더 마우나로아 빌리지

쉐라톤 코나 바로 옆에 위치한 콘도미니엄으로 원베드룸과 투베드룸의 객실 타입이 있다. 모두 주방시설 및 조리도구가 완비되어 있으며, 야외에서 이용가능한 BBQ 시설도 별도로 있다. 윈댐 그룹에서 관리하고 있으며, 별도의 클리닝피가 없어 숙박비용 외에 추가 비용이 발생하지 않는다. 크지 않지만 수영장이 여러 개 있어 이용이 편리하며, 10개가 넘는 테니스 코트 역시 투숙객들이 좋아하는 시설 중의 하나이다.

홈페이지 www.shellhospitality.com/holua-resort-at-mauna-loa-village **주소** 78-7190 Kaleiopapa St, Kailua-Kona **전화번호** 866-729-7182 **숙박요금** $185~ **리조트피** 없음 **인터넷** 무료 **주차** 무료

Kona Coast Resort
코나 코스트 리조트

코나 코스트에 위치한 콘도미니엄으로 원베드룸 및 투베드룸의 빌라 형태이다. 저렴한 가격에 주방시설이 모두 갖춰져 있어 요리해 먹으며 지내기에 좋다. 2개의 수영장과 여러 개의 자쿠지가 있고, 야외 BBQ 시설도 갖춰져 있어 오순도순 가족여행을 즐기기에 적합하다.

홈페이지 konacoastresort-public.sharepoint.com 주소 78-6541 Alii Dr, Kailua-Kona 전화번호 808-324-1721 숙박요금 $150~ 리조트피 없음 인터넷 무료 주차 무료

Aston Kona by the Sea Resort
애스톤 코나 바이 더 시 리조트

모든 객실이 오션뷰이기 때문에 뷰에 대한 고민을 특별하게 하지 않아도 되는 콘도미니엄이다. 객실에는 주방시설 및 세탁시설이 완비되어 있으며, 숙박객은 플레이스테이션2 및 DVD 영화를 무료로 빌려서 이용할 수 있다. 바다 쪽을 향해 수영장과 자쿠지가 있으며, 그 옆으로 BBQ 시설이 있다.

홈페이지 www.astonkonabythesearesort.com 주소 75-6106 Alii Dr, Kaiula-Kona 전화번호 808-327-2300 숙박요금 $190~ 리조트피 $12 인터넷 리조트피에 포함 주차 무료

Outrigger Kanaloa at Kona
아웃리거 카날로아 앳 코나

넓고 훌륭한 객실을 가진 빌라 형태의 콘도미니엄으로 커다란 부지를 차지하고 있는 레지덴셜 스타일이다. 2층 및 3층 건물이며 별도의 엘리베이터는 없다. 총 3개의 수영장이 있어 숙박하는 빌라와 가까운 곳을 이용하면 되며, 야외 BBQ 시설도 마련되어 있다. 바로 옆은 바위 해안이라 직접 연결되는 해변은 없지만, 훌륭한 해변들이 지척에 있다.

홈페이지 outriggerkanaloaatkonacondo.com 주소 78-261 Manukai St, Kailua-Kona 전화번호 808-322-9625 숙박요금 $155~ 리조트피 없음 인터넷 무료 주차 무료 클리닝피 투숙당 1베드룸 $175, 2베드룸 $225, 2베드룸 복층 $250

Outrigger Royal Sea Cliff Resort 아웃리거 로얄 시 클리프 리조트
콘도

코나의 해안에 위치한 콘도미니엄으로 절벽과 연결되어 있다. 바로 연결되는 해변은 없지만, 하얀색의 건물에서 내려다보는 바다 풍경이 아름다운 것으로 유명하다. 스튜디오, 원베드룸, 투베드룸 타입의 모든 객실에는 주방시설이 완비되어 있다.

홈페이지 outriggerroyalseacliffcondo.com 주소 75-6040 Alii Dr, Kailua-Kona 전화번호 808-329-8021 숙박요금 $140~ 리조트피 없음 인터넷 무료 주차 무료 클리닝피 투숙당 스튜디오 $125, 1베드룸 $175, 2베드룸 $225

Four Seasons Resort Hualalai 포 시즌스 리조트 후알랄라이

빅아일랜드 최고의 럭셔리 리조트. 2011년 일본 대지진의 쓰나미 피해로 인해 잠시 리조트의 운영이 중단되었지만, 현재는 복구를 마치고 다시 여행객들에게 공개되었다. 빅아일랜드의 호텔 중 가장 좋은 평가를 받고 있으며, 가격도 가장 비싸다. 최고의 럭셔리함을 느껴보고 싶다면 포 시즌스에 묵어보라는 말이 있을 정도로 빅아일랜드에서 유명한 리조트이다.

홈페이지 www.fourseasons.com/hualalai 주소 72-100 Kaupulehu Dr, Kailua-Kona 전화번호 808-325-8000 숙박요금 $650~ 리조트피 없음 인터넷 무료 주차 셀프 무료, 발레 $25 레스토랑 비치 트리(Beach Tree), 울루 오션 그릴(ULU Ocean Grill), 후알랄라이 그릴(Hualalai Grille) 스파 후알랄라이 스파(Hualalai Spa)

코나 커피벨트

커피 애호가라면 한 번쯤 들어봤을 코나 커피(Kona Coffee)는 빅아일랜드의 코나 지역이 그 생산지이다. 후아랄라이 산 해발 500m 근방의 지역을 코나 커피벨트라고 부른다. 화산활동으로 인한 비옥한 토지와 햇빛, 그늘이 코나 지역을 커피 생장에 적합한 곳으로 만든다. 커피나무는 1828년에 처음 코나 지역에 소개되었고, 1800년대 중반부터 본격적으로 커피 생산이 시작되었다. 이러한 초기의 커피 농장 역사는 코나 커피 리빙 히스토리 팜에서 들여다 볼 수 있다.

커피는 태양, 토양, 물의 3박자가 제대로 맞아야만 풍부한 향과 맛을 내는데 코나 지역은 세계에서도 몇 되지 않는 훌륭한 커피 생산지이다. 하지만 빅아일랜드 전체가 아닌 코나 지역 해안가에서 조금 더 높은 곳에 있는 약 9.27㎢에서만 커피가 생산된다. 소규모 농가까지 합치면 100여곳이 훨씬 넘는 농가에서 한 해 생산되는 커피 양은 100만Kg에 가깝다.

커피 수확시기는 7월 말에서부터 1월 말까지이며, 이 시기에는 사람들이 직접 손으로 커피를 수확하는 모습뿐만 아니라 커피를 볶는 것도 볼 수 있다. 커피 수확시기에 코나 커피벨트의 농장을 찾으면 빨갛게 익은 커피체리를 시음해 볼 수도 있다. 또한, 커피농장에서는 무료 및 유료 투어를 진행하며, 각 농장의 커피를 무료로 시음해 볼 수 있다.

코나 커피는 그 자부심만큼 깐깐한 조건에 따라 크기와 무게, 품질을 분류하며 코나 커피라는 이름은 순수하게 코나 지역에서 생산된 커피에만 붙일 수 있다. 100% 코나 커피인 것은 가격이 높은 편이며, 선물용 또는 호텔 비치용으로는 코나 커피가 10% 섞인 블랜드 제품도 많다. 제대로 된 코나 커피를 구입할 예정이라면, 마트가 아니라 농장에서 직접 사는 것을 추천한다.

01 코나 지역의 커피 생산 과정

01. 커피 꽃 Kona Snow : 1월에서 5월 사이에 하얀색의 달콤한 향이 나는 커피나무 꽃이 피는데, 코나스노우 라고 부른다.

02. 열매 Cherry : 처음 열릴 때에는 녹색이었다가 점차 노란색, 주황색으로 변하며 잘 익으면 진한 빨간색이 된다.

03. 원두 Bean : 일반적으로 1개의 커피 열매 안에는 2개의 원두가 들어있다. 하지만 가끔 1개의 열매 안에 1개의 원두가 들어있는 경우가 있는데 이를 피베리 Peaberry 라고 부른다. 피베리는 더 높은 밀도 덕분에 향과 맛이 일반 원두와 다르다.

04. 과육 제거 Pulping : 커피열매의 빨간 과육을 제거하고 원두만 남기는 과정이다. 원두는 12~24시간 동안 발효한 후, 깨끗한 물로 세척한다.

05. 건조 Drying : 발효과정을 거친 원두는 햇빛에 말리는데, 9~12.2%의 습도가 건조에 가장 적합하다. 기계를 이용해 건조하는 곳도 있지만, 대부분의 코나 커피는 햇빛으로 건조한다. 건조된 원두에는 얇은 하얀색의 외피가 생긴다.

06. 벗겨내기 Milling : 하얀색의 얇은 외피와 그 아래층의 은빛 외피를 모두 벗겨 내는 작업이다. 외피를 벗겨낸 후 크기에 따라 분류한다.

07. 볶기 Roast : 모든 처리가 끝난 원두를 볶는 과정이다. 볶는 시간에 따라서 크게 라이트 로스트(Light Roast : 약 배전), 미디엄 로스트(Medium Roast : 중 배전), 다크 로스트(Dar Roast : 강 배전)의 3가지로 나눌 수 있다. 우리가 흔하게 접할 수 있는 커피는 미디엄 로스트가 많으며, 쓴맛과 달콤한 맛이 드러나는 다크 로스트와 오일성분이 적고 신맛이 강한 라이트 로스트도 쉽게 찾아볼 수 있다.

02 코나 커피벨트의 커피농장

코나 커피벨트의 커피농장들은 주로 마마라호아 하이웨이(Mamalahoa Hwy)에 위치한다. 주소가 있지만 내비게이션에서 인식하지 못하는 경우가 많으므로, 커피농장 이름이나 대략적인 위치를 참조하여 찾아가야 한다. 또한, 농장 전체적으로 모기가 많으므로 모기약을 가져가는 것이 좋다. 코나 커피농장의 대다수는 자체적으로 생산한 코나 커피의 무료 시음을 제공하고 있으며, 농장에 따라서 유료 및 무료 농장투어를 제공한다. 코나커피가 생산되는 지역은 오전에는 맑고, 오후에 비가 오는 경우가 많으므로 가능하면 커피농장 일정은 오전에 잡도록 하자.

Greenwell Farms 그린웰 팜즈

1850년에 헨리 니콜라스 그린웰에 의해 세워진 농장으로, 코나에서 가장 오래된 커피 농장이다. 그린웰 팜즈뿐만 아니라 주변 소규모 농장에서 수확한 원두도 함께 가공하여 그린웰 팜즈 브랜드로 판매한다. 무료 투어는 08:30~16:00 사이에 30분 간격으로 진행되며, 커피벨트의 무료투어 중에서 가장 충실하다는 평가를 받고 있다. 커피의 맛도 상당히 좋으며, 시음할 수 있는 커피의 종류도 많다.

홈페이지 www.greenwellfarms.com 주소 81-6581 Mamalahoa Hwy, Kealakekua 전화번호 808-323-2295 개방시간 월~일 08:00~17:00 투어 무료

Hula Daddy Kona Coffee 훌라 대디 코나 커피

코나 커피벨트 북쪽에 위치한 훌라 대디는 충실한 무료 투어로 유명하다. 오픈시간에 사람들이 모이면 무료 투어를 진행하며, 직원을 따라서 커피농장을 둘러보며 커피 생산과정에 관한 내용을 듣는다. 커피 수확 철에는 로스팅 과정을 직접 볼 수 있다. 초콜릿 코팅 커피도 인기 있다.

홈페이지 www.huladaddy.com 주소 74-4944 Mamalahoa Hwy, Holualoa 전화번호 808-327-9744 개방시간 월~금 10:00~16:00, 토~일 휴무 투어 무료(홈페이지에서 신청, 최소 2명) 사전에 요청하면 한국어 투어도 가능.

Mountain Thunder Coffee Plantation
마운틴 썬더 커피 플랜테이션

코나커피벨트에서 조금 벗어난 곳에 위치한 커피 농장으로, 커피 열매가 최종적으로 원두가 되는 과정의 투어를 볼 수 있다. 덕분에 농장보다는 시설에 중점을 둔 무료 투어가 진행된다. 농장 안에는 커피를 무료로 시음할 수 있는 곳과 커피를 판매하는 상점이 있으며, 농장에서 키우는 고양이들 여럿이 돌아다닌다.

홈페이지 www.mountainthunder.com 주소 73-1944 Hao St, Kailua-Kona 전화번호 808-345-6600 개방시간 월~일 09:30~17:00 투어 무료, 월~일 10:00~16:00 매시 정각

UCC Hawaii _{UCC 하와이}

일본 브랜드인 UCC커피의 코나 농장. 일본 브랜드인 만큼 일본 사람이 많이 찾는다. 농장을 둘러보는 무료 투어와 직접 커피를 볶고 패키징까지 하는 로스트마스터 투어도 가능하다. 무료와 유료 투어 모두 사전에 홈페이지에서 예약을 해야만 가능하나, 커피는 언제든지 들러 시음할 수 있다.

홈페이지 www.ucc-hawaii.com 주소 75-5568 Mamalahoa Hwy, Holualoa 전화번호 888-322-3789 개방시간 월~일 09:00~16:30 투어 농장투어 무료(매시정각, 홈페이지 예약 가능), 로스트마스터 투어 $35 (2인 이상 예약 필요·만12세 이상)

Royal Kona Coffee Museum & Coffee Mill
로얄 코나 커피 박물관 & 밀

로얄 코나 커피는 하와이의 전역에서 가장 쉽게 볼 수 있는 브랜드이다. 로얄 코나 커피의 역사에 관련된 박물관뿐만 아니라, 다양한 제품만큼 시음도 다양하게 할 수 있도록 잘 마련되어 있다. 마트 등에서 할인해서 구입하는 것이 더 저렴한 경우가 많으나, 마트의 물건은 로스팅한 지 좀 지난 것들이 많다.

홈페이지 www.royalkonacoffee.com 주소 83-5427 Mamalahoa Hwy, Captain Cook 전화번호 808-328-2511 개방시간 월~일 07:30~17:00

Kona Bluesky Coffee _{코나 블루스카이 커피}

마마라호아 하이웨이와 홀라라이 로드의 교차점에 위치한 코나 블루스카이 커피는 직영 농장에서 직접 재배한 커피만 생산하는 곳으로, 꾸준한 인기를 얻었던 커피농장 중 한 곳이다. 방문자 센터 내에서 시음이 가능하지만 종종 일찍 문을 닫고, 더 이상 무료 투어를 제공하지 않는다.

홈페이지 konablueskycoffee.com 주소 76-973A Hualalai Rd, Holualoa 전화번호 877-322-1700 개방시간 월~금 09:00~16:00, 토~일 휴무

Kona Joe Coffee 코나 조 커피

가이드가 함께하는 유료 투어를 운영하는 커피농장 중 한 곳으로, 커피 생산과 사용되는 기계들 그리고 코나 커피에 대하여 조금 더 자세한 설명을 듣고 싶다면 참여해볼 만하다. 아침, 점심, 저녁 식사가 포함된 형태의 투어도 있다. 상점에서 커피 무료 시음이 가능하며, 커피를 직접 내려 마시는 카페 스타일로 주문할 수도 있다. 커피를 마시며 농장 앞에 펼쳐지는 멋진 바다와 커피나무 풍경을 볼 수 있도록 테이블이 여럿 준비되어 있다.

홈페이지 www.konajoe.com 주소 79-7346 Mamalahoa Hwy, Kealakekua 전화번호 808-322-2100 개방시간 월~일 08:00~17:00 투어 성인 $15, 12세 이하 무료(머그컵 제공)

Doutor Coffee Mauka Meadows 도토루 커피 마우카 메도우스

우리에게도 익숙한 도토루의 커피농장으로, 넓은 부지를 직접 돌아볼 수 있도록 친절하게 배려한다. 커피 농장이라기보다는, 열대 식물이 자라고 있는 정원의 느낌이 더 강하다. 커피 열매뿐만 아니라 오렌지, 귤, 자몽 등 다양한 식물들을 관찰할 수 있다. 정원을 구경하며 내리막을 따라 내려가면, 커다란 인피니티풀과 함께 시음할 수 있는 곳이 나타닌다. 커피의 맛은 그저 그런 편이나, 투어그룹들이 많이 방문하여 사람이 많다. 개별적으로 방문했을 경우 직원에게 말하면 자동차로 주차장까지 데려다준다.

홈페이지 maukameadows.com 주소 75-5476 Mamalahoa Hwy, Holualoa 전화번호 808-322-3636 개방시간 오픈 월~일 9:00~16:00 투어 셀프투어 입장료 성인 $5, 15세 이하 무료

Heavenly Hawaiian Farms 헤븐리 하와이안 팜즈

헤븐리 하와이안 팜(Heavenly Hawaiian Farm)과 디 아더 팜(The Other Farm)으로 구분되는 이 농장은, 위치에 따라 재배하는 커피의 종류가 다르다. 꽤 훌륭한 커피를 생산하는 농장으로, 투어는 손님이 도착하면 소규모로 시작하는 프라이빗 투어 형태이며 날씨가 나쁘면 투어를 하지 않기도 한다. 설명이 아닌 영어로 응답을 주고받는 Q/A 형태의 투어이다 보니, 영어실력이 충분하지 않다면 다른 농장의 그룹 투어가 더 나을 수도 있다. 또한 프라이빗한 투어이다보니 가이드에게 팁은 필수이다. 커피농장에서 숙박을 할 수 있는 배케이션 렌탈도 진행한다.

홈페이지 heavenlyhawaiian.com 주소 78-1136 Bishop Rd, Holualoa 전화번호 808-322-7720 개방시간 월~일 9:00~17:00 투어 프라이빗 투어

Area 03 South Kona 사우스 코나

사우스 코나는 코나 커피벨트의 남쪽과 연결되며, 국립 역사공원과 페인티드 처치와 같은 볼거리들이 있다. 코나에서 조금 더 조용한 명소들을 찾아보고 싶다면 사우스 코나를 향하며 드라이브를 즐기는 것도 좋다.

사우스 코나의 해변

Kealakekua Bay 케알라케쿠아 베이

1779년 하와이에서 최초로 하와이 주민과 서양인인 제임스 쿡이 만나게 된 곳으로, 투어 또는 카약, 그리고 트래킹으로만 접근할 수 있다. 대부분의 여행자들이 스노클링 크루즈 투어를 이용한다. 케알라케쿠아 베이로 향하는 가장 유명한 투어는 스노클링 크루즈 투어는 페어윈드(Fairwind)의 투어이다. 투어로 왔을 경우 제임스쿡 모뉴먼트에는 올라갈 수 없다.

모험심이 가득한 사람이라면 카약투어나, 체력의 한계에 도전하는 하이킹도 시도해 볼 만 하다. 이른 아침에는 종종 돌고래들이 나타나기도 한다. 과거에는 별도의 랜딩 퍼밋(Landing Permit)을 받으며 자유롭게 카약을 탈 수 있었지만, 지금은 허가된 투어회사를 통해서 투어를 해야 하고 대여는 굉장히 제한적이 되었다.

케알라케쿠아 베이 캡틴쿡 모뉴먼트 트레일-카아왈로아 트레일
(Kealakekua Bay Captain Cook Monument Trail-Kaawaloa Trail)

웃으면서 내려가서 울면서 올라온다는 말이 있는 트레일로, 빅아일랜드 최고의 스노클링 포인트인 케알라케쿠아 베이를 가장 저렴하게 즐길 수 있는 방법이다. 공식적인 트레일은 아니나 많은 사람이 다녔기 때문에 트레일 자체는 명확하게 알아볼 수 있다. 왕복 3.8마일(6.1km)의 트레일이며, 내려갈 때는 계속 내리막이기 때문에 크게 걱정이 되지 않는다. 스노클링 포인트는 물 위에서도 물고기들이 바로 보일 정도로 맑고 투명하며, 수많은 어종을 만날 수 있어 시간이 가는 줄 모른다. 하지만 스노클링을 하고 난 뒤 체력이 소진된 상태에서 고도차이 약 425m를 올라와야 하므로 울면서 올라오게 된다. 체력에 자신이 없다면 시도하지 않을 것을 권한다.

찾아가기 Mamalahoa Hwy에서 Napoopoo Rd를 따라 해변으로 내려온다. Puuhonua Rd가 나오면 곧 케알라케쿠아 베이 주립 역사 공원의 표지판이 보인다.

Two Steps - Keoneele Cove
투 스탭스-케오네엘레 코브

푸우호누아 오 호나우나우 국립 역사공원 바로 앞에 위치한 작은 만이 케오네엘레 코브로 아이들과 수영을 즐기기에 적합하다. 그 너머로는 투 스탭스라는 스노클링 포인트가 있는데, 스노클링을 하기 위해 진입하는 곳이 2개의 계단처럼 생겼다고 하여 이름 붙여졌다. 거북이가 자주 나타나고 잘 보호된 수중 환경으로 유명하다. 도로 옆으로 무료 주차 공간이 있으며, 해변 건너편으로 유료 주차장이 있다. 꽤 인기 있는 스노클링 명소이나 샤워 시설은 없으며, 간이 화장실은 있다.

찾아가기 Honaunau Beach Rd, 푸우호누아 오 호나우나우 국립 역사공원 옆

사우스 코나의 볼거리

Captain James Cook Monument
제임스 쿡 선장 기념물

카약이나 스노클링 투어, 트래킹을 통해 접근할 수 있다. 제임스 쿡 선장 기념물 앞의 케알라케쿠아 만의 가장 유명한 스노클링 장소이다.

찾아가기 Kealakekua Bay, 차량 접근 불가

The H.N Greenwell Store Museum
H.N 그린웰 스토어 박물관

H.N 그린웰 스토어 박물관은 커피농장인 그린웰 팜즈 옆에 위치한다. 1890년대의 하와이 상점을 재현해 놓은 곳으로 당시에 팔던 물건도 전시되어 있다. 또한 코나 커피의 생생한 모습을 볼 수 있는 농장이 있으며, 매주 목요일 오전 10시부터 오후 1시까지 박물관 아래의 초원에서 전통적인 방법으로 빵을 만들어 굽는 체험을 할 수 있다.

홈페이지 www.konahistorical.org **주소** 81-6581 Mamalahoa Hwy, Kealakekua **전화번호** 808-323-3222 **개방시간** 월, 화, 목 10:00~14:00 **시설이용 요금** 그린웰 스토어 어른 5, 5~17세 $3, 4세 이하 무료

Kona Coffee Living History Farm
코나 커피 리빙 히스토리 팜

코나 지역의 커피 농장 역사와 당시의 삶이 궁금하다면, 역사적인 농장을 그대로 보존해 놓은 이곳이야말로 적합한 장소다. 그린웰팜스에서 일했던 일본인이 나와서 새로운 지역에서 커피 농장을 경영했던 곳으로, 당시에 거주했던 집과 커피를 말리고 가공했던 곳들이 그대로 보존되어 있다. 또한 당시 농부들이 자급자족하기 위해 작물들을 길렀던 밭도 구경해 볼 수 있다. 직원들도 당시의 복장을 하고 있으며, 관람객의 질문에도 친절하게 답해준다.

홈페이지 www.konahistorical.org 주소 82-6199 Mamalahoa Hwy, Kealakekua 전화번호 808-323-3222 개방시간 월~금 10:00~14:00, 토~일 휴무 시설이용 요금 성인 $15, 60세 이상 $13, 학생 $9, 7~17세 $5, 7세 미만 무료

Pu'uhonua O Honaunau National Historic Park
푸우호누아 오 호나우나우 국립 역사공원

고대 하와이에는 추장의 그림자를 밟거나 여성이 바나나를 먹거나 남녀가 함께 식사하는 행위를 금지하는 카푸 제도가 있었다. 금기를 어긴 사람은 사형에 처했기 때문에 이를 피해 성스러운 장소인 푸우호누아 오 호나우나우(피난의 장소)로 피신하였다. 11세기 이후 카메하메하 2세 때 카푸 제도가 폐지된 후 성지로서의 역할은 상실되었다.

현재는 복원하여 푸우호누아 오 호나우나우 국립 역사공원으로 운영되고 있다. 국립 역사공원 안에는 당시 모습을 복원해 놓은 신전의 모습부터 하와이 전통 게임이었던 코나네, 거북이를 볼 수 있는 작은 만, 하와이의 수호신인 티키의 조각상까지 전시되어 있어 당시의 시대상을 살펴볼 수 있다.

홈페이지 www.nps.gov/puho 찾아가기 Hwy 160, 국립공원 표지판에서 진입 전화번호 808-328-2288 개방시간 방문자센터 8:45~16:30, 입장 7:00~일몰 15분 후 입장료 차량당 $5, 개인 $3

St. Benedict's Church -The Painted Church
세인트 베네딕트 교회-페인티드 처치

벨기에 출신의 신부가 하와이에 왔을 당시 글을 읽을 줄 모르는 하와이 사람들을 위해 1899년부터 4년 동안 성당 내부에 그림을 그려 완성하였다. 이전에 그림을 배운 적이 없는 신부였지만, 성당의 그림은 훌륭하다. 특히 기둥과 이어지는 야자수 표현이 인상적이다. 덕분에 세인트 베네딕트 교회는 페인티드 처치라는 별명을 얻었다.

홈페이지 www.thepaintedchurch.org 주소 84-5140 Painted Church Rd. Captain Cook 전화번호 808-328-2227

사우스 코나의 먹거리

$ – $10 이하, $$ – $11~20, $$$ – $21~30, $$$$ – $31 이상(메인코스 기준)

🍴 The Coffee Shack
더 커피 쉑
$~$$
 저자 추천

아침과 점심시간에만 오픈하는 레스토랑으로, 코나 커피벨트에 위치한다. 커피농장들을 둘러보다가 잠시 들러 간단하게 식사하기 좋으며, 산기슭에 위치해 있어 커피농장들과 코나 코스트를 내려다볼 수 있다. 라나이에서 내려다보는 멋진 풍경 덕분에 가볍게 디저트를 먹으러 찾아오는 사람도 많은데, 전체적인 음식 자체는 평이한 수준이다. 메뉴 대부분이 $15 이하이기 때문에 부담 없이 들를 수 있다.

홈페이지 www.coffeeshack.com 주소 83-5799 Mamalahoa Hwy, Captain Cook 전화번호 808-328-9555 영업시간 월~일 07:30~15:00

🍴 Kaaloa's Super J's
카알로아스 수퍼 J's
$

하와이의 전통 요리인 라우라우를 먹어볼 수 있는 로컬 레스토랑. 돼지고기 또는 치킨 라우라우와 맥샐러드, 로미로미 그리고 밥을 하나의 접시에 올려서 먹는 것이 이곳의 주메뉴이다. 전체적으로 깔끔한 레스토랑은 아니므로, 현지인들의 음식을 한번 먹어보고 싶다면 들러도 좋다. 주인아주머니는 무척 친절하다.

주소 83-5409 Mamalahoa Hwy, Captain Cook 전화번호 808-328-9566 영업시간 월~금 10:00~18:30, 토~일 휴무

🍴 Rebel Kitchen
레블 키친 $~$$
 저자 추천

하와이 로컬들이 선호하는 레스토랑 중 하나로, 남쪽으로 향하는 도중에 점심을 먹기에 좋은 레스토랑이다. 대부분의 메뉴가 $10~14 사이이며, 오노, 치킨 샌드위치에서부터 버거와 샐러드까지 대부분의 메뉴가 맛있다. 양도 상당히 많은 편이고, 전체적으로 밝은 분위기이다. 가게 앞 도로변에 무료 주차 공간이 있다.

홈페이지 www.rebelkitchen.com 주소 79-7399 Mamalahoa Hwy, Kealakekua 전화번호 808-322-0616 영업시간 월~일 11:00~20:00

빅아일랜드(하와이섬)

Manago Hotel Restaurant 마나고 호텔 레스토랑
$$

사우스 코나 지역을 여행할 때 괜찮은 레스토랑을 찾는다면 마나고 호텔의 레스토랑이 최적의 선택이다. 호텔에 속한 레스토랑이지만, 70년대로 돌아간 것 같은 인테리어와 맛있는 음식 덕분에 호텔보다 더 유명하다. 마나고 레스토랑의 추천메뉴는 폭찹 Pork Chop 이며, 그 외의 메뉴들도 훌륭하다.

홈페이지 www.managohotel.com **주소** 82-6155 Mamalahoa Hwy, Captiain Cook **전화번호** 808-323-2642 **영업시간** 화~일 07:00~09:00, 11:00~14:00, 17:00~19:30, 월 휴무

Keei Cafe at Hokukano 케이이 카페 앳 호쿠카노
$$~$$$

선셋이 유명한 곳으로 저녁시간대에 사람이 붐비는 레스토랑이다. 여러 종류의 음식을 하지만, 다양성보다는 제대로 음식을 요리하는데 초점을 맞추고 있다. 그날의 요리 Catch of the day 도 훌륭한 편이다. 다만 서빙 속도가 느린 편이다. 가능하면 예약부터 하는 것이 좋다.

홈페이지 www.keeicafe.net **주소** 79-7511 Mamalahoa Hwy, Kealakekua **전화번호** 808-322-9992 **영업시간** 화~토 17:00~21:00, 일~월 휴무

Sun Dried Specialties 선 드라이드 스페셜티스
$$~$$$ 저자 추천

관광객보다는 현지인들이 대부분인 레스토랑으로, 먹어본 사람들이 대부분 극찬하는 곳이다. 햄버거 종류와 크랩 케이크, 그리고 다양한 생선요리들이 매력적이다. 가격도 그리 높지 않아 부담스럽지 않게 식사를 할 수 있다. 용과를 이용한 물을 제공하는 것도 특징이다.

주소 81-951 Halekii St, Kealakekua **전화번호** 808-323-3512 **영업시간** 월~금 10:00~19:30, 토 11:00~17:00, 일 휴무

The Strawberry Patch
더 스트로베리 패치 $$~$$$

상당히 귀여운 인테리어와 건물 모양이 특징인 레스토랑이다. 점심에는 매번 바뀌는 샐러드와 수프 같은 베지테리안 위주의 메뉴이며, 저녁에는 피자와 파스타 등 다양한 메뉴로 바뀐다.

홈페이지 thestrawberrypatchhawaii.com **주소** 79-7491 Mamalahoa Hwy, Kealakekua **전화번호** 808-322-9060 **영업시간** 화~토 16:00~20:30, 월~일 휴무

Area 04 Kau 카우

카우 지역은 하와이 화산 국립공원으로 가는 길에 거쳐 가는 곳 정도로 인식되고 있지만, 그린 샌드 비치와 블랙 샌드 비치라는 특별한 두 해변이 모두 모여 있는 곳이기도 하다. 사우스 포인트 로드는 대부분의 렌터카 회사에서 보험 제외 구역으로 지정해 놓았다.

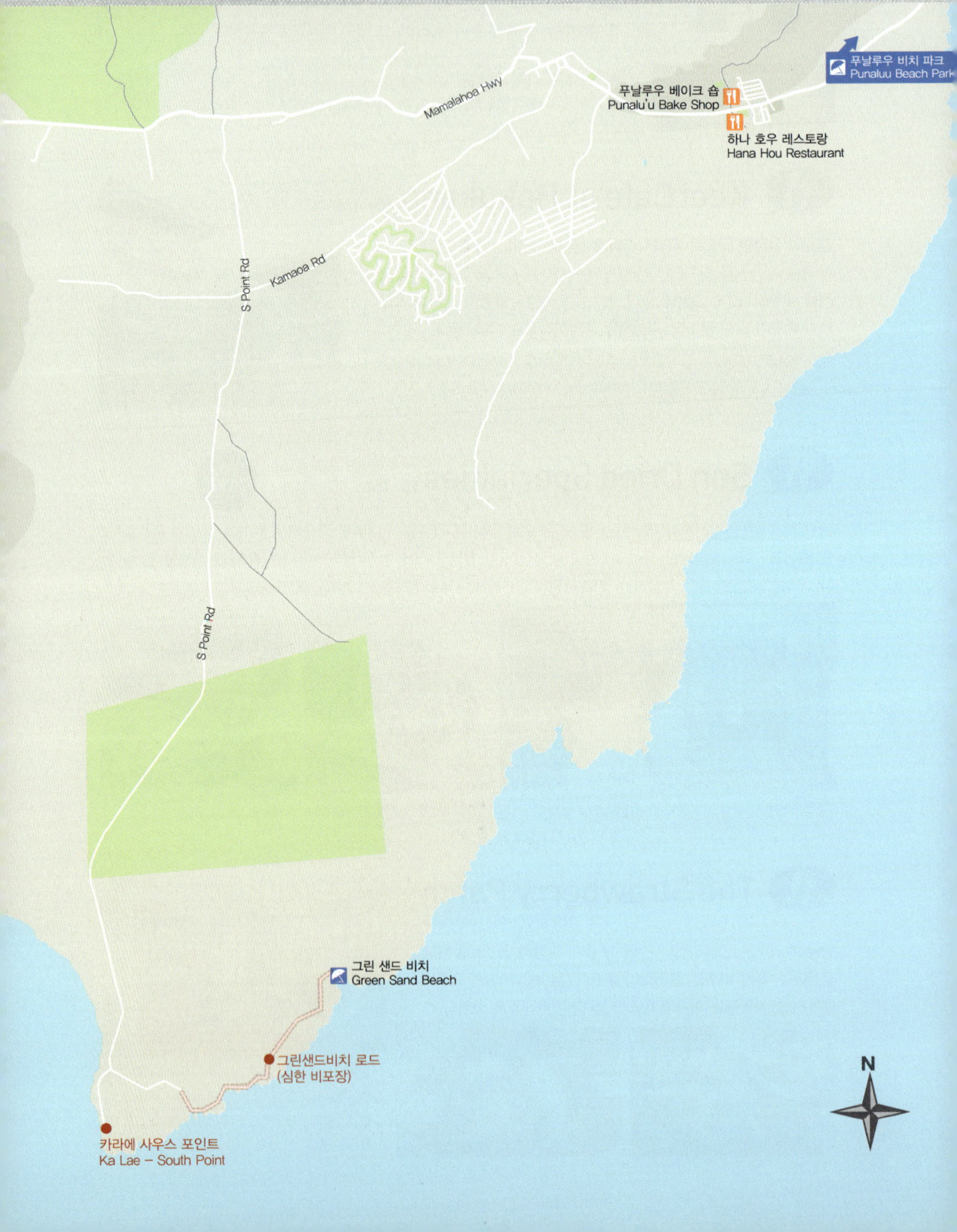

카우의 해변

 ### Green Sand Beach
그린 샌드 비치

그린 샌드 비치는 전 세계적으로도 드문 녹색 빛 모래가 가득한 해변이다. 그린 샌드 해변에 가기 위해서는 4WD 차량이 필요한데다가 험한 길을 따라 들어가야 하기 때문에 많은 사람이 찾지는 않지만 그만큼 자연의 아름다움을 간직하고 있는 곳이다. 도로 끝에서 험한 길을 직접 운전해 들어가기 어렵다면, 현지인 차량을 이용해도 된다. 보통 1인당 $10 전후 비용을 받고 그린 샌드 비치까지 데려다 준다.

아름다운 해변이지만, 편의시설은 전혀 없다. 주차장이 있는 곳에서부터 그린 샌드 비치까지 왕복 거리 5.3마일(8.5km)이며, 하이킹으로 가려면 왕복 2시간 반~3시간을 투자해야 한다. 이 지역은 렌터카 차량으로 갈 수 없는 지역이다. 렌터카를 몰고 가서 사고가 나거나 길에 파묻혀 견인을 해야 할 경우, 보험적용이 되지 않아 수천 불이 나온 사례들이 있으므로 가능하면 현지인의 차량을 이용하는 것을 추천한다.

▲ 돈을 받고 태워주는 현지인

특징 녹색 모래, 수영 **찾아가기** South Point Rd 끝 주차장에서 비포장도로로 20~30분 더 진입 **저자 한 마디** 심한 비포장 도로이므로 차고가 높은 4WD 차량이 필요, 렌터카 보험 제외 지역

 ### Punaluu Beach Park
푸날루우 비치 파크

검은 모래 해변으로 더 잘 알려진 푸날루우 비치 파크는 하와이 녹색 바다거북이 알을 낳고 휴식을 취하는 곳이다. 덕분에 운이 나쁘지 않은 이상 항상 거북이를 볼 수 있는 곳이기도 하다. 주로 아침에 거북이들이 더 많이 나타난다. 하와이 화산 국립공원으로 가는 길에 대부분의 사람이 들르는 유명한 포인트이다. 거북이와 수영하기 위해 바다에 들어가 있는 사람도 종종 있다.

특징 검은 모래, 화장실, 피크닉테이블, 샤워, 수영, 거북이 관찰
찾아가기 Mamalahoa Hwy를 달리다가 푸날루우 비치 파크 표지판을 따라 진입

Travel Information in Big Island

카우의 볼거리

 Ka lae-South Point
카 라에-사우스 포인트

'카 라에 ka lae'는 하와이어로 '지점'을 뜻한다. 이곳은 빅아일랜드뿐만 아니라 미국령 최남단 포인트이기도 하다. 조류가 세고 깎아지른 절벽이라 물놀이 장소로 적합하지 않지만, 미국 최남단 포인트라는 것에 의미가 있다. 사우스 포인트 지점까지 도로는 포장되어 있지만 폭이 점점 좁아진다. 많은 사람들이 사우스 포인트 다이빙대에서 다이빙을 즐기는데, 높이가 상당히 높아 잘못 입수하면 부상 위험도 있으니 주의해야 한다. 다이빙 후에는 바로 옆 철재 사다리를 타고 올라올 수 있다. 몇몇은 스노클링 장비를 가지고 다이빙한 후 스노클링을 즐기다가 올라오기도 한다.

주소 Ka Lae Rd, Naalehu 저자 한 마디 렌터카 보험 제외 지역

카우의 먹거리

$ - $10 이하, $$ - $11~20, $$$ - $21~30, $$$$ - $31 이상(메인코스 기준)

 Punaluu Bake Shop 푸날루우 베이크 샵
$ 저자 추천

미국 최남단의 베이커리. 이 지역에 있으면 그보다 더 남쪽에 가게를 오픈하지 않는 이상 이 이름이 바뀔 가능성이 그리 크지는 않다. 꽤 다양한 크림이 들어가 있는 말라사다를 판매하고 있으며, 기본 말라사다 외에도 바닐라, 망고, 초콜릿 등 말라사다가 가격도 저렴하고 맛있다. 샌드위치와 플레이트 런치도 모두 $10 이하로, 식사에 큰 시간을 투자하지 않고 간편하게 먹고자 하는 사람들이 선호한다.

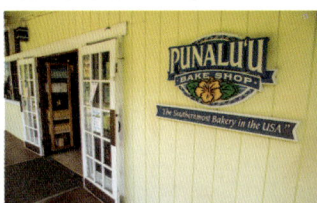 

홈페이지 www.bakeshophawaii.com 주소 95-5642 Mamalahoa Hwy, Naalehu 전화번호 808-366-3501 영업시간 월~일 08:30~17:00

 Hana Hou Restaurant & Bakery 하나 호우 레스토랑 & 베이커리
$~$$

미국 최남단의 레스토랑이라고 홍보하고 있는 곳으로, 남쪽을 돌아 여행하는 사람들이 점심식사를 하기 위해서 많이 들린다. 햄버거류는 그럭저럭 먹을 만 하지만, 그 외의 메뉴들은 그렇게 맛있는 편은 아니다. 베이커리도 겸하고 있다.

홈페이지 www.hanahourestaurant.com 주소 95-1148 Spur Rd, Naalehu 전화번호 808-929-9717 영업시간 일~목 08:00~19:00, 금~토 08:00~20:00

하와이 화산 국립공원
Hawaii Volcanoes National Park

하와이 화산 국립공원은 1916년에 처음 '하와이 국립공원'이라는 이름으로 생겼다가, 1961년에 할레아칼라 국립공원과 함께 두 개로 분리되었다. 1987년에 유네스코 세계자연유산으로 지정된 930Km2 넓이의 커다란 국립공원이다. 활화산인 킬라우에아(Kilauea, 1,250m)와 마우나 로아(Mauna Loa, 4,170m)를 중심으로 한다.

마우나 로아는 활화산이기는 하지만 눈에 띄는 화산활동이 없는 데 반해서, 킬라우에아 화산은 꾸준하게 활발한 화산활동을 하고 있다. 킬라우에아 화산폭발로 인해 하와이 화산 국립공원의 수많은 지역이 덮였을 뿐만 아니라, 기존에 없던 새로운 땅까지 만들어졌다. 현재는 영화에서 볼 수 있는 엄청난 규모의 화산폭발은 없지만, 방문하는 시기에 따라서 용암이 흐르는 모습을 보는 행운을 얻을 수 있다.

01 여행 계획하기

하와이 화산 국립공원을 한 바퀴 도는 크레이터 림 드라이브 Crater Rimr Drive 만을 둘러볼 예정이라면 한나절이면 충분하지만, 체인 오브 크레이터스 로드 Chain of Crates Road 와 하와이 화산 국립공원을 조금 더 가깝게 느낄 수 있는 트레일을 이용할 예정이라면 최소한 하루 이상을 계획하는 것이 좋다. 또한 날씨가 갑작스럽게 바뀌는 경우가 많으므로, 긴소매 옷과 우산을 꼭 챙기는 것이 좋다.

하와이 화산 국립공원을 방문하는 목적 중 가장 큰 것으로 흐르는 용암을 보는 것을 꼽는 사람이 많은데, 다행히도 시기만 잘 맞으면 용암이 흘러가는 모습을 볼 수 있다. 운이 좋은 사람은 트래킹을 통해서도 볼 수 있지만, 대부분 헬리콥터를 이용해야 하는 경우가 많다. 화산활동 및 용암 관찰에 대한 정보는 홈페이지 내의 방문 계획하기 Plan Your Visit – 기본 정보 Basic Information – 현재 상황 Current Conditions 을 클릭하면 지도와 함께 확인할 수 있다. 수시로 업데이트되므로 가장 정확하게 정보를 얻을 수 있는 방법이다.

화산활동에 따라서 용암이 흘러가는 길이 달라지고, 주기적으로 열리고 닫히는 지역이 변화하기 때문에 이와 관련된 정보 역시 미리 확인해야 한다. 방문하는 날의 국립공원에 대한 가장 정확한 정보는 공원 내의 방문자 센터에 들러서 확인하면 되며, 추천 일정에 대해서도 조언을 얻을 수 있다.

홈페이지 www.nps.gov/havo 주소 Hawaii Volcanoes National Park 입장료 차량 $25, 오토바이 $20, 도보 및 자전거 $8 저자 한 마디 입료료는 마틴 루터 킹 데이 및 프레지던트 데이 주말, 국립공원의 주, 파운더스 데이, 내셔널 퍼블릭 랜즈 데이, 베테랑 데이 무료

02 크레이터 림 드라이브

크레이터 림 드라이브 Crater Rim Drive 는 하와이 화산 국립공원을 한 바퀴 도는 11마일(17.6km)의 일주도로로 2008년 3월에 있었던 할레마우마우 분화구의 화산활동으로 인해서 현재 재거 박물관 Jagger Museum 서쪽부터 체인 오브 크레이터스 로드 전까지의 구간이 무기한 통제되고 있다. 화산활동에 따라서 하와이 화산 국립공원의 출입통제 지역이 조금씩 바뀌므로, 국립공원에 도착하면 미리 방문자 센터 Visitor Center 에 들러 현재 상황을 확인하는 것이 좋다.

Kilauea Visitor Center
킬라우에아 방문자 센터

하와이 화산 국립공원 여행의 시발점으로 국립공원 입구 바로 옆에 위치한다. 방문자 센터에서는 국립공원 내 지도뿐만 아니라 일정에 맞는 코스를 추천받을 수 있다. 오전 9시부터 오후 4시까지 30분 간격으로 '불의 탄생, 바다의 탄생'이라는 25분짜리 영상을 상영한다. 만 7~12세 어린이를 위한 주니어 레인저 프로그램도 준비되어 있으며, 하와이 화산 국립공원 내에서 해야 하는 여러 가지 활동을 마치면 주니어 레인저 배지를 선물로 받을 수 있다. 아이들이 흥미롭게 참여할 수 있는 프로그램이다.

전화번호 808-985-6000 개방시간 09:00~17:00

Volcano House Hotel
볼케이노 하우스 호텔

방문자 센터 맞은편에 위치한 하와이 화산 국립공원 유일의 숙소인 볼케이노 하우스는 내부 리노베이션을 거쳐 2013년 새롭게 오픈했다. 국립공원 내 위치하여 상당히 가격이 높지만 국립공원을 둘러보기에는 최적의 숙소이다. 또한 호텔 내 레스토랑이 있어 국립공원을 빠져나가지 않고도 식사를 해결할 수 있다. 만약 볼케이노 하우스 가격이 비싸게 느껴진다면, 나마카니파이오 캠핑장 내 캐빈을 이용하는 것도 좋은 방법이다. 화장실은 공용이지만, 저렴한 가격 $80부터 투숙할 수 있기 때문에 대안으로 선택하는 사람이 많고 캐빈임에도 내부는 상당히 깔끔하다. 볼케이노 하우스 홈페이지에서 역시 예약이 가능하다.

홈페이지 www.hawaiivolcanohouse.com 전화번호 866-536-7972 숙박료 $255~

Tomas A. Jagger Museum
재거 박물관

개방시간 10:00~20:00

빅아일랜드의 탄생과 관련된 지질 변화와 현상들에 대한 설명들이 전시되어 있다. 또한 현재의 화산활동에 대한 비디오, 불의 여신 펠레 벽화 등의 전시물도 함께 관람할 수 있다. 재거 박물관 앞의 전망대는 할레마우마우 분화구를 내려다볼 수 있는 포인트로 인기 있다. 특히 어두워진 후 붉은색으로 이글거리는 모습을 보기 위해 많은 사람이 모인다.

Steam Vents
스팀 벤츠

스팀 벤츠는 이름처럼 수증기가 가득 올라오는 곳이다. 화산작용으로 데워진 뜨거운 용암석에 지하로 스며든 빗물이 닿아 수증기로 변한 것이기 때문에 별다른 냄새는 없다. 비가 온 이후에는 스팀 벤츠뿐만 아니라 주변에서도 땅 밑에서 올라오는 수증기를 볼 수 있다.

Thurston Lava Tube
서스톤 라바 튜브

서스톤 라바 튜브는 하와이 화산 국립공원에서 가장 재미있는 장소이다. 서스톤 라바 튜브 입구 앞은 울창한 열대우림이다. 동굴 안으로 들어가기에 앞서 잠시 눈을 감고 귀를 기울여보면 여러 방향에서 지저귀는 새들의 울음소리를 들을 수 있다. 이곳에서 지저귀는 대부분의 새는 하와이에만 존재하는 종들이다.

서스톤 라바 튜브는 이 지역의 용암이 만들어낸 동굴의 가장 대표적인 형태로, 약한 조명이 있어 무리 없이 동굴을 걸을 수 있다. 동굴 내에 물이 떨어지는 곳이 많으므로 전자제품이 있으면 조심하는 것이 좋다. 걸어서 동굴 반대편의 계단까지 가면 그 뒤로 동굴이 계속해서 이어지지만 조명이 없으므로 손전등이 필요하다. 길이는 약 0.8km 정도이므로 모험을 좋아한다면 한 번쯤 가볼 만하다. 동굴을 빠져나와서 다시 주차장이 있는 곳까지는 열대우림을 따라 걷는 짧은 트레일이 이어진다. 흐린 날에 진한 녹색 식물이 가득한 트레일을 촬영하면 몽환적이면서도 신비로운 느낌의 사진을 얻을 수 있다.

Kilauea Iki Trail 킬라우에아 이키 트레일

킬라우에아 이키 트레일 기점 Kilauea Iki Trailhead이나 서스톤 라바튜브에서 트레일을 시작할 수 있다. 주차공간은 킬라우에아 이키 트레일 기점이 훨씬 넓고 편리하다. 총 4마일(6.4km) 거리로 킬라우에아 이키 분화구 안으로 내려가서 분화구를 살펴보고 반대편으로 올라와 열대우림을 걷거나 그 반대 루트로 돌 수 있다. 분화구까지 내려가는 트레일이 상대적으로 가파르고, 트레일 끝에서는 다시 올라와야 하므로 쉽지 않다.

대략 2~3시간 정도가 걸리며, 길이가 길고 중간에 별도로 쉴 곳 없이 오픈되어 있어 햇볕이 강한 날에는 쉽게 더워지는 만큼 물을 충분히 가지고 가는 것이 좋다. 만약 2~3시간이 부담된다면 서스톤 라바튜브앞에서 분화구 아래까지 내려갔다 다시 올라오는 길을 선택해도 되는데, 이 역시 최소 1시간은 잡아야 한다.

네네를 보호하자

하와이 화산 국립공원은 하와이 주 상징인 새 '네네'의 주요 서식지이다. 대부분의 네네가 국립공원의 관리를 받으며 생활하는데, 외부 환경변화에 굉장히 민감하기 때문에 보호종으로 지정되어 있다. 하와이 화산 국립공원 내 전 지역에서 네네에게 먹이를 주는 것이 금지되어 있으며, 네네가 주로 나타나는 지역은 애완동물과 동행하는 것도 금지되어 있다. 도로 위에 갑작스럽게 나타나는 경우도 종종 있으므로 국립공원 내에서는 서행해야 한다.

Devarstation Trail & Pu'u Pua'i Overlook
데버스테이션 트레일 & 푸우푸아이 전망대

데버스테이션 트레일은 이름 그대로 킬라우에아 화산 분출에 의해 크게 손상 입은 지역으로 황량한 풍경이 특징인 트레일이다. 편도 800m 거리의 트레일이며, 데버스테이션 트레일에서 출발해 끝까지 가면 푸우푸아이 전망대가 나온다. 반대방향으로 가는 것도 가능하다. 푸우푸아이 전망대는 킬라우에아 이키 분화구를 내려다볼 수 있는 전망대로, 분화구 내의 지형을 잘 살펴볼 수 있다. 트레일 입구에 차량을 주차했다면 다시 왔던 트레일을 되돌아가야 한다.

Southwest Rift, Halema'uma'u Overlook, Keanakako'i Overlook
사우스웨스트 리프트, 할레마우마우 전망대, 케아나카코이 전망대

세 지역은 2008년의 화산활동으로 인해 유독 가스의 농도 및 불안정한 지반으로 인해 갈 수 없는 곳이다. 재거 박물관에서 체인 오브 크레이터스 로드 입구까지가 2018년 4월 기준, 무기한 통제되고 있으며 다음 화산활동으로 인해 통제가 풀릴 때까지는 들어갈 수 없다.

03 체인 오브 크레이터스 로드

한때는 푸나 지역의 칼라파나까지 연결되는 도로였지만, 용암이 도로를 덮어버려서 지금은 중간에 잘린 도로가 되었다. 덕분에 체인 오브 크레이터스 로드 Chain of Craters Road의 끝까지 가면 도로를 덮친 용암이 굳어진 모습을 그대로 볼 수 있다. 2018년 4월 기준. 국립공원에서부터 푸나까지 굳어버린 용암 사이로 길을 내는 공사가 완료되었으나, 새롭게 흘러내리는 용암이 바다로 흘러들어가는 중이므로 다시 도로 위에서 굳은 용암을 볼 수 있다. 크레이터 림 드라이브에서 체인 오브 크레이터스 로드의 끝까지는 왕복 58km이고, 관광시간을 고려하면 약 3시간 정도가 소요되므로 미리 기름을 채워놓고 가는 것이 좋다.

Pauahi Crater 파우아히 크레이터

주차를 하고, 50m 정도만 가볍게 걸어가면 볼 수 있는 분화구로, 가장 쉽게 접근할 수 있는 곳 중 한 곳이다.

Puu Huluhulu&Napau Trail 푸우 훌루훌루&나파우 트레일

이곳을 찾는 대부분의 여행자는 왕복 2.5마일(4km)의 푸우 훌루훌루 분화구를 올라가 보는 트레일을 선택한다. 평지를 따라 걷다가, 마지막에 약 64m 정도를 오르는 트레일로 난이도는 크게 높은 편은 아니다. 다만, 14마일(22.4km) 거리의 나파우 트레일에 도전하려면, 꼭 방명록에 이름을 적고 떠나야 하며 최소 8시간 이상을 계획해야 한다.

Mauna Ulu Lookout 마우나 울루 전망대

멀리 마우나 울루의 모습뿐만 아니라, 체인 오브 크레이터스 로드가 생기기 전 흘렀던 용암의 굳어진 모습의 시기별 변화를 볼 수 있다.

Kealakomo 케알라코모

체인 오브 크레이터스 로드의 중간에 위치한 케알라코모에는 피크닉테이블이 준비되어 있다. 이곳에 서면 하와이 화산 국립공원 남쪽의 해안선과 용암에 의해 덮인 주변 지역을 한꺼번에 둘러볼 수 있다.

Puu Loa Petroglyph Trail 푸우 로아 암면조각 트레일

왕복 1.4마일(2.4km)의 쉬운 트레일로, 고도변화가 거의 없는 평평한 트레일이다. 굳은 용암 위로 걸어야 하지만, 1시간 이내로 쉽게 다녀올 수 있어 찾는 사람이 많다. 트레일의 끝에는 나무로 만든 보드워크가 있으며, 그 옆으로 암면조각들을 감상할 수 있다.

Holei Sea Arch 홀레이 시 아치

체인 오브 크레이터스 로드 끝 주차장 옆으로 나 있는 입구를 통해 갈 수 있다. 흘러내린 용암과 매서운 파도에 의해서 생겨난 거대한 아치로, 약 27m의 높이이다. 반대편으로는 용암이 만들어 낸 해안선을 볼 수 있다.

Road closed by Lava Flow 도로의 끝

체인 오브 크레이터스 로드 끝에 있는 주차장에서 끊어진 도로가 있는 곳까지 약 1.1km 거리이다. 다만, 2014년의 용암이 마을까지 흘러가 큰 피해를 낸 이후, 마을에서부터 탈출로를 만들기 위해 그동안 용암에 의해 덮여있던 이 길을 푸나 마을까지 다시 연결하는 공사가 진행되었다. 2016년 7월부터 용암이 다시 바다로 흐르기 시작하여 이곳에서부터 하이킹을 해 용암을 보는 사람들도 있다. 하지만 자연인만큼 언제 또 상황이 바뀔지는 알 수 없다.

04 볼케이노 빌리지

볼케이노 하우스를 제외하면 하와이 화산 국립공원 내에 숙소 및 레스토랑이 없기 때문에 1박 이상을 하는 경우 대부분 볼케이노 빌리지에 머무르게 된다. 다양한 가격대의 B&B와 레스토랑이 있고, 다른 방향으로 향하는 길에 주유를 할 수도 있다. 이곳도 레스토랑은 선택의 여지가 많지 않다.

볼케이노 빌리지의 먹거리 $ – $10 이하, $$ – $11~20, $$$ – $21~30, $$$$ – $31 이상(메인코스 기준)

 ### Ohelo Cafe 오헬로 카페 $$~$$$ 저자 추천

볼케이노에 드디어 꽤 괜찮은 레스토랑이 생겼다는 평을 받았을 정도이다. 다른 레스토랑들이 먹을 만한 정도였다면, 이곳은 맛있는 편에 속한다. 덕분에 다소 대기가 있기는 하지만, 테이블 회전은 빠른 편이다. 피자와 샌드위치 그리고 일반 메뉴들이 섞여 있는 일종의 퓨전 레스토랑이다. 직원들도 친절한 편이다.

홈페이지 www.ohelocafe.com 주소 19-4005 Haunani Rd, Volcano 전화번호 808-339-7865 영업시간 월~일 11:30~15:00, 17:30~21:30

 ### Cafe Ono 카페 오노 $~$$ 저자 추천

볼케이노 빌리지에서 점심을 먹을 계획이라면 카페 오노는 괜찮은 선택이다. 선택의 여지가 많지 않은 볼케이노 빌리지에서 그나마 훌륭한 수프와 샌드위치를 맛볼 수 있는 카페이다. 디저트 중 당근케이크가 상당히 맛있다.

홈페이지 volcanogardenarts.com/cafeono.html 주소 19-3834 Old Volcano Rd, Volcano 전화번호 808-985-8979 영업시간 화~일 11:00~15:00, 월 휴무

 ### Thai Thai Restaurant 타이 타이 레스토랑 $$~$$$

태국음식을 주메뉴로 하고 있다. 볼케이노 빌리지와 태국음식은 잘 어울리지는 않지만, 그래도 괜찮은 태국요리를 하는 레스토랑 중 하나이다. 다만 요리의 양 대비 가격이 조금 높은 편이다.

주소 19-4084 Volcano Rd, Volcano 전화번호 808-967-7969 영업시간 월~일 11:30~21:00

Lava Rock Cafe 라바 록 카페 $$

볼케이노 빌리지 내의 편리한 위치에 있어 사람이 많이 찾는다. 음식 자체는 특별하지 않지만, 나쁘지 않은 선택이다. 평범하게 식사할 수 있는 레스토랑이다.

주소 19-3972 Old Volcano Rd, Volcano **전화번호** 808-967-8526 **영업시간** 화~토 7:30~21:00, 일~월 7:30~16:00

볼케이노 빌리지의 숙소

01. 크레이터 림 캐빈(Crater Rim Cabin)
홈페이지 www.craterrimcabin.com 주소 23 Golf Links Road, Volcano

02. 로터스 가든 코티지(Lotus Garden Cottates)
홈페이지 www.volcanogetaway.com 주소 Road B, Ke Koa Nui Blvd, Volcano

03. 볼케이노 레인포레스트 리트리트(Volcano Rainforest Retreat)
홈페이지 www.volcanoretreat.com 주소 11-3832 Twelfth St, Volcano

04. 길 끝 숙소 B&B(At the end of the road B & B)
찾아가기 Haunani Rd의 끝

05. 볼케이노 인(Volcano Inn)
홈페이지 www.volcanoinnhawaii.com 주소 19-3820 Old Volcano Rd, Volcano

06. 볼케이노 빌리지 롯지(Volcano Village Lodge)
홈페이지 emmaspencerliving.com/volcano-village-lodge 주소 4183 Volcano Rd, Volcano

07. 뱀부 오키드 코티지(Bamboo Orchid Cottages)
홈페이지 bambooorchidcottage.com 주소 11-3903 10th St, Volcano

08. 마이 아일랜드 B&B(My Island B&B)
홈페이지 myislandinnhawaii.com 주소 19-3896 Old Volcano Rd, Volcano

B&B

하와이 화산 국립공원 옆 마을인 볼케이노 빌리지의 숙소는 모두 B&B(Bed & Breakfast) 또는 롯지 형태이다. 가격대는 시설에 따라 $100~250이며, 대부분 울창한 우림 사이에 위치해 있어 조용하다. 이곳에서 소개한 숙소는 평이 좋은 B&B 및 롯지들이다. 대부분 일반 호텔 예약 사이트에서 예약할 수 있다.

Area 05 North Hilo 힐로 북부

힐로 북부는 열대우림의 모습을 그대로 간직한 여러 식물원과 폭포가 있어 자연을 좋아하는 사람들에게 추천하는 곳이다. 특히 아카카 폭포 주립공원은 동부를 여행하는 관광객 대부분이 거쳐 가는 곳이다.

힐로 북부의 볼거리

 Akaka Falls State Parks
아카카 폭포 주립공원

아카카 폭포 주립공원은 0.4마일의 짧은 트레일로 둘러볼 수 있는 공원이다. 주립공원 내에는 135m 높이의 아카카 폭포와 120m 높이의 카후나 폭포가 있는데, 카후나 폭포 쪽을 먼저 봐야 아카카 폭포를 봤을 때의 감동이 더 크다. 카후나 폭포는 거리가 멀어 작게 보이는 반면, 아카카 폭포는 가까이에서 볼 수 있어 그 위용이 더 실감난다. 짧은 트레일이지만 폭포뿐만 아니라 대나무 숲에서부터 열대식물과 야생화가 가득해 걷는 즐거움이 크다. 트레일을 모두 걷는 데에는 20~30분 정도가 걸린다.

주소 Akaka Falls State Rd. **찾아가기** Hwy 19, 힐로에서 북쪽으로 11마일 지점, Honomu/Akaka Falls 표지판에서 좌회전 후 4마일 거리, 힐로에서 30~40분 거리 **입장료** 차량당 $5, 개인 $1

4-Mile Scenic Drive
4마일 시닉 드라이브

울창한 열대우림으로 들어가는 4마일의 멋진 드라이브 코스. 좁은 도로 양옆으로 하늘이 보이지 않을 정도로 울창한 나무와, 곳곳에 있는 다리 아래 작은 폭포가 계속 등장해 운전하는 재미가 있다. 2마일 정도의 지점에서 옆으로 보이는 오노메아 만의 풍경이 장관이다.

찾아가기 힐로에서 북쪽으로 4마일, Old Mamalahoa Hwy(Scenic Drive 사인)

Hawaii Tropical Botanical Garden 하와이 열대 식물원

4마일 시닉 드라이브 중간에 위치한 커다란 식물원으로 오노메아 계곡(Onomea Valley)에 조성되었다. 5만 평 규모의 부지에 잘 포장된 트레일들이 있어 쉽게 둘러볼 수 있다. 약 2,000종의 식물과 멸종위기의 하와이 식물들도 만날 수 있는데, 제대로 둘러보려면 반나절이 걸린다.

계속 걸어 내려가면서 관람하는 형태로, 돌아올 때는 가파른 언덕을 다시 올라와야 한다. 때문에 돌아올 때는 상당히 힘들 수도 있으나 식물원의 관리 및 다양성은 하와이에서도 손꼽힐 정도로 훌륭하다. 식물원의 가장 끝에서는 바다를 조망할 수 있다.

홈페이지 www.hawaiigarden.com **주소** 27-717 Old Mamalahoa Hwy, Papaikou **전화번호** 808-964-5233 **개방시간** 09:00~17:00(최종 입장 16:00) **입장료** 성인 $20, 6~16세 $5, 6세 미만 무료

Kolekole Beach County Park 콜레콜레 비치 카운티 파크

30m 높이의 다리가 공원 위로 보이는 콜레콜레 비치 카운티 파크는 아카카 폭포에서 흘러내린 물이 바다와 만나는 지점에 위치한다. 흘러내려 온 물과 바다가 만나는 지점은 물살이 심하고 바위가 날카로워 위험하다. 대신 계곡 쪽은 상대적으로 안전하지만 역시 물살은 세다. 여행자보다는 현지인이 대다수이다.

찾아가기 Hwy 19, 호노무 입구에서 북쪽으로 1마일을 더 달린 후 큰 다리 앞의 콜레콜레 비치 파크(Kolekole Beach County Park) 표지판에서 좌회전. 약 200m를 들어가 아래로 내려가는 1차선 비포장도로를 이용하면 진입할 수 있다. 진입로가 굉장히 좁다.

Area 06 Hilo 힐로

빅아일랜드 동쪽에 위치한 인구 43,000명의 도시인 힐로는 하와이 주에서 2번째로 큰 도시이다. 맑은 날보다 비 오는 날이 더 많아 '비 오는 도시'라는 별명이 있는 힐로는 빅아일랜드 동부 여행의 거점이다. 힐로 다운타운 셀프 투어 정보는 홈페이지(www.downtownhilo.com)에서 얻을 수 있다.

힐로의 해변

Carlsmith Beach Park
칼스미스 비치 파크

힐로 타운 내에는 수영할 만한 해변이 거의 없지만, 도시에서 조금만 동쪽으로 가면 아름다운 해변이 많다. 그중 동쪽으로 약 3.1마일(5km) 정도 떨어진 곳에 위치한 칼스미스 비치 파크는 힐로 근교의 해변 중에서 사람이 가장 많이 찾는 곳이다. 해변 앞으로는 넓은 잔디밭과 그늘이 있어 휴식을 취하기 좋고, 바로 앞의 해변은 바위들이 큰 파도를 막아주어 대부분 바닷물이 잔잔하기 때문이다. 다만 주말에는 현지인들로 항상 북적이며, 주차공간이 협소하다. 물고기 종류는 많지 않지만 아이들이 스노클링을 즐기기에도 좋고 거북이도 자주 나타난다.

특징 화장실, 샤워시설, 피크닉테이블, 잔디밭, 라이프가드, 수영, 스노클링 **찾아가기** 1790 Kalanianaole Ave, Hilo 주소지의 맞은편이 해변 및 주차장이다.

Onekahakaha Beach Park
오네카하카하 비치 파크

현지인들에게 사랑받는 해변으로, 어린아이들에게 좀 더 적합한 해변이다. 바위들뿐만 아니라 인공 구조물이 파도를 막아주어 낮은 수심의 해변과 어른들도 즐길 수 있는 해변이 섞여 있다. 물고기는 거의 없지만 아이들의 스노클링 연습장으로도 많이 이용한다. 주차공간도 넓은 편이다.

특징 화장실, 샤워시설, 피크닉테이블, 잔디밭, 라이프가드, 수영 **찾아가기** Onekahakaha Rd

힐로의 볼거리

Coconut Island
코코넛 아일랜드

하와이어로 '모쿠 올라 Moku Ola'라고 부르는 코코넛 아일랜드는 릴리우오칼라니 정원 건너편에 위치한다. 모쿠 올라는 '치료의 섬'이라는 뜻으로, 과거에 치료를 담당하는 고대 신전이 있었던 것에서 유래했다. 현재는 힐로 현지인들의 휴식처 및 낚시터로 유명하다. 수영을 할 수 있는 아주 작은 해변도 있다.

찾아가기 Kelipio Place의 끝

Hilo Farmers Market
힐로 파머스 마켓

매주 수요일과 토요일에는 빅아일랜드에서 가장 큰 파머스 마켓이 열린다. 수많은 지역에서 농부들이 직접 키운 신선한 채소와 과일들을 가지고 모이기 때문에 저렴하게 과일과 먹을거리들을 구입할 수 있다. 또한, 공예가가 직접 만든 특별한 물건들도 많아 구경하는 재미가 쏠쏠하다. 1988년에 처음 4명의 지역 농부들이 판매한 것을 시작으로 현재는 200명 이상의 판매자가 모이는 큰 시장이 되었다.

홈페이지 www.hilofarmersmarket.com 찾아가기 Mamo St와 Kamehameha Ave가 만나는 코너에 위치 영업시간 수, 토 06:00~16:00(200명 이상의 지역 농부와 공예가) / 월, 화, 목, 금, 토 07:00~16:00(30명 정도의 지역 농부와 공예가) 저자 한 마디 건너편의 모오헤아우 공원(Mo'oheau Park)에 무료 주차 가능

 ## Liliuokalani Park and Garden
릴리우오칼라니 공원 & 정원

릴리우오칼라니 여왕이 하사한 땅에 만들어진 공원으로 힐로의 남동쪽 와이아케아 반도 Waiakea Peninsula 에 위치한다. Banyan Dr와 Lihiwai St사이에 위치한 일본풍의 정원이다. 공원 안에는 정자와 석등 등 일본 느낌이 나는 조경이 많이 설치되어 있다. 공원 옆 Banyan Dr에는 양쪽으로 반얀나무가 높게 서 있어 신비한 분위기를 만들어 낸다.

찾아가기 Banyan Dr. 와 Lihiwai St. 사이

 ## King Kamehameha Statue
카메하메하 대왕 동상

와일로아 강 주립공원 내에서 힐로 베이가 보이는 곳에 카메하메하 대왕의 동상이 있다. 1963년에 만들어진 이 동상은 원래 카우아이섬의 프린스빌 리조트 지역에 세워질 예정이었지만, 카우아이 사람들이 카메하메하 대왕에게 정복된 적이 없다는 이유로 거부했다. 그 이후 1997년 카메하메하 대왕 1세의 정치적 중심지였던 힐로에 동상이 세워졌다.

찾아가기 Kamehameha Ave에서 진입해야 하며, 동쪽에서 서쪽으로 향해야만 들어갈 수 있다. 구글 내비게이션에서는 도로가 나오지 않으므로, 위성지도를 보고 파악해야 한다. 와일로아 리버 주립공원(Wailoa River State Park)에서 걸어서도 갈 수 있다.

빅아일랜드(하와이섬)

Wailuku River Rainbow Falls State Park
와일루쿠 리버 레인보우 폭포 주립공원

와일루쿠 강에서 쏟아지는 25m 높이의 레인보우 폭포는 두 갈래의 물줄기가 하나로 합쳐지면서 떨어지는 모습이 장관이다. 맑은 날 아침에는 거의 항상 무지개를 볼 수 있어 무지개 폭포라는 이름이 붙었다. 폭포 뒤편으로는 용암동굴이 위치하며, 폭포 시작 지점으로 올라갈 수 있는 계단이 있어 위에서 폭포를 내려다볼 수도 있다.

찾아가기 힐로에서 Waianuenue Ave를 따라 서쪽으로 가다가 오른쪽 Rainbow Dr로 진입

Wailuku River Boiling Pots State Park
와일루쿠 리버 보일링 팟스 주립공원

레인보우 폭포에서 조금 더 서쪽으로 가면 보일링 팟스 주립공원이 있다. 멀리 페에페에 폭포 Pe'epe'e Falls 가 보이며, 거친 모양의 용암 바위 사이로 흐르는 강물이 끓는 것처럼 보인다고 하여 보일링 팟스 이라는 이름이 붙었다.

찾아가기 레인보우 폭포 주립공원에서 서쪽으로 1마일 거리. Waianuenue Ave를 따라가다가, Peepee Falls Rd로 우회전

Kaumana Cave 카우마나 동굴

화산활동으로 만들어진 동굴로 도로에서 동굴 입구까지 계단이 있다. 동굴에는 조명이 없으므로 별도의 손전등이 있어야 둘러볼 수 있다.

찾아가기 레인보우 폭포 주립공원에서 Kaumana Dr를 따라 남쪽으로 3마일 거리에 위치

Big Island Candies
빅 아일랜드 캔디스

하와이에서 인기를 끌고 있는 쿠키 브랜드 빅 아일랜드 캔디스 본점이다. 마카다미아, 파인애플, 코코넛, 레몬 등을 이용한 기본 숏브레드와 초콜릿, 우유, 그린티 등을 입힌 숏브레드가 인기 있으며, 그 외에 다양한 종류의 쿠키도 판매한다. 귀국 선물 상품 중 하나로 인기이며, 호놀룰루 알라모아나 센터에도 매장이 있다.

홈페이지 www.bigislandcandies.com **주소** 585 Hinano St, Hilo **전화번호** 808-935-8890 **영업시간** 일~월 8:30~17:00

Panaewa Rainforest Zoo&Gardens
파나에와 열대우림 동물원&가든스

힐로 남쪽에 위치한 동물원 겸 식물원이다. 호랑이에서부터 다양한 새, 레무스와 하와이의 새 네네까지 볼 수 있어 무료로 운영한다는 것을 감안하면 꽤 훌륭한 편이다. 또한 동물원의 초입은 열대 식물원처럼 꾸며놓아 다양한 꽃과 식물을 볼 수 있다. 힐로에서 시간이 좀 남는다면 1~2시간 정도 투자할만한 가치가 있다.

홈페이지 www.hilozoo.com **주소** 800 Stainback Hwy, Hilo **근처 찾아가기** 힐로 남쪽 Stainback Hwy로 진입 후, Zoo 사인을 따라서 진입 **입장료** 무료 **전화번호** 808-959-9233 **영업시간** 월~일 09:00~16:00

Imiloa Astronomy Center 이밀로아 천문 센터

지구의 탄생부터 지금까지, 하와이의 문화, 화산에 관한 전시물은 물론 아이들이 좋아할 만한 체험 프로그램을 갖추고 있다. 특히 천문관에서 진행되는 쇼들이 인기 있는데, 돔 형태의 천정 스크린에서 상영되는 영상들은 상당히 훌륭하다. 마우나케아에서 별을 관측했다면, 이밀로아 천문 센터는 그 궁금함을 풀어줄 만한 곳이다.

홈페이지 www.imiloahawaii.org **주소** 600 Imiloa Place, Hilo **입장료** 성인 $17.50, 5~12세 $9.50, 5세 미만 무료 **영업시간** 화~일 09:00~17:00, 월 휴무

Mauna Loa Factory & Visitor Center
마우나 로아 공장 & 방문자 센터

하와이 최고의 인기 마카다미아 브랜드인 마우나 로아의 공장이 푸나 지역 케아아우 Keaau 에 위치한다. 이 공장에는 방문객들을 위한 셀프투어가 있어, 마우나 로아 제품이 만들어지는 과정을 둘러볼 수 있다. 공장 옆 방문자 센터에서는 마우나 로아 제품을 시식해보거나 구매할 수 있다. 고추냉이 맛, 양파 & 마늘 맛, 커피코팅 맛, 초콜릿 맛 등 대부분의 제품이 전시되어 있으며, 다양한 패키지로도 판매한다.

홈페이지 www.maunaloa.com **주소** 16-701 Macadamia Nut Road, Keaau **찾아가기** 힐로에서 Hwy 11을 타고 남쪽으로 6마일 정도 간 뒤 Mauna Loa / Macadamia Nut Road 표지판에서 좌회전, 양쪽으로 마카다미아 나무가 가득한 이 도로를 따라 끝까지 가면 마우니 로아 공장 및 방문지 센디가 나온디. **전화번호** 888-628-6256 **영업시간** 월~금 08:30~17:00 / 토, 일 휴무

힐로의 먹거리

$ – $10 이하, $$ – $11~20, $$$ – $21~30, $$$$ – $31 이상(메인코스 기준)

CAFE100  카페100 $

현지인이 많이 찾는 현지 식당으로 $5~$10의 저렴한 가격에 다양한 종류의 로코모코를 맛볼 수 있다. 현지인들이 주로 먹는 스팸과 계란프라이 등이 그대로 올라간 로코모코를 판매한다. 카운터에서 구입한 뒤 각자 원하는 테이블에 앉아서 먹는 방식이며, 테이크아웃도 가능하다. 맛보다는 현지인의 음식을 먹어볼 수 있다는 데 의의가 있다. 레스토랑 앞으로 넓은 주차장이 있다.

주소 969 Kilauea Ave, Hilo **전화번호** 808-935-8683 **영업시간** 월~목 06:30~20:30, 금 06:30~21:00, 토 06:30~19:30, 일 휴무

Dragon Kitchen Sushi 드래곤 키친 스시 $

$10 이하로 스시, 롤, 마끼 그리고 소바를 맛볼 수 있는 곳이다. 작은 푸드코트 내 위치하며, 참치와 연어, 새우를 주재료로 사용한다. 스시와 롤에 사용되는 쌀은 일반 흰쌀이 아닌 브라운 라이스이다. 탄산음료는 팔지 않고 녹차만 판다. 푸드코트 내에는 타이 레스토랑과 하와이 스타일의 플레이트 런치 식당도 있다.

주소 330 Kamehameha Ave, Hilo **전화번호** 808-386-9153 **영업시간** 월~수, 금~토 11:00~16:00, 목·일 휴무

Kawamoto Store 카와모토 스토어 $

여행자들보다는 주로 현지인들이 가볍게 도시락을 싸듯 테이크아웃을 해가는 곳이다. 스팸 무수비와 김밥, 코리안 치킨, 잡채, 생선튀김 등 우리에게 익숙한 음식이 많아 저렴하게 먹기에도 좋다. 힐로 근교로 나가면서 도시락이 필요할 때 들를 만하다. 필요한 음식의 이름을 말하면 받아 적었다가 작은 용기에 담아준다.

주소 784 Kilauea Ave, Hilo **전화번호** 808-935-8209 **영업시간** 화~일 06:00~12:30, 월 휴무

Sombat's Fresh Thai Cuisine 쏨밧 프레시 타이 퀴진 $$

힐로의 태국요리 전문점으로, 본토 태국 음식에 가까운 맛을 낸다. 쏨땀 파파야 샐러드, 코코넛 커리, 팟타이 등 대부분의 메뉴가 있으며, 태국 향신료도 여럿 사용하므로 원치 않으면 빼달라고 하는 것이 좋다. 월~금에만 먹을 수 있는 런치 스페셜 메뉴는 $7~9로 저렴하다.

홈페이지 www.sombats.com **주소** 88 Kanoelehua, Hilo **전화번호** 808-969-9336 **영업시간** 월~토 10:30~13:30, 17:00~20:30, 일 휴무

Paul's Place Cafe 폴스 플레이스 카페
$~$$

저자 추천

아침과 점심 식사시간에만 문을 여는 작은 카페 겸 레스토랑으로 항상 자리가 없어 기다려야 할 정도로 많은 사람이 선호한다. 테이블도 4개밖에 없는 작은 곳이지만, 이곳에서 만들어낸 음식은 신선함이 강점이다. 전체적으로 양이 좀 적은 편이지만, 맛으로 그 단점을 충분히 상쇄한다.

주소 132 Punahoa St, Hilo **전화번호** 808-280-8646 **영업시간** 화~토 7:00~15:00, 일~월 휴무

Ken's House of Pancakes
켄의 팬케이크 집 $

저자 추천

24시간 운영되는 팬케이크집으로 현지인들이 모임 장소로도 많이 이용된다. 아침식사 메뉴 중 팬케이크가 가장 유명하지만, 그 외에도 현지인들의 입맛에 맞는 현지 음식들을 많이 판매하고 있다. 화요일에는 타코 뷔페, 수요일에는 프라임 립, 목요일에는 하와이안 요리, 금요일에는 소꼬리 수프, 일요일에는 스파게티 뷔페가 운영된다.

홈페이지 www.kenshouseofpancakes.com **주소** 1730 Kamehameha Ave, Hilo **전화번호** 808-935-8711 **영업시간** 24시간

Cafe Pesto 카페 페스토
$$~$$$

힐로 베이에 접한 카페 페스토는 수제 도우를 직접 화덕에 구운 피자가 맛있는 레스토랑으로 피자는 9인치가 $10~12, 12인치가 $12~20이다. 피자 이외에도 현지에서 직접 재배한 채소와 근교에서 잡은 해산물과 고기를 이용한 카페 페스토만의 다양한 아일랜드 요리를 선보인다. 가격대는 $20~30이며 주말 저녁에는 라이브 밴드의 공연도 감상할 수 있다.

홈페이지 www.cafepesto.com **주소** 308 Kamehameha Ave, Hilo **전화번호** 808-969-6640 **영업시간** 화~금 08:00~21:0, 토~월 10:30~21:00

힐로의 숙소

Hilo Seaside Hotel 힐로 시사이드 호텔

힐로 공항과 가까운 호텔로 호텔 내부에 잘 꾸며진 정원이 있다. 객실은 다소 오래된 모텔 정도이지만 빅아일랜드 일주 시 하룻밤 잠만 자는 호텔로 적합하다. 이름과 달리 해변과 붙어있지는 않다.

홈페이지 seasidehotelshawaii.com/HotelHilo.aspx 주소 126 Banyan Drive, Hilo 전화번호 808-935-0821 숙박요금 $82~ 리조트피 없음 인터넷 무료 주차 무료

Hilo Hawaiian Hotel 힐로 하와이안 호텔

힐로 지역의 무난한 호텔이다. 한때 좋은 호텔이었으나 지금은 더블 트리 힐튼과 비슷하다는 평가를 받고 있다. 반얀 드라이브 중심에 있어 힐로 주변 관광지를 둘러보기에 좋다. 아직까지 객실 인터넷이 유료라는 점은 아쉽다.

홈페이지 www.castleresorts.com/home/accommodations/hilo-hawaiian-hotel 주소 71 Banyan Dr, Hilo 전화번호 808-935-9361 숙박요금 $140~ 리조트피 없음 인터넷 $9.95(일) 주차 무료 레스토랑 퀸즈 코트 레스토랑(Queen's Court Restaurant)

DoubleTree by Hilton Hilo Naniloa Hotel
더블트리 바이 힐튼 힐로 나닐로아 호텔

나닐로아 호텔을 힐튼에서 인수하면서 리브랜딩하였다. 브랜드가 바뀌면서 전 객실을 모두 리모델링한 덕분에 현재 힐로에서 가장 깔끔한 호텔이 되었으며, 전체적인 서비스도 올라갔다. 힐로에서 가장 좋은 시설을 찾는다면 현재는 이 호텔 외에는 큰 선택의 여지가 없다.

홈페이지 doubletree3.hilton.com/en/hotels/hawaii/grand-naniloa-hotel-hilo-a-doubletree-by-hilton-ITOHNDT/index.html 주소 93 Banyan Dr, Hilo 전화번호 808-969-3333 숙박요금 $160~ 리조트피 없음 인터넷 무료 주차 $20

Area 07 Puna & Pahoa 푸나 & 파호아

푸나 & 파호아 지역은 아름다운 해변이 아닌 화산활동의 흔적이 그대로 남아있는 와일드한 해변을 가지고 있다. 여러 차례의 화산활동으로 인해서 마을이 사라지고, 다시 생겨난 다이내믹한 지역이다. 그만큼 다른 곳에서는 볼 수 없는 특별한 지형을 만날 수 있다.

푸나 & 파호아의 해변

Ahalanui Beach Park 아할라누이 비치 파크

푸나 지역에서 가장 인기 있는 비치 파크로, 화산작용으로 인해 데워진 커다란 수영장이 있는 공원이다. 지열로 따뜻하게 데워진 바닷물 덕분에 날씨가 좋지 않은 날에도 많은 사람이 수영장 안에서 휴식을 취하는 모습을 쉽게 볼 수 있다. 바닷물이 계속해서 수영장으로 들어오기 때문에 수영장의 물맛은 짜다. 하와이 섬에서 가장 인기 있는 공원으로도 뽑힌 적이 있다. 화장실과 피크닉 에어리어, 바비큐 시설이 되어있어 한나절을 보내며 쉬기에도 좋다.

특징 화장실, 샤워시설, 피크닉테이블, 라이프가드, 수영 **주소** Hwy 137, Pahoa **찾아가기** Kapoho Kai Dr에서 Hwy 137을 따라 남쪽으로 2마일 **지점**에 위치. **전화번호** 808-961-8311

Kapoho Tide Pools 카포호 타이드 풀스

카포호는 1960년 킬라우에아 화산의 카포호 폭발로 사라진 작은 마을이다. 이후로 50년간 별다른 화산활동 없이 새로운 마을이 재건되었다. 검은 모래 해변과 화산 바위 안에 용암활동으로 데워진 따뜻한 바위 풀장 등이 있어 많은 방문자가 찾는 곳이다. 푸나 지역에서는 가장 비싼 지역으로 대부분의 집이 고가이다. 커뮤니티 입구에 방문자들을 위한 주차공간이 있으며, 주차비는 기부형태로 $2를 받는다. 주차공간에서 수영이 가능한 포인트까지는 도보 5분 거리로 별도의 샤워시설은 없다. 파도가 없는 맑은 날에 방문하면 훌륭한 시야와 수많은 물고기가 반겨준다. 다양한 깊이의 스노클링 장소들이 있어 아이들과 스노클링을 하기에도 적합하다. 빅아일랜드 동쪽 최고의 스노클링 포인트이다.

주소 Kapoho Kai Dr의 끝, Pahoa **찾아가기** Hwy 137을 따라 가다가, Kapoho Kai St로 진입 한 뒤 계속 직진하면 된다. 방문객은 입구 앞 주차장까지만 차량으로 들어갈 수 있다. **개방시간** 07:00~19:00 **주차** $2(기부)

Isaac Hale Beach Park 아이작 헤일 비치 파크

주로 현지인들이 많이 이용하는 해변으로, 모래사장은 없지만 방파제가 있어서 아이들도 안전하게 수영을 즐길 수 있다. 파도가 치는 날에는 방파제 밖에서 서핑이나 보디보딩을 하는 현지인들도 많이 볼 수 있다. 또한 배를 띄울 수 있어 보트 투어 및 현지인들의 랜딩장소로 이용하기도 한다. 주말에는 사람이 많이 모이다 보니 주차장에 임시 푸드트럭이 오기도 한다.

특징 화장실, 샤워시설, 피크닉테이블, 수영 **찾아가기** Issac Hale Beack Park

Kehena Black Sand Beach 케헤나 블랙 샌드 비치

빅아일랜드의 비공식 누드해변으로도 알려져 있는 이곳은 절벽 위 도로에 주차하고 바위 사이의 트레일을 따라서 걸어 내려가야 한다. 실제로 많은 누드족이 해수욕을 즐기고 있으므로, 이들에게 카메라를 들이대는 행위는 삼가야 한다. 좀 더 고운 검은 모래를 만날 수 있는 해변이기도 하다.

찾아가기 해변 자체에는 특별한 주소가 없으나, 주차공간 바로 앞 건물이 12-7194 Kalapana-Kapoho Rd, Pahoa이므로 이 주소를 이용하면 된다.

Kaimu Beach Park
카이무 비치 파크

주차장에서 약 10여 분을 걸어가야만 나오는 해변이다. 붉은 모래로 시작되는 트레일은 점점 용암이 굳은 풍경과 함께, 검은 모래로 바뀐다. 해변 역시 굵은 검은 모래이며, 수영보다는 짧은 트래킹을 즐기기 위해서 들르는 해변이다.

주소 12-5038 Kalapana Kapoho Beach Rd, Pahoa

푸나 & 파호아의 볼거리

 ## Lava Tree State Monument & Park
라바트리 주립 기념물 & 공원

1970년에 용암이 만든 나무 화석들이 있다. 0.7마일의 루프 트레일이 마련되어 있으며, 누구나 걸을 수 있을 정도로 평이하다. 공원에는 화장실과 피크닉테이블이 있지만, 마실 물이 없으므로 챙겨가야 한다. 공원을 둘러보는 데 30분 정도면 충분하다.

주소 Hwy 132, Pahoa **전화번호** 808-587-0300 **개방시간** 주중 해가 있는 시간

 ## Kalapana
칼라파나

칼라파나는 1990년 킬라우에아 화산의 용암으로 파괴된 마을이다. 2014년에도 새롭게 용암이 이 지역으로 흘러 접근이 제한되기도 하였다. 2016년 여름부터 2017년 가을까지 용암이 바다로 흐를 때에는 자전거 대여도 활발하게 이루어졌다. 2018년 3월 현재 육지 위에서 흐르는 용암을 보는 하이킹 투어 위주로 운영되고 있다. 입구에 주차공간이 있으며, 더 안쪽으로는 현지인만 들어갈 수 있다.

주소 Hwy 130, Kalapana

 ## Star of the Sea Painted Church
스타 오브 더 시 페인티드 처치

에바리스트 길렌 신부에 의해 1928년에 지어진 교회로, 1990년대 용암 분출로 조금 떨어진 현재 위치로 이동하였다. 캡틴쿡의 페인티드 처치와 마찬가지로 교회의 내부는 그림으로 꾸며져 있다. 아기자기한 작은 정원이 딸린 교회로, 5~10분 정도면 무료로 들러볼 수 있다.

주소 12-4815 Pahoa Kalapana Rd, Pahoa **찾아가기** 마일마커 19와 20 사이에 있다. Pahoa Kalapana Rd에서 진입하여 Ahia Rd를 따라 북쪽으로 가면 된다. **개방시간** 월~일 09:00~16:00 **입장료** 무료

빅아일랜드(하와이섬)

푸나 & 파호아의 먹거리
$ – $10 이하, $$ – $11~20, $$$ – $21~30, $$$$ – $31 이상(메인코스 기준)

 Uncle's Awa Club 엉클스 아와 클럽
$~$$

카이무 비치 공원의 앞에 위치한 이 건물 안에는 엉클스 키친, 스무디 바, 엉클 로버츠 파머스 마켓(수요일 17:00~21:00만 운영) 등 여러 가게가 모여 있다. 파호아와 푸나의 남쪽을 여행하다 보면 사람이나 레스토랑을 거의 만날 수 없는데, 그런 여행자에게 음식점과 시원한 음료를 마실 수 있는 오아시스와 같은 장소이다. 내비게이션에 따라 주소를 잘 찾지 못하기도 한다.

주소 12-5038 Kalapana Kapoho Beach Rd, Pahoa 전화번호 808-987-7247 영업시간 월~화, 목~일 11:00~19:00, 수 11:00~16:00

 Pahoa Fresh Fish 파호아 프레시 피시
$$

두툼한 생선튀김이 있는 피시&칩스를 만날 수 있는 전문점. 작은 잡화점과 함께 운영되고 있다. 생선은 그날그날 들어오는 생선에 따라 다르나 오노, 마히마히, 연어, 대구 등을 이용한다. 피시&칩스는 대구로 만들어야 제맛이라고 생각하더라도, 다소 단단한 살의 오노나 부드러운 살의 마히마히에도 도전해 보자.

주소 15-2670 Pahoa Village Rd, Pahoa 전화번호 808-965-8248 영업시간 월~일 09:30~18:30

 Kaleo's Bar&Grill 칼레오스 바&그릴
$$~$$$

저녁식사를 하기 위해 힐로에서 찾아오는 사람들이 있을 정도로 인기 있는 레스토랑이다. 샌드위치나 버거류는 주로 점심에 많이 팔리고, 저녁시간에는 오늘의 생선요리, 포크 립, 스테이크 등이 인기가 좋다. 칼루아 피그나 갈비, 치킨 카츠와 같이 하와이안 스타일의 요리까지 모두 커버하는 레스토랑이다.

홈페이지 www.kaleoshawaii.com 주소 15-2969 Pahoa Village Rd, Pahoa 전화번호 808-965-5600 영업시간 월~일 11:00~21:00

Area 08 Waikoloa 와이콜로아

와이콜로아는 빅아일랜드의 대단위 리조트 단지로 여러 체인 리조트와 콘도미니엄이 모여있다. 아름다운 해변과 골프 코스, 레스토랑이 단지 내에 모두 모여 있어 휴식을 취하고자 하는 사람이 많이 방문한다.

와이콜로아의 해변

Anaehoomalu Bay
아나에호오말루 베이

와이콜로아 리조트 단지의 메인 해변으로 야자나무가 길게 늘어서 있는 풍경이 인상적이다. 만 형태로 되어 있어 강한 파도가 거의 없기 때문에 수영이나 스노클링 같은 액티비티를 즐기기에 적합하다. 퀸즈 마켓 플레이스에서 바로 아나에호오말루 만으로 연결되는 도로가 있어 다른 리조트에 묵는 사람들도 쉽게 해변을 즐길 수 있다. 와이콜로아 메리어트 리조트로 연결되는 지역에는 하와이의 고대 양어지가 있어 게와 물고기 같은 생물들을 관찰할 수 있다.

특징 화장실, 샤워시설, 피크닉테이블, 수영, 스노클링 **찾아가기** 퀸즈 마켓 플레이스에서 100m 정도 지나 Kuualii Pl로 좌회전. 도로의 끝에 커다란 주차장이 있다. **개방시간** 월~일 06:00~20:00

Waialea Beach 와이알레아 비치

빅아일랜드의 숨은 보석이라는 별칭과 함께 비치69 Beach 69 라는 또 다른 이름으로도 불린다. 좁은 도로를 통해 접근해야 하고, 상당히 작은 해변이지만 풍경만큼은 아주 아름다운 해변이다. 파도가 있는 날에는 보디보딩, 파도가 없는 날에는 스노클링을 즐기기 좋은 해변이다.

특징 화장실, 샤워시설, 수영, 보디보딩, 스노클링 **찾아가기** Old Puako Rd를 따라 달리다보면 진입하는 분기점이 있다. 이름이 안내되어 있지 않으나 게이트가 있어 알 수 있다. 도로의 노면상태가 좋지 않으니 주의할 것. **개방시간** 07:00~19:30

Travel Information in Big Island

 Pauoa Bay 파우오아 베이

페어몬트 오키드 호텔 앞에 위치한 파우오아 베이는 꽤 훌륭한 스노클링 장소로 잘 알려져 있으며, 종종 거북이도 나타난다. 파도를 막아주는 인공적인 만이 있어 초심자에게도 좋고, 파도가 잔잔한 날에는 그 밖으로도 스노클링을 즐길 수 있다. 다만, 페어몬트 호텔에 숙박하지 않는 사람은 다소 멀리 떨어진 홀로홀로카이 비치 파크 Holoholokai Beach Park 에 무료 주차를 하거나 페어몬트 오키드 호텔에 유료주차를 해야 해서 불편하다. 또한 홀로홀로카이 비치 파크는 파도 때문에 스노클링에 적합하지 않다.

특징 화장실, 샤워시설, 수영, 스노클링 **찾아가기** 페어몬트 오키드 호텔에 유료주차가 가능하며, 무료주차를 원하면 holoholokai beach park rd의 끝에 무료 주차장이 있다.

Hapuna Beach State Park 하푸나 비치 주립공원

하푸나 비치는 프린스 호텔의 남쪽에 위치한 해변이다. 약 1km 정도의 황금빛 모래사장으로 빅아일랜드 최고의 해변에 항상 이름을 올리는 해변이다. 여름에 찾는 것이 가장 좋고, 겨울에는 파도가 세고 안전 요원이 적어 위험할 수 있다. 주차장이 넓고 시설이 잘 되어있어 가볍게 놀러 가기 좋다.

특징 화장실, 샤워, 피크닉테이블, 라이프가드, 수영, 보디보딩 **찾아가기** Queen Kaahumanu Hwy에서 Hapuna Beach Rd로 진입. 도로의 끝 Old Puako Rd로 좌회선 후 100m 전진하면 주립공원의 입구가 나온다. **개방시간** 07:00~20:00 **주차** 차량당 $5

Mauna Kea Beach 마우나 케아 비치

카우나오아 비치 Kaunaoa Beach 라는 이름으로도 부르는 마우나 케아 비치는 마우나 케아 호텔 바로 앞에 위치한 해변이다. 특유의 황금빛 모래 덕택에 인기 있는데, 특히 일몰 시간에 가장 아름답다. 바위가 모여있는 지역은 스노클링을 하기에도 좋고 바다가 잔잔해 가족들과 수영을 즐기기에도 안성맞춤이다.

특징 화장실, 샤워, 수영, 스노클링 **주소** 62-100 Mauna Kea Beach Drive **찾아가기** 마우나 케아 호텔 로비를 지나 조금 더 늘어가면 해변 방문자용 주차장이 있어 이곳에 주차하고 비치로 걸어 내려갈 수 있다. 주차공간이 많지 않다.

Samuel M. Spencer Beach Park 사무엘 M. 스펜서 비치 파크

카와이하에 항구 남쪽에 위치한 해변은 커다란 암초에 의해 보호받고 있어서 연중 잔잔한 편이다. 덕분에 가족단위로 놀러 오는 사람이 많으며, 편의시설이 모두 마련되어 있어 부담 없이 해변을 즐길 수 있다. 바닷물은 다소 흐린 편이지만 잔잔하여 스노클링을 즐기는 사람도 많다.

특징 화장실, 샤워, 피크닉테이블, BBQ, 라이프가드, 수영, 스노클링, 캠핑 **찾아가기** Akoni Pule Hwy에서 Kawaihae Rd로 진입 후 0.8마일 정도 가면 된다. 종이 지도로보다는 내비게이션을 이용하는 것이 좋다.

와이콜로아의 볼거리

Kings' Trail and Petroglyph
킹스 트레일과 암면 조각

킹스 숍스의 옆으로 하와이의 암면 조각을 볼 수 있는 킹스 트레일이 있다. 킹스 트레일을 직접 둘러볼 수도 있지만, 목~일요일에는 오전 10시 30분에 킹스 숍스 센터 스테이지에 출발하는 1시간짜리 투어에 참여할 수 있다. 하와이에는 총 135개의 암면 조각 지역이 있으며, 그중 대부분이 빅아일랜드에 있다. 킹스 트레일은 그중에서도 가장 쉽게 암면 조각을 볼 수 있는 장소이다.

투어 무료 암면 조각 투어 목~일 10:30 **저자 한 마디** 암면 조각은 대부분 수천 년 전에 만들어진 것이고, 쉽게 손상되기 때문에 만지거나 그 위를 걸어가지 않는 것이 좋다.

Puako Petroglyph Archaeological Trail
푸우아코 암면조각 고고학 트레일

빅아일랜드에 남아있는 수많은 암면 조각들을 한눈에 보고 싶다면, 푸우아코 암면조각 고고학 트레일에 도전하면 된다. 트레일의 시작지점에는 여러 암면 조각들이 전시되어 있고, 트레일의 끝에서는 넓게 펼쳐진 바위 위에 그려진 다양한 암면조각들을 확인할 수 있다. 트레일은 약 1시간이면 충분히 왕복할 수 있다.

입장료 무료 **저자 한 마디** 홀로홀로카이 비치 파크(Holoholokai Beach Park)에 주차한 뒤 걸어서 갈 수 있다.

Pu'ukohola Heiau National Historic Site
푸우코홀라 헤이아우 국립 역사 지구

'고래의 언덕'이라는 의미를 지닌 해안의 신전 푸우코홀라 헤이아우는 고대 하와이의 건축물 중 가장 눈에 띄는 건축물이다. 카메하메하 1세가 하와이의 섬을 정복하고 통일할 것이라는 예언자의 말을 들은 후, 1790년부터 1791년까지 지었다. 그리고 4년 후에 실제로 그것을 이뤘냈다. 역사적인 장소들을 산책로를 통해서 걸어볼 수 있으며, 바람이 심하게 부는 날에는 산책로를 닫는 경우도 있다.

홈페이지 www.nps.gov/puhe 주소 62-3601 Kawaihae Road, Kawaihae 전화번호 808-882-7218 개방시간 월~일 08:00~16:45

와이콜로아에서 쇼핑하기

Queens Marketplace
퀸즈 마켓 플레이스

킹스 숍스와 마주 보고 있는 쇼핑몰로 좀 더 캐주얼한 액세서리 위주의 상점이 모여 있다. 하와이안 퀼트나 진주 등을 살 수 있는 곳부터 각종 식품류를 살 수 있는 아일랜드 구루메 마켓 Island Gourmet Markets 까지 다양하다. 킹스클럽보다 저렴한 레스토랑이 많으며, 푸드코트도 있다. 유명 레스토랑으로는 산세이 시푸드 Sansei Seafood 가 있다. 퀸즈 마켓 플레이스 내에서는 하와이안 퀼트 교습, 잉어 먹이주기, 리조트 바이크 라이드, 폴리네시안 댄스 아카데미 등 다양한 액티비티가 진행되는데 매월 조금씩 바뀌므로 홈페이지에서 미리 액티비티 스케줄을 확인하면 놓치지 않고 참여할 수 있다.

홈페이지 www.queensmarketplace.net 주소 201 Waikoloa Beach Drive, Waikoloa 전화번호 808-886-8822 영업시간 09:30~21:30(레스토랑 및 상점마다 다를 수 있음.)

 Kings' Shops 킹스 숍스

와이콜로아 빌리지 안에 위치한 쇼핑몰로 90여 개의 상점과 레스토랑 등이 입점해 있다. 주로 하와이 스타일의 브랜드와 유명 레스토랑이 입점해 있다. 잘 알려진 명품 브랜드들이 있어 선물 등을 쇼핑하기에도 좋다. 쇼핑몰 내에는 로이스 와이콜로아 Roy's Waikoloa 와 같은 레스토랑부터 아일랜드 피시&칩스 Island Fish&Chips 같은 캐주얼한 곳까지 다양한 레스토랑이 있다.

홈페이지 www.kingsshops.com 주소 250 Waikoloa Beach Drive, Waikoloa 전화번호 808-886-8811 영업시간 9:30~21:30(레스토랑 및 상점마다 다를 수 있음.) / 파머스 마켓 : 수요일 08:30~14:30

와이콜로아의 먹거리
$ – $10 이하, $$ – $11~20, $$$ – $21~30, $$$$ – $31 이상(메인코스 기준)

Island Fish & Chips
아일랜드 피시 & 칩스 $

기본적인 $9.99짜리 피시 & 칩스를 파는 가게. 새우, 오징어, 굴 등이 추가되면 $1~2 정도가 추가된다. 생선 및 감자 튀김의 퀄리티가 괜찮아서, 킹스 숍스에서 쇼핑하는 도중에 가벼운 식사를 즐기기 좋다.

주소 69-250 Waikoloa Beach Dr, Waikoloa 전화번호 808-886-0005 영업시간 월~일 09:30~21:30

Island Gourmet Markets
아일랜드 구루메 마켓 $

퀸즈 마켓 플레이스 내 마켓으로 간단한 델리부터 식재료, 기념품, 의류, 와인 등을 구입할 수 있다. 저렴한 샐러드나 롤, 스시 등도 구입할 수 있는데, 나들이용 간편 도시락이 많이 팔린다. 와이콜로아 리조트 단지 내 유일하게 식재료를 구할 수 있는 곳으로 식자재 품질도 대부분 좋아 자주 들르게 된다.

주소 69-201 Waikoloa Beach Dr, Waikoloa(퀸즈 마켓 플레이스) 전화번호 808-886-3577 영업시간 월~일 07:00~23:00

Lemongrass Express
레몬그라스 익스프레스 $~$$

아시안 퓨전 레스토랑으로 퀸즈 마켓 플레이스 내 푸드코트에 위치하며 오렌지 치킨이나 에그누들 같은 메뉴가 있다. 상대적으로 먹을 곳이 많지 않은 와이콜로아 지역에서 무난한 가격으로 한 끼 정도를 해결할 수 있는 곳으로 생각하면 된다.

주소 69-201 Waikoloa Beach Dr, Waikoloa(Queen's Market place) 전화번호 808-886-3577 영업시간 월~일 10:30~09:30

와이콜로아의 숙소

Hilton Waikoloa Village
힐튼 와이콜로아 빌리지

와이콜로아에서 가장 큰 규모의 리조트로 리조트 양쪽 끝까지 걸어가는 데만도 꽤 오랜 시간이 걸리다 보니 리조트 내에 무료 모노레일을 운영한다. 해변에 접한 커다란 수영장과 라군 이외에도 각 타워마다 별도 수영장이 있으며, 미니 골프장과 미술관 등 다양한 볼거리도 제공한다. 또한 리조트 내 투숙객들을 만족시킬 만큼 다양한 레스토랑이 있어 리조트를 벗어나지 않고도 모든 것을 해결할 수 있다.

규모가 큰 만큼 리조트 내 다양한 부대시설과 액티비티 프로그램이 충분한데, 단연 인기 있는 프로그램은 직접 돌고래와 함께 수영할 수 있는 돌핀 퀘스트로 아이들에게 더할 나위 없이 소중한 기회이다. 그 외에도 루아우, 수공예 강좌, 워터스포츠, 테니스 등 즐길 거리가 많이 준비되어 있다. 또한 리조트 내에서 출발하는 스노클링, 선셋 크루즈, 고래 관찰 투어도 참여할 수 있다. 가족단위의 여행객이 선호하는 리조트로 조용한 휴식보다 활동적인 것을 좋아하며 리조트의 다양한 시설을 이용할 사람들에게 적합하다. 어린이를 위한 키즈 클럽 등의 시설이 잘 되어 있어, 낮 시간대에 아이들을 맡기고 골프 등을 즐길 수 있다. 리조트가 넓어 이동시간이 긴 편이기 때문에 전체적으로 조금 일찍 움직이는 것이 좋다.

홈페이지 www.hiltonwaikoloavillage.com 주소 69-425 Waikoloa Beach Dr, Waikoloa 전화번호 808-886-1234 숙박요금 $209~ 리조트피 $30 인터넷 리조트피에 포함 주차 셀프 $27, 발레 $32 레스토랑 보트 랜딩 칸티나(Boat Landing Cantina), 도나&토니스 피자리아(Dona&Toni's Pizzeria), 코나 탭 룸(Kona Tap Room), 카무엘라 프로비전 컴퍼니(Kamuela Provision Company), 라군 그릴(Lagoon Grill) 스파 코할라 스파(Kohala Spa)

Aston Shores at Waikoloa
애스톤 쇼어스 앳 와이콜로아
콘도

애스톤 계열의 콘도미니엄으로 주방이 완비된 원베드룸 및 투베드룸 객실이 있으며, 매일 하우스키핑 서비스가 제공된다. 투숙객들에게는 플레이스테이션 3와 DVD 영화들을 제공하며, 단지 입구가 별도의 게이트로 되어있어 투숙객들의 치안이 보다 더 안전하게 관리된다.

홈페이지 www.astonhotels.com/resort/overview/aston-shores-at-waikoloa 주소 69-1035 Keana Place, Waikoloa 전화번호 808-886-5001 숙박요금 $215~ 리조트피 $10 인터넷 리조트피에 포함 주차 리조트피에 포함 클리닝피 투숙당 원베드룸 $96, 투베드룸 $150, 투베드룸 골프빌라 $175

빅아일랜드(하와이섬)

 ## Waikoloa Beach Marriott Resort & Spa
와이콜로아 비치 메리어트 리조트 앤 스파

와이콜로아에서 가장 모던한 리조트로, 코할라 코스트 최적의 장소에 위치해 있다. 작은 객실은 38㎡이며, 호텔 앞에는 커다란 인피니티 수영장이 자리한다. 호텔 뒤편으로는 유명 산책로인 킹스 트레일이 이어지고, 앞쪽으로 고대 낚시터와 아름다운 야자수가 있는 아나에호오말루 베이가 펼쳐져 휴식을 즐기기 좋다. 리조트에서 킹스 숍스와 퀸즈 마켓 플레이스까지 도보로 이동할 수 있다는 장점이 있지만, 리조트 내 하나뿐인 레스토랑의 평은 보통이다. 호텔 앞에서 바로 액티비티를 즐기기에도 좋은 가격대비 훌륭한 리조트이다.

홈페이지 www.marriott.com/hotels/travel/koamc-waikoloa-beach-marriott-resort-and-spa **주소** 69-275 Waikoloa Beach Dr, Waikoloa **전화번호** 808-886-6789 **숙박요금** $199~ **리조트피** $30 **인터넷** 리조트피에 포함 **주차** 셀프 $18, 발레 $28 **레스토랑** 하와이 콜스 레스토랑 & 라운지(Hawaii Calls Restaurant & Lounge) **스파** 만다라 스파(Mandara Spa)

 ## Mauna Kea Beach Hotel
마우나 케아 비치 호텔

빅아일랜드의 최상급 럭셔리 리조트 중 한 곳으로 호텔에서 내려다보는 마우나 케아 해변의 일몰이 너무도 아름답다. 한때 세계 최고급 리조트의 반열에 들었던 이 리조트는 로렌스 S 록펠러가 1960년대에 디자인해 1965년에 오픈하였다. 2006년 지진으로 인한 손상으로 리노베이션을 거치면서, 호텔의 럭셔리함을 유지하면서 새로운 느낌으로 거듭나는 데 성공했다. 과거부터 미국의 고위층도 많이 찾는 리조트로, 최고의 스파와 넓은 공간 그리고 훌륭한 골프 코스로 지속적으로 찾는 사람이 많다. 역사가 있는 호텔이지만 딱딱함보다는 캐주얼하면서도 세련된 느낌이 더 강하다. 조용하면서 로맨틱한 리조트를 찾는 사람들에게 적합하다. 현재는 메리엇 계열 오토그래프 콜렉션이다.

홈페이지 www.marriott.com/hotels/travel/koaak-mauna-kea-beach-hotel-autograph-collection **주소** 62-100 Mauna Kea Beach Dr, Kohala Coast **전화번호** 808-882-7222 **숙박요금** $299~ **리조트피** 없음 **인터넷** $14.95(1일) **주차** 셀프 $20, 발레 $25 **레스토랑** 만타 디너(Manta Dinner), 코퍼 바(Copper Bar), 하우 트리(Hau Tree), 클램베이크(Clambake), 넘버 3(Number 3) **스파** 만다라 스파(Mandara Spa)

 ## Fairway Villas Waikoloa by Outrigger
콘도 페어웨이 빌라스 와이콜로아 바이 아웃리거

와이콜로아 리조트 단지 내 골프장과 닿아 있어 골프를 치며 휴식을 취하는 사람들이 선호한다. 주방시설을 완비한 원베드룸, 투베드룸, 쓰리베드룸의 3가지 룸 타입이 있으며 객실 중 일부는 복층 형태이다. 숙박과 함께 골프를 칠 수 있는 패키지를 판매하고 있다. 최소 2박 이상을 해야 한다.

홈페이지 www.outriggerfairwayvillascondo.com **주소** 69-250 Pohakulana Place, Waikoloa **전화번호** 808-886-0036 **숙박요금** $169~ **리조트피** 없음 **인터넷** 무료 **주차** 무료 **클리닝피** 투숙당 1베드룸 $175, 2베드룸 $225, 2베드룸 복층 $250, 3베드룸 $275

Westin Hapuna Beach Hotel
웨스틴 하푸나 비치 호텔

아놀드 파머가 디자인한 하푸나 골프 코스 덕분에 더 유명해진 호텔로, 아름다운 하푸나 해변 바로 앞에 위치한다. 골프 리조트이기는 하지만 충분히 넓은 객실과 아이들이 놀기 좋은 커다란 수영장과 시설 덕분에 가족여행자들이 많이 찾는다. 로맨틱함보다는 전체적으로 가족적인 느낌이 드는 리조트이다. 전체적인 리노베이션을 거쳐 2018년 봄 웨스틴으로 리브랜딩하였다.

홈페이지 www.hapunabeachresort.com 주소 62-100 Kaunaoa Dr, Kohala Coast 전화번호 808-880-1111 숙박요금 $189~ 리조트피 $31.25 인터넷 리조트피에 포함 주차 셀프 리조트피에 포함, 발레 $5 추가 레스토랑 나우파카 비치 그릴(Naupaka Beach Grill), 이케나 랜딩(Ikena Landing), 메리디아(Meridia), 피코 커피+바(Piko Coffee+Bar) 스파 하푸나 스파(Hapuna Spa)

 ## The Fairmont Orchid Hawaii
페어몬트 오키드 하와이

페어몬트 체인의 고급 리조트로, 커다란 부지에 지어져 있다. 가격이 다소 있는 편이지만 그만큼의 럭셔리함이 느껴진다. 커다란 수영장과 수많은 객실 그리고 밝은 분위기는 다른 사람들을 신경 쓰지 않고 충분히 즐길 수 있는 자유를 제공한다. 리조트 앞의 해변은 인공적으로 만들어 놓은 곳으로 파도가 적어 스노클링하기 좋으며, 거북이들도 종종 찾아온다.

홈페이지 www.fairmont.com/orchid-hawaii 주소 1 North Kaniku Dr, Kohala Coast 전화번호 808-885-2000 숙박요금 $265~ 리조트피 $30 인터넷 리조트피에 포함 주차 셀프 리조트피에 포함, 발레 $5 레스토랑 할레 카이 레스토랑(Hale Kai Restaurant), 브라운스 비치 하우스 레스토랑(Brown's Beach House Restaurant), 노리오스 재패니즈 스테이크하우스 & 스시 바(Norio's Japanese Steakhouse & Sushi Bar) 스파 더 스파 위드아웃 월스(The Spa Without Walls)

 ## Mauna Lani Bay Hotel&Bungalows
마우나 라니 베이 호텔 & 방갈로

빅아일랜드의 유명한 업스케일 리조트 중 하나로 훌륭한 골프코스가 있어 골프 애호가들이 선호하는 호텔이다. 작지만 매력적인 수영장과 바로 앞 해변 역시 파도가 잔잔할 때에는 훌륭한 스노클링 장소가 된다. 2014년 리노베이션을 모두 끝낸 객실들은 깔끔하면서도 고급스러운 느낌을 그대로 담아내고 있다. 특히 프라이버시와 넓은 공간을 제공하는 독채 형식의 방갈로는 마우나라니 최고의 객실형태이며, 1박에 $4,000이 넘지만 부자들에게 인기를 끌고 있다.

홈페이지 www.maunalani.com 주소 68-1400 Mauna Lani Dr, Kohala Coast 전화번호 808-885-6622 숙박요금 $390~ 리조트피 $30 인터넷 리조트피에 포함 주차 셀프 리조트피에 포함, 발레 리조트피에 포함 레스토랑 카누하우스(Canoehouse), 베이 테라스(Bay Terrace), 오션 바&그릴(Ocean Bar&Grill) 스파 마우나 라니 스파(Mauna Lani Spa)

Area 09 Kohala Coast 코할라 코스트

빅아일랜드 북쪽의 코할라 코스트는 사람이 많이 찾지 않는 지역이지만, 카메하메하 대왕의 오리지널 동상이 있는 곳으로 유명하다. 또한 폴로루 계곡 전망대, 코할라 마운틴 전망대가 있어 가슴이 뻥 뚫리는 훌륭한 풍경을 볼 수 있다.

코할라 코스트의 해변

Keokea Beach Park
케오케아 비치 파크

하위의 동쪽에 위치한 작은 만으로, 주로 낚시하는 사람들에게 인기 있는 해변이다. 파도가 강한 편이고 바위 해변이라 수영을 즐기기에는 적합하지 않지만, 피크닉테이블과 BBQ 시설이 있어 가족단위로 놀러 오는 사람이 많다.

특징 화장실, 샤워, 피크닉테이블, BBQ, 낚시 **찾아가기** Akoni Pule Hwy에서 Keokea Beach Rd로 진입. 도로의 끝에 해변이 있으며, 가는 길은 1차선으로 자주 변하므로 조심해야 한다.

코할라 코스트의 볼거리

Lapakahi State Historical Park 라파카히 주립 역사 공원

14세기에 낚시 마을이었던 곳을 보존해 놓은 역사 공원이다. 1마일 거리의 산책로를 통해 복원된 집, 낚시터, 안식처 등을 둘러볼 수 있다. 다 둘러보는 데에는 30~40분 정도가 걸리며, 오전 이른 시간이 방문하기에 가장 좋지만 현재는 복원작업이 진행 중이라 일부만 둘러볼 수 있다.

홈페이지 www.hawaiistateparks.org/parks/hawaii/index.cfm?park_id=50 주소 Hwy 270, Mahukona 전화번호 808-327-4958 개방시간 월~일 08:00~ 16:00, 공휴일 휴무

Pololu Valley Lookout 폴로루 계곡 전망대

폴롤루 계곡 전망대는 Hwy 270(akoni Pule Hwy)의 끝에 위치한다. 길옆으로 주차가 가능하며, 트레일의 시작 지점이 바로 전망대이다. 전망대에서는 감탄을 자아내는 구불구불한 해안선을 볼 수 있기는 하지만, 시야가 일부 가려지므로 가능하면 트레일을 해 보는 것을 추천한다. Hwy 270의 끝에 다다를수록 도로 상태가 좋지 않고 길이 좁으므로 조심해서 운전해야 한다.

찾아가기 Hwy 270(Akoni Pule Hwy)의 끝

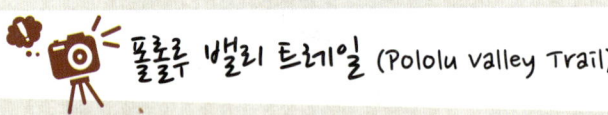 폴롤루 밸리 트레일 (Pololu Valley Trail)

빅아일랜드 북부에서 꼭 한번 해봐야 할 트레일로, 아위니 트레일(Awini Trail)이라고 부른다. 전망대에서부터 해변까지 왕복하는 데 왕복 3마일(4.8km) 약 1시간 반~2시간 정도가 소요된다. 내려갈 때는 계속 내리막이므로 돌아올 때에는 그 길을 그대로 올라가야 한다. 트레일을 따라 내려가면서 탁 트인 해안선을 볼 수 있기 때문에, 만약 해변까지 갈 예정이 아니라고 하더라도 뷰포인트 정도까지는 내려가 볼 만하다. 트레일의 끝까지 내려가면 해변이 있으며, 해변을 따라 아위니 트레일이 이어지지만 대부분 해변에서 다시 주차장으로 돌아오는 길을 택한다. 시간이 된다면 밸리 쪽으로 조금 걸어 들어가 보는 것도 좋다.

Original King Kamehameha Statue
오리지널 카메하메하 대왕 동상

하와이에 있는 수많은 카메하메하 대왕 동상 중에 오리지널 동상이 바로 이 코할라 코스트의 카파아우에 있다. 컬러풀한 카메하메하 동상은 보스턴의 조각가가 만든 것으로 1880년에 하와이로 오다가 바다에 빠져 잃어버렸던 것이다. 그 후에 다시 발견하여 1912년에 카메하메하 대왕이 태어난 이곳에 세워졌다.

주소 Hwy 270, Kapaau **찾아가기** Hawi-Niulii Rd와 kapaau Rd가 만나는 곳

Kohala Mountain Look 코할라 마운틴 전망대

와이메아 Waimea 와 하위 Hawi 를 잇는 코할라 마운틴 로드 중간에 위치한 전망대이다. 와이메아에서 계속해서 북쪽으로 올라가다 보면 왼편으로 차를 세울 수 있는 공간이 있는 넓은 전망대가 나온다. 코할라 마운틴 전망대에서는 코할라 코스트의 아름다운 해안선과 마우나 로아를 전망할 수 있다. 하위로 내려가는 길에는 양쪽의 가로수와 농장들이 눈을 즐겁게 해 준다.

찾아가기 Hwy 250 중간, 탁 트인 풍경과 함께 주차공간이 나온다.

코할라 코스트의 먹거리 - 하위 지역 $ - $10 이하, $$ - $11~20, $$$ - $21~30, $$$$ - $31 이상(메인코스 기준)

Kohala Coffee Mill 코할라 커피 밀
$

하위에서 커피 한잔을 하고 싶다면 사실 선택의 여지가 별로 없다. 하지만 다행인 것은 코할라 커피 밀의 커피가 나쁘지 않다는 것. 커피 외에도 아이스크림과 샌드위치를 판매한다. 바나나 브레드도 상당한 수준이며, 아이스크림에 대한 평도 좋지만 크기는 다소 작은 편이다.

주소 55-3412 Akoni Pule Hwy, Hawi **전화번호** 808-889-5577 **영업시간** 월~금 06:00~18:00, 토~일 07:00~18:00

🍴 Sushi Rock  스시 락 $$~$$$

저자 추천

하위 지역에서 가장 인기 있는 레스토랑. 큰 마을과 꽤 떨어져 있음에도 불구하고, 상당히 괜찮은 스시와 롤을 내놓는 레스토랑이다. 기본 롤은 $7부터 시작하지만, 양이 상당히 적은 편이다. 스페셜 롤이 가장 인기 있는데 대부분의 메뉴가 $20이다. 그 외 샌드위치와 샐러드, 스테이크와 같은 메뉴들도 있다. 스시와 초밥으로 배를 채우려면 생각보다 비용이 많이 나올 수도 있다.

홈페이지 sushirockrestaurant.net 주소 55-3435 Akoni Pule Hwy, Hawi 전화번호 808-889-5900 영업시간 월~일 12:00~15:00, 17:30~21:00

🍴 Bamboo Restaurant
밤부 레스토랑 $$~$$$

밤부 레스토랑이라는 이름답게 하와이 아시안 퓨전 음식들이 많은 레스토랑이다. 주중에는 일반적인 메뉴들이, 일요일에는 선데이 브런치로 운영된다. 레스토랑이 많지 않은 하위에서 선택할 만한 옵션이다.

홈페이지 www.bamboorestauranthawaii.com 주소 55-3415 Akoni Pule Hwy, Hawi 전화번호 808-889-5555 영업시간 화~토 11:30~14:30, 18:00~20:00, 일 11:30~14:30, 월 휴무

코할라 코스트의 먹거리 – 카와이하에 지역 $ – $10 이하, $$ – $11~20, $$$ – $21~30, $$$$ – $31 이상(메인코스 기준)

위치 지도는 ▶ P. 578 참고

🍴 Kawaihae Kitchen
카와이하에 키친 $

카와이하에 항구에 인접해있는 테이크아웃 전문점으로 하와이 현지인들이 선호하는 메뉴가 대다수이다. 그리 비싸지 않은 가격에 다양한 종류의 롤과 밥, 여러 반찬을 선택할 수 있는 플레이트 런치가 주메뉴다. 테이크아웃 전문점인 만큼 빅아일랜드 일주를 할 때, 잠시 들러 도시락용으로 구입하기 좋다. 평일 점심시간만 오픈한다.

홈페이지 www.kawaihaekitchen.com 주소 61-3665 Akoni Pule Hwy, Kawaihae 전화번호 808-882-1511 영업시간 월~금 11:00~14:00, 토~일 휴무

빅아일랜드(하와이섬)

 Da Fish House Lunch Wagon 다 피시 하우스 런치 웨건
$ 저자추천

점심시간에 코할라 코스트의 카와이하에 지역에 머무르고 있다면, 꼭 들러봐야 할 점심 스팟이다. 신선한 생선을 이용한 생선구이와 피시타코는 그중에서도 인기메뉴. 가격도 대부분이 $9~12이기 때문에 부담이 되지 않는다. 평일 점심시간에만 오픈했었지만, 인기가 있어서인지 지금은 토요일까지 오픈한다. 런치 웨건이기 때문에 차량 앞으로 식사할 수 있는 테이블이 여럿 있는 형태이며, 카드는 받지 않는다.

주소 61-3665 Akoni Pule Hwy, Hawi 전화번호 808-882-1052 영업시간 월~금 09:00~17:00, 토 09:00~15:00, 일 휴무

 Kohala Burger&Taco 코할라 버거&타코
$~$$

버거, 어니언링 그리고 타코로 모든 것을 설명할 수 있는 작은 레스토랑. 긴 형태의 레스토랑에는 작은 바와 몇 개 되지 않는 테이블이 있으며, 생각 외로 사람이 많다. 노란색 인테리어가 조금은 유치해 보이지만 다행히 음식 맛은 훌륭한 편이다. 들판에서 풀을 먹인 소만 사용한다.

홈페이지 www.kohalaburgerandtaco.com 주소 61-3665 Akoni Pule Hwy, Kawaihae 전화번호 808-880-1923 영업시간 화, 수, 목, 토 11:00~19:30, 월, 금, 일 11:00~16:00

 Aloha Deli Cafe 알로하 델리 카페
$~$$

아침식사나 점심식사를 먹으러 가볍게 들를 수 있는 레스토랑으로 바로 옆에는 아이스크림 가게가 붙어있다. 주로 하위 지역으로 향하 때 많이 들르는 곳으로, 주차공간도 별도로 있어 편리하다.

주소 61-3642 Kawaihae rd, Kawaihae 전화번호 808-880-1188 영업시간 월~목 07:00~15:00, 금 07:00~12:00, 토~일 휴무

Area 10 Waimea 와이메아

빅아일랜드를 여행하면서 한 번쯤 지나쳐 가게 되는 곳으로, 크게 볼거리가 없기는 하지만 북쪽 도로를 통해 여행하는 사람들이 식사를 위해 잠시 머물러 가기도 한다. 와이메아는 또 다른 이름인 카무엘라(Kamuela)로 불린다. 타운들 중 상대적으로 고지대에 위치하다 보니, 저녁에는 선선한 편이며 현지인들이 많이 거주한다. 괜찮은 레스토랑들이 많아 북쪽을 여행할 때 들러갈 만하다.

와이메아의 볼거리

Parker Ranch Store 파커랜치 스토어

과거에는 랜치 관련 상품뿐만 아니라 직접 키운 소를 재료로 한 스테이크 레스토랑도 있었으나, 지금은 와이메아 지역의 쇼핑몰 정도로 변했다. 여러 상점뿐만 아니라, 레스토랑과 푸드코트도 있어 와이메아 지역을 지나가면서 식사하기에 좋다. 꽤 많은 레스토랑이 있는 것에 비해 와이메아 자체에는 별다른 볼거리가 없다. 파커랜치는 공식적으로 개방하지는 않으나, 마나 로드Mana Rd를 따라가다 보면 농장의 풍경을 일부나마 감상할 수 있다. 어느 정도 달리다 보면 비포장도로가 나타나는데, 그곳에서 유턴해서 돌아오면 된다.

와이메아의 먹거리

$ – $10 이하, $$ – $11~20, $$$ – $21~30, $$$$ – $31 이상(메인코스 기준)

 Hawaiian Style Cafe 하와이안 스타일 카페
$

저자 추천

오전 시간에만 여는 레스토랑으로 지역 사람들이 아침식사와 브런치를 즐기기 위해서 많이 찾는다. 월요일부터 토요일까지는 점심식사까지 가능하며, 일요일에는 문을 조금 일찍 닫는다. 저렴한 가격에 비해 양이 많아서 푸짐한 아침식사를 즐길 수 있다. 하와이 현지식인 로코모코, 깔루아 해쉬 그리고 하우피아 팬케이크도 큰 인기이다. 전체적인 메뉴는 $8~14 정도로, 힐로에도 지점이 있으며 힐로지점은 저녁식사도 가능하다.

홈페이지 hawaiianstylecafe.com 주소 • 와이메아 65-1290 Kawaihae Rd, Kamuela • 힐로 681 Manono St, Hilo 전화번호 • 와이메아 808-885-4295 • 힐로 808-969-9265 영업시간 • 와이메아 월~토 07:00~13:30, 일 07:00~12:00 • 힐로 월~일 07:00~14:00, 화~목 17:00~20:30, 금~토 17:00~21:00

 Pau 파우
$~$$$

많은 사람이 파우를 찾는 이유는 훌륭한 피자 덕분으로, $20~27의 피자는 둘이 먹기에 충분한 크기이다. 주문에서부터 피자가 나오기까지 시간이 다소 걸리기는 하지만, 기다릴 만한 가치가 있다. 그 외에 파스타와 샌드위치도 판매하며 점심식사를 하기에 좋다. 오늘의 피자(Pizza of the day)는 2가지 중 선택 가능하며, 3조각의 피자와 샐러드가 함께 나온다.

홈페이지 www.paupizza.com 주소 65-1227 Opelo Rd, Kamuela 전화번호 808-885-6325 영업시간 월~일 11:00~20:00

 Village Burger $~$$

빅아일랜드에서 자란 소고기로 만든 패티를 이용한 버거로 유명한 곳으로, 가장 기본 버거도 충분히 맛있다. 소고기를 못 먹는 사람을 위한 피시 버거와 베지테리안 버거도 있으나, 가능하면 대표 메뉴인 하와이 빅아일랜드 비프 버거를 시도해 보자. 버거의 생김새는 실망스럽지만 맛은 실망스럽지 않다.

홈페이지 villageburgerwaimea.com 주소 67-1185 Mamalahoa Hwy, Kamuela 전화번호 808-885-7319 영업시간 월~토 10:30~20:00, 일 10:30~18:00

The fish and the hog $$~$$$

이름답게 생선과 돼지고기를 사용한 메뉴들이 메인이며 가장 인기 있는 메뉴는 BBQ이다. 대부분의 메뉴가 $10~18이나, 2인이 함께 먹어도 충분한 샘플러 플래터(여러 가지 메뉴를 한 접시에 담은 것)와 슬로우쿡 립아이는 $25~28이다. 클래식한 BBQ소스와 레스토랑 특제 소스가 있으므로, 가능하면 두 가지를 다 요청해서 맛보자.

주소 64-957 Mamalahoa Hwy, Kamuela 전화번호 808-885-6268 영업시간 월~일 11:00~20:00

Yong's Kalbi 용스 갈비
$$

무난한 한국 레스토랑으로 갈비 외에도 다양한 한국음식을 맛볼 수 있다. 빅아일랜드에서 현지인을 더 많이 상대하는 특성 상 현지화된 한국음식에 가깝지만, 양이 많아 든든하게 한 끼를 때울 수 있다. 다양한 콤보메뉴 외에도 한국인을 위한 단품 메뉴 주문이 가능하다. 작은 쇼핑몰 내에 위치하고 있어 주차도 편리하며, 주인도 친절하다.

주소 65-1158 Mamalahoa Hwy, Kamuela 전화번호 808-885-8440 영업시간 월~토 10:00~21:00, 일 휴무

Earl's Waimea 얼스 와이메아
$

벤또, 샐러드, 샌드위치와 무수비를 파는 가게이다. 테이블이 없는 테이크아웃 전문 식당으로 대부분의 메뉴가 $2~7로 저렴하다. 새벽부터 영업을 하므로 아침 일찍 일 나가는 현지인들이 애용하는 곳이다. 의외로 메뉴에 한국(Korean)이라는 단어가 많이 들어가는 것이 신기하지만, 실제 음식에서 큰 관련성을 찾기 어렵다. 그래도 맛은 괜찮은 편이다.

주소 64-974 Mamalahoa Hwy, Kamuela 전화번호 808-887-1800 영업시간 월~금 05:30~15:00, 토 05:30~13:00, 일 휴무

Red Water Cafe 레드워터 카페
$$~$$$$

다양한 아시안 퓨전 메뉴를 선보이는 퍼시픽림 레스토랑으로 스시나 면류부터 잘 구워진 스테이크까지 다양한 메뉴가 있으며, 점심은 $12~20, 저녁은 $25~35 정도이다. 오후 5시 이후에는 별도의 해피아워가 있어 조금 더 저렴하게 메뉴를 즐길 수 있다. 간단하게 먹을 수 있는 롤 종류도 괜찮은 편이다. 목~토요일 저녁에는 라이브 뮤직도 진행된다.

홈페이지 www.redwatercafe.com 주소 65-1299 Kawaihae Rd, Kamuela 전화번호 808-885-9299 영업시간 월~토 15:00~23:00, 일 휴무

Area 11 Honokaa 호노카아

와이피오 계곡을 보기 위해 찾는 호노카아는 작은 마을이지만, 호노카아 보이(한국명 하와이언 레시피)라는 영화의 배경이 되었을 정도로 소소한 매력을 가지고 있어 한 번쯤 들러볼 만하다. 힐로에서 와이콜로아로 가는 길에 점심을 먹기 위해 들러도 좋다.

호노카아의 볼거리

 Honokaa People's Theater 호노카아 시민 극장

영화 호노카아 보이에서 주인공이 일하던 극장으로, 영화 속 모습과 현재의 모습이 큰 차이가 없다. 실제로 영화를 상영하는 극장이기도 하며, 1층 입구 쪽은 카페로 꾸며져 있다. 영화에서 나오는 팝콘 기계도 그대로 있다. 현지인들의 모임장소로도 많이 이용된다.

찾아가기 45-3574 Mamane St, Honokaa

Waipio Valley 와이피오 계곡

와이피오 계곡으로 내려가는 길은 험하고 경사가 심해 일반 차량으로는 내려갈 수 없고 투어를 이용해야 한다. 4WD 차량을 이용해서 내려간 뒤 마차나 승마 액티비티로 와이피오 계곡을 둘러볼 수 있다. 과거에는 5천 명이 타로, 구아바, 바나나 등을 재배하며 살았으나 현재는 50여 명만이 살고 있다. 만약 하이킹을 하고 싶다면, 경사로를 따라 내려갈 수 있으며 왕복은 3마일(4.8km) 정도이다. 해발 300m를 내려갔다가 다시 올라오게 되므로, 올라올 때는 상당히 힘에 벅찰 수 있으나 투어를 하지 않을 예정이라면 하이킹도 할 만하다.

 찾아가기 Hwy 240의 끝

Waipio Valley Lookout 와이피오 계곡 전망대

Hwy 240의 끝에 위치한 와이피오 계곡을 내려다볼 수 있는 전망대이다. 도로 끝에 작은 주차장이 있어 차를 세울 수 있다. 와이피오 전망대에서 내려다보이는 블랙 샌드 비치는 하와이에서 가장 긴 검은 모래 해변이기도 하다.

찾아가기 Hwy 240의 끝

호노카아의 먹거리　　$ – $10 이하, $$ – $11~20, $$$ – $21~30, $$$$ – $31 이상(메인코스 기준)

Tex Drive In 텍스 드라이브 인
$

신선한 말라사다를 매일 만들기 때문에, 따뜻한 갓 튀긴 말라사다를 맛볼 수 있다. 오픈 키친 형태로 말라사다를 만드는 모습을 구경할 수 있으며, 말라사다 외에도 하와이 로컬 스타일의 음식들을 판매하므로 식사를 함께 해결하기에도 좋다. 대부분의 메뉴가 $10 이하이기 때문에 가격도 부담스럽지 않다. 상자 단위로 말라사다를 구입해가는 현지인들을 많이 볼 수 있다.

홈페이지 www.texdriveinhawaii.com 주소 45-690 Pakalana St, Honokaa 전화번호 808-775-0598 영업시간 월~일 06:00~20:00

Travel Information in Big Island

Simply Natural 심플리 내추럴 $

아침 및 점심식사 대용으로 충분한 와 샌드위치와 같은 간단한 식사류는 레스토랑이다. 인기메뉴는 스파 튜나 멜트, 타로 팬케이크, 리얼 프 스무디 그리고 아사이볼이다. 와이 계곡에 들렀다가 나오면서 가볍게 를 해결하기에 좋다. 최근 주인이 불친절하다는 평이 꽤 있는 편이다.

주소 45-3625 Mamane St, Honokaa 전화번호 808-775-0119 영업시간 월~토 8:30~16:00, 일 11:00~15:30

Cafe Il Mondo 카페 일 몬도 $$ 〈저자 추천〉

매일매일 만드는 도우로 직접 구워내는 피자는 카페 일 몬도의 자랑거리이다. 하와이섬에서도 맛있는 피자로 알려져 인기 있다. 피자는 $12~20, 샌드위치는 $7~10 정도이다. 많은 손님 덕택인지 기존에 있던 위치에서 동쪽으로 조금 더 떨어진 건물로 확장이전했다. 다행인 것은 여전히 맛은 변함없다는 것이다.

홈페이지 www.cafeilmondo.com 주소 45-3580 Mamane St, Honokaa 전화번호 808-775-7711 영업시간 월~토 11:00~14:00, 17:00~20:00, 일 휴무

Gramma's Kitchen 그래마스 키친 $$~$$$

70~80년대를 연상시키는 올드 다이너 스타일의 레스토랑이지만, 전체적인 센스나 음식의 맛은 현대적이기 때문에 걱정하지 않아도 좋다. 호노카아에서 가장 맛있는 오믈렛과 아침식사를 먹을 수 있는 곳이라고 알려졌지만, 점심 식사메뉴도 모두 훌륭하다. 금요일과 토요일에는 저녁식사도 가능하다.

주소 45-3625 Mamane St, Honokaa 전화번호 808-775-9943 영업시간 화~목 08:00~15:00, 금~일 08:00~15:00, 17:00~20:00, 월 휴무

마우나 케아 Mauna Kea

마우나 케아는 해발 4,205m, 바다에서부터는 10,000m가 넘어 시작점을 기준으로 했을 때 세계에서 가장 높은 산이다. 남태평양에 한가운데에 있는 하와이에서 겨울에 눈이 내리는 몇 안 되는 지역으로, 정상에 올라가기 전의 방문자 인포메이션 오니즈카 센터 Visitor Information Onizuka Center 에서 대부분의 액티비티가 진행된다. 인포메이션 센터까지는 일반 차량으로도 쉽게 갈 수 있으며, 이곳에서부터 정상 직전까지는 길이 포장되어 있지 않아 4WD 차량을 이용하거나 투어를 이용해야 한다. 마우나 케아는 오염이 거의 없는 태평양 한가운데에 위치한 해발 4천 미터가 넘는 산이기 때문에 별을 관측하기에 최적의 조건을 갖추고 있다. 전 세계의 유명한 관측소들이 대부분 마우나 케아에 위치한 것이 이를 증명한다. 정상이 구름에 둘러싸이는 날도 많기 때문에, 찾아가기 전에 미리 날씨를 확인하고 가야 헛걸음하는 것을 방지할 수 있다. 반대로 올라가는 길은 구름이 가득해도, 정상에 올라가면 맑은 날도 있으므로 정상의 날씨 확인은 필수이다.

- 마우나 케아 날씨 : mkwc.ifa.hawaii.edu
- 마우나케아 방문자 인포메이션 스테이션(오니즈카 센터) : www.ifa.hawaii.edu/info/vis

01 접근

이제는 많은 렌터카 회사에서 마우나케아 방문자 인포메이션 스테이션(오니즈카 센터)까지 운행하는 것을 허용한다. 다만, 오니즈카 센터에서부터 정상까지 가는 것을 허용하는 곳은 하퍼스 하와이 렌탈이 유일하며, 그 외에의 회사 이용 시에는 자신이 책임져야 한다. 보험이 커버되지 않다보니 만약 타이어펑크나 사고가 났을 경우 견인비가 $1,000 이상 나오기도 한다.

마우나 케아는 해발 4,205m에 달하는 높은 산이기 때문에 정상에 올라가면 일반 성인들도 숨을 쉬기가 어렵다. 바닷가에서 정상까지 한 번에 이동하면 너무 급격한 고도 변동으로 인해서 건강에 이상이 올 수 있으므로, 방문자 센터에서 최소 30분 이상 휴식을 취하며 충분한 수분을 섭취한 뒤에 정상으로 이동해야 한다. 특히 방문자 센터에서 시작되는 비포장도로는 울퉁불퉁하므로 천천히 달리는 것이 좋으며, 정상까지는 약 30분 정도 소요된다.

인포메이션 센터에서부터 약 5마일 간 비포장도로가 계속되므로, 저단기어를 사용할 수 있는 4WD만 올라갈 것을 추천한다. 비포장도로이기도 하지만, 특히 2WD나 AWD의 경우 해가 진 이후 어두운 상황에서 급경사를 계속해서 내려오다가 브레이크 문제로 사고가 자주 나기 때문이다. 평소에는 정상으로 올라가는 길을 관리하는 사람이 없지만, 날씨가 좋지 않을 경우에는 사람들이 나와서 통제를 하기도 한다.

▲ 날씨가 나쁜 날   ▲ 4WD 차량 이용 권고   ▲ 비포장도로

02 나이 및 건강 제한

마우나 케아 정상은 고도가 높아 심장 및 호흡기 질환자, 임산부, 노약자, 만 16세 이하, 24시간 이내 스쿠버다이빙을 한 사람 그리고 건강 이상 증상이 있는 사람은 오르지 말 것을 권한다. 건강한 성인이라도 두통, 구토, 호흡 이상, 기침, 창백함 등의 증상이 있으면 등정을 포기하고 내려와야 한다. 물론 마우나케아 방문자 인포메이션 스테이션(오니즈카 센터)까지는 대부분 무리 없이 오를 수 있다. 만 16세 이상을 권장하는 이유는 단시간 내 해발 0m에서 4,250m까지 올라가는 것이 아이들에게 좋지 않은 신체적 영향을 끼칠 수 있기 때문이다.

03 일몰

많은 사람이 마우나 케아를 찾는 가장 큰 이유는 아름다운 일몰 때문이다. 마우나 케아의 일몰은 투어를 이용하는 것이 가장 편리하지만, 직접 운전을 해야 한다면 최대한 주의하자. 또한 해가 진 후 어두워지면 운전이 그만큼 어려우므로 서둘러 내려오는 것이 좋다. 해당 지형에 익숙한 운전자의 투어 차량을 무리하게 따라가기보다는 안전하게 페이스를 유지하며 내려가는 것이 좋다. 마우나 케아의 일몰 및 천체 관측은 시기적으로 4~11월이 가장 좋다. 눈이 오는 겨울철에는 비포장 도로가 미끄러워지기 때문에 통제를 많이 한다.
만약 고산병 증세가 있거나 적합한 차량이 아니어서 정상까지 오를 수 없다면 방문자스테이션 앞 언덕까지만 오르자. 이곳에서도 훌륭한 일몰을 감상할 수 있으며, 특히 어린 아이가 있는 경우 무리하지 않는 것이 좋다. 정상에는 일몰부터 약 30분까지만 머무를 수 있으며, 그 이후에는 레인저들이 남는 사람이 없도록 장소를 정리한다.

04 천체 관측 프로그램

마우나케아 방문자 인포메이션 스테이션(오니즈카 센터)에서는 매일 밤 천체 관측 프로그램을 진행한다. 일몰이 아니라 쏟아질 듯이 하늘에 가득한 별을 설명과 함께 조금 더 자세히 보고 싶다면 꼭 천체 관측 프로그램에 참여해 보자. 천체 망원경을 통해 별들을 들여다보면서 이야기를 들을 수 있을 뿐만 아니라 날씨가 좋은 날에는 육안으로 은하수까지 확인할 수 있을 정도로 깨끗한 하늘을 만날 수 있다. 보름달일 때보다는 그믐달을 노리는 것이 좋으며, 관측 프로그램은 저녁 6시부터 10시까지 진행된다.

천체 관측 프로그램이 진행되는 도중에는 방문자스테이션을 향해서 자동차 헤드라이트를 켜지 않는 것이 예의이다. 또한 센터 내에서는 따뜻한 물과 한국 컵라면도 판매하므로 관측 중에 추위가 느껴진다면 따뜻한 국물로 추위를 달래며 출출함을 해결하기도 좋다.

Part
08

Travel Information in Lanai

라나이섬의 지역별 정보

하와이의 가장 럭셔리한 섬으로 알려진 라나이섬은 과거에는 파인애플로 유명한 돌(Dole)사의 소유로 하와이 파인애플 농장의 중심지 중 하나였다. 라나이 섬은 2012년에 오라클의 창업자인 래리 엘리슨에게 판매되어 섬의 98%를 소유하고 있으며, 2%만을 하와이 주가 소유하고 있는 특이한 섬이다. 남쪽의 포시즌스 리조트를 제외하면, 섬 중심에 위치한 라나이 시티가 섬에 위치한 마을의 전부이다. 섬 일부만 개발되어 있어 중심 도로를 제외하면 4WD 차량이 있어야만 섬의 곳곳을 돌아다닐 수 있다.

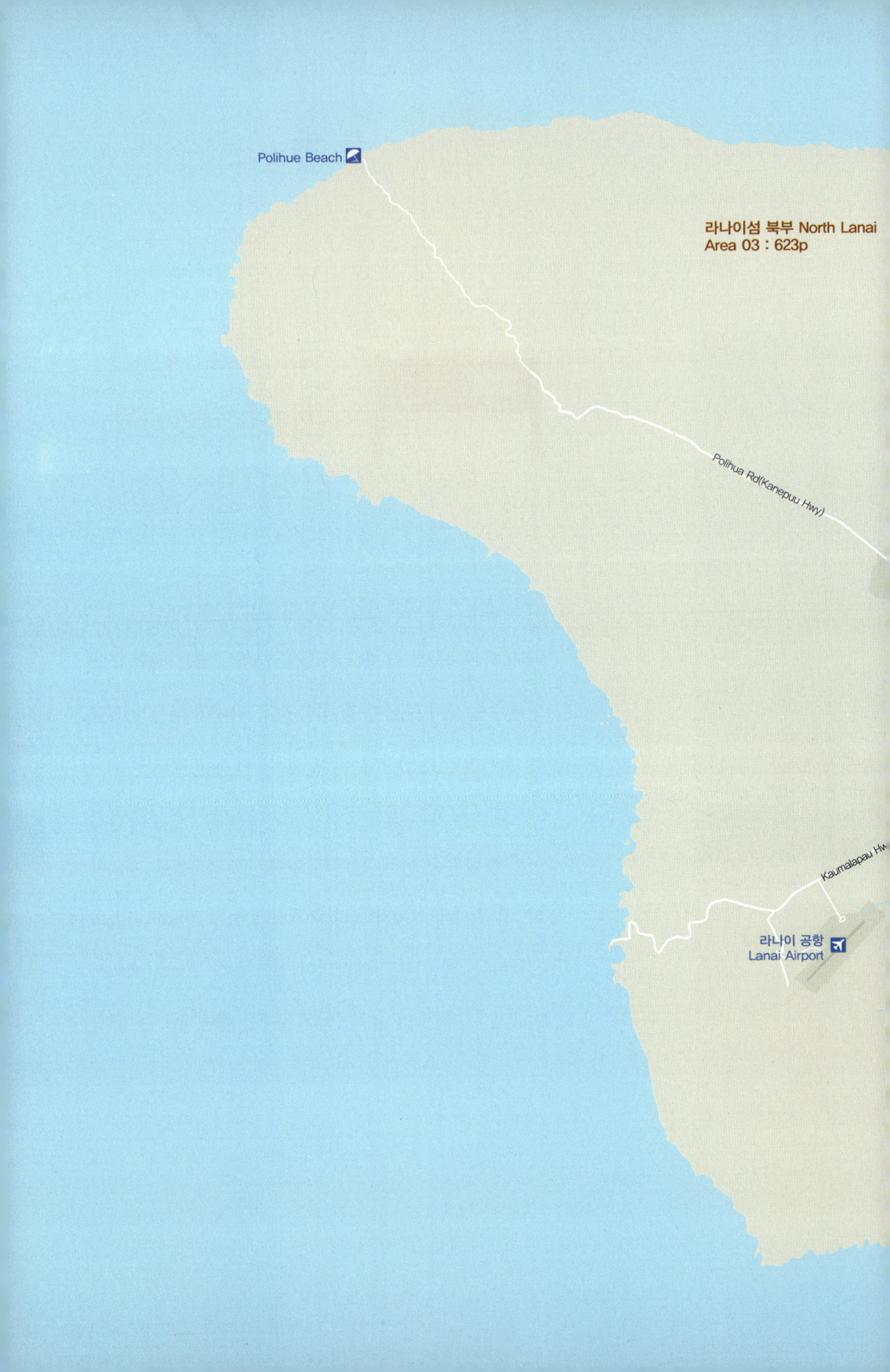

Polihue Beach

라나이섬 북부 North Lanai
Area 03 : 623p

Polihua Rd(Kanepuu Hwy)

Kaumalapau Hw

라나이 공항
Lanai Airport

라나이섬
LANAI

- Shipwreck Beach
- Keomuku Rd(Hwy)
- Lanai City 라나이 시티 Area 01 : 613p
- 랄라코아 Lalakoa
- 로파 Lopa
- Manele Rd
- Hulopoe Dr
- Manele Bay 마넬레 베이 Area 02 : 618p
- 마넬레 보트 선착장 Manele Small Boat Harbor
- Hulopoe Beach Park at Manele Bay

Section 01 라나이, 그곳이 궁금하다!

고민 없이 즐기는
라나이 추천 루트

라나이섬은 아주 작은 섬이다 보니, 관광으로 갈 수 있는 곳이 그리 많지 않다. 라나이 시티를 벗어난 관광명소를 가기 위해서는 4WD 차량이 필수이나, 하루면 대부분의 명소를 다 둘러볼 수 있다. 렌터카는 라나이 시티에서만 빌릴 수 있으므로, 일정의 시작은 라나이 시티에서 하게 된다.

Route 1 - 라나이 당일 루트

일찍 출발하면 다음의 동선을 하루에 다 돌 수 있으며, 만약 시간이 부족하다면 북쪽과 동쪽만을 렌터카로 돌고 훌로포에 비치 파크와 푸우 페헤 트레일은 택시를 이용해 다녀와도 된다. 중심의 라나이 시티를 항상 경유하게 되므로, 특별히 어느 곳을 먼저 가야 할 필요는 없다.

> 라나이 시티 → 훌로포에 비치 파크 → 푸우 페헤 트레일 → 라나이 시티 → 신들의 정원 → 폴리후아 비치 → 쉽렉 비치 → 라나이 시티

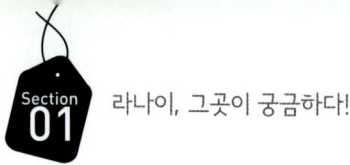

Route 2 - 마우이에서 라나이 당일 루트

마우이 섬에 머무르고 있다면, 페리를 이용해서 라나이에 다녀오는 것이 가능하다. 마우이의 라하이나 항구에서 라나이의 마넬레 항구까지 매일 5번 왕복을 한다. 아침 일찍 떠나는 페리를 타고

> [마우이] 라하이나 항구 → [라나이] 마넬레 항구 → 훌로포에 비치 파크/푸우 페에 트레일 또는 4X4 패키지 투어/지프 렌탈 → 마넬레 항구 → [마우이] 라하이나 항구

들어가 마넬레 항구에서 도보로 훌로포에 비치 파크와 푸우 페에 트레일을 즐길 수 있다. 바람이 잔잔해 파도가 없는 날이면 훌로포에 비치 파크도 상당히 훌륭한 스노클링 스팟이다.

만약 섬을 둘러보고 싶다면, 페리회사에서 제공하는 4X4 패키지 투어에 참여하거나, 항구에서의 지프 렌탈을 하여 추천루트 1을 따라가보는 것도 가능하다. 페리 홈페이지에서 왕복 티켓 및 투어의 사전 예약이 가능하므로 미리 계획을 짜 두는 것이 좋다. 라하이나 항구의 무료주차는 대부분 3시간이므로, 하루짜리 유료주차를 추천한다.

LANAI B

1-1, 1-2 라나이의 보석 같은 '해변들' 훌로포에 비치 파크를 제외하면, 라나이의 다른 해변들은 4WD 차량이 있어야만 접근할 수 있다. 각각의 해변은 모두 독특한 느낌을 가지고 있기 때문에 라나이에서 해변을 찾아 떠나는 모험은 한번 해볼 만하다. **2-1, 2-2** 기암괴석들이 모인 곳, '신들의 정원' 신들의 정원은 라나이의 가장 대표적인 관광지로, 기암괴석들이 한 곳에 모여 특이한 풍경을 보여준다. 하와이의 다른 섬에서는 볼 수 없는 독특한 풍경이다 보니, 라나이의 대표적인 관광지가 되었다.

1-1

1-2

2-1

2-2

라나이에서 놓치지 말아야 할 **추천 베스트**

3-1, 3-2 하와이 최고의 리조트, '포시즌스 리조트 라나이' 라나이를 방문하는 목적이 포시즌스 리조트 라나이에 묵어보기 위함이라는 말이 있을 정도로, 럭셔리함 그 자체로 무장한 리조트이다. 높은 가격 때문에 쉽게 묵어볼 수 있는 곳은 아니지만, 투숙객에게 제공할 수 있는 서비스의 최고봉을 보여준다. **4-1, 4-2 일출의 감동, '푸우 페헤 트레일'** 라나이 유일의 일출 명소는 바로 이 푸우 페헤 트레일의 끝에 위치한다. 스윗하트 락과 마우이를 넘어 펼쳐지는 일출은, 새벽 일찍 일어나서 짧은 트래킹을 하는 수고가 아쉽지 않게 한다.

Travel Information in Lanai

Section 02
라나이, 출발부터 도착까지

하와이에서 6번째로 작은 섬인 만큼, 라나이에는 아주 작은 규모의 라나이 공항이 전부이다. 하루에 약 10편 전후의 비행기가 오갈 정도로 비행편수도 적은 편이며, 터미널도 하나뿐인 소박한 시골 공항 이다. 섬 전체에 신호등이 없을 정도로 차량의 통행도 적다. 섬을 여행하려면 4WD 차량은 필수!

01 라나이 기초 정보

면적 364㎢의 소박한 크기의 섬 **인구** 약 3,102명(2017년 기준) **날씨** 전체적으로 건조하고, 바람이 많이 부는 편이나 남쪽 은 상대적으로 온화하다. **애칭** 파인애플 섬

02 라나이로 가는 법

한국에서 라나이로 가는 직항이 없으므로 오아후섬의 호놀룰루 국제공항을 경유해야 한 다. 라나이섬으로 향하는 편수가 많지 않으므로, 예약하는 것을 추천한다. 라나이섬으로 가는 또 다른 방법으로 마우이섬의 라하이나에서 마넬레 항구까지 페리를 타는 것으로, 약 1시간 정도가 소요된다.

03 라나이 공항 Lanai Airport

라나이 공항에는 대중교통이 없으므로, 호 텔에서 제공하는 셔틀 또는 사설 리무진을 이용해야 한다. 라나이의 숙소는 한정되어 있다 보니, 공항에 도착한 후 이동하는 곳 은 섬 중심의 라나이 시티 또는 남쪽의 포 시즌스 리조트 라나이가 전부이다.

01 라나이 공항에서 이동하기

- **호텔 셔틀 이용하기**
포시즌스 리조트 라나이가 공항과 호텔 간의 셔틀 서비스를 제공한다. 여러 명이 함께 타는 쉐어 셔틀이 조금 더 저렴하다. 쉐어 셔틀은 편도 1인당 $45(3~11세 $22.50)이며, 단독 셔틀은 $197(최대 4명)이다.

- **리무진 이용하기**
라바카스 리무진 서비스(808-565-6670)가 라나이 전역을 연결한다. 대부분의 구간(공항-라나이 시티, 라나이 시 티-포시즌스 리조트 라나이 등)을 1인당 $10에 편도 이동이 가능하며, 사실상 유일한 교통수단이다. 전화로 요청 가능하다.

▼ 라나이 공항 구조도

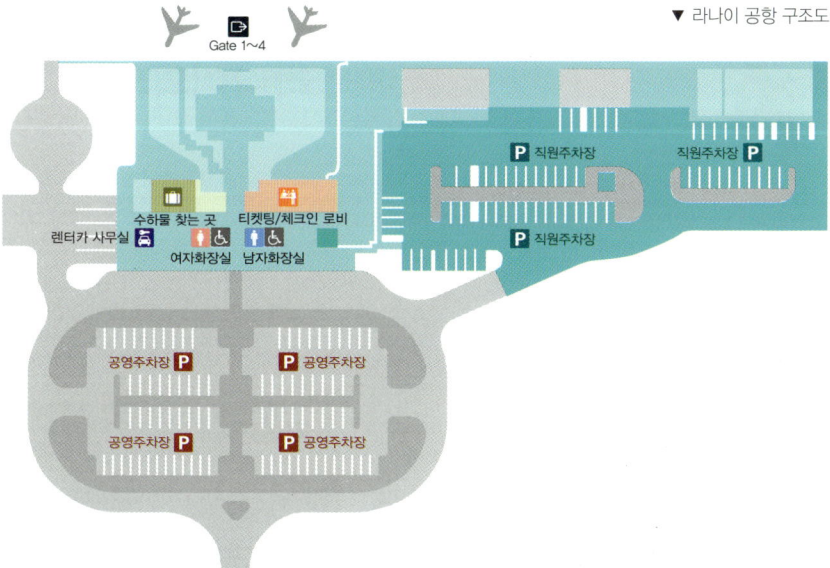

04 마넬레 항구 Manele Harbor

마우이 라하이나에서 페리를 타고 도착할 경우, 남쪽의 마넬레 항구에 도착하게 되며 대부분 리조트로 이동하거나 개별 투어를 한다. 페리는 홈페이지에서 사전 예약이 가능하다. 카페리가 아닌 관계로, 승객만 탑승 가능하다.

• 마우이-라나이 페리 익스페디션스(Expeditions) 홈페이지 go-lanai.com 요금 성인 $30, 아동(2~11세) $20, 2세 미만 무료(편도)

페리 스케줄
스케줄은 계절 및 선사의 사정에 따라 변경될 수 있으므로, 홈페이지에서 꼭 확인후 예약을 해야 한다.
• 라하이나 항구 → 마넬레 항구 06:45, 09:15, 12:45, 15:15, 17:45
• 마넬레 항구 → 라하이나 항구 08:00, 10:30, 14:00, 16:30, 18:45

01 항구에서 이동하기

• **호텔 셔틀 이용하기**
포시즌스 리조트 라나이가 항구와 호텔 간의 셔틀 서비스를 제공한다. 여러 명이 함께 타는 쉐어 셔틀은 편도 1인당 $20(3~11세 $10)이다.

• **리무진 이용하기**
라바카스 리무진 서비스(808-565-6670)가 라나이 전역을 연결한다. 항구에서 라나이 시티까지 편도 $10에 이동이 가능하다.

Travel Information in Lanai

Section 03
라나이의 대중교통

라나이에는 대중교통이 존재하지 않기 때문에 선택의 폭이 좁다. 라나이섬을 둘러보기 위해서는 렌터카를 대여하거나, 리조트 혹은 투어 업체 등에서 제공하는 프로그램을 이용해야 한다. 여러 렌터카 회사가 있으나, 사실상 그나마 가장 무난한 곳이 달러 렌터카이다. 라나이의 달러 렌터카는 별도의 홈페이지에서 예약해야만 예약이 가능하다.

01 렌터카

라나이를 여행하기 위해서는 4WD 차량인 지프 랭글러Jeep Wrangler의 대여가 필수이며, 라나이 달러 렌터카에서는 자차를 포함한 아무런 보험도 제공하지 않는다. 차량이 거의 없어 사고는 잘 일어나지 않으나, 청소비 부과로 컴플레인이 좀 있는 편이다. 그러나 라나이에는 공식적인 세차 시설이 없다는 것을 감안해야 한다. 지점이 시내에 있는 관계로, 공항에서 시내까지는 별도의 유료 셔틀을 이용해야 하며 예약할 때 사전에 연락하면 셔틀을 이용할 수 있다.

• 달러 렌터카 라나이(Dollar Lanai) 홈페이지 dollarlanai.com 주소 1056 Lanai Ave, Lanai City 요금 지프랭글러 1일(24시간) 2도어 $150~, 4도어 $182~

01 라나이의 도로

라나이의 도로는 공항과 라나이 시티, 그리고 포시즌스 리조트 라나이 사이만 포장이 되어 있다고 봐도 무방하다. 그 이외의 도로는 모두 비포장도로인데, 사람들이 많이 가는 관광지로 가는 비포장도로는 그래도 어느 정도 관리가 되어 있는 편이다. 하지만, 비가 오는 중이거나 그친 직후에는 웅덩이들 때문에 운전이 쉽지 않다. 또한, 커다란 돌들이 도로 위에 올라와 있는 경우도 많아, 비포장도로 운전에 어느 정도 익숙한 사람이 아니면 당황할 수 있다. 또한, 비포장도로인 만큼 속도를 너무 내는 것은 위험하다.

02 라나이 시티 서비스 스테이션(Lanai City Service Station)

라나이의 단 하나뿐인 주유소는 달러 렌터카 옆에 위치해 있으며, 기름의 가격은 하와이의 섬들 중에서 가장 비싸다. 주유소에는 상점도 있으므로, 기본적인 물품들을 구매할 수도 있다. $10 이하의 저렴한 파니니와 샌드위치류도 판다.

Area 01 Lanai City 라나이 시티

라나이의 유일한 마을이자 중심지인 라나이 시티는 라나이 인구의 대다수가 모여 사는 곳이자, 대개의 레스토랑이 모여 있는 곳이다. 대부분의 상점과 레스토랑이 돌 공원 주변에 자리하여, 관광 자체는 1~2시간이면 충분하다. 파인애플 농장이 대부분이던 1920년대에는 농장에서 일하는 사람들이 주로 거주하며 생활하는 지역이었다.

라나이 시티의 볼거리

📷 Dole Park 돌 공원

라나이 시티의 중심에 위치한 공원으로, 과거 라나이 섬이 파인애플 농장 역할로 이용되었던 것을 생각하면 돌 공원이 마을의 중심에 있는 것이 그리 어색하지 않다. 1920년대 파인애플 농장의 역사와 함께한 공원으로, 지금도 라나이 시티의 시민들이 이용하고 있다. 공원의 중앙에는 무료 화장실이 있다.

📷 Lanai Cat Sanctuary 라나이 캣 생츄어리

라나이 공항에서 서쪽으로 약 1km 정도 떨어진 곳에 위치한 고양이 보호구역으로, 2009년에 비영리 단체로 설립되었다. 방문객들의 기부를 통해서 운영되고 있으며, 여러 환경에서 구조된 고양이들이 2016년 현재 500마리가 넘게 살고 있다. 고양이는 한 마리 한 마리 모두 잘 관리되고 있다. 별도의 입장료는 없으며, 원할 경우 기부를 할 수 있다. 보호구역에서는 고양이들과 함께 즐거운 시간을 보낼 수 있다.

홈페이지 lanaicatsanctuary.org 주소 1 Kaupili Rd, Lanai City 전화번호 808-217-9066 개방시간 월~일 10:00~15:00

라나이 시티의 먹거리

$ – $10 이하, $$ – $11~20, $$$ – $21~30, $$$$ – $31 이상(메인코스 기준)

🍴 Richard's Market & Pine Isle Market
리차드스 마켓 & 파인 아일 마켓

라나이 시티에 위치한 두 개의 슈퍼마켓으로, 신선한 식재료를 구입할 수 있는 마켓이다. 두 마켓의 규모는 비슷하나 보유하고 있는 상품들이 서로 다르기 때문에 둘 다 들러보는 것이 좋다. 서로 한 블록 건너편에 위치해 있으므로, 쉽게 왕복할 수 있다. 전체적인 슈퍼마켓의 물가는 하와이의 다른 섬들보다 높은 편이다. 한국 라면류도 구할 수 있다. 파인 아일 마켓은 얼리지 않은 생 참치를 구할 수 있는 곳이기도 하다.

• Richard's Market 주소 434 8th St, Lanai City 전화번호 808-565-3780 영업시간 월~일 06:00~22:00 • Pine Isle Market 주소 356 8th St, Lanai City 전화번호 808-565-6488 영업시간 월~토 08:00~12:00, 13:30~19:00, 일 휴무

🍴 Coffee Works 커피 웍스 $

라나이 시티에서 커피 한잔을 마시고 싶다면, 커피 웍스보다 더 나은 선택은 사실상 없다고 봐도 무방하다. 다행히도 커피 맛은 괜찮은 편에 속한다. 커피 외에도 크루아상, 베이글과 같은 가볍게 먹을 수 있는 메뉴들도 판매한다.

홈페이지 coffeeworkshawaii.com 주소 604 Illima St, Lanai City 전화번호 808-565-6962 영업시간 월~금 07:00~16:00, 토 08:00~15:00, 일 08:00~12:00

🍴 Cafe 565 카페 565 $~$$

친절한 주인과 푸짐한 양, 그리고 상대적으로 저렴한 가격이 매력적인 로컬 레스토랑이다. 현지인들은 $10 이하인 플레이트 메뉴를 테이크아웃(투 고)해가는 경우가 많지만, 여행자들은 보통 올데이 메뉴를 많이 선택한다. 카츠와 커틀렛이 인기 메뉴. 코리안 치킨은 한국의 치킨을 생각하면 실망할 수 있다.

주소 408 8th St, Lanai City 전화번호 808-565-6622 영업시간 월~금 10:00~20:00, 토 10:00~15:00, 일 휴무

 Blue Ginger Cafe 블루 진저 카페 $~$$

로컬 음식을 주메뉴로 하는 베이커리 겸 레스토랑이다. 입구에 들어서면 다양한 빵이 진열되어 있으며, 식사로 주문 가능한 메뉴도 상당히 다양하다. 오믈렛으로 시작하는 아침식사 메뉴부터, 플레이트 형식으로 나오는 다양한 런치메뉴까지 푸짐하게 담겨 나온다. 베이커리도 겸하는 만큼 햄버거와 샌드위치에 사용되는 빵도 직접 카페에서 만든다.

홈페이지 www.bluegingercafelanai.com 주소 409 7th St, Lanai City 전화번호 808-565-6306 영업시간 월, 목, 금 06:00~20:00, 화~수 06:00~14:00, 토~일 06:30~20:00

No Ka 'Oi Grindz Lanai 노 카 오이 그라인즈 라나이 $

플레이트 런치와 햄버거, 로코모코, 사이민 등 로컬 음식을 맛볼 수 있는 레스토랑이다. 가격대가 $5~9 사이로 굉장히 저렴해서 현지인들에게 특히 인기 있는 곳이다. 크게 고민하지 않고 식사할 곳을 찾는다면 무난한 레스토랑이다.

주소 335 9th st, Lanai City 전화번호 808-565-9413 영업시간 월~일 08:00~13:00

Pele's Other Garden Deli 펠레스 아더 가든 델리 $$

하와이 로컬 음식들보다, 피자, 파스타, 샌드위치와 같은 메뉴들이 먹고 싶다면 펠레스 아더 가든을 선택하는 것도 나쁘지 않다. 라나이의 다른 레스토랑이 그렇듯, 대부분 꾸준히 영업하는 레스토랑들은 최소한 기본 이상은 하는 편이다.

홈페이지 pelesothergarden.com/peles 주소 811 Houston St, Lanai City 전화번호 808-565-9628 영업시간 월~금 11:00~20:00, 토 16:30~20:00, 일 휴무

🍴 Lanai City Grille 라나이 시티 그릴 $$$~$$$$

라나이 시티에서 분위기 있는 업스케일 레스토랑을 찾는다면, 이곳 외에는 선택의 여지가 없다. 호텔 라나이 내 위치하며, 현지인들의 모임장소 및 특별한 날에 식사하는 곳으로 많이 찾는다. 특히 주말에는 테이블이 꽉 차는 경우가 많으므로 가능하면 예약하는 것이 좋다. 스테이크, 파스타 등을 메인으로 하는 전형적인 서양식 레스토랑이다.

홈페이지 www.hotellanai.com/grille.html **주소** 811 Houston St, Lanai City **전화번호** 808-565-9628 **영업시간** 수~일 17:00~21:00, 월, 화 휴무

라나이 시티의 숙소

🏠 Hotel Lanai 호텔 라나이

라나이 시티의 중심에 위치한 이 소박한 호텔은 총 11개의 객실이 있다. 객실의 크기는 다소 작은 편이지만, 전체적으로 잘 꾸며져 있다. 실시간 예약 시스템을 제공하지 않으므로, 홈페이지를 통해서 문의 후 예약할 수 있다. 개인이 대여하는 숙소를 제외하면, 라나이에서 가장 저렴한 옵션이다.

홈페이지 www.hotellanai.com **주소** 828 Lanai Ave, Lanai City **전화번호** 808-565-7213 **숙박요금** $176~ **리조트피** 없음 **인터넷** 무료 **주차** 셀프 무료, 발레 없음 **레스토랑** 라나이 시티 그릴(Lanai City Grille)

🏠 Four Seasons Resort Lanai & The Lodge at Koele
포시즌스 리조트 라나이 & 더 롯지 앳 코엘레

2018년 말까지 리노베이션을 진행한다. 포시즌스 리조트 라나이 앳 마날레 베이와 함께 라나이를 대표하는 리조트로, 시내에서 조금 떨어져 있어 조용하게 휴식을 즐길 수 있다. 또한, 호텔 뒤편으로 펼쳐진 넓은 잔디밭과 정원은 더 롯지 앳 코엘레만의 장점이다. 넓은 수영장과 다양한 액티비티들을 즐길 수 있어, 가족과 함께 즐기는 여행에 적합하다.

홈페이지 www.fourseasons.com/koele **주소** 1 Keomoku Hwy, Lanai City **전화번호** 808-565-2020 **숙박요금** 미정 **리조트피** 없음 **인터넷** 무료 **주차** 셀프 무료, 발레 무료

Area 02 Manele Bay 마넬레 베이

라나이의 남쪽 지역으로, 포시즌스 리조트 라나이와 마넬레 항구가 위치해 있다. 상대적으로 해발이 낮고, 라나이 시티보다 기후가 안정적이어서 휴양을 즐기기에 최적이다. 또한, 라나이섬 최고의 골프코스도 이곳에 위치한다. 포시즌스 리조트로 시작해서, 포시즌스 리조트로 끝나는 지역이다.

마넬레 베이의 해변

Hulopoe Beach Park 홀로포에 비치 파크

라나이의 다른 해변들은 실상 접근이 어려운 만큼 라나이 유일의 해변이라고 봐도 무방하다. 라나이 시티에 거주하는 현지인도 주말이면 이 해변에서 휴식을 취하고, 캠핑을 즐긴다. 만 형태로 되어 있어 상대적으로 파도가 잔잔하며, 해변 서쪽은 사람의 손길이 많이 닿지 않은 만큼 산호가 잘 보존되어 있어 스노클링 포인트로도 훌륭하다.

특징 화장실, 샤워시설, 피크닉테이블, 캠핑, 수영, 스노클링 **찾아가기** Manele Rd의 끝. 포시즌스 리조트 앳 마넬레 베이에서 트레일을 따라 도보로도 이동 가능하다.

> 마넬레 베이의 볼거리

Puu Pehe Trail-Sweetheart Rock
푸우 페헤 트레일-연인 바위

30분이면 충분한 트레일은 라나이 최고의 일출 포인트로도 알려져 있다. 연인 바위라 이름 붙은 커다란 바위 너머로 떠오르는 일출은 라나이에 머무르는 커플들에게는 한 번쯤 해봐야 할 경험으로 많이 추천한다. 하지만 꼭 일출을 보기 위해서가 아니더라도, 해안선의 멋진 풍경을 더 잘 감상할 수 있는 낮 시간대 역시 충분히 걸어 볼 만한 가치가 있다. 트레일은 훌로포헤 해변의 동쪽에서 시작되며, 잘 정비되어 있어 누구나 쉽게 도전할 수 있는 가벼운 트레일이다.

Manele Harbor 마넬레 항구

라나이 섬 남쪽의 작은 항구로, 주로 마우이에서 페리를 타고 이동해 올 때 거쳐 가게 되는 곳으로 개인 요트들도 여럿 정박해 있다. 항구에서 훌로포헤 해변까지는 도보로 약 10분 정도가 소요되며, 평평한 길이기 때문에 쉽게 걸을 수 있다. 마우이에서 아침 일찍 왔다가, 오후 늦은 페리를 타고 떠나는 당일치기 여행자도 꽤 있다.

> 마넬레 베이의 먹거리 $ - $10 이하, $$ - $11~20, $$$ - $21~30, $$$$ - $31 이상(메인코스 기준)

The Sports Bar 더 스포츠 바 $$$~$$$$

칵테일과 식사를 가볍게 즐길 수 있는 레스토랑으로, 포켓볼을 즐기거나 대형 스크린을 통해 여러 스포츠 경기를 관람할 수도 있다. 해변을 향해 있는 테이블에서 조용히 이야기를 나눌 수 있고, 상대적으로 붐비지 않아 점심이나 저녁 언제든지 들러 식사를 할 수 있어 좋다. 다만 음식이 나오기까지 다소 시간이 걸리는 편이다.

홈페이지 www.fourseasons.com/lanai/dining/restaurants/the-sports-bar-and-grill 주소 1 Manele Bay Rd, Lanai City 전화번호 808-565-2020 영업시간 월~일 11:00~22:30

 ## One Forty 원 포티 $$$$

오전에는 조식 레스토랑으로 이용되며, 저녁에는 스테이크에서부터 시푸드까지 모두 커버하는 고급 레스토랑으로 변신한다. 조식의 경우 한국, 중국, 일본의 요리들에서부터 사시미와 신선한 과일, 빵과 말라사다, 그리고 스무디까지 다양하게 준비되어 있다. 뷔페 메뉴에 준비되어 있지 않은 팬케이크, 토스트, 소시지 등은 별도로 주문 가능하다.

저녁에는 생선요리와 스테이크가 메인으로, 랍스타에서부터 하와이에서 잡히는 마히마히와 하와이안 스내퍼까지 다양한 생선을 이용한다. 스테이크에 사용되는 소고기 역시 최고 등급을 이용하기 때문에 퀄리티도 상당히 훌륭하다. 바깥쪽 자리에서는 조명이 들어온 수영장과 멀리 보이는 바다를 감상하며 식사를 할 수 있다.

홈페이지 www.fourseasons.com/lanai/dining/restaurants/one_forty/ 주소 1 Manele Bay Rd, Lanai City 전화번호 808-565-2020 영업시간 월~일 06:30~11:00, 18:00~21:00

 ## Nobu 노부 $$$$

스타쉐프 노부 마츠히사의 일식 레스토랑으로, 스시와 데판야키를 모두 즐길 수 있는 레스토랑이다. 일식 요리들과 스시, 그리고 사시미 등의 개별 메뉴 주문이 가능하며, 코스로 즐기기 원하는 사람은 오마카세(쉐프 스페셜)로도 가능하다. 오마카세는 구성에 따라 2가지로 나뉘어 있으며 1인당 각 $122과 $197이다. 포시즌스 내에서도 인기 있는 레스토랑이다 보니 가능하면 일찍 예약하는 것이 좋다.

홈페이지 www.fourseasons.com/lanai/dining/restaurants/nobu_lanai/ 주소 1 Manele Bay Rd, Lanai City 전화번호 808-565-2020 영업시간 월~일 18:00~21:00

라나이섬

마넬레 베이의 숙소

 Four Seasons Resort at Manele Bay
포시즌스 리조트 라나이 앳 마넬레 베이

라나이의 포시즌스 리조트 라나이 앳 마넬레 베이는 하와이에서도 손꼽히는 고급 리조트로, 전 세계의 수많은 유명인사가 다녀가는 곳으로 유명하다. 엄청난 비용이 들어간 리노베이션 후, 리조트는 더 고급스러운 모습으로 재탄생했다. 리조트의 로비에는 별도의 체크인 카운터가 없으며, 투숙객이 도착하면 레이로 환영함과 동시에 바로 체크인이 진행된다. 호텔 앞으로는 공용 수영장과 자쿠지, 그리고 성인 전용 수영장이 있다. 곳곳에 위치한 선베드는 언제든지 무료로 이용 가능하며, 홀로포에 해변에서 스노클링을 원할 경우 스노클링 장비도 무료로 대여할 수 있다.

홈페이지 www.fourseasons.com/lanai 주소 1 Manele Bay Rd, Lanai City 전화번호 808-565-2020 숙박요금 $1222~ 리조트피 없음 인터넷 무료 주차 셀프, 발레 무료 레스토랑 원 포티(One Forty), 노부(Nobu), 말리부 팜(Malibu Farm), 더 스포츠 바(The Sports Bar)

포시즌스 리조트 라나이 앳 마넬레 베이 자세히 살펴보기

• 객실

2016년 초, 새롭게 리노베이션을 마친 포시즌스 리조트 앳 마넬레 베이의 객실은 럭셔리하면서도 과하지 않다. 전체적 인테리어에 이용된 나무가 주는 따뜻함과 고급스러운 침대는 포시즌스 리조트에서의 숙박을 편안함으로 안내한다. 커다란 욕실은 고객의 필요에 맞게 사소한 곳까지 준비되어 있으며, 객실의 태블릿을 통해 날씨와 일정 등을 관리할 수 있다. 리조트에는 전체적으로 높은 건물이 없다 보니, 객실의 라나이에 비치된 테이블과 의자에 앉아 새들의 지저귐과 파도 소리를 들으며 자연과 함께하는 느낌을 얻을 수 있다.

• 골프코스

마넬레 코스(Manele Course)는 라나이의 자랑인 골프코스로, 해변 바로 옆에 위치하면서도 상대적으로 바람의 영향을 적게 받는 편에 속한다. 리조트 게스트들만 라운딩을 할 수 있으며, 연인바위와 지그재그로 이어지는 해안선을 바라보는 코스는 잭 니클라우스에 의해 디자인되었다. 골프 클럽하우스까지는 컨시어지에게 이야기하면 셔틀을 이용해 무료로 데려다준다.

• 셔틀버스

포시즌스 리조트에서는 라나이시티까지 무료 셔틀을 제공한다. 하루에 1번 왕복을 하며, 오전에 라나이 시티로 출발해서 오후에 다시 리조트로 돌아온다. 좌석이 한정되어 있으므로 가능하면 예약하는 것이 좋다. 출발 및 도착 시간은 리조트에 문의하면 알려준다.

Area 03　North Lanai 라나이섬 북부

라나이섬의 북부로 향하는 것은 4WD 렌터카를 빌려, 비포장도로의 모험을 떠날 때뿐이다. 울퉁불퉁한 비포장도로를 운전해야 하지만, 라나이섬의 아름다운 목적지가 보여주는 풍경은 반나절~하루의 드라이브가 아깝지 않다. 비포장도로는 대부분 직관적이긴 하지만, 여행 시 오프라인 구글 지도와 GPS를 이용해 현재 위치를 확인하면 도움이 된다.

> 라나이 시티의 볼거리

Garden of the Gods 신들의 정원

라나이 섬의 가장 대표적인 볼거리로, 다양한 모양의 바위가 모여 있는 독특한 풍경이 계속 이어진다. 신들의 정원까지 향하는 길에는 게이트를 2번 지나야 하며, 목적지에 도착하면 바로 바위군락이 나타나기 때문에 놓치기 어렵다. 하와이 전설에 의하면 각각의 돌은 고대 하와이 전사들의 영혼을 담고 있다고 하는가 하면, 조각을 좋아하는 신이 여러 바위들을 바람으로 조각했다고도 한다. 신들의 정원까지 가는 길은 비포장 도로임에도 잘 표기되어 있지만, 종종 분기점이 나오기도 하므로 GPS를 참고하는 것을 추천한다.

찾아가기 비포장 도로인 Polihua Rd(Kanepuu Hwy)를 따라 약 20~30분정도 달리면 도착한다.

📷 Polihua Beach 폴리후아 비치

신들의 정원에서 라나이 북부에 위치한 폴리후아 비치까지 가는 길은 비포장도로의 컨디션이 더 좋지 않으므로 운전에 더 주의해야 한다. 겨울에는 종종 혹등고래가 해변 앞에서 노닐기도 한다. 조류가 상당히 센 해변이므로 수영은 추천하지 않으며, 풍경을 즐기기 위한 해변으로 생각하는 것이 더 좋다. 해변에 도착하면 렌터카를 위한 지정 주차 공간이 있으므로, 모래 위로 운전해 들어가지 않도록 주의해야 한다.

찾아가기 신들의 정원에서 Polihua Rd(Kanepuu Hwy)를 따라 30~40분 정도 더 북쪽으로 이동하면 도착한다.

📷 Shipwreck Beach 쉽렉 비치

라나이섬의 북동쪽에 위치한 쉽렉 비치는 난파선을 볼 수 있는 해변이다. 라나이 섬에서 약 30분을 달려 도착하는 작은 주차 공간에 차를 주차하고 해안을 따라 약 20~30분 정도 걸어가면 난파선이 시야에 들어온다. 또한 가는 길에는 암면조각도 일부 발견할 수 있다. 마우이 섬에서 멀지 않다보니, 해변에 도착하면 휴대폰의 신호가 잡힌다.

찾아가기 Keomuku Hwy를 따라 약 30분 정도 북동쪽으로 이동한다. 처음 만나는 양갈래 길에서 좌회전을 하면 된다. 표지판이 있어 쉽게 찾아갈 수 있다.

INDEX

〈영문/숫자〉

기타

4-Mile Scenic Drive	565
38, Nico's Pier	231
53 By The Sea	232
88 Tees	154
88 Supermarket	206
808 Bistro	366
808 Deli	366
1869, Eating House	164

A

Aadaz Maui at Wailea	377
ABC Stores	065
Abercrombie & Fitch	292
Acai Bowl	079
A Disney Resort & Spa	273
Agu Ramen Bistro	201
Ahalanui Beach Park	574
Ahihi Bay	325
Ahihi Bay & Cove	373
Ahihi-Kinau Preserve	321
Ahi & Vegetable	218
Ahuena Heiau	524
Ahukini Pier State Park	470
Ai Love Nalo	241
Akaka Falls State Parks	564
Akaka Falls State Parks Trail	504
Alakai Swamp Trail	433
Alamo	046
Ala Moana	192
Ala Moana Beach Park	196
Ala Moana Hawaii's Center	285
Ala Moana Hotel	208
Ala Moana Shopping Center	196
Alan Wong's	202
Ala Wai	122
Ala Wai Blvd	145
Alexander & Baldwin Sugar Museum	384
Alii Kula Lavender	410
Aloha	028
Aloha Deli Cafe	591
Aloha Festival	037
Aloha Stadium	278
Aloha Tower	217
Aloha Tower Marketplace	217
Anaehoomalu Bay	579
Anini Beach	437
Anini Beach Park	447
Anna Miller's	279
Aqua Bamboo	185
Aqua Kauai Beach Resort	474
Aqua Kauai Shores	467
Aqua Pacific Monarch	187
Aqua Palms	209
Aqua Skyline at Island Colony	191
Arancino Di Mare	161
Arby's	089
Arnold Palmer Course	123
Aston at Poipu Kai	483
Aston at the Maui Banyan	369
Aston at The Whaler on Kaanapali Beach	354
Aston Islander on the Beach	467
Aston Kona by the Sea Resort	539
Aston Mahana at Kaanapali	356
Aston Maui Hill	369
Aston Maui Kaanapali Villas	354
Aston Shores at Waikoloa	584
Aston Waikiki Banyan	186
Aston Waikiki Banyan Parking	144
Aston Waikiki Beach Hotel	179
The Residences at Waikiki Beach Tower	181
Aston Waikiki Circle Hotel	179
Aston Waikiki Sunset	187
ATM	034
Auana Quilts	290
Aulani	273
Avatar	075
A Waldorf Astoria Resort	378
A Westin Resort & Spa	175
Azure Restaurant	167

B

Baggage Claim	134
Bailey House Museum	384
Baldwin Beach Park	390
Baldwin Home Museum	338
Bali Steak & Seafood	202
Bamboo Restaurant	590
Banana Bread	079
Banana Joe's Fruit Stand	450
Banana Republic	284
Banyan Tree Park	339
Banzai Pipeline	251
Bar Acuda	451
Basik Cafe	526
Bath&Body Works	291
Battleship Missouri Memorial	275
Beach	069
Beach Bums Bar & Grill	382
Beach House Restaurant	481
Best Western Pioneer Inn	346
Bianelli's Gourmet Pizza & Pasta	536
Big Beach & Little Beach	373
Big Beach-Little Beach	320
Big Island Candies	290, 569
Big Island Country Club	507
Big Island Film Festival	036
Big Island Grill	528
Big Swell IPA	080
Bikini Blond	080
Bills Sydney	162
Bishop Museum	221
Black Rock	323
Black Sand Beach	321
BLT Steak	168
Blue Crab	210
Blue Ginger	299
Blue Ginger Cafe	616
Blue Hawaii	080
Blue Note Hawaii	151
Bob's Ukulele	297
Bogart's	228
Boots&Kimos Homestyle Kitchen	247
Brennecke's Beach Broiler	480
BRUE Bar	198
Bubba Gump Shrimp Co	083
Bubba's Burger	451
Bubbies	241
Burger King	088
Byodo-In Temple	244

C

CAFE102	571
Cafe 565	615
Cafe Des Amis	393
Cafe Il Mondo	598
Cafe Kaila	231
Cafe Mambo	393
Cafe Ono	562
Cafe Pesto	572
California Pizza Kitchen	086
Calvin Klein	285

Travel Information in Hawaii

Captain James Cook Monument	548	
Carlsmith Beach Park	565, 567	
Castle Kaha Lani	467	
Championship Course	123	
Chapel Hats	290	
Cheeseburger in Paradise	087	
Cheesecake Factory	084	
Chichi	080	
Chicken in a Barrel	462	
China Town	215	
Chinese New Year Festival	036	
Chirashi Sushi–don by Jiro	525	
Choice Health Bar	345	
Choi's Garden	205	
Cinnamon's Restaurant	249	
Clam	210	
Coach	283	
Coconut Fish Cafe	367	
Coconut Island	567	
Coconut MarketPlace	461	
Coconut Waikiki Hotel	188	
Coco Puff	078	
Coffee Gallery	262	
Coffee Works	615	
Commuter Terminal	131	
Concierge	052	
Cool Cat Cafe	344	
Corn	210	
Costco	064	
Courtyard Kauai at Coconut Beach	466	
Courtyard King Kamehameha's Kona beach Hotel	531	
Courtyard Oahu North Shore	257	
Crackin' Kitchen	210	
Crater Rim Drive	556	
Crawfish	210	
Crepes No Ka 'Oi	248	
Cuatro	368	

D
Da Crack	481
Da Fish House Lunch Wagon	591
Da Kitchen Cafe	387
Da Poke Shack	536
Dean & DeLuca	167
Devarstation Trail & Pu'u Pua'i Overlook	559
Diamond Head Beach	221
Diamond Head Cove Health Bar	230

Diamond Head Trail	225
Diesel	290
Disney Store	291
Dole Park	614
Dole Plantaion	254
Dollar	046
Donday	205
Don Quijote	197
Doraku Sushi	163
Doubletree by Hilton Alana Waikiki	209
DoubleTree by Hilton Hilo Naniloa Hotel	573
Doutor Coffee Mauka Meadows	545
Downtown	212
Dragon Kitchen Sushi	571
Dragon's Teeth	359
DT Fleming Beach Park	358
Duke Kahanamoku Statue	150
Dungeoness Crab	210
Duo Steak & Seafood	376

E
Earl's Waimea	595
Early Check–in	051
Eggs'n Things	158
Ehukai Beach Park	251
Embassy Suites Waikiki Beach Walk	182
Emerald Course	319
E Noa Tours	283
Eskimo Candy Seafood Market & Deli	368
ESTA	038
Ewa Beach Park	275
Ewa Villages	123
Executive Course	123

F
Fairway Villas Waikoloa by Outrigger	585
Famous Kahuku Shrimp Truck	259
Farmer's Market	524
Farrington Hwy	267
Fern Grotto	460
Fire Rock Pale Ale	080
Fish House	271
Five Caves	325
Flavors of Honolulu	037
Foodland	064
Food Pantry	154

Fook Yuen Seafood Restaurant	201
Forever21	151, 297
Fort Derussy Beach Park	148
Fort De Russy Parking	143
Fort Street Cafe	217
Foster Botanical Garden	222
Four Seasons Maui at Wailea	379
Four Seasons Resort at Manele Bay	621
Four Seasons Resort Hualalai	540
Four Seasons Resort Lanai & The Lodge at Koele	617
Four Seasons Resort Oahu at Ko Olina	272
Frenchman's Cafe	527
Fumi's Kahuku Shrimp	259
Furla	297

G
Gap	292
Garden of Eden Arboretum	400
Garden of the Gods	623
Gas	056
Gaylord's	473
Gazebo Restaurant	360
George Fazio Course	123
Gerard's Restaurant	346
Geste Shrimp Truck	387
Giovanni's Original White Shrimp Truck	258
Giovanni's Shirmp Truck	264
Gold Course	319
Goma Tei	199
Good and Healthy Cafe	218
Gordon Biersch Brewery	218
Gorilla in the Cafe	172
GPS	059
Gramma's Kitchen	598
Grand Hyatt Kauai	484
Grandma's Coffee House	411
Grand Wailea	378
Green Sand Beach	553
Greenwell Farms	543
Gymboree	284

H
HA Coffee Bar	473
Haena Beach	446
Haipua'ena Falls	400
Haleakala National Park	409

색인 Index

Haleakala National
  Park Kipahulu Area 408
Haleakala Visitor Center 416
Haleiwa 260
Haleiwa Ali'i Beach Park 261
Halekulani 178
Halema'uma'u Overlook 559
Hallmark Gold Crown 292
Halloween 037
Halona Blow Hole & Cove 239
Hamura's Saimin 471
Hana 404
Hana Beach Park 404
Hana Hou Restaurant & Bakery 554
Hana Kai Maui 406
Hanalei 444
Hanalei Bay 447
Hanalei Bay Resort 457
Hanalei Bread Company 452
Hanapepe 485
Hanauma Bay 125, 235
Hapuna 507
Hapuna Beach State Park 580
Hard Rock Cafe 083
Hau Tree Lanai 158
Hauula Korean BBQ 256
Hawaiian Cookie 079
Hawaiian Style Cafe 593
Hawaii International Film Festival 037
Hawaii Kai 123, 232
Hawaii Prince 123
Hawaii State Art Museum 214
Hawaii Tropical Botanical Garden 565
Hawaii Volcanoes National Park 555
Hawaiian Crown Plantation 171
Heavenly 157
Hele-On Bus 520
Hertz 046
Herringbone 166
Hilo 566
Hilo Farmers Market 568
Hilo Hawaiian Hotel 573
Hilo International Airport 518
Hilo Seaside Hotel 573
Hilton Garden Inn
  Kauai Wailua Bay 466
Hilton Garden Inn Waikiki Beach 187
Hilton Hawaiian Village 207
Hilton Lagoon 145
Hilton Largoon & Beach 196
Hilton Waikiki Beach 188
Hilton Waikoloa Village 584
Historic Hanapepe Road 485
Hokuala Ocean Course 431
Holei Sea Arch 561
Holiday Inn Express Kailua-Kona 531
Waikiki Beachcomber
  by Outrigger 182
Holua Resort at the
  Mauna loa Village 538
Holiday Inn Express Waikiki 184
Holy Donuts 526
Honokaa 596
Honokaa People's Theater 596
Honokohau Marina 534
Honolua Bay 322, 358
Honolua Store 361
Honolulu 220
Honolulu Academy of Arts 216
Honolulu Chocolate Company 302
Honolulu City Lights 037
Honolulu Coffee Company 171
Honolulu Cookie Company 170
Honolulu Festival 036
Honolulu International Airport 131
Honolulu museum of Art
  at First Hawaiian Center 216
Honolulu Museum of Art
  - Spalding House 222
Honolulu Zoo 149
Honomanu Bay 400
Honos Shrimp Truck 264
Honua Kai Resort & Spa 356
Honu Seafood and Pizza 345
Ho'okipa Beach Park 321, 390
Hosmer Grove 417
Hotel Lanai 617
Hotel Renew 190
Hualalai 507
Huelo Lookout 399
Huggo's on the Rocks 529
Hula 028
Hula Daddy Kona Coffee 543
Hula Grill 169, 351
Hulihee Palace 523
Hulopoe Beach Park 618
Hyatt Centric Waikiki Beach 186
Hyatt Place Waikiki Beach 185
Hyatt Regency
  Maui Resort & Spa 352
Hyatt Regency Waikiki
  Beach Resort & Spa 177
HY's Steak House 160

I
Ice Mochi 078
Il Gelato Cafe 262
Ilikai Hotel 209
Imiloa Astronomy Center 570
Interisland Terminal 131
International Marketplace 144, 154, 298
Iolani Palace 213
Isaac Hale Beach Park 575
Ishihara Market 493
Island Fish & Chips 583
Island Gourmet Markets 583
Island Lava Java 528
Island Slippers 297
Island Soap&Candle Works 297
Island Taco 493
Island Vintage Coffee 170

J
Jack in the box 089
Jade Dynasty
  Seafood Restaurant 200
Jagger Museum 556
Jamba Juice 089
Janie and Jack 292
Japengo 350
Java Kai 464
Jinroku Pacific Teppan Grill&Bar 159
Joy's Place 367

K
Kaaloa's Super J's 550
Kaanapali 318, 348
Kaanapali Beach 349
Kaanapali Beach-Black Rock 321
Kaanapali Beach Hotel 355
Kaanapali Trolley 333
Kaena Point 269
Kahala Hotel & Resort 233
Kahala Mall 228, 298
Kahalu'u Beach Park 533
Kahaluu Beach Park 512
Kahekili Beach Park 349
Kahe Point Beach 125
Kahe Point Beach Park 266

Travel Information in Hawaii

Kahuku	122	Kauai Mokinaha Festival	037	Kohala Burger&Taco	591
Kahuku Land Farms	256	Kauai Museum	469	Kohala Coast	587
Kahului	319, 383	Kauai Pasta	473	Kohala Coffee Mill	589
KAI Coffee Hawaii	169	Kaumahina State Wayside	400	Kohala Mountain Look	589
Kailua	242, 522	Kaumana Cave	569	Kohola Brewery	080
Kailua Beach	124	Kawaiaha'o Church	214	Koiso Sushi Bar	366
Kailua Beach Park	242	Kawaihae Kitchen	590	Kokee National History Museum	491
Kailua Candy Co	535	Kawamoto Store	571	Koki Beach Park&Hamoa Beach	406
Kailua–Kona Shopping Center	524	KCC Farmer's Market	225	Koko Head Regional Park & Trail	238
Kailua Pier	523	Kealakekua Bay	510	Kokonuts	240
Kaimu Beach Park	576	Kealakekua Bay		Kolekole Beach County Park	565
Ka lae–South Point	554	State Historic Park	547	Koloa	475
Kalahaku Overlook	417	Kealakomo	560	Koloa Fish Market	479
Kalakaua Ave	144, 145	Kealia Beach	459	Kona	522
Kalalau Lookout	491	Kealia Pond		Kona Bluesky Coffee	544
Kalalau Trail	433, 453	National Wildlife Refuge	365	Kona Brewer's Festival	036
Kalapaki Beach	468	Keanae Arboretum	401	Kona Brewing Co.	529
Kalapana	576	Keanakako'i Overlook	559	Kona Brewing Company	080
Kalapawai Cafe & Deli	247	Keauhou Resort Trolley	520	Kona Coast	532
Kalbi	078	Keauhou Shopping Center	535	Kona Coast Resort	539
Kaleo's Bar&Grill	577	Ke'e Beach	436, 445	Kona Coffee Cultural Festival	037
Kaloko–Honokohau		Keei Cafe at Hokukano	551	Kona Coffee Living History Farm	549
National Historic Park	534	Kehena Black Sand Beach	575	Kona Coffee Purveyors	
Kalua Pig	077	Ken's House of Pancakes	572	& b. Patisserie	172
Kamaka Hawaii	216	Keokea Beach Park	587	Kona Haven Coffee	525
Kamaole Beach Park	365	Kiahuna	432	Kona International Airport	517
Kaneana Cave	268	Kickin Kajun	211	Kona Joe Coffee	545
Kaneohe	242	Kihei	364	Kona Korean BBQ	526
Kapaa	458	Kilauea Iki Trail	547, 558	Kona Seaside Hotel	530
Kapaa Beach Park	459	Kilauea Point		Ko Olina	123
Kapaa Lookout	459	National Wildlife Refuge	449	Ko Olina Beach	266
Kapalua	318, 357	Kilauea Visitor Center	557	Ko Olina Hawaiian Bar–B–Que	270
Kapalua Airport	331	Kilohana Plantation	470	Kope Lani Coffee&Ice Cream	525
Kapalua Bay	323	Kiluea Town	452	Korean BBQ	264
Kapalua Bay Course	318	Kim Chee Restaurant	249	Korea Peninsula Town Lookout	238
Kapalua Beach	321, 358	Kimobean Coffee	169	Kountry Kitchen	464
Kapalua Maui Resort		Kimo's	345	KTA Super Stores	065
& Luxury Hotel	362	King Crab	210	Kua Aina	263
Kapalua Villas	363	King Kalakaua Plaza Parking	144	Kualoa Ranch	245
Kapiolani Park	150	King Kamehameha Day	037	Kualoa Regional Park	244
Kapoho Tide Pools	575	King Kamehameha Statue	213, 568	Kuhio Beach	148
Kapolei	123	Kings' Shops	583	Kukui Grove Shopping Center	470
Kapolei Marketplace	271	Kings' Trail and Petroglyph	581	Kukuiolono Park	433
Karai Crab	211	King's Village	144	Kula Botanical Garden	410
Kau	552	Kings Village	153	Kula Lodge & Restaurant	411
Kauai Coast Resort		Kipahulu	418	Kuloa Point Trail	418
at the Beachboy	465	Kipahulu Visitor Center	418	Kyoza no Ohsho	155
Kauai Coffee Company	486	Kmart	063		
Kauai Kookie Kompany	488	Koa Kea Hotel & Resort	483	**L**	
Kauai Marriott Resort	474	Koaloha Ukulele	224	La Cucina Ristorante Italiano	219

색인 Index

Lahaina	334	Luxury Low	298	Maui Whale Festival	036		
Lahaina Art Galleries	337	Luxury Row	151	Mauna Kea	507, 599		
Lahaina Cannery Mall	342	Lydgate Beach Park	469	Mauna Kea Beach	564, 580		
Lahaina Grill	346	Lyon Arboretum	224	Mauna Kea Beach Hotel	585		
Lahaina Harbor	340			Mauna Lani	507		
Laie Point State Wayside	255	**M**		Mauna Lani Bay			
Lanai Airport	610	Maalaea	381	Hotel&Bungalows	586		
Lanai Cat Sanctuary	614	Ma'alaea Boat Harbor	381	Mauna Loa Factory	570		
Lanai City Grille	617	Mac 24-7 Waikiki	158	Mauna Ulu Lookout	560		
Lanai City Service Station	612	Macadamia Nut	079	McDonald	088		
Lanai Lookout	238	Macy's	153	Meat Jun	078		
Laniakea Beach	125, 253	Made In Hawaii Festival	037	ME BBQ	155		
Lanikai Beach	124, 243	Magic sand Beach	533	Mehana Brewing Company	080		
Lapakahi State Historical Park	588	Mahalo	028	Mermaid Cafe	462		
Lappert's Ice Cream	488	Mahaulepu Beach	476	Merrie Monarch Festival	036		
Late Check-out	055	Mai Tai	079	Merriman's	083		
Lau Lau	077	Makaha Beach Park	267	Michael Kors	283		
Laundromat	062	Makai	432	Mikawon	157		
Lava Flow	079	Makai Course	432	Mission House Museum	215		
Lava Rock Cafe	563	Makai Market Foodcourt	198	Moana Surfrider,			
Lava Tree State		Makapu'u Beach Park	237	A Westin Resort	175		
Monument & Park	576	Makapu'u Lighthouse Trail	239	Mokapu Beach&Ulua Beach	371		
Lawai Beach	437, 476	Makapu'u Point Lookout	240	Mokapu&Ulu Beach	324		
Leeward Coast	265	Makena	370	Mokuaikaua Church	523		
Lei	028	Mala Ocean Tavern	345	Monico's Taqueria	464		
Lei Day Festival	036	Malasada	078	Monkeypod Kitchen	270, 375		
Leilani's on the beach	351	Malibu Shirts	299	Monsarrat Ave	144		
Le Jardin	172	Maluaka Beach Park	372	Mountain Thunder			
Leleiwi Overlook	417	Mama's Fish House	391	Coffee Plantation	543		
Lemongrass Express	583	Mana Foods	391	Mussel	210		
Leonard's Bakery	230	Manago Hotel Restaurant	551	Musubi Cafe Iyasme	156		
LeSportsac	284	Manele Harbor	619	MW Restaurant	204		
Levi's	285	Manoa Falls Trail	224				
Lihue	468	Maria Lanakila Catholic Church	340	**N**			
Lihue International Airport	441	Mariposa	200	Nagasako Okazu-Ya Deli	342		
Liliha Bakery	229	Marketplace, International	298	Nakalele Blow hole	359		
Liliuokalani Park and Garden	568	Mark's Place	471	Napili Bay	320		
Limahuli Garden	449	Martin&MacArthur	291	Napili Bay Beach	357		
Living Foods Market&Cafe	480	Marukame Udon	155	Napili Kai Beach Resort	363		
Lobster	210	Matsumoto's Grocery Store	261	National Memorial Cemetery	222		
Locomoco	077	Maui Art Festival	036	National Tropical			
Longboard	080	Maui Brewing Co.	360	Botanical Garden	478		
Longhi's	375	Maui Brewing Company	080	Nature Bath - Olivine Pools	360		
Longs Drug	065	Maui Brick Oven	368	New Otani Kaimana Beach Hotel	179		
Lookout, Hanalei Valley	448	Maui Coast Hotel	368	Nihaku Marketplace	403		
Lost&Found	134	Maui Grown		Nine West	284		
Lost world	074	Coffee Company Store	337	No Ka 'Oi Grindz Lanai	616		
Lumahai Beach	446	Maui Ocean Center	382	Nobu	620		
Lunch Plate	078	Maui Onion Festival	036	NOM Kauai	463		
Lupicia	290	Maui Tropical Plantataion	384	Nordstrom Rack	302		

Travel Information in Hawaii

North Hilo	564	
North Shore	250	
Nu'uanu Pali Lookout	245	

O

Ohana Waikiki East	190
Ohana Waikiki Malia	190
Ohelo Cafe	562
Ohe'o Gulch	419
Old Blue Course	319
Old Fort	339
Old Lahaina Courthouse	339
Old Lahaina Prison	339
Old Navy	290
One Forty	620
Onekahakaha Beach Park	567
ONO Seafood	230
Opaekaa Falls	460
Orchids	168
Original King Kamehameha Statue	589
Original Pancake House	229
Outrigger Aina Nalu	347
Outrigger Kanaloa at Kona	539
Outrigger Kiahuna Plantation	482
Outrigger Maui Eldorado	355
Outrigger Napili Shores	362
Outrigger Reef on the beach	176
Outrigger Royal Sea Cliff Resort	540
Outrigger Waikiki on the Beach	175
Overeasy	247
Oversea Terminal	131
Oxtail Ramen	157
Oyako Tei	386
Oyster	210

P

Pacific Aviation Museum	278
Pahoa	574
Pahoa Fresh Fish	577
Paia	389
Paia Fish Market	392
Pa'ina Cafe	241
Paina Lanai Foodcourt	163
Palama Supermarket	206
Pali	122
Panaewa Rainforest Zoo&Gardens	570
Panda Express	089
Papa Ole's Kitchen	256
Papyrus	290
Parker Ranch Store	592
Park Shore Hotel	184
Pat's Taqueria	450
Pau	593
Pauahi Crater	560
Paul's Place Cafe	572
Pauoa Bay	564, 580
Peaberry & Gallete	537
Pearl Harbor	274
Pearl Harbor Historic Sites	275
Pearl Ridge Center	278
Pearl's Korean BBQ	088
Pele's Other Garden Deli	616
Penne Pasta Cafe	344
Peter Lik Gallery	299
P.F. Chang's China Bistro	086
Pho Cuu—Long II	219
Pho Kauai	471
Pier 1 Imports	303
Pietro's Pizza	472
Pillbox Hiking Trail	243
Pineapple Grill	361
Pipiwai Trail	419
Pita Paradise	376
Pizza Corner	270
Pizzahut	089
Plantation, Mountain Thunder Coffee	543
Poi	077
Poipu	475
Poipu Bay	432
Poipu Beach	437
Poipu Beach Park	477
Poipu Shopping Village	479
Poke	077
Polihua Beach	624
Polo Beach	371
Pololu Valley Lookout	588
Pololu Valley Trail	504
Polo Ralph Lauren	284
Polynesian Cultural Center	255
Pono Market	462
Poolenalena Beach	324, 372
Port Allen Haobor	486
Prince Kuhio Day	036
Princeville	444
Princeville Center	452
Princeville in Hanalei	432
Prince Waikiki	208
Pua'Aka'a State Park	402
Puako Petroglyph Archaeological Trail	581
Pualeilani Atrium Shops	152, 297
Puamana Beach Park	335
Puna	574
Punaluu Bake Shop	554
Punaluu Beach Park	553
Punchbowl	222
Pupukea Beach Park	253
Puu Hinahina Lookout	491
Pu'uhonua O Honaunau National Historic Park	549
Puu Huluhulu&Napau Trail	560
Pu'ukohola Heiau National Historic Site	582
Puu Loa Petroglyph Trail	561
Puu O Kila Lookout	492
Puu Pehe Trail—Sweetheart Rock	619
Puu Ualakaa State Park	223
Pu'u'ula'ula	415

Q

Queen Emma Summer Place	223
Queen Kaahumanu Center	386
Queen Kapiolani Hotel	183
Queen's Bath	448
Queens Marketplace	582

R

Ramen Nakamura	157
Ray's Kiawe Broiled Chicken	262
Rebel Kitchen	550
Red Salt Restaurant	481
Red Sand Beach	404
Red Water Cafe	595
Regular	056
Rentalcars	046
Resort Fee	051
Restaurant Epic	219
Restaurant Suntory	163
Richard's Market & Pine Isle Market	614
Road closed by Lava Flow	561
Road to Hana	395
Roberts Hawaii Waikele SHuttle	283
Romano's Macaroni Grill	199

Romy's	259	
ROSS Dress for Less	303	
Royal Hawaiian Center	143, 151, 292	
Royal kaanapali Course	318	
Royal Kona Coffee Museum & Coffee Mill	544	
Royal Kona Resort	530	
Royal Lahaina Resort	355	
Roy's Waikiki	082	
Ruth's Chris Steakhouse	081	

S

Safeway	063
Saimin	077
Salt Pond Beach Park	487
Samsonite	285
Samuel M. Spencer Beach Park	581
Sandy Beach	125, 237
Sansei Seafood Restaurant & Sushi Bar	083
Sans Souci State Recreational Park	148
Sato Okazuya Saimin Stand	279
Savage Shrimp	480
Sea House Restaurant	361
Sea Life Park	240
Secret Beach-Kauapea Beach	444
Secret Falls-Uluwehi Falls	460
Seoul Jung	169
Shack, Steak	156
Shaka	028
Shark's Cove	125, 253
Shave Ice	079
Sheraton Kauai	482
Sheraton Kona Resort & Spa at Keauhou Bay	538
Sheraton Maui Resort & Spa	352
Sheraton Princess Kaiulani Hotel	181
Sheraton Waikiki Hotel	174
Shimaichi Sushi	528
Shipwreck Beach	476, 624
Shirokiya Japan Village Walk	198
Shops at Wailea	374
Shoreline Hotel Waikiki	191
Shrimp	210
Shrimp Station	493
Side Street Inn	200
Silversword	417
Simply Natural	598
Sleeping Giant Trail	433, 461
Snow Crab	210
So Gong Dong	206
SoHa Living	301
Sombat's Fresh Thai Cuisine	571
Sorabol	205
South Kona	546
Southwest Rift	559
Spam Musubi	078
Spanish Roll	078
Spouting Horn	477
Sprout Sandwich Shop	263
Star Noodle	343
Star of the Sea Painted Church	576
St. Benedict's Church - The Painted Church	549
Steak Rave	249
Steam Vents	557
Stop Requested	138
Storto's Deli & Sandwich	262
Street Burger	463
Strip Steak	165
Subway	089
Sueoka Store Snack Shop	479
Sun Dried Specialties	551
Sunset at Lahaina	336
Sunset Beach	125
Sunset Beach Park	251
SURA Hawaii	204
Sushi Rock	590
Sushi Shiono	527
Swap Meet	278
Sweet E's Cafe	232

T

Taco Bell	089
Tahiti Nui Restaurant	451
Tanaka of Tokyo	160
TANGO Contemporary Cafe	203
Taormina Sicilian Cuisine	161
Taro Ko Chips Factory	487
Teddy's Bigger Burgers	156
Ted Makalena	123
Tesla	291
Tex Drive In	597
T Galleria DFS	152, 298
Thai Thai Restaurant	562
The Beach Bar	167
The Bus	137
The Coffee Shack	550
The Compleat Kitchen	301
The Counter	231
The Fairmont Kea Lani	379
The Fairmont Orchid Hawaii	586
The fish and the hog	594
The Fish Express	472
The H.N Greenwell Store Museum	548
The Hibachi	248
The Laylow	185
The Lego Store	292
The lodge at Kokee	492
The Modern Honolulu	209
The Molokai Hoe	037
The Outlets of Maui	341
The Point at Poipu	484
The Refinery	301
The Residences at Waikiki Beach Towe	181
The Ritz-Carlton	362
The Ritz-Carlton Residences	180
The Royal Hawaiian	176
The Shops at Kukuiula	478
The Signature Prime Steak & Seafood	202
The Sports Bar	619
The State Capitol	214
The Strawberry Patch	551
The St. Regis Princeville Resort	456
The Veranda & Beachhouse	166
The Westin kaanapali Ocean Resort Villas	353
The Westin Maui Resort & Spa	353
The Westin Princeville Ocean Resort Villas	457
Three Tables Beach	253
Thurston Lava Tube	558
Times Supermarket	064
Timmy T's Gourmet Grinders	248
TJ MAXX	303
TJ 맥스	303
Tomas A. Jagger Museum	557
Tommy Bahama's Restaurant&Bar	376
Tommy Hilfiger	284
Tonkatsu Ginza Bairin	162
Tonkatsu TAMAFUJI	228
Top of Waikiki	158
Tory Burch	284, 291
Trail, Alakai Swamp	492

Travaasa Hana	406	
Tree Tunnel	478	
Triple Crown of Surfing	037, 120, 252	
Tropical Farms	244	
Tropics Bar & Grill	201	
True Religion	284	
Trump International Hotel	182	
Tucker&Bevvy Picnic Food	159	
Tumi	285	
Tunnel's Beach	446	
Tunnels Beach	436	
Turtle Bay	123	
Turtle Bay Resort	257	
Turtle Beach	253	
Twin Falls	399	
Two Scoops	269	
Two Steps-Keoneele Cove	548	
Two Steps-Keonele Cove	511	

U

UCC Hawaii	544
UCC 하와이	544
Ukulele	028
Ukulele Festival	037
Ukumehame Beach Park	335
Ululani's Hawaiian Shave Ice	342
Umeke's	527
Uncle Billy's Kona Bay Hotel	530
Uncle's Awa Club	577
Under the Koa Tree	299
U.S. Army Museum of Hawaii	150
US Post Office	144
USS Arizona Memorial	276
USS Bowfin Submarine Museum	275

V

Victoria Secret	291
Village Burger	594
Village Snack and Bakery Shop	450
Visitor Center	556
Vive Hotel Waikiki	189
Volcano House Hotel	557
Volcano Red Ale	080

W

Waialae Beach-Beach 69	510
Waialea Beach	579
Waialua Bakery	263

Waianapanapa State Park	403
Waikamoi Nature Trail	399
Waikele	123
Waikele Premium Outlet	279
Waikele Premium Outlets	281
Waikiki	164
Waikiki Aquarium	149
Waikiki Beach	124, 144
Waikiki Beachcomber by Outrigger	183
Waikiki Beach Marriott Resort & Spa	178
Waikiki Beachside Hostel	189
Waikiki Beach Walk	153, 180, 299
Waikiki Beach Walk Food Truck	160
Waikiki Brewing Company	203
Waikiki Marina	143
Waikiki Parc	183
Waikiki Resort Hotel	188
Waikiki Shopping Plaza	152
Waikiki Zoo Parking	144
Waikoloa	578
Waikoloa Beach	507
Waikoloa Beach Marriott Resort & Spa	585
Wailana Coffee House	203
Wailea	319, 370
Wailea Beach	320, 371
Wailea Beach Marriott Resort & Spa	380
Wailua	431, 458
Wailua Falls	407, 461
Wailua River Lookout	460
Wailuku	383
Wailuku River Boiling Pots State Park	569
Wailuku River Rainbow Falls State Park	569
Waimanalo Beach	237
Waimea	592
Waimea Bay Beach Park	252
Waimea Canyon	489
Waimea Canyon Lookout	490
Waimea Canyon State Park	490
Waimea Cherry Blossom Festival	036
Waimea Valley	254
Waiolu	167
Waipio Valley	597
Waipouli Beach Resort & Spa by Outrigger	465

Walmart	063
Ward Center	302
Ward Village	197, 301
Washington place	215
West Loch	123
West Waikiki	192
Westin Hapuna Beach Hotel	586
Wet'n'Wild Hawaii	268
Whalers Village	350
Whale Watching Overlook	382
White Sand Beach Park	533
Whole foods market	064
Williams Sonoma	292
Wo Hing Temple Museum	338
Wolfgang's Steakhouse	164
Woods Course	432
Wyndham Bali Hai Villas	456

Y

Yard House	162
Yauatcha	165
Yokohama Bay	267
Yong's Kalbi	595
Yoshitsune	168
Yummy Korean BBQ	088

Z

ZARA	291
Zippy's	087

〈한글〉

ㄱ

가든 오브 에덴 식물원	400
가스	056
가제보 레스토랑	360
갈비	078
갭	292
거북이 비치	253
게이로즈	473
고기 전	078
고든 비어쉬 브루어리	218
고래 관찰 전망대	313, 382
고래 관찰 투어	313
고릴라 인 더 카페	172
고마 테이	199
고사리 동굴	460
골드 코스	319
골프	122, 318

색인 Index

교자 노 오쇼	155	더 리츠 칼튼	362	디즈니 스토어	291
구글지도	106	더 리파이너리	301	딘&델루카	167
구명조끼	070	더 모던 호놀룰루	209		
국립 태평양 기념묘지	222	더 버스	135	**ㄹ**	
국제공항 입출국	131	더 베란다 & 비치하우스	166	라나이 공항	610
굿 앤 헬시 카페	218	더블트리 바이 힐튼	209	라나이섬	031
그래마스 키친	598	더블트리 바이 힐튼		라나이 시티 그릴	617
그랜드 와일레아	378	힐로 나닐로아 호텔	573	라나이 시티 서비스 스테이션	612
그랜드 하얏트 카우아이	484	더 비치 바	167	라나이 전망대	238
그랜마스 커피 하우스	411	더 세인트 레지스		라나이 캣 생츄어리	614
그린 샌드 비치	553	프린스빌 리조트	456	라니아 케아 비치	253
그린웰 팜즈	543	더 숍스 앳 쿠쿠이울라	478	라니카이 비치	243
김치 레스토랑	249	더 스트로베리 패치	551	라멘 나카무라	157
까르띠에	151	더 스포츠 바	619	라바 록 카페	563
		더 시그니쳐 프라임		라바트리	
ㄴ		스테이크 & 시푸드	202	주립 기념물 & 공원	576
나가사코 오카즈야 델리	342	더 아울렛츠 오브 마우이	341	라바플로우	079
나인 웨스트	284	더 웨스틴 마우이 리조트	353	라와이 비치	437, 476
나카렐레 블로우 홀	359	더 웨스틴 카아나팔리		라우라우	077
나팔리 코스트 투어	427	오션 리조트 빌라스	353	라이언 식물원	224
나필리 베이 비치	357	더 웨스틴 프린스빌		라이에 포인트	
나필리 카이 비치 리조트	363	오션 리조트 빌라스	457	스테이트 웨이사이드	255
낚시	119	더 카운터	231	라 쿠치나 리스토란테 이탈리아노	219
내비게이션	059	더 커피 쉑	550	라파카히 주립 역사 공원	588
내셔널 트로피컬 보타니컬 가든	478	더 컴플리트 키친	301, 302	라퍼츠 아이스크림 본점	488
네이처 배스 – 올리빈 풀스	360	더 페어몬트 케아 라니	379	라하이나	334
노드스트롬 랙	302	더 포인트 앳 포이푸	484	라하이나 그릴	346
노부	620	더 피시 앤 더 호그	594	라하이나 아트 갤러리들	337
노스 쇼어	112, 250	더 히바치	248	라하이나의 석양	336
노 카 오이 그라인즈 라나이	616	던저니스 크랩	210	라하이나 캐너리 몰	342
놈 카우아이	463	데버스테이션 트레일		라하이나 항구	340
누우아누 팔리 전망대	245	& 푸우푸아이 전망대	559	랍스터	210
뉴 오타니 카이마나 비치 호텔	179	도라쿠 스시	163	럭셔리 로	151, 298
니하쿠 마켓 플레이스	403	도로의 끝	561	런치 플레이트	078
		도토루 커피 마우카 메도우스	545	레귤러	056
ㄷ		돈데이	205	레드 샌드 비치	404
다운타운	212	돈카츠 긴자 바이린	162	레드 솔트 레스토랑	481
다이아몬드 헤드 비치	221	돈카츠 타마후지	228	레드워터 카페	595
다이아몬드 헤드 코브 헬스 바	230	돈키호테	197	레레이위 전망대	417
다이아몬드 헤드 트레일	225	돌 공원	614	레몬그라스 익스프레스	583
다 크랙	481	돌 플랜테이션	112, 254	레블 키친	550
다 키친카페	387	듀오 스테이크 & 시푸드	376	레스토랑 선토리	163
다 포케 쉑	536	듀크 카하나모쿠 동상	150	레스토랑 에픽	219
다 피쉬 하우스 런치 웨건	591	드라이브 트래블	046	레스토랑 예약	090
대중교통	045	드래곤스 티스	359	레스포삭	151, 284
더 레고 스토어	292	드래곤 키친 스시	571	레오나드스 베이커리	230
더 레이로우	185	디너크루즈	118	레이	028
더 로얄 하와이안	176	디젤	280, 290	레이 데이 축제	036
더 롯지 앳 코케에	492	디즈니 리조트 & 스파	273	레이스 키아웨 구운 치킨	262

633

Travel Information in Hawaii

항목	페이지
레이트 체크아웃	055
레일라니스 온 더 비치	351
렌터카	045
렌터카 반납	061
렌터카 보험	060
렌터카 예약	046
렌터카 픽업	055
로라이모네	264
로마노스 마카로니 그릴	199
로미스	259
로버츠 하와이	135
로버츠 하와이 와이켈레 셔틀	283
로스 드레스 포 리스	303
로얄 라하이나 리조트	355
로얄 카아나팔리 코스	318
로얄 코나 리조트	530
로얄 코나 커피 박물관 & 밀	544
로얄 하와이안 센터	143, 151, 173, 292
로이스 와이키키	082
로코모코	077
롱기스	375
롱보드	080
롱스 드러그	065
루마하이 비치	446
루스스 크리스 스테이크 하우스	081
루아우	118, 316
루피시아	290
르 쟈르뎅	172
리드게이트 비치 파크	469
리마훌리 가든	449
리바이스	285
리빙 푸즈 마켓 & 카페	480
리워드 코스트	265
리조트피	051, 192
리차드스 마켓&파인 아일 마켓	614
리후에	468
리후에 국제공항	441
릴리우오칼라니 공원 & 정원	568
릴리하 베이커리	229

ㅁ

항목	페이지
마나고 호텔 레스토랑	551
마나 푸즈	391
마넬레 항구	611, 619
마노아 폭포 트레일	224
마루카메 우동	155
마리아 라나킬라 가톨릭 성당	340
마리포사	200
마마스 피쉬 하우스	391

항목	페이지
마알라에아	381
마알라에아 보트 항구	381
마우나 라니	507
마우나 라니 베이 호텔 & 방갈로	586
마우나 로아 공장	570
마우나 울루 전망대	560
마우나 케아	504, 507, 599
마우나 케아 비치	564, 580
마우나 케아 비치 호텔	585
마우이 고래 축제	036
마우이 그로운 커피 컴퍼니 스토어	337
마우이-라나이 페리 익스페디션스	611
마우이 버스	332
마우이 브루잉 컴퍼니	080, 360
마우이 브릭 오븐	368
마우이섬	030, 305
마우이 아트 축제	036
마우이 양파 축제	036
마우이 오션 센터	382
마우이 코스트 호텔	368
마우이 트로피컬 플랜테이션	384
마이클 코어스	283
마이타이	079
마츠모토 식품점	261
마카다미아 너트	079
마카이	432
마카이 마켓 푸드코트	198
마카이 코스	432
마카푸우 등대 트레일	239
마카푸우 비치 파크	237
마카푸우 포인트 전망대	240
마카하 비치 파크	267
마케나	370
마크스 플레이스	471
마틴 맥아더	291
마하울레푸 비치	476
마할로	028
말라사다	078
말라 오션 타번	345
말루아카 비치 파크	372
말리부 셔츠	299
매직 샌드 해변	533
맥 24-7 와이키키	158
맥도날드	088
맥주	079
머메이드 카페	462
메리맨스	083
메리 모나크 축제	036
메이드 인 하와이 축제	037

항목	페이지
메이시스	153
메하나 브루잉 컴퍼니	080
모니코스 타께리아	464
모카푸 비치&울루아 비치	324, 371
모쿠아이카우아 교회	523
모페드	142
몬사랏 애비뉴	144
몰로카이 호에	037
몰로키니섬 투어	314
몰로키니 스노클링	314
몽키팟 키친	270, 375
무수비 카페 이야스메	156
미가원	157
미국 육군 박물관	150
미니쿠페	142
미 비비큐	155
미션 하우스 박물관	215
미터 파킹	144

ㅂ

항목	페이지
바나나 리퍼블릭	284
바나나 브레드	079
바나나 조스 후르트 스탠드	450
바스 앤 보디 웍스	291
바식 카페	526
바 아쿠다	451
바이브 호텔 와이키키	189
반얀 트리 공원	339
반자이 파이프라인	251
발레파킹	058
발리 스테이크 & 시푸드	202
밤부 레스토랑	590
밥스 우쿨렐레	297
버거킹	088
버비스	241
버스정류장	138
버스 탑승	138
베스트 웨스턴 파이어니어 인	346
베씨넷	091
베일리 하우스 박물관	384
벨맨 서비스	050
보가츠	228
볼드윈 비치 파크	390
볼드윈 홈 박물관	338
볼케이노 레드에일	080
볼케이노 빌리지	562
볼케이노 하우스 호텔	557
보도 인 사원	244
부바 검프 쉬림프 컴퍼니	083

색인 Index

부바스 버거	451	서브웨이	089	스트립 스테이크	165
부츠 & 키모스 홈스타일 키친	247	서스톤 라바 튜브	558	스팀 벤츠	557
분실물 센터	134	서울정	169	스파우팅 혼	477
불가리	151	서퍼	120	스패니시 롤	078
브레넥스 비치 브로일러	480	서핑	313	스팸 무수비	078
브루 바	198	선 드라이드 스페셜티스	551	스프라웃 샌드위치 샵	263
블랙 락	323	선셋 비치 파크	251	스피디 셔틀	135
블루 노트 하와이	151	세관 통과	134	슬리핑 자이언트 트레일	433, 461
블루 진저	299	세이프웨이	063	시나몬스 레스토랑	249
블루 진저 카페	616	세인트 베네딕트 교회		시 라이프 파크	240
블루 크랩	210	-페인티드 처치	549	시로키야 재팬 빌리지 워크	198
블루 하와이	080	세일링	117	시마이치 스시	528
비숍 박물관	221	셀프 세탁시설	062	시영 골프 코스	122
비지터 센터	556	셀프주차	058	시차	028
비치 범스 바 & 그릴	382	소공동	206	시크릿 비치-카우아페아 비치	444
비치 하우스 레스토랑	481	소꼬리 라멘	157	시크릿 폭포-울루웨히 폭포	460
비키니 블론드	080	소하 리빙	301	시 하우스 레스토랑	361
빅 비치 & 리틀 비치	373	솔트 폰드 비치 파크	487	신들의 정원	623
빅아일랜드	031, 495	쇼어라인 호텔 와이키키	191	신용카드	034, 193
빅아일랜드 그릴	528	숍스 앳 와일레아	374	심플리 내추럴	598
빅아일랜드 영화제	036	수라 하와이	204	쏨밧 프레시 타이 퀴진	571
빅 아일랜드 캔디스	290, 569	수에오카 스토어 스낵 숍	479	쓰리 테이블스 비치	253
빅아일랜드 컨트리 클럽	507	수하물 찾는 곳	134		
빅 웨이브 새우트럭	264	수하물 카트	134		
빅토리아 시크릿	291	쉐라톤 마우이 리조트 & 스파	352	**ㅇ**	
빌리지 버거	594	쉐라톤 와이키키 호텔	174	아구 라멘 비스트로	201
빌리지 스낵 앤 베이커리 숍	450	쉐라톤 카우아이	482	아나에호오말루 베이	579
빌즈 시드니	162	쉐라톤 코나 리조트 &		아놀드 파머 코스	123
빨래	062	스파 앳 케아우호우 베이	538	아니니 비치	437
빨래방	062	쉐라톤 프린세스 카이울라니 호텔	181	아니니 비치 파크	447
		쉐이브아이스	079	아란치노 디 마레	161
		쉬림프 스테이션	493	아베크롬비	280
ㅅ		쉽렉 비치	476, 624	아베크롬비 앤 피치	292
사무엘 M. 스펜서 비치 파크	581	슈퍼마켓	063	아비스	089
사우스웨스트 리프트	559	스노 크랩	210	아사이볼	079
사우스 코나	546	스노클링	069, 117	아우아나 퀼츠	290
사이드 스트리트 인	200	스노클링 장비	070	아울라니	273
사이민	077	스노클링 크루즈	506	아웃리거 나필리 쇼어스	362
사토 오카즈야 사이민 스탠드	279	스시 락	590	아웃리거 로얄 시 클리프 리조트	540
산세이 시푸드 레스토랑		스시 시오노	527	아웃리거 리프 온 더 비치	176
& 스시 바	083	스왑 미트	278	아웃리거 마우이 엘도라도	355
상어 관찰	122	스윗 E's 카페	232	아웃리거 아이나 나루	347
새비지 쉬림프	480	스쿠버 다이빙	316	아웃리거 와이키키 온 더 비치	175
샌디 비치	237	스쿠터	142	아웃리거 카날로아 앳 코나	539
샌스 수시 스테이트		스타 누들	343	아웃리거	
레크리에이셔널 파크	148	스타 오브 더 시 페인티드 처치	576	키아후나 플렌테이션	482
샘소나이트	285	스테이크 레이브	249	아이 러브 날로	241
샤카	028	스트로토스 델리 & 샌드위치	262	아이스모찌	078
샤크스 코브	253	스트리트 버거	463	아이작 헤일 비치 파크	575
서라벌	205			아일랜드 구루메 마켓	583

아일랜드 라바 자바	528	애스톤 앳 포이푸 카이	483	올드 블루 코스	319		
아일랜드 빈티지 커피	170	애스톤 와이키키 반얀	144, 186	와이라나 커피 하우스	203		
아일랜드 솝 앤 캔들 웍스	297	더 레지던스 앳		와이마날로 비치	237		
아일랜드 슬리퍼스	297	와이키키 비치 타워	181	와이메아	592		
아일랜드 타코	493	애스톤 와이키키 비치 호텔	179	와이메아 밸리	254		
아일랜드 피쉬 & 칩스	583	애스톤 와이키키 서클 호텔	179	와이메아 벚꽃 축제	036		
아주어 레스토랑	167	애스톤 와이키키 선셋	187	와이메아 베이 비치 파크	252		
아카카 폭포 주립공원	564	애스톤 코나 바이 더 시 리조트	539	와이메아 캐니언	489		
아카카 폭포 주립공원 트레일	504	야드 하우스	162	와이메아 캐니언 전망대	490		
아쿠아 뱀부	185	야미 코리안 BBQ	088	와이메아 캐니언 주립공원	490		
아쿠아슈즈	070	야우아차	165	와이아나파나파 주립공원	403		
아쿠아 스카이라인		언더 더 코아 트리	299	와이알레아 비치	579		
앳 아일랜드 콜로니	191	얼리 체크인	051	와이알레아 비치-비치 69	510		
아쿠아 카우아이 비치 리조트	474	얼스 와이메아	595	와이알루아 베이커리	263		
아쿠아 카우아이 쇼어스	467	엉클 빌리의 코나 베이 호텔	530	와이올루	167		
아쿠아 팜스	209	엉클스 아와 클럽	577	와이카모이 네이쳐 트레일	399		
아쿠아 퍼시픽 모나크	187	에그즈 앤 씽즈	158	와이켈레	123		
아할라누이 비치 파크	574	에노아 투어	283	와이켈레 프리미엄 아울렛	279, 281		
아후에나 헤이아우	524	에메랄드 코스	317, 319	와이콜로아	578		
아후키니 피어 스테이트 파크	470	에바 비치 파크	275	와이콜로아 비치	507		
아히 & 베지터블	218	에바 빌리지	123	와이콜로아 비치			
아히히 베이	325	에스키모 캔디 시푸드 마켓 & 델리	368	메리어트 리조트 앤 스파	585		
아히히 베이 & 코브	373	에후카이 비치 파크	251	와이키키	164		
안나 밀러스	279	엠마 여왕의 여름 궁전	223	와이키키 동물원 주차장	144		
안다즈 마우이 앳 와일레아	377	엠바시 스위츠 와이키키 비치 워크	182	와이키키 리조트 호텔	188		
알라나 와이키키	209	엣 앤 와일드 하와이	268	와이키키 마리나	143		
알라 모아나	192	여권 발급	038	와이키키 브루잉 컴퍼니	203		
알라 모아나 비치 파크	196	여행 예산	033	와이키키 비치			
알라 모아나 쇼핑센터	196, 285	여행자보험	039	메리어트 리조트 & 스파	178		
알라 모아나 호텔	208	여행 패턴	032	와이키키 비치사이드 호스텔	191		
알라 와이	122	오네카하카하 비치 파크	567	와이키키 비치 워크	153, 173, 180, 299		
알라와이 블라바드	145	오노 시푸드	230	와이키키 비치워크 푸드트럭	160		
알라카이 스왐프 트레일	433	오래된 요새	339	와이키키 비치콤버 바이 아웃리거	182		
알란 웡스	202	오리지널 카메하메하 대왕 동상	589	와이키키 서부	192		
알렉산더&볼드윈 슈가 박물관	384	오리지널 팬케이크 하우스	229	와이키키 쇼핑 플라자	152		
알로하	028	오버시 터미널	131	와이키키 수족관	149		
알로하 델리 카페	591	오버이지	247	와이키키 파크	183		
알로하 스타디움	278	오아후섬	030, 094, 109	와이키키 해변	144		
알로하 축제	037	오아후섬 쇼핑	280	와이포울리 비치 리조트			
알로하 타워	217	오야코 테이	386	& 스파 바이 아웃리거	465		
알로하 타워 마켓플레이스	217	오키즈	168	와이피오 계곡	597		
알리이 쿨라 라벤더	410	오파에카아 폭포	460	와이피오 계곡 투어	503		
애스톤 마우이 카아나팔리 빌라스	354	오픈 테이블	090	와일레아	319, 370		
애스톤 마우이 힐	369	오하나 와이키키 말리아	190	와일레아 비치	371		
애스톤 마하나 앳 카아나팔리	356	오하나 와이키키 이스트	190	와일레아 비치 메리어트			
애스톤 쇼어스 앳 와이콜로아	584	오헤오 협곡	419	리조트 & 스파	380		
애스톤 아일랜더 온 더 비치	467	오헬로 카페	562	와일루아	431, 458		
애스톤 앳 더 마우이 반얀	369	올드 네이비	290	와일루아강 전망대	460		
애스톤 앳 더 웨일러		올드 라하이나 감옥	339	와일루아 강 투어	429		
온 카아나팔리 비치 콘도	354	올드 라하이나 코트하우스	339	와일루아 폭포	407, 461		

색인 Index

와일루쿠	383	자바 카이	463	**ㅋ**	
와일루쿠 리버		자유여행	032	카네아나 동굴	268
레인보우 폭포 주립공원	569	자펭고	350	카네오헤	242
와일루쿠 리버		잠바 주스	089	카 라에-사우스 포인트	554
보일링 팟스 주립공원	569	잠수함	119	카라이 크랩	211
요시츠네	168	잠수함 박물관	275	카마올레 비치 파크	365
요코하마 베이	267	재거 박물관	556, 557	카마카 하와이	216
용스 갈비	595	잭 인 더 박스	089	카메하메하 대왕 동상	213, 568
우메케스	527	전압	027	카시트	091
우즈 코스	432	전통 음식	077	카아나팔리	318, 348
우쿠메하마 비치파크	335	전함 미주리 기념관	275	카아나팔리 비치	349
우쿨렐레	028	제니 앤 잭	292	카아나팔리 비치 호텔	355
우쿨렐레 축제	037	제라드스 레스토랑	346	카아나팔리 트롤리	333
운전법규	048	제스트 쉬림프 트럭	387	카알로아스 수퍼 J's	550
울루라니스		제이드 다이너스티		카에나 포인트	269
하와이안 쉐이브아이스	342	시푸드 레스토랑	200	카와모토 스토어	571
울프강스 스테이크하우스	164	제임스 쿡 선장 기념물	548	카와이아하오 교회	214
워드 빌리지	301	조이스 플레이스	367	카와이하에 키친	590
워드 빌리지	197	조지 파지오 코스	123	카우	552
워드 센터	302	주내선 예약	040	카우마나 동굴	569
워싱턴 플레이스	215	주내선 환승	134	카우마히나 스테이트 웨이사이드	400
워 힝 사원 박물관	338	주유하기	056	카우아이 모키하나 축제	037
원 포티	493, 620	주 정부청사	214	카우아이 무비 투어	429
월도프 아스토리아 리조트	378	주차기계	059	카우아이 메리어트 리조트	474
월마트	063	주차비	143	카우아이 박물관	469
웨스트 로치	123	지불 방법	034	카우아이섬	031, 421
웨스틴 하푸나 비치 호텔	586	지오바니스 새우트럭	264	카우아이 커피 컴퍼니	486
웨일러스 빌리지	350	지오바니스 오리지널		카우아이 코스트	
위키위키 셔틀	136	화이트 쉬림프 트럭	258	리조트 앳 더 비치보이	465
윈댐 발리 하이 빌라스	456	지피스	087	카우아이 쿠키 컴퍼니	488
윌리엄스 소노마	292	진로쿠 퍼시픽 데판 그릴&바	159	카우아이 파스타	473
유명한 카후쿠 새우트럭	259	진주만	274	카우아이 헬리콥터 투어	428
유모차	091	진주만 역사 지역	275	카이 커피 하와이	169
은검초	417	짐보리	284	카이무 비치 파크	576
응급상황	065	짐 찾기	134	카일루아	242, 522
이밀로아 천문 센터	570			카일루아 비치 파크	242
이시하라 마켓	493	**ㅊ**		카일루아 캔디 컴퍼니	535
이올라니 궁전	213	차이나타운	215	카일루아-코나 쇼핑센터	524
익스큐티브 코스	123	차이니즈 뉴 이어 축제	036	카일루아 코나 파머스 마켓	524
인터내셔널 마켓플레이스		차펠 햇츠	290	카일루아 피어	523
	144, 154, 298	챔피언십 코스	123	카파아	458
인터아일랜드 터미널	131	체인 레스토랑	081	카파아 비치 파크	459
일리카이 호텔	209	체인 오브 크레이터스 로드	559	카파아 전망대	459
일반 골프 코스	123	초이스 가든	205	카팔루아	318, 357
일 젤라토 카페	262	초이스 헬스 바	345	카팔루아 공항	331
잃어버린 세계	074	치라시 스시 동 바이 지로	525	카팔루아 마우이	
입국심사	131	치즈버거 인 파라다이스	087	리조트 & 럭셔리 호텔	362
		치즈케이크 팩토리	084	카팔루아 베이	323
ㅈ		치치	080	카팔루아 베이 코스	318
자라	291	치킨 인 어 배럴	462	카팔루아 비치	358

637

카팔루아 빌라스	363	
카페102	571	
카페 565	615	
카페 데-자미	393	
카페 맘보	393	
카페 오노	562	
카페 일 몬도	598	
카페 카일라	231	
카페 페스토	572	
카포호 타이드 풀스	575	
카폴레이	123	
카폴레이 마켓플레이스	271	
카피올라니 공원	150	
카할라 몰	228, 298	
카할라 호텔 & 리조트	233	
카할루우 비치 파크	517, 533	
카헤킬리 비치 파크	349	
카헤 포인트 비치 파크	266	
카후쿠	122, 258	
카후쿠 랜드 팜스	256	
카훌루이	319, 383	
카훌루이 국제공항	329	
칵테일	079	
칼라카우아 애비뉴	144, 145	
칼라파나	576	
칼라파와이 카페 & 델리	247	
칼라파키 비치	468	
칼라하쿠 전망대	417	
칼랄라우 선망대	491	
칼랄라우 트레일	433, 453	
칼레오스 바&그릴	577	
칼로코-호노코하우 국립 역사공원	534	
칼루아 피그	077	
칼스미스 비치 파크	565, 567	
캐리비안의 해적	075	
캐빈 클라인	285	
캐슬 카하 라니	467	
캘리포니아 피자 키친	086	
카약	429	
커피 갤러리	262	
커피농장	543	
커피 웍스	615	
컨시어지	052	
컨트리 키친	464	
케아나에 식물원	401	
케아나에 오버룩 1	401	
케아나카코이 전망대	559	
케아우호우 리조트 트롤리	520	
케아우호우 쇼핑센터	535	

케알라케쿠아 베이	510	
케알라케쿠아 베이 주립 역사공원	547	
케알라코모	560	
케알리아 비치	459	
케알리아 폰드 내셔널 와일드라이프 레퓨지	365	
케에 비치	436, 445	
케에이 카페 앳 호쿠카노	551	
케오케아 비치 파크	587	
케헤나 블랙 샌드 비치	575	
켄의 팬케이크 집	572	
코나	522	
코나 국제공항	517	
코나 맥주 축제	036	
코나 브루잉 컴퍼니	080, 529	
코나 블루스카이 커피	544	
코나 시사이드 호텔	530	
코나 조 커피	545	
코나 커피벨트	543	
코나 커피 컬처럴 축제	037	
코나 커피 퍼베이어스 & b. 파티스리	172	
코나 코리안 BBQ	526	
코나 코스트	532	
코나 코스트 리조트	539	
코나 헤이븐 커피	525	
코뮤터 터미널	131	
코스트코	064	
코아 케아 호텔 & 리조트	483	
코알로하 우쿠렐레	224	
코올리나	123	
코올리나 하와이안 바비큐	270	
코올리나 해변	266	
코이소 스시 바	366	
코치	283	
코케에 국가 역사 박물관	491	
코코너츠	240	
코코넛 마켓 플레이스	461	
코코넛 아일랜드	567	
코코넛 와이키키 호텔	188	
코코넛 피쉬 카페	367	
코코 퍼프	078	
코코헤드 리저널 파크 & 트레일	238	
코키 비치 파크 & 하모아 비치	406	
코트야드 오아후 노스쇼어	257	
코트야드 카우아이 앳 코코넛 비치	466	
코트야드 킹 카메하메하스 코나 비치 호텔	531	
코페 라니 커피 & 아이스크림	525	

코할라 마운틴 전망대	589	
코할라 버거&타코	591	
코할라 커피 밀	589	
코할라 코스트	587	
코홀라 브루어리	080	
콜레콜레 비치 카운티 파크	565	
콜로아	475	
콜로아 피시마켓	479	
쿠아 아이나	263	
쿠아트로	368	
쿠알로아 랜치	119, 245	
쿠알로아 리저널 파크	244	
쿠쿠이 그로브 쇼핑센터	470	
쿠쿠이올로노 파크	433	
쿠폰	035	
쿠히오 비치	148	
쿠히오 비치 훌라쇼	173	
쿠히오 해변	148	
쿨라 롯지 & 레스토랑	411	
쿨라 보타니컬 가든	410	
쿨로아 포인트 트레일	418	
쿨 캣 카페	344	
퀸즈 마켓 플레이스	582	
퀸즈 배스	448	
퀸 카아후마누 센터	386	
퀸 카피올라니 호텔	183	
크래킨 키친	210	
크랩 버킷	211	
크레이터 림 드라이브	556	
크레페스 노 카 오이	248	
키모스	345	
키아후나	432	
키킨 케이준	211	
키파홀루	418	
키파홀루 비지터 센터	418	
키헤이	364	
킬라우에아 비지터 센터	557	
킬라우에아 이키 트레일	547, 558	
킬라우에아 타운	452	
킬라우에아 포인트 국립 야생동물 보호구역	449	
킬로하나 플랜테이션	470	
킹스 빌리지	144, 153	
킹스 숍스	583	
킹스 트레일과 암면 조각	581	
킹 카메하메하 데이	037	
킹 칼라카우아 플라자 파킹	144	
킹 크랩	210	

색인 Index

ㅌ

타나카 오브 도쿄	160
타로 코 칩스 팩토리	487
타오르미나 시칠리안 퀴진	161
타이 타이 레스토랑	562
타임즈 슈퍼마켓	064
타코 벨	089
타히티 누이 레스토랑	451
탄탈루스 언덕 – 푸우 우알라카아 주립공원	223
탑 오브 와이키키	158
태평양 항공 박물관	278
탱고 콘템포러리 카페	203
터널스 비치	436, 446
터커 & 베비 피크닉 푸드	159
터틀 베이	123
터틀 베이 리조트	257
테드 마카레나	123
테디스 비거 버거스	156
테슬라	291
텍스 드라이브 인	597
토리 버치	284, 291
토미 바하마스 레스토랑 & 바	376
토미 힐피거	284
통화	026
투미	285
투 스쿱스	269
투 스텝스-케오네엘레 코브	548
투 스텝스-케오네엘레 코브	511
트라바아사 하나	406
트래킹	121
트럼프 인터내셔널 호텔	182
트로피컬 팜스	244
트로픽스 바 & 그릴	201
트루 릴리전	284
트리 터널	478
트리플 크라운 오브 서핑	037, 120, 252
트윈 폭포	399
티미 티스 구루메 그라인더스	248
팁 문화	029

ㅍ

파우	593
파우아히 크레이터	560
파우오아 베이	564, 580
파이나 라나이 푸드 코트	163
파이나 카페	241
파이브 케이브스	325
파이아	389
파이아 피쉬 마켓	392
파이어 락 페일 에일	080
파인애플 그릴	361
파커랜치 스토어	592
파크 쇼어 호텔	184
파파 올레스 키친	256
파피루스	290
파호아	574
파호아 프레시 피시	577
판다 익스프레스	089
팔라마 슈퍼마켓	206
팔리	122
팔팔 슈퍼마켓	205
패딩턴 하이웨이	267
패스트푸드	088
패키지	032
펀치볼 분화구	222
펄 릿지 센터	278
펄스 코리안 BBQ	088
페라가모	151
페어몬트 오키드 하와이	586
페어웨이 빌라스 와이콜로아 바이 아웃리거	585
펜네 파스타 카페	344
펜디	151
펠레스 아더 가든 델리	616
펫츠 타께리아	450
포노 마켓	462
포스터 보타니컬 가든	222
포시즌스 리조트 라나이 & 더 롯지 앳 코엘레	617
포시즌스 리조트 라나이 앳 마넬레 베이	621
포시즌스 리조트 오아후 앳 코 올리나	272
포 시즌스 리조트 후알랄라이	540
포 시즌스 마우이 앳 와일레아	379
포에버21	297
포올레날레나 비치	324, 372
포이	077
포이푸	475
포이푸 베이	432
포이푸 비치	437
포이푸 비치 파크	477
포이푸 쇼핑 빌리지	479
포 카우아이	471
포케	077
포 쿠 롱 Ⅱ	219
포트 드루시 비치 파크	148
포트 드 루시 파킹	143
포트 스트리트 카페	217
포트 알렌 항구	486
폴로	280
폴로 랄프 로렌	284
폴로루 계곡 전망대	588
폴로 비치	371
폴롤루 밸리 트레일	504
폴리네시안 문화 센터	255
폴리후아 비치	624
폴스 플레이스 카페	572
푸나	574
푸날루우 베이크 샵	554
푸날루우 비치 파크	553
푸드랜드	064
푸드 팬트리	154
푸미스 카후쿠 쉬림프	259
푸아마나 비치파크	335
푸아 아카아 주립공원	402
푸알레일라니 아트리움 숍스	152, 173, 297
푸우 로아 암면조각 트레일	561
푸우아코 암면조각 고고학 트레일	581
푸우 오 킬라 전망대	492
푸우올라울라	415
푸우코홀라 헤이아우 국립 역사 지구	582
푸우 페헤 트레일-연인 바위	619
푸우호누아 오 호나우나우국립 역사공원	549
푸우 훌루훌루&나푸 트레일	560
푸우 히나히나 전망대	491
푸푸케아 비치 파크	253
푹 엔 시푸드 레스토랑	201
프렌치맨스 카페	527
프린스빌	444
프린스빌 센터	452
프린스빌 인 하날레이	432
프린스 와이키키	208
프린스 쿠히오 데이	036
플러그	027
피나콜라다	080
피베리 & 갈레트	537
피시 익스프레스	472
피시 하우스	271
피어 1 임포츠	303
피에트로스 피자	472
피자 코너	270
피자헛	089

피타 파라다이스	376	할레아칼라 국립공원	409	홀루아 리조트 앳 더	
피터 릭 갤러리	299	할레아칼라 국립공원		마우나로아 빌리지	538
피피와이 트레일	419	키파홀루 지역	408	홀리데이인 익스프레스 와이키키	184
픽업/샌딩	135	할레아칼라 비지터 센터	416	홀리데이인 익스프레스	
필박스 하이킹 트레일	243	할레아칼라 선라이즈		카일루아-코나	531
		& 다운힐 바이크 투어	312	홀리 도넛	526
ㅎ		할레아칼라 선라이즈 투어	312	홀리스터	280
하나	404	할레아칼라 일출	412	홀마크 골드 크라운	292
하나로 가는 길	395	할레아칼라 투어	312	화이트 샌드 비치 파크	533
하나 비치 파크	404	할레이바	260, 264	환전	034
하나우마 베이	235	할레이바 알리이 비치 파크	261	후고스 온 더 락스	529
하나 카이 마우이	406	할레쿨라니	178	후알랄라이	507
하나페페	485	할로나 블로우 홀 & 코브	239	후엘로 전망대	399
하나 호우 레스토랑 & 베이커리	554	할로윈	037	훌라	028, 297
하날레이	444	항공권 예약	039	훌라 그릴	169, 351
하날레이 밸리 전망대	448	해변 스노클링	315	훌라 대디 코나 커피	543
하날레이 베이	447	헤링본	166	홀로포에 비치 파크	618
하날레이 베이 리조트	457	헤븐리	157	훌리헤 팔래스	523
하날레이 브레드 컴퍼니	452	헬레온 버스	520	히스토릭 하나페페 로드	485
하드 락 카페	083	호노마누 만	400	힐로	566
하무라 사이민	471	호노스 새우트럭	264	힐로 국제공항	518
하얏트 리젠시		호노카아	596	힐로 북부	564
마우이 리조트 & 스파	352	호노카아 시민 극장	596	힐로 시사이드 호텔	573
하얏트 리젠시 와이키키		호노코하우 마리나	534	힐로 파머스 마켓	568
비치 리조트 & 스파	177	호놀루아 베이	322, 358	힐로 하와이안 호텔	573
하얏트 센트릭 와이키키 비치	186	호놀루아 스토어	361	힐튼 가든 인 와이키키 비치	189
하얏트 플레이스 와이키키 비치	185	호놀룰루	220	힐튼 가든 인	
하에나 비치	446	호놀룰루 국제공항	094, 131	카우아이 와일루아 베이	466
하와이 국제 영화제	037	호놀룰루 동물원	149	**힐튼 라군**	**145**
하와이섬	031, 495	호놀룰루 미술관	216	힐튼 라군 & 해변	196
하와이안 스타일 카페	593	호놀룰루 미술관-스폴딩 하우스	222	힐튼 와이콜로아 빌리지	584
하와이안 쿠키	079	호놀룰루 미술관		힐튼 와이키키 비치	188
하와이안 크라운 플랜테이션	171	- 퍼스트 하와이안 센터	216	힐튼 하와이안 빌리지	207
하와이안 푸드	077	호놀룰루 시티 라이츠	037	힐튼 하와이안 빌리지 불꽃놀이	173
하와이 열대 식물원	565	호놀룰루의 맛 축제	037		
하와이의 섬	030	호놀룰루 초콜릿 컴퍼니	302		
하와이 주립 예술 박물관	214	호놀룰루 축제	036		
하와이 축제	036	호놀룰루 커피 컴퍼니	171		
하와이 카이	123, 232	호놀룰루 쿠키 컴퍼니	170		
하와이 프린스	123	호누 시푸드 앤 피자	345		
하와이 화산 국립공원	555	호누아 카이 리조트&스파	356		
하우울라 코리안 BBQ	256	호스머 그로브	417		
하우 트리 라나이	158	호오키파 비치 파크	390		
하이킹	504	호울푸즈 마켓	064		
하이푸아에나 폭포	400	호쿠알라 오션 코스	431		
하차 요청	138	호텔 라나이	617		
하푸나	507	호텔 리뉴	190		
하푸나 비치 주립공원	580	호텔 예약	044		
한반도 지도마을 전망대	238	호텔 팩	032		
할레마우마우 전망대	559	홀레이 시 아치	561